W0369314

2

Entdecken und Verstehen

Arbeitsbuch für Gesellschaftslehre/Weltkunde

Herausgegeben von
Dr. Thomas Berger-v. d. Heide

mit Beiträgen von

Dr. Thomas Berger-v. d. Heide,
Petra Bowien, Peter Brokemper, Peter Fischer,
Angela Drescher, Dr. Jürgen Ehlers,
Prof. Dr. Martina Flath, Karl-Heinz Holstein,
Dr. Elisabeth Köster, Tanja Laspe, Susanne McClelland,
Prof. Dr. Christiane Meyer, Karl-Heinz Müller,
Dr. Harald Neifeind, Prof. Dr. Hans-Gert Oomen,
Dr. Dieter Potente, Hans-Otto Regenhardt, Ellen Rudyk

Beratende Mitarbeit
Gerd Bartosz

in Zusammenarbeit
mit der Verlagsredaktion

Cornelsen

Redaktion Johannes Völker

Bildredaktion Christina Sandig

Illustration Klaus Becker, Oberursel; Matthias Pflügner, Berlin; Dieter Stade, Hemmingen; Michael Teßmer, Hamburg; Hans Wunderlich, Berlin

Grafik Dr. Volkhard Binder, Berlin; Franz-Josef Domke, Hannover; Elisabeth Galas, Bad Neuenahr

Kartenherstellung Elisabeth Galas, Bad Neuenahr; Peter Kast, Ingenieurbüro für Kartographie, Schwerin

Umschlaggestaltung Klein & Halm Grafikdesign, Berlin

Umschlagbild Die Aufnahme zeigt Travemünde mit der Halbinsel Priwal.

Technische Umsetzung sign, Berlin

www.cornelsen.de

Die Links zu externen Webseiten Dritter, die in diesem Lehrwerk angegeben sind, wurden vor Drucklegung sorgfältig auf ihre Aktualität geprüft. Der Verlag übernimmt keine Gewähr für die Aktualität und den Inhalt dieser Seiten oder solcher, die mit ihnen verlinkt sind.

Dieses Werk berücksichtigt die Regeln der reformierten Rechtschreibung und Zeichensetzung.

1. Auflage, 2. Druck 2011

Alle Drucke dieser Auflage sind inhaltlich unverändert und können im Unterricht nebeneinander verwendet werden.

© 2009 Cornelsen Verlag, Berlin

Das Werk und seine Teile sind urheberrechtlich geschützt. Jede Nutzung in anderen als den gesetzlich zugelassenen Fällen bedarf der vorherigen schriftlichen Einwilligung des Verlages.
Hinweis zu den §§ 46, 52 a UrhG: Weder das Werk noch seine Teile dürfen ohne eine solche Einwilligung eingescannt und in ein Netzwerk eingestellt oder sonst öffentlich zugänglich gemacht werden.
Dies gilt auch für Intranets von Schulen und sonstigen Bildungseinrichtungen.

Druck CS-Druck CornelsenStürtz, Berlin

ISBN 978-3-06-064107-9

Inhalt gedruckt auf säurefreiem Papier aus nachhaltiger Forstwirtschaft.

Liebe Schülerinnen und Schüler,

mit dem zweiten Band eueres Arbeitsbuches für das Fach **„Gesellschaftslehre"/ „Weltkunde"** könnt ihr im Unterricht und zu Hause wichtige Informationen über Klima und Wetter, über die Folgen des Tourismus und die Ursachen von Hunger in Afrika erarbeiten und bewerten. Ihr könnt die Geschichte der Menschen seit dem Zeitalter der Entdeckungen bis zum Beginn des 20. Jahrhunderts verfolgen und erfahren, warum und wie Menschen sich in Konflikten verhielten und sich für die Durchsetzung von demokratischen Verhältnissen einsetzten. Schließlich erfahrt ihr, wie man Politik vor Ort beeinflussen kann und welche Rolle die Medien in unserer Gesellschaft haben.

Damit ihr euch in eurem Buch besser zurechtfindet, stellen wir euch wichtige Seiten vor: Die **Auftaktseiten** zeigen euch mit Bildern und einem Einleitungstext, worum es in dem Kapitel geht und was ihr euch selbst erarbeiten könnt.

Auf den **Themendoppelseiten** wird ein Sachverhalt mit Texten, Bildern und Grafiken so dargestellt, dass ihr ihn mit Hilfe der Fragen erarbeiten und verstehen könnt. Die Überschrift auf der linken Seite sagt euch worum es geht.

Die **Methodenseiten** leiten euch schrittweise dazu an, wie ihr in dem neuen Fach sachgerecht arbeiten könnt. Ihr lernt Texte und Bilder auszuwerten und zu verstehen. Die Methodenseiten helfen euch auch Karten zu lesen und Schaubilder auszuwerten.

Die Schlussseiten eines Kapitels heißen „**Check: Das kann ich schon**…". Diese Seiten helfen euch zu überprüfen, ob ihr den fachlichen Inhalt und die Methoden des Kapitels schon beherrscht. Sie dienen auch als Vorbereitung für einen Test.

Wenn ihr alles gut durchgearbeitet habt, seid ihr „**kompetent**", das heißt, ihr verfügt über wichtige Fähigkeiten in eurem Fach.

Wenn ihr den Autorinnen und Autoren mitteilen wollt, wie ihr dieses Buch findet, könnt ihr an den Cornelsen Verlag, Mecklenburgische Straße 53, D-14197 Berlin, schreiben. Wir freuen uns auf eure Rückmeldung.

1 Die Erde verändert sich 8

2 Wetter und Klima 34

3 Leben im Mittelalter 60

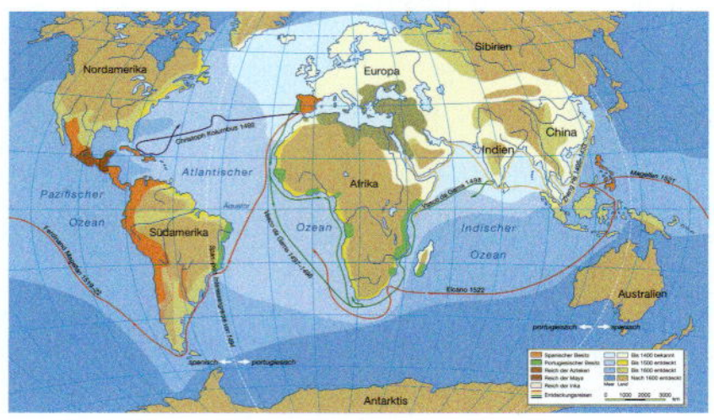

4 Entdeckungen und Eroberungen 90

5 Miteinander Leben 114

6 Reformation und Glaubenskriege 138

7 Tourismus und seine Folgen 156

8 Hunger am Rande der Wüste 174

9 Politik vor Ort 194

10 Revolution in Europa (1789–1871) 212

11 Die Industrielle Revolution 248

12 Berufsplanung 272

13 Jugend und Recht 286

14 Massenmedien in der Demokratie 306

15 Imperialismus: Das Gesicht des Krieges 326

Anhang

1 Die Erde verändert sich

Der geköpfte Riese

Hundert Jahre lang galt der Mount St. Helens im Nordwesten der USA als gutmütiger, 2950 Meter hoher Riese bis er am 18. Mai 1980 plötzlich ausbrach. Auf einer Fläche von 40 000 Quadratkilometern versank die Umgebung im Ascheregen. So hoch stieg die Rauchsäule, dass Flugzeuge ihre Flugrouten ändern mussten. Neun Tage dauerte der Ausbruch. Im Umkreis von 15 Kilometern war danach kein Baum mehr zu sehen. Der Berg war um 500 Meter niedriger geworden. Ein Zehntel des Vulkans wurde weggesprengt. Der Ausbruch kostete 57 Menschen das Leben: Vulkanologen und Schaulustige, die das Ausmaß des Ausbruchs unterschätzt hatten.

Der Mount St. Helens am 30. Juni 1980.

Der Mount St. Helens am 12. April 1980.

Vulkanausbrüche, Erdbeben und Stürme – regelmäßig berichten die Medien von solchen Naturereignissen, die für die Menschen gefährlich werden können. Die Erdoberfläche verändert ständig ihr Gesicht. Dabei wirken unterschiedliche Kräfte auf sie ein.

In diesem Kapitel könnt ihr untersuchen

- wie es zu Vulkanausbrüchen und Erdbeben kommt,
- wie Wirbelstürme entstehen und welche Folgen sie haben können,
- wie Wasser und Eis die Erdoberfläche gestalten,
- warum Menschen dennoch in den gefährdeten Gebieten leben und wie sie sich vor den Naturereignissen schützen
- und in welchem Maße Hochwasser und Überschwemmungen bei uns von Menschen mitverschuldet sind.

Am Ende des Kapitels könnt ihr eine fachgerechte Internetrecherche durchführen.

Vulkanismus

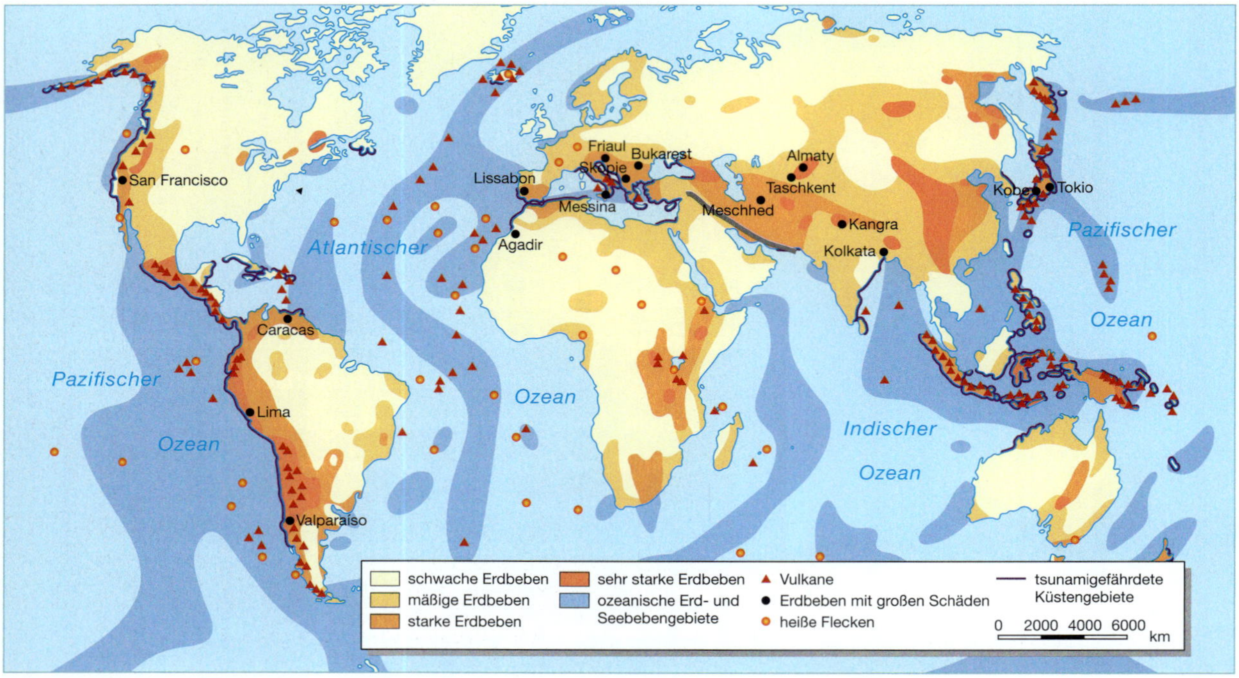

M 1 **Erdbeben- und Vulkanregionen der Erde.**

www.vulkanismus.de
www.vulkane.net

M 2 **Der Vulkan Semeru auf Java bei einem Ausbruch.** Im Vordergrund der Vulkan Bromo. Foto, 1989.

Kräfte aus dem Erdinnern

Veränderungen der Erdoberfläche werden durch erdinnere (endogene) und erdäußere (exogene) Kräfte verursacht. Der innere Motor wird durch die starke Wärme im Erdinnern angetrieben, der äußere durch die Energie der Sonnenstrahlen. Die Erdwärme lässt z. B. Gesteine schmelzen und Vulkane entstehen. Diese Vorgänge werden als **Vulkanismus** bezeichnet und finden sich auf der Erde in unterschiedlicher Intensität.

Vulkantypen

Es gibt verschiedene Formen von Vulkanen. Mit etwa 60 Prozent Anteil sind die **Schichtvulkane** am häufigsten. Sie entstehen aus abwechselnden Ablagerungen von Lavaergüssen und verfestigtem vulkanischen Lockermaterial. Da die Lava der Schichtvulkane zähflüssig ist, bilden sich kürzere, steilere Lavaströme. Schicht um Schicht entsteht der meist steile Vulkangipfel mit dem Hauptkrater.

Der Austritt von Gasen, die in der Gesteinsschmelze enthalten sind, erfolgt bei den Schichtvulkanen abrupt. Lavafetzen werden hochgeschleudert, erstarren und fallen als Bomben, kleinere (etwa walnussgroße) Steine und Asche zurück.

Anders ist es bei den **Schildvulkanen**. Ihre Lava ist dünnflüssig. Dies führt zu einem gleichmäßigen Ausfluss. Ein Schildvulkan bildet sich, wenn nur aus einem Schlot Gesteinsschmelze gefördert wird. Bestehen mehrere Austrittsstellen, bilden sich ausgedehnte Lavadecken.

Mit seinen 3350 Metern Höhe ist der Ätna der größte Vulkan Europas. Seit mehr als 200 Jahren ist er dauerhaft aktiv – eine Eigenschaft, die er mit nur acht anderen Vulkanen weltweit teilt. Der Mauna Loa auf Hawaii ist mit mehr als 4000 Metern Höhe der größte aktive Vulkan der Erde.

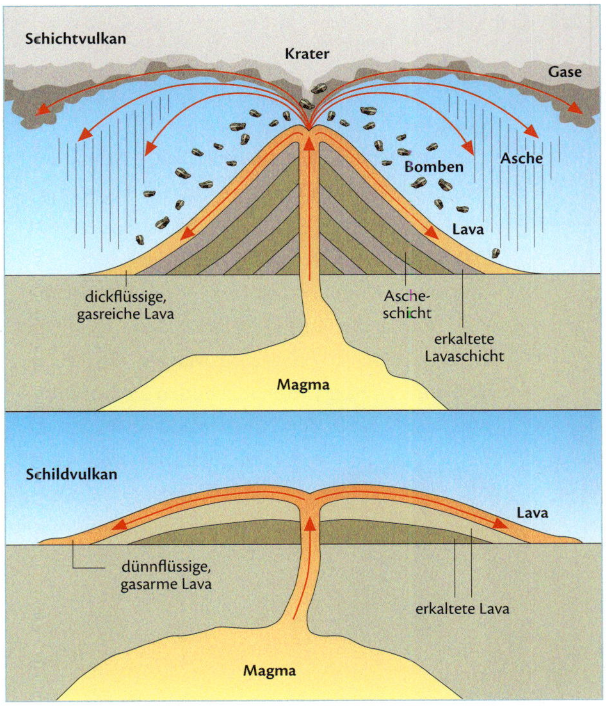

M3 Schicht- und Schildvulkan.

M4 Ausbruch des Ätna im Jahre 2002. Foto.

Nutzen und Schaden

Auch wenn die Menschen immer wieder von Vulkanausbrüchen bedroht waren, war doch der Nutzen, den ihnen Vulkane brachten, größer als der Schaden. Baustoffe und Energiegewinnung sind nur zwei Stichwörter, die sich mit der Nutzung vulkanischer Gesteine verbinden.

Verwitterte vulkanische Gesteine liefern äußerst fruchtbare Böden. Man nutzt sie beispielsweise zum Kaffeeanbau in Südkolumbien, zum Ackerbau in Indonesien und für den intensiven Anbau in Europa. Auf teilweise terrassierten Flächen wird intensiver Gartenbau betrieben. So wird am Fuße des Ätna auf den stark mineralhaltigen Böden Wein angebaut. Der größte europäische Festlandsvulkan, der Vesuv, begrub nach einem Ausbruch im Jahre 79 v. Chr. die Stadt Pompeji.

M5 Weinanbau am Ätna. Foto, 2008.

1 Benennt Kräfte, die die Erdoberfläche gestalten.

2 Begründet, ob der Semeru (M2) ein Schicht- oder Schildvulkan ist.

3 Beschreibt mit M1, wo sich die Vulkane der Erde häufen.

4 Vergleicht den Aufbau von Schild- und Schichtvulkanen (M3, Text).

5 Erläutert Gefahren und Vorteile, die durch Vulkanismus entstehen.

6 Informiert euch über Baustoffe aus vulkanischen Materialien (auch aus Deutschland) und berichtet der Klasse.

Der Aufbau der Erde

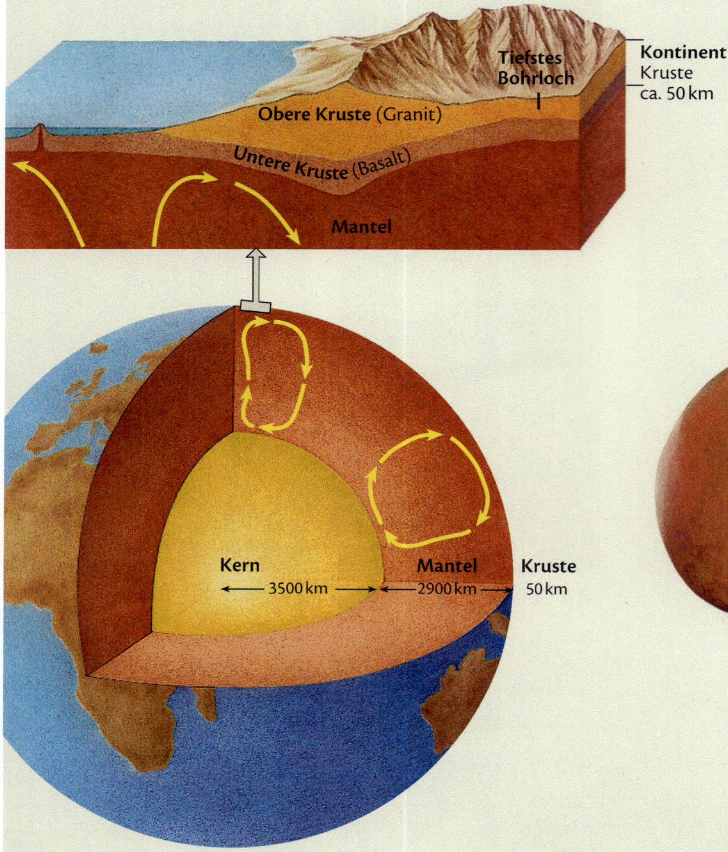

Vom Kern zur Kruste

Die kontinentale Kruste weist mit 4 Milliarden Jahren die ältesten Gesteine auf, die bislang gefunden wurden. Die ozeanische Kruste ist mit 200 Millionen Jahren noch relativ jung.

Im oberen Erdmantel liegt die Grenze zwischen der festen Gesteinshülle und dem flüssigen Gestein, dem so genannten Magma. Erdkruste und oberer, fester Erdmantel bilden die Gesteinshülle der Erde. In der darunter liegenden Schicht mit Temperaturen von etwa 1000 °C beginnen die Gesteine zu schmelzen. Diese Schicht heißt Fließzone. Sie ist nur wenige 100 Kilometer dick. Unter der Fließzone ist der Erdmantel wieder fest.

Über den Erdkern weiß man kaum etwas. Sein äußerer Teil ist vermutlich flüssig, sein innerer dagegen fester. Im Erdkern steigt die Temperatur auf 5000 bis 6000 °C an. Etwa 99 Prozent des Erdinneren sind heißer als 1000 °C und nur 0,1 Prozent sind kühler als 100 °C.

M 1 Der Schalenaufbau der Erde.

Unsere Erde – in Schalen aufgebaut

Obwohl noch niemand im Erdinnern war, haben Geowissenschaftler eine Vorstellung davon, wie es dort aussieht. Erkenntnisse über das Erdinnere können zum Beispiel über Tiefbohrungen gewonnen werden. Diese Bohrungen kosten sehr viel Geld, unter anderem weil sie stabile, dauerhafte Bohrtürme benötigen und mehrere Jahre dauern. Derartige Bohrungen sind zudem trotz des technischen Aufwands nur winzige Nadelstiche in die **Erdkruste**. Sie können aber keine erschöpfende Auskunft über das Erdinnere geben.

Erdbeben bieten die einzige Möglichkeit, das Erdinnere zu erforschen. Über die Ausbreitung von Erdbebenwellen lassen sich Rückschlüsse auf den Aufbau der Erde ziehen. Diese Wellen werden in bestimmten Tiefen wie an einem Hindernis abgelenkt oder ihre Ausbreitungsgeschwindigkeit ändert sich. Die Ursache dafür kann nur sein, dass die Erde in Schalen aus unterschiedlich dichtem Material aufgebaut ist (**Schalenaufbau der Erde**).

M 2 Abgenutzter Bohrkopf. Foto, 2008.

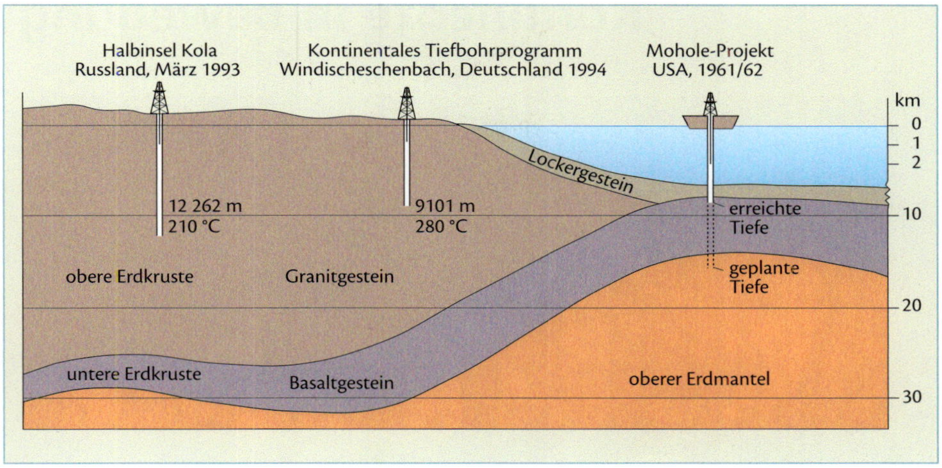

M 3 Bedeutende Tiefbohrprojekte.

Die Kontinentale Tiefbohrung (KTB) Windischeschenbach

1986 kündigte die Bundesregierung ein Projekt zur Erkundung des Erdinneren an. In Bayern bei Windischeschenbach sollte durch eine Tiefenbohrung das tiefste Loch der Welt entstehen.

1987 wurde mit der Vorbohrung begonnen. 4000 Meter fraßen sich die Bohrmeißel in den Erdboden. Dabei stiegen die Temperaturen schneller als erwartet – der Grenzwert von 300 °C, der die Hitzegrenze für das Bohrgerät bedeutete, würde früher als erwartet erreicht werden. Somit stand fest, dass es keinen Tiefenrekord geben würde. 1990 wurde die Hauptbohrung gestartet. Anfang 1994 erreichte die Bohrung eine Tiefe von 8600 Metern. Bei 9000 Metern stieg die Temperatur auf 270 °C an. Am 6. Oktober wurde die Bohrung schließlich bei 9101 Metern abgebrochen. Die Auswertung der Daten und Gesteinsproben beschäftigte die Fachleute über viele Jahre.

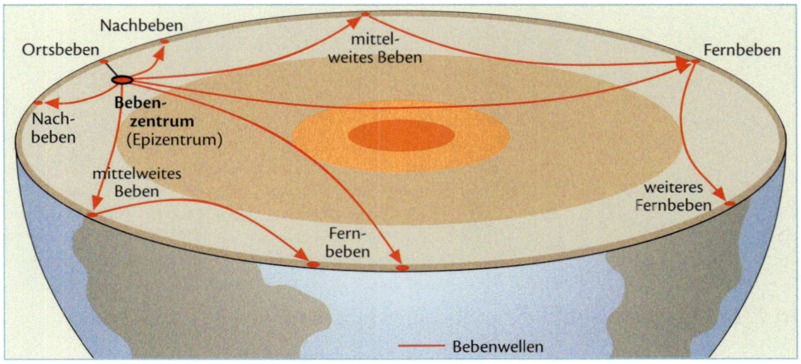

M 4 Wege von Erdbebenwellen.

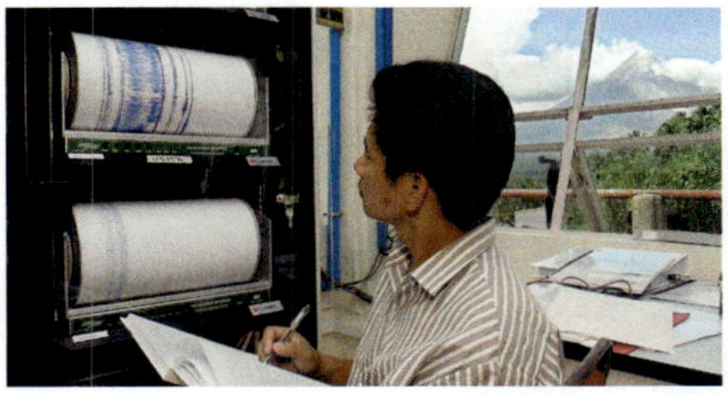

M 5 Ein Seismologe bei der Auswertung von Seismogrammen. Foto, 2008.

1 Vergleicht den Aufbau des Pfirsichs mit dem Schalenbau der Erde (M 1).

2 Beschreibt den Aufbau der Erdkruste im Bereich der Kontinente und der Ozeane (M 1).

3 Berichtet über das Projekt Windischeschenbach. Beachtet dabei den Aufbau der Erde (M 1–M 3).

4 Erläutert, wie Erdbeben zur Erkundung des Erdinneren genutzt werden (M 4, M 5).

Kontinente in Bewegung

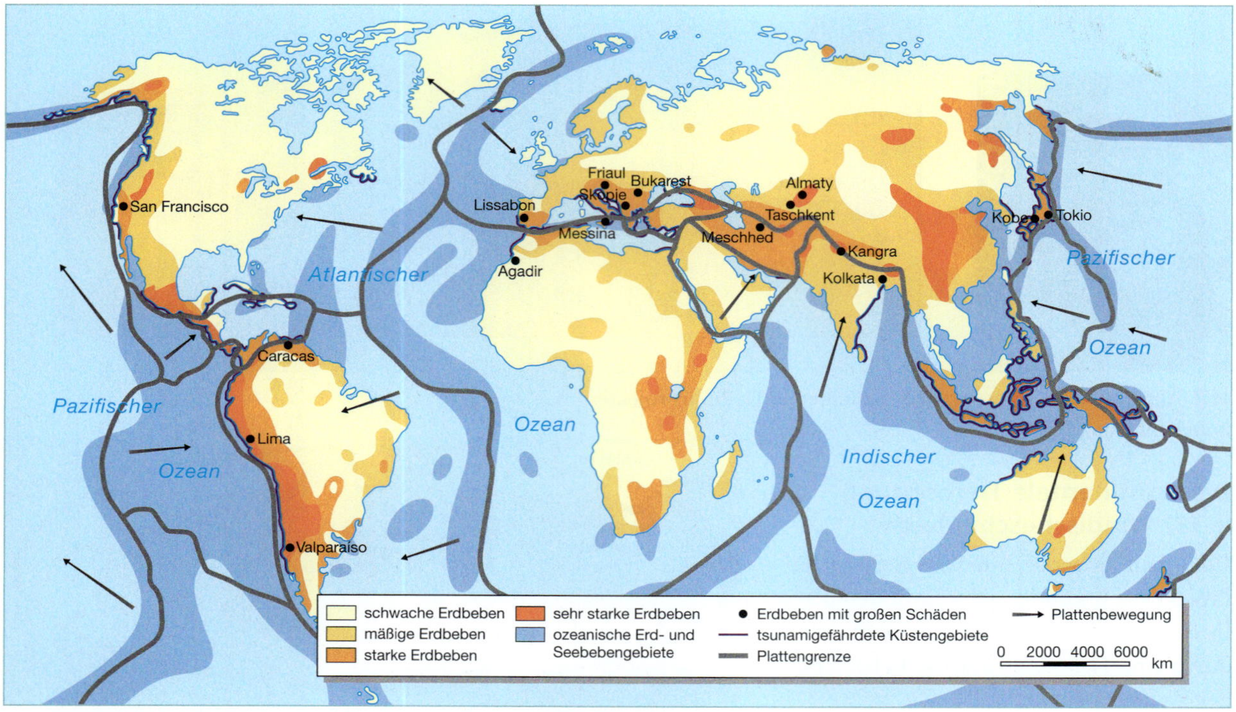

M 1 **Die Erdplatten und die erdbebengefährdeten Gebiete der Erde.**

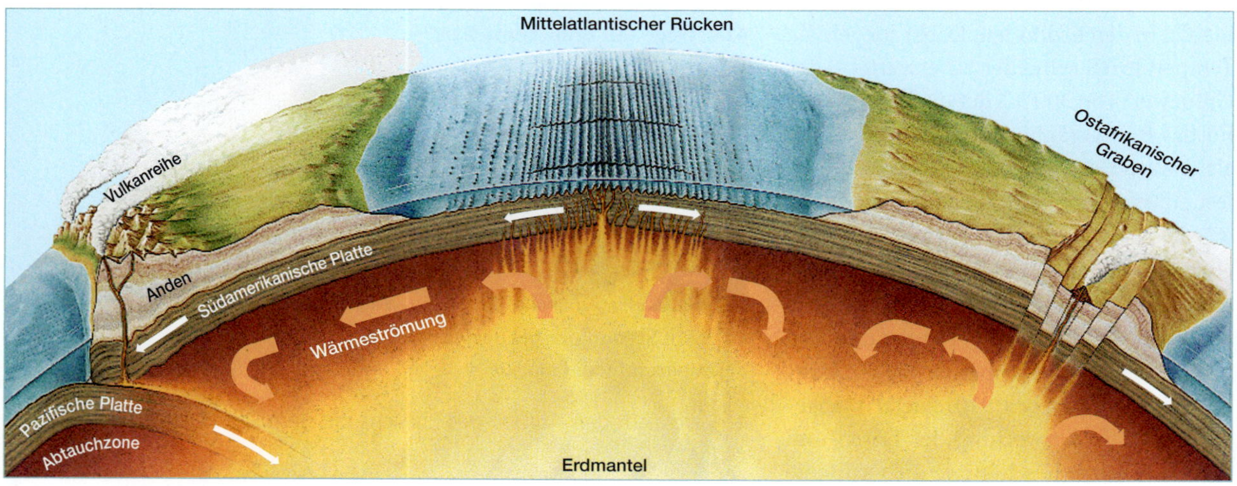

M 2 **Modell der Plattentektonik.**

Erdplatten

Vor vielen Jahrmillionen gab es die Kontinente nicht so, wie wir sie heute kennen. Stattdessen gab es einen einzigen Urkontinent, der als Pangäa bezeichnet wird. Als Erster hat Alfred Wegener 1912 diese Theorie vertreten. Doch andere Wissenschaftler wollten seinen Überlegungen lange Zeit nicht folgen.

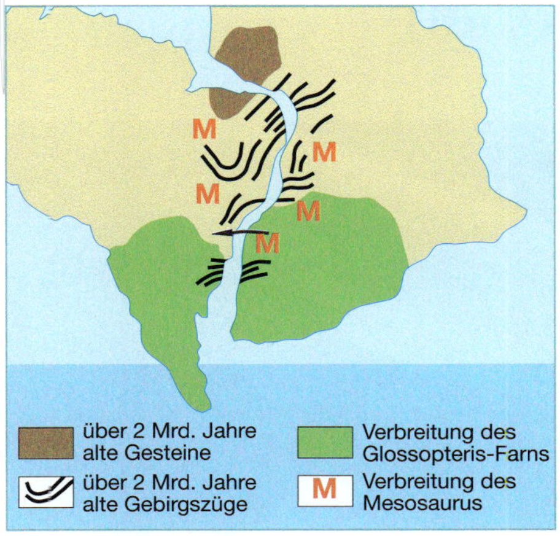

M 3 Spuren von Pangäa.

Die Bewegungen der Platten

Da heute die Kontinente teilweise Tausende Kilometer voneinander entfernt sind, war es den Wissenschaftlern unvorstellbar, wie sich diese gigantischen Bewegungen vollzogen haben könnten.
Inzwischen gilt die Theorie Wegeners als gesicherte Erkenntnis, denn beispielsweise finden sich im westlichen Afrika und im östlichen Südamerika viele Hinweise auf eine gemeinsame Vergangenheit in räumlicher Nachbarschaft. Die **Kontinentalverschiebungen** vollziehen sich zwar relativ langsam, aber sie laufen unaufhörlich ab.
„Motor" für diese enormen Bewegungen der **Plattentektonik** ist die Gluthitze im Innern der Erde. Ähnlich, wie man es bei einem Topf mit Suppe beobachten kann, wirken die Kräfte der Physik auch auf der Erde (Geophysik): Von der Hitzequelle bewegt sich eine Strömung zur Oberfläche. Dort kühlt sich die Flüssigkeit ein wenig ab, wird schwerer und sinkt somit wieder. Heißes Material strömt nach und das kühlere bewegt sich in der Tiefe wieder auf die Hitzequelle zu. Dieses Phänomen wird auch Konvektionsströmung genannt.
Wegeners Theorie stimmt aber nur in etwa, denn nicht die Kontinente allein bewegen sich, sondern die Erdplatten „wachsen" und verschieben sich so.

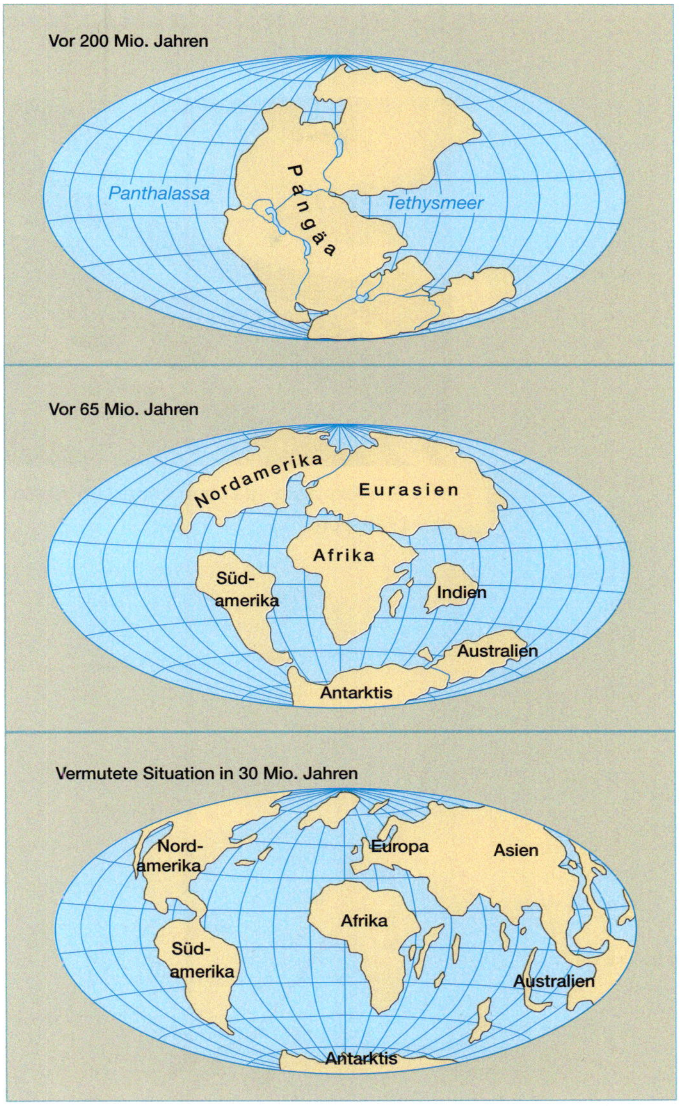

M 4 Die Verschiebung der Erdplatten.

1 Notiert wichtige Punkte von Alfred Wegeners Theorie der Kontinentalverschiebung in eurer Arbeitsmappe (Text, M 3, M 4).

2 Beschreibt und erläutert M 2.

3 Verortet die großen Platten der Erdkruste. Beschreibt wo Abtauchzonen liegen und wo sich neuer Ozeanboden bildet (M 1, M 2).

Erdbeben und Seebeben

Stärke 1–2:	Nur durch Instrumente nachweisbar
Stärke 3:	Selten nahe dem Bebenherd zu spüren
Stärke 4–5:	Im Umkreis von 30 Kilometern um das Bebenzentrum spürbar, leichte Schäden
Stärke 6:	Mäßiges Beben, Todesopfer und schwere Schäden in dicht besiedelten Regionen
Stärke 7:	Starkes Beben, das zu Katastrophen führen kann
Stärke 8:	Großbeben; 8,9 war bisher der höchste gemessene Wert

M 1 Richterskala.

M 2 Zersörungen an einem doppelstöckigen Highway in San Francisco nach dem Erdbeben von 1989. Foto.

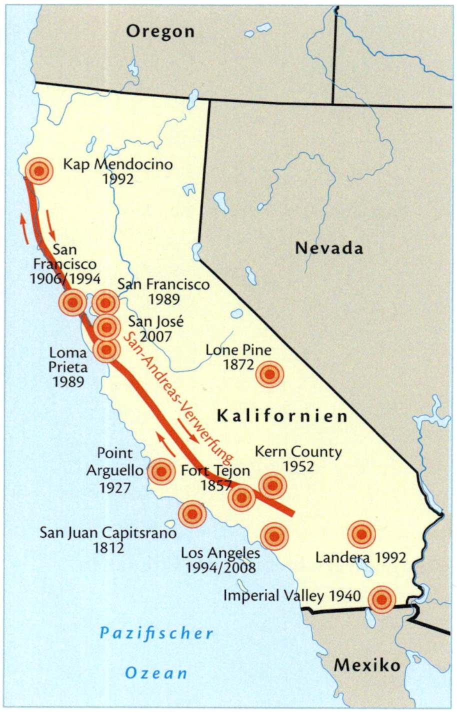

M 3 Erdbeben in Kalifornien.

M 4 Die San-Andreas-Verwerfung*.

Erdbeben in Kalifornien

Die Ursache für die Erdbeben in kalifornien ist die San-Andreas-Verwerfung, ein etwa 1000 Kilometer großer Bruch in der Erdkruste. An dieser Verwerfung verschieben sich Teile der Erdkruste gegeneinander. Bei dieser Bewegung verhakt sich das Gestein und baut eine große Spannung auf. Wird sie zu groß, verschiebt sich das Gestein beiderseits der Verwerfung ruckartig um bis zu mehrere Meter: Ein Erdbeben wird ausgelöst.

***Verwerfung**
Spalte in der Erdkruste, wo sich Teile gegeneinander verschoben haben.

Messung von Erdbeben

Die Erschütterungen bei einem großen Erdbeben bereiten sich über große Entfernungen aus. Mithilfe eines Seismographen kann man sie messen und den Verlauf von Erdbeben aufzeichnen. Eine solche Aufzeichnung heißt Seismogramm. Forscher fanden heraus, dass die meisten Erdbeben in Tiefen bis zu 100 Kilometern entstehen. Die Stärke eines Erdbebens kann z. B. mit der **Richterskala** angegeben werden.

Tsunami im Indischen Ozean

Am 26. Dezember 2004 erzeugte ein Seebeben vor der Insel Sumatra eine gewaltige Flutwelle, die in kurzer Zeit zahlreiche Länder rund um den Indischen Ozean erreichte. Sie sorgte für eine Katastrophe unermesslichen Ausmaßes. Die riesige Welle riss alles mit, was sich ihr in den Weg stellte. Vor Sumatra erreichte sie eine Geschwindigkeit von rund 700 Stundenkilometern, beinahe so schnell wie ein Verkehrsflugzeug.

Insgesamt wurden über 200 000 Menschen Opfer der Naturgewalten.

Vorhersage von Beben

Eine sichere Vorhersage von Erdbeben ist nicht möglich. Nur in seltenen Fällen konnten sich Menschen aufgrund von Veränderungen an der Erdoberfläche oder durch Beobachtung ungewöhnlichen Verhaltens von Tieren auf ein kommendes Erdbeben vorbereiten.

Die Aufgabe für Seismologen ist nicht einfach. Immerhin gilt es andererseits ja auch, nicht zu viele Fehlalarme auszulösen, denn Erdbebenwarnungen können große Beunruhigung in der Bevölkerung und Panik bei den Flüchtenden verursachen.

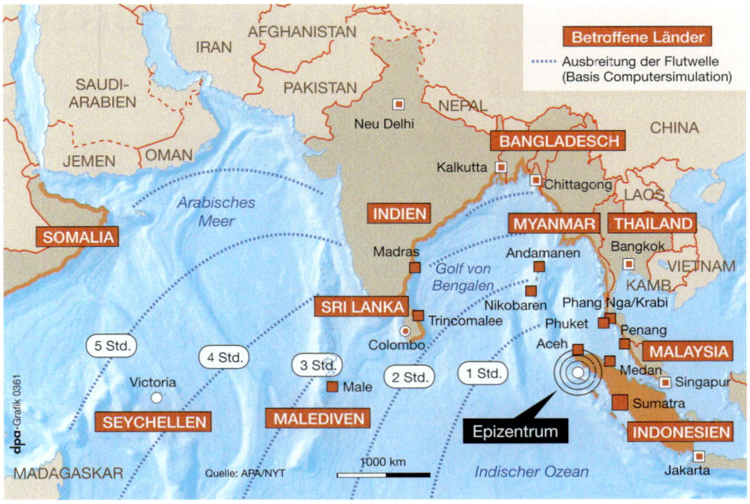

M 5 **Räumliche Ausbreitung der Flutwelle von 2004.**

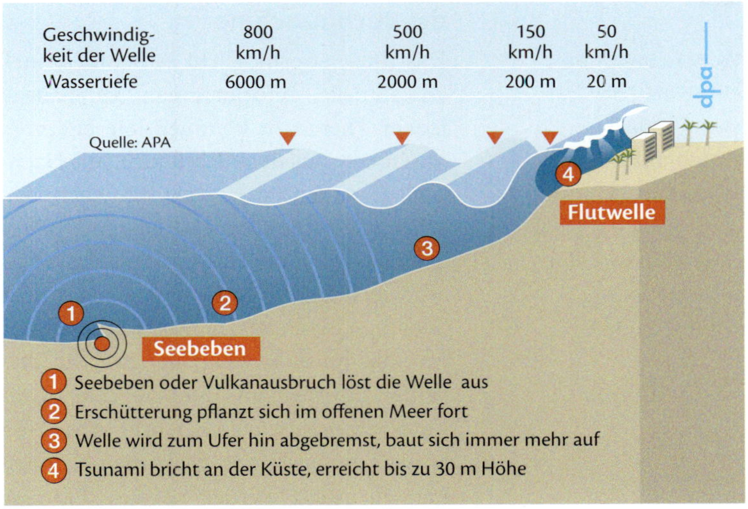

M 6 **Entstehung eines Tsunamis.**

http://www.seismologie.bgr.de

1 Beschreibt die Auswirkungen von Erdbeben (M 1, M 2, M 4).

2 Erklärt die Entstehung von Erdbeben in Kalifornien (M 2, M 3, Text).

3 Nennt Ursachen und Folgen des Tsunamis von 2004 (M 5, M 6, Text).

4 Erläutert, warum eine frühe Warnung der Bevölkerung vor Beben äußerst wichtig ist (Text).

5 Informiert euch zum Thema: „Erdbeben – auch bei uns?".

METHODE

Internetrecherche

M 1 Startseite einer Suchmaschine. Screenshot.

Weitere bekannte Suchmaschinen sind:

www.lycos.de

www.ping.de

www.altavista.de

www.metascrawler.de (Metasuchmaschine)

www.yahoo.com (Online-Katalog)

Internetseiten finden – die Suchmaschine

Das Internet ermöglicht es heute, schnell an aktuelle Informationen zu nahezu jedem Thema zu kommen. Sie ergänzen die Inhalte aus dem Schulbuch, aus Nachschlagewerken oder anderen Medien. Am schnellsten funktioniert die Internetrecherche, wenn ihr eine passende Internetadresse kennt. Wenn nicht, dann helfen Suchmaschinen weiter. Das sind Programme, die mithilfe von einzelnen Suchbegriffen alle in einem Computer oder Computernetzwerk wie dem World Wide Web (www) gespeicherten Dokumente finden können. Meist werden so viele Einträge angezeigt, sodass ihr unmöglich alle anschauen könnt. Deshalb solltet ihr professioneller suchen, indem ihr mehrere Suchbegriffe kombiniert. Einige Suchmaschinen bieten Themenkataloge an, die häufig eine höhere inhaltliche Qualität haben.

M 2 Checkliste für die Internetrecherche

1. Schritt: Startet die Suchmaschine.
Gebt in das Adressfeld der Internet-Startseite entweder die gewünschte Adresse oder die Kennung der Suchmaschine ein. Drückt die Enter-Taste, um die Suche zu starten.

2. Schritt: Gebt einen Suchbegriff ein.
Fügt den Suchbegriff ein und entsprechende Web-Seiten werden angezeigt. Manchmal ist es sinnvoll, erst nach Oberbegriffen zu suchen, um dann weiter ins Detail zu gehen. Dies ist dann der Fall, wenn ein Begriff auch in anderen Bereichen benutzt wird oder so selten ist, dass eine Suchmaschine ihn nicht findet.

3. Schritt: Wählt die Web-Seite(n) aus.
Wählt aus den gefundenen Einträgen einige aus. Auf den Seiten finden sich oft Links, die weitere Informationen zum Thema bieten. Dabei werdet ihr feststellen, dass einige Seiten nicht zu eurem Thema passen. Wenn keine der gefundenen Seiten geeignet sind, solltet ihr zum zweiten Schritt zurückkehren und einen anderen Suchbegriff versuchen.

4. Schritt: Speichert die Information(en) auf dem Computer ab.
Die wichtigen Informationen werden markiert und auf dem Computer abgespeichert. Manchmal verbergen sich hinter einem Link ganze Buchkapitel oder Aufsätze. Markiert die Seiten oder Absätze, die euch wichtig erscheinen. Denkt daran, die genaue Adresse der Website als Quelle zu kopieren, damit eure Lehre-

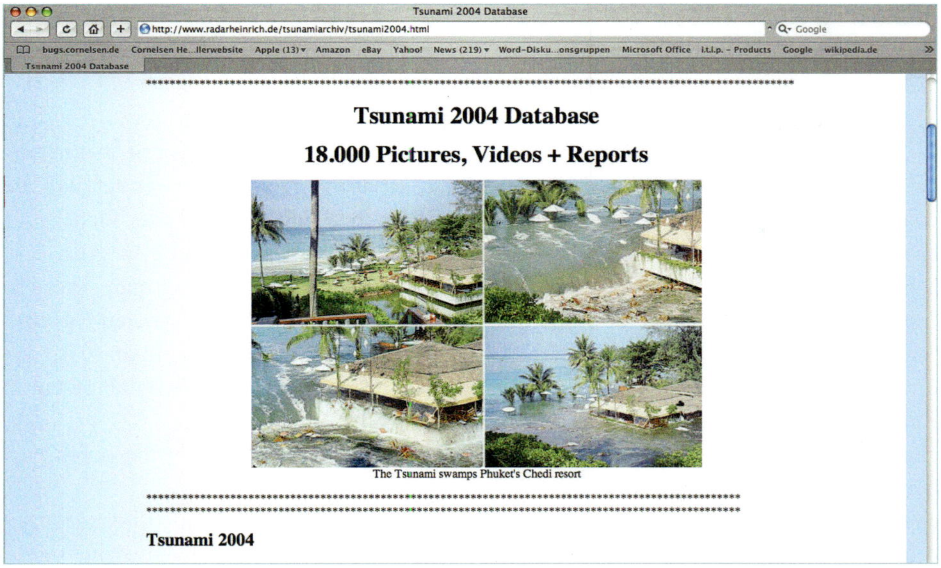

M 3 **Beispiel einer Internetseite zum Thema „Tsunami 2004".** Screenshot.

rin, euer Lehrer die Fundstelle überprüfen kann. In einem Referat oder Bericht müsst ihr übernommene Gedanken und Informationen stets kennzeichnen.

5. Schritt: Druckt sparsam.
Druckt nur wirklich wichtige Informationen für eure weitere Arbeit aus und spart so Papier und Tinte. Sofern ihr in eurer Schule arbeitet, fragt vorher eure Lehrerin oder Lehrer, ob und wieviel ihr drucken dürft.

Beispiel: Internetrecherche zum Thema „Tsunami"

1. Schritt: Startet die Suchmaschine.
Gebt ins Adressfeld z. B. die Suchmaschine www.google.de ein. Drückt die Enter-Taste, um das Programm zu starten.

2. Schritt: Gebt einen Suchbegriff ein.
Fügt in das Suchfeld den Begriff „Tsunami" ein und startet die Suchmaschine durch Anklicken der Taste „Google-Suche".

3. Schritt: Wählt die Web-Seite(n) aus.
Wählt aus der angezeigten Liste von Internetseiten zum Thema „Tsunami" eine aus. Entscheidet, ob die Informationen für das Thema wichtig und aktuell sind.

4. Schritt: Speichert die gesuchten Information in einem neuen Ordner.
Öffnet einen neuen Ordner und eine neue Datei. Markiert den gefundenen Artikel und speichert ihn mit der Quellenangabe auf dem Computer in dem neuen Ordner ab.

Tipp: Ihr könnt auch Bilder suchen, aufrufen, drucken und speichern. Dazu klickt ihr bei Google „Bilder" statt „Web" an. Anschließend geht ihr nach den Schritten 2 bis 4 vor.

M 4 **„Copyright".** Karikatur.

1 Führt eine Internetrecherche mithilfe der Schritte 1 bis 4 durch und sucht Informationen zum Thema Tsunami.

2 Sucht mithilfe der Schritte 1 bis 4 passende Bilder.

3 Speichert alle Ergebnisse. Denkt daran, die jeweilige Quelle festzuhalten.

4 Wertet die gesammelten Ergebnisse aus und stellt sie unter Angabe der Quellen euren Mitschülerinnen und Mitschülern vor.

METHODE

Wir werten Satellitenbilder aus

Was ist ein Satellitenbild?

Satelliten zur Erderkundung sind mit Abtastgeräten (Scannern) ausgestattet. Diese empfangen auch Infrarotstrahlen, die der Mensch nicht sehen kann. Die Scanner tasten die Erdoberfläche ab, zeichnen die Strahlen nach ihrer Stärke (Intensität) auf und senden die Signale zur Bodenstation. Zur Darstellung verwendet man natürliche Farben oder so genannte Falschfarbenbilder. Diese geben z. B. in rot die Flächen wieder, auf denen Pflanzen wachsen.

Wo bekommen wir Satellitenbilder?

Jeder kann kostenlos Satellitenbilder aus dem Internet herunterladen und auswerten. Am einfachsten ist es, die Aufnahmen der Landsat-Satelliten herunterzuladen (Webseite: http://glovis.usgs.gov/). Die Bilder von Landsat-7 besitzen eine hohe Auflösung. Sie liegen aber nur aus den Jahren 1999 bis 2003 vor. Aktuelle Satellitenbilder – in etwas geringerer Auflösung – liefert der Satellit Landsat-5.

Was bedeuten die „Bänder"?

Landsat-7 erfasst folgende Bereiche (Bänder) des Lichts:

Band 1: blaues sichtbares Licht (Dunst in der Luft; Schwebstoffe und Algen im Wasser).
Band 2: grünes sichtbares Licht.
Band 3: rotes sichtbares Licht.
Band 4: nahes Infrarot (Grün der Pflanzen).
Band 5: mittleres Infrarot (Wolken (dunkel) und Schnee (hell)).
Band 6: langwelliges Infrarot (Unterscheidung von Gesteinen).
Band 7: mittleres Infrarot (Feuchtegehalt der Erdoberfläche).
Band 8: Schwarzweiß-Foto.

Häufig werden drei Bänder zu „Composites" zusammengefasst. Verwendet man die Bänder 3, 2 und 1 (sichtbares Licht) und stellt Band 3 in rot, Band 2 in grün und Band 1 in blau dar, so erhält man ein Farbbild, das in etwa einem normalen Farbfoto entspricht. Hierzu kann man z. B. das kostenfreie Programm GIMP benutzen.

M 1 Checkliste: Auswertung eines Satellitenbildes

1. Satellitenbild verorten (Um welches Gebiet handelt es sich? Wo ist auf dem Satellitenbild Norden? Siehe Atlas).
2. Größenverhältnisse und Maßstab (siehe Atlas).
3. Aufnahmezeitpunkt (wenn Daten dazu vorliegen).
4. Auswertung der Bildinhalte (z. B. Flussläufe, Städte, Inseln, Eisenbahnlinien, Vegetation).
5. Zusammenhänge herstellen (z. B. Verteilung Land – Wasser, Vegetation – Flächen ohne Bewuchs).
6. Bildinhalte verdeutlichen (Folie auf das Bild legen, erkennbare Umrisse einzeichnen; unterschiedliche Flächen kennzeichnen; Farblegende anlegen).

Erläuterung des Beispiels

1. Das Bild ist genordet. Es zeigt den nördlichen Teil Schleswig-Holsteins von der Grenze bis zum Nord-Ostsee-Kanal.
2. Von Nord nach Süd sind es etwa 100 km. Der Maßstab ist ungefähr 1 : 800 000.
3. Das Satellitenbild ist eine Aufnahme von Landsat-7 vom 15. 5. 2000 auf der Basis der Bänder 4–7–3.
4. Deutlich sind die Küstenlinien von Nord- und Ostsee und der nordfriesischen Inseln zu erkennen. Auf den Inseln finden sich längliche, olivgrüne Flächen. In Richtung Festland sind im Wasser unregelmä-

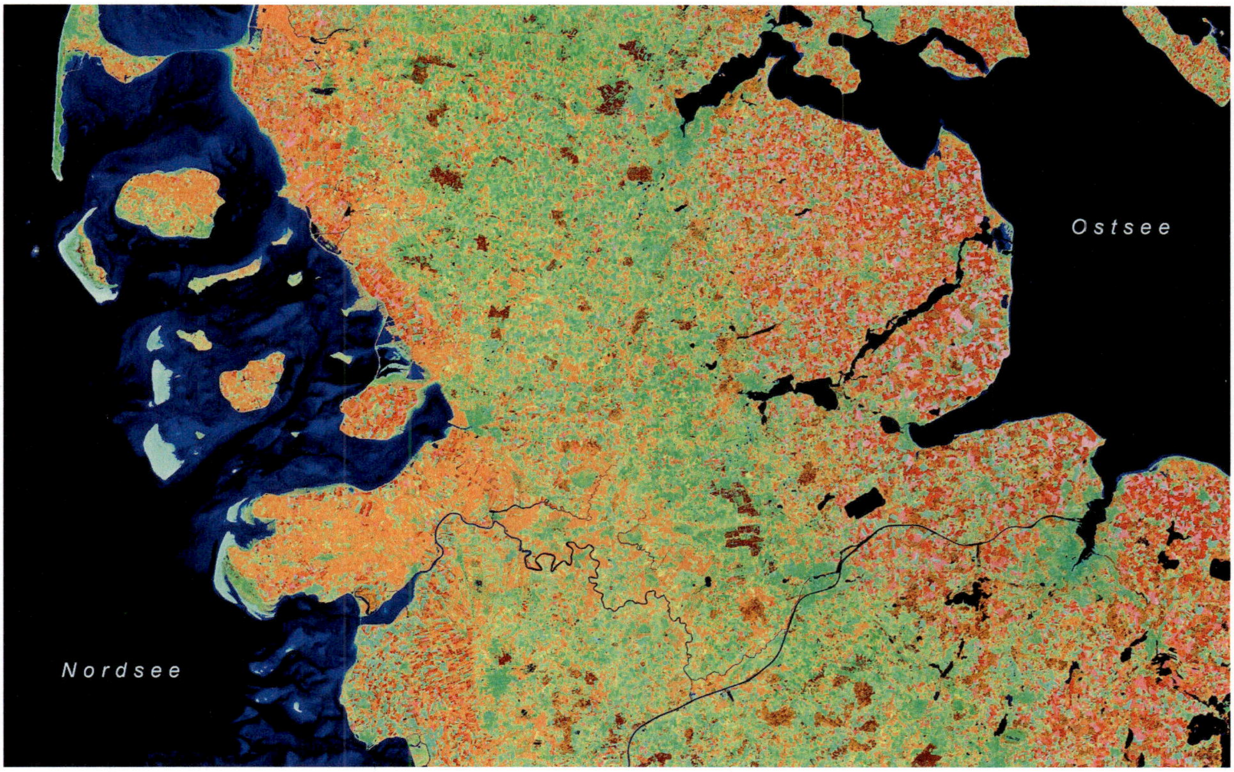

M 2 Das Satellitenbild ist eine Aufnahme von Landsat-7 vom 15. 5. 2000, Bänder 4–7–3.

ßige blaue Flächen auszumachen. An der Nordseeküste finden sich rot gefärbte Gebiete. Weiter landeinwärts gibt es hellbraune Bereiche, vor allem auf der Halbinsel Eiderstedt. Auf der östlichen Seite des Bildausschnitts findet sich ein breiter pink gefärbter Streifen, der von dunkelbraunen Flecken durchzogen ist. In der Mitte erstreckt sich eine breite Zone mit blaugrünen und hellbraunen Farben.

5. Die Landschaften Schleswig-Holsteins sind von den Eiszeiten geprägt. In der jüngsten Eiszeit, der Weichsel-Eiszeit, lag der äußerste Eisrand mitten in Schleswig-Holstein. Die Böden aus der letzten Eiszeit sind reicher an Nährstoffen als die tiefgründig entkalkten Böden und Sanderflächen westlich des damaligen Eisrandes.

Die Ablagerungen der Gletscher und ihrer Schmelzwässer der beiden letzten Eiszeiten bestimmen die heutige Landnutzung. Im Satellitenbild tritt dieser Unterschied deutlich zu Tage: Im Osten Schleswig-Holsteins, der in der letzten Eiszeit vom Eis bedeckt war, überwiegen dunkelbraune und pink gefärbte Flächen (Wald und Ackerland). In den westlich vorgelagerten Bereichen der Grundmoräne aus der vorletzten Eiszeit und auf den Sanderflächen finden sich hellbraune und blaugrüne Farben (Weideland und Wiesen).

Junge Marschgebiete sind überwiegend rot gefärbt (Acker), die alte Marsch, zum Beispiel auf der Halbinsel Eiderstedt, dagegen hellbraun (Weide).

Die Dünen – z. B. auf Sylt – weisen dagegen eine olivgrüne Farbe auf. Der vegetationslose Strand der Inseln erscheint hellblau. Die blauen unregelmäßigen Flecken im Wattenmeer deuten auf Schwebstoffe im Wasser hin.

- Wasser
- Strand
- Dünen
- Flachwasser/Watt
- Acker/junge Marsch
- Weide/alte Marsch
- Wiesen
- Wald
- Acker/Jungmoräne

M 3 Legende zum Satellitenbild.

1 Führt die einzelnen Schritte der Auswertung von Satellitenbildern an einem Beispiel durch.

Stürme und Ihre Folgen

M 1 **Sturmschäden durch das Orkantief „Kyrill“ in Deutschland 2007.** Foto, 2007.

Stürme entstehen meist über dem Meer. Wenn der Wind aufs Festland auftrifft, kann es dort zu erheblichen Verwüstungen kommen. Die Kraft eines Sturmes reicht aus, um Bäume zu entwurzeln und Gebäude zu beschädigen.
Je nach Entstehungsort eines Sturms unterscheidet man zwischen tropischen und außertropischen Stürmen.

Tropische Wirbelstürme

Jedes Jahr richten tropische Wirbelstürme gewaltige Zerstörungen an und kosten viele Menschenleben. Wirbelstürme sind rotierende sturmartige Winde.
Sie bilden sich über den Ozeanen in den Tropen, wenn dort eine Wassertemperatur von mindestens 27 Grad herrscht. Wenn Wirbelstürme auf Küsten treffen, können dort riesige Flutwellen entstehen. Ziehen die Stürme über Land, hinterlassen sie eine Schneise der Verwüstung.
Mithilfe von Satelliten und Beobachtungsflugzeugen lassen sich heute die Zugbahnen der Wirbelstürme ziemlich genau vorhersagen, sodass die Bevölkerung gewarnt werden kann.

Stürme

Stürme entstehen immer dann, wenn auf engem Raum die Druckunterschiede zwischen einem **Hoch**- und einem **Tiefdruckgebiet** sehr groß sind. Ein Sturmtief ist ein Tiefdruckgebiet, das zu einem Sturm führt, also die Stärke 9 bis 11 auf der Beaufortskala* erreicht; bei stärkeren Ereignissen spricht man von Orkantief.

***Beaufortskala**
Von Francis Beaufort im 19. Jahrhundert entwickelte Einteilung der Windgeschwindigkeiten in die Stufen 0 (Windstille) bis 12 (Orkan).
Siehe auch S. 41.

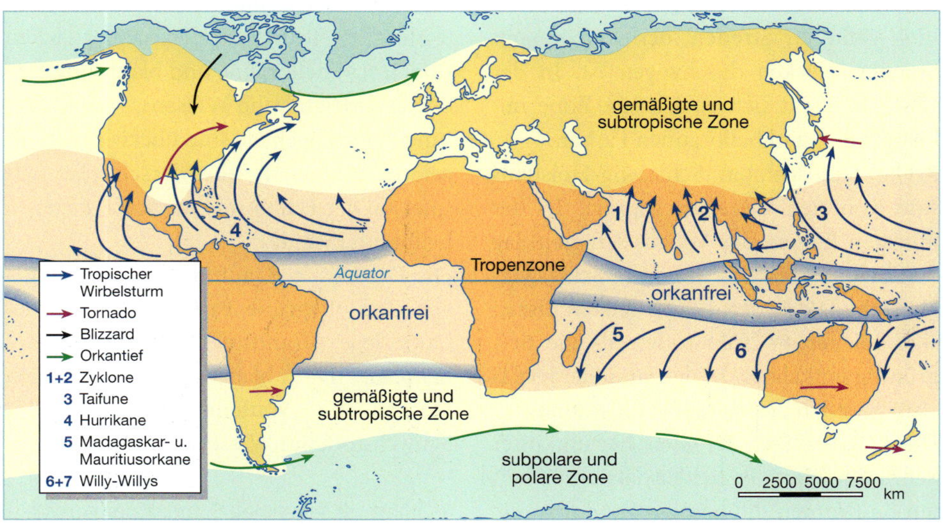

M 2 **Zugbahnen von Wirbelstürmen.**

M3 Zyklon Nargis 2008

Anfang Mai 2008 traf der Zyklon „Nargis" mit Windgeschwindigkeiten von zum Teil 200 Kilometern pro Stunde auf die Küste von Myanmar. Er hatte sich im April über dem Golf von Bengalen gebildet. Beim Auftreffen auf die sehr dicht besiedelte Küstenregion im Irrawaddy-Delta zerstörten der Sturm und die Flutwelle Zehntausende von Häusern.

Madinal Haq lebt auf einer Insel vor dem Irrawaddy-Delta. Früher besaß er sechs Hektar Land, von denen er mit seiner Familie gut leben konnte. Seit der Ozean seine Felder überflutete, gehört er zu den Landlosen. Unter ein paar Bäumen stand seine Hütte, umgeben von einem winzigen Garten, der die Familie mit Gemüse versorgte. Familie Haq wohnte keine zehn Meter vom Meer entfernt. Mardinal konnte zusehen, wie die Strömung alles wegriss. Nun wird er fortziehen müssen – er besitzt nichts mehr. Wenn er Glück hat, wird es anderswo im Delta ein paar Quadratmeter Land geben. Der fruchtbare Löss im Delta, der durch natürliche Aufschüttung entstanden ist, erlaubte bis zu vier Ernten im Jahr.

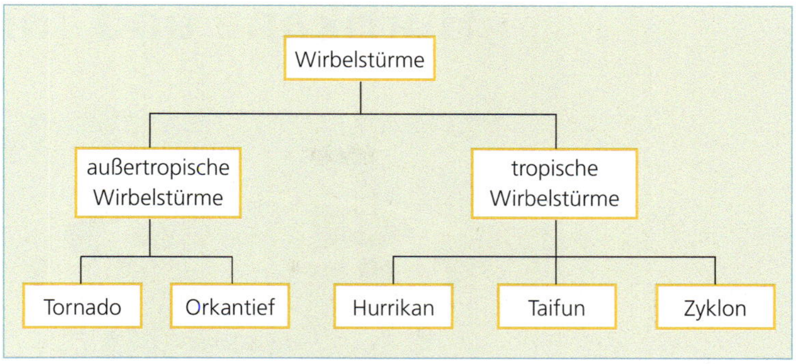

M4 **Einteilung der Wirbelstürme.**

M5 **Insel vor dem Irrawaddy-Delta nach dem Durchzug von „Nargis".** Foto, 2008.

Blizzards – Schneestürme in Nordamerika

Blizzards richten jedes Jahr in Nordamerika enorme Schäden an und fordern zahlreiche Todesopfer. Sie treten in der Zeit zwischen Dezember und März auf. Ihnen geht meist mildes Wetter voraus. Sie entstehen durch starke Kaltlufteinbrüche aus nördlicher und nordwestlicher Richtung. Die kalte Luft kann beinahe ungehindert bis zum Golf von Mexiko vordringen, da sich ihr kein Hindernis in Form von Gebirgen entgegenstellt. Bei einem Blizzard fallen in der Regel in kurzer Zeit große Mengen Schnee, die durch den Sturm verweht werden. Dadurch kommt der Verkehr und das öffentliche Leben zum Erliegen.

1 Beschreibt die Verbreitungsgebiete der verschiedenen Stürme (M 2).

2 Gliedert die Wirbelstürme nach ihrem Entstehungsgebiet in tropische und außertropische Wirbelstürme (M 2, M 4).

3 Erstellt eine Tabelle, in die ihr die tropischen Wirbelstürme mit ihren Entstehungsgebieten und den Küsten, die von ihnen bedroht sind, eintragt (M 2–M 5).

4 Leben an der Küste bedeutet „Leben am Rande der Katastrophe". Beurteilt diese Aussage (M 2–M 5).

Hurrikane und Tornados

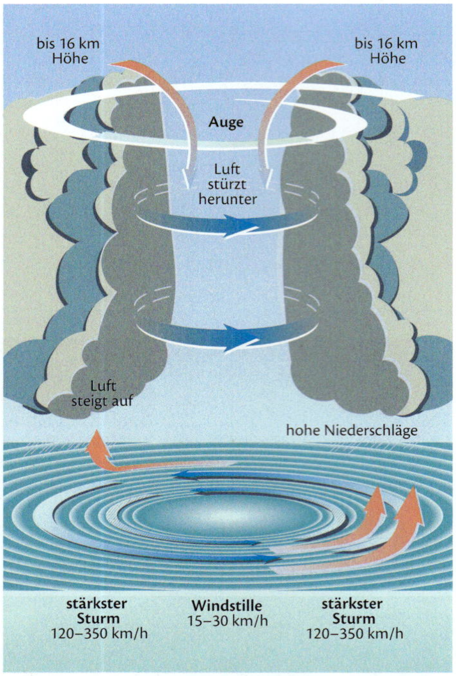

M 1 Schnitt durch einen Hurrikan.

M 2 Der Hurrikan „Katrina"* im Golf von Mexiko. Satellitenbild.

M 3 Tornado in den USA. Foto, 2008.

Hurrikane

Hurrikane sind Wirbelstürme, die über den tropischen Teilen des Atlantischen Ozeans entstehen. Als Hurrikane werden sie eingestuft, wenn sie Windstärke 12 oder Windgeschwindigkeiten von mehr als 117 Stundenkilometern erreichen.

Die Sonne erwärmt in den Tropen (siehe S. 36) das Meer stark. Wasser verdunstet und steigt als Wasserdampf auf. Es bilden sich immer dickere Wolken. Durch die Erddrehung entsteht ein Wirbel, sodass die Luft in einer Spirale nach oben steigt. Sie dreht sich dabei um einen zentralen Bereich, das „Auge" des Hurrikans. Im Auge herrscht absolute Windstille, es gibt keine Wolken und deshalb auch keine Niederschläge. Umso stärker sind der Sturm und die Niederschläge vor und nach dem Durchzug des „Auges".

Hurrikane wandern vom Atlantik zunächst in Richtung Westen und Nordwesten und drehen dann zwischen dem 20. und 35. Breitengrad meist nach Norden oder Nordosten ab. Über dem Meer wird der Hurrikan mit genügend feuchter Luft versorgt, sodass er sich dort bis zu zwei Wochen lang halten kann und oft noch an Stärke zunimmt. Trifft er aufs Land, so regnet er ab und löst sich rasch auf, da keine feuchte Luft nachströmt.

Die Hurrikan-Saison dauert von Juni bis November. Mit Wettersatelliten und Wetterflugzeugen werden Wirbelstürme beobachtet. Computer berechnen ihre voraussichtliche Zugbahn und Stärke, damit die Bewohner der betroffenen Gebiete rechtzeitig gewarnt werden können.

***Hurrikan „Katrina"**
Am 29.08.2005 erreichte „Katrina" mit Windgeschwindigkeiten von bis zu 250 Stundenkilometern südlich von New Orleans die US-Golfküste. Durch den Sturm und die dadurch ausgelöste Sturmflut wurden Häuser an der Küste fortgespült, Schiffe auf das Festland gesetzt, Fahrbahnen aus Betonbrücken gerissen und es brachen Deiche. Die tiefer liegende Stadt New Orleans wurde zu 80 Prozent der Fläche geflutet. Eine Million Menschen wurden obdachlos.

Tornados

Tornados sind außertropische Wirbelstürme, die in der gemäßigten Klimazone (siehe S. 36) auftreten. Tornados entstehen, wenn sich große Gewitterwolken über einer Schicht mit aufgeheizter Luft bilden. Die warme Luft steigt von unten auf und die kalten Luftmassen sinken nach unten. Beide Luftmassen prallen aufeinander. Dabei bilden sich mächtige Luftverwirbelungen, die sich schnell um ein schmales Gebiet äußerst niedrigen Luftdrucks drehen und mehrere hundert Meter Durchmesser erreichen können. Tornados erreichen Geschwindigkeiten bis zu 500 Stundenkilometern.

Windgeschwindigkeit (km/h)				
124–125	154–177	178–210	211–249	über 249
Sturmflut (Höhe m)				
1,2–1,5	1,8–2,4	2,7–3,6	3,9–5,4	über 5,4
Kategorie 1 – gering: Schäden an Hafenanlagen, Straßen und Bäumen.	**Kategorie 2 – mäßig:** Entwurzelte schwache Bäume, aus Halterung gerissene Wegweiser, Küstenstraßen unter Wasser.	**Kategorie 3 – erheblich:** Bäume und Leitungsmasten am Boden. Zerstörte Wohnmobile. Umherfliegende Teile eine Gefahr.	**Kategorie 4 – außergewöhnlich:** Bäume und Leitungsmasten am Boden. Zerstörte Wohnmobile. Umherfliegende Teile eine Gefahr.	**Kategorie 5 – katastrophal:** Häuser stürzen ein. Küste auf einer Breite bis zu 16 Kilometern lebensgefährlich.

M4 **Skala der Stärke von Hurrikanen.**

Der schlauchartige Luftwirbel ist das äußere Kennzeichen eines Tornados. Aus einiger Entfernung ähnelt der Luftwirbel einem Elefantenrüssel, der unberechenbar hin und her pendelt und sich gelegentlich vom Boden abhebt. Mit diesem „Rüssel" wird Staub und Sand aufgewirbelt. Über Wasserflächen bilden sich Wasserwirbel, so genannte Wasserhosen.

Dort, wo der Rüssel auf die Erde trifft, entsteht eine Schneise der Verwüstung. Bäume werden umgeknickt, Fahrzeuge wirbeln durch die Luft und Häuser stürzen ein. Da der Tornadorüssel nicht immer aus Wolkentröpfchen besteht, kann er auch unsichtbar bleiben. Erst umherfliegende Trümmer und Staubteilchen verraten ihn.

Die Lebensdauer eines Tornados ist gering. Sie beträgt von mehreren Sekunden bis zu einer Stunde, aber in den meisten Fällen nur etwa 10 Minuten.

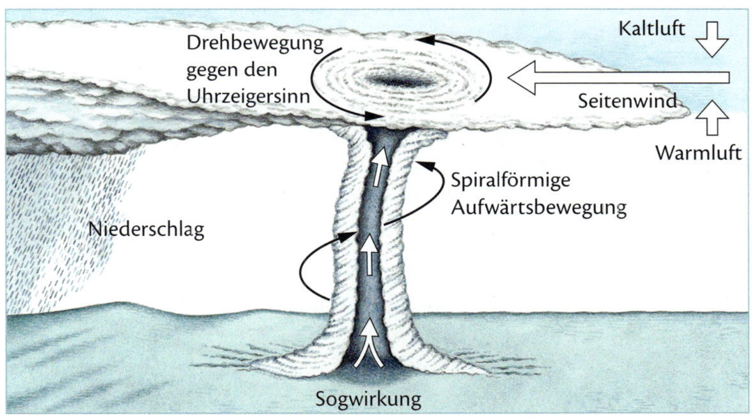

M5 **Schnitt durch einen Tornado.**

1 Beschreibt die Auswirkungen des Hurrikans „Katrina" und nennt Schäden, die er verursachte.

2 Vergleicht Verbreitung, Gestalt, Entstehung und Wirkung von Hurrikanen und Tornados. Fertigt dazu eine Tabelle an.

3 Hurrikan „Katrina" erreichte teilweise Stärke 5. Erläutert, welche Zerstörungen Sturm und Flutwelle dabei anrichteten (M4).

4 Sucht im Netz und in Medien Berichte zum Hurrikan „Katrina" und berichtet, warum die Zerstörungen in New Orleans so groß waren.

Schutz vor Naturgefahren

M 1 Schutzmaßnahmen vor einem Hurrikan in Florida. Foto, 2008.

M 2 Erdbebensicheres Hochhaus – das „Taipei 101“ in Taiwan. Foto, 2008.

Gefahren

Jedes Jahr verlieren mehrere zehntausend Menschen durch Naturereignisse ihr Leben, und es entstehen Sachschäden in Milliardenhöhe. In den kommenden Jahren könnte die Zahl der Opfer nach Ansicht von Experten noch weiter steigen, da die größten Städte der Erde an Küsten liegen, die von Stürmen bedroht sind. Auch die Zahl der Menschen, die in Erdbeben- und Vulkangebieten leben, steigt. Um die Zahl der Opfer und Schäden möglichst niedrig zu halten, werden genaue Vorhersagen über den Zeitpunkt eines Naturereignisses immer notwendiger.

Frühwarn- und Erdbeobachtungssysteme

Mithilfe von Wettersatelliten lassen sich heute die Zugbahnen und die Geschwindigkeit von Wirbelstürmen sehr genau vorhersagen. So bleibt den Menschen in den betroffenen Gebieten ausreichend Zeit, ihre Häuser zu schützen und sich in Sicherheit zu bringen.
Weitaus schwieriger ist die Vorhersage und damit auch die Frühwarnung bei Erdbeben und Vulkanausbrüchen.

Die meisten aktiven Vulkane der Erde werden ständig überwacht. Fest installierte Messgeräte messen automatisch, ob vermehrt Gase austreten, sich die Temperatur im Krater erhöht, ob stärkere Erdbeben zu verzeichnen sind oder ob sich die Oberfläche des Vulkans verformt. Die Daten werden an die Überwachungsstationen gesendet, die sie auswerten und gegebenenfalls Alarm auslösen. Anhand der Daten können die Wissenschaftler zwar feststellen, ob sich die Wahrscheinlichkeit eines Ausbruchs erhöht hat, wann und ob dieser aber tatsächlich stattfinden wird, lässt sich noch nicht sicher vorhersagen. Dennoch konnten aber zum Beispiel beim Ausbruch des Mount St. Helens 1980 viele Menschenleben gerettet werden, weil die Umgebung des Vulkans rechtzeitig geräumt wurde.

Frühwarnung ist schwierig

Noch schwieriger ist die Frühwarnung vor Erdbeben. Seit Jahrhunderten wird beobachtet, dass sich Tiere oft schon Tage vor starken Erdbeben merkwürdig verhalten. Man vermutet, dass sie viel eher als Menschen kleinste Erschütterungen der

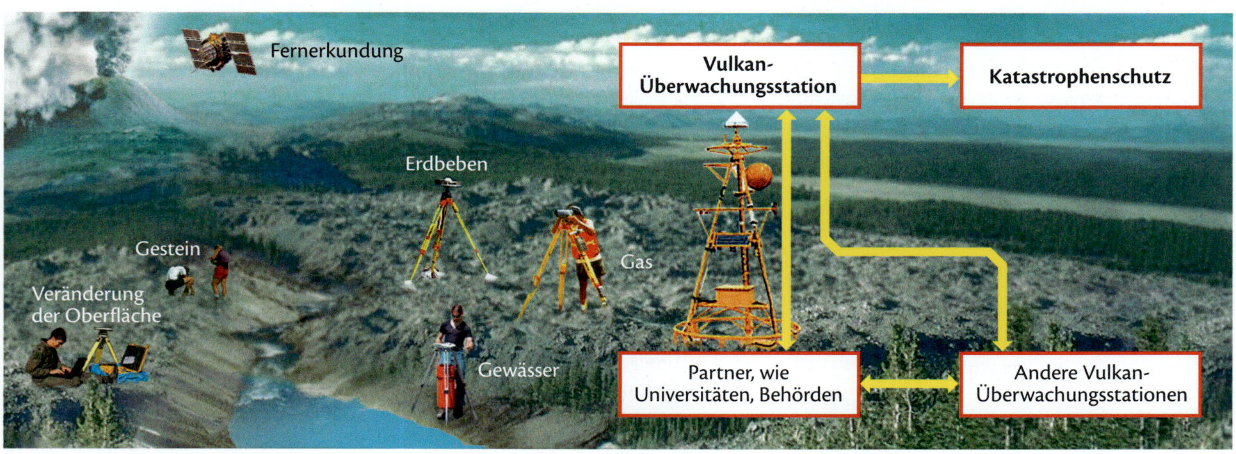

M 3 Überwachung von Vulkanen.

Erdkruste oder austretende Gase wahrnehmen.
Die einzige kurzfristige Warnung, die heute schon möglich ist, basiert auf Frühwarnsystemen, die wenige Minuten oder Sekunden vor der größten Zerstörungswucht eines Erdbebens Alarm schlagen. Messgeräte registrieren bei einem Erdbeben bereits schwache Erdbebenwellen, die schneller durchs Gestein wandern als die zerstörerischen Wellen, und können vorwarnen. In den Sekunden, die bis zum Eintreffen des Bebens bleiben, können zum Beispiel Fahrstühle angehalten oder Hochgeschwindigkeitszüge gestoppt werden.

Erdbebensicheres Bauen

Beim letzten stärkeren Erdbeben in San Francisco fiel auf, dass zwar viele kleinere Gebäude stark beschädigt wurden oder einstürzten, die Hochhäuser aber dem Beben standhielten.
Moderne Hochhäuser bestehen aus Beton und einem Stahlgerüst, das durch Querstreben verstärkt ist. Das sind ideale Baustoffe in Erdbebengebieten, da Stahl sehr elastisch ist und nicht gleich bricht. Zusätzlich sind einige Gebäude auf Stoßdämpfern gelagert, um die durch ein Erdbeben ausgelösten Erschütterungen abzuschwächen.
Ein Problem bei Hochhäusern ist, dass sie bei einem Erdbeben im oberen Bereich sehr stark anfangen würden zu schwingen. Um dies zu verhindern, wurde in dem bis 2007 höchsten Gebäude der Erde, dem „Taipei 101“ in Taiwan, eine Stahlkugel in die obersten der 101 Stockwerke gehängt. Sie soll im Falle eines Erdbebens die Schwingungen des Gebäudes verringern.

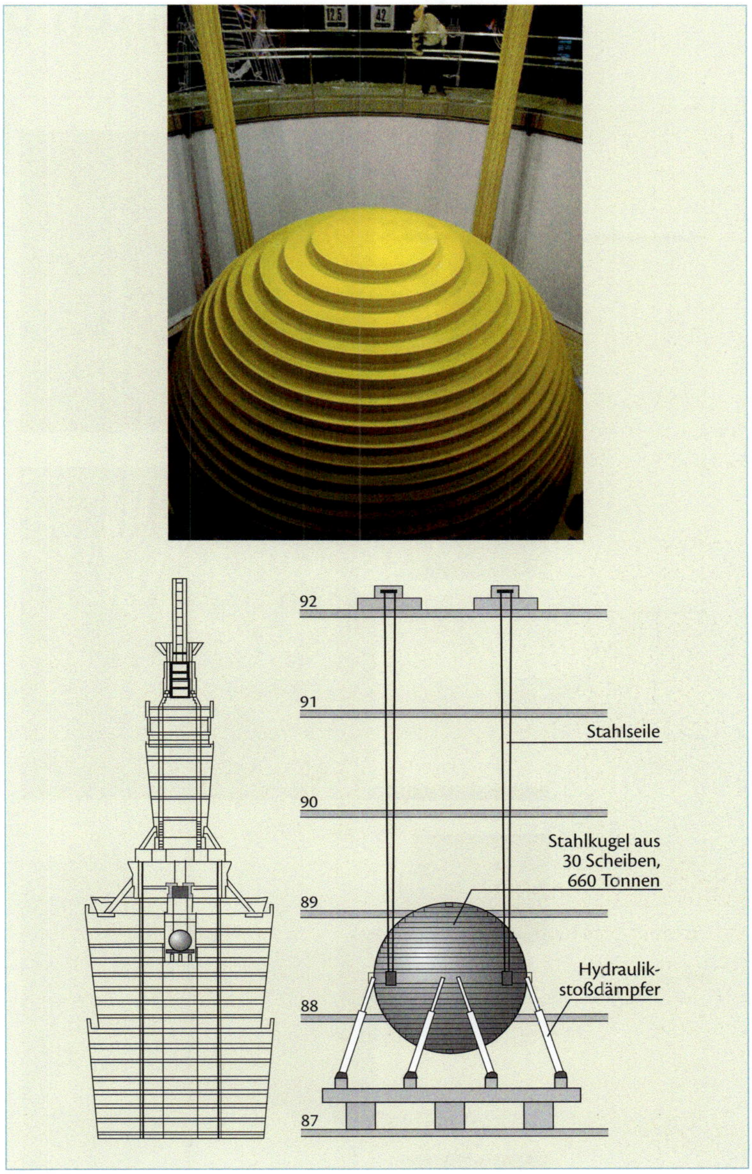

M 4 Erdbebensicheres Hochhaus – das „Taipei 101“ in Taiwan.
Bauskizze mit Foto.

1 Beschreibt die verschiedenen Warnsysteme und notiert Stichworte.

2 Erstellt eine Tabelle, in die ihr die Naturgefahren (Vulkanausbruch, Erdbeben, Stürme), die jeweiligen Möglichkeiten der Frühwarnung und Schutzmaßnahmen eintragt (M 1–M 4).

3 Erläutert die einzelnen Schritte der Überwachung von Vulkanen (M 3).

4 Verfolgt in den Medien aktuelle Berichte zu Naturgefahren und prüft, inwieweit rechtzeitig gewarnt werden konnte.

Flüsse gestalten die Landschaft

M 1 **Durch Flüsse entstandene Talformen.** Fotos.

Die Arbeit des Wassers

Das Wasser in Bächen, Flüssen und dem Meer, aber auch Regenschauer oder strömender Regen verändern die Oberfläche der Erde. Die Arbeit des Wassers gehört zu den exogenen (von außen wirkenden) Kräften. Das fließende Wasser wirkt auf drei verschiedene Arten auf die Oberfläche ein: es trägt Gesteinsmaterial ab (**Erosion**), transportiert es und lagert es an anderer Stelle wieder ab.

Die Kraft des fließenden Wassers hängt vom Gefälle, von der Menge des mitgeführten Wassers und der Fließgeschwindigkeit ab. Je steiler das Gefälle und je größer die Wassermenge ist, desto mehr Material kann das Wasser abtragen. So können die steilen Gebirgsbäche sehr große Gesteinsbrocken bewegen und z. B. bei Hochwasser auch Brücken zum Einsturz bringen.

Entstehung von Talformen

Im steilen Quellbereich und im Oberlauf von Gebirgsflüssen ist die Fließgeschwindigkeit sehr groß. Der Fluss gräbt sich tief in das Gestein ein und bildet Täler mit steilen Talwänden, die man als „Klamm“ oder „Schlucht“ bezeichnet.

Wenn flussabwärts die Fließgeschwindigkeit etwas nachlässt, wirkt die Abtragung nicht nur nach unten, sondern auch an den Seitenrändern. Es entstehen tief eingeschnittene Kerb- oder V-Täler.

In flacheren Flussabschnitten mit lockerem Untergrund bilden sich weite Mulden- und Sohlentäler. Ein Beispiel hierfür ist das Oberrheintal.

Wenn die Fließgeschwindigkeit des Flusses im flachen Gelände abnimmt, nimmt auch die Transportkraft ab. Der Fluss beginnt, das mitgeführte Material wie größere Steine und Kiesel im Flussbett abzulagern. Man bezeichnet das als **Sedimentation**.

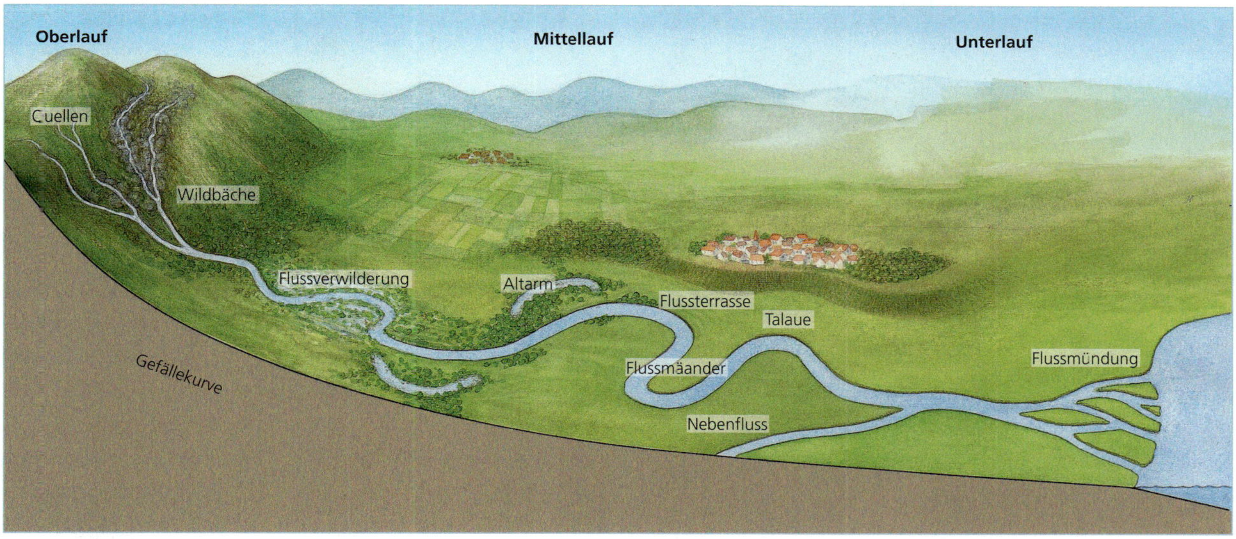

M 2 **Profil eines Flusslaufes.**

Mäander entstehen

Mit abnehmender Fließgeschwindigkeit und zunehmender Sedimentation beginnt der Fluss zu pendeln und bildet dabei zunächst kleinere, später größere Flussschlingen, die Mäander. Dabei ist die Fließgeschwindigkeit in der Außenkurve am höchsten. Das Wasser prallt mit großer Kraft an den Hang und trägt ihn ab. Es entsteht ein steiler Prallhang.

An der innenliegenden Seite fließt der Fluss langsamer. Er lagert Kies und Sand ab und ein deutlich flacherer Gleithang entsteht.

Die Flussmündung

Im Bereich der Flussmündung endet die Transportkraft eines Flusses. Er lagert dort sein restliches mitgeführtes Material ab.

An der Mündung eines großen Flusses, der viel Material mit sich führt, kann sich eine fächerförmige Aufschüttungsfläche bilden. Sie wird in Anlehnung an den ähnlich geformten griechischen Buchstaben Delta (Δ)genannt. Das Delta ist von mehreren Mündungsarmen des Flusses durchzogen.

M 3 **Moselschleife bei Bremm.** Foto, 2009.

1 Beschreibt die verschiedenen Talformen aus M 1 und erläutert, wie sie sich voneinander unterscheiden.

2 Erklärt, auf welche drei Arten das fließende Wasser auf die Erdoberfläche einwirkt.

3 Nennt und beschreibt die typischen Abschnitte eines Flusses (M 2).

4 Ordnet die Talformen aus M 1 den Flussabschnitten in M 2 zu.

5 Erläutert anhand von M 3, wie ein Mäander bzw. eine Flussschleife entsteht. Verwendet dabei auch die Begriffe „Prallhang" und „Gleithang".

Hochwasser durch Menschenhand?

M 1 Versiegelte Fläche. Foto, 2009.

M 2 Hochwasser in Dresden. Foto, 2002.

Kann man Flächen verbrauchen?

In Zeitungen, Rundfunk und Fernsehen stößt man gelegentlich auf den Begriff „Flächenverbrauch“. Dieser Begriff ist irreführend, denn eine Fläche wird nicht verbraucht – etwa so, wie ein Haushalt elektrischen Strom verbraucht. Genau genommen handelt es sich um eine „Umwidmung“ einer Fläche – aber wer kann sich darunter schon etwas Konkretes vorstellen? Ein großes Problem der Umwidmung sind die vielen Flächenversiegelungen.

Einerseits werden durch Flächenversiegelungen Pflanzen und Tiere verdrängt. Die ausgleichende Wirkung von Bäumen für die Luftverbesserung (Reinigung und Abkühlung im Sommer) und als Bestandteil der Erholungsgebiete für Menschen geht so verloren.

In Deutschland werden – rechnerisch betrachtet – täglich rund 115 Hektar zu Verkehrs- und Siedlungsflächen umgewandelt. Ein Hektar entspricht in etwa der Größe eines Fußballstadions mit Zuschauertribünen (rund 10 000 Quadratmeter). Damit ist die Umwandlung zwar etwas geringer als in den Jahren zuvor (zwischen 1997 und 2000 waren es rund 129 Hektar), aber aus Sicht von Umweltschützern immer noch Besorgnis erregend hoch.

Versiegelte Flächen

Versiegelte Flächen verhindern überdies eine Wasserversickerung im Boden. Und das kann sehr schlimme Folgen haben: Bei starken Niederschlägen oder zur Zeit der Schneeschmelze gelangen so zu schnell zu große Wassermassen in die Kanalisation und Flüsse. „Flutberge“ bewegen sich dann durch die vom Menschen veränderten Flusstäler und führen in den ufernahen Gebieten zu Hochwasser.

Flussbegradigungen und Kanalisationen führen zu höheren Strömungsgeschwin-

M3 **Kanalisierter Bachlauf.** Foto, 2008.

M5 **Entsiegelte Fläche.** Foto, 2008.

M4 **Renaturierter Bachlauf.** Foto, 2008.

M6 **Flussaue.** Foto, 2008.

digkeiten. Durch Trockenlegungen der Auen verloren viele Flüsse ihre natürlichen „Überlaufgebiete“. Solche Auen bestanden früher in Deutschland an vielen Flussabschnitten. Es handelt sich dabei um Niederungen, die Wasserüberschüsse aufnehmen, die bei Wassermangel aber auch austrocknen können.

Flusstäler und deren Umgebung waren einerseits schon immer bevorzugtes Siedlungsgebiet. Andererseits breiteten sich ausgerechnet in den Auen früher Krankheitserreger aus. Überdies waren die Feuchtgebiete Brutstätten für Insekten, die z. T. tödliche Krankheiten (wie die Malaria) übertrugen.

Naturschützer kämpfen zunehmend für den Rückbau und die Renaturierung von Fließgewässern. Das hat neben der Verminderung oder Vermeidung von Hochwasserschäden noch den angenehmen Nebeneffekt, dass seltene Pflanzen und Tiere wieder zurückkehren können.

http://www.bund.net
http://www.wwf.de

1 Beschreibt die Unterschiede zwischen „Flächenverbrauch“ und „Flächenversiegelung“ (Text, M 1).

2 Nennt das Ausmaß der Flächenumwandlung für Verkehr und Siedlungen in Deutschland.

3 Erläutert: „Entsiegelung“ und „Renaturierung“.

4 Erklärt, warum sich Umweltschützer für die Renaturierung von Fließgewässern einsetzen (M 1–M 6, Text).

Check: Das kann ich schon …

Wichtige Begriffe erklären

- ✓ endogene/exogene Kräfte
- ✓ Erdbeben
- ✓ Plattentektonik
- ✓ Vulkanismus
- ✓ Schicht-/Schildvulkan
- ✓ Schalenaufbau der Erde
- ✓ Hurrikan
- ✓ Taifun
- ✓ Tornado
- ✓ Hochwasser
- ✓ Flächenverbrauch
- ✓ Renaturierung
- ✓ Naturgefahren
- ✓ Erosion
- ✓ Sedimentation

M 1 Aufbau eines Schichtvulkans.

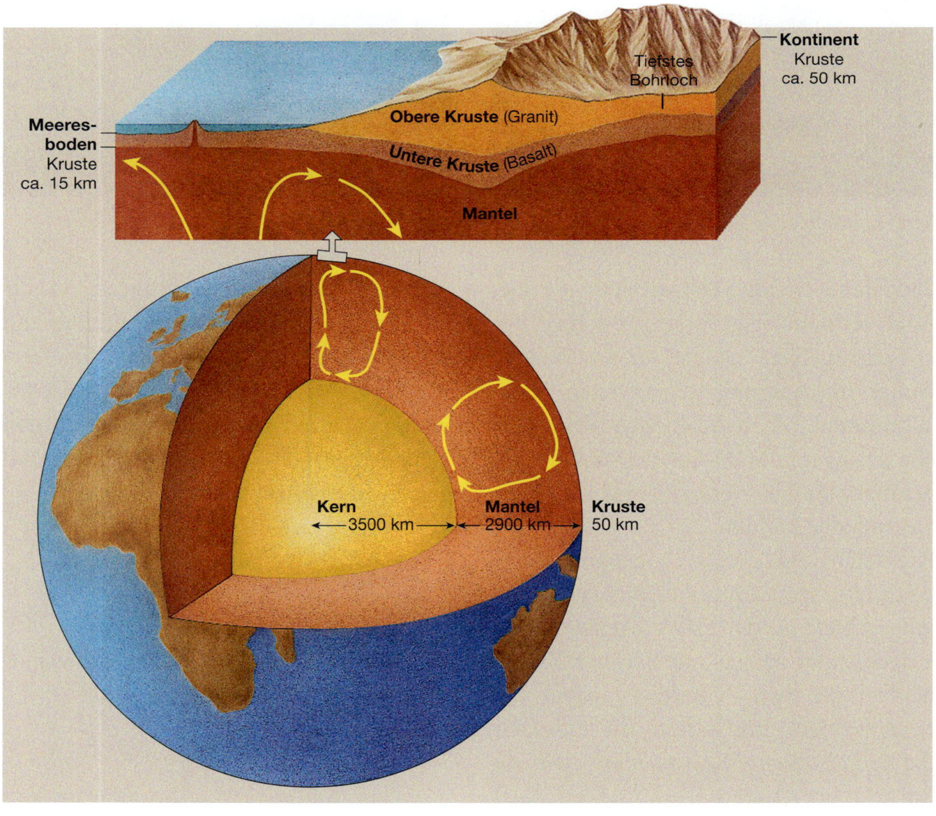

M 2 Schalenaufbau der Erde.

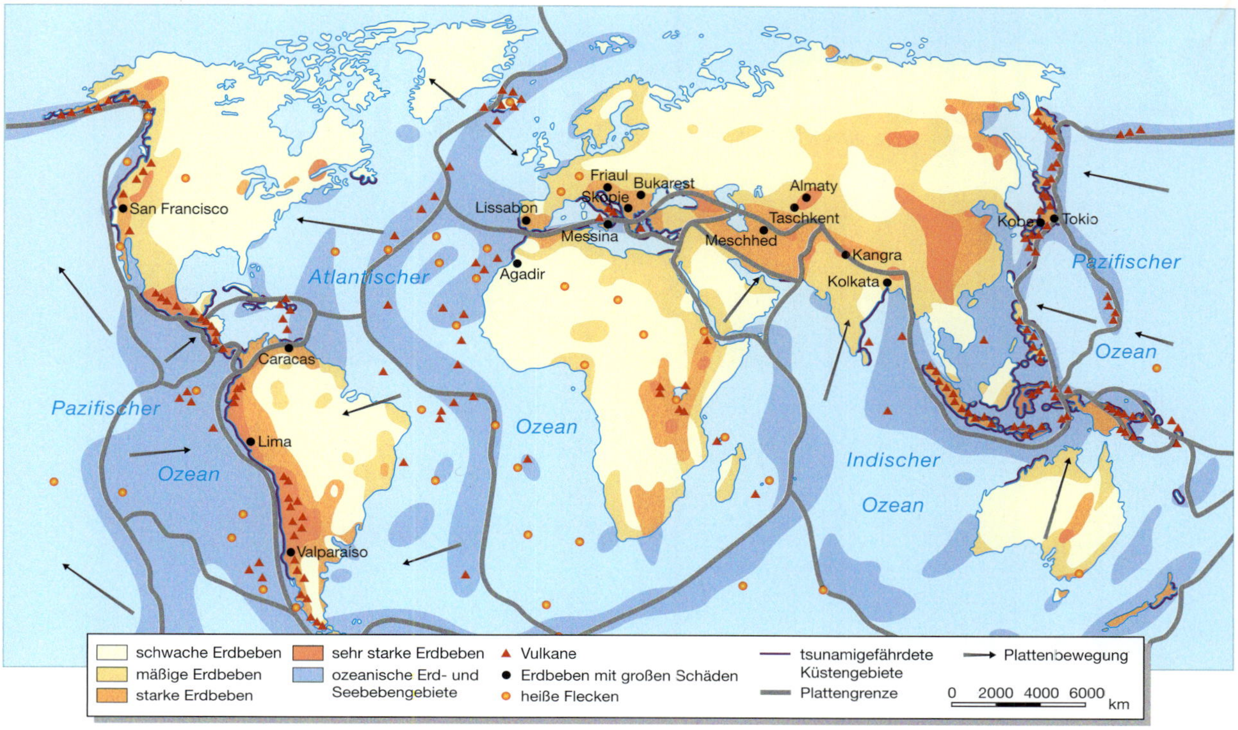

M3 **Erdbebengebiete und Vulkanregionen der Erde.**

Fachliche Kompetenz

1 Erklärt euch gegenseitig die wichtigen Begriffe (Kasten) und schreibt die Bedeutung der Begriffe in eure Arbeitsmappe.

2 Beschreibt den Schalenaufbau der Erde (M2).

3 Erklärt mit M3, warum es zu Erdbeben und Vulkanausbrüchen kommt.

4 Beschreibt den Aufbau eines Schichtvulkans (M1) und erklärt die Bezeichnung.

5 Notiert Stichpunkte, wie Hurrikane und Taifune entstehen.

Methodenkompetenz

6 Erläutert, was man bei einer Internetrecherche beachten muss.

M4 **Tsunamischutzbauwerk an der Küste Japans.** Foto, 2007.

Urteils- und Handlungskompetenz

7 Diskutiert, ob ein Vulkanausbruch ein „Naturereignis" oder eine „Naturkatastrophe" ist.

8 Immer wieder verlieren Menschen durch Hochwasser und Stürme ihr Hab und Gut. Prüft an einem Beispiel, was man tun kann und wieweit Menschen an den Katastrophen „schuldig" sind.

2 Wetter und Klima

Wind, Regen oder Sonnenschein – wie das Wetter am nächsten Tag wird, interessiert viele. Die meisten Menschen richten nur ihre Kleidung oder ihre Freizeitunternehmungen nach dem Wetter aus. In der Landwirtschaft hängt die Ernte in hohem Maße vom Wetter ab und für Fischer, die Schifffahrt sowie Piloten können manche Wetterlagen zu einer ernsten Gefahr werden.

In diesem Kapitel lernt ihr
- wieso die Sonne der Motor des Windes ist,
- welche Faktoren das Klima beeinflussen,
- welche Klimazonen es auf der Erde gibt und
- warum der Klimaschutz eine globale Aufgabe aller Menschen ist.

Am Ende des Kapitels könnt ihr sicher Klimadiagramme auswerten.

Entstehung von Tages- und Jahreszeiten

M 1 Kastanienbaum im Frühling, Sommer, Herbst und Winter. Fotos.

Tageslängen unterscheiden sich

Bei uns können Bauern im Sommer noch spätabends bei Sonnenlicht auf dem Feld arbeiten. In der Demokratischen Republik Kongo ist es zur gleichen Zeit stockdunkel. Wie entstehen die unterschiedlichen **Tageslängen** und **Jahreszeiten**?

Von Europa aus betrachtet geht die Sonne im Osten auf. Mittags erreicht sie ihren höchsten Stand im Süden und geht abends im Westen unter. In Wirklichkeit steht die Sonne zwar immer an der gleichen Stelle, doch durch die Drehung der Erde um ihre Achse scheint es so, als bewege sich die Sonne. Sie beschreibt scheinbar einen Bogen am Himmel.

Aus eigener Erfahrung wisst ihr, dass die Tage des Jahres bei uns unterschiedlich lang sind. Im Sommer geht die Sonne früher auf, steht mittags hoch am Himmel und geht erst spätabends unter. Im Winter dagegen geht die Sonne später auf und schon am frühen Nachmittag wieder unter. Selbst mittags steht sie im Süden nur tief am Himmel. Andere Gebiete der Erde haben andere Beleuchtungsverhältnisse (M 3–M 5).

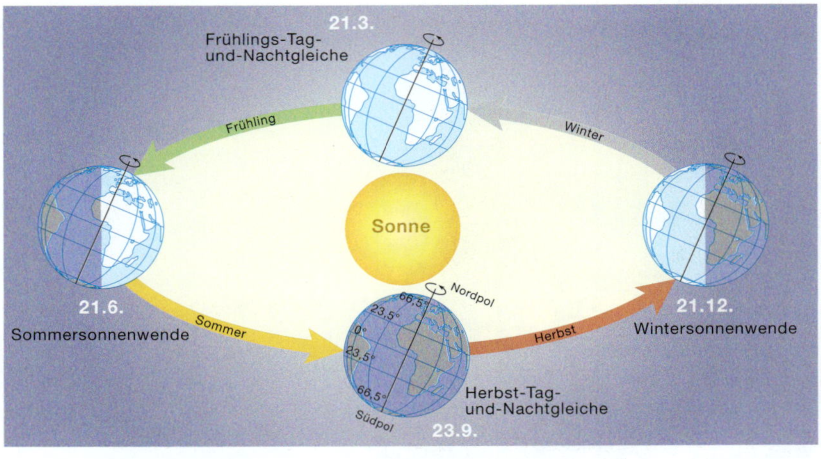

M 2 Bewegung der Erde um die Sonne (nicht maßstabsgerecht). Die Benennung der Jahreszeiten bezieht sich auf die Nordhalbkugel.

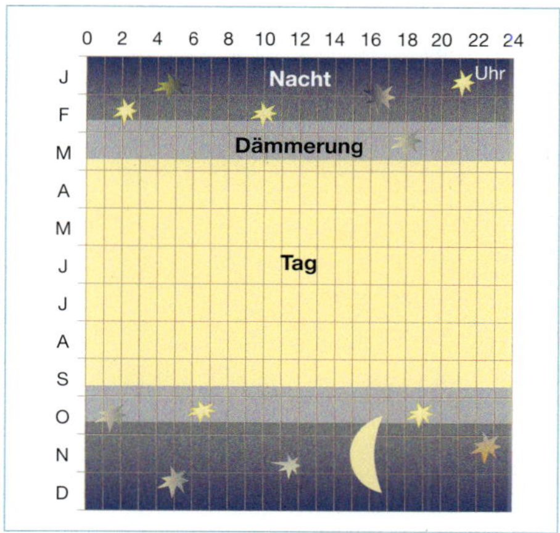

M3 **Tageslängen am Nordpol (90° N).**

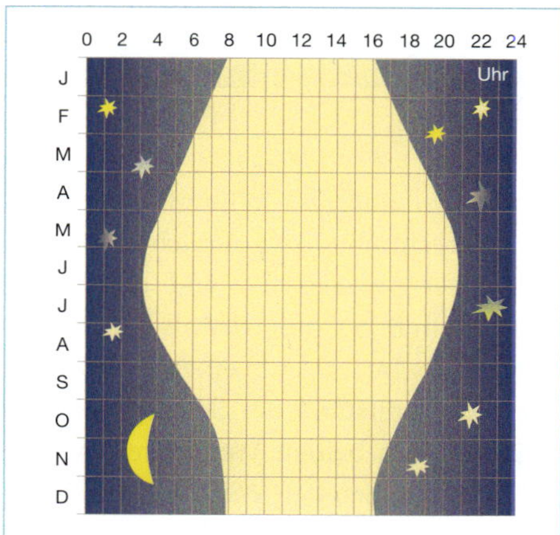

M4 **Tageslängen in 50° nördl. Breite (z. B. Mainz).**

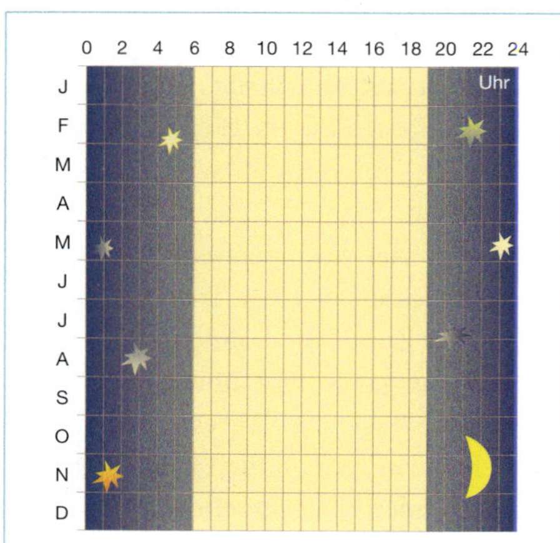

M5 **Tageslängen am Äquator = 0° Breite (z. B. in Kisangani/Demokratische Republik Kongo).**

Entstehung der Jahreszeiten

Die unterschiedlichen Beleuchtungsverhältnisse und die Jahreszeiten haben ihre Ursache in der Schrägstellung der Erdachse. Beim Lauf der Erde um die Sonne hat die Erdachse eine ständig gleich bleibende Neigung von 23,5°. Daraus folgt, dass im halbjährigen Wechsel einmal die Nord- und einmal die Südhalbkugel der Sonne zugeneigt ist (M2).

M6 **Weihnachten.** Fotos.

1 Beschreibt die Bewegung der Erde um die Sonne (M2). Beachtet die Stellung der Erdachse und die Neigung der Erdhalbkugel zur Sonne. Erklärt nun, warum es zum Beispiel in Deutschland vier Jahreszeiten gibt (M1).

2 Vergleicht die Tageslängen am Nordpol, in Deutschland und am Äquator (M3–M5) und erklärt die Unterschiede (M1).

3 Erklärt mithilfe von M1 und M2, warum es in den Tropen im Jahresverlauf keinen ausgeprägten Temperaturwechsel wie in Deutschland gibt.

4 Erläutert M6.

Sonnenstand und Temperaturzonen

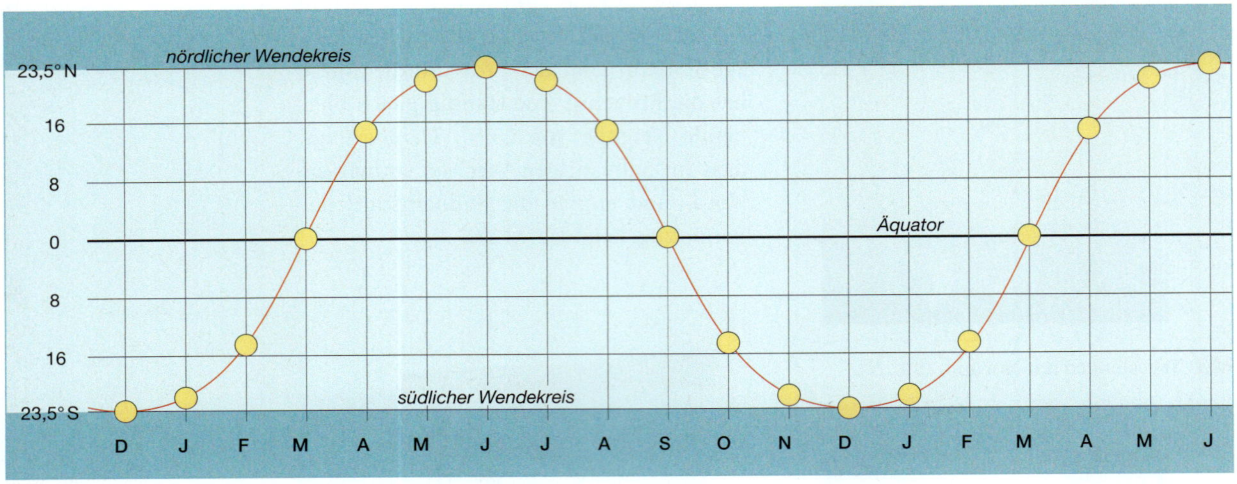

M 1 Zenitstand der Sonne im Laufe eines Jahres.

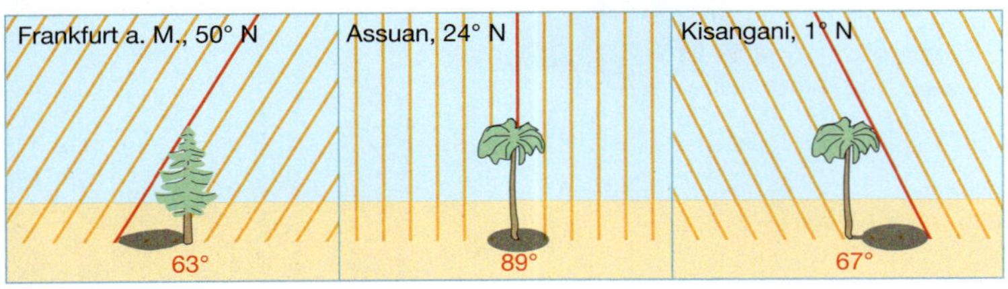

M 2 Höchste Sonnenstände (Mittagssonne) und Schatten am 21. 6.

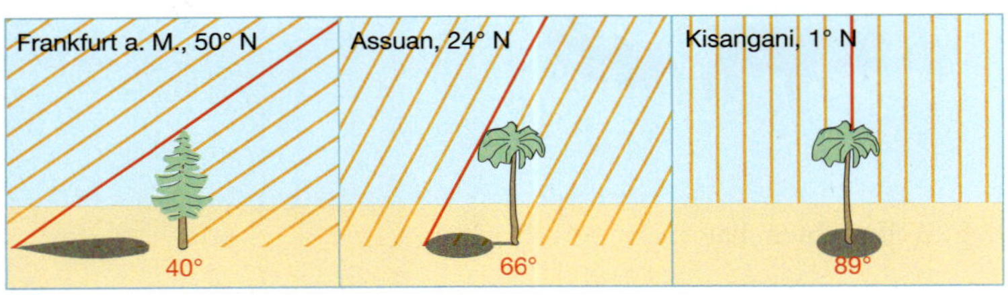

M 3 Höchste Sonnenstände (Mittagssonne) und Schatten am 23. 9.

Wendekreise* und Zenitstand

Die **Wendekreise** befinden sich auf beiden Seiten des Äquators bei 23,5 Grad nördlicher sowie südlicher Breite. Nur in diesem Bereich der Erde steht die Sonne mindestens einmal im Jahr senkrecht über dem Betrachter.
Über dem Äquator steht die Sonne senkrecht, wenn bei uns auf der Nordhalbkugel der Frühling oder der Herbst beginnen. Zu unserem Sommerbeginn steht die Sonne senkrecht über dem nördlichen Wendekreis, zu unserem Winterbeginn steht sie senkrecht über dem südlichen Wendekreis. Der senkrechte Stand der Sonne über einem Betrachter wird als **Zenitstand** bezeichnet. Im Verlaufe eines Jahres wandert der Zenitstand der Sonne scheinbar zwischen den beiden Wendekreisen. Der Bereich zwischen den Wendekreisen heißt die **Tropen**.

***Wendekreise**
Die Wendekreise befinden sich auf beiden Seiten des Äquators bei 23,5 Grad nördlicher sowie südlicher Breite (siehe M 5). Dort „wendet" der Zenitstand der Sonne. Deshalb werden diese Breitenkreise „Wendekreise" genannt.

Sonnenstände und Jahreszeiten

Aus dem Einfallswinkel der Sonnenstrahlen ergeben sich unterschiedliche Temperaturzonen auf der Erde. Dort, wo im Laufe des Jahres unterschiedlich viel Sonnenenergie eingestrahlt wird, entstehen Jahreszeiten.
Dort, wo viel Sonnenenergie einstrahlt wird, besonders in den Tropen, entsteht die warme Zone. Die Sonneneinstrahlung ist hier das ganze Jahr über gleichmäßig hoch. Alle Tage des Jahres sind deshalb ähnlich warm und ähnlich lang (ungefähr zwölf Stunden). Jahreszeiten wie in den gemäßigten Zonen gibt es hier nicht. Stattdessen sind die Unterschiede zwischen Nacht und Tag ausgeprägt.

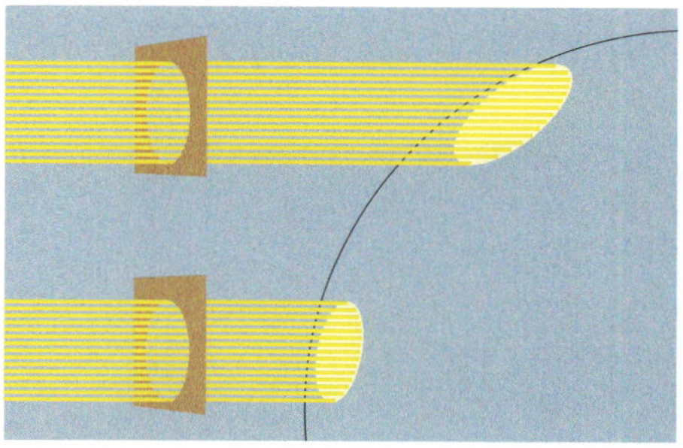

M4 **Einfall der Sonnenstrahlen am Äquator und Polarkreis.**

Sonnenstände in den gemäßigten Zonen

Beiderseits der Wendekreise befinden sich die **gemäßigten Zonen**. Sie reichen auf der Nordhalbkugel bis zum nördlichen Polarkreis bei 66,5° nördlicher Breite und auf der Südhalbkugel bis 66,5° südlicher Breite. Hier steht die Sonne mittags im Sommer zwar nicht mehr senkrecht über der Erde, aber immer noch relativ hoch am Himmel. Die Tage sind dann lang. Im Winter steigt die Sonne nicht weit über den Horizont. Dann sind die Tage kurz und kühl.

Sonnenstände in den Polarregionen

In den **Polarregionen** – das sind die Bereiche zwischen den Polarkreisen und den Polen – fallen Sonnenstrahlen immer nur flachwinklig ein.

Die Sonnenstrahlen erwärmen hier die Erde nur gering. Bedingt durch die Schrägstellung der Erdachse zur Umlaufbahn um die Sonne ist an den Polen zwar ein halbes Jahr die Sonne sichtbar über dem Horizont (im Nordsommer ist es am Nordpol so, während am Südpol Finsternis herrscht), aber die Sonnenstrahlen erwärmen diesen Teil der Erde nur mäßig.

Den Sonnenschein, der ununterbrochen 24 Stunden oder mehrere Tage andauert, nennt man **Polartag**. Dauerhafte Dunkelheit wird als **Polarnacht** bezeichnet.

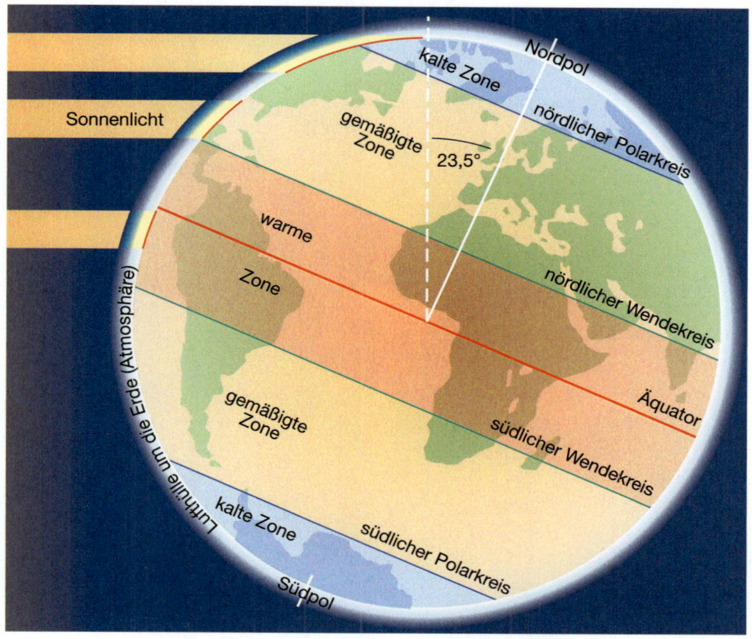

M5 **Temperaturzonen der Erde.**

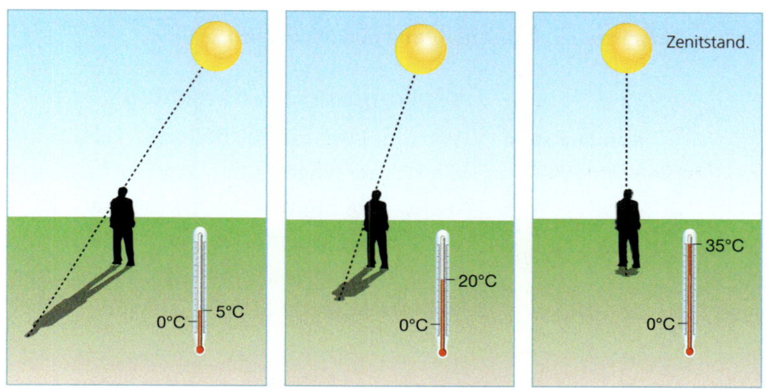

M6 **Einfallswinkel der Sonnenstrahlen und Temperaturen.**

1 Zeigt den Verlauf der beiden Wendekreise auf einem Globus. Welchen Zusammenhang gibt es zwischen den Wendekreisen und dem Zenitstand der Sonne?

2 Zeigt den Verlauf der beiden Polarkreise. Welche Erdteile befinden sich zwischen den Wende- und den Polarkreisen (M5)?

3 Erklärt den Zusammenhang zwischen Einfallswinkel der Sonnenstrahlen und Temperaturentwicklung (M2 bis M6, Text).

4 Erläutert, wie sich ein Jahreszeitenklima von einem Tageszeitenklima unterscheidet?

5 Erklärt, wo die Sonne heute ungefähr im Zenit steht (M 1, Atlas).

Wolken und Wind

M 1 **Lufterwärmung, Wolkenbildung und Niederschlag.**

Wolken und Niederschlag

***Kondensation**
Übergang von gasförmigen Stoffen (z. B. Luft) in flüssige Form (z. B. Nebel und Wolken).

Warme Luft ist leichter als kalte Luft. Deswegen steigt sie auf. Warme Luft kann mehr Feuchtigkeit aufnehmen als kalte Luft. Steigt warme feuchte Luft auf und kühlt sich dabei ab (Kondensation*), entstehen Wolken. Steigen Gewitterwolken weiter auf, werden sie größer und höher und können in einigen Kilometern Höhe Eiswolken – den sogenannten „Amboss“ – bilden. Diese Vorgänge ereignen sich bei uns manchmal in sommerlicher Hitze, wenn gewaltige warm-feuchte Luftmassen aufsteigen. Werden die Wassertröpfchen

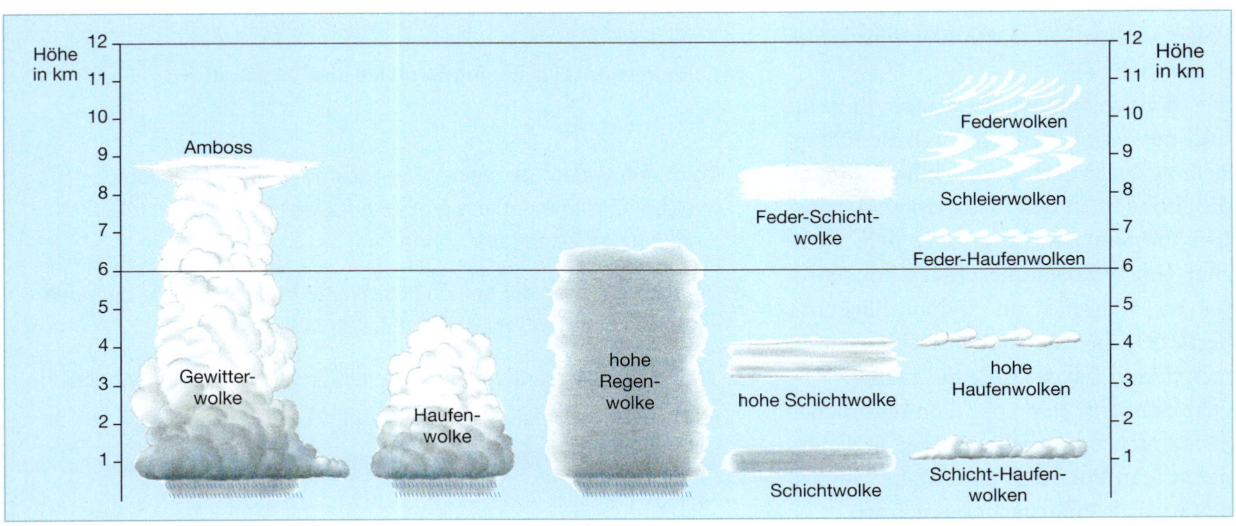

M 2 **Wolkenformen.**

M3 Windmessgerät (Anemometer).

oder Eisteilchen zu schwer, regnen sie rasch und heftig ab. Aus den Eiswolken können dann kleine bis mittelgroße Kugeln – der Hagel – auf die Erde fallen. Da ihre Fallgeschwindigkeit hoch ist, tauen sie vor dem Erreichen der Erdoberfläche nicht.

Je nach Form und Höhe, in der sich die Wolken befinden, haben Fachleute ihnen unterschiedliche Namen gegeben.

Land- und Seewind

An der See kann man manchmal im Sommer etwas Besonderes auf relativ kleinem Raum beobachten, das sich so ähnlich auch auf der gesamten Erde ereignet: Am Tage erwärmt sich das Land stärker und schneller als Wasser. Warme Luft steigt auf. Von der See strömt kühle Luft auf die Landoberfläche nach. Da Winde nach ihrer Herkunft bezeichnet werden, heißt dieser Wind Seewind.

Nachts stellt sich das Windsystem um. Das Wasser hält seine Temperatur, während das Land nach Sonnenuntergang stärker abkühlt. Deshalb steigt nun Luft über der See auf und vom Land strömt kühlere Luft aufs Meer hinaus – der Landwind.

Windgeschwindigkeiten

1806 entwickelte der Brite Francis **Beaufort** eine Skala, anhand derer sich Wind in zwölf verschiedene Stärken einteilen lässt. Inzwischen werden Windstärken technisch exakt gemessen und in Kilometern pro Stunde (km/h) angegeben.

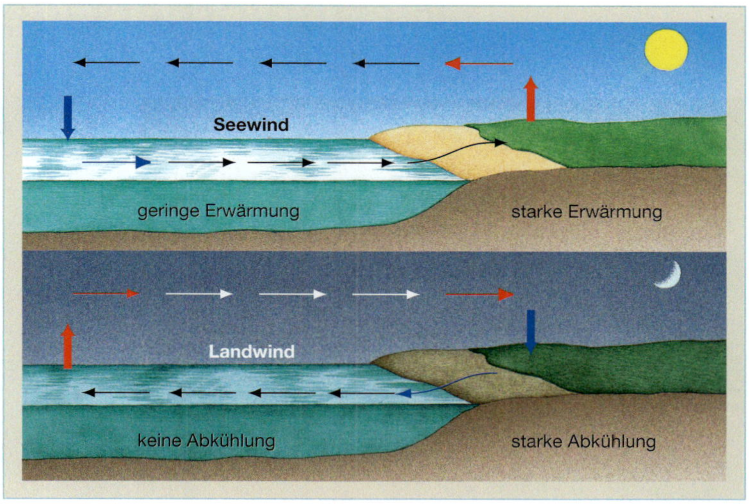

M4 Entstehung von Seewind und Landwind.

Windstärke	Bezeichnung	sichtbare Merkmale
0	Windstille	Rauch steigt senkrecht empor
1	leiser Zug	Rauch treibt leicht ab
2	leichte Brise	Wind im Gesicht spürbar
3	schwache Brise	Blätter bewegen sich
4	mäßige Brise	Papier wird vom Boden gehoben
5	frische Brise	Bäume bewegen sich
6	starker Wind	dicke Äste bewegen sich
7	steifer Wind	Bäume schwanken
8	stürmischer Wind	Zweige brechen von Bäumen
9	Sturm	Ziegel fallen von Dächern
10	schwerer Sturm	Bäume werden entwurzelt
11	orkanartiger Sturm	schwere Schäden
12	Orkan	Verwüstungen

M5 Windgeschwindigkeiten nach Francis Beaufort (Beaufort-Skala).

1 Erklärt den Zusammenhang zwischen Sonneneinstrahlung, Wolkenbildung und Niederschlag (M1, M2, Text).

2 Erläutert wie es passieren kann, dass an einem heißen Sommertag Eiskügelchen aus den Wolken fallen?

3 Beschreibt die Entstehung von Winden. Nutzt dazu die Grafik M4.

4 Berichtet über beobachtbare Windgeschwindigkeiten (M5). Welcher Wind herrscht momentan an eurem Wohnort?

5 Schaut aus dem Fenster und bestimmt die Wolkenformen. Macht dazu eine Skizze.

Wettervorhersage – (k)ein Glücksspiel

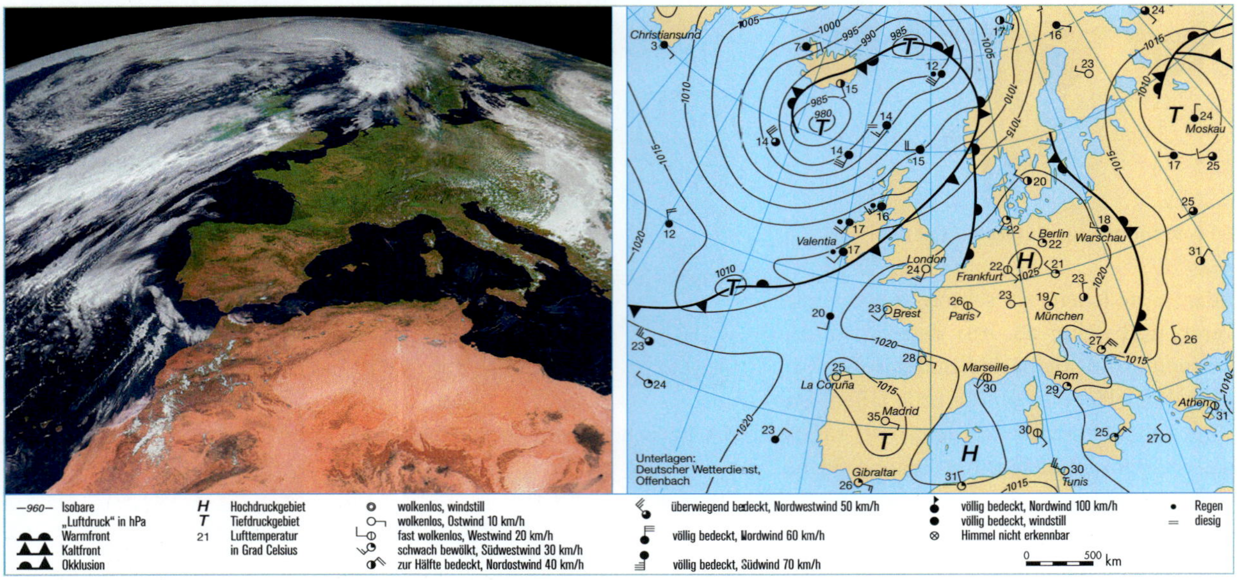

M 1 **Satellitenbild und Wetterkarte vom 4. 8. 2007 (14 Uhr MESZ*).**

***MESZ**
Mitteleuropäische Sommerzeit.

***Meterologe**
Wissenschaftler, der sich mit dem Wetter (Entstehung, Veränderung, Vorhersage, Langzeitauswertungen) befasst.

Großwetterlagen

„April, April, der macht, was er will!“ – so lautet ein Sprichwort, das eine für den April typische Wetterlage beschreibt.

Sprechen Meteorologen* von „Wetter“ meinen sie den augenblicklichen (kurzfristigen) Zustand der Atmosphäre für einen bestimmten Ort auf der Erde.

Witterung beinhaltet das Wettergeschehen über einen mittleren Zeitraum (mehrere Tage).

Bei der Wetterentwicklung spielen großräumige Druckgebilde sowie warme und kalte Luftmassen – die Kalt-, Warm- und Mischfronten (Okklusionen) – eine entscheidende Rolle. Sie bestimmen die Großwetterlage und wirken sich auf das örtliche Wetter aus.

In Deutschland stellen sich während eines Jahres regelmäßig einige immer wiederkehrende Großwetterlagen ein:

- Hundstage: Sie stellen sich bei Südostlagen in der ersten Augusthälfte ein. Es herrscht sommerliches Badewetter bei sehr hohen Temperaturen. Da die Luft auch sehr feucht ist, ist es schwül und es kann zu heftigen Gewittern kommen.
- Altweibersommer: Er stellt sich im Frühherbst (Ende September/Anfang Oktober) bei einer Nordostlage ein. Es ist sehr sonnig, sodass es tagsüber oft sommerlich warm wird, während es in der Nacht Bodenfrost geben kann. Morgens bildet sich häufig Nebel.
- Weihnachtstauwetter: Selbst wenn es vorher schon winterlich kalt war, stellt sich um die Weihnachtszeit häufig eine Westlage ein, die milde Luft vom Atlantik nach Deutschland bringt. Bei dieser Wetterlage sind „weiße Weihnachten“ daher eher die Ausnahme.

Für Europa werden 29 Großwetterlagen unterschieden. In Deutschland stellt sich am häufigsten eine Westlage ein, die feuchte Luft vom Atlantik bringt.

Die Meteorologen versuchen aus den aktuellen Messdaten und dem Wettergeschehen der Vergangenheit eine treffsichere Wettervorhersage zu erstellen.

Luftdruck

Für die Entwicklung des Wetters von großer Bedeutung ist der Luftdruck. Er wird in Hektopascal (hPa) angegeben. Gebiete mit Werten unterhalb von 1013 hPa werden als Tiefdruckgebiete (T) bezeichnet, Gebiete mit Werten oberhalb von 1013 hPa bezeichnet man als Hochdruckgebiete (H). Fallender Luftdruck hat in der Regel Niederschlagsbildung zur Folge. So lässt sich mit einem Luftdruckmessgerät (Barometer) recht zuverlässig und recht einfach Niederschlag voraussagen.

Wettervorhersagen

Eine wesentliche Grundlage für die Wettervorhersage ist die Messung und Beobachtung der aktuellen Wettererscheinungen. Diese meteorologischen Daten werden in einem weltweiten Netz von Stationen zu vorgegebenen Zeiten und nach einheitlichen Verfahren gewonnen, die international vereinbart sind.

Je dichter das Netz der Beobachtungsstationen ist, desto genauer wird die Wettervorhersage. Weltweit gibt es mehr als 10 000 Landstationen. Auch bewegliche Beobachtungsstationen in Schiffen und Flugzeugen, automatische Stationen und Wetterballons werden bei der Datensammlung eingesetzt.

Wetterstationen sind nicht gleichmäßig über die Erde verteilt. Besonders über Meeresgebieten und Wüstenregionen gibt es wenig bis gar keine Messwerte. Diese Messlücken versucht man durch den Einsatz von **Wettersatelliten** zu schließen.

Die METEOSAT-Satelliten befinden sich in 36 000 Kilometern Höhe über dem Äquator und liefern alle zehn bis 15 Minuten Bilder zur Erde. Nach Auswertung der Daten durch die Computer der Wetterdienste lassen sich genaue Vorhersagen für die nächsten Stunden machen. Je weiter eine Vorhersage in die Zukunft gerichtet ist, desto ungenauer wird sie. Wetterentwicklungen sind so vielfältig und unterschiedlich, dass nicht einmal viele Großcomputer zusammen in der Lage sind, das Wetter für einen längeren Zeitraum vorauszuberechnen.

M 2 Luftmassen, die unser Wetter bestimmen.

www.dwd.de

1 Erläutert, was man unter „hohem" und „tiefem" Luftdruck versteht.

2 Beschreibt die Großwetterlage in M 1 (Temperaturen, Niederschläge, Winde).

3 Vergleicht Satellitenbild und Wetterkarte. Geht dabei insbesondere auf die Hoch- und Tiefdruckgebiete ein.

4 Notiert die Großwetterlagen, bei denen
- feuchte,
- trockene und
- warme Luft nach Deutschland transportiert wird (M 2).

5 Wertet eine Woche lang Wettervorhersagen und Wirklichkeit aus. Kommentiert danach: „Wettervorhersage – ein Glücksspiel?"

METHODE

Auswerten von Klimadiagrammen

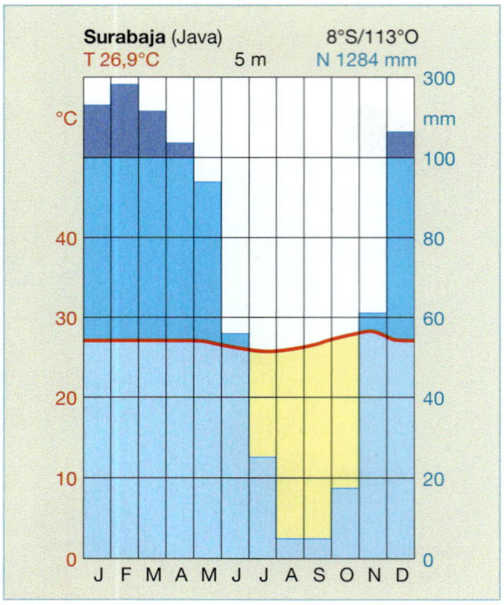

M 1 Klimadiagramm von Surabaja.

Patna ist ein Ort in Indien – nur relativ wenige Meter oberhalb des Meeresspiegels (um 53 Meter). Er liegt auf der nördlichen Halbkugel in der wechselfeuchten tropischen Zone.
Die durchschnittliche Jahrestemperatur beträgt 25,9 Grad Celsius. Die durchschnittlichen Lufttemperaturen im Laufe eines Jahres schwanken zwischen rund fünfzehn und etwas mehr als dreißig Grad Celsius. In den Monaten Dezember und Januar ist die Temperatur am geringsten, im Mai erreicht sie ihren Höhepunkt.

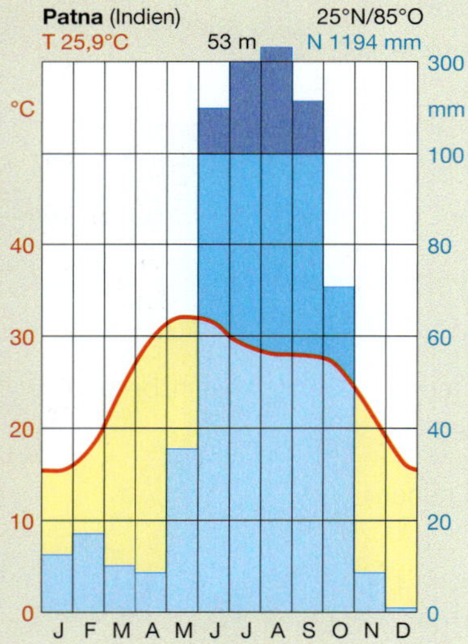

Der jährliche Niederschlag summiert sich auf knapp 1200 Millimeter. In den Sommermonaten der Nordhalbkugel (Juni bis September) fallen mit deutlichem Abstand zu den anderen Monaten des Jahres die meisten Niederschläge.
Das Maximum im August mit über 300 Millimetern macht allein mehr als ein Viertel des Gesamtniederschlags eines Jahres aus. Arid sind die restlichen Monate Januar bis Mai sowie November und Dezember. Im Dezember fällt üblicherweise fast kein Niederschlag in Patna.

M 2 Beispiel für die Auswertung eines Klimadiagramms.

Aufbau eines Klimadiagramms

In **Klimatabellen** werden die langjährigen Mittelwerte von Temperatur und Niederschlägen für die einzelnen Monate angegeben. Werden diese Werte zeichnerisch umgesetzt, erhält man **Klimadiagramme**. Sie erleichtern Vergleiche der Klimate verschiedener Orte.

Die Temperatur wird in Grad Celsius (°C) gemessen, und zwar um 7 Uhr, 14 Uhr und 21 Uhr. Das Tagesmittel wird aus vier Werten für jeden Tag gebildet – der Wert für 21 Uhr wird doppelt gezählt (also z. B. 14 + 22 + 16 + 16 = 68 : 4 = 17, der Tagesmittelwert betrüge bei diesem Beispiel demnach 17 °C).

Das Monatsmittel erhält man, wenn die Summe der einzelnen Tagesmittel durch die Anzahl der Tage des Monats dividiert wird. Die Summe der Monatsmittel, geteilt durch zwölf, ergibt das Jahresmittel.
Die Mittelwerte der Monate werden im Diagramm als Punkte gekennzeichnet und durch eine zusammenhängende Linie verbunden, sodass eine (rote) Temperaturkurve entsteht. Die Maßeinheiten der Temperatur werden auf der linken Hochwertachse angegeben.
Die Menge der Niederschläge wird mit einem Niederschlagsmesser festgestellt und in Millimeter (mm) angegeben. Ein Millimeter Niederschlag bedeutet: Auf einen Quadratmeter fällt ein Liter Niederschlag. Die monatlichen Summen erhält man aus der Addition der Tagesmengen. Addiert man die Monatsmittel, so ergibt dies die Jahresmenge. Da es sich um Summen handelt, werden die Niederschläge eines Monats im Diagramm als Säulen dargestellt. Die Maßeinheiten werden auf der rechten Hochwertachse angegeben.

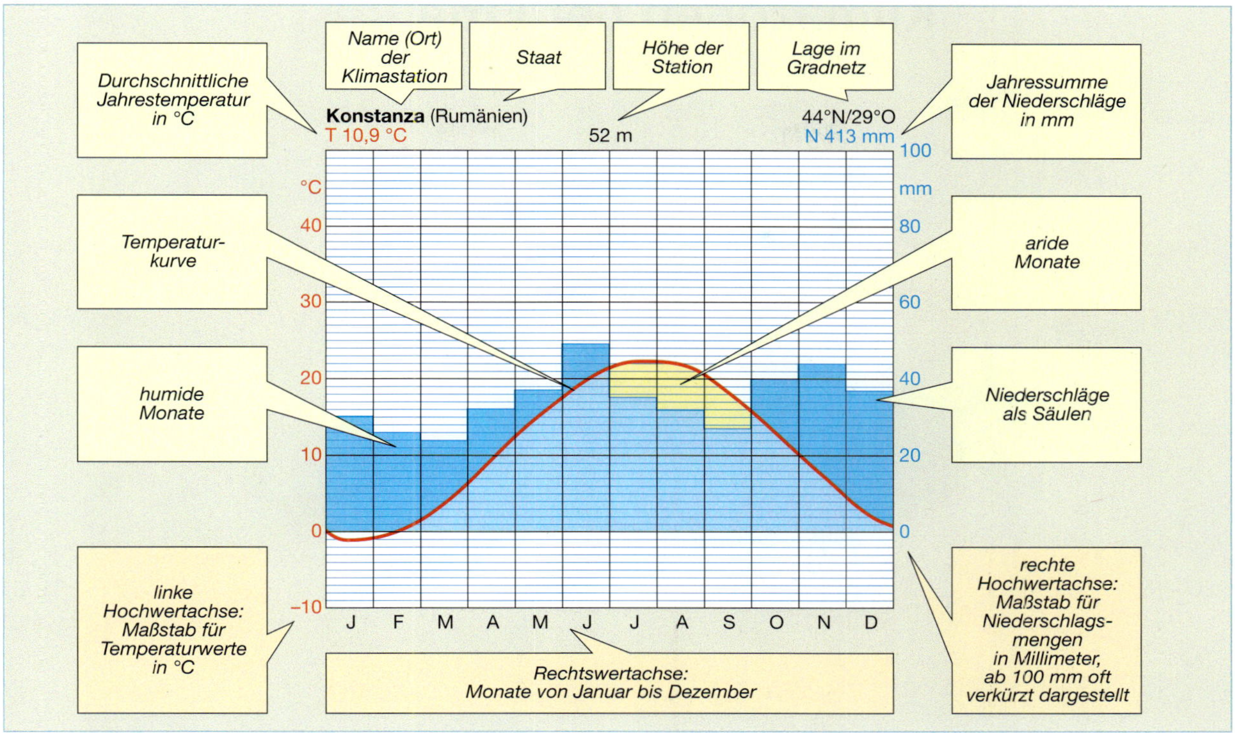

M 3 **Der Aufbau eines Klimadiagramms.**

Werden Temperaturkurve und Niederschlagssäulen in einem Diagramm dargestellt, erhält man ein Klimadiagramm. Mit einem Blick kann man erkennen, welche Monate die höchsten und welche die niedrigsten Werte bei Temperaturen und Niederschlägen aufweisen. Man spricht dabei von einem Maximum (höchster Werte) und einem Minimum (niedrigster Wert) der Temperatur bzw. der Niederschläge.

Der Maßstab wird am besten so gewählt, dass 10 °C Temperatur 20 mm Niederschlag entsprechen. Dies hat den Vorteil, dass man sofort sieht, ob ein Monat **humid** (feucht) oder **arid** (trocken) ist:

- Wo die Temperaturkurve über den Niederschlagssäulen verläuft, wird die Fläche zwischen der Kurve und den Säulen gelb eingefärbt. Dies zeigt aride Monate an.
- In den humiden Monaten liegt die Temperaturkurve innerhalb der Niederschlagssäulen. Die Niederschlagsmenge unterhalb der Temperaturkurve entspricht in etwa der Wassermenge, die verdunstet.

Da die Werte aus einem 30-jährigen Mittel berechnet werden, sagt das Klimadiagramm nichts über mögliche Extremwerte einzelner Jahre aus, z. B. besonders heiße Sommer, überdurchschnittlich kalte Winter oder ungewöhnlich feuchte oder trockene Zeiten.

Jan.	0,0 °C	57 mm
Feb.	1,0 °C	44 mm
März	5,0 °C	36 mm
April	9,4 °C	43 mm
Mai	13,8 °C	54 mm
Juni	17,1 °C	72 mm
Juli	18,7 °C	68 mm
Aug.	17,9 °C	77 mm
Sept.	14,5 °C	56 mm
Okt.	9,2 °C	50 mm
Nov.	4,8 °C	53 mm
Dez	1,2 °C	53 mm

M 4 **Klimadaten von Frankfurt/Main.**

1 Fasst in einem kurzen mündlichen Vortrag zusammen, auf welcher Datengrundlage Klimadiagramme erstellt werden (Text).

2 Erläutert den Aufbau eines Klimadiagramms (M 3).

3 Wertet – entsprechend dem Beispiel in M 2 – das Klimadiagramm von Surabaja (M 1) aus.

4 Zeichnet ein eigenes Klimadiagramm mit den Daten aus M 4 und wertet es ebenfalls – entsprechend dem Beispiel in M 2 – aus.

Klimazonen der Erde

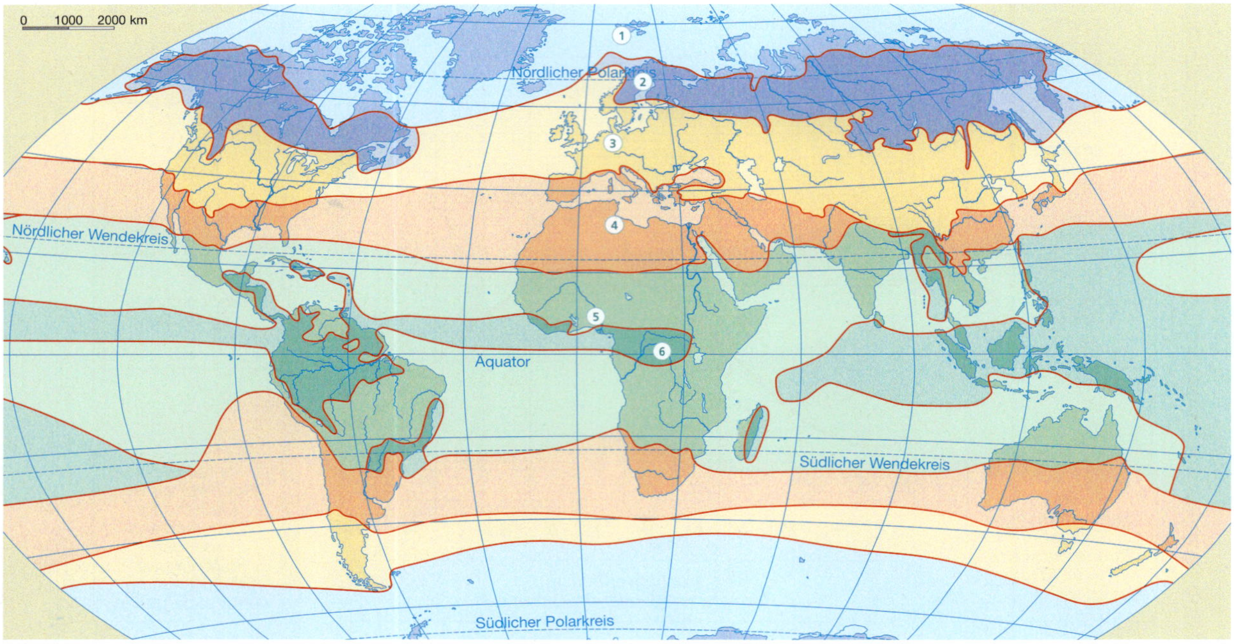

M 1 Die Klimazonen der Erde.

① Polarzone
- Jahresmitteltemperatur um 0 °C
- alle Monate unter 10 °C
- Wachstumszeit kürzer als 10 Tage

② Kaltgemäßigte Zone
- Jahresmitteltemperatur meist über 0 °C
- höchstes Monatsmittel über 10 °C
- Wachstumszeit 100 – 160 Tage

③ Kühlgemäßigte Zone
- Jahresmitteltemperatur ca. 8 °C – 12 °C
- kalte Winter
- Wachstumszeit länger als 160 Tage

④ Warmgemäßigte bis heiße Zone (Subtropen)
- Jahresmitteltemperatur 15–20 °C
- niedrigstes Monatsmittel zwischen 2 °C und 3 °C
- höchstes Monatsmittel über 20 °C
- milde Winter

⑤ Tropisch wechselfeuchte Zone
- Jahresmitteltemperatur über 25 °C
- niedrigstes Monatsmittel über 13 °C
- niemals Frost
- Wechsel von Regenzeit und Trockenzeit

⑥ Tropisch immerfeuchte Zone
- Jahresmitteltemperatur um 25 °C
- niedrigstes Monatsmittel über 13 °C
- niemals Frost
- keine Trockenzeit, tägliche wolkenbruchartige Regenschauer

M 2 Merkmale der Klimazonen der Erde.

Von der Polarzone zu den immerfeuchten Tropen

Die Erde kann in sechs **Klimazonen** unterteilt werden.

Wie bei den Temperaturzonen gibt es auch bei den Klimazonen eine Abfolge von warm nach kalt zwischen dem Äquator und den beiden Polen. Die kaltgemäßigte Zone gibt es nur auf der Nordhalbkugel.

Für die Ausprägung von Klimazonen sind die Stärke der Sonneneinstrahlung sowie zahlreiche andere Elemente ausschlaggebend – hierzu gehören:

- die Höhenlage eines Ortes
- der Verlauf von Gebirgen (sowie ihr Einfluss auf Windverhältnisse und Niederschläge)
- die Verteilung von Land und Meer
- der Einfluss kalter oder warmer Meeresströmungen
- die Menge und jahreszeitliche Verteilung der Niederschläge.

Jeder Ort auf der Welt hat sein eigenes klimatisches Erkennungszeichen. Die Klimadiagramme (wie sie auf dieser Seite abgebildet sind) charakterisieren jeden Ort. Die Klimadiagramme benachbarter Orte sind ähnlich.

Wichtig für eine Klimazone ist die Dauer der **Wachstumszeit** für Pflanzen. Ist sie nur kurz, können bestimmte Pflanzen nicht mehr gedeihen.

Daraus ergeben sich – abhängig von den Breitengraden – Anbaugrenzen für Nutzpflanzen, die mit dem Wärmeangebot an einem Ort zu tun haben.

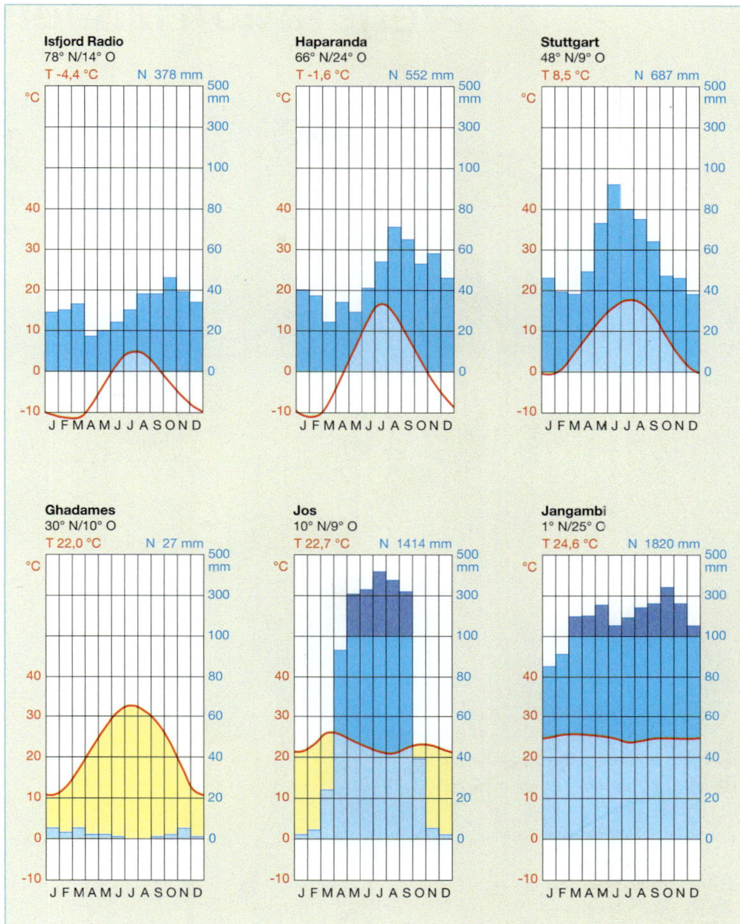

M 3 Klimadiagramme aus verschiedenen Klimazonen.

1 Nennt die Abfolge der Klimazonen der Erde zwischen Äquator und den Polen. Welche Klimazone gibt es nur auf der Nordhalbkugel (M 1, Text)?

2 Findet heraus, in welcher jeweiligen Klimazone (M 1/M 2) sich die sechs Orte befinden, zu denen die Klimadiagramme in M 3 gehören. Begründet eure Angaben.

3 Beschreibt die sechs Hauptklimazonen der Erde anhand von M 2 und M 3.

4 Unterscheidet: Klima, Wetter und Witterung (Text). Schreibt die Erklärungen in eure Arbeitsmappe.

5 Erläutert die Bedeutung der Wachstumszeit (M 2, Text).

Vegetationszonen der Erde

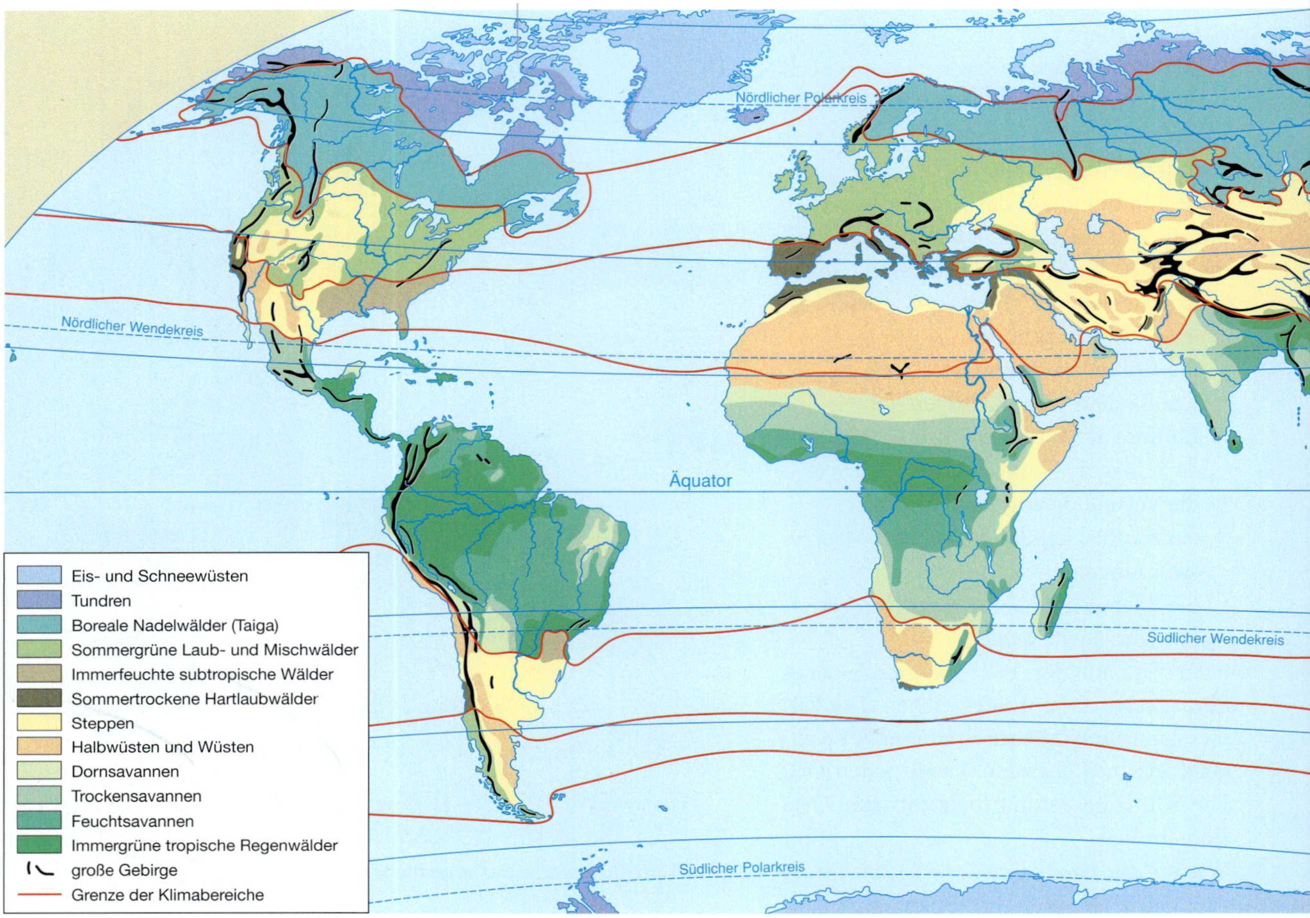

M 1 **Vegetationszonen der Erde.**

Natürliche Vegetation

Die **natürliche Vegetation** ist das von Natur aus vorkommende Pflanzenkleid und besteht aus an das Klima angepassten Pflanzen.

Könnte sich die Vegetation ohne menschliche Eingriffe entfalten, würde die Pflanzendecke in vielen Regionen anders aussehen. Die natürliche Vegetation würde sich als „Spiegelbild" des Klimas wieder herausbilden und die Landschaft prägen. Es würden Vegetationszonen der Erde entstehen.

Trotz der großen Entfernungen zwischen den Kontinenten findet man bei gleichem Klima große Übereinstimmung in der Vegetation.

Doch der Mensch betreibt z. B. Ackerbau und Forstwirtschaft oder versiegelt den Boden mit Gebäuden. Infolge dieser Nutzung des Raumes ist die natürliche Vegetation in vielen Teilen der Erde heute zurückgedrängt.

M3 Bilder verschiedener Vegetationszonen. Fotos.

M2 Aussagen zur Vegetation
1. immergrüne Waldzonen
2. größte Waldzone der Erde, obwohl nur auf der Nordhalbkugel vorhanden
3. artenreiche Waldgebiete am Äquator
4. baumlose Landschaften
5. vegetationsarme Landschaften
6. Pflanzen sind an Trockenheit angepasst
7. Pflanzen sind an Kälte angepasst
8. Grasländer

1 Ihr fliegt von Stuttgart nach Kapstadt (Südafrika). Beschreibt, welche Vegetationszonen ihr bei diesem Flug überquert (M 1).

2 Beschreibt wie die Vegetationszonen der Erde angeordnet sind (M 1).

3 Welche natürliche Vegetation zeigen die Bilder A bis H von M 3? Beschreibt jeweils die Lage der Vegetationszone auf der Erde.

4 Auf welche Vegetationszonen treffen die Aussagen von M 2 zu?

5 Sucht zu jeder Vegetationszone drei Staaten mit bedeutendem Anteil daran. Fragt euch gegenseitig danach.

6 Sucht Staaten, die möglichst viele verschiedene Vegetationszonen in ihrem Staatsgebiet haben. Welcher Staat hat die meisten?

Höhenstufen am Kilimandscharo

M 1 Aufstieg zum Kilimandscharo. Fotos.

M 2 Reisebericht einer Bergtour zum Gipfel des Kilimandscharo

Nach wochenlangen intensiven Vorbereitungen ist unsere Gruppe am Fuße des Kilimandscharo-Massivs angekommen. Marangu liegt auf 1234 m und ist unser Ausgangs- und Endpunkt.

Gespannt erwarten wir die erste Etappe des Aufstiegs mit unseren einheimischen Führern und Trägern. Wir stehen in aller Frühe auf, um der Tageshitze zu entgehen, das Thermometer zeigt bereits 20 °C. Unser Marsch führt uns durch Nebel, schattigen Regenwald mit Moosen, meterhohe Farne und lang herunterhängenden Bartflechten. Wir erreichen unser Tagesziel, die Mandara-Hütte. Sie liegt auf 2700 m, das Thermometer zeigt 11 °C. Am nächsten Tag führt uns die zweite Etappe durch Gräser und Heide mit meterhohen Erikasträuchern. Wir erreichen die Horombo-Hütten auf 3725 m. Nach und nach wird der Bewuchs lichter, sodass die Sonne die Temperatur auf 18 °C steigen lässt. In der Nacht werden Minustemperaturen gemessen. Weiter geht es am übernächsten Tag. Der Aufstieg hat uns sehr angestrengt und ein Ruhetag ist uns allen sehr willkommen.

Abmarsch zur dritten Etappe, die uns über Felsen und Geröll, einzeln stehende Grasbüschel und Moose zur Kibohütte, auf 4694 m, führt. Das Thermometer ist stetig gefallen. Es zeigt nur noch 5 °C. Der Sauerstoffmangel in der Höhenluft verursacht bei uns Herzklopfen. In der frostigen Nacht schlafen wir nur wenig. Die letzte Etappe beginnt kurz nach Mitternacht bei –8 °C. Unser Führer leuchtet uns mit einer Petroleumlampe den Weg. Wir sind jetzt beim Gletscher, und der Aufstieg wird immer mühsamer. Da es leicht schneit, kommen wir nur langsam voran. Bei Sonnenaufgang stehen wir staunend am Kraterrand des Kibo und überblicken den Klilimandscharo-Nationalpark. Zum Glück sind wir von der gefürchteten Höhenkrankheit verschont geblieben, die etwa 50 Prozent der Bergsteiger zur Umkehr zwingt. Die Sauerstoffdichte ist am Gipfel nur etwa halb so hoch wie auf Meereshöhe. Noch am selben Tag beginnt der Abstieg zurück zur Kibo-Hütte.

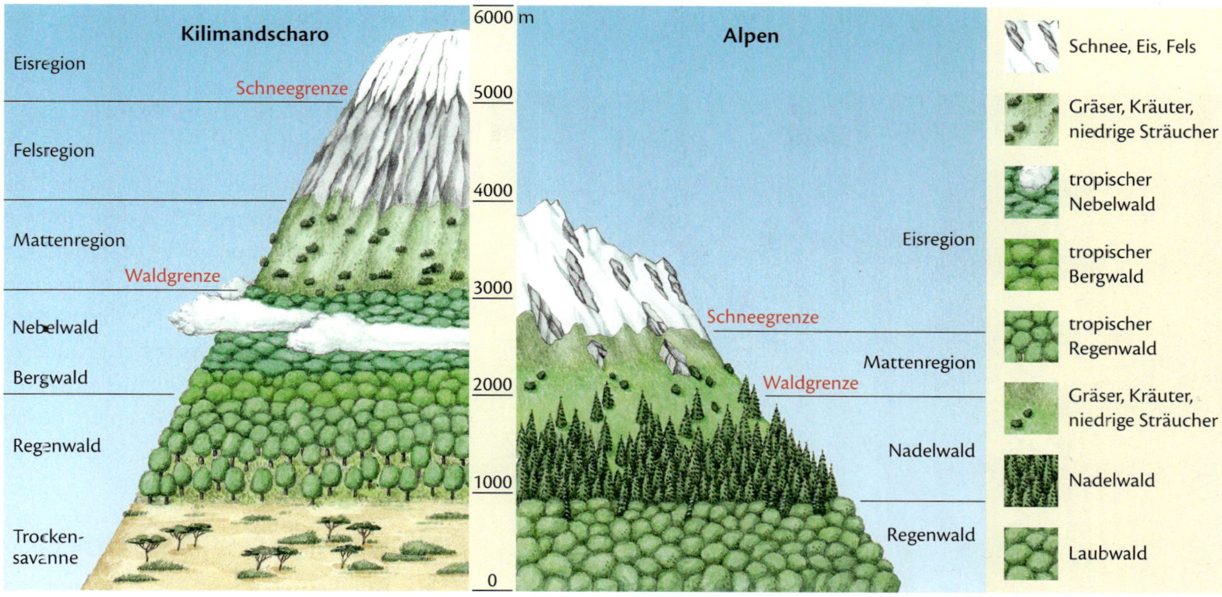

M 3 Höhenstufen des Kilimandscharo und der Alpen im Vergleich.

Schnee in Afrika

Das Klima und die Vegetation eines Ortes oder Raumes werden nicht nur durch dessen Breitenlage beeinflusst, sondern auch durch dessen Höhenlage. Deshalb gibt es am Äquator Schnee und es ist möglich, in den Alpen im Sommer Ski zu laufen. In allen Klima- und Vegetationszonen der Erde lassen sich Höhenstufen des Klimas und der Vegetation erkennen.

Hochgebirgsklima

Die Klimate der Hochgebirge unterscheiden sich vom Klima benachbarter Gebiete durch niedrigere Temperaturen und meist höhere Niederschläge. Die Temperaturen nehmen im Durchschnitt je 100 Meter um 0,6 °C ab. Dadurch bilden sich Höhenstufen des Klimas und der Vegetation heraus. In den Tropen wird das Wachstum von Pflanzen in den unteren Höhenstufen nicht durch Jahreszeiten unterbrochen. In höheren Lagen herrschen das ganze Jahr über mäßige oder niedrige Temperaturen. Die Bedingungen für Vegetation und Anbaukulturen verändern sich deshalb mit zunehmender Höhenlage.

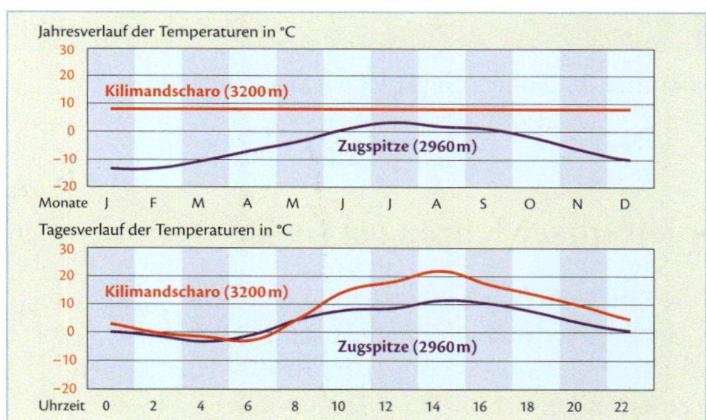

M 4 Jahres- und Tagesverlauf der Temperaturen im Hochgebirgsklima.

1 Beschreibt die Veränderungen der Vegetation am Kilimandscharo (M 1).

2 Vergleicht die Höhenstufen der Alpen mit denen des Kilimandscharo (M 3).

3 Erläutert Zusammenhänge zwischen Höhenlage, Temperaturen, Vegetation und Nutzung (M 3, M 4).

4 Vergleicht den Jahres- und Tagesverlauf der Temperatur am Kilimandscharo und auf der Zugspitze miteinander und erklärt die Unterschiede (M 4).

5 Erläutert die Behauptung, dass man beim Aufstieg auf den Kilimandscharo das Klima der Subtropen und der gemäßigten Klimazone durchwandert.

Beeinflusst der Mensch das Klima?

M1 Hurrikan Katrina und die Folgen in New Orleans. Foto, 2005.

Spielt unser Klima verrückt?

Weltweit nehmen die Klimaextreme zu: Wirbelstürme, Hochwasser und lange Dürrezeiten werden immer häufiger. Beispiele dafür finden sich in allen Teilen der Welt:

- Schäden durch Hurrikane haben drastisch zugenommen. Beim Hurrikan Katrina 2005 wurde New Orleans größtenteils zerstört. Hunderttausende Menschen verloren ihre Heimat.
- Mit der Erderwärmung breiten sich Wüsten aus – in Afrika, Zentralasien, Nordindien und Südamerika. Dürre verschärft Armut und Not.
- Feuer in der Natur: Hitzeperioden führten in den USA im August 2000 zu den schlimmsten Waldbränden seit 50 Jahren.
- Die Sintflut von Mosambik im Februar 2000: In den Wassermassen versinken Menschen, Straßen und Häuser. Es trifft vor allem die Ärmsten der Armen.
- Anstieg des Meeresspiegels infolge der Erwärmung. Inselstaaten wie Tuvalu im Pazifik sind vom Untergang bedroht. In Bangladesch und in Südchina ist an niedrig gelegenen Küstengebieten der Lebensraum von 150 Millionen Menschen gefährdet.
- Das ewige Eis des Mount Everest, dem „Dach der Welt", schmilzt. Von den Alpen und Rocky Mountains bis zum Himalaja ist das Abschmelzen der Gletscher zu beobachten.
- Das arktische Eis wird brüchig: Pro Jahr schwindet es um rund 34 000 Quadratkilometer. Der Lebensraum von Eisbären ist in Gefahr.

M2 Bericht von Greenpeace.

„Treibhausgase verursachen Klimawandel"

So oder so ähnlich lauteten zahlreiche Nachrichtenmeldungen in den letzten Jahren. Der **Treibhauseffekt** ist in den Augen vieler ein negatives, vom Menschen verursachtes Phänomen, das die globale Erwärmung bewirkt. Doch bei genauerer Betrachtung muss man unterscheiden: Es gibt einen natürlichen und einen durch den Menschen verstärkten (anthropogenen) Treibhauseffekt.

Der natürliche Treibhauseffekt

Der Treibhauseffekt ist ein Vorgang, an dem physikalische und chemische Prozesse beteiligt sind. Sonnenstrahlung dringt durch die Lufthülle zur Erdoberfläche und erwärmt sie. Von der Erdoberfläche wird nun Wärmestrahlung in das Weltall zurückgeführt. Einige Gase in der Atmosphäre, darunter vor allem Kohlenstoffdioxid (CO_2) und Wasserdampf, können diese Wärmestrahlung aufnehmen und dadurch die Energie in der Atmosphäre halten.

Durch diesen natürlichen Treibhauseffekt erhöht sich die Temperatur der unteren Atmosphärenschichten um etwa 33 Grad Celsius, sodass auf der Erde eine durchschnittliche Temperatur von 15 Grad Celsius erreicht wird. Ohne den natürlichen Treibhauseffekt wäre es nämlich auf der Erde sehr kalt – minus 18 Grad Celsius im Durchschnitt – und Leben wäre auf unserem Planeten kaum möglich.

… vom Menschen verstärkt

Die Auswertung von Bohrungen im Eis der Antarktis ergab, dass der weltweite Anteil an Kohlenstoffdioxid in den letzten 650 000 Jahren nie einen bestimmten Wert überschritten hatte. Mit Beginn der Industrialisierung jedoch und den

M3 Der vom Menschen verstärkte Treibhauseffekt.

damit verbundenen zahlreichen Verbrennungsprozessen (z. B. durch Dampfmaschinen, Eisenbahnen, Hochöfen, Heizungen, Schiffsmotoren, Lastkraftwagen, Autos und Flugzeugen) stieg der Anteil an Kohlenstoffdioxid in der Luft stark an.

Diese erhöhte Konzentration von Kohlenstoffdioxid (und anderen Stoffen) in der Atmosphäre führt dazu, dass immer mehr Wärmestrahlung zurückgehalten wird. Der Treibhauseffekt verstärkt sich und die Mitteltemperatur auf der Erde steigt an.

Neben dem Kohlenstoffdioxid gibt es weitere Treibhausgase, die denselben Effekt bewirken. Viele Gase kommen auch natürlich in der Atmosphäre vor, die Mengen werden jedoch durch menschliche Aktivitäten erhöht. Hierzu zählt auch Methan (CH_4), das bei der Fleischproduktion entsteht. Ein Rind erzeugt pro Tag rund 250 Liter Methan. Weltweit grasen inzwischen mehr als drei Milliarden Wiederkäuer (Rinder, Schafe, Ziegen) auf den Weiden.

M4 Warnung vor dem Klimawandel – durch eine Menschenkette der Inuit in der Arktis dargestellt. Luftbild, 2008.

1 Erklärt den Treibhauseffekt (Text, M3).

2 Unterscheidet zwischen dem nützlichen und dem schädlichen Treibhauseffekt. Wodurch wird der Schädliche verursacht?

3 Sucht in den Medien aktuelle Beispiele von Klimaextremen, wie sie in M2 genannt sind.

4 Informiert euch, welche Gründe die Inuit in der Arktis haben, gegen den Klimawandel zu protestieren, und berichtet darüber vor eurer Klasse (M4).

Ozonloch – Ozonsmog

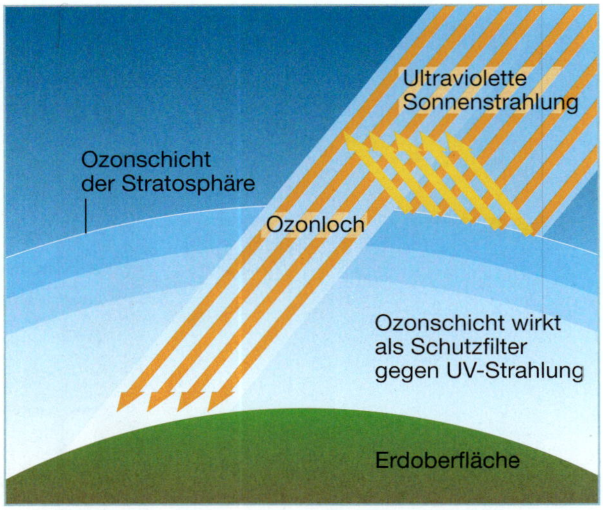

M 1 Die Bedeutung der Ozonschicht.

M 2 In einem Beitrag im Deutschlandfunk vom 20.4.2009 hieß es:
Erst 2025 soll das Ozonloch völlig geschlossen sein.
Jeder Spielplatz in Australien und Neuseeland ist mit großen Sonnen-Segeln abgeschirmt und zu jeder Schuluniform gehört der obligatorische Sonnenhut dazu. Denn beide Länder sind besonders stark von dem Ozonloch über der Antarktis betroffen.
Heute stellten Forscher auf der Generalversammlung der Europäischen Geowissenschaften in Wien einen neuen Zustandsbericht zu eben jenem Ozonloch vor.

***UV-Strahlung**
Ultraviolette Strahlung; sie ist Bestandteil des Sonnenlichts und verursacht u. a. Sonnenbrand.

***Smog**
Zusammengesetzter Fachbegriff aus den englischen Wörtern *smoke* (= rauchen) und *fog* (= Nebel).

Ozonloch – oben zu wenig ...

Ozon – eine besondere Form des Sauerstoffs – ist eines der wohl interessantesten und wichtigsten Spurengase in unserer Atmosphäre.
In einigen Kilometern Höhe über der Erdoberfläche (Stratosphäre) ist das Ozon lebensnotwendig, um uns vor der schädlichen UV-Strahlung* der Sonne zu schützen. In unserer Umgebung aber ist Ozon gleichzeitig unerwünscht, weil es ein Reizgas ist, das die Atemwege schädigt.
In etwa zehn bis vierzig Kilometern Höhe über der Erdoberfläche ist die Lufthülle mit Ozon angereichert. Diese sogenannte **Ozonschicht** schützt alle Lebewesen vor der krebserregenden UV-Strahlung der Sonne.
Der Gehalt an Ozon in der Stratosphäre schwankt natürlicherweise in einem bestimmten Rahmen. Jedoch konnte Mitte der 1980er-Jahre über der Antarktis, später auch über der Arktis, ein starker Rückgang (ungefähr eine Halbierung) des Ozonsgehalts nachgewiesen werden.
Nach einigen Jahren intensiver Forschungsarbeit waren sich die Wissenschaftler über die Ursache einig: **Fluorchlorkohlenwasserstoff (FCKW)** ist für das **Ozonloch** verantwortlich. FCKW wurde als Treibmittel in Spraydosen und als Kühlmittel in Kühlgeräten eingesetzt.
Die kleinen „FCKW-Teilchen" gelangen erst nach mehreren Jahren in die Stratosphäre und werden dort durch die Einwirkung der UV-Strahlen gespalten. Bei diesem Prozess wird Chlor freigesetzt, das das Ozon zerstört. Auch kleinste Mengen an Chlor wirken sich verheerend aus: Ein einzelnes Chlorteilchen (Chloratom) kann bis zu 300 000 Ozonteilchen (Ozonmoleküle) zerstören.
Nachdem sich Ende der 1980er-Jahre zahlreiche Staaten verpflichtet hatten, die FCKW-Freisetzung stark einzudämmen, wurde ein Wiederaufbau der Ozonschicht erwartet. Eine zaghafte Erholung konnte tatsächlich vor einigen Jahren beobachtet werden.

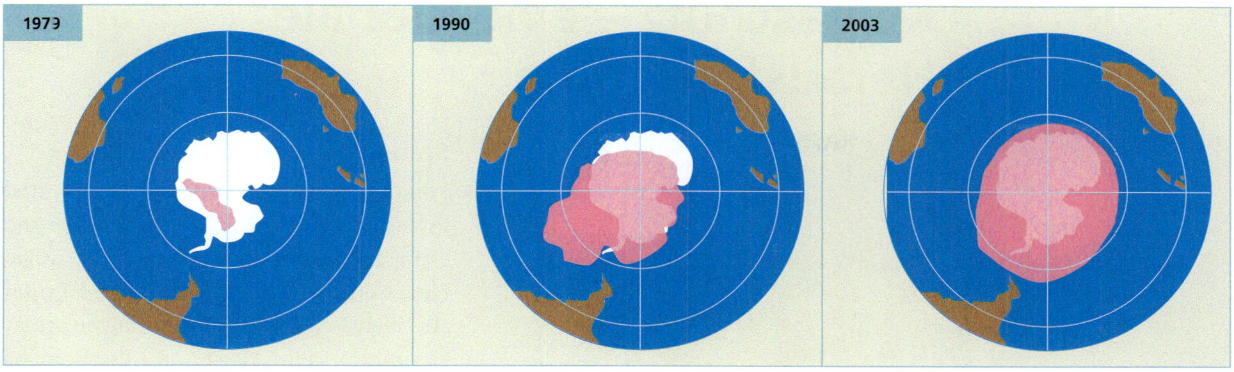

M3 Das Ozonloch über der Antarktis.

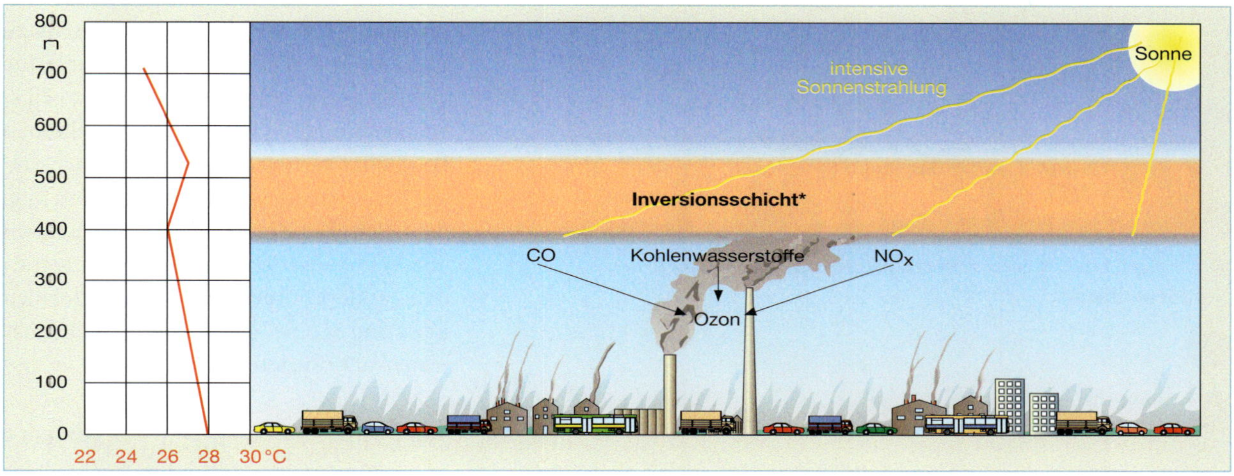

M4 Die Entstehung von Ozon-Smog.

… Ozon-Smog – unten zu viel

In den unteren Schichten der Atmosphäre (bis zehn Kilometer Höhe) gibt es nur wenig natürlich vorhandenes Ozon.

Zusätzliches Ozon bildet sich dann, wenn mehrere „Ereignisse" zeitgleich geschehen: starke Sonneneinstrahlung, hohe Temperaturen und bestimmte Luftverunreinigungen – vor allem durch Stickstoffoxide und Kohlenwasserstoffe.

Hauptquellen für diese Schadstoffe sind, mit einem Anteil von sieben Zehnteln, der Autoverkehr sowie Industrie und Kraftwerke.

Ozonüberschüsse (auch **Ozon-Smog*** genannt) entstehen vor allem bei längeren hochsommerlichen Schönwetterperioden in großen Städten.

Erhöhte Ozonwerte können die Leistungsfähigkeit empfindlicher Menschen beeinträchtigen.

Steigen die Ozonwerte an, können Tränenreiz, Schleimhautreizungen in den Atemwegen, Kopfschmerzen, verstärkter Hustenreiz und eine Verschlechterung der Lungenfunktion auftreten.

***Inversion**
Schicht in der Atmosphäre in der die Temperatur nach oben zunimmt statt wie normalerweise zu sinken. Dadurch wird der Luftmassenaustausch behindert.

1 Erläutert die zwei Eigenschaften des Ozons: Wann ist es dem Menschen nützlich, wann kann es ihm schaden (Text)?

2 Beschreibt die Entwicklung des Ozonlochs über der Antarktis. Wodurch soll in Zukunft eine stärkere Schädigung der Ozonschicht vermieden werden (M3, Text)?

3 Erläutert, wann und wodurch der Ozon-Smog entsteht (M4, Text).

4 Informiert euch im Internet über die gegenwärtige Größe des Ozonlochs.

Klimaschutz – eine globale Herausforderung

M 1 **Folgen eines Meeresspiegelanstiegs für Küstengebiete in Norddeutschland.**

www. muenchener-rueck.de

Stehen die Zeichen auf Sturm?

Wetterextreme nehmen an Anzahl und Intensität zu, verheerende Hurrikane und „Jahrhunderthochwasser“ häufen sich, Hitzewellen führen zu Dürren und Ernteausfällen. Selbst die Versicherungen schlagen mittlerweile Alarm, und die Branche ruft dringend zu Klimaschutzmaßnahmen auf. Das Deutsche Institut für Wirtschaftsforschung hat im Jahr 2005 abgeschätzt, dass durch den Klimawandel verursachte Naturkatastrophen bis zum Jahr 2050 Schäden in Höhe von bis zu 200 Billionen US-Dollar verursachen werden. Auch viele Wissenschaftler sind sich darüber einig, dass sich das Klima auf der Erde durch den Treibhauseffekt seit einigen Jahrzehnten ändert und mit der globalen Erwärmung eine Verschiebung der Klimazonen zu erwarten ist.

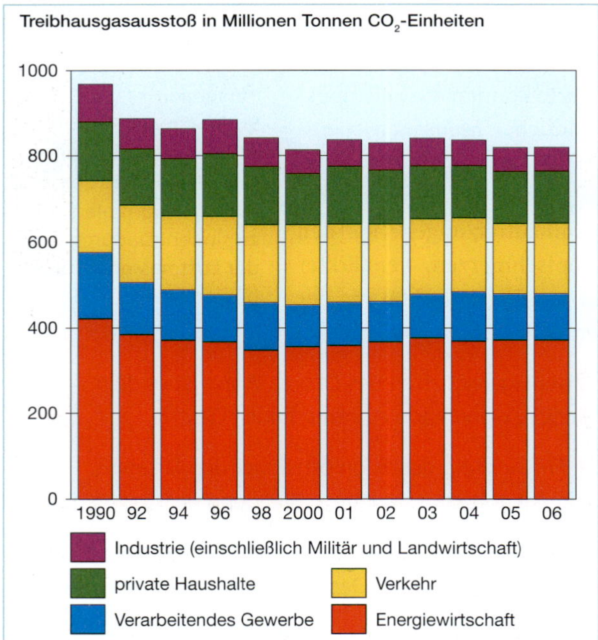

M 2 **Treibhausgasverursacher in Deutschland.**

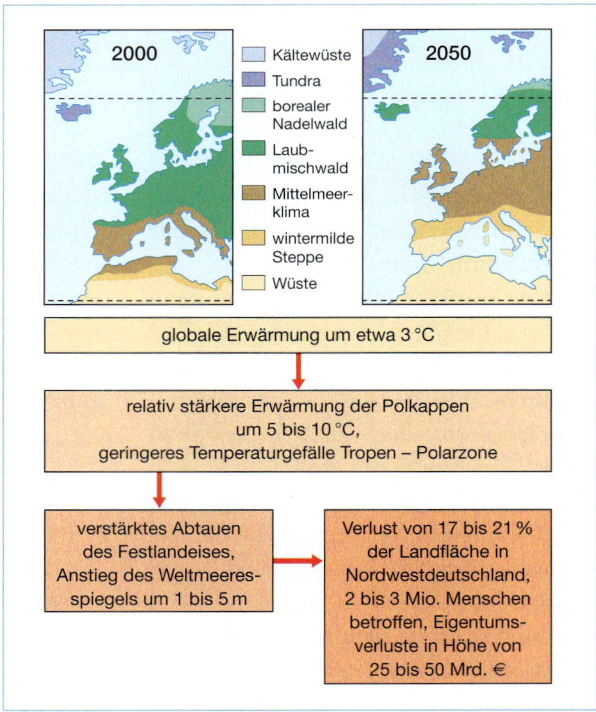

M 3 **Mögliche Folgen der globalen Erwärmung.**

Weltklimakonferenzen

Der so genannte Treibhauseffekt gilt als ein typisches globales Umweltproblem, das ohne internationale Abstimmung nicht zu lösen ist. Nur internationale Abkommen, an die viele Staaten gebunden sind, können den Ausstoß (Emission) an Treibhausgasen wirkungsvoll senken.

Seit den 1970er-Jahren finden **Weltklimakonferenzen** statt. Aber erst 1997 verständigten sich die Industrieländer in Japan im so genannten Kyoto-Protokoll, den Ausstoß der sechs wichtigsten Treibhausgase bis 2012 um weltweit 5 % unter das Niveau von 1990 zu vermindern.

In der Folgezeit kam es allerdings zu verschiedenen Streitigkeiten zwischen den Vertragsparteien über die Mittel zur Einhaltung der Vereinbarung. So weigerten sich einige Staaten z. B. veraltete Kohlekraftwerke mit besonders hohem Kohlendioxidausstoß stillzulegen und forderten dafür finanzielle Hilfe reicher Industrieländer, wie z. B. Deutschland. Andere Länder wandten sich gegen Auflagen für ihre Industrien (z. B. Autohersteller). Daher konnte die Vereinbarung erst am 16. Februar 2005 in Kraft treten. Insgesamt sind dem Protokoll inzwischen mehr als 30 Staaten beigetreten, nicht aber die USA.

Emissionen reduzieren, kaufen und verkaufen

Die einzelnen Vertragsstaaten haben unterschiedliche Vorgaben zur Senkung des Ausstoßes von Treibhausgasen, die vor allem von ihrer wirtschaftlichen Entwicklung abhängen.

Sowohl innerhalb eines Staates als auch zwischen Staaten ist ein so genannter Emissionshandel erlaubt, um die Ziele einzuhalten. Staaten bzw. Industriebetrieben werden Emissionsrechte zugeteilt, bis zu deren Höhe sie Schadstoffe ausstoßen dürfen. Werden die Werte nicht erreicht, so können sie die ungenutzten Rechte verkaufen.

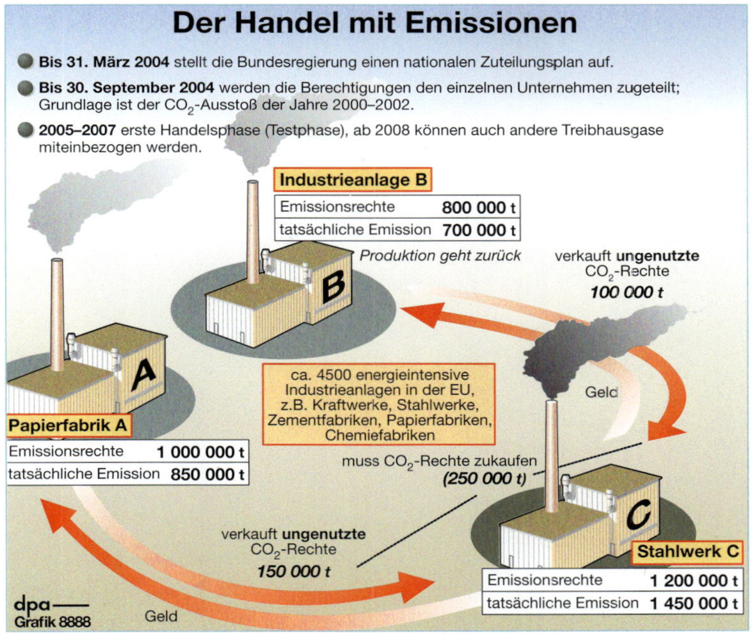

M 4 **Der Handel mit Rechten zum Kohlenstoffdioxidausstoß.**

M 5 **„Rauchzeichen“.** Karikatur.

1. Beschreibt M 1.
2. Benennt mithilfe von M 2 die großen Treibhausgasprroduzenten in Deutschland.
3. Erläutert M 3 und die möglichen Folgen der Erwärmung der Erde.
4. Besprecht in der Klasse: Welche Maßnahmen sind angesichts dieser Entwicklung denkbar (global, national, lokal)?
5. Erörtert in Gruppen den Handel mit „dreckiger Luft" (M 4, M 5). Seht ihr Vorteile für eine saubere Umwelt? Begründet eure Meinung.

Check: Das kann ich schon ...

Wichtige Begriffe erklären

- ✓ Jahreszeiten
- ✓ Unterschiedliche Tageslängen
- ✓ Wolkenformen
- ✓ Niederschlag
- ✓ Kondensation
- ✓ Landwind/Seewind
- ✓ Temperaturzonen
- ✓ Klimazonen
- ✓ Vegetationszonen
- ✓ Wendekreise
- ✓ Zenitstand der Sonne
- ✓ Polartag/Polarnacht
- ✓ Wetter
- ✓ Witterung
- ✓ Höhenstufen
- ✓ Treibhauseffekt
- ✓ Ozonloch/Ozonsmog
- ✓ Klimaschutz

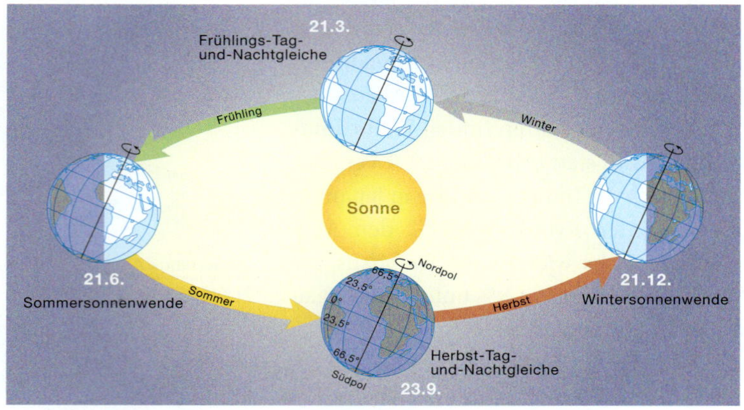

M1 Bewegung der Erde um die Sonne (nicht maßstabsgerecht).
Die Benennung der Jahreszeiten bezieht sich auf die Nordhalbkugel.

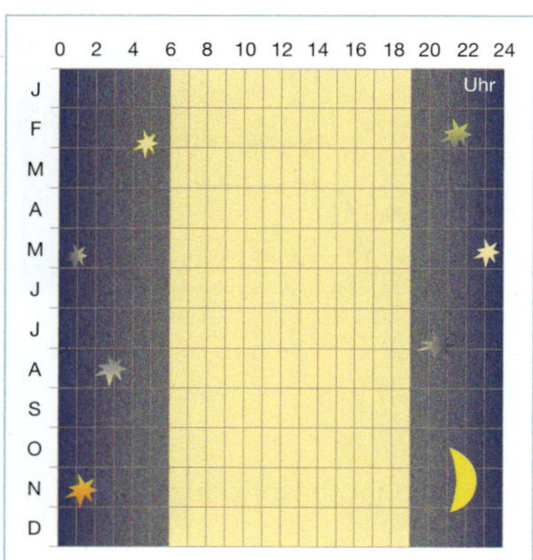

M2 Tageslängen am ?

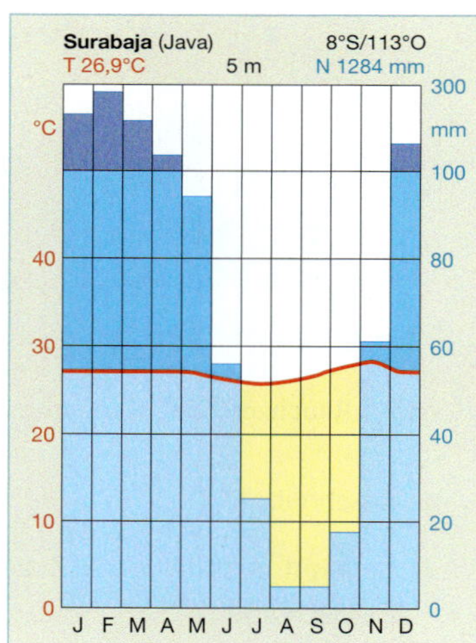

M3 Klimadiagramm von Surabaja.

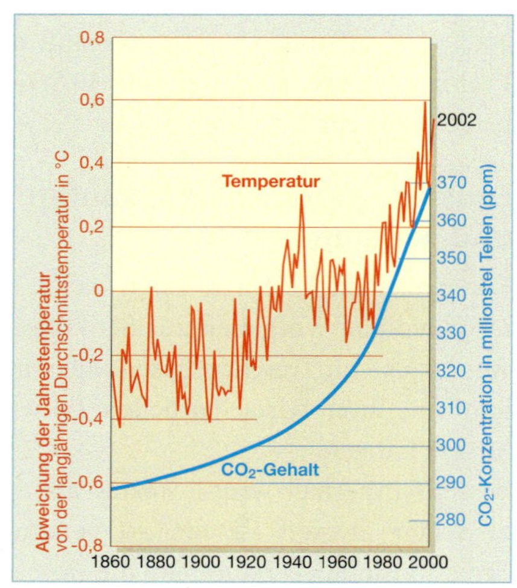

M4 Entwicklung von CO_2-Gehalt und Temperatur 1860–2000.

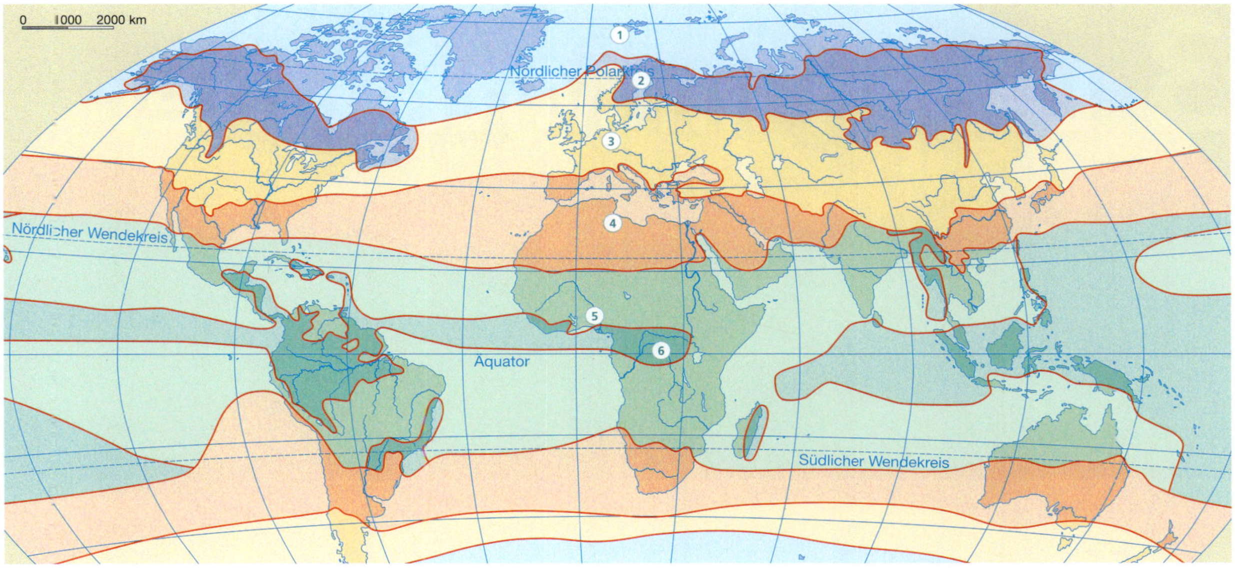

M5 **Klimazonen der Erde.**

Fachliche Kompetenz

1 Erklärt euch gegenseitig die wichtigen Begriffe (Kasten) und schreibt die Bedeutung der Begriffe in eure Arbeitsmappe.

2 Erklärt euch gegenseitig anhand von M1 die Entstehung von Jahreszeiten.

3 Findet heraus welche Tageslängen an welchem Ort in M2 gezeigt werden und erklärt die Ursachen.

4 Übertragt M5 als Skizze in eure Arbeitsmappe und bezeichnet die unterschiedlichen Klimazonen.

Methodenkompetenz

5 Erläutert an M3, wie man fachgerecht ein Klimadiagramm liest und was man aus ihm alles ablesen kann.

Urteils- und Handlungskompetenz

6 Beschreibt mit M4 die Entwicklung von CO_2-Gehalt und Temperatur und erklärt das Zustandekommen dieser Veränderung.

7 Erläutert den Treibhauseffekt und beurteilt seine Folgen für das Leben der Menschen an den Küsten.

8 Verfolgt in den Medien Berichte über Klimaschutzkonferenzen und berichtet in der Klasse darüber.

9 Erarbeitet Forderungen zum Klimaschutz und entwerft entsprechende Briefe an Politiker.

3 Leben im Mittelalter

Lübeck „LUBECA“. Holzschnitt, 1493.

500 800 950 1000 1200

1250 1500

Der Zeitraum zwischen 500 n. Chr. und 1500 n. Chr. wird als Mittelalter bezeichnet. Die meisten Menschen lebten damals auf dem Land. Allerdings gab es damals sehr viel weniger Menschen als heute. Schätzungen gehen davon aus, dass die Bevölkerungszahl in Mitteleuropa von 10 Millionen im Jahre 1000 n. Chr. auf etwa 15 Millionen um 1350 n. Chr. anstieg.

Während sich das Leben auf dem Land nur ganz langsam veränderte, fanden wichtige und zum Teil bis heute wirksame Veränderungen in den neu entstehenden Städten statt. Daher liegt der Schwerpunkt dieses Kapitels beim Thema Stadt.
Ihr könnt erarbeiten,

- wie die mittelalterliche Gesellschaft gegliedert war,
- wie die Menschen auf dem Land lebten,
- warum Städte entstanden,
- wie Städte regiert wurden und warum man in ihnen „frei“ von der Herrschaft eines Grundherren war,
- wie sich die Regierungsformen innerhalb einer Stadt im Lauf der Zeit veränderten und
- welche Macht das Städtebündnis der Hanse hatte.

Daneben könnt ihr die räumliche Entwicklung von Städten mit Hilfe von historischen Karten beschreiben.

Macht- und Gesellschaftsordnung

***Völkerwanderung**
Wanderungsbewegungen von Völkern und Stämmen in der Zeit vom 3. bis zum 6. Jahrhundert nach Christus. Sie führten nicht zuletzt zum Ende des Römischen Reiches im Jahre 476.

***Bischof**
Vom Papst und Kaiser bzw. König eingesetzter hoher Geistlicher, der einen großen Kirchenbezirk verwaltet, oft auch weltlicher Herrscher. Er durfte nicht verheiratet sein.

***Abt**
Vorsteher eines Klosters.

***Geistliche Herrschaft**
Bischöfe und Äbte übernehmen für den König Verwaltungsaufgaben in großen Gebieten, die sie als Lehen erhalten.

***Lehen**
(= Geliehenes)
Im Mittelalter das Nutzungsrecht an einer Sache (Grundbesitz, Rechte, Ämter); es wird vom Eigentümer (Lehnsherr) an einen Lehnsmann übertragen.

***Vasall**
(Keltisch *gwas* = Knecht)
Bezeichnung für einen Lehnsmann, der von einem Lehnsherrn abhängig ist. Es wird noch unterschieden zwischen Kron- und Untervasallen.

M 1 Der Frankenkönig Karl, umgeben von seinen Beratern. Mittelalterliche Buchmalerei, 11. Jahrhundert.

M 2 In der zweiten Hälfte des 9. Jahrhunderts zerfällt das Frankenreich.

König Karl wird Kaiser

Um 795 war Karl, der König der Franken, der mächtigste Herrscher in Europa. Sein Reich umfasste weite Teile des ehemaligen Weströmischen Reiches. Dem Kaiser des Oströmischen Reiches fühlte er sich ebenbürtig.

Im Jahr 800 n. Chr. wurde König Karl von Papst Leo III. in Rom zum Kaiser gekrönt. Im fränkischen Reich verstand man die Kaiserkrönung so, dass Karl jetzt für alle sichtbar die Nachfolge der römischen Kaiser angetreten habe.

Karl war es gelungen, nach den Unruhen der **Völkerwanderung** ein Reich zu schaffen, in dem unterschiedliche Völker und Stämme lebten. Gemeinsam war allen Untertanen der christliche Glaube, der ihr tägliches Leben bestimmen sollte.

In der Nachfolge der römischen Kaiser förderte er Bildung und Wissenschaft. Das Frankenreich wurde zum Fundament für die weitere Geschichte ganz West- und Mitteleuropas. So gilt Karl heute als „Vater Europas". Nicht übersehen kann man aber auch die Schattenseiten seiner Herrschaft wie etwa die grausamen Kriege gegen die Sachsen. Karl, der schon zu Lebzeiten den Beinamen „der Große" trug, starb 814.

Geistliche und weltliche Herrschaft*

Für die Verwaltung seines Reiches brauchte Karl der Große die Unterstützung der Fürsten: der geistlichen Fürsten (Bischöfe* und Äbte*) und der weltlichen Fürsten (Herzöge und Grafen). Sie sollten die Durchführung seiner Anordnungen überwachen. Wenn er in den Krieg zog, mussten sie ihm schwer bewaffnete Krieger zur Verfügung stellen. Als Gegenleistung erhielten sie vom König Land mit Dörfern und Bauern auf Lebenszeit geliehen; diese Güter heißen deshalb auch Lehen*. Wer sein Lehen vom König erhielt, war sein Kronvasall*. Auch die Kronvasallen konnten ihrerseits die Güter an Untervasallen weiterverleihen. Sie folgten dem Beispiel

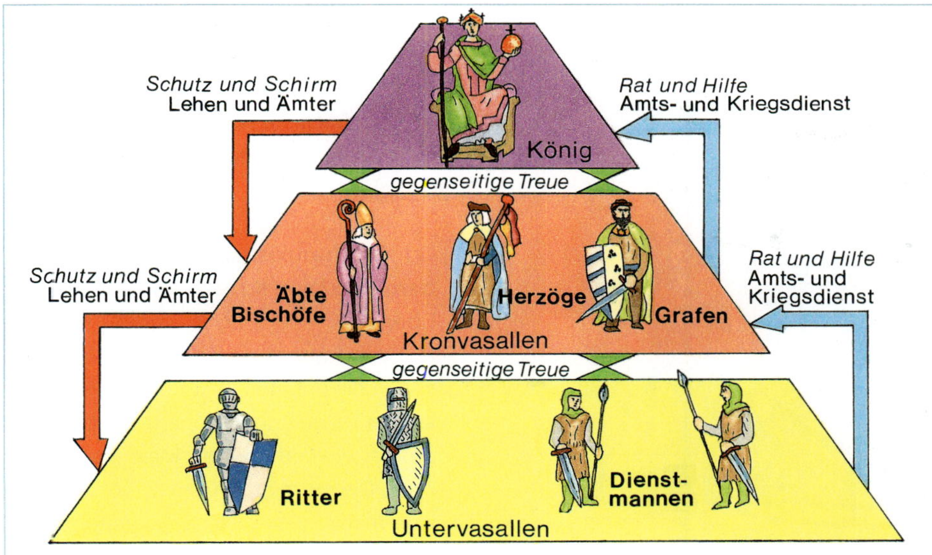

M3 Das Lehnswesen.

M4 **Christus (über dem Regenbogen) spricht zu dem Stand rechts von ihm: Du bete demütig! Zum Stand links: Du schütze! Und zum Stand unter ihm: Und du arbeite!** Holzschnitt von Johannes Lichtenberger, 1488.

des Königs und vergaben Teile des ihnen verliehenen Landes an die Ritter. Die Ritter leisteten dafür Kriegsdienst im fränkischen Heer.

Die Gesellschaftsordnung

Der englische König Heinrich I. hatte, so erzählt ein damaliger Geschichtsschreiber, im Jahr 1130 einen Alptraum. Bei einem Besuch der Normandie träumte er, dass er von drei Gruppen bedroht würde: zuerst von den Bauern mit ihren Geräten, dann von den Rittern mit ihren Waffen und zuletzt von den Bischöfen. In diesem Traum spiegelt sich der Aufbau der mittelalterlichen Gesellschaft wider, deren Ordnung als geheiligt und von Gott gewollt galt. Über den drei Gruppen, im Mittelalter „Stände" genannt, stand der König als von Gott eingesetzter Herrscher. Den ersten Stand bildeten die hohen Angehörigen der Kirche (Bischöfe). Den zweiten Stand bildeten der Adel (Fürsten und Ritter), und der dritte Stand bestand aus den Bauern und den Bürgern der entstehenden Städte. Wer sich gegen diese Ordnung wandte, versündigte sich gegen Gott. In den zweiten und dritten Stand wurde man geboren, und es war fast unmöglich, seine gesellschaftliche Gruppe zu verlassen.

In der Wirklichkeit der mittelalterlichen Gesellschaft gab es auch innerhalb der drei Stände große Unterschiede. Die Mehrheit der Menschen lebte im dritten Stand.

Die mittelalterliche Gesellschaft war eine Männergesellschaft. Frauen hatten in ihr keine Stimme in der Öffentlichkeit, sie zählten zum Stand ihres Mannes. Nur ganz langsam gelang es Frauen, und zunächst nur wenigen, in der von Männern geprägten Welt mit einer eigenen Meinung und Rechten akzeptiert zu werden.

1 Beschreibt mit M3 und dem Text, wie Karl der Große und seine Nachfolger im Mittelalter ihre Macht stützten und sicherten.

2 Erläutert mit M4 und dem Text dieser Seite die mittelalterliche Gesellschaftsordnung.

3 Prüft, ob es heute auch noch Stände oder ähnliche Unterteilungen in unserer Gesellschaft gibt.

Vom Leben auf dem Land

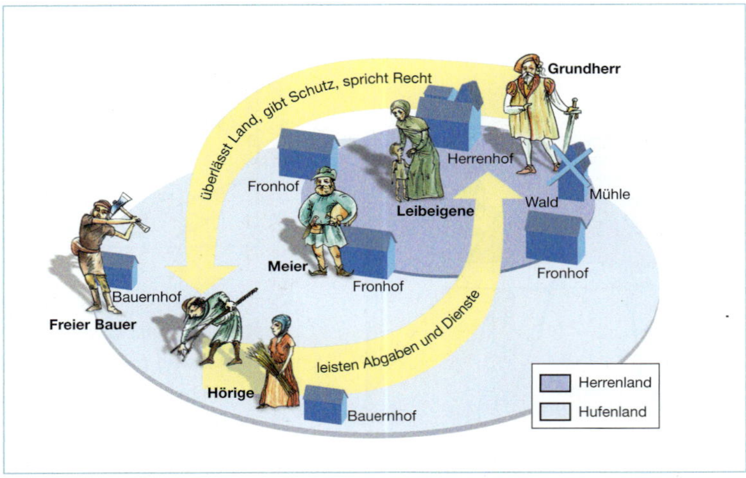

M 1 Abhängigkeitsverhältnis zwischen Bauer und Grundherr. Schaubild.

***Hörige**
Bezeichnung für Bauern, die an das vom Grundherrn verliehene Land gebunden waren und bestimmte Abgaben und Dienste leisten mussten.

M 2 Getreideernte. Zeitgenössische Darstellung.

Die Bauern verlieren ihre Freiheit

Im Mittelalter lebten die meisten Menschen von der Landwirtschaft: am Anfang fast alle, am Ende des Mittelalters – um 1500 – immer noch über 80 Prozent. So groß ist der Anteil der Landbevölkerung heute beispielsweise in Pakistan oder in einigen Gebieten der Türkei.

Zur Zeit Karls des Großen besaßen in großen Teilen des Frankenreiches noch viele Bauern eigenes Land. Sie konnten es bearbeiten und von den Erträgen leben. Unter seiner Herrschaft hatte jeder freie Bauer die Pflicht, zusammen mit seinem König in den Krieg zu ziehen (Heeresfolge). Karl der Große führte viele Kriege. So waren die freien Bauern manchmal mehrere Jahre nicht zu Hause, wenn es eigentlich Zeit gewesen wäre für Aussaat oder Ernte. Zahlreiche Höfe verfielen, Hunger und Not kehrten ein. Um dem Kriegsdienst zu entgehen, übergaben freie Bauern ihren Grund und Boden einem Herrn, der dadurch ihr Grundherr wurde. Für diese Herren mussten die Bauern jetzt arbeiten. Sie durften nicht einmal mehr ihren Hof verlassen, um z. B. in ein anderes Dorf zu ziehen. Denn wie das Land, so gehörten auch sie selbst ihrem Herrn. Aus einstmals freien Bauern waren Unfreie geworden.

Q 1 Der französische Bischof Adalbero von Laon schrieb im Jahr 1016 über sie:

[...] Wer könnte die Sorgen zählen, von denen die unfreien Bauern während ihrer langen Wege und ihrer harten Arbeit bedrückt werden? Geld, Kleidung, Nahrung: Die unfreien Bauern liefern alles an jedermann. Kein Adliger könnte ohne ihre Abgaben bestehen. Der Herr, der vorgibt, seine Bauern zu ernähren, wird in Wahrheit von ihnen ernährt [...]

Grundherren und Hörige*

Grundherren konnten z. B. sein: Adlige, Grafen, aber auch Bischöfe oder Klöster. Der Grundherr übernahm für seine Bauern die Heeresfolge. Er schützte und unterstützte sie in Notzeiten. Diese Bauern brauchten also nicht mehr mit dem König in den Krieg zu ziehen. Sie konnten das ganze Jahr über den notwendigen Arbeiten im Hof und auf dem Feld nachgehen.

Als Gegenleistung mussten sie sich dazu verpflichten, jedes Jahr

- einen bestimmten Anteil an der Ernte, an Milch, Käse, Eiern und Vieh an den Grundherrn abzuliefern. Bei der Ernte handelte es sich ungefähr um den zehnten Teil. Diese Abgabe wird daher der **Zehnt** genannt.
- bestimmte Arbeiten für den Grundherrn zu verrichten, wie etwa Mithilfe auf den Wiesen oder Feldern, Zäune errichten, Wege anlegen oder Brücken bauen. Diese Arbeiten werden **Frondienste** (fron = Herr) genannt.

A	Feld 1	Feld 2
1. Jahr	Getreide	Brache
2. Jahr	Brache	Getreide
3. Jahr	Getreide	Brache

B	Feld 1	Feld 2	Feld 3
1. Jahr	Winter-getreide	Sommer-getreide	Brache
2. Jahr	Sommer-getreide	Brache	Winter-getreide
3. Jahr	Brache	Winter-getreide	Sommer-getreide

M3 **Die Zwei- und Dreifelderwirtschaft.**

	um 800	um 1200
Aussaat	100 kg	100 kg
Ertrag	z.B. 100 kg, 50 kg	100 kg, 100 kg, 100 kg
Nach Abzug der Saatmenge für das neue Jahr bleiben	50 kg	100 kg, 100 kg

M4 **Das Verhältnis zwischen Aussaat und Ernteertrag bei der Getreideernte um 800 und um 1200.**

Die Dreifelderwirtschaft

Jahrhundertelang bearbeiteten die Bauern ihre Äcker immer auf die gleiche Art: Sie teilten ihr Land in zwei gleich große Teile. Die eine Hälfte wurde von ihnen beackert, die andere ließen sie brachliegen (ungebrochen). So konnte sich der Boden auf der brachliegenden Hälfte erholen. Dieses Verfahren nennen wir heute Zweifelderwirtschaft (M3). Die Ernteerträge waren häufig sehr gering. Sie reichten kaum aus zur Ernährung der Bevölkerung und Hungersnöte waren die Folge.
Seit dem 12./13. Jahrhundert setzte sich in ganz Europa eine neue Art der Bodennutzung durch. Die Bauern teilten ihre Ackerfläche jetzt in drei gleich große Teile. Ein Feld bestellte man mit Wintergetreide (Weizen, Roggen oder Gerste), das zweite mit Sommergetreide (Hafer, Gerste) und das dritte blieb brachliegen. Es diente als Viehweide.
Diese **Dreifelderwirtschaft** brachte den Bauern große Vorteile:

- Die Getreideerträge fielen wesentlich höher aus.
- Die Arbeiten des Pflügens, Säens und Erntens konnten gleichmäßiger über das ganze Jahr verteilt werden.
- Zwei verschiedene Saaten boten größere Sicherheit gegenüber Unwettern.
- Die Felder, die brachlagen, konnten sich gut erholen. Da sie als Viehweide dienten, wurden sie gleichzeitig gedüngt.

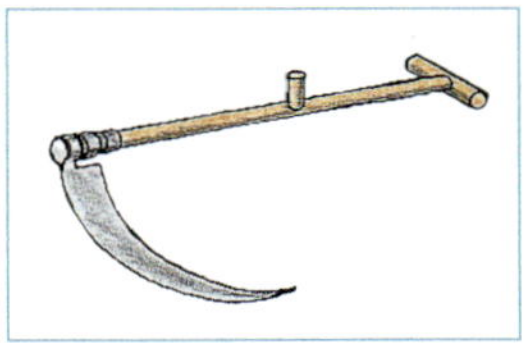

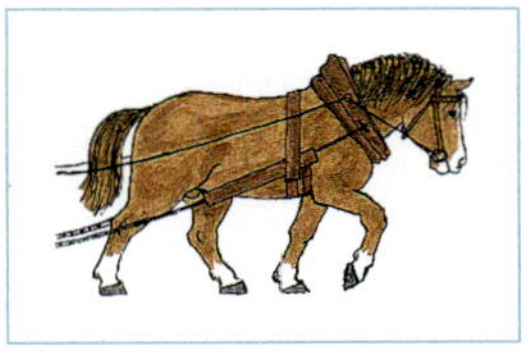

Neue Arbeitsgeräte und Techniken

Seit dem frühen Mittelalter löste der **Räderpflug** mit eiserner Pflugschar allmählich den Hakenpflug ab, der den Boden nur aufreißen konnte. Mit dem neuen Pflug konnte der Boden stärker aufgelockert werden, und die im Boden befindlichen Nährstoffe gelangten leichter nach oben.
Für die Pferde wurde im 8. Jahrhundert eine ganz neue Art des Anschirrens entdeckt. Das Kummet, ein gepolsterter, versteifter Halsring, übertrug die Zuglast auf die Schulterblätter der Pferde und erhöhte so die Zugkraft auf das Vier- bis Fünffache.

1 Beschreibt das Leben der Bauern im Mittelalter.

2 Erläutert, was es heißt unfrei zu sein.

3 Berichtet, wie sich der technische Fortschritt in der Landwirtschaft ausgewirkt hat.

Alltag in einer mittelalterlichen Stadt

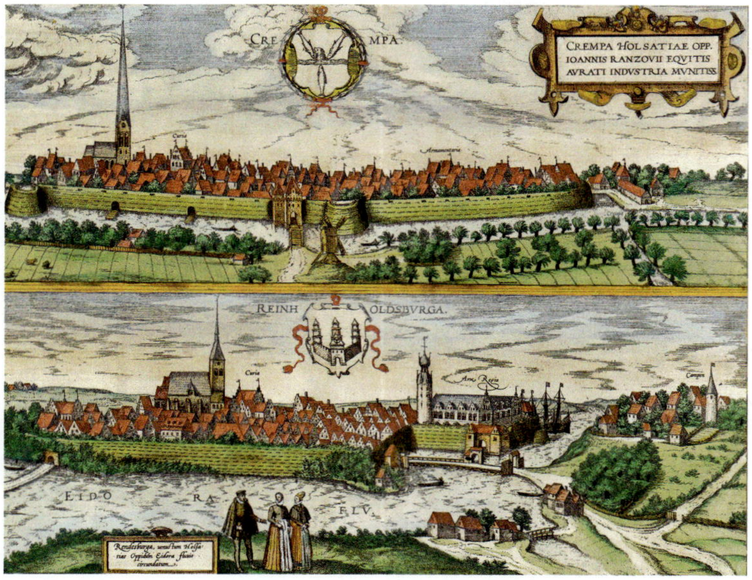

M 1 Stadtansichten von Rendsburg. Oben: von Süden gesehen; Unten: von Norden betrachtet. Kolorierter Kupferstich von Braun/Hogenberg, um 1600.

***Stadtmauer**
Bei feindlichen Angriffen besetzten und verteidigten die Bürger die Tore und die Stadtmauer. Für ihren Bau und den Erhalt erhob der Rat der Stadt eine Steuer. Da Steine sehr teuer waren, begnügten sich viele Städte mit dem Bau eines Stadtgrabens und mit Wallanlagen, die aus Erde und Holz bestanden.

Ein Bauer besucht die Stadt

Im Mittelalter gab es im Deutschen Reich rund 4000 Städte, aber nur ein Fünftel der Bevölkerung des Deutschen Reiches lebte innerhalb der Stadtmauern*.

M 2 Wie die Menschen die Stadt damals erlebten, erfahren wir aus einer heutigen Erzählung:

[…] Noch ehe der Tag angebrochen ist, macht sich der Bauer auf den Weg zur Stadt. Heute nimmt er zum ersten Mal seinen Sohn mit. Dieser trägt einen Korb mit Eiern. Über die Schulter hat er sich zwei Hühner gehängt. Der Vater hat in seinem schweren Tragkorb einige Maß Mehl, Butter und noch ein paar Felle.

Das Dorf liegt über vier Stunden Fußmarsch von der Stadt entfernt.

Endlich, als die Sonne aufgeht, sehen sie die Türme der Stadt vor sich. Der Sohn ist ganz aufgeregt.

„Vater! So viele Türme und Dächer habe ich noch nie gesehen. Jetzt weiß ich, was eine Stadt ist! Wo viele Menschen wohnen, das ist eine Stadt."

„Nein", entgegnet der Vater, „das stimmt nicht ganz. Nicht die Zahl der Menschen ist entscheidend. Der Ort muss eine Mauer, sein eigenes Gericht und sein eigenes Rathaus haben. Dann kann er sich Stadt nennen. Außerdem hat jede Stadt einen Markt. Er befindet sich in der Nähe der großen Stadtkirche und des Rathauses. Wir sind bald dort."

Von allen Seiten haben sich inzwischen Bauern hinzugesellt. Mit vielen anderen stehen sie vor dem Stadttor. Ein Stadtknecht hält sie an. Er durchsucht den schweren Tragkorb. Dann dürfen sie passieren, ohne eine Abgabe zahlen zu müssen, denn sie tragen nur die für die Stadt wichtigen Lebensmittel mit sich. Für andere Waren muss man nämlich Torzoll bezahlen. Schnell haben sich die beiden durch das Gedränge der Wagen und Menschen hindurchgeschlängelt.

Sie laufen durch enge Gassen und gelangen endlich auf den Hauptmarkt. Hier wird alles angeboten, was die Bürger gebrauchen können: Fleisch und Gewürze, Fisch und Gemüse, aber auch Kleider, Töpfe und andere Handwerkserzeugnisse.

M3 **Alltag in der Torstraße 1476.** Rekonstruktionszeichnung.

Trippen wurden als Überschuhe getragen. Die schlechten Straßenverhältnisse erforderten einen wirksamen Schutz gegen Schmutz und Nässe. Die Trippen funktionierten wie kleine Stelzen, mit denen man sauberen und trockenen Fußes durch die üblichen Schmutz- und Wasserlachen auf den matschigen Straßen kam. Von dem etwas unsicheren Gang auf diesen Stelzenschuhen leitet sich das Wort „trippeln" ab.

Wägen, Rufen und Schwatzen

M4 Das Leben und den Ablauf des Tages in einer mittelalterlichen Stadt beschreibt ein heutiger Geschichtsforscher:

[...] War der Tag heraufgezogen, herrschte ein munteres Treiben, ein unaufhörliches Kommen und Gehen, Messen und Wägen, Rufen und Schwatzen. In vielen Städten wurde deshalb der innerste Bereich freigehalten vom Handwerks- und Menschentreiben. Dort, zwischen Rathaus und Kirche, standen die Steinhäuser der vornehmen Patrizier, und die wollten verschont sein vom Lärm der Menge. So spielte sich das eigentliche städtische Leben in den Seitengassen und auf den Spezialmärkten ab; alle Augenblicke Glockengetöse und fromme Gesänge, dazwischen das Brüllen und Grunzen des Viehs, das Grölen der Randalierer und Nichtstuer in den Wirtshäusern, das Hämmern, Hobeln und Klopfen der Tätigen in den offenen Werkstätten, das Rattern der Wagen und Stampfen der Zugtiere und dazu der Lärm der zahllosen Ausrufer, die in einer Zeit, da nur wenige lesen konnten, das Plakat und die Neonröhren ersetzen mussten.

Die Geschäfte, die Gerichte, Ämter und Ratssitzungen fingen gewöhnlich um 6 Uhr an. Um 10 Uhr wurde in den meisten Städten zu Mittag gegessen. Um 12 Uhr begannen die Geschäfte wieder, sie dauerten bis 15 oder 16 Uhr. Das Abendessen wurde in der Regel um 18 Uhr eingenommen.

Mit Anbruch der Dunkelheit wurde es fast schlagartig ruhiger. Es gab keine Straßenlaternen. Und in den Häusern brannten nur düstere Talgkerzen oder Kienspäne. Wer abends ausging, musste eine eigene Laterne haben oder sich einen Fackelträger mieten. Nach 21 Uhr abends versank die Stadt in tiefem Schlummer. [...]

M5 **„Entsorgung" im Mittelalter: Ein Nachttopf wird ausgeleert.**

1 Nennt die wichtigsten Merkmale, durch die sich eine Stadt von einem Dorf unterscheidet.

2 Untersucht M1 und M3 und zeigt, welche Merkmale einer Stadt auf den Bildern zu sehen sind.

3 Erläutert mithilfe der Texte und Abbildungen dieser Doppelseite das Leben in einer mittelalterlichen Stadt.

Vor der Siedlung zur Stadt

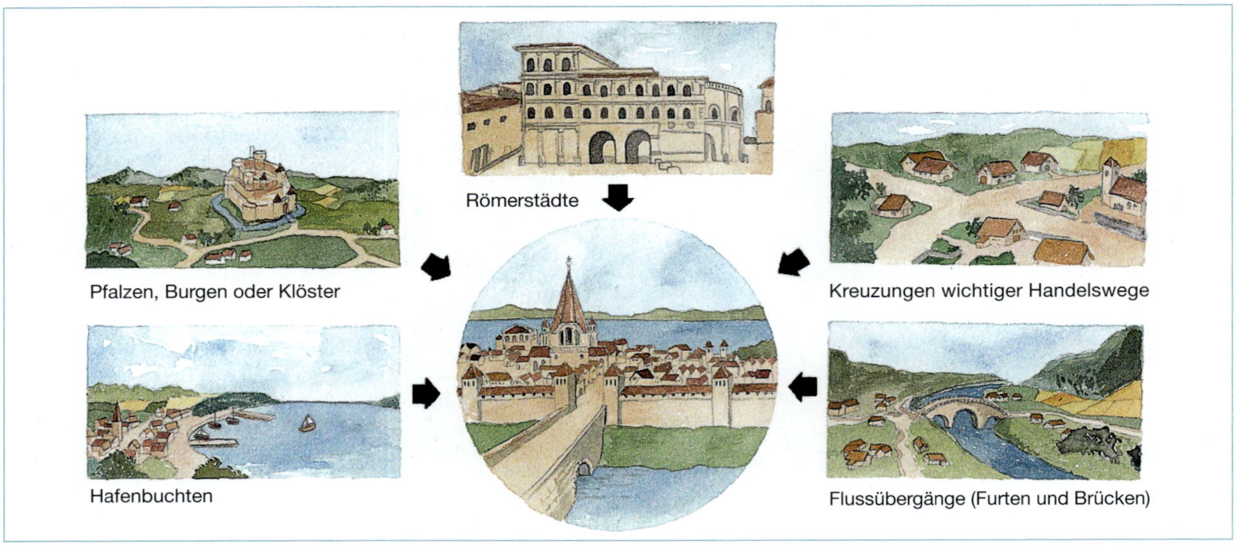

M 1 Voraussetzungen für die Stadtentwicklung.

Einwohnerzahlen europäischer Städte um 1300:	
Paris	300 000
London	100 000
Florenz	100 000
Venedig	100 000
Brügge	50 000
Rom	40 000
Köln	30 000
Lübeck	25 000
Straßburg	20 000
Danzig	20 000
Rostock	20 000
Hamburg	18 000
Frankfurt/M.	10 000
Mainz	6000

Städte entwickeln sich

Die ältesten Städte auf deutschem Boden sind römischen Ursprungs. Dort, wo die Römer an Rhein und Donau ihre Kastelle und Niederlassungen angelegt hatten, wuchsen auch die ältesten stadtartigen Siedlungen. Schon während der Römerzeit waren große Städte wie Mainz, Köln und Trier zugleich Bischofssitze. Die Kirche überlebte die Wirren des Untergangs des Römischen Reiches. Im Gebiet alter **Römerstädte** entwickelten sich schon um 900 erste Kaufmannssiedlungen. Sie bevorzugten außerdem auch Niederlassungen an Flussübergängen und Hafenbuchten. Städte wurden aber auch in der Nähe von Burgen gegründet.

M 2 Über die Entstehung der Stadt Brügge im heutigen Belgien heißt es in einem Bericht aus dem 9. Jahrhundert:

[…] Vor dem Burgtor, an der Brücke, sammelten sich allmählich Gewerbetreibende, um für die zu arbeiten, die in der Burg wohnten. Außer Kaufleuten, die alles Mögliche feilboten, gab es Schank- und Gastwirte. Sie machten es sich zur Aufgabe, diejenigen, die beim Grafen zu tun hatten, zu beköstigen und zu beherbergen. Mit der Zeit begannen die Zuzügler, Häuser zu bauen und sich wohnlich einzurichten; dort fanden alle Aufnahme, die nicht in der Burg selbst wohnen konnten. Die Siedlung wuchs, sodass in kurzer Zeit ein großer Ort entstand. […]

Städte werden planmäßig gegründet

Jede Stadt hatte einen **Grundherrn**. Das war meistens ein Graf, Herzog oder Bischof, auf dessen Grund und Boden die Stadt stand. Als **Stadtherr** sorgte er für einen geordneten Handel in der Stadt und auf dem Markt, indem er Maße und Gewichte festsetzen und die Einhaltung aller Vorschriften überwachen ließ. Von den Kaufleuten und Händlern zog er dafür Zölle und Marktgebühren ein. Viele Stadtherrn gingen dazu über, planmäßig neue Städte zu gründen. Mit jeder neuen Stadt

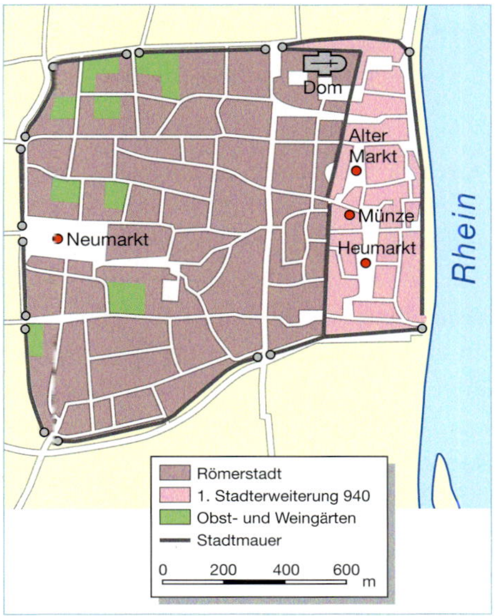

M 3 **Grundriss der mittelalterlichen Stadt Köln.** Die Kaufleute siedelten bevorzugt vor der alten römischen Stadtmauer.

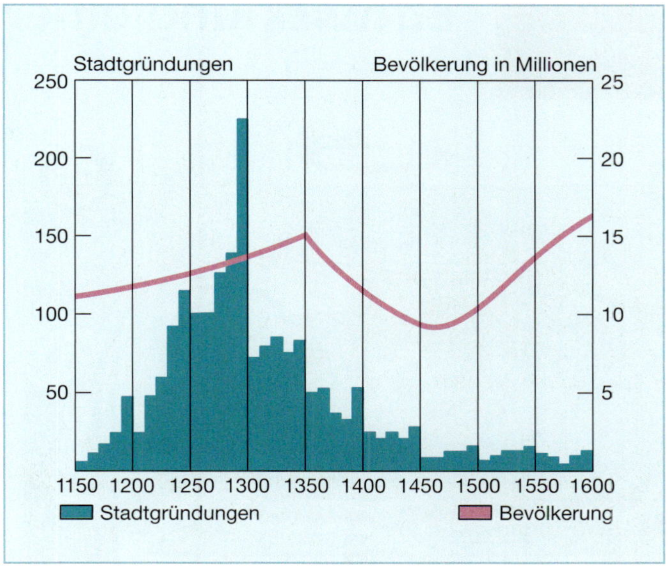

M 4 **Stadtgründungen und Bevölkerungsentwicklung in Mitteleuropa von 1150 bis 1600.**

festigte der Landesherr seine Herrschaft. Gleichzeitig war die Stadt auch eine wichtige Einnahmequelle für ihn.

Q 1 Die Gründungsurkunde für Freiburg (um 1200) enthielt z. B. folgende Bestimmungen:

[..] Es sei den lebenden und zukünftigen Geschlechtern bekannt, dass ich, Konrad (Herzog von Zähringen), auf meinem eigenen Besitz Freiburg einen Markt eingerichtet habe im Jahre des Herrn 1120. [...] Jedem Kaufmann habe ich ein Grundstück zum Bau eines eigenen Hauses gegeben. [...] Nun sei allen kundgetan, welche Rechte ich aufgrund der Wünsche und Bitten dieser Kaufleute festgelegt habe:

1. Ich verspreche allen, die zu meinem Markt kommen, Frieden und Schutz.
2. Wenn einer meiner Bürger stirbt, soll seine Frau mit den Kindern alles besitzen, was er hinterlassen hat.
3. Allen Kaufleuten der Stadt erlasse ich den Zoll. [...]
5. Wenn ein Streit unter den Bürgern entsteht, soll nicht von mir oder meinem Richter darüber entschieden werden, sondern nach Gewohnheit und Recht aller Kaufleute, wie sie besonders in Köln geübt werden. [...]
11. Jeder, der in diese Stadt kommt, darf sich hier frei niederlassen, wenn er nicht der Leibeigene irgendeines Herrn ist. [...] Wer aber über Jahr und Tag in der Stadt gewohnt hat, ohne dass ein Herr ihn als seinen Leibeigenen gefordert hat, der genießt von da an sicher die Freiheit. [...]

1 Erklärt mithilfe von M 1 die Voraussetzungen für die Entstehung von Städten.

2 Beschreibt mit Hilfe des Grundrisses von Köln (M 3), wie aus der antiken Stadt eine mittelalterliche Stadt entstand.

3 Mithilfe der Gründungsurkunde (Q 1) könnt ihr diese Fragen beantworten: Wer ist der Stadtgründer und damit Stadtherr? Welche Bürger interessieren den Stadtherrn? Wie versucht er, sie für die Ansiedlung in der Stadt zu gewinnen?

4 Lest noch einmal Ziffer 11 und erklärt den Ausspruch „Stadtluft macht frei". Für wen gilt er und von was wird man in der Stadt frei?

METHODE

Entwicklung einer Stadt beschreiben

M 1 Stadtansicht von Hamburg. Kolorierter Kupferstich von Braun/Hogenberg, um 1600.

Die Entwicklung von Hamburg

Hamburgs Anfänge lagen an einem relativ bequemen Übergang über die Alster. Um 830 befand sich dort die „Hammaburg", Missionsstützpunkt und Befestigungsanlage an der Grenze des Frankenreiches. Die Keimzelle der Stadt lag also ungefähr einen Kilometer von der Elbe entfernt.

Um 1050 zählte Hamburg ca. 800 Einwohner; etwa die Hälfte davon waren Geistliche. Der Handel entwickelte sich gut. 1188 wurde von Adolf III., dem Landesherrn für Hamburg, die Neustadt gegründet. Ferner verschaffte er der Stadt eine Reihe wichtiger Privilegien. So gewährte Kaiser Friedrich Barbarossa 1189 auf Veranlassung von Adolf III. den Kaufleuten den freien Handelsverkehr und Zollfreiheit auf der Elbe bis zur Mündung. Vor allem die Zollfreiheit begünstigte Hamburgs Aufstieg als Handelsstadt und erlaubten es ihr, die Freiheit ihrer Schiffe mit Hamburger Kaufmannsgütern vom Elbzoll zu bewahren.

Durch den Beitritt zum mächtigen Bund der Hanse (siehe S. 84/5) im Jahr 1321 erreichte die Entwicklung Hamburgs einen Höhepunkt. Hamburg und Lübeck waren fortan bestrebt, die Land- und Flussverbindungen zwischen den beiden Städten unter ihre Kontrolle zu bringen. Dadurch sollte besonders der Handel zwischen den Städten gesichert werden. So eroberten zum Beispiel 1420 die beiden Hansestädte gemeinsam Bergedorf, die Vierlande und Geesthacht.

Hamburg wächst

Hamburgs Stadtgebiet wuchs stetig an. So erweiterte sich Hamburg u. a. 1375 um Moorburg, 1395 um Ochsenwerder, Moorwerder und Billwerder. 1440 wurden Wohldorf, Schmalenbek und Volksdorf, 1442 Groß-Hansdorf und Beimoor erworben. Vor allem zur besseren Bekämpfung des See- und Strandraubes wurden im 14. Jahrhundert Neuwerk und Ritzebüttel von Hamburg eingegliedert. 1310 wurde auf Neuwerk ein Turm errichtet, der als Seezeichen diente und mit den im Turm stationierten Soldaten zur Sicherung der für Hamburg sehr wichtigen Elbmündung von Nutzen war. Der Turm ist Hamburgs ältestes Baudenkmal, das die Jahrhunderte überdauert hat.

Die Stadt erwarb daneben zu Beginn des 14. Jahrhunderts vom Grafen von Holstein die Besitzrechte an der Alster. Die Alster war wichtig für die Wasserzufuhr der Mühle am Reesendamm. Ferner bezog Hamburg über die Alster Kalk aus Segeberg, der für die rege Bautätigkeit in der Stadt notwendig war. Darüber hinaus lief über die Alster der Handel mit Holz, denn um 1350 hatten die Hamburger alle umliegenden Wälder bereits abgeholzt.

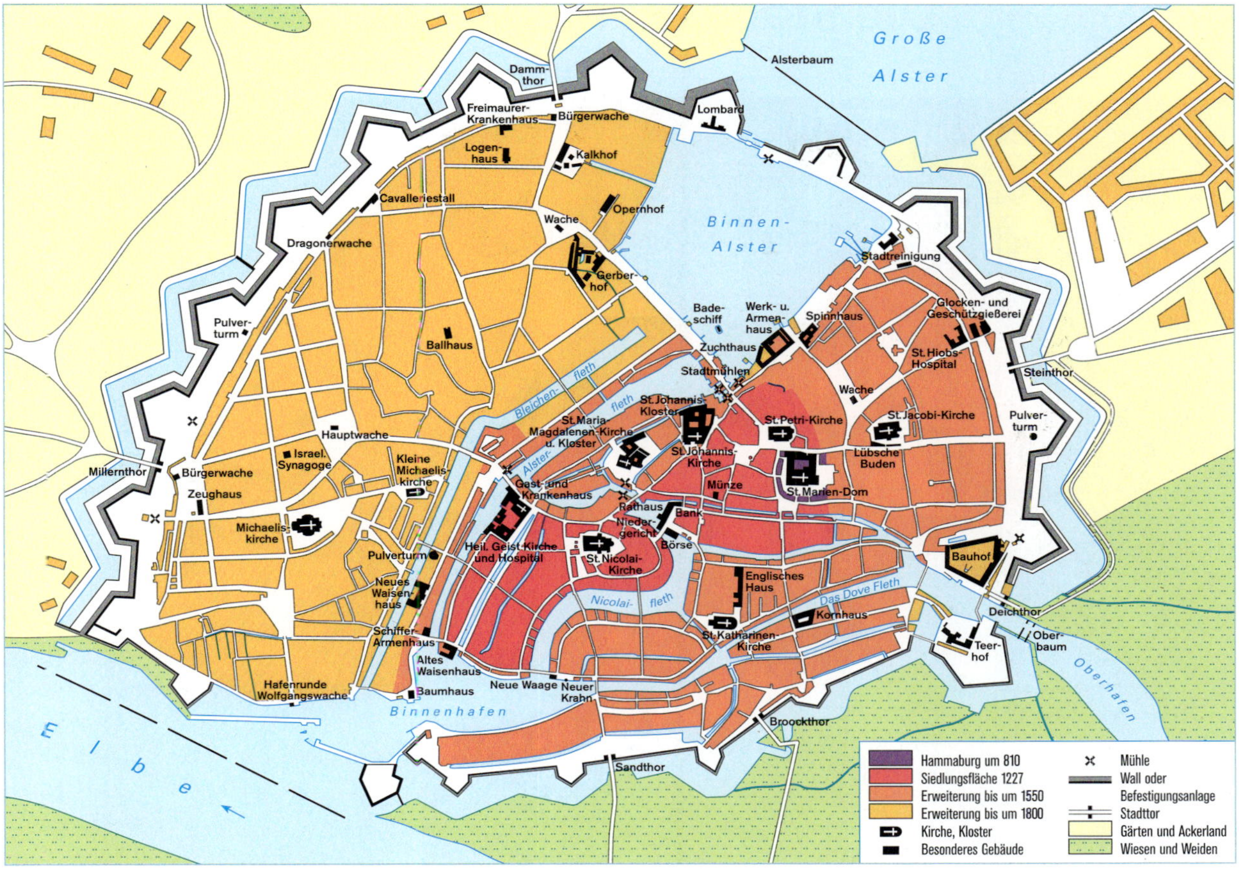

M2 **Stadtentwicklung Hamburgs 810–1800.**

Um 1300 zählte Hamburg etwa 5000 Einwohner. Bis um 1350 hatte sich die Zahl verdoppelt. Aber dann erreichte in diesem Jahr die Pest (siehe S. 78) die Stadt, und ungefähr 6000 Menschen starben. Um 1450 lebten bereits wieder 16000 Menschen in Hamburg, aber die Pest und die Pocken sorgten erneut dafür, dass die Einwohnerzahl bis zum Jahr 1500 auf 14000 zurückging.

1 Informiert euch mit Hilfe der Legende über die Bedeutung der Farben in M2.

2 Notiert, wo die ältesten Teile Hamburgs liegen.

3 Erstellt eine einfache Skizze über die Erweiterung der Stadt Hamburg von 1227–1550 in eurer Arbeitsmappe. Schreibt mit Hilfe des Textes dazu eine kurze „Zeitungsmeldung".

4 Beschreibt die Entwicklung der Stadt bis zum Jahr 1800.

5 Informiert euch in einem Lexikon oder im Internet über das Wachstum Hamburgs im 19. und 20. Jahrhundert.

6 Sucht Informationen über die Entwicklung eures Heimatortes seit dem Mittelalter und berichtet in der Klasse (Heimatmuseum, Chronik).

Die Stadt als Markt

M 1 **Markt in einer mittelalterlichen Stadt.** Rekonstruktionszeichnung nach schriftlichen und archäologischen Quellen von Jörg Müller, Biel, 1994.

M 2 **Scheffel der Stadt Lübeck.** Ein Scheffel entsprach etwa 50 Litern. Foto.

Die Marktfahne wird aufgezogen

An festgelegten Tagen – häufig an drei Tagen – der Woche war **Markt**. An diesen Tagen strömten die Menschen aus der ganzen Umgebung in die Stadt, kamen Bauern mit ihren Wagen oder zu Fuß, brachten Händler ihre Waren aus fernen Ländern herbei. Am Stadttor herrschte großes Gedränge; alle Wagen wurden von den Torhütern erst gründlich kontrolliert, bevor sie in die Stadt durften.

Pünktlich um sieben Uhr in der Früh wurde die Marktfahne aufgezogen. Metzger, Bäcker, Bauern, Händler und Handwerker boten ihre Waren feil. Doch die Märkte dienten nicht nur dem Kaufen und Verkaufen. Sie waren ein Treffpunkt, wo

M3 Stand eines Baders auf dem Markt. Rekonstruktionszeichnung nach schriftlichen und archäologischen Quellen von Jörg Müller, Biel, 1994.

Nachrichten ausgetauscht wurden. Die fahrenden Kaufleute brachten Nachrichten aus der großen, weiten Welt, fahrendes Volk, Gaukler und Musikanten traten auf und sorgten für Vergnügen. An den Markttagen hatten auch die Bader ihren Stand aufgestellt (M3). Sie behandelten kleinere Beschwerden, und zogen Zähne. Auch Schreiber fanden sich auf dem Markt.

M4 In einer heutigen Erzählung heißt es:

Weil nur Wenige lesen und schreiben konnten, war der Schreiber am Markttag ein viel besuchter Mann. Bei ihm ließen sich die Leute Briefe oder Verträge, Listen und Abrechnungen schreiben. Als Werkzeuge dienten ihm das Tintenhorn, Federn und Messerchen zum Radieren. Man schrieb auf Pergamentblätter, die aus Kalbs- oder Schafhäuten hergestellt waren.

Kauf und Verkauf wurden durch die Marktordnung geregelt. Wer sie nicht befolgte, konnte hart bestraft werden.

Q1 In einer Marktordnung aus dem Jahre 1256 heißt es:

10) Wir verordnen, dass kein Kauf außerhalb des öffentlichen Marktes stattfindet. Dies gilt für Leute, die Waren in die Stadt bringen. […] Wer sich nicht an die Vorschrift hält, muss der Stadt 6 Schilling und dem Richter 60 Pfennig bezahlen. Wenn einer kein Geld besitzt, wird ihm die Hand abgeschlagen werden.

11) Wir verordnen, dass zwei gute Würste, die die vorgeschriebene Größe besitzen, für einen Pfennig verkauft werden, sie dürfen aber nur aus reinem Schweinefleisch gemacht sein. Zuwiderhandelnde müssen 1 Pfund (= 240 Pfennig) zahlen und werden ein Jahr lang von ihrem Handwerk ausgeschlossen. […]

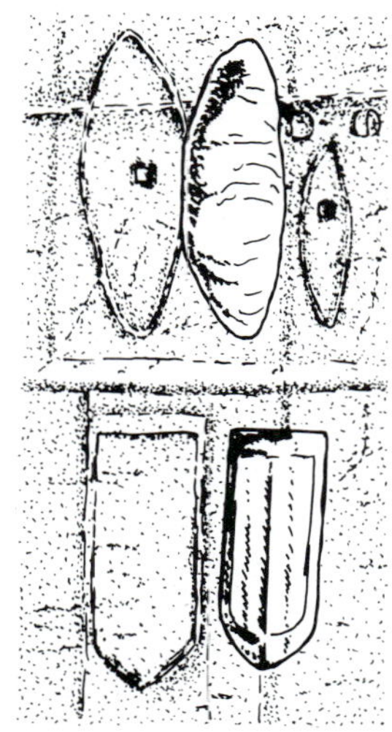

M5 Maß für Brot und Dachziegel am Freiburger Münster. Zeichnung.

1 Beschreibt den Markttag auf den Abbildungen M1 und M3.

2 Vergleicht anhand des Textes und der Abbildungen einen Markt im Mittelalter mit einem heutigen Wochenmarkt.

3 Erklärt den Sinn der Verordnungen (Q1). Erläutert, welche Strafen eurer Meinung nach für die genannten Vergehen sinnvoll wären.

4 Erklärt, warum die Städte für das umliegende Land wichtig waren.

Die Bewohner einer Stadt um 1250

M 1 Patrizier in der Kleidung des 16. Jahrhunderts. Kupferstich.

M 2 Vor dem Stadtherrn, einem Bischof und seinen Beratern erscheinen ein Bürger, ein Bauer und ein Patrizier.
Buchmalerei, um 1500.

M 3 Ein Patrizier mit seiner Familie.
Gemälde von Jean Bourdichon (etwa 1457–1521).

Kampf der Städte gegen ihre Stadtherrn

Wie die Bauern auf dem Land einem Grundherrn unterstanden, so unterstanden anfangs auch die Stadtbewohner ihrem Stadtherrn. Im Laufe der Jahrhunderte wurden die Städte immer größer. Mit der Größe einer Stadt wuchs auch das Selbstbewusstsein ihrer Bürger. Vor allem die Kaufleute, die es zu beachtlichem Wohlstand gebracht hatten, wollten sich nicht länger von ihrem Stadtherrn bevormunden lassen. Voller Stolz nannten sie sich in vielen Städten selbst Patrizier, ebenbürtig den Adligen. Zu den Freiheiten, welche die Patrizier anstrebten, gehörten neben einer eigenen Gerichtsbarkeit und Verwaltung vor allem Privilegien* wie Zollfreiheit, Messeprivilegien oder das Münz- und Stapelrecht*. In einigen Städten widersetzten sie sich immer häufiger den Anordnungen des Stadtherrn. Es kam zu langjährigen bewaffneten Auseinandersetzungen. In anderen Städten kauften die Bürger ihrem Stadtherrn ein Recht nach dem anderen ab.

***Privilegien**
Sonderrechte, Vorrechte.

***Stapelrecht**
Recht einer Stadt, einen durchreisenden Kaufmann, der Waren mit sich führt, zu zwingen, diese dort drei Tage lang anzubieten.

M 4 In einer heutigen Erzählung heißt es:

[…] Stadtherr war Graf Bernhard. Von den reichen Kaufleuten seiner Stadt brauchte er immer wieder Geld: Er wollte für seine Tochter eine teure Aussteuer kaufen. Er nahm an einem prunkvollen Turnier teil. Er schuldete einem Mailänder Händler eine größere Summe. Er begleitete den König zur Kaiserkrönung nach Rom. – Die Kaufleute gaben ihm das Geld. Sie verlangten aber jedes Mal, dass der Graf ihnen bestimmte Rechte überließ.

Eines Tages hatten sie ihr Ziel erreicht. Im großen Rathaussaal legten die versammelten Bürger dem Grafen eine Urkunde vor. Darin stand: „Ich schwöre, den Bürgern der Stadt für immer und ewig alle Freiheiten zu lassen." Der Graf schwor und unterschrieb. […]

M5 Handwerkerfamilie.
Gemälde von Jean Bourdichon.

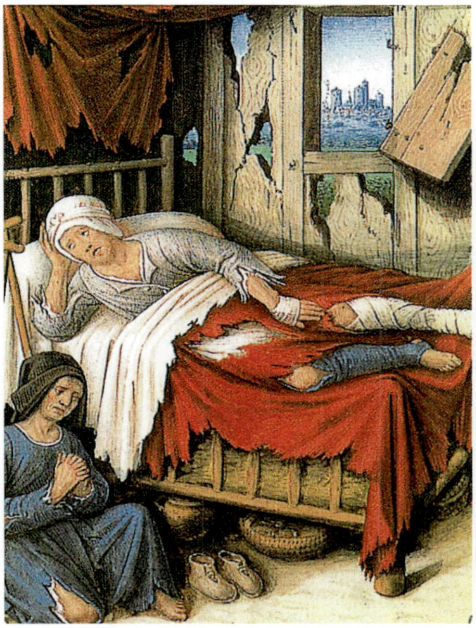

M6 Tagelöhner.
Gemälde von Jean Bourdichon.

M7 Pestarzt.
Kupferstich, 1656.

M8 Bettlerfamilie auf dem Weg zur Stadt.
Holzschnitt, 1510.

Die Bevölkerung in den Städten ist nicht gleich

Am Ende des 12. Jahrhunderts hatten fast alle Stadtherren ihre Rechte an die Bürger abgetreten. Jetzt wurden die Städte von den mächtigen und angesehenen Kaufleuten, den Patriziern, regiert. Sie hatten es durch Fernhandel zu großem Wohlstand gebracht. Die **Patrizier** wählten aus ihren Reihen die Ratsherren und stellten auch den Bürgermeister.

Die Patrizier lebten in der Stadt in ähnlichem Stil wie der Adel auf dem Land. Der Sohn einer Patrizierfamilie heiratete normalerweise nur die Tochter einer anderen Patrizierfamilie. Ihre prächtigen Häuser standen um den Marktplatz im Zentrum der Stadt.

In den sich anschließenden Straßenzügen wohnten **Handwerker** und **Krämer**, die Mitglieder eines Gewerbes häufig zusammen in derselben Straße. Sie bildeten die Mittelschicht. Unter ihnen gab es Wohlhabende, wie die Goldschmiede, und auch Ärmere, wie die Leinweber.

Nicht zu den Bürgern zählten die **Juden** sowie die Angehörigen der **Unterschicht**. Dazu gehörten Mägde, Gesellen, Lehrlinge, Bettler, Krüppel, Arme, aber auch die „unehrlichen“ Berufe wie Henker und Totengräber. Während die Gesellen, Lehrlinge und Mägde im Haushalt ihres Handwerksmeisters wohnten, lebten die übrigen Angehörigen der Unterschicht meist in abseits gelegenen schäbigen Hütten.

1 Spielt folgende Szene: Der Graf bittet die Bürgern, ihm Geld zu leihen. Die Kaufleute beraten, was sie ihrem Stadtherren antworten sollen.

2 Beschreibt mithilfe der Abbildungen dieser Doppelseite die Lebensbedingungen von Patriziern, Handwerkern und Tagelöhnern.

Kaufleute, Handwerker, Zünfte

M 1 Die Ehefrau führt für ihren Mann, der Geldwechsler ist, die Bücher. Gemälde, 1538.

Pfennig des Kölner Erzbischofs, 2. Hälfte 12. Jahrhundert. Münzen wurden in vielen wichtigen Städten geschlagen, denn sie waren für den Handel nötig. Das Münzrecht war eines der Rechte, das dem jeweiligen Stadtherrn zustand.

Kaufleute

In jeder Stadt gab es zahlreiche Kleinhändler, so genannte „Krämer“, welche die Waren des täglichen Bedarfs anboten. Auch die umliegenden Dörfer wurden von ihnen versorgt.

Hoch angesehen waren jene Kaufleute, die im Fernhandel tätig waren. Oft waren sie wochen- oder monatelang unterwegs, um ihre Waren in Frankreich oder Italien anzubieten. Wenn sie von dort nach Hause zurückkehrten, brachten sie kostbare Tuche mit, aber auch orientalische Gewürze, Weine vom Mittelmeer, Parfüm oder Südfrüchte.

Fremde Kaufleute kamen ebenfalls in die Städte, um ihre Waren anzubieten. Auf der städtischen Ratswaage mussten sie ihre Waren wiegen und kontrollieren lassen, Zölle und Schutzgelder entrichten. Außerdem waren sie gezwungen, einen Teil ihrer Ware in der Stadt zu verkaufen. Alle Kaufleute wollten für ihre Waren natürlich „gutes Geld“. Da fast jede Stadt ihre eigene Währung hatte, wurde der Wert des Geldes berechnet nach der Menge an Silber oder Gold, das in jeder Münze enthalten war.

Gilden und Handelsniederlassungen

In den großen Fernhandelsstädten schlossen sich die Kaufleute in **Gilden** zusammen, um den Handel erfolgreich durchführen zu können. Die Gilden vertraten auch die Interessen ihrer Mitglieder vor dem Rat der Stadt.

Als die Städte größer wurden und der Handel mehr zunahm, konnten die Fernhandelskaufleute nicht mehr selbst ihre zahlreichen Warentransporte begleiten. Fuhrleute brachten infolgedessen die Waren, die vorher durch Boten bestellt und bezahlt worden waren. Mächtige Kaufmannsfamilien, wie etwa die **Fugger** in Augsburg, errichteten in vielen Städten eigene Niederlassungen – so genannte „Handelskontore“. So konnten vor Ort die besten Einkaufs- und Verkaufsmöglichkeiten erkundet werden.

M 2 Im Testament eines Kaufmanns aus Regensburg heißt es:

[…] Ich vermache meiner Frau Agnes 1600 Pfund Silber, meinen Töchtern Katrin und Anne je 200 Pfund, meinen vier Söhnen Hans, Matthäus, Wolfgang und Jörg mein Wohnhaus, meine zwei Badstuben, mein Brauhaus und meine übrigen Höfe und Häuseranteile in Stadt und Umgebung. […]

Einem Pfund Silber entsprachen ungefähr 480 Pfennige. Es kosteten damals ein Huhn ungefähr zwei bis drei Pfennige, ein Pfund Butter zwei Pfennige und 100 Kilogramm Gerste etwa 44 Pfennige.

M 3 **Bäuerliches Ehepaar beim Schuster.** Holzschnitt, 16. Jahrhundert.

Handwerker

Handwerker stellten in den Städten den größten Teil der Bevölkerung. In kleinen Städten gab es oft nur wenige Berufsgruppen für den Bedarf der näheren Umgebung. In großen Städten wie etwa Frankfurt arbeiteten über hundert verschiedene Berufsgruppen, oft für den Fernhandel. Doch auch kleine Städte konnten mit bestimmten Produkten Fernhandel treiben, wenn es in der Umgebung besondere Rohstoffe gab oder wenn die Handwerker spezielle Techniken beherrschten.

Die Frauen der Handwerker waren nicht nur für den Haushalt und die Kindererziehung zuständig, sie sorgten auch für den Verkauf der hergestellten Waren im Geschäft oder auf dem Markt.

Aufgaben der Zünfte

Zur Durchsetzung gemeinsamer Interessen schlossen sich die Handwerker seit dem 12. Jahrhundert zu so genannten **Zünften** zusammen. Jedes Handwerk hatte seine eigene Zunft.

Jede Zunft
- erließ Regeln zur Ausbildung
- setzte die Zahl der Lehrlinge und Gesellen für jeden Betrieb fest
- überwachte die Qualität der Produkte und die Einhaltung der vorgeschriebenen Preise
- schrieb den Mitgliedern vor, wie viel Ware sie produzieren durften
- schlichtete Streitigkeiten der Zunftmitglieder untereinander.

Die Vorschriften waren für alle verbindlich. „Schaumeister“ überwachten die Zunftgenossen. Pfuschern, d. h. Handwerkern, die nicht Mitglied waren, „legten sie das Handwerk“. Minderwertige Erzeugnisse wurden eingezogen und die Hersteller bestraft.

Die enge Verbundenheit der Zunftmitglieder zeigte sich auch im alltäglichen Leben. An den Stadt- und Kirchenfesten nahm man gemeinsam teil. Kranke und arme Mitglieder wurden unterstützt, und gemeinsam sorgte man für Witwen sowie Waisen verstorbener Zunftgenossen. Auch an der Verteidigung der Stadt waren die Zünfte beteiligt. Jede Zunft hatte ein bestimmtes Stück der Stadtmauer zu verteidigen.

Zunftwappen

Müller

Fleischer

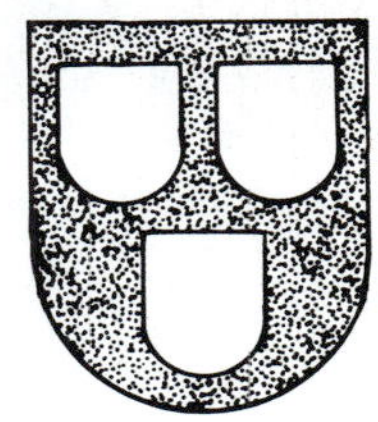

Maler

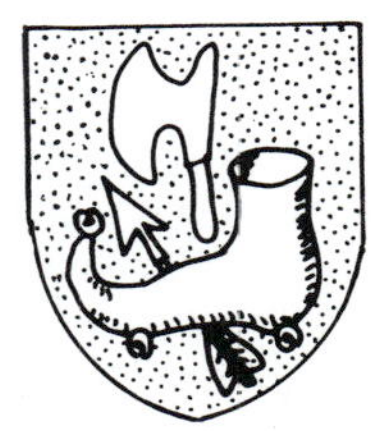

Schuster

1 Erklärt mithilfe von M 1, wie der Wert einer Münze festgestellt wurde.

2 Beschreibt die Tätigkeiten der Frauen in M 1 und M 3. Was sagen diese Bilder über die Stellung der Frau aus?

3 Erklärt die Aussage: „Die Zunftmitglieder wollten nicht Reichtum, sondern vor allem Sicherheit.“

4 Sucht auf der Straßenkarte eurer Stadt Straßennamen, die an mittelalterliches Handwerk erinnern. Wo liegen diese Straßen?

Leben in der mittelalterlichen Stadt

M1 Eine Geburt. Darstellung auf einer Altartafel, 1481.

M2 Eine Kaufmannsfamilie. Holzschnitt, 16. Jahrhundert.

Pest
Eine hochgradig ansteckende Infektionskrankheit, die meist durch Flöhe von Nagetieren (z. B. Ratten) auf den Menschen übertragen wird. Die schlimmste, aus Zentralasien eingeschleppte Pestepidemie traf Europa 1347–1352; damals starben etwa 25 Millionen Menschen (etwa ein Drittel der Bevölkerung) am „schwarzen Tod".

Frauen in Handwerk und Handel

Neben den Handwerksmeistern gab es selbstständige Meisterinnen wie Bäckerinnen, Fleischerinnen, Fassbinderinnen oder Gerberinnen. Fast immer handelte es sich dabei um Witwen, die nach dem Tod ihres Mannes die Werkstatt leiteten. Von den Zünften erhielten diese Frauen meist den Auftrag, einen erfahrenen Gesellen einzustellen, der der Zunft angehörte. Eine wichtige Rolle spielten Frauen im Handel.

M3 Eine heutige Wissenschaftlerin schreibt:

[…] In erstaunlichem Umfang waren Frauen am Groß- und Fernhandel beteiligt. Möglich war dies nur, weil die Frau seit dem 13. Jahrhundert als voll geschäftsfähig galt. Sie konnte eigenständig Geschäfte tätigen, Prozesse führen, über ihr Eigentum testamentarisch verfügen und haftete bei Schulden oder Konkurs. Frauen führten die Bücher, vertraten den Mann in Zeiten der Abwesenheit oder wenn dieser durch städtische Ämter belastet war. Sie besuchten Märkte und Messen, unternahmen Handelsreisen. […]

Frühe Heirat

Die meisten Frauen heirateten im Alter zwischen 18 und 22 Jahren; manche waren auch jünger. Die Hausfrau hatte selbstständig für den manchmal recht großen Haushalt zu sorgen; neben Eltern, Großeltern und Kindern konnten dazu auch die unverheirateten Verwandten sowie Knechte und Mägde zählen. Überarbeitet und von den vielen Schwangerschaften erschöpft, überlebten viele Frauen die Geburt eines Kindes nicht. So kam es vor, dass viele Männer dreimal und mehr heirateten und die Kinder nacheinander bei verschiedenen „Stiefmüttern" aufwuchsen.

Frau und Familie

Kinder wurden zu Hause geboren. Zehn, aber auch vierzehn oder sechzehn Kinder im Verlauf einer Ehe waren keine Seltenheit. Mangelnde Hygiene und für uns heute harmlose Kinderkrankheiten führten dazu, dass in der Regel die Hälfte oder mehr aller Kinder starben, bevor sie das 14. Lebensjahr erreicht hatten. Bis zum Alter von sechs Jahren trugen Jungen und Mädchen die gleiche Kleidung, spielten zusammen und wuchsen zusammen auf. Erst dann entschied es sich, ob Jungen und Mädchen auch eine Schule besuchten und eine Ausbildung erhielten.

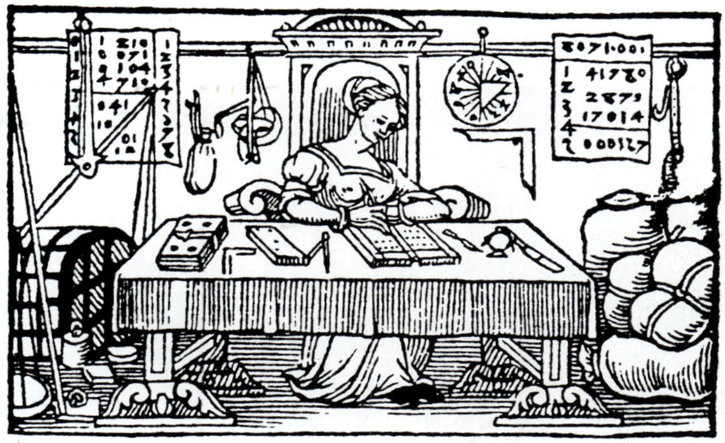

M4 Eine Kauffrau in ihrer Schreibkammer. Holzschnitt, 16. Jahrhundert.

Mangelnde Sauberkeit in der Stadt

Q1 Viele Städte erließen Vorschriften wie diese:

[…] Niemand soll Mist oder Kot vor sein Haus legen, wenn er ihn nicht gleich wegfahren will, außer auf den hierzu bestimmten Plätzen, nämlich neben dem Fleischmarkt, ferner neben dem Brunnen auf dem Rindermarkt, welcher Gewirke heißt. […]

Die Unsauberkeit in den Städten und die mangelhafte Hygiene* der Menschen begünstigten die Entstehung und Ausbreitung von Krankheiten. In manchen Jahren rafften Seuchen wie die Pest oder die Cholera bis zu einem Drittel der Bewohner hinweg. Zur Behandlung der Kranken gab es Ärzte, Apotheken und Spitäler. Die Krankenzimmer waren teilweise äußerst klein, und häufig mussten sich zwei Kranke ein Bett teilen. Daher war die Ansteckungsgefahr sehr groß. Menschen mit schweren ansteckenden Krankheiten wie der Lepra mussten außerhalb der Stadt wohnen. Ihnen war das Betreten der Städte bei Strafe untersagt. Mit Klappern warnten sie jeden, der sich ihnen näherte.

Brände – große Katastrophen

In den mittelalterlichen Städten brannte es oft. Blitzschnell griff das Feuer von einem Haus auf andere über, ganze Straßenzüge und Stadtviertel wurden in Schutt und Asche gelegt. Braunschweig brannte im 13. Jahrhundert fünfmal, Bad Gandersheim 1461, 1491, 1506, 1666 und 1734.

Q2 Über Göttingen hieß es:

[…] Anno 1435, da war in Göttingen ein großer Brand […] und verursachte großen Schaden an Speck und Korn; da brannten über 40 Wohnhäuser. […]

Mit zahlreichen Vorschriften versuchten die Städte Brände zu verhüten, oft ohne Erfolg.

***Hygiene**
Vorsorge vor ansteckenden Krankheiten durch Reinigung. Erst im 19. Jahrhundert erkannte man die Ursachen und die Art der Übertragung von ansteckenden Krankheiten.

1 Beschreibt das Leben der Frauen in der mittelalterlichen Stadt. Notiert Stichworte für einen kleinen Vortrag.

2 Erklärt, warum so viele Ehefrauen so früh starben.

3 Lest Q 1 und beschreibt, was die Städte vorschreiben und welches Problem sie erkannt haben.

4 Erläutert, warum die Vorschriften aus heutiger Sicht nicht sehr sinnvoll waren.

5 Erkundigt euch, wie oft es in eurem Ort im Jahr brennt und welche Feuerschutzmaßnahmen in eurer Schule gelten.

Kampf um die Macht in der Stadt

M 1 Vertreter der Zünfte betreten die Ratsstube. Im Hintergrund die Patrizier, in der Mitte die Bibel und der Schlüssel für die Truhe mit der Stadtkasse. Aus dem Zunftehrenbuch der Stadt Augsburg, 14. Jahrhundert.

Herrschaft der reichen Kaufleute

Am Ende des 12. Jahrhunderts hatten fast alle Stadtherren ihre Rechte an die Bürger abgetreten. Jetzt wurden die Städte von den mächtigen und angesehenen Kaufleuten, den Patriziern, regiert. Der Rat der Stadt setzte die Steuern fest, zog die Zölle ein und entschied, für welche Maßnahmen diese Gelder verwendet werden sollten. Ebenso setzte der Rat Löhne und Preise fest und die Zeiten für das Öffnen und Schließen der Stadttore. Er bestimmte sogar, wie lange Familienfeste und Hochzeitsfeiern dauern durften.

Handwerker fordern Mitbestimmung

Es waren vor allem die kleinen Kaufleute und die in Zünften organisierten Handwerker, die mit ihrem Steueraufkommen den Bau des prächtigen Rathauses und der Kirchen, des Spitals und der hohen Mauern ermöglichten. Wenn es in der Stadt brannte, organisierten sie die Löscharbeiten; im Kriegsfall trugen sie die Hauptlast bei der Verteidigung der Stadt. Vom Stadtregiment aber blieben sie ausgeschlossen. Hiergegen wehrten sich die Bürger seit dem 14. Jahrhundert immer mehr.

Q 1 In einer Chronik der Stadt Augsburg heißt es:

[...] Am Sonntagabend, dem 22. Oktober 1368, versammelten sich in Augsburg die Zünfte unter Leitung des Hans Weiß, dem Kellermeister der Weberzunft, wohl bewaffnet am Perlachturm. Sie schlossen alle Stadttore und besetzten alle Straßen und Plätze der Stadt. [...] Sechs ehrenwerte Zunftmeister traten vor den Rat und Hans Weiß forderte in schlichten Worten die Teilnahme der Zünfte an der städtischen Regierung. Nach stundenlangen Debatten gaben die Ratsherren schließlich nach. [...]

Aufruhr in Braunschweig

Wie in anderen Städten forderten auch die Handwerker in Braunschweig ein Mitspracherecht im Rat. In der etwa 15 000 Einwohner zählenden Stadt Braunschweig beherrschten die wohlhabenden Fernhändler den Rat. Sie verweigerten den Handwerkern eine Mitsprache.

Im Herbst 1374 hatte Braunschweig einen Krieg gegen Magdeburg verloren und musste 4600 Mark Lösegeld und Schadenersatz zahlen. Da die Stadt bereits 10 000 Mark Schulden hatte, beschloss der Rat,

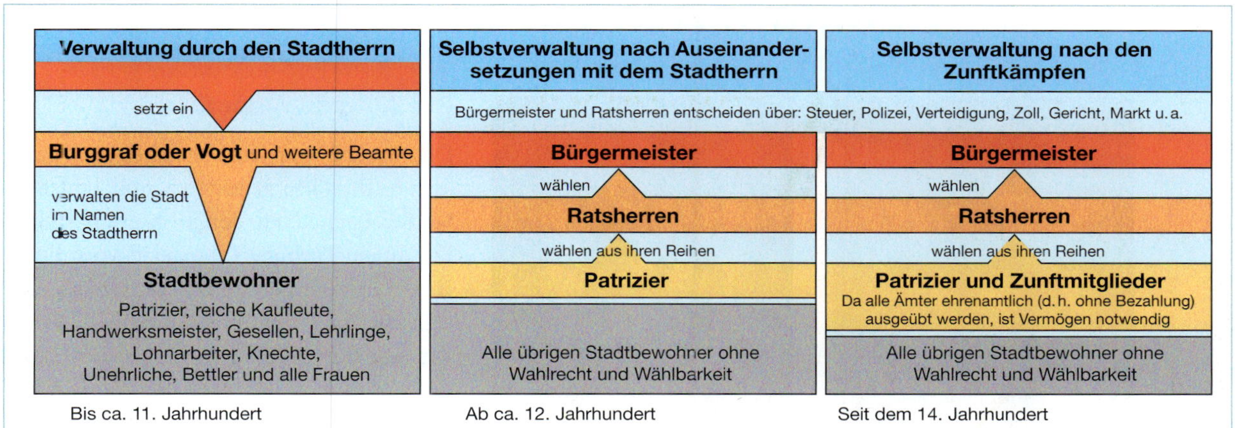

M 2 Die Entstehung der städtischen Selbstverwaltung. Schematische Darstellung.

die Steuern zu erhöhen und informierte die Zünfte.

Schon zuvor war es wegen der Verschuldung der Stadt ständig zu Steuererhöhungen gekommen. Während der Beratungen kam es zum Aufstand gegen den Rat.

Q 2 In einem Bericht heißt es über die Ereignisse von 1374:

[…] Im Jahr 1374 war in der Stadt Braunschweig der Teufel los und hetzte das Volk gegen den Rat. Ein Teil der Ratsherren wurde totgeschlagen, ein Teil gefangen genommen und geköpft, ein Teil aus der Stadt vertrieben. […] Das führerlose Volk lief in die Weinkeller, zerschlug Fässer und ließ den Wein auf die Erde laufen. Sie führten Bürgermeister Tile von dem Damme unter schmählicher Misshandlung vor die Stadt, liefen dann in sein Haus und nahmen, was sie fanden, sie legten Feuer an das Haus, dass es bis auf den Erdboden niederbrannte, dann schlugen sie Herrn Tile den Kopf ab. Zu all diesen lästerlichen Missetaten setzten sie aus allen Zünften einen neuen Rat ein, so wie es ihnen behagte. Das Allerschlimmste war, dass sie an die Zünfte aller Städte Briefe sandten, in denen sie ihr Recht dartun wollten und klagten, dass sie zu hart behandelt und beschatzt [besteuert] worden wären, was sie nicht mehr hätten ertragen können. Mit diesen Sendschreiben reizten sie das Volk anderer Städte gegen ihren Rat auf, was schwer zu dulden war. […]

Ein neuer Rat

Die aufständischen Handwerker in Braunschweig besetzen den Rat aus ihren Reihen neu. Die bisherigen Ratsmitglieder wandten sich an die anderen Hansestädte. Da diese ein Übergreifen der Unruhen fürchteten, schlossen sie Braunschweig aus der **Hanse*** aus. Sie verboten allen Städten den Handel mit Braunschweig und mit Waren aus der Stadt. Erst nach langen Verhandlungen wurde der Konflikt beigelegt, endgültig 1402. Die Handwerker hatten ihre Mitbestimmung im Rat durchgesetzt und die vertriebenen Ratsherren konnten zurückkehren.

***Hanse**
Zusammenschluss deutscher Kaufleute im Mittelalter, der dazu dienen sollte, Handelsinteressen gemeinsam zu vertreten und sich gegenseitig Schutz und Beistand zu gewähren. Seit 1356 bildete sich daraus unter Führung Lübecks ein bedeutender Städtebund. Vergleiche dazu die Seiten 84/85.

1 Lest den Text und Q 1. Notiert Gründe, warum die Handwerker an der städtischen Regierung beteiligt sein wollten.

2 Entwerft eine Spielszene: Hans Weiß fordert die Mitregierung der Zünfte vor dem Rat.

3 Untersucht, mit welcher Einstellung aus Lübeck berichtet wird (Q 2) und warum das Briefeschreiben an andere Zünfte als das „Allerschlimmste" bezeichnet wird.

4 Beschreibt anhand von M 2, wie sich die Mitbestimmung und Selbstverwaltung in den Städten entwickelte.

Religionen in der Stadt

M1 Kirche und Synagoge (jüdisches Gotteshaus). Symbolische Steinfiguren am Straßburger Münster, 13. Jahrhundert. Fotos.

Die Bedeutung der christlichen Religion

Die Bedeutung der Religion im Mittelalter ist für uns heute nur schwer nachvollziehbar. Der Glaube der Menschen im Mittelalter, dass Gott unmittelbar ihren Alltag beeinflusste, ist uns fremd. Viele Menschen glauben heute in Europa nicht mehr oder gehören einer christlichen Religion an ohne sie auszuüben. Sie staunen über die Bedeutung der Religion in den USA und in den Ländern des Nahen Ostens.

Der mittelalterliche Mensch sah im Gegensatz zu heute sein ganzes Leben von Gott und der Kirche bestimmt.

Die Aufgaben der Kirche

Die Kirche war eine mächtige Organisation. Bischöfe gründeten und regierten Städte, begleiteten den König auf seinen Feldzügen, erhoben Steuern von ihren Untertanen. Einen Teil dieser Gelder verwendete die Kirche für die Armen, die in den meisten Städten mehr als die Hälfte der städtischen Bevölkerung ausmachten. Klöster und Kirchen beherrschten das Stadtbild. Die Abfolge der religiösen Festtage bestimmte den Alltag der Bürgerinnen und Bürger. Die Kirche begleitete jeden Menschen von der Geburt an mit der Taufe bis zu seinem Tode mit dem christlichen Begräbnis.

Angst vor dem Jüngsten Gericht

Die Menschen hatten Angst. Sie hatten Angst vor Gott und vor dem Jüngsten Gericht. Gewitter, Blitze, Überschwemmungen, Krankheiten, Hungersnöte, all das konnten sich die Menschen nicht so erklären, wie wir das heute tun. Für sie waren dies Zeichen für den Zorn Gottes. Gott zürnte den Menschen wegen ihrer Sünden. Das kurze Leben war nur der Weg vor Gottes Gericht. Und was im Jüngsten Gericht passieren würde, stand klar und deutlich im Neuen Testament: Ewige Verdammung der Bösen in die Hölle und Aufnahme der Guten in den Himmel. Für die Menschen, die nicht lesen konnten, war es über dem Kircheneingang, auf Bildern im Innern der Kirche oder in Büchern dargestellt.

Kirchen und Dome als ewiges Gebet

Die Menschen versuchten, Gott durch Gebete, Almosen, gute Werke und großartige Kirchenbauten gnädig zu stimmen. Viele Jahrzehnte, manchmal Jahrhunderte bauten sie an ihren Kirchen. Ein großer

Dom war wie ein „Gebet aus Stein". Zugleich waren diese Bauten aber auch ein Zeichen der kirchlichen Macht. Die Kirche und ihre Priester und Mönche standen zwischen den Menschen und Gott. Sie erklärten Gottes Wort und zeigten den Weg zur Vergebung der Sünden.

Das Leben der Juden in der Stadt

Seit dem frühen Mittelalter wohnten die Juden im Heiligen Römischen Reich in den Städten. Sie hatten ihr eigenes Bethaus, die Synagoge, und eigene Schulen. Bei den christlichen Herrschern waren sie wegen ihrer bedeutenden Rolle im Fernhandel hoch angesehen. Waren die Juden zunächst den übrigen Stadtbewohnern weitgehend gleichgestellt, begann frühzeitig ihre gesellschaftliche Ausgrenzung. In vielen Städten durften sie nur noch in gesonderten Stadtvierteln leben, den **Gettos***. Das Getto war von einer Mauer umgeben. Die Tore wurden von Stadtknechten bewacht und abends verschlossen.

Verdrängung der Juden

Zu Beginn der **Kreuzzüge*** tötete man viele Juden in Deutschland. Man warf ihnen vor, sie hätten Jesus Christus umgebracht. 1179 untersagte die Kirche den Christen das Zusammenleben mit ihnen. Viele Juden wohnten nun in eigenen Wohnstraßen, so auch jene in Braunschweig. Ihre Straße heißt noch heute die „Jöddenstraße". 1215 verordnete die Kirche eine besondere Kleidervorschrift für sie; außerdem untersagte sie Christen, Geld gegen Zinsen zu verleihen. 1236 wurden die Juden unter den besonderen Schutz des Kaisers gestellt, sie waren also keine normalen Bürger mehr. Ferner bestimmten die Zünfte, dass nur Christen ein Handwerk betreiben durften. Zahlreiche Juden lebten vom Geldverleih gegen Zinsen. Auch während der Pest (1347–52) tötete man viele von ihnen.

M 2 Mehrfach war die Würzburger Judengemeinde im Mittelalter schweren Bedrohungen ausgesetzt. Die Juden – zu erkennen an dem gelben Fleck auf der Kleidung – werden niedergeschlagen, ihre Häuser ausgeraubt. Kolorierter Holzschnitt, 17. Jahrhundert.

Q 1 In einer Straßburger Chronik heißt es:

[…] Im Jahr 1349 war das größte Sterben, das je gewesen. Wegen dieser Pest wurden die Juden bezichtigt, sie hätten Gift in das Wasser und die Brunnen getan. Als nun in Straßburg alles Volk über die Juden ergrimmt war, versperrte man die Judengasse. Dann fing man die Juden und verbrannte sie auf einem hölzernen Gerüst. Wer sich taufen lassen wollte, durfte am Leben bleiben. Was man den Juden schuldig war, galt als bezahlt. Das Bargeld der Juden nahm der Rat und verteilte es unter das Handwerk. Das war auch das „Gift", das die Juden tötete. […]

***Getto**
Das aus dem Italienischen stammende Wort bezeichnet allgemein ein abgeschlossenes Wohnviertel. Als Wort für Judenviertel bürgerte es sich erst allmählich seit dem 16. Jahrhundert ein.

***Kreuzzüge**
Die vom 11. Jh. bis Ende des 13. Jh. unternommenen sieben Kriegszüge zur Befreiung der heiligen christlichen Stätten von islamischer Herrschaft.

1 Stellt mit einem Stadtplan fest, wie viele Kirchen es in der Innenstadt eurer nächstgelegenen Stadt mit mittelalterlichem Stadtkern gibt.

2 Erkundet die Geschichte der ältesten Kirche eurer Umgebung.

3 Beschreibt das Leben der Juden in der mittelalterlichen Stadt.

4 Sucht aus Q 1 den wahren und den vorgeschobenen Grund für die Verfolgung der Juden heraus.

5 Erkundigt euch (Heimatmuseum, Stadtmuseum) nach dem Schicksal der Juden im Mittelalter in eurer Gegend und berichtet.

Die Hanse

M 1 **Das Wirtschaftsgebiet der Hanse um 1400.**

Handelswege im Mittelalter

Die Bewohner der mittelalterlichen Städte mussten ständig mit frischen Lebensmitteln versorgt werden. Die Handwerker benötigten außerdem zahlreiche Rohstoffe. Viele Waren wurden von weither gebracht. Tag für Tag rollten die Planwagen der Fernhandelskaufleute durch die Stadttore. Der Warentransport über weite Strecken bereitete den Kaufleuten große Schwierigkeiten. Die „Fernverkehrsstraßen" waren meist in schlechtem Zustand; es handelte sich häufig um holprige, unbefestigte Wege, die bei Regen oder im Winter kaum passierbar waren. Gefährlicher für die Kaufleute als diese natürlichen Hindernisse waren Wegelagerer und Raubritter. Ständig mussten sie damit rechnen, durch Raubüberfälle ihr Hab und Gut, wenn nicht sogar das Leben zu verlieren. Im 12. Jahrhundert schlossen sich Kaufleute aus verschiedenen Städten zu Fahrtgenossenschaften zusammen, so genannten Hansen (= Schar). In großen Geleitzügen, von Soldaten gegen Überfälle und Plünderungen geschützt, wurden die Waren jetzt zu ihren Bestimmungsorten gebracht.

Aufbau der Hanse

Einer dieser Städtebünde, der sich schließlich über den gesamten Nord- und Ostseeraum erstreckte, war die Hanse. Sie wurde nie richtig gegründet. Es gab keine Mitgliedslisten und kein gemeinsames Gesetz. Als Mitglieder wurden die Städte angesehen, die ihre Gesandten regelmäßig zu den Beratungen schickten. Der erste dieser „Hansetage" fand 1356 in Lübeck statt. Auf den Hansetagen wurde über das gemeinsame Vorgehen der Hansestädte beraten. Wer sich nicht an diese Beschlüsse hielt oder den anderen Städten schadete, konnte „verhanst", das heißt aus der Hanse ausgeschlossen werden. Zur Blütezeit der Hanse hatte sie ca. 180 Mitglieder.

Die Hansekontore*

Die Hanse hatte vier bedeutende Handelsniederlassungen (Kontore): den Stalhof in Landon, die deutsche Brücke in Bergen, den Peterhof in Nowgorod und das Kontor in Brügge. Von hier aus wurde der Handel mit dem jeweiligen Land geführt und der Warenverkehr nach Deutschland und den anderen Ländern organisiert. Außerdem führten die Älterleute, die Vorsitzenden des jeweiligen Kontors, Verhandlungen mit den Herrschern des Landes und versuchten, die Vormacht der Hansekaufleute weiter auszubauen. Besonders gut war ihnen das in Bergen gelungen. Da der norwegische König bei der Hanse verschuldet und das Land auf die Getreideversorgung durch die Hanse angewiesen war, konnten die Kaufleute viele Sonderrechte erzwingen. Der gesamte Seehandel mit dem südlichen Norwegen lag in der Hand der Hanse. Lediglich nördlicher als Bergen durften die deutschen Kaufleute nicht segeln. Deshalb wurde Bergen zum großen Umschlagplatz: Hansekoggen brachten vor allem Bier und Getreide nach Norden, das dort gegen getrockneten Fisch (Klippfisch) von den Lofoten und der nordnorwegischen Küste getauscht wurde.

Die Hanse führt Krieg

Im 14. Jahrhundert war die Hanse so mächtig, dass sie nicht nur die Sonderrechte für ihre Kontore sichern und ausbauen konnte, sie war sogar in der Lage, zeitweise in die Politik einiger Länder einzugreifen. Als der dänische König 1361 Wisby eroberte und zerstörte, um so die Macht der Hanse im Ostseeraum zu verringern, führte diese selbst einen Krieg.

M 2 Die Kogge. Modellnachbau. Die Kogge war das Handels- und Kriegsschiff der Hanse. Sie war 23 m lang, 7 m breit und erheblich größer und schneller als die bis dahin gebräuchlichen Schiffe. Das Beladen einer Kogge – sie konnte bis zu 200 Tonnen Fracht aufnehmen – dauerte bis zu zwei Wochen.

Einem von den Hansestädten bezahlten Heer gelang es 1370, Waldemar Atterdag zu besiegen. Er musste den Frieden von Stralsund unterzeichnen, bei dem die Hanse sogar das Recht erhielt, bei der Wahl zukünftiger dänischer Könige mitzubestimmen. Von diesem Mitbestimmungsrecht machte die Hanse beim Tod Waldemars auch Gebrauch.

Im 16. Jahrhundert ging es mit der Hanse abwärts, denn Engländer und Holländer beherrschten zunehmend den Nord- und Ostseehandel. Der letzte Hansetag fand 1669 statt.

***Hansekontore** Geschäftsräume der Hanse in Städten, die nicht zur Hanse gehörten.

1 Untersucht M 1 und listet die Hauptorte und die Niederlassungen der Hanse im Ausland auf.

2 Erstellt mit der Karte eine Liste der gehandelten Waren und nennt wichtige Transportwege.

3 Erläutert, warum sich die Städte zur „Hanse" zusammenschlossen und welchen Nutzen sie davon hatten (Text).

4 Wählt euch eine Hansestadt aus und führt eine Internetrecherche über ihre Bedeutung zur Zeit der Hanse durch. Berichtet in der Klasse.

5 Die Europäische Union (EU) ist heute ein großer Zusammenschluss von Staaten in Europa. Informiert euch über die Ziele der EU und vergleicht diese mit den Zielen der Hanse.

Die Stadt in ständigem Wandel

M 1 Stadtsanierung* in Lübeck – vor und nach den Maßnahmen. Fotos.

*Stadtsanierung
Wiederherrichten von alten Gebäuden und Einrichtungen aus früherer Zeit. Dabei wird versucht, das ursprüngliche Aussehen nicht oder nur so gering wie möglich zu verändern.

Mittelalterliche und heutige Stadt

Seit dem Mittelalter haben die Städte immer wieder ihr Aussehen verändert. Infolge unterschiedlicher Nutzungen sowie neuer Ansprüche der Bewohner wurden sie umgebebaut und erweitert. Mitunter waren sie durch Großfeuer und Kriege beschädigt worden. Dann wurden nicht selten die verlorengegangenen Bestandteile unter Berücksichtigung des jeweils neuen „Geschmacks" – auch „Zeitgeist" genannt – wieder aufgebaut oder ersetzt.

Auch die Entwicklung des Verkehrs brachte große Veränderungen in die Städte. Für die Eisenbahn mussten Gleisanlagen gebaut werden, die bis in die Zentren der Städte führen sollten.

Nach dem Zweiten Weltkrieg (1939–1945) – als viele Städte in Deutschland zerstört waren – wurden vielerorts moderne Hochhäuser gebaut. Ganze Stadtviertel veränderten zu jener Zeit und in den Folgejahren wieder einmal in großem Umfang ihr Aussehen.

Größere Straßen und mehrspurige Stadtautobahnen wurden gebaut. Parkhäuser und Tiefgaragen mussten die Fahrzeuge in der Innenstadt aufnehmen.

Heute sind viele Städte froh, wenn es noch etwas aus der lange vergangenen Zeit gibt. Inzwischen hat vielerorts ein Umdenken stattgefunden: Zahlreiche Straßen der Innenstädte wurden wieder verkehrsberuhigt oder zu Fußgängerzonen umgewandelt. Eine lebendige Stadt verändert sich ständig.

1 Berichtet über die Veränderungen in eurer Stadt in den letzten Jahren.

ZUSAMMENFASSUNG

Leben auf dem Land

Im Mittelalter lebten die meisten Menschen auf dem Land. Das Leben der Menschen im Mittelalter hing weitgehend davon ab, in welchen Stand sie hineingeboren wurden. Das tägliche Leben eines Bauern verlief anders als dasjenige von Adligen, Geistlichen oder Stadtbürgern. Die Bauern waren unfrei und unterstanden einem Grundherren, der ihr Leben bestimmte. Sie waren zu Frondiensten und Abgaben verpflichtet.

Von der Siedlung zur Stadt

Städte, wie wir sie aus dem alten Griechenland oder dem Römischen Reich kennen, entwickelten sich in Deutschland aus alten Römer- und Bischofsstädten oder aus Kaufmannssiedlungen. Immer mehr Menschen zog es vom Land in die befestigten Städte, die ihnen Sicherheit, Arbeit, ein bequemeres Leben und vor allem Freiheit bieten sollten.
Seit dem Hochmittelalter (um 1100) wurden immer häufiger Städte von einem Stadtherrn gegründet, der dadurch seine Herrschaft sicherte und wichtige zusätzliche Einnahmen erzielte.
Die Rechte der Stadtherren wurden seit 1200 fast überall von den Patriziern, reichen Kaufleuten, übernommen. Sie wählten aus ihren Reihen den Rat der Stadt und stellten den Bürgermeister. Erst im Spätmittelalter erkämpften sich die Zünfte der Handwerker in vielen Städten ein Mitspracherecht. Von der politischen Mitwirkung ausgeschlossen blieben die Frauen ebenso wie die Angehörigen der Unterschichten.

Städtisches Leben

Der Markt, Kauf und Verkauf bestimmten das Leben in der Stadt. Der Rat erließ hierfür genaue Vorschriften, deren Übertretung hart bestraft wurde. Geplagt war jede Stadt vom Gestank und Schmutz auf den Gassen und in den Straßen – ein Zustand, der zur Ausbreitung von Seuchen (z. B. der Pest) beitrug. Brände waren nicht selten.

Städte schließen sich zusammen

Ständigen Gefahren ausgesetzt waren die Fernhandelskaufleute: Seeräuber, Wegelagerer und Raubritter überfielen ihre Warentransporte. Daher schlossen sich die Kaufleute zu Genossenschaften zusammen. Aus einem solchen Schutzbündnis entstand auch die Hanse, die schnell zu einer bedeutenden Wirtschaftsmacht im Nord- und Ostseeraum heranwuchs und in zahlreichen europäischen Städten Handelsniederlassungen unterhielt.

800–1000

Bauern werden vom Grundherren abhängig.

Seit 1100

Städte entstehen in ganz Europa.

1356

In Lübeck schließt sich ein Städtebund zur deutschen Hanse zusammen.

Um 1400

Zünfte erkämpfen sich ein Mitspracherecht im Stadtregiment.

Check: Das kann ich schon …

Wichtige Begriffe erklären

- ✓ Karl der Große
- ✓ Lehen
- ✓ Grundherr
- ✓ Gliederung der Gesellschaft im Mittelalter
- ✓ Arbeitsbedingungen auf dem Land
- ✓ Stadtherr
- ✓ Gründungsurkunde
- ✓ Rat
- ✓ Patrizier
- ✓ Zunft
- ✓ Zunftordnung
- ✓ Rolle der Kirche
- ✓ Markt
- ✓ Alltag der Handwerker
- ✓ Hanse

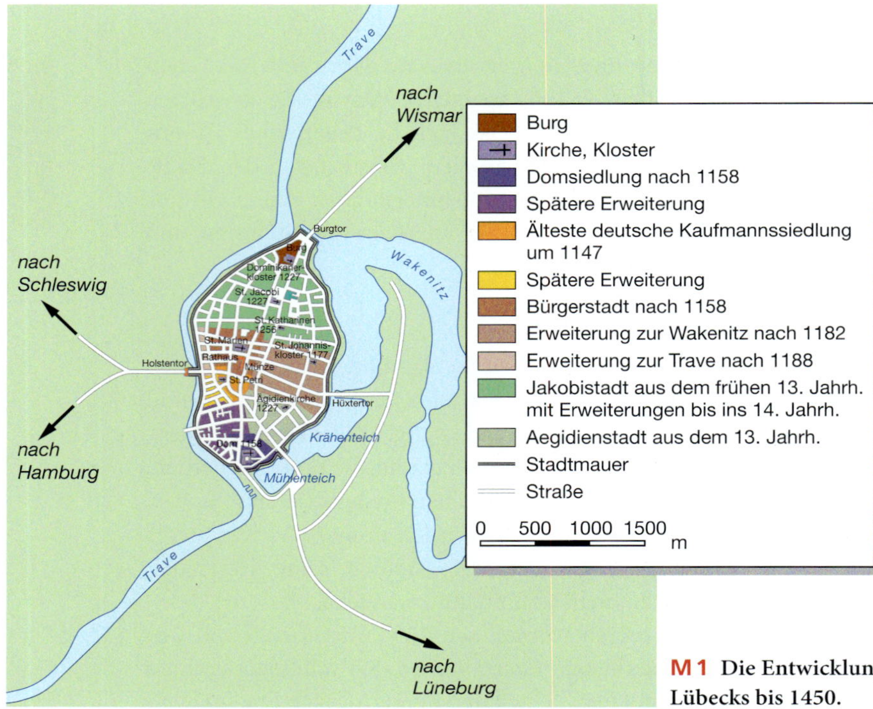

M1 Die Entwicklung Lübecks bis 1450.

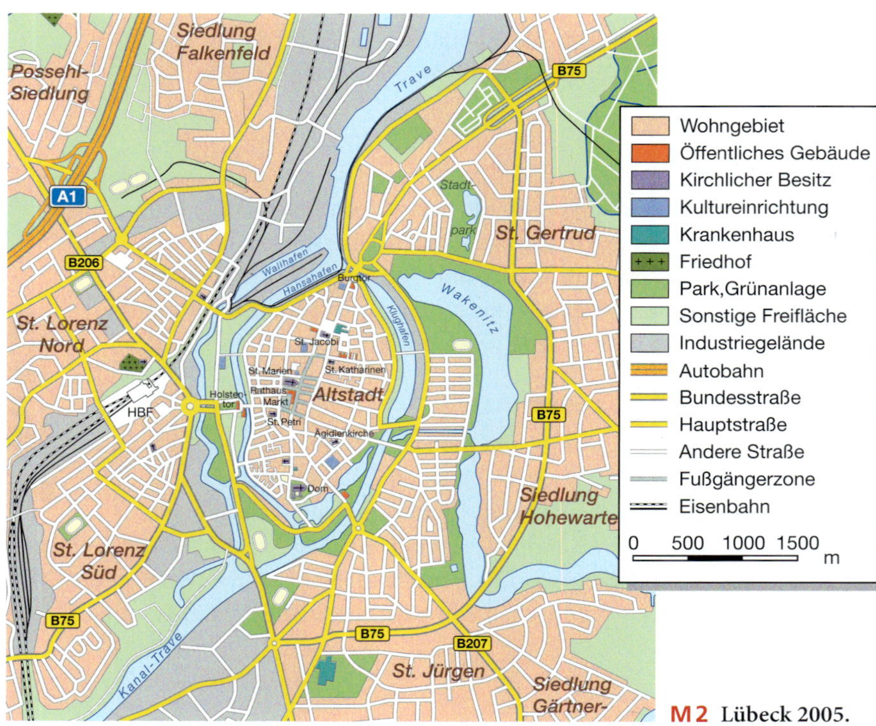

M2 Lübeck 2005.

Q1 In einer Chronik wird um 1171 über die Gründung Lübecks durch Herzog Heinrich den Löwen berichtet:

[...] Der Herzog nahm Verhandlungen mit Graf Adolf über Halbinsel und Hafen von Lübeck auf und versprach viel dafür, falls dieser nachgeben würde. Endlich wurde der Graf umgestimmt, weil die Not ihn dazu zwang, und er trat jenem Burg und Halbinsel ab. Alsbald begannen die Kaufleute, auf Befehl des Herzogs, Kirchen und Mauern der Stadt aufzubauen. Der Herzog aber sandte Boten in die Hauptorte und Reiche des Nordens, Dänemark, Schweden, Norwegen und Russland, und bot ihnen Frieden. Sie sollten freien Handel in seiner Stadt Lübeck haben. Er vermachte Lübeck auch eine Münzstätte, einen Zoll und gab den Bürgern weitere Rechte. Seit dieser Zeit gedieh das Leben in der Stadt, und die Zahl ihrer Bewohner vervielfältigte sich bald. [...]

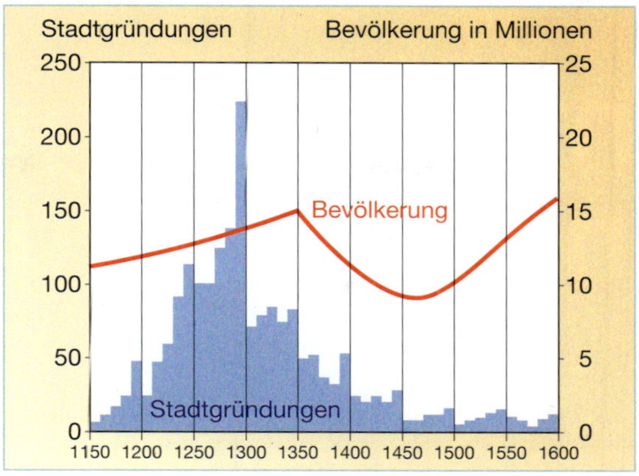

M3 Stadtgründungen und Bevölkerungsentwicklung in Mitteleuropa 1150–1600.

M4 Vertreter der Zünfte betreten die Ratsstube. Kolorierter Kupferstich, 14. Jahrhundert.

Fachliche Kompetenz

1 Erklärt euch gegenseitig die wichtigen Begriffe (Kasten) und schreibt ihre Bedeutung in die Arbeitsmappe.

2 Beschreibt das Leben der Bauern und erklärt ihre Abhängigkeit von einem Grundherrn.

3 Berichtet über die Städtegründungen in Mitteleuropa und erläutert die Ursachen für Städtegründungen.

4 Erläutert, was der Satz „Stadtluft macht frei" meint.

5 Beschreibt den Kampf um die Macht in der Stadt am Beispiel Braunschweigs.

6 Erklärt den Begriff „Hanse".

Methodenkompetenz

7 Untersucht Q1 und erklärt den Vorgang. Benennt, welche Vorteile sich Heinrich der Löwe durch die Gründung Lübecks versprach. Mit welchen Versprechungen lockte Herzog Heinrich der Löwe die Kaufleute an?

8 Vergleicht die beiden Karten von Lübeck (M1 und M2) und beschreibt die räumliche Veränderung zwischen 1450 und 2005. Was veränderte sich nicht? Was ist neu? Fasst eure Ergebnisse in einem kurzen Bericht zusammen.

Urteils- und Handlungskompetenz

9 Sucht in eurer Stadt oder der näheren Umgebung nach Spuren des Mittelalters und berichtet davon in der Klasse.

10 Nehmt Stellung zu dem Satz: „Das alte Gemäuer behindert nur den Verkehr, am besten reißt man es ab ..."

4 Entdeckungen und Eroberungen

Wichtige Entdeckungsfahrten im 15. und 16. Jahrhundert.

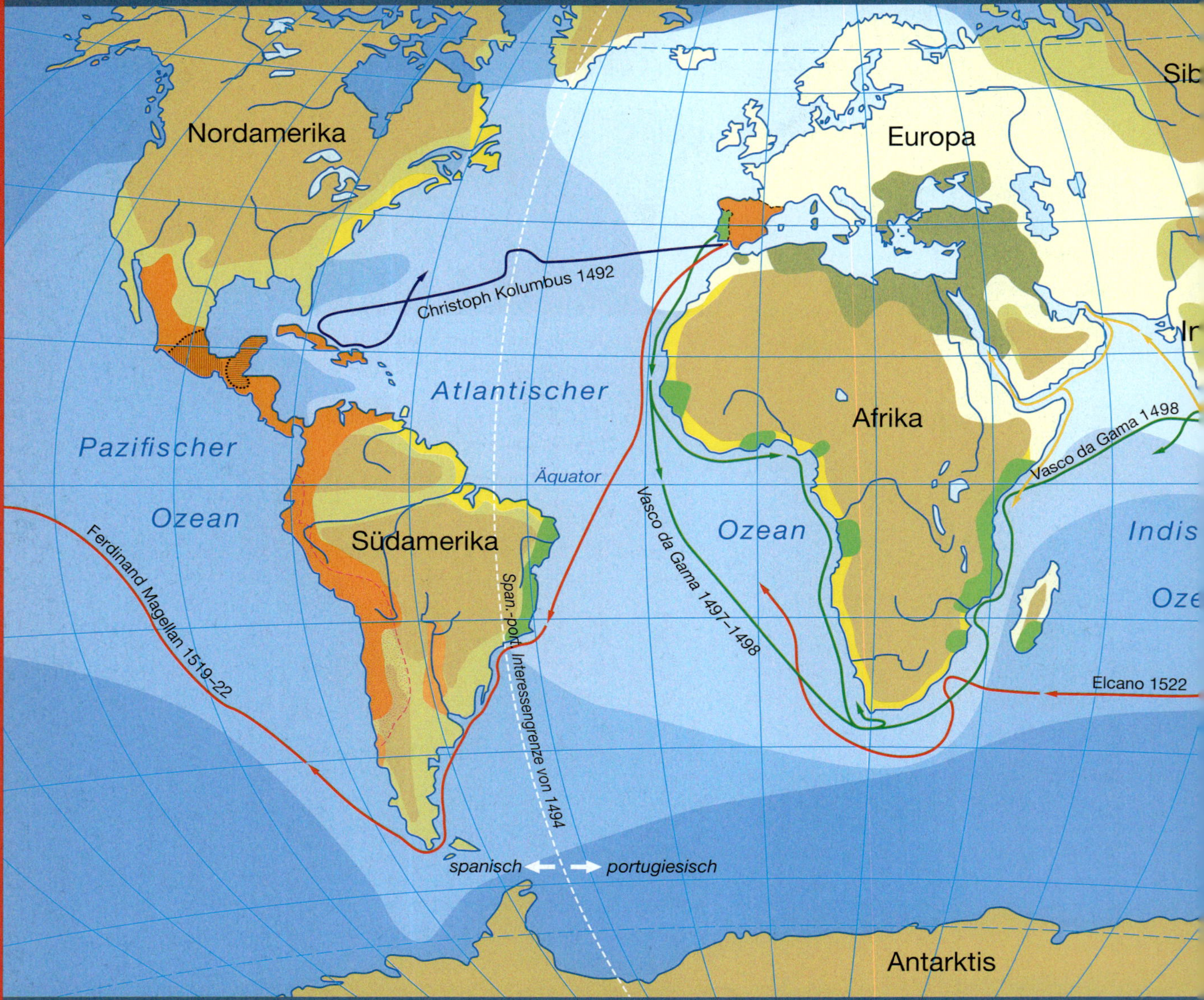

1400 1450 1492

Um 1400 dachten die meisten Menschen in Europa, die Erde sei eine Scheibe, die auf dem Wasser – dem Ozean – schwimme. Kein Mensch könne auf der anderen Seite der Erde mit dem „Kopf nach unten" leben. Schiffe, die an den Rand des Ozeans gerieten, würden vom Rand der Scheibe in die Unterwelt abstürzen. Doch nach und nach entwickelten die Menschen eine neue Vorstellung von der Welt. Sie stellten alte Überzeugungen in Frage und sie brachen mit den Regeln ihrer Vorfahren.

In diesem Kapitel könnt ihr herausfinden

- warum Menschen sich auf den Weg machten um neue Länder zu entdecken und welche Erfindungen dies ermöglichte,
- wie es den Einwohnern in den endeckten Ländern erging und was die Europäer mit ihnen vor hatten.

Am Ende des Kapitels könnt ihr historische Quellen vergleichen und auswerten.

1519 1534

Vom Mittelalter zur Neuzeit

1 Plato
2 Aristoteles
3 Sokrates
4 Pythagoras
5 Euklid (mit dem Zirkel)
6 Ptolemäus

M 2 Gemälde des italienischen Malers Raffael (1483–1520) um 1510/11. Es zeigt bedeutende griechische Wissenschaftler und Gelehrte, die vom 6. bis zum 2. Jahrhundert v. Chr. gelebt haben.

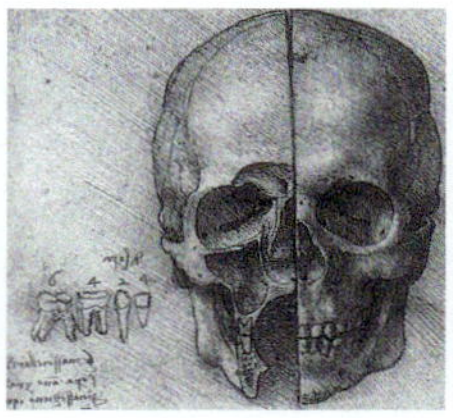

M 1 Geteilter Schädel, um 1490. Zeichnung von Leonardo da Vinci.

Die „alten Griechen" werden wieder modern

Die griechischen Wissenschaftler fragten schon seit dem 6. Jahrhundert v. Chr. nach den Ursachen für alle Naturerscheinungen: Warum donnert es bei Gewitter? Warum wird es Tag und Nacht? Warum sieht man von einem Schiff am Horizont zuerst die Masten?
Das Bild des Malers Raffael (M 2), auf dem viele griechische Gelehrte und Wissenschaftler zu sehen sind, trägt deshalb die Inschrift: Erkenntnis der Ursachen. Nach den Ursachen begann man seit dem 15. Jahrhundert erneut zu fragen. Wenn man Antworten auf naturwissenschaftliche Fragen nicht in der Bibel fand, dann vielleicht bei den „alten Griechen". So suchte man in Bibliotheken und in den Klöstern nach alten Büchern und Handschriften aus der Antike. Jeder neue Fund wurde abgeschrieben und anderen Gelehrten zugeschickt. Man sprach von einer Wiedergeburt der **Antike**.

Wiedergeburt heißt Renaissance

M 3 In dem Roman „Sofies Welt" fragt das Mädchen Sofie den Lehrer Alberto Knox:

[…] „Hast du nicht gesagt, dass ‚Renaissance' Wiedergeburt bedeutet?" „Doch, und das, was wiedergeboren werden sollte, waren die Kunst und Kultur der Antike […] Das Motto lautete: Zurück zu den Quellen! […] Es wurde fast zum Volkssport, alte Skulpturen und Handschriften aus der Antike auszugraben. […] Das führte zu einem erneuerten Studium der griechischen Kultur. […] Das Studium führte zur ‚klassischen Bildung', die den Menschen auf eine höhere Daseinsstufe heben sollte. ‚Pferde werden geboren', hieß es, ‚Menschen dagegen werden nicht geboren, sie werden gebildet.'" „Wir müssen also zum Menschen erzogen werden?" „Ja, das dachten sie damals." […]

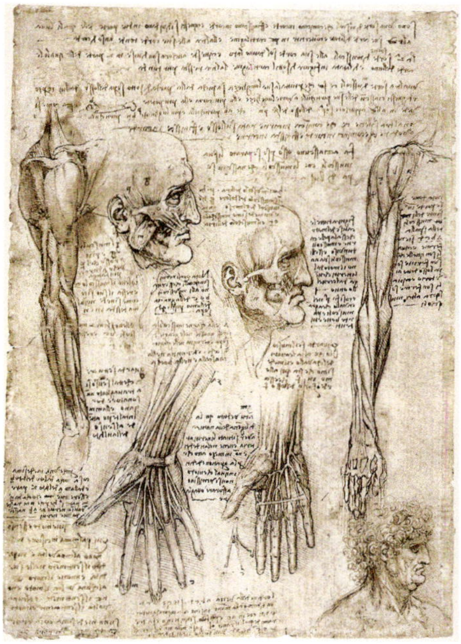

M4 **Leonardo da Vincis anatomische* Studien.** Um 1515.

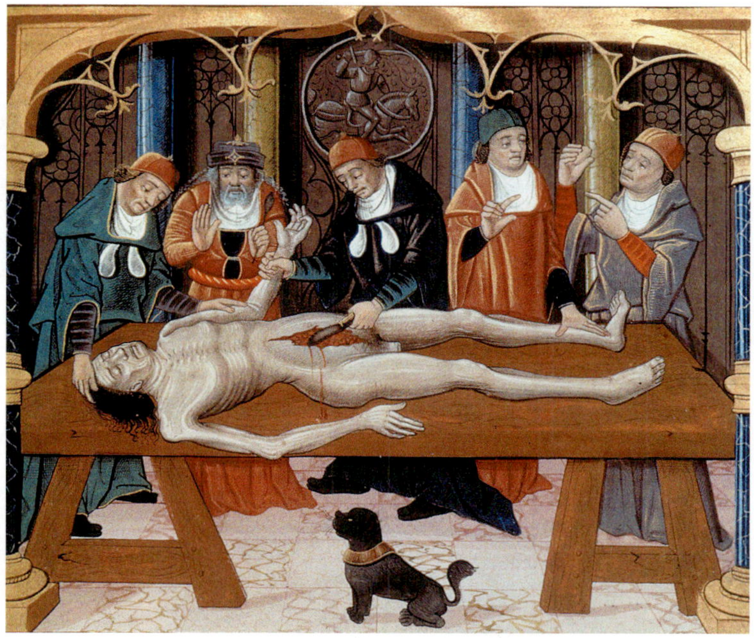

M5 **Ärzte öffnen einen menschlichen Leichnam.** Französische Buchmalerei, 15. Jahrhundert.

Man bezeichnet die Menschen, die sich für eine umfassende Bildung einsetzten, als Humanisten*.

Leonardo – ein Mensch der Renaissance

Als Mensch der **Renaissance** benennt man jemanden, der sich für alle Bereiche des Lebens, der Kunst und der Wissenschaft interessiert. Das berühmteste Beispiel hierfür ist Leonardo, der 1452 in dem Dorf Vinci bei Florenz geboren wurde. Jahrelang beschäftigte er sich intensiv mit dem Flug von Vögeln, Fledermäusen und Insekten. Begeistert dachte sich Leonardo Maschinen aus, die zur damaligen Zeit unvorstellbar erschienen. So finden wir in seinen Notizbüchern Entwürfe für einen Fallschirm, für ein Auto mit Federantrieb oder für eine Schwimmweste. Obwohl es durch die Kirche verboten war, nahm Leonardo über 30 Leichenöffnungen selbst vor, um sich ein genaues Bild vom menschlichen Körper sowie den Krankheitsursachen zu machen. Leonardo wandte sich gegen die Lehre der „Spekulanten", deren Überlegungen nicht von der Erfahrung bestätigt seien.

Die Jahrhunderte, die zwischen der eigenen Zeit und dem Altertum (Antike) lagen, bezeichnete man jetzt als „Mittelalter", das man endlich überwunden hatte.

***Anatomie**
Körperbau bzw. die Lehre vom Körperbau (Begriff aus der Biologie und der Medizin).

***Humanist**
von Lat.: humanus = menschenfreundlich, gebildet.

1 Erklärt mithilfe von Sachbüchern oder des Internets die Bedeutung der griechischen Gelehrten, die in M2 zu sehen sind.

2 Erläutert, warum sich Leonardo gegen die Lehre der „Spekulanten" wandte.

3 Sucht Beispiele aus dem naturwissenschaftlichen Unterricht, in denen ihr durch genaue Beobachtung zur Erkenntnis eines Naturgesetzes kommt.

Ein neues Weltbild ensteht

M 1 **Bewegung der Planeten nach der mittelalterlichen Vorstellung.**

M 2 **Bewegung der Planeten nach der Berechnung des Kopernikus.**

***Antike**
(lat. antiquus = alt) Bezeichnung für die alte, griechische und römische Geschichte von etwa 1000 vor bis 500 nach Christus.

Ein neues Denken bricht an

In Europa waren die Menschen des Mittelalters fest in den christlichen Glauben eingebunden. Zur Grundanschauung gehörte, dass alle Ereignisse dieser Welt von Gott gelenkt würden, dass die Menschen mit all ihrer Klugheit nichts dagegen ausrichten könnten und dass die Kirche im Auftrag Gottes tätig sei. Gegen diese Vorstellung wandten sich in der Mitte des 15. Jahrhunderts verschiedene Gelehrte.

Q 1 **So schrieb 1451 der italienische Gelehrte Gianozzo Manetti, der schon neuzeitliche Gedanken vertrat:**
Die Welt ist wohl von Gott erschaffen, aber der Mensch hat sie verwandelt und verbessert. Denn alles, was uns umgibt, ist unser eigenes Werk, das Werk der Menschen, alle Wohnstätten, alle Schlösser, alle Gebäude. […] Von uns kommen der Handel, die Wissenschaften […] alle Erfindungen […].

Q 2 **Der niederländische Gelehrte Agricola schrieb an einen Freund, was viele Menschen am Ende des 15. Jahrhunderts dachten:**
Lass dir verdächtig sein, was du bisher gelernt hast. Verurteile alles und verwirf das, für das du keine stichhaltigen Beweise findest. Auf dem Glauben beruht die Frömmigkeit, die wissenschaftliche Bildung aber sucht stets nach Beweisen.

Kopernikus und Galilei

Ein berühmtes Beispiel für dieses neue Denken war Nikolaus Kopernikus (1473–1543). Er war Priester in Ostpreußen, hatte aber auch Medizin und Astronomie studiert.

Jahrhundertelang glaubten die Menschen, dass die Erde der Mittelpunkt der Welt sei und das sich die Sonne und die Planeten um die Erde drehen. Die Kirche hatte dieses Weltbild als Glaubensinhalt verkündet. Kopernikus veröffentlichte nach langem Zögern 1543 seine Forschungsergebnisse, die darauf hindeuteten, dass sich die Erde

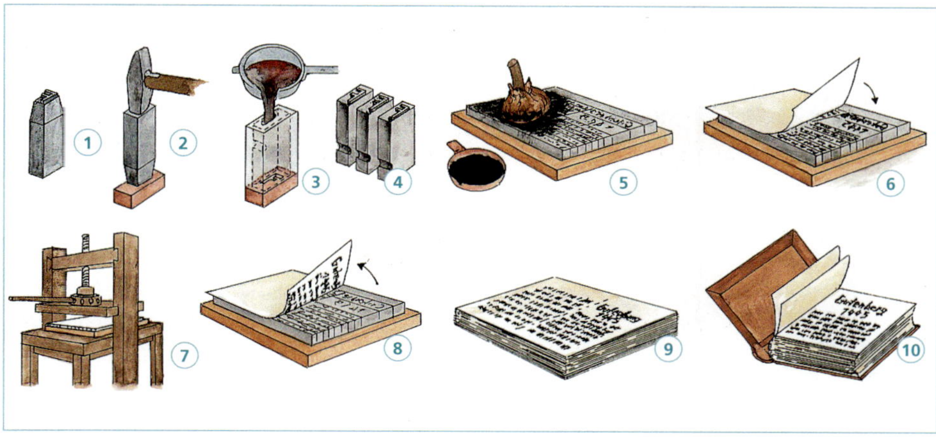

1 Gutenberg formte eine Musterletter aus hartem Material.
2 Dann schlug er sie in ein Klötzchen aus weichem Kupfer. So entstand eine Matrize.
3 In die Matrize goss er flüssiges Blei.
4 Daraus entstand eine Bleiletter.
5 Die Lettern setzte er zu einer Druckform zusammen, die er schwarz färbte.
6 Darauf legte er einen Bogen Papier.
7 Er presste Papier und Druckform zusammen.
8 Nun war der Bogen bedruckt.
9 Die Bögen wurden zu einem Buch zusammengetragen.
10 Der Buchblock erhielt einen Einband.

M 3 Ein Buch entsteht. So stellte Gutenberg eine Letter her.

und die Planeten um die Sonne bewegen. Die Kirche verbot das Buch, aber die neuen Erkenntnisse verbreiteten sich dennoch.
Gestützt auf das neu erfundene Fernrohr erbrachte schließlich der italienische Wissenschaftler Galileo Galilei (1564–1642) den Beweis, dass sich die Erde um die eigene Achse dreht und zusammen mit dem Mond um die Sonne bewegt. Die Kirche ließ ihn in Haft nehmen und drohte mit Folter. Galilei widerrief seine Lehre und schwor ihr ab. Das **neue Weltbild** setzte sich jedoch immer stärker durch. Die Autorität der Kirche galt nicht mehr als unantastbar.

Die Erfindung des Buchdrucks

Im Mittelalter hatten sich neue Ideen oder Erfindungen nur langsam verbreitet. Zeitungen gab es nicht und Bücher wurden mit der Hand geschrieben und waren daher kostbar. Erst die Erfindung des **Buchdrucks** durch den Mainzer Johannes Gutenberg um 1450 ermöglichte die rasche Verbreitung von Informationen.

Globus, Kompass und Uhr

Die Erfindung der ersten Federzuguhren war für das tägliche Leben sehr wichtig. Die Uhren ermöglichten ferner eine Berechnung der Position von Schiffen auf hoher See. Für die Seefahrt war es außerdem günstig, dass gerade zu dieser Zeit der Kompass erfunden wurde. Das veränderte Weltbild wurde mit dem ersten Globus deutlich, den Martin Behaim 1492 in Nürnberg herstellen ließ.

M 4 Johannes Gensfleisch, genannt „Gutenberg" (1397 bis 1468), Erfinder des Buchdrucks. Holzstich.

1 Gebt mit eigenen Worten den Inhalt von Q 1 wieder und erläutert die Ansichten Manettis.

2 Erklärt, was sich für die katholische Kirche verändert, wenn sich Manettis Meinung durchsetzt.

3 Beschreibt die Folgen, die sich aus Manettis Meinung für die Menschen ergaben.

4 Formuliert die Aufforderung des Agricola (Q 2) mit eigenen Worten.

5 Erläutert, worin das Neue dieser Forderung liegt.

6 Vergleicht M 1 und M 2.

7 Erklärt anhand von M 3 das von Gutenberg erdachte Verfahren.

8 Erläutert die Behauptung: „Mehr als jedes Gold hat das Blei die Welt verändert."

Neue Perspektiven für die Seefahrt

M 1 Ein Seeungeheuer verschlingt ein Segelschiff. Holzschnitt, um 1550.

M 2 Ein Seefahrer bei Eintragungen auf dem Globus. Holzschnitt, um 1517.

M 3 Federuhr des Peter Henlein (1510). Foto.

M 4 Globus des Martin Behaim (1492). Foto.

M 5 Kompass (um 1550). Foto.

Eine Uhr für die Tasche

Q 1 Johannes Cochlaeus, ein Gelehrter, schrieb im Jahr 1512:

[…] Die Nürnberger Handwerker erfinden von Tag zu Tag immer feinere Dinge. So bringt Peter Henlein […] Werke hervor, die selbst die gelehrtesten Mathematiker in Staunen setzen. Aus wenig Eisen fertigt er Uhren an, die, wie man sie auch wendet, ohne irgendein Gewicht 40 Stunden gehen und die Stunden anzeigen, selbst wenn sie an der Brust oder im Beutel getragen werden. […]

Die Erfindung der ersten Federzuguhren im 15. Jahrhundert kam zunächst einer genauen Regelung der Arbeitszeiten zugute, wurde dann aber auch in der Seefahrt sehr wichtig. Nur wenn man die genaue Zeit wusste, konnte man aus dem Stand der Sonne oder der Sterne die genaue Position errechnen.

Mit Globus und Kompass auf hoher See

Ganz neue Möglichkeiten für die Seefahrt eröffneten sich, als immer mehr Forscher die Ansicht vertraten, dass die Erde keine Scheibe, sondern eine Kugel sei.
Verdeutlicht wurde diese Entdeckung mit einem Globus (M 4), den der Kaufmann Martin Behaim 1492 in Nürnberg anfertigen ließ. Eine Kugel aus Pappe wurde mit Pergamentblättern beklebt. Auf die Blätter wurden die damals bekannten Länder eingezeichnet. Wenn die Erde eine Kugel ist, dann kann man sich auch auf das offene Meer hinauswagen, ohne befürchten zu müssen, hinunterzufallen. Wollte man aber auf das offene Meer hinausfahren, brauchte man geeignete Schiffe und Messinstrumente, um auch wieder zurückzufinden.

M 6 **Karavelle.** Modell.

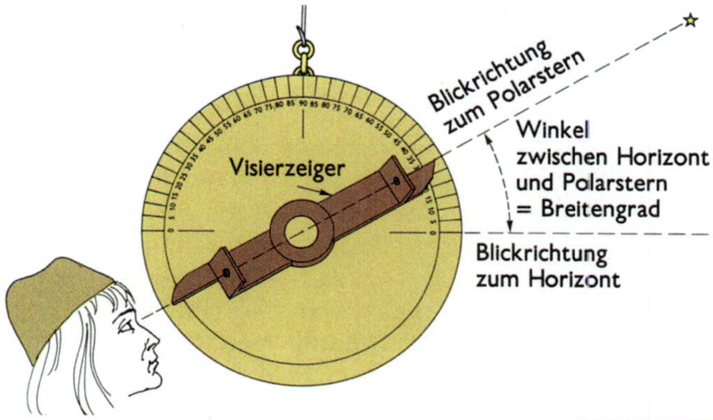

M 8 **Astrolabium.** Zeichnung.

M 7 **Karacke.** Zeichnung.

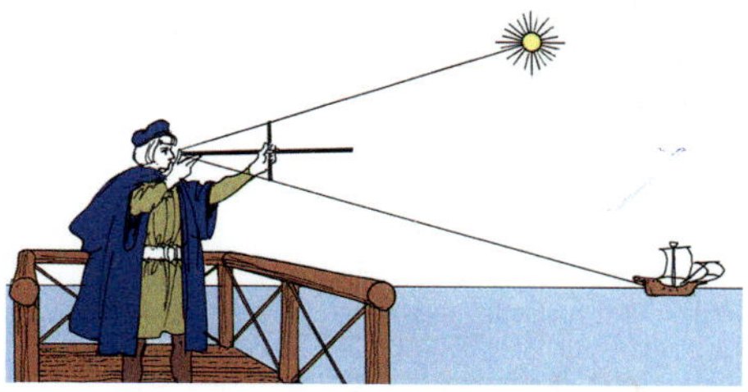

M 9 **Jakobsstab.** Zeichnung.

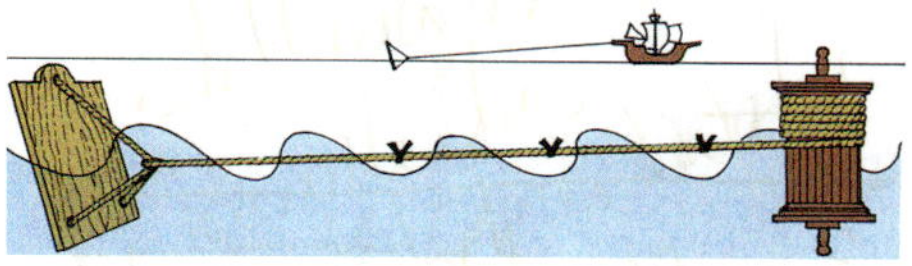

M 10 **Log mit Knoten.** Zeichnung.

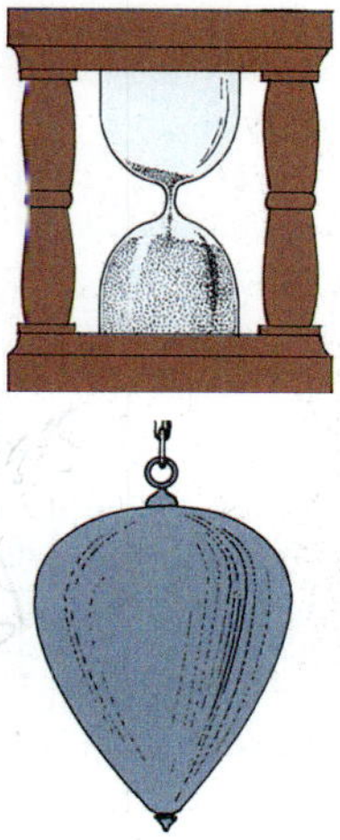

M 11 **Sanduhr und Lot.** Zeichnung.

Es war daher sehr wichtig, dass gerade zu dieser Zeit ein Kompass (M 3) erfunden wurde, der auch bei rauer See zu verwenden war. Außerdem gab es jetzt Tabellen, die den täglichen Stand der Sterne angaben. Wusste man, wie hoch ein Stern zu einer bestimmten Zeit über dem Horizont stand, brauchte man nur in den Tabellen nachzusehen und fand dort, auf welchem Breitengrad man sich befand. Die Sternenhöhe über dem Horizont wurde mit dem Jakobsstab angepeilt.

Gebaut wurden jetzt auch neue Schiffe, die Karacke (etwa 30 Meter lang) und die Karavelle (etwa 20 Meter). Die gedrungene Form des Schiffskörpers machte sie sehr seetüchtig. Sie hatten in der Mitte den Hauptmast mit einem großen Vierecksegel, das bei Rückenwind für eine hohe Geschwindigkeit sorgte. Die kleineren Dreiecksegel am vorderen und hinteren Mast erlaubten aber auch ein Segeln fast gegen den Wind. So waren alle Voraussetzungen für weite Seefahrten geschaffen.

1 Überlegt, bei welchen Gelegenheiten ihr täglich auf die genaue Uhrzeit angewiesen seid.

2 Besorgt euch einen Kompass und erklärt, wie er funktioniert.

3 Seht euch die Abbildungen M 8 bis M 11 an und ordnet die folgenden Erklärungen den Erfindungen zu:
- dient zur Messung der Meerestiefe,
- gibt an, auf welchem Breitengrad sich das Schiff befindet,
- misst Entfernungen,
- misst die Fahrgeschwindigkeit eines Schiffes.

4 Wenn man von Europa immer nach Westen oder Osten fährt, kommt man schließlich wieder am Ausgangspunkt an. Überprüft diese Behauptung mithilfe eines Globus.

Kolumbus entdeckt Amerika

1 Admiralskajüte
2 Steuerruder
3 Kompass
4 Luke zum Schiffsladeraum
5 Entwässerungspumpe
6 Hebevorrichtung für Anker und Segel
7 Waffen- und Munitionskammer
8 Essensvorräte
9 Wasservorrat
10 Lagerraum/Weinfässer
11 Abstellkammer für Segel, Lagerraum für Taue
12 Steine als Ballast

M 1 Schnitt durch die Karavelle „Santa Maria", das Schiff des Kolumbus. Zeichnung.

Mit den Schiffen **„Pinta"**, **„Nina"** und **„Santa Maria"** verließ Kolumbus 1492 Spanien.

***Kartographie**
Lehre und Technik, Karten herzustellen; die ersten aussagekräftigen Karten stammen von den Griechen der Antike. Mit den Entdeckungsfahrten des 15. und 16. Jahrhunderts erlebte die Kartographie einen neuen Aufschwung.

Auf dem Seeweg nach Indien?

Christoph Kolumbus, geboren 1451 in Genua, fuhr seit seinem 14. Lebensjahr zur See. Auf diesen Fahrten lernte er die technischen Neuerungen und Erfindungen seiner Zeit kennen. Gleichzeitig informierte er sich über die neuesten Erkenntnisse der Sternenkunde, Kartographie* und Seefahrt. Beides machte ihn zu einem erfahrenen Seefahrer.
Mit Waren aus Indien und China hatten europäische Kaufleute lange Zeit regen Handel getrieben. Begehrt waren vor allem Seidenstoffe sowie Gewürze. Die wichtigsten Handelswege verliefen dabei von Europa über Konstantinopel nach Indien. Im Jahr 1453 eroberten die Türken Konstantinopel. Sie konnten nun die Preise bestimmen. Wenn die Waren auf dem Landweg zu teuer wurden, musste man es eben auf dem Seeweg versuchen. Im Auftrag ihres Königs suchten portugiesische Seeleute jahrzehntelang nach einem Weg um die Südspitze Afrikas. Jedes Mal drangen sie ein Stück weiter vor (vgl. S. 90/91).
Kolumbus sah eine andere Möglichkeit. Er wollte Indien erreichen, indem er nicht, wie sonst üblich, in östliche Richtung segelte, sondern westwärts fuhr. Bestärkt in seinem Vorhaben wurde er von Paolo Toscanelli, einem berühmten Arzt und Astronomen aus Florenz.

Q 1 Toscanelli schrieb an Kolumbus:
[…] Ich habe Kenntnis genommen von deinem hochherzigen und großartigen Plan, auf dem Weg nach Westen, den dir meine Karte anzeigt, zu den Ländern des Ostens zu segeln. Besser hätte es sich mithilfe einer runden Kugel klarmachen lassen. Es freut mich, dass du mich richtig verstanden hast. Der genannte Weg ist nicht nur möglich, sondern wahr und sicher. […]

Neun Jahre lang bemühte sich Kolumbus zunächst beim portugiesischen, dann beim spanischen König um Unterstützung. Im Jahr 1492 erhielt er vom spanischen König und der Königin drei Schiffe, von denen das größte, die „Santa Maria", 21 Meter lang und sechs Meter breit war.

Eine Fahrt bis an das Ende der Welt?

Vor seiner Abreise ernannte der spanische König Kolumbus zum Vizekönig sämtlicher Inseln und aller Länder, die er entdecken würde. Am 3. August 1492 verließ Kolumbus mit drei Schiffen den spanischen Hafen Palos.

Q 2 In sein Bordtagebuch schrieb Kolumbus:

[…] Bevor ich die erste Zeile niederschreibe, weihe ich dieses Buch der allergnädigsten Jungfrau Maria. Sie möge meine Gebete erhören und mich das finden lassen, was ich suche: INDIEN. […]

Woche um Woche fuhren die Schiffe westwärts. Die Vorräte wurden langsam knapp, die Schiffsbesatzung unruhig. Weit und breit war kein Land zu sehen. War die Erde doch nur eine Scheibe, wie die Matrosen glaubten? „In ihren Augen" – so notiert Kolumbus in sein Tagebuch – „sehe ich nur Hass." Doch Kolumbus hielt unbeirrt an seinem Kurs fest. Endlich, am 12. Oktober 1492, wurde Land gesichtet. Im Namen des spanischen Königs ergriff Kolumbus von der Insel Besitz und nannte sie San Salvador – „Heiliger Erlöser". Die Bewohner nannten ihre Insel „Guanahani".

Q 3 Kolumbus schrieb über sie:

[…] Die Eingeborenen sind ohne Zweifel gutmütig und sanft. Da ich ihre Freundschaft gewinnen wollte, gab ich einigen von ihnen ein paar bunte Mützen und Halsketten aus Glasperlen und andere Dinge von geringem Wert, worüber sie sich ungemein freuten. […] Sie sind gewiss hervorragende Diener. Sie haben einen aufgeweckten Verstand, denn ich sehe, dass sie sehr schnell alles nachsagen können, was man ihnen vorspricht. […]

M 2 Landung des Kolumbus auf der Insel Guanahani. Kupferstich, 1594. Der Künstler Theodor de Bry schuf dieses Bild in Frankfurt zur Illustration eines Reiseberichts eines Autors, der Kolumbus auf seinen Reisen nicht begleitete. Auf Guanahani errichtete Kolumbus kein Kreuz, und er bekam wohl auch keine Geschenke. Die Darstellung könnte sich auf der Insel Haiti im Dezember 1492 zugetragen haben. Die Landschaftsdarstellung des Künstlers, der nie in Amerika war, ähnelt der Landschaft Haitis.

Kolumbus wurde im Zuge seiner ersten Entdeckungsreise des Jahres 1492 zum spanischen Vizekönig der neu entdeckten Länder und zum Großadmiral ernannt. Bis 1504 unternahm er noch drei weitere Erkundungsreisen in die Karibik. Erst nach seinem Tod aber wurde erkannt, dass er nicht einen neuen Weg nach Indien, sondern einen neuen Kontinent entdeckt hatte.

M 3 Christoph Kolumbus (1451–1506) aus Genua in Italien. Gemälde.

1 Seht euch M 1 an und erklärt, wozu die dort gezeigten Dinge auf die Seereise mitgenommen wurden.

2 Erläutert Toscanellis Brief an Kolumbus (Q 1).

3 Versetzt euch in die Rolle von Kolumbus und notiert Gründe, warum ihr eine solche Entdeckungsfahrt unternehmen würdet.

4 Erläutert mit Q 3, wie Kolumbus die Inselbewohner einschätzt.

5 Beschreibt M 2. Wie werden die Inselbewohner, wie die Spanier dargestellt? Warum wird ein Kreuz errichtet?

6 Schreibt einen Bericht über die Ankunft des Kolumbus aus der Sicht eines Spaniers und eines Inselbewohners.

Alte indianische Hochkulturen

M 1 Azteken, Maya und die spanischen Eroberer bis 1532.

Alte Kulturen in der „Neuen Welt“

Die Spanier glaubten, dass sie die ersten Europäer wären, die auf dem amerikanischen Kontinent landeten. Ausgrabungen beweisen jedoch: Bereits 1000 n. Chr. haben die Wikinger, Seefahrer aus Nordeuropa, Handelsfahrten an die Ostküste Nordamerikas unternommen.

Auf Karten des 16. Jahrhunderts werden die entdeckten Gebiete als „Neue Welt“ bezeichnet. Für die Spanier und Portugiesen war es tatsächlich eine „Neue Welt“, die sie betraten und eroberten. Aber „neu“ war dieser Erdteil natürlich nicht. Auf dem amerikanischen Kontinent lebten zahlreiche Völker verschiedener Kulturen, als Ackerbauer und Viehzüchter. Drei Völker, die **Azteken**, die **Maya** und die **Inka** hatten jeder für sich eine den Europäern ebenbürtige „Hochkultur“* entwickelt. Sie verfügten über eigene Sprachen und Schriften und hatten hohe Kenntnisse von Mathematik und Astronomie. Sie konnten Gold und Silber gewinnen und daraus besonders schönen Schmuck herstellen.

***Hochkultur**
Kulturen verschiedener Epochen, die einen hohen Entwicklungsstand erreicht haben. Hochkulturen waren z. B. die Reiche in Mesopotamien und Ägypten.

Der aztekische Staat

An der Spitze des aztekischen Staates stand ein mächtiger Herrscher. Er war Oberbefehlshaber der Armee und oberster Priester. Ihm zur Seite standen Adlige. Sie waren tätig als königliche Ratgeber, Richter, Offiziere oder Priester. Ihre Söhne lernten in den Priesterschulen Lesen, Schreiben, die Kalenderkunde und vor allem auch Geschichte. Zusammen mit den Jungen der übrigen Bevölkerung wurden sie zudem in Kampfsportarten unterrichtet. Außerdem gab es Architekten und Künstler, die für den religiösen Kult prachtvolle Pyramiden bauten.

Die große Mehrheit der Bevölkerung bestand aus Handwerkern, Bauern, Fischern oder Sklaven. Ihre Frauen mussten ebenso wie sie selbst hart arbeiten. Viele Stunden brachten die Frauen täglich damit zu, den Mais für die Tortillas zu mahlen. Die Kleidung für die ganze Familie stellten sie auf Webrahmen her. Außerdem wurden sie regelmäßig zu Arbeiten im Palast eines Adligen verpflichtet.

Vom Leben der Azteken

Tenochtitlan war die Hauptstadt eines großen Staates. Mithilfe von Beamten und Priestern regierte der König Montezuma seit 1502 das Reich der Azteken.

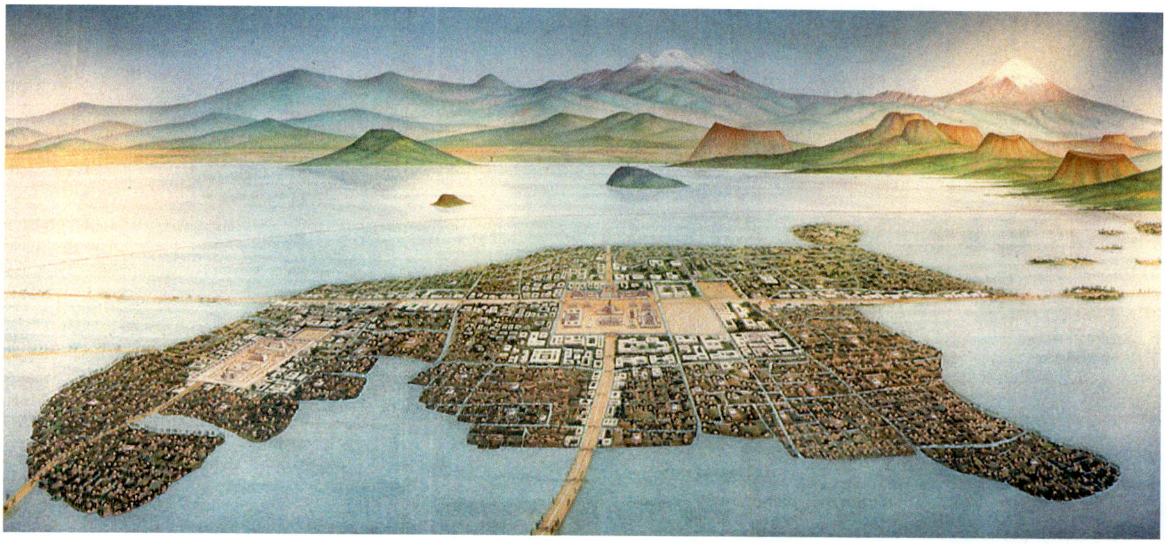

M 2 **Tenochtitlan.** Breite Straßendämme verbanden die Hauptstadt der Azteken, die in einem Salzsee angelegt worden war, mit dem Festland. Moderne Rekonstruktionszeichnung.

Die Religion spielte im Leben dieser Menschen eine sehr große Rolle. Die Azteken glaubten an viele Götter, von denen sie meinten, dass sie auf verschiedene Weise in das Leben der Menschen eingriffen. Besonders wichtig war der Sonnengott Huitzilopochtli; denn die Sonne galt als Voraussetzung für alles Leben.

Dieser Sonnengott, so glaubten die Azteken, verbrauchte für seinen Tageslauf seine ganze Energie. Deshalb brauchte er, um jeden Tag wieder neu aufzustehen, Nahrung – Menschenblut. Menschenopfer waren das einzige Mittel, das Überleben der Menschheit zu sichern. Ohne ständige neue Menschenopfer käme die Sonne zum Stillstand und die Welt müsse sterben. Durch die geopferten Menschen könnten alle Menschen die Sonne weiter genießen, weiterleben. Deshalb wurden jährlich Tausende von Menschen geopfert.

Auch der Kalender wurde durch die Religion bestimmt. Das Jahr war in 18 Monate mit je 20 Tagen und fünf Schalttagen eingeteilt. Jeder Monat war einer Göttin oder einem Gott geweiht. Wie die Christen glaubten auch die Azteken an ein Leben nach dem Tod.

Bis zum 15. Lebensjahr war die Familie die Welt der Kinder. Die Mütter erzogen die Mädchen und die Väter die Jungen. Von klein auf nahmen die Kinder an den Arbeiten der Eltern teil. Die Jugendlichen konnten auch in öffentliche Schulen gehen, um sich weiterzubilden.

Huitzilopochtli
Gott des Krieges und der Sonne sowie Schutzgott der Azteken.

Quetzalcoatl
Gott der Weisheit und der Schöpfung.

Aztekische Jaguarkrieger in fester Rüstung aus Baumwolle und Federn.

1 Sucht im Atlas die Namen der heutigen Staaten der drei damaligen Hochkulturen in Mittel- und Südamerika.

2 Beschreibt M 2 und vergleicht Tenochtitlan mit einer modernen Stadt.

3 Erklärt, warum die Azteken ihren Göttern Menschen opferten.

4 Erläutert, wie die Menschenopfer aus Sicht der damaligen Europäer und aus unserer heutigen Sicht beurteilt werden können.

Die Eroberung Lateinamerikas

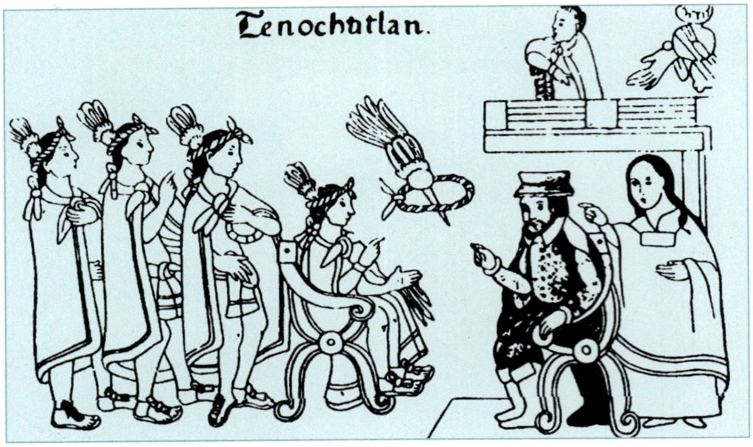

M 1 Begegnung zwischen dem Spanier Cortés und dem Azteken Montezuma in Tenochtitlan. Hinter Cortés steht die indianische Dolmetscherin. Mexikanische Darstellung, 1590.

M 2 Der Federfächer mit einem Schmetterling in der Mitte gehörte zum Schatz des Montezuma.

M 3 Diesen Kopfschmuck trug vermutlich Montezuma. Er bestand aus 500, fast einen Meter langen Federn. 250 Vögel mussten für den Federschmuck sterben.

Ankunft der Götter

1519 landete der spanische Adlige Hernando Cortés mit 550 Männern, 16 Pferden und 11 Kanonen auf dem Festland Amerikas. Er wollte die sagenhaften Goldschätze erbeuten, von denen er gehört hatte. Die Spanier zogen von der Küste aus in das Binnenland von Mexiko.

Dort herrschte seit 1502 Montezuma als König der Azteken. Die Azteken lebten in ständiger Furcht vor Göttern und Dämonen. In ihren Sagen hieß es, eines Tages würde der Gott Quetzalcoatl von Osten her ins Land kommen. Weiße Boten würden seine Ankunft melden. Das Eindringen der Spanier wurde Montezuma mit den Worten gemeldet: „Weiße Männer sind an der Küste gelandet." Montezuma erschrak. Waren das die Boten des Gottes? Montezuma sandte den Fremden eine Gesandtschaft mit reichen Geschenken. Die Gesandten baten Cortés, nicht weiter ins Land einzudringen. Der aber ließ sich durch die Bitten und Geschenke nicht aufhalten. Er marschierte mit seinen Männern nach Tenochtitlan, der Hauptstadt des Aztekenreiches.

Montezuma hatte von seinen zurückgekehrten Gesandten gehört, dass die Spanier sich ganz in Eisen kleideten und von Hirschen auf dem Rücken getragen würden. Nur ihre Gesichter seien nicht bedeckt und die Haut weiß wie Kalk. Weiß wie das Gesicht Quetzalcoatls. Montezuma begrüßte die Fremden.

Q 1 Die Begrüßungsrede Montezumas hat Bernal Diaz del Castillo, ein spanischer Soldat, der dabei war, aufgeschrieben:

[…] O unser Herr, mit Mühsal hast du es erreicht, […] dass du in deiner Stadt angekommen bist, dass du auf deinem Stuhl Platz nehmen kannst, den ich für dich eine Weile gehütet habe.

Das haben uns die Häuptlinge überliefert, dass du kommen wirst, deine Stadt aufzusuchen. […] Und jetzt ist es wahr geworden. Du bist zurückgekehrt. Mit Ermüdung hast du es erreicht. Sei nun wohl angekommen! Ruhe dich aus. Besuche deinen Palast. […]

Montezuma führte die Spanier in seinen Palast und ließ ihnen wieder reiche Geschenke übergeben. Sie aber wollten das königliche Schatzhaus sehen.

Q 2 In dem aztekischen Bericht heißt es dann:

[…] Alles Gold rafften die Spanier zu einem Haufen. An die anderen Kostbarkeiten legten sie Feuer und alles verbrannte. Das Gold schmolzen sie zu Barren, von den wertvollsten grünen Edelsteinen nahmen sie nur die besten. […] Das ganze Schatzhaus durchwühlten die Spanier, sie drängten und fragten und griffen nach allem, was ihnen gefiel. […]

M4 Spanischer Überfall auf Indianer.
Kupferstich von Theodor de Bry, 1596.

M5 Aztekischer Angriff auf die in einem Palast eingeschlossenen Spanier. Oben links spricht Montezuma beruhigende Worte zu den Azteken. Mexikanische Darstellung, 16. Jahrhundert.

Der Aufstand der Azteken

Als dann noch der aztekische Tempeldienst durch die Spanier gestört wurde und als ihre Götterbilder aus den Tempeln geworfen wurden, erhoben sich die Azteken. Nach blutigen Kämpfen mussten die Spanier fliehen. Sie verloren fast die gesamte Beute. Bei den Kämpfen wurde Montezuma getötet.

Cortés sammelte seine Leute nach der Flucht, zog Verstärkung heran und bereitete einen neuen Angriff auf Tenochtitlan vor. Nachdem er sich mit anderen Indianerfürsten verbündet hatte, ließ er Tenochtitlan einschließen. Die Bewohner wurden ausgehungert. Die Belagerung dauerte 93 Tage. Die ehemals glänzende Stadt wurde völlig vernichtet. Man schätzt, dass im Kampf 300 000 Azteken starben.

Q3 Über das Ende der Stadt berichtet eine aztekische Chronik:

[…] Noch einmal fingen die Spanier an zu morden. Und viele Azteken starben. Die Flucht aus der Stadt begann. […] Viele flohen über den See, andere auf den großen Dammstraßen. Auch da wurden viele getötet. […] [Die Spanier] suchten einige Männer aus. Man trennte sie von den anderen. Das waren die stärksten und tapfersten Krieger, die männliche Herzen hatten. Aber auch Jüngere, die ihnen als Diener nützlich waren, suchten sie aus. Die Spanier zeichneten sie sofort. Mit heißen Eisen drückten sie ihnen Brandmale auf die Wangen. […]

M6 Montezuma wird als Gefangener in Eisen gelegt. Holzstich.

1 Erklärt, was Montezuma meinte, wenn er sagte: „Du bist in deiner Stadt angekommen."

2 Benennt das Ziel der Spanier und beurteilt ihr Verhalten aus der Sicht der Azteken.

3 Beschreibt die Spanier aus der Sicht der Azteken sowie die Azteken aus der Sicht der Spanier.

4 Stellt Vermutungen darüber an, warum sich die Stimmung der Azteken geändert hatte.

5 Vergleicht die Abbildungen M4 und M5. Achtet besonders darauf, wie die Menschen dargestellt sind.

6 Findet heraus, ob und wodurch die Abbildungen parteiisch sind.

METHODE

Quellentexte vergleichen

M 1 Checkliste: Quellentexte vergleichen

Man sollte sich beim Lesen von historischen Berichten immer fragen:

- Von wem ist der Bericht?
- War der Autor Augenzeuge oder weiß er etwas nur aus anderen Berichten?
- Aus welchem zeitlichen Abstand ist der Bericht geschrieben?
- Aus welcher Sicht (Perspektive) ist ein Bericht geschrieben?
- An wen ist der Bericht gerichtet?
- Was will der Autor oder die Autorin bezwecken?
- Aus dem Vergleich unterschiedlicher Berichte (Quellen) kann man dann versuchen, eine möglichst genaue und neutrale Darstellung eines Ereignisses zu schreiben.

Unterschiedliche Sichtweisen

Von zahlreichen Ereignissen gibt es unterschiedliche Berichte (Quellen), die das Ereignis aus aus einer bestimmten Sicht beschreiben. So berichten die Sieger einer Schlacht aus einer anderen Perspektive als die Verlierer. Je nach der Sichtweise des Berichterstatters werden Ereignisse beschönigt oder im Ablauf verändert berichtet, weil der Autor etwas mit seinem Bericht bezwecken will. Manchmal wird ein Ereignis ganz übertrieben dargestellt, z. B. wenn der Schreiber einen Erfolg besonders herausstellen will. Auf der anderen Seite werden in Berichten Dinge verschwiegen, weil sie dem Autor nicht wichtig erscheinen, weil seine damaligen Leser das für selbstverständlich hielten oder weil etwas nicht bekannt werden soll (z. B. Verbrechen oder unerlaubte Handlungen).

Das Massaker von Cholula

Auf dem Vormarsch auf Tenochtitlan erorberte der spanische Herrführer Hernan Cortés die Stadt Cholula, die zum Herrschaftsbereich der Azteken gehörte. Dort kam es nach dem Einzug der Spanier und der mit ihnen verbündeten Indianer in die Stadt im Oktober 1519 zu einem fünfstündigen Massaker, bei dem Tausende der Einwohner ermordet wurden.

Q 1 Darüber berichtet Cortés am 30. Oktober 1520 an den spanischen König:

[…] Während der ersten drei Tage versahen die Einwohner mich mit immer weniger Lebensmitteln. […] Das beunruhigte mich aufs Äußerste. Da hinterbrachte meinem Dolmetscher eine Frau aus Cholula […], dass die Leute Montezumas sich in großer Anzahl und in nächster Nähe versammelt, dass die Bewohner der Stadt […] über uns herfallen wollten, um uns niederzumetzeln. […] So berief ich denn einige der Stadtältesten zu mir. […] Sie kamen, und ich sperrte sie in einem Saal ein. Meinen Leuten gab ich Weisung […], auf das Signal eines Büchsenschusses über die ganze Menge der Indianer, die sich im Hofe und in der Umgebung aufhielten, herzufallen. Sie gehorchten […] und fielen über die Masse der Indianer her, von denen wir in zwei Stunden mehr denn 2000 umbrachten. Wenn wir sie überrumpelt und so völlig geschlagen haben, so kommt das daher, dass sie keine Führer hatten, da diese nämlich von mir vergiftet worden waren. […] Wir ließen viele dieser Leute über die Klinge springen, viele verbrannten lebendig, und ihre falschen Götter halfen ihnen nicht. […]

Q 2 Der spanische Franziskanerpater Bernardino de Sahagun sammelte ab 1540 Augenzeugenberichte der Azteken. Dort heißt es:

[…] Das Volk von Cholula war ohne Argwohn gekommen, die Krieger waren ohne Waffen. Ohne Schwerter und ohne Schilder standen sie vor den Spaniern. Durch hinterlistigen Verrat kam es zu diesem Blutbad und durch die Lügen […] starben sie, ohne zu wissen, warum. Und als das Blutbad zu Ende war, brachte man Montezuma die Nachricht. Boten kamen und gingen, eilten von Tenochtitlán nach Cholula und hasteten wieder zurück. Und das einfache Volk war bestürzt durch die Kunde und konnte nichts anderes mehr tun als zittern in Furcht und Entsetzen. […]

1 Lest Q 1 und Q 2 durch. Notiert jeweils zu den Fragen (M 1) eure Untersuchungsergebnisse für jeden Bericht.

2 Kennzeichnet die Sichtweisen von Q 1 und Q 2 jeweils in Stichworten.

Der Aufbau der Kolonialherrschaft

Alle Indianer müssen Christen werden

Nach der Eroberung des Aztekenreichs kamen auf Befehl des spanischen Königs viele Geistliche nach Mexiko. Sie führten in allen Gebieten den christlichen Glauben ein und bekämpften die Religion der Indianer als Götzendienst*. Tausende von Indianern wurden zwangsweise getauft.

Die Zerstörung aztekischer Kultur

Der erste Bischof von Mexiko ordnete an, dass aztekische Schriften verbrannt und die Tempel zerstört werden mussten. Er rühmte sich damit, dass er in nur fünf Jahren 500 Tempel und mehr als 20 000 „Götzenbilder“ zerstört hatte.

Ziele der Missionierung* der Indianer

Wissenschaftler unterscheiden zwei wichtige Ziele, welche die Spanier mit der Missionierung der Indianer verfolgten: erstens die Verbreitung des christlichen Glaubens unter den Indianern (christliches Sendungsbewusstsein) und zweitens die Erziehung der „wilden“ Indianer zu gehorsamen, an die spanische Lebensweise gewöhnte Untertanen.

Die Behandlung der Indianer durch die Kirche

Die Einstellung der spanischen Geistlichen gegenüber den Indianern war sehr unterschiedlich. Es gab Geistliche, die sich durch ihre Habgier in nichts von den spanischen Großgrund- und Bergwerksbesitzern unterschieden: Sie hielten die Indianer ihres Kirchenbezirks wie Sklaven. Diese arbeiteten dann für die Priester als Hirten, Baumwollarbeiter und Tagelöhner. Bei all diesen Beschäftigungen wurden die kirchlichen Aufgaben vernachlässigt.

M 1 Die Kirche Nuestra Señora de los Remedios auf den Resten der aztekischen Tempelpyramide von Cholula. Foto.

Es gab aber auch Mönche, denen das Wohlergehen der Indianer am Herzen lag. Sie wollten sie nicht ausbeuten, um eigene Reichtümer anzuhäufen, sondern „gute Christen“ aus ihnen machen. Sie sorgten dafür, dass die Indianer in ihrem Kirchenbezirk nicht unterdrückt wurden. Sie erlernten die verschiedenen Indianersprachen, ja sogar die Bilderschrift der Azteken. Dadurch erhielten sie einen tiefen Einblick in die Lebenswelt der mexikanischen Indianer. Sie übersetzten die Bibel in die verschiedenen Indianersprachen und konnten so ihren Missionsauftrag wirksamer durchführen. Die Unterdrückung der Indianer und ihre Missionierung hingen also oft eng zusammen.

***Missionierung**
Verbreitung der christlichen Glaubenslehre unter Nichtchristen (Heiden).

***Götzendienst**
Abwertende Bezeichnung für die Ausübung einer anderen, dem Sprecher fremden Religion.

1 Beschreibt M 1.

2 Begründet, weshalb die Spanier ihre Kirchen auf den Ruinen aztekischer Tempel bauen ließen.

3 Bewertet das Verhalten der Spanier gegenüber den Indios aus damaliger und heutiger Sicht.

Das spanische Weltreich

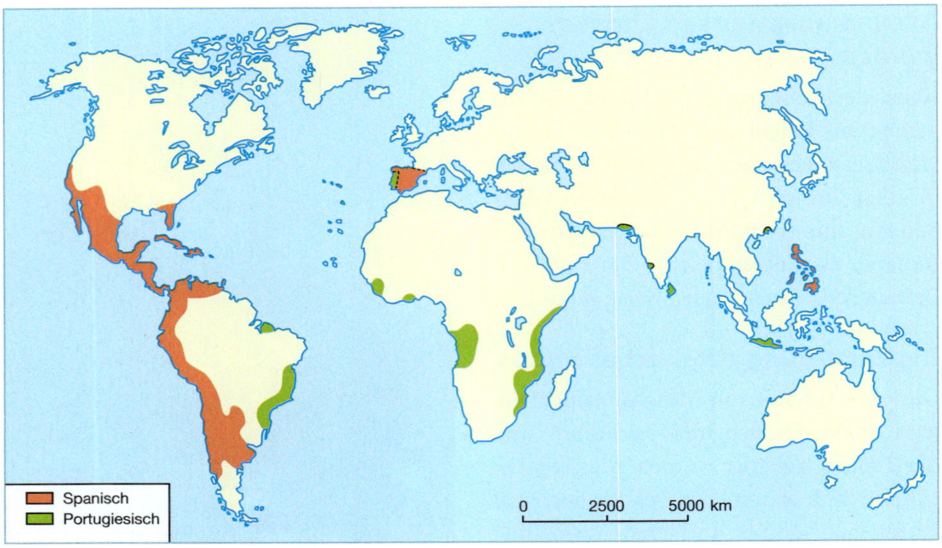

M 1 **Spanische und portugiesische Kolonien um 1550.**

Kolonialreiche entstehen

Die Eroberung Mexikos ist nur ein Beispiel aus der langen Reihe der Eroberungen. Meist spielten List, Grausamkeit und Habgier eine Rolle. So brachten Spanien und Portugal die Länder unter ihre Herrschaft, die von den Seefahrern entdeckt worden waren. Die unterworfenen Gebiete wurden **Kolonien*** genannt und vom Mutterland aus verwaltet. Am spanischen Königshof war man der Auffassung, dass das eroberte Land in Amerika kein Ausland sei, sondern als „las Indias" ein neues Land der Krone.

In allen spanischen Kolonien gründeten die Eroberer nach ihrer Ankunft Städte. Von den Städten aus wurde das umliegende Land verwaltet und beherrscht. Seine Bewohner sollten freie Untertanen der Krone sein. Da man sich Heiden aber nicht als Untertanen vorstellen konnte, sollten sie zum christlichen Glauben erzogen werden.

***Kolonien / Kolonialismus**
Die Eroberung zumeist überseeischer Gebiete durch militärisch überlegene Staaten (vor allem Europas) seit dem Ende des 15. Jahrhunderts bezeichnet man als „Kolonialismus". Die Kolonialmächte errichteten in den unterworfenen Ländern Handelsstützpunkte und Siedlungskolonien. Sie verfolgten vor allem wirtschaftliche und militärische Ziele.

Die Ausbeutung der Kolonien

Hauptziel der spanischen Herrschaft in Amerika war es, so viel wirtschaftlichen Gewinn wie möglich aus den Kolonien nach Spanien zu ziehen. Deshalb wurde die gesamte Wirtschaft, besonders der Handel, von Spanien aus gelenkt und kontrolliert. Überall, wo es Bodenschätze gab, wurden Bergwerke angelegt. Der König von Spanien bekam von allen gefundenen Edelmetallen (Gold, Silber) ein Fünftel als Steuer. Deswegen achteten die königlichen Beamten genau auf die Produktion. Die jährlichen Silberlieferungen nach Spanien stiegen von 17 500 Kilogramm im Jahr 1550 auf 270 000 Kilogramm im Jahr 1600. Reichen Gewinn erwirtschafteten die europäischen Eroberer auch in der Landwirtschaft. Nach der Eroberung wurden die Felder der Indios an die wenigen Eroberer verteilt. So entstanden große landwirtschaftliche Güter: Latifundien. Auf ihnen wurde vor allem angebaut, was man in Europa benötigte, also z. B. Zucker, Tabak, Baumwolle oder Mais.

Bartolomé de las Casas – Anwalt der Indios

Die Indios mussten unter den härtesten Bedingungen auf den Latifundien und in den Bergwerken Sklavenarbeit leisten. Der Dominikanermönch und spätere Bischof von Mexiko Bartolomé de las Casas (1484 bis 1566) schrieb mehrere Berichte an den spanischen König, in denen er das Verhalten der Kolonialherren gegenüber den Indios anprangerte.

Die Zahl der Indios, die in den spanischen Kolonien lebten, wurde immer geringer. Neben der Behandlung durch die Spanier waren eingeschleppte Krankheiten wie Typhus, Pest und Masern die Ursachen für den Tod vieler Indios. Die Bemühungen des Bartolomé de las Casas hatten Erfolg: In Spanien wurden neue Gesetze erlassen. Sie sollten die Indios schützen. Aber die gut gemeinten Gesetze konnten in den Kolonien nicht durchgesetzt werden. Die Spanier in Amerika richteten sich nicht nach ihnen. Als las Casas einsehen musste, dass auf diesem Weg den Indios nicht zu helfen war, machte er den Vorschlag, schwarze Sklaven aus Afrika zu holen. So wollte er das Los der Indios erleichtern. Er bereute diesen Vorschlag sehr bald.

Der **Sklavenhandel** breitete sich auf Grund des Arbeitskräftemangels in den spanischen Besitzungen stark aus. Millionen von Afrikanern wurden aus ihrer Heimat verschleppt.

Der Dreieckshandel im Atlantik

Die Abhängigkeit der Kolonien von ihren Mutterländern zeigte sich besonders in der Wirtschafts- und Handelspolitik. Die Kolonien waren ganz auf die Wünsche der europäischen Staaten ausgerichtet. Damit der heimischen Wirtschaft keine Konkurrenz entstand, wurde die Produktion von Eisenwaren, Stoffen, Glas, Büchern und Papier in vielen Kolonien verboten, selbst der Abbau von Eisenerzen wurde eingeschränkt. Rohstoffe und landwirtschaftliche Produkte mussten nach Europa geliefert werden. Das führte in den Kolonien zu Monokulturen, und für die entsprechende Plantagenwirtschaft benötigte man viele Sklaven. Die Kaufleute entwickelten einen Dreieckshandel, der in allen Schritten in der Hand der Europäer war und hohe Gewinne einbrachte.

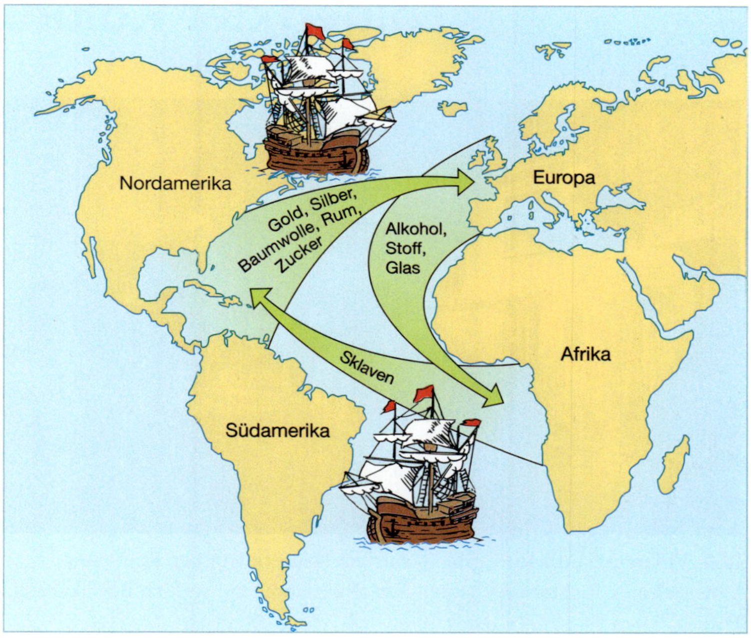

M 2 **Warenströme des Dreieckshandels.**

Jahr	Menschen
1519	11 000 000
1540	6 500 000
1560	4 400 000
1597	2 500 000

M 3 **Geschätzte Einwohnerzahlen in Mittelamerika 1519–1597.**

1. Nennt die heutigen Gebiete, die von Spaniern oder Portugiesen erobert waren. Begründet, warum diese Gebiete erobert wurden.
2. Erläutert M 3.
3. Erörtert den Vorschlag des Bartolomé de las Casas.
4. Macht zum Thema „Sklavenhandel" eine Internetrecherche und berichtet in der Klasse.

Folgen der Kolonialzeit

M 1 Villen in Santiago / Chile. In solchen Häusern wohnen Kaufleute, Unternehmer, Richter und Ärzte – fast alle gehören zur weißen Bevölkerung. Foto.

M 2 In einem Arbeiterviertel in Santiago / Chile. Hier leben Arbeiter und kleine Angestellte – viele von ihnen sind Mestizen. Foto.

***Mestizen**
Mischlinge zwischen Weißen und Indianern.

***Lateinamerika**
Gesamtheit der Spanisch und Portugiesisch sprechenden Länder Mittel- und Südamerikas; beide Sprachen haben ihre Wurzeln im Lateinischen.

Gegliederte Gesellschaft

Ab 1810 begannen in Südamerika Befreiungskriege gegen die Kolonialmacht Spanien. Aber nicht die Indianer oder Mestizen* waren die treibenden Kräfte, sondern die weißen Südamerikaner. Sie wollten die spanische Herrschaft abschütteln und selbst regieren. Bis 1825 dauerten die Kämpfe, dann hatten die Staaten Lateinamerikas* die Unabhängigkeit erworben. Was änderte sich? Die Weißen blieben im Besitz von Grund und Boden. Sie hatten Handel und Industrie in ihrer Hand. Für ihre Kinder schufen sie Schulen und Universitäten. Ihre Söhne besetzten die führenden Stellen in der Verwaltung und beim Militär. Auch in der Kirche bestimmten sie. Erst in jüngster Zeit konnten die Indianer und Mestizen in einigen Ländern ihren politischen Einfluss vergrößern.

Neue Abhängigkeiten

Um eine moderne Wirtschaft aufbauen zu können, benötigten die Besitzenden in Südamerika viel Kapital. Sie liehen das Geld vor allem aus den USA, England, Frankreich und Deutschland. Die Geldgeber übten großen Einfluss auf die Wirtschaft der südamerikanischen Staaten aus und zogen auch immense Gewinne daraus.

1970 lebten in Südamerika etwa 280 Millionen Menschen. Von ihnen hungerten 120 Millionen (= 43 %). Weitere 80 Millionen (= 28 %) galten als unterernährt. Heute leben mehr als 520 Millionen Menschen in Südamerika, und der Kampf gegen Hunger sowie Armut dauert immer noch an. Kirchliche Hilfswerke wie „Misereor“, „Adveniat“ oder „Brot für die Welt“ versuchen, durch jährliche Spendenaktionen die schlimmste Not zu lindern.

Indianische Traditionen in Lateinamerika

Typisch für viele Volksfeste und auch kirchliche Feiern in Lateinamerika ist, dass sich dort europäische und indianische Einflüsse vermischen.

Ein sehr wichtiges Fest der Inka war z. B. das „Fest der Sonne“. Es wurde zur Wintersonnenwende gefeiert, wenn das neue Sonnenjahr begann. Damit verehrten sie

M3 Das Inti Raymi-Fest am 24. Juni zu Ehren des Sonnengottes in Cuzco, Peru. Foto.

ihren Sonnengott. Die Feierlichkeiten am 24. Juni fanden in sogenannten „Sonnentempeln“ statt. Dem Sonnengott zu Ehren wurden Opfergaben bereitet – zum Beispiel ein schwarzes und ein weißes Lama. Während der Kolonialzeit war das Sonnenfest vom spanischen Königshaus verboten. Dennoch lebt es heute im Erntedankfest weiter als eine bunte Darbietung, an der viele teilnehmen.

Die „Charreadas“ sind mexikanische Reiterspiele mit Pferden. Sie waren ursprünglich Reitkunstwettbewerbe der mexikanischen „Cowboys“. Heute gibt es Reiterspiele in fast jeder größeren mexikanischen Stadt. Jeden Sonntagvormittag kommen elegante Frauen in kostbaren Kostümen in die Wettkampfarenen. Die Männer tragen enge schwarze Hosen mit Silberknöpfen, dazu spitze Stiefel, ein Hemd und große Hüte.

Manchmal finden die Reitkunstwettbewerbe auch in einer Stierkampfarena statt. Nur sonntags, pünktlich ab 16 Uhr, geht das nicht, denn dann beginnt der Stierkampf. Den Stierkampf brachten vor langer Zeit die Spanier nach Mexiko.

Ein überaus beliebtes Kinderspiel in Mexiko ist die „Piñata“ (sprich: pinjata). Bunt bemalte Märchenfiguren aus leichter Pappe hängen an einem Seil herunter. Die Figuren sind mit Süßigkeiten und kleinem Spielzeug gefüllt. Ein Kind mit verbundenen Augen muss mit einem Stock die Figur zerschlagen. Dann fallen die Gaben herunter, und alle Kinder stürzen sich freudig darauf.

M4 Mexikanische Kinder spielen Piñata. Foto.

Zwischen dem 16. und 24. Dezember lädt man in Mexiko die Nachbarschaft, seine Freunde und die Familie ein. Dann werden stimmungsvolle Hausfeste gefeiert. Wird an den Wochenenden gefeiert, dürfen die Kinder lange aufbleiben. Weil es in Mexiko sehr heiß ist, wird spät gegessen: Mittagessen gibt es zwischen 14 und 15 Uhr, Abendessen gegen 21 Uhr.

1 Vergleicht die Abbildungen M 1 und M 2.

2 Erläutert, welche politischen Folgen die Unterschiede haben könnten.

3 Notiert Stichworte darüber, wie die heutige Not in Südamerika mit der Kolonialzeit zusammenhängen könnte.

4 Stellt zusammen, was im Internet, in Zeitungen und Zeitschriften z. B. über Peru, Bolivien, Chile und Mexiko aktuell berichtet wird.

5 Beschreibt, welche Gottheit von den Inka am 24. Juni verehrt wurde? Wie wurde das Fest gefeiert?

6 Erklärt, was „Charreadas“ sind und wo sie stattfinden.

7 Beschreibt wie eine Piñata abläuft.

Mexiko-Stadt – Eine Metropole in Lateinamerika

M 1 **Mexiko-Stadt.** Luftbild.

Stadt der Gegensätze

Mexiko-Stadt, das von den Azteken gegründete Tenochtitlan, liegt in einem Becken am Südrand des zentralamerikanischen Hochlands in über 2000 Metern Höhe. Die Stadt ist mit fast 22 Millionen Einwohnern eine der größten der Erde. Sie ist die Metropole des Landes, denn hier konzentrieren sich alle wichtigen politischen, wirtschaftlichen sowie kulturellen Einrichtungen.

Überall in der Stadt fällt der krasse Gegensatz zwischen Arm und Reich auf: Prachtvolle Bauten und Paläste aus der Kolonialzeit, moderne Büro- und Geschäftsviertel sowie die eleganten Wohnviertel der Mittel- und Oberschicht stehen den Hüttensiedlungen der Armen gegenüber, die sich vor allem am Stadtrand konzentrieren.

Leben am Rande der Stadt

Die Wanderung in die Städte endet oft in den Elendsvierteln (Slums), wo die Menschen ihr städtisches Leben in extremer Armut beginnen. Sie leben in selbst zusammengenagelten Behausungen. Sauberes Trinkwasser steht kaum zur Verfügung, und eine geregelte Entsorgung des Abwassers sowie des Mülls gibt es nicht. Nur die Wenigsten finden einen festen Arbeitsplatz, die meisten Slumbewohner arbeiten im informellen Sektor – das heißt, sie gehen Beschäftigungen nach, die staatlich nicht erfasst sind und deshalb auch keine Absicherung bei Krankheit oder im Alter beinhalten. Dazu gehören z. B. der Straßenverkauf, die handwerkliche Produktion und der Verkauf von Waren oder Dienstleistungen wie Schuheputzen oder Autowaschen.

Einigen der „wilden" Hüttensiedlungen ist es im Laufe der Zeit gelungen, zu Vororten aufzusteigen. Ein Beispiel hierfür ist Nezahualcoyotl, heute ein Vorort von Mexiko-Stadt mit über einer Million Einwohnern.

Probleme der Riesenstadt

Das rasche sowie unkontrollierte Wachstum von Mexiko-Stadt hat die öffentliche Verwaltung und Versorgung vor erhebliche Probleme gestellt. Es wurden Wohnungen und Arbeitsplätze benötigt, riesige Mengen an Müll und Abwässern mussten entsorgt werden, der Verkehr – und damit auch die Luftverschmutzung – wuchsen ständig an, Schulen und Ärzte fehlten und vieles mehr. Mexiko-Stadt leidet unter einer extrem hohen Luftverschmutzung: 4 Millionen Autos, 100 000 Taxis, 28 000 Busse und zehntausende Lastwagen verstopfen jeden Tag die Straßen der mexikanischen Hauptstadt.

1 Sucht in den Medien aktuelle Berichte zum Leben in Mexiko-Stadt.

ZUSAMMENFASSUNG

Die Wende zur Neuzeit

Das 15. Jahrhundert ist die Zeit, in der sich ein neues Denken durchsetzt. Bisher hatte man sich in naturwissenschaftlichen Fragen mit Antworten aus der Bibel zufrieden gegeben. Doch jetzt wollte man alles selbst nachprüfen. So wurde das 15. Jahrhundert zu einer Zeit zahlreicher Entdeckungen und Erfindungen.
Weil man sich auf Werte der Antike zurückbesann, heißt die Epoche, die den Übergang vom Mittelalter zur Neuzeit darstellt, Renaissance. In den Mittelpunkt des Denkens rückte der Mensch.

Entdeckungen und Erfindungen

Eine der wichtigsten Erfindungen dieser Zeit war der Buchdruck durch Johannes Gutenberg. Erfunden wurden auch ein seetüchtiger Kompass, die mechanische Uhr, der Jakobsstab und hochseetaugliche Schiffe. Dies waren die Voraussetzungen für die Entdeckung Amerikas durch Christoph Kolumbus im Jahr 1492.

Vernichtete Hochkulturen

In Mittel- und Südamerika gab es einige indianische Hochkulturen, z. B. bei den Azteken in Mexiko und den Inkas in Peru. Diese Hochkulturen wurden zu Beginn des 16. Jahrhunderts von den Spaniern auf ihrer Suche nach Gold und Reichtümern zerstört.
Die Bemühungen des Bischofs Bartolomé de las Casas, die Unterdrückung und Ausbeutung der Indianer zu beseitigen, hatten zunächst nur geringen Erfolg.
Um das Leben der Indios zu schonen, soll Bartolomé de las Casas vorgeschlagen haben, afrikanische Sklaven in die spanischen Kolonien zu holen. Millionen Afrikaner wurden zu Sklaven.

Die „Neue Welt" wird europäisch

Ein Dreieckshandel brachte den europäischen Staaten hohe Gewinne. Dabei wurden billige Waren nach Afrika gebracht und Sklaven von dort nach Amerika transportiert. Von Amerika wurden wiederum wertvolle Edelmetalle und Rohstoffe nach Europa geliefert. Auch der Handel und die Wirtschaft in den Kolonien wurden ganz auf die Bedürfnisse Europas abgestimmt. Schon bald hielt auch die europäische Lebensweise Einzug in die Kolonien – die „Neue Welt" wurde europäisch. Die Folgen dieser Politik prägen noch heute die Lebensumstände vieler Menschen in Lateinamerika.

seit 1400

Mit dem Humanismus und der Renaissance beginnt in Europa eine neue Art des Denkens.

um 1450

Johannes Gutenberg erfindet den Buchdruck.

1492

Kolumbus entdeckt Amerika.

1519

Cortés erobert Mexiko. Die Europäer errichten ihre Herrschaft in Amerika.

Check: Das kann ich schon …

Wichtige Begriffe erklären

- ✓ Neues Weltbild
- ✓ Buchdruck
- ✓ Globus
- ✓ Erfindungen
- ✓ Entdeckungsfahrten
- ✓ Hochkultur
- ✓ Eroberer
- ✓ Azteken
- ✓ Missionierung
- ✓ Kolonien
- ✓ Dreieckshandel
- ✓ Plantage

M 2 Landung des Kolumbus auf der Insel Guanahani. Kolorierter Kupferstich, 1594.

M 1 Globus des Martin Behaim, 1492. Foto.

M 3 Kompass, um 1550. Foto.

Pinta

Nina

Santa Maria

M 4 Schiffe von Kolumbus, 1492.

Q 1 Kolumbus schrieb 1494:

[…] Diese Lieferungen könnten mit Sklaven aus diesen Kannibalen bezahlt werden, die so wild und stattlich, gut gebaut und aufgeweckt sind und die, in Spanien von ihren unmenschlichen Sitten befreit, gewiss besser als irgendwelche andere Sklaven sein werden. […]

Q 2 Der Theologe und Jurist Juan G. de Sepulveda schrieb 1544:

[…] So behaupte ich, dass diese Barbaren nicht nur eingeladen, sondern auch zum Guten genötigt werden sollen, d.h. zur Gerechtigkeit und Religion. […] ich behaupte, dass diese Barbaren nicht nur beherrscht werden müssen, damit sie den Predigern zuhören, sondern auch, damit sich zu Lehre und Ratschlägen die Drohungen gesellen. […]

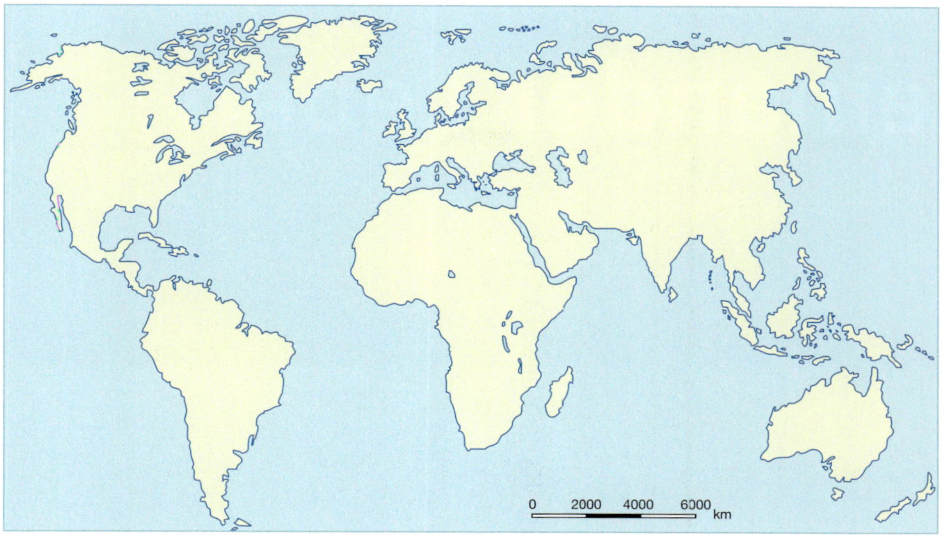

M5 **Spanische und portugiesische Kolonien um 1550.**

Fachliche Kompetenz

1 Erklärt euch gegenseitig die wichtigen Begriffe (Kasten) und schreibt die Bedeutung der Begriffe in eure Arbeitsmappe.

2 Erläutert die Voraussetzungen für die Entdeckungsfahrten mit Hilfe von M 1, M 3 und M 4. Nennt weitere Voraussetzungen.

3 Skizziert eine Weltkarte (M 5) in eure Arbeitsmappe und tragt die Route von Kolumbus und die erworbenen Kolonien der Europäer ein.

4 Schildert in zwei Berichten die Entdeckung und Eroberung jeweils aus Sicht der Spanier und der „Indianer".

Methodenkompetenz

5 Lest Q 1 und Q 2 und benennt die Sichtweise, aus der sich sowohl Kolumbus als auch der Theologe Sepulveda über die Indianer äußern.

6 Untersucht M 2 und erläutert, aus welcher Sichtweise der Kupferstecher, der nie in Amerika war, die erste Begegnung von Kolumbus mit den Eingeborenen darstellt.

Urteils- und Handlungskompetenz

7 Sammelt Stichpunkte über das Verhalten der Europäer in den entdeckten Gebieten und beurteilt ihr damaliges Verhalten. Prüft, ob ihr damals auch so geurteilt hättet.

5 Miteinander Leben

Zusammenleben mit anderen Menschen ist gar nicht so einfach. Dies gilt besonders dann, wenn diese Menschen aus anderen Ländern und anderen, für uns fremden Kulturkreisen stammen. Je mehr man über den „Anderen“ oder die „Andere“ weiß, desto leichter fällt das miteinander leben.

In diesem Kapitel könnt ihr erarbeiten

- warum bei uns immer mehr Menschen arm sind und wie ihre Lebenssituation sich gestaltet,
- was nötig wäre um das Leben der Armen zu verbessern,
- wie die Menschen, die aus dem Ausland zu uns gekommen sind, heute leben
- und welche Schwierigkeiten es gibt, dass sie sich bei uns wohl fühlen und gerne mit uns zusammenleben.

Am Ende des Kapitels könnt ihr eine „amerikanische Debatte“ führen.

Leben an der Armutsgrenze

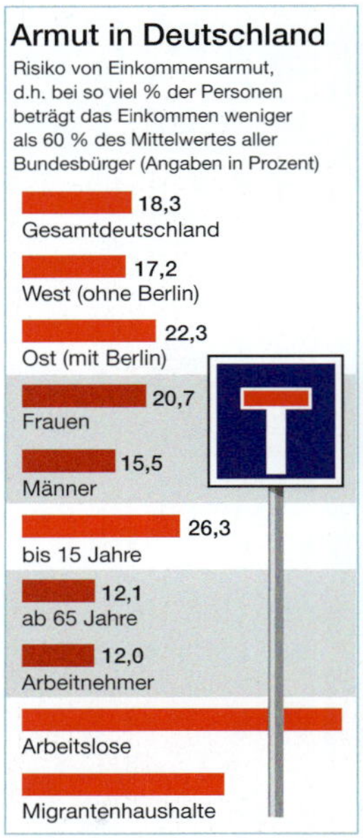

M 1 **Armut in Deutschland.**

M 2 **Aktionsplakat des Kinderschutzbundes in Göttingen im September 2009.** Foto.

Armut – was ist das?

Bei dem Begriff „Armut“ denken viele sofort an Länder der Dritten Welt, z. B. Indien oder Länder Afrikas. Dort leben Millionen Menschen, die ständig von Hunger, Unterernährung und Krankheiten bedroht sind. Sie leben in absoluter Armut.

Armut in Deutschland sieht anders aus. Kein Mensch muss verhungern oder sterben, weil er keine medizinische Versorgung erhält. Doch auch bei uns, einem der reichsten Länder der Welt, ist Armut verbreitet und in den letzten Jahren sogar deutlich angestiegen. Nach einer Definition der Europäischen Union (EU) gilt in einer Wohlstandsgesellschaft jemand als arm, der weniger als 60 Prozent vom durchschnittlichen Einkommen zur Verfügung hat. Man spricht dann von relativer Armut.

Im Sommer 2008 veröffentlichte die Bundesregierung eine Studie, die besagt, dass in Deutschland jeder achte Mensch (13 Prozent) arm ist. Das sind rund 11 Millionen Menschen. Weitere 13 Prozent sind armutsgefährdet und werden nur durch staatliche Leistungen wie Kindergeld oder Arbeitslosengeld II* (ALG II) vor dem endgültigen Abrutschen in die Armut bewahrt. Eine vierköpfige Familie gilt laut dieser Studie als arm, wenn sie ein Nettoeinkommen* von 1640 Euro nicht überschreitet. Ab 7718 Euro netto oder mehr im Monat würde die gleiche Familie als reich bezeichnet werden.

Eine Person gilt als verdeckt arm, wenn sie Anspruch auf eine Grundsicherung wie ALG II oder Sozialhilfe hat, aber – meist aus Unkenntnis oder Scham – keinen entsprechenden Antrag stellt. Auf drei Personen, die eine staatliche Hilfe zum Lebensunterhalt beziehen, kommen mindestens zwei bis drei weitere, die in verdeckter Armut leben.

***Arbeitslosengeld II**
Staatliche Unterstützung für Menschen, die länger als ein Jahr arbeitslos sind, im Volksmund „Hartz IV“ genannt. Der Name stammt von dem Kommissionsvorsitzenden, der diese Regelung vorschlug.

***Nettoeinkommen**
Einkommen, das nach allen Abzügen von Steuern und Abgaben übrigbleibt.

Die größten Armutsrisiken

Die Hauptursache für Armut ist Arbeitslosigkeit. Vor allem Langzeitarbeitslosigkeit führt zu einem Absinken des Einkommens unter die Armutsgrenze. Wer über einen geringen Bildungsabschluss verfügt, ist deshalb stärker gefährdet, in die Armut abzugleiten, denn eine gute Ausbildung ist der beste Garant für einen Arbeitsplatz. Doch selbst ein Arbeitsplatz ist noch kein sicherer Schutz vor Armut, weil die Löhne oft so niedrig sind, dass Hunderttausende trotz Arbeit auf ergänzende Hilfe vom Staat angewiesen sind (Geringverdiener).
Alleinerziehende sind häufig arm, da es vielfach an Betreuungsmöglichkeiten für ihren Nachwuchs (Ganztagskindergärten oder -schulen) fehlt und ihre Möglichkeiten zu arbeiten daher stark eingeschränkt sind. Wenn überhaupt, bekommen sie meist nur schlecht bezahlte Minijobs oder Teilzeitarbeit. In solchen Fällen werden Kinder zu einem so genannten Armutsrisiko – und sind selbst arm. 17 Prozent aller Kinder in Deutschland gelten als arm. Über die Hälfte davon sind Kinder von Alleinerziehenden. Auch Familien von Migranten* haben ein hohes Armutsrisiko. In den nächsten Jahrzehnten werden sich – besonders bei Frauen – die Fälle von Altersarmut häufen.
Häufig sind persönliche Schicksalsschläge wie die Pleite der eigenen Firma oder eine Scheidung Auslöser für ein Abgleiten in Armut. Wer erst einmal auf staatliche Unterstützung angewiesen ist, hat es schwer, sich aus dieser Abhängigkeit wieder zu befreien.

M 3 Die da unten sieht man nicht. Karikatur.

M 4 In der „Tageszeitung" (TAZ) schrieb im April 2008 Wolfgang Schmidt:

[…] Während sich die Mitschüler den Magen mit Gemüseschnitzel und Kartoffeln vollschlagen, gibt es für Ralf heute nur ein trockenes Toastsandwich von zu Hause. „Würdest du gerne mitessen?", wird er gefragt. Er würde gerne, darf aber nicht. 3 Euro würde die Verpflegung an der Förderschule kosten. Doch selbst 3 Euro pro Tag kann Ralfs Vater, ein arbeitsloser Hausmeister, nicht aufbringen. […]

M 5 In der Zeitschrift „Der Stern" stand im März 2008:

[…] Manchmal liege ich abends in meinem Bett, und wenn es dunkel ist, habe ich Angst, und ich denke darüber nach, wie das alles so ist. Zum Beispiel, ein Junge, den ich kenne, lebt in einem Kinderheim. Seine Mutter hat gesagt, solange sie Hartz IV bekommt, muss er dort bleiben. Sie kann sich kein Kind leisten. […]

M 6 Flaschensammler. Foto, 2009.

***Migranten**
Menschen ausländischer Herkunft.

1 Tragt zusammen, was ihr euch unter Armut vorstellt und wo sie euch im Alltag begegnet.

2 Notiert in Stichworten die wichtigsten Armutsrisiken (M 1, Text).

3 Wertet M 1–M 6 aus und beschreibt die Folgen von Armut.

Soziale Ungleichheit

M 1 **Stammtischmeinungen.** Karikatur.

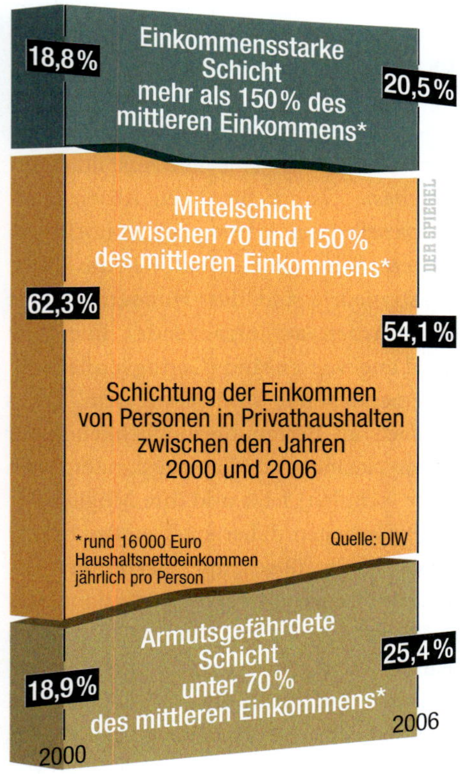

M 2 **Einkommensverteilung in Deutschland 2000–2006.**

Die gefühlte Ungerechtigkeit wächst

M 3 **In der „Frankfurter Allgemeinen Zeitung" (FAZ) berichtete Philipp Krohn im Februar 2009 über eine Studie der Universität Frankfurt:**
Reichtum und soziale Ungleichheit werden in Deutschland nicht grundsätzlich abgelehnt; allerdings haben viele Deutsche strenge Maßstäbe für eine gerechte Verteilung von Lebenschancen und Geld. So empfinden es 77 Prozent als gerecht, wenn Menschen mit höheren Einkommen bessere Wohnungen haben; 70 Prozent bejahen, dass diese auch höhere Renten beziehen sollen. Deutlich weniger Menschen befürworten hingegen, dass Besserverdiener ihren Kindern eine bessere Ausbildung ermöglichen können sollen (39 Prozent), mehr politischen Einfluss haben (12 Prozent) oder eine bessere medizinische Versorgung erhalten sollten (13 Prozent). […] Rund vier Fünftel der Befragten (77 Prozent) gaben an, dass es einen starken Konflikt zwischen Arm und Reich in Deutschland gebe, vor zehn Jahren hatten dies nur 55 Prozent bejaht, vor 30 Jahren lag der Anteil bei 67 Prozent. […] „Aufgebauscht ist das Phänomen* nicht, denn die Menschen fühlen tatsächlich mehr Ungerechtigkeit", sagt der Leiter der Untersuchung, Glatzer. Nur etwa die Hälfte aller Befragten meinte, dass

*** Phänomen**
Ereignis, hier im Sinne von Ergebnis.

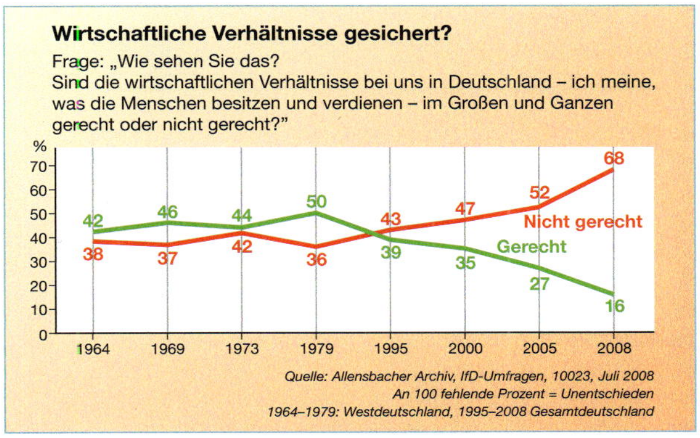

M4 **Sind unsere wirtschaftlichen Verhältnisse gesichert?** Umfrageergebnisse, 2008.

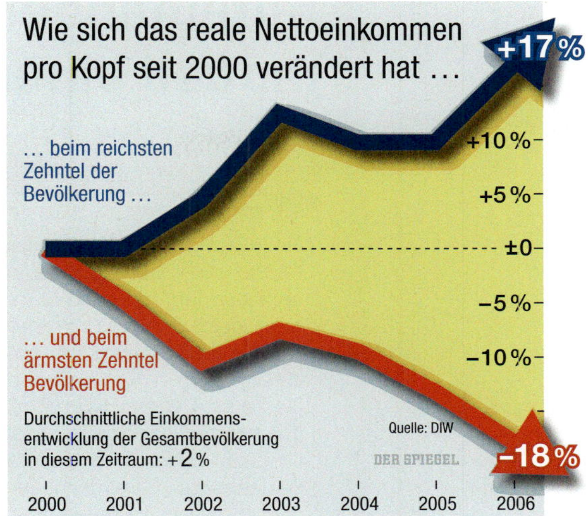

M6 **Die Entwicklung der Einkommen in Deutschland 2000–2006.**

harte Arbeit zu Reichtum führe. Dagegen gaben 82 Prozent an, gute Beziehungen seien entscheidend, 80 Prozent hielten bessere Ausgangsbedingungen für ausschlaggebend, 68 Prozent Begabung und immerhin 54 Prozent Unehrlichkeit. […]

M5 **Die Zeitung „Die Welt" schrieb am 15.9.2009:**

Berlin bleibt das Armenhaus Deutschlands. Mit 18,6 Prozent gab es dort im Mai 2009 die meisten „Hartz IV"-Empfänger, wie das Bremer Institut für Arbeitsmarktforschung und Jugendberufshilfe (BIAJ) mitteilte. Die wenigsten Bezieher von Arbeitslosengeld II hatte Bayern mit 4,2 Prozent. In Baden-Württemberg stieg die Zahl im Vergleich zum September 2008 um 4,5 Prozent. In Brandenburg und Mecklenburg-Vorpommern sank die Zahl hingegen um 3,3 Prozent.

Die Zahl der „Hartz IV"-Empfänger in Deutschland ist im Vergleich zum Vorjahr gesunken. Im Mai waren insgesamt 4,929 Millionen Deutsche im Alter zwischen 15 und 65 Jahren auf Arbeitslosengeld II angewiesen. Dies waren 170 800 oder 3,3 Prozent weniger als ein Jahr zuvor.

Extreme Unterschiede gibt es auch in den Kreisen. Hier ist zwischen 21,2 Prozent (Uecker-Randow) und 1,2 Prozent (Eichstätt) der Bevölkerung auf Arbeitslosengeld II angewiesen. In 79 der insgesamt 413 Kreise waren im Mai 2009 mehr Erwerbsfähige im Alter von 15 bis unter 65 Jahren auf Arbeitslosengeld II angewiesen als im Mai 2008.

Ein Vergleich dieser Kreis-Quoten in den 13 Flächenländern zeigt: In den kreisfreien Städten sind, gemessen an der jeweiligen Bevölkerung, deutlich mehr Frauen und Männer auf Arbeitslosengeld II angewiesen als in den Landkreisen.

1 Untersucht M1 und lest M3. Notiert Beziehungen zwischen beiden Materialien (Gemeinsamkeiten, Unterschiede).

2 Vergleicht M4 und M6. Notiert Forderungen, die ihr Politikern aller Parteien stellen könntet. Benutzt dazu auch M2.

3 Untersucht M5 und beschreibt die unterschiedlichen Lebensverhältnisse der Menschen in den Teilen Deutschlands.

4 Erläutert, welche Gefahren von wachsender sozialer Ungleichheit ausgehen können.

Miteinander, füreinander – Zukunftsmodell einer sozialen Gesellschaft?

Bedeutung der Wohlfahrtsverbände

Neben dem Staat gibt es auch andere Organisationen, die sich um das Wohlergehen der Bürger kümmern. Besonders wichtig ist die Arbeit der freien Wohlfahrtsverbände (u. a. Arbeiterwohlfahrt, Caritas, Deutsches Rotes Kreuz). Sie sind z. B. in der Altenpflege oder Jugendarbeit tätig und ein unverzichtbarer Bestandteil des Sozialstaats. Ohne ihre Leistungen würde das soziale Netz zerreißen. Rund 1,4 Millionen Menschen sind hauptamtlich in ihren Einrichtungen und Diensten beschäftigt, schätzungsweise 2,5 bis 3 Millionen leisten ehrenamtliche Hilfe.

Eine demokratische Gesellschaft lebt vom Engagement ihrer Bürgerinnen und Bürger.

[...] Bürgerschaftliches Engagement stärkt Menschen in ihren Teilhaberechten und trägt zur sozialen Integration [= Eingliederung] bei. Es [...] hilft, neue Lösungsansätze für zentrale gesellschaftliche Herausforderungen zu finden, auch und gerade in Zeiten gesellschaftlichen Wandels.

Die soziale Grundversorgung ist und bleibt eine staatliche Aufgabe. Bürgerschaftliches Engagement trägt jedoch dazu bei, den sozialen „Kitt" der Gesellschaft, die Solidarität, zu verstärken. Auch Unternehmen engagieren sich zunehmend für die Belange des Gemeinwohls und für die Entwicklung einer zukunftsfähigen Gesellschaft.

M 1 Bürger helfen sich selbst. Screenshot.

M 2 Staatliches Sparkonzept und Wohlfahrtsverbände. Karikatur.

M3 Beispiel 1: Die Tafel – Hilfe für Arme

Tafel ist die Bezeichnung für eine gemeinnützige Hilfsorganisation, die einwandfreie Lebensmittel, die sonst nicht mehr verwendet würden, an Hilfebedürftige austeilt. Spender sind z. B. Gaststätten, Bäckereien, Supermärkte, Metzgereien und Großmärkte. Bei einem Teil der Tafeln gibt es Suppenküchen, die kostenlos warmes Essen ausgeben. Die Verteilung erfolgt durch ehrenamtlich tätige Personen. Im Jahre 2007 wurden regelmäßig 700 000 Personen einmal in der Woche von 32 000 Helfern mit Lebensmitteln versorgt.

M4 Beispiel 2: KAHUZA– Verein für Kinder und Jugendliche

Tina Witkowski (44) aus Halle engagiert sich ehrenamtlich und gründete vor zwei Jahren KAHUZA. In der Einrichtung […] erhalten die jungen Leute aus sozial schwachen Familien ein warmes Mittagessen, Betreuung bei den Hausaufgaben und notfalls sogar Kleidung. Möglich wird dies durch Spenden, ehrenamtliche Mitarbeit und vor allem durch Tina Witkowskis Mut und Engagement: Sie überzeugt Firmen und Behörden, Gutes zu tun – stellt dafür fast täglich ihren Fuß in die Türen zahlreicher Büros, um hier mutig aufzutreten und für ihr Ziel zu kämpfen. Einen Fleischer aus Halle „belagerte" sie beispielsweise monatelang. Schließlich lud sie ihn zu einem ihrer Wohltätigkeitsnachmittage ein – und traf damit sozusagen in das Herz des Mannes. Seitdem liefert er täglich Fleisch und Wurst kostenlos an den Verein. […] „Die Kinder und Jugendlichen, denen wir jetzt nicht helfen, werden unsere zukünftigen Arbeitslosen und Sozialhilfeempfänger sein."

M5 Ausgabestelle der Wattenscheider Tafel. Foto, 2009.

M6 Die Gründerin des Kinder- und Jugendhilfevereins KAHUZA, Tina Witkowski (rechts), freut sich am Dienstag (3. 6. 2008) in München im Beisein von Bundesfamilienministerin Ursula von der Leyen (CDU) über ihre Auszeichnung „Prix Courage 2007". Foto.

1 Wertet die Karikatur M 2 mithilfe von M 1 aus.

2 Stellt die Argumente für bürgerschaftliches Engagement (M 1) in Stichworten zusammen und prüft, ob sie auf die Beispiele in M 3 und M 4 zutreffen.

3 „Die Kinder und Jugendlichen, denen wir jetzt nicht helfen, werden unsere zukünftigen Arbeitslosen und Sozialhilfeempfänger sein." (M 4). Erklärt, welcher Teufelskreis hier durchbrochen werden soll.

4 Findet heraus, ob es in eurer Gemeinde bzw. Stadt eine Tafel gibt: **http://www.tafel.de/** Wie könnte eure Klasse sich sozial engagieren? Sammelt Ideen.

5 Verfolgt in den Medien Berichte, in denen über soziales Engagement berichtet wird. Erarbeitet darüber ein Referat.

METHODE

Die amerikanische Debatte

M 1 Checkliste für die „amerikanische Debatte":

Vorbereitung

- Formuliert eine strittige Aussage, die mit Ja oder Nein zu beantworten ist (siehe Beispiel rechts).
- Bildet zwei Gruppen. Die eine Gruppe trägt Pro-Argumente, die andere Kontra-Argumente zusammen.
- Notiert eure Argumente in Stichworten auf Karteikarten (für die anschließende Debatte).
- Jede Gruppe bestimmt mehrere Diskutierende, die sich an einem Tisch gegenübersitzen.

Durchführung

- Die/der Diskussionsleiter/-in eröffnet die Debatte, indem sie/er einer Seite das Wort erteilt, um ihre Argumente vorzutragen.
- Nach Ablauf einer vorgegebenen Zeit (30 Sekunden bis 1 Minute) ist die andere Seite an der Reihe. Dieser Wechsel wiederholt sich so lange, bis beide Seiten alle Argumente ausgetauscht haben.
- Die Diskussionsleiterin bzw. der Diskussionsleiter hat streng darauf zu achten, dass die Redezeiten eingehalten werden.

Auswertung

- Am Ende der Debatte findet eine Besprechung im Plenum statt. Gemeinsam soll ausgewertet werden,
  - wie sich die Teilnehmer/-innen in ihren Rollen fühlten,
  - wie das Diskussionsklima war,
  - welche Seite aus Sicht der Beobachter/innen besonders überzeugend war und aus welchen Gründen (Argumente? Vortrag der Diskutierenden?).

Zeitbedarf:

Zirka 30–40 Minuten zur Vorbereitung, ca. 15–20 Minuten zur eigentlichen Debatte, ca. 15–20 Minuten zur Auswertung.

Ein bedingungsloses Grundeinkommen für alle – ist das die Zukunft des Sozialstaats?

Politische Sachverhalte werden meistens kontrovers diskutiert. Das bedeutet, dass es gegensätzliche Standpunkte zu einem Thema gibt. In der amerikanischen Debatte werden in Gruppen die Argumente der Pro-Seite (dafür) und der Kontra-Seite (dagegen) herausgearbeitet und in kontrollierter Form ausgetauscht.

Wenn es um die Zukunft des Sozialstaats geht und die zukünftige Ausgestaltung der sozialen Sicherung, wird in fast allen politischen Parteien regelmäßig die Idee eines bedingungslosen Grundeinkommens aufgegriffen und kontrovers diskutiert. Dabei geht es um Folgendes:

Jede Bürgerin und jeder Bürger würde einen existenzsichernden Grundbetrag (Bürgergeld) mit darin enthaltener Krankenversicherung erhalten, unabhängig davon, wie alt oder jung, arm oder reich sie oder er ist. Im Gespräch sind Beträge zwischen 700 und 1500 Euro.

An die monatliche Zahlung würde keinerlei Bedingung, keine Gegenleistung geknüpft werden.

Auch eine vorherige Bedürftigkeitsprüfung entfiele bei diesem Modell.

Andere Sozialleistungen (Rente, Arbeitslosengeld etc.) könnten abgeschafft werden.

Das Grundeinkommen könnte über eine hohe Verbrauchssteuer finanziert werden. Jedem Bürger wäre freigestellt, weiteres Einkommen hinzuzuverdienen.

Zurück Vorwärts Abbrechen Aktualisieren Startseite Auto-Ausfüllen Drucken E-Mail

Adresse: Explorer

Pro

Stefan Ziller, Mitglied der Kommission „Soziale Sicherung"

„Selbst auf die Wirtschaft und den Arbeitsmarkt kann eine Grundsicherung positive Effekte haben. Während heute viele aus Angst vor dem sozialen Abstieg alles tun, um ihren Job nicht zu gefährden, könnte sich eine gewisse soziale Sicherheit positiv auf das Betriebsklima und die Produktivität auswirken. (...) Ein Grundeinkommen würde eine große Gerechtigkeitslücke schließen. (...)"

Reinhard Loske

„Die unübersehbare Vielfalt an Hilfen und der der entsprechenden Bürokratie zur Prüfung des Bedarfs fiele weg – von Arbeitslosengeld, Sozialhilfe und Wohngeld bis zum Kindergeld (...). Beiträge zu Kranken- und Pflegeversicherung würden in Form von Pauschalen entrichtet und aus dem Grundeinkommen bezahlt. Die Reform ließe sich ... durch eine Umstellung des Sozialsystems von einer Beitrags- auf eine Steuerfinanzierung finanzieren."

Götz Werner, Chef der Drogeriemarkt-Kette dm und starker Befürworter des Grundeinkommens

„Jeder könnte darüber verfügen, ohne als Bittsteller dazustehen. Auf der Basis einer solchermaßen gesicherten Existenz hätte er den Freiraum, den er braucht, um seine Fähigkeiten in die Gemeinschaft einzubringen. (...) Heute muss jeder nachweisen, dass er nicht in der Lage ist, sich selbst zu versorgen. Ein Beleg für sein Unvermögen sozusagen. Das macht die Menschen zu Almosenempfängern und das belastet ungeheuer. Die einen kapseln sich ab, werden phlegmatisch [= träg, gleichgültig], die anderen suchen sich ihre Bestätigung möglicherweise durch Imponiergehabe oder im Extremfall sogar mit Gewalt (...)."

Kontra

Norbert Blüm, Wahnsinn mit Methode

„Die Entkoppelung von Erwerbsarbeit und Sozialleistungen nimmt aus dem Sozialstaat den Anreiz zur Leistung. Das Bürgergeld unterminiert [= aufweichen] die Motivation zur Arbeit. Es wird im Gegenteil sogar den Ausschluss aus der Arbeit befördern, weil auch ohne Arbeit derjenige, der arbeiten könnte, ein staatliches Einkommen garantiert bekommt. (...)"

Dönch, Uli

„Die Folgen dieses Experiments würden die deutsche Wirtschaft ruinieren: Das Werner'sche „Grundeinkommen für alle" kostet geschätzte 740 Milliarden Euro pro Jahr – ein Drittel der gesamten deutschen Wirtschaftsleistung."

Büchele, Herwig u. Wohlgenannt, Lieselotte

„(...) es ist weder fair noch gerecht, dass einige Menschen ein Grundeinkommen beziehen, ohne dafür arbeiten zu müssen, während die anderen durch ihre Erwerbsarbeit nicht nur ihr eigenes Einkommen zu verdienen, sondern auch das Geld für die Grundeinkommensbezieher aufzubringen haben. Diejenigen, die arbeiten, werden nie verstehen, warum sie arbeiten sollten, um die zu unterstützen, die es vorziehen, nicht zu arbeiten. Wer arbeiten kann, aber nicht will, soll auch nicht essen."

M 2 Pro- und Kontra-Argumente für die Einführung eines „Bürgergeldes".

Weitere Infos findet ihr unter:
http://www.archiv-grundeinkommen.de

Menschen mit Migrationshintergrund

Gerald Asamoah, Fußballspieler
Wayne Carpendale, Schauspieler
Hadnet Tesfai, Moderatorin (MTV)
Jasmin Tabatabai, Schauspielerin

M 1 Deutsche oder Ausländer? Fotos.

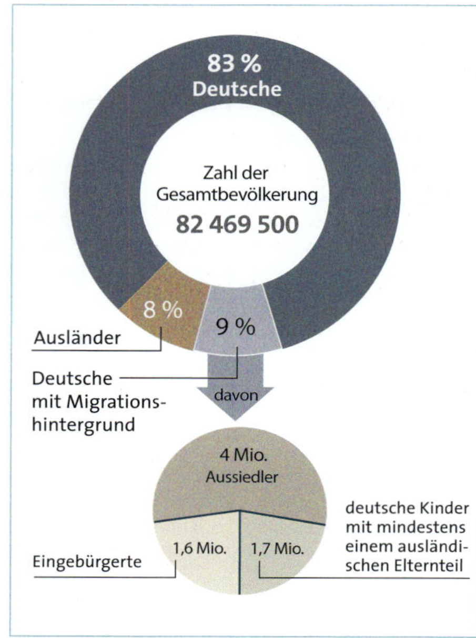

M 3 Anteile von Ausländern und Deutschen mit Migrationshintergrund an der Gesamtbevölkerung Deutschlands 2006.

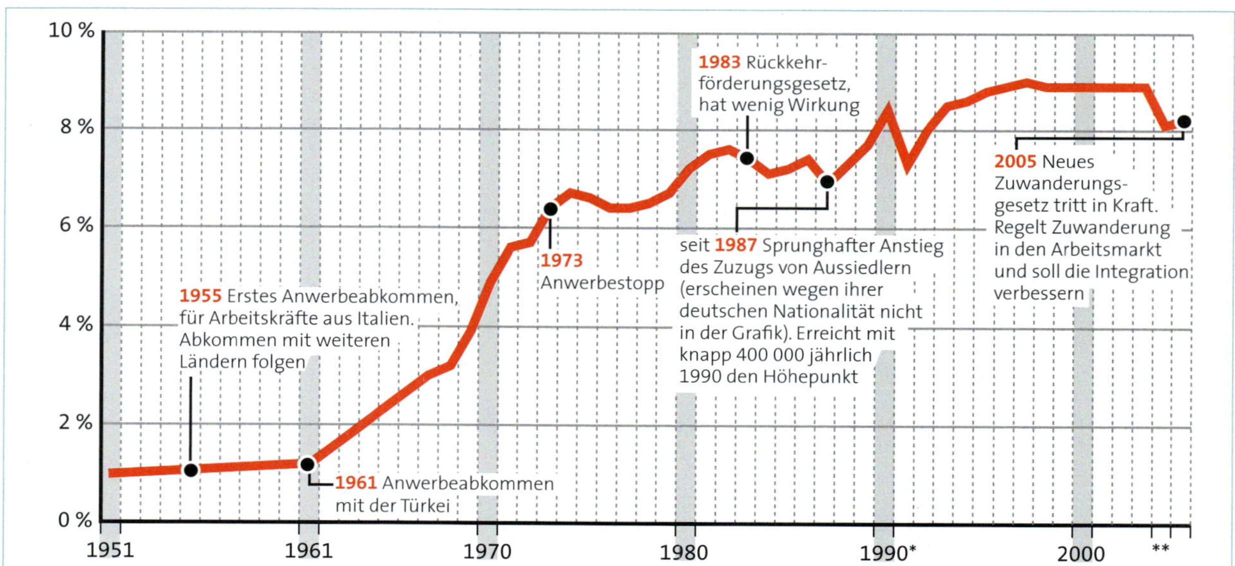

*Bis 1990 Zahlen für die alte Bundesrepublik, seit 1991 Zahlen für das wiedervereinigte Deutschland
**Die Zahlen seit 2004 sind wegen einer Registerbereinigung mit den Zahlen davor nicht direkt vergleichbar

ZEIT-Grafik/Quelle: Ausländerzentralregister, Bundesamt für Migration und Flüchtlinge, Statistisches Bundesamt

M 2 Entwicklung der Zuwanderung in Deutschland 1951–2005.

Ausländer oder Deutsche?

Wer ist eigentlich ein Ausländer? Einer mit einem fremden Pass, ließe sich bürokratisch-korrekt antworten – und wäre doch nur die halbe Wahrheit. Denn vor allem in unserer persönlichen Wahrnehmung zeigt sich ein anderes Bild: Danach sind weder die rund sieben Millionen Inhaber eines fremden Passes alle Ausländer – noch die Besitzer eines deutschen Ausweises sämtlich Deutsche.

In unserer Alltagswelt gibt es so etwas wie „gefühlte Ausländer". Zu ihnen zählt eher der Aussiedler aus Kasachstan als der Zugereiste aus Schweden, eher der in Deutschland geborene Sohn türkischer Eltern als die hier lebende Tochter von Amerikanern – obwohl nach den Papieren Erstere Deutsche und Letztere Ausländer sind. Wie also unterscheidet man? Am besten mit einem recht sperrigen Begriff: „Menschen mit Migrationshintergrund". Dazu gehören alle Zuwanderer und ihre Nachkommen. Der Begriff „Migrationshintergrund" leitet sich von dem lateinischen Wort „migrare" ab, das wandern bedeutet.

M 5 Ausländeranteil in den Bundesländern 2008.

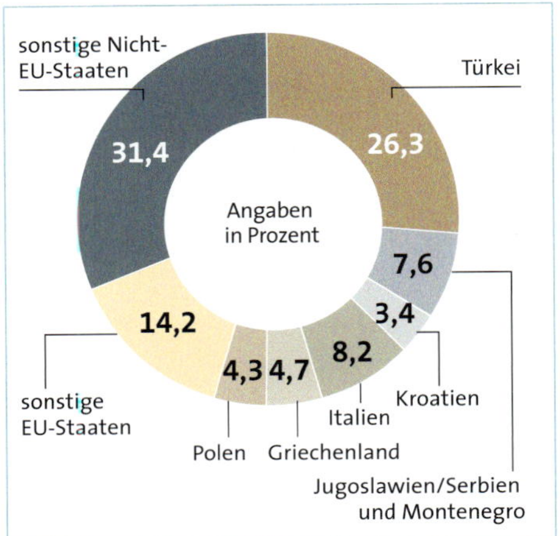

M 4 Herkunft der in Deutschland lebenden Ausländer 2006.

1 Erläutert, was der Begriff „Migrationshintergrund" meint.

2 Ausländer oder nicht? Warum lässt sich das im Beispiel M 1 so schwer sagen? Findet weitere Beispiele.

3 Beschreibt den Ausländeranteil in den verschiedenen Bundesländern (M 5).

4 Versucht, bei der Gemeinde- bzw. Stadtverwaltung eures Wohnortes herauszufinden, wieviele Ausländer und Menschen mit Migrationshintergrund in eurem Ort leben.

Neue Heimat in der Fremde

M 1 Familienglück fern der Heimat: Seyfi Sakin Ende der 70er-Jahre mit seiner damaligen Frau Fatma und den Töchtern Simnur (links) und Sama in ihrer Wohnung in Essen. Foto, 2009.

Ein langer Weg – ein Traum

M 1 Roland Preuß beschrieb in der „Süddeutschen Zeitung" im Mai 2009 am Beispiel des Türken Seyfi Sakin den langen Weg der Intregration von Ausländern in Deutschland. Beispielhaft lassen sich Stationen dieses Weges erarbeiten.

„Deutschland war für mich ein Abenteuer und ein Traum", sagt Sakin. Der 60-Jährige wohnt heute in einer noblen Wohnung mit Blick auf die Ruhrtalsperre; er hat längst einen deutschen Pass und sogar ein Häuschen am türkischen Mittelmeer. Trotz allem sagt er: „Ich habe 20 Jahre lang bereut, nach Deutschland gekommen zu sein." Noch heute trägt er die Sehnsucht nach der Heimat in seinem Herzen. […]

So wie Seyfi Sakin kamen seit dem ersten Anwerbeabkommen mit Italien 1955 Millionen Gastarbeiter in die Bundesrepublik. Sie schraubten bei Ford am Fließband, schwitzten für Thyssen am Hochofen und legten Gleise für die Bundesbahn. […] Sie haben Deutschland mitgeprägt: Dutzende Moscheen stehen mittlerweile zwischen Nordsee und Alpengipfeln, unzählige Pizzerien, in Großstädten bestimmen Döner-Läden, Asia-Märkte und Telefonshops das Bild ganzer Straßenzüge. Auch der Döner selbst ist ein Produkt dieser Zeit, die mitteleuropäische Variante wurde in Berlin erfunden. […]

Gastarbeiter als Helfer

Die Idee, die sich im Begriff Gastarbeiter ausdrückte, wirkte elegant: Während des Booms sollten die Ausländer aushelfen; wer seinen Job verlor, wurde dagegen zum unerwünschten Gast. Er sollte wieder zurück. Anfangs schien dieses Konzept sogar aufzugehen: In der Wirtschaftskrise 1966/67 kehrten fast die Hälfte der Gastarbeiter heim. So sollte es allerdings nie wieder ablaufen.

Die vermeintlichen Zuwanderer auf Zeit brachten meist keine Berufsausbildung mit. Das hatte auch Vorteile: Den Arbeitgebern galten sie als willig und billig. Und den deutschen Kollegen erschienen sie so weniger als Konkurrenz; oft ermöglichten sie ihnen sogar den Aufstieg auf bessere Positionen. […]

Vom Hilfsarbeiter zum Taxiunternehmer

Sakin fing als Hilfsarbeiter an; erst in einer Mülheimer Bäckerei, dann bei den Mannesmann Röhrenwerken. Die zahlten ihm 900 Mark netto im Monat, später, als er es zum Kranführer gebracht hatte, waren es 1200 Mark. Damit konnte sich die Familie mit den Töchtern Sama und Simnur eine Drei-Zimmer-Wohnung leisten. Ihr bunter Wandteppich (auf dem Foto rechts zu sehen) zeigte freilich nicht, wie bei vielen anderen an Politik und Islam interessierten Türken, eine Istanbu-

ler Moschee und Staatsgründer Atatürk, sondern den indischen Taj Mahal und einen Pfau – ein Hinweis auf Seyfis weltliche Orientierung. […]
Seyfi Sakin warf im Jahr 1981 bei Mannesmann hin. Immer wieder hatte er Ärger mit einen Chefs gehabt wegen seiner „Scheiß-egal-Mentalität", wie er selber sagt. Er war nach Deutschland gekommen, um frei zu sein, doch in der Firma würde er, der Türke, immer der Untergebene bleiben, einer, dem man sagt, was er zu tun hat.
Sakin musste sein eigener Chef werden. Er kratzte Geld zusammen und kaufte sich ein Taxi. Die Fotos zeigt er noch heute mit Stolz: ein neuer Passat Kombi, er posiert auf der Motorhaube, ein durchtrainierter Mann in Jeans und Lederjacke. Die Rechnung ging auf: Das Geschäft lief so gut, dass Sakin zwei weitere Taxifahrer anstellte; er war zum Kleinunternehmer aufgestiegen, der nun sogar einem Deutschen vorstand.
Für seine kleine Tochter lief es nicht so glatt. Die Lehrer schickten Simnur auf die Sonderschule. „Sie konnten sie nicht bändigen", sagt Sakin. Mit Migrantenkindern hielten sich viele Direktoren nicht lange auf; wer Probleme machte oder durch gebrochenes Deutsch auffiel, landete mit Lernbehinderten in einer Sonderklasse. […]

Sehnsucht nach der Heimat

Dem Gastarbeiterdenken auf deutscher Seite entsprach das Rückkehrverlangen bei den Zuwanderern. Die Sehnsucht nach der alten Heimat loderte weiter, schließlich waren sie ja gekommen, um mit dem Ersparten ein besseres Leben in Jugoslawien oder der Türkei aufzubauen. Warum also sollten sie den Aufwand betreiben, Deutsch zu lernen oder das Abitur zu schaffen, wenn sie auf dem Sprung zurück waren?
Sakin setzte 1988 zu diesem Sprung an. Seine Ehe zerbrach, die Töchter zogen zur Mutter; es war die Gelegenheit, sein Leben neu zu ordnen. Sakin kaufte sich ein kleines Haus in der Nähe von Marmaris am Mittelmeer, ein kleiner Stützpunkt für ein neues Leben. Er hatte sich nicht wirklich heimisch gefühlt in Deutschland. Er plante den Umzug in die Türkei. „Ich hatte aber nicht den Mut, zurückzugehen", sagt Sakin.
Das Thema erledigte sich schnell. Er lernte seine jetzige Partnerin Ursula kennen und zog zu ihr in die großzügige Wohnung mit Blick auf die Ruhr. Sakin hatte sich auf den Weg gemacht vom Gastarbeiter zum Deutsch-Türken. […] 1996 wurde er Deutscher, behielt aber seinen türkischen Pass.

Zu 80 Prozent deutsch

„Ich bin zu 80 Prozent deutsch", sagt Sakin heute und macht eine Rechnung auf: 38 von 60 Lebensjahren hat er in Deutschland gelebt, seit etwa 30 Jahren liest er die türkische Hürriyet und die Westdeutsche Allgemeine Zeitung. […]
Man glaubt ihm die 80 Prozent spätestens dann, wenn er über Ausländerpolitik redet. Er hätte nicht so viele Gastarbeiter ins Land gelassen, sagt Sakin. Fünf Jahre sollten die Leute bleiben dürfen und dann wieder gehen „ohne Wenn und Aber". […]

1 Erarbeitet den Text in Gruppen und notiert die Stationen des Lebenslaufes von Seyfi Sakin in einer tabellarischen Übersicht.

2 Beschreibt mit euren Worten, wie und wieweit die Integration von Seyfi Sakin und seiner Familie gelang.

3 Befragt euch bekannte Migranten nach ihrer Lebensgeschichte.

4 Schreibt zu dem Satz des Schriftstellers Max Frisch „Wir riefen Arbeitskräfte und es kommen Menschen" am Beispiel von Seyfi Sakin eine Stellungnahme.

Ausländer und Migranten – nur fremd?

Der ehemalige Bundespräsidenten Richard von Weizsäcker sagte zum Thema Ausländer in Deutschland:

„Das Fremde und das uns Vertraute macht uns entweder Angst oder gibt uns ein gutes Gefühl. Damit ist aber nicht notwendigerweise gesagt, dass der Ausländer in jedem Fall der Fremde und der Deutsche der Vertraute ist. Ein Hooligan ist fast allen Deutschen etwas vollkommen Fremdes, das ihnen zuwider ist, aber ein ausländischer Kollege am Arbeitsplatz oder auch der italienische und griechische Gastwirt sind uns doch vollkommen vertraut."

M 1 Fremd in Deutschland. Foto, 2008.

M 2 Eine Untersuchung im Auftrag der katholischen Hilfsorganisation CARITAS ist 2009 zu folgendem Ergebnis gekommen:

[...] Der größte Teil der Menschen mit Migrationshintergrund lebt gerne oder sehr gerne in Deutschland. In diesem Land sehen sie ihre weitere Lebensperspektive, sie sind bereit, sich dafür anzustrengen und sich an die Verhältnisse anzupassen. Sie wollen aus eigener Kraft weiterkommen, um Erfolg in Beruf und Leben zu haben. Die meisten haben auch tatsächlich Beruf und Einkommen. Für 69 Prozent gilt: „Jeder der sich anstrengt, kann sich hocharbeiten."

Die meisten sind sich bewusst, wie wichtig dafür gute deutsche Sprachkenntnisse und eine gute Bildung sind. 86 Prozent stimmen der Aussage zu: „Ohne die deutsche Sprache kann man als Zuwanderer in Deutschland keinen Erfolg haben."

Einwanderer und deren Nachkommen möchten aber auch, dass die Gesellschaft ihre Anstrengungen, ihre mitgebrachten Bildungsabschlüsse, ihre Mehrsprachigkeit und ihre Kulturen anerkennt oder sich zumindest dafür interessiert. 39 Prozent fühlen sich als Zuwanderer ausgegrenzt [...]. Für sie gilt der Satz: „Menschen mit Migrationshintergrund sind in Deutschland Bürger zweiter Klasse."

Zusammenleben - nicht einfach

Wir alle essen gerne beim Italiener oder Griechen, kaufen Obst und Gemüse beim Türken, benutzen japanische Fernsehgeräte und MP3-Player und reisen in alle Welt. Aber im **Zusammenleben** mit unseren ausländischen Mitbürgern gibt es immer wieder Probleme.

Den Menschen, die vor einigen Jahrzehnten dringend als Arbeitskräfte benötigt wurden, begegnen heute viele mit Misstrauen und Ablehnung. Da es heute nur noch wenige Arbeitsplätze gibt, sind sie nun Konkurrenten.

Andererseits haben z. B. viele Türken nur türkische und Russlanddeutsche nur russlanddeutsche Bekannte. So bleibt man sich gegenseitig fremd und Vorurteile werden nicht abgebaut. Außerdem führt das Leben nur unter den eigenen Landsleuten dazu, dass selbst Kinder aus ausländischen Familien, die schon Jahrzehnte in Deutschland leben, die deutsche Sprache nicht beherrschen. Das verringert ihre Chancen in der Schule und auf dem Arbeitsmarkt.

Sowohl die Bundesregierung als auch viele Institutionen und Verbände bemühen sich deshalb darum, die ausländischen Mitbürger besser in die Gesellschaft zu **integrieren** (einzugliedern), damit aus Fremden mit der Zeit Mitbürger werden.

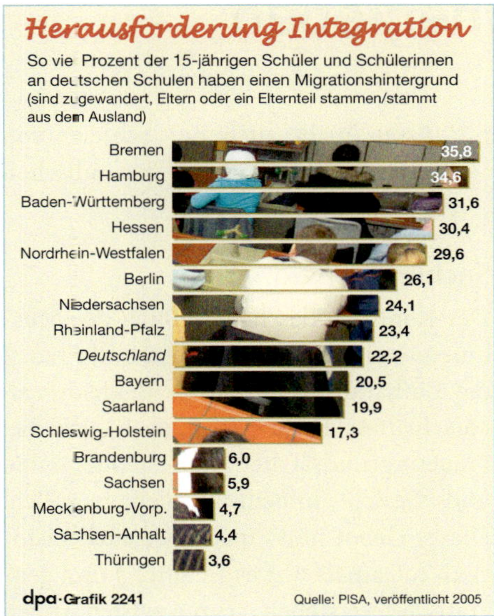

M3 Anteile von Schülerinnen und Schülern mit Migrationshintergrund in Deutschland 2005.

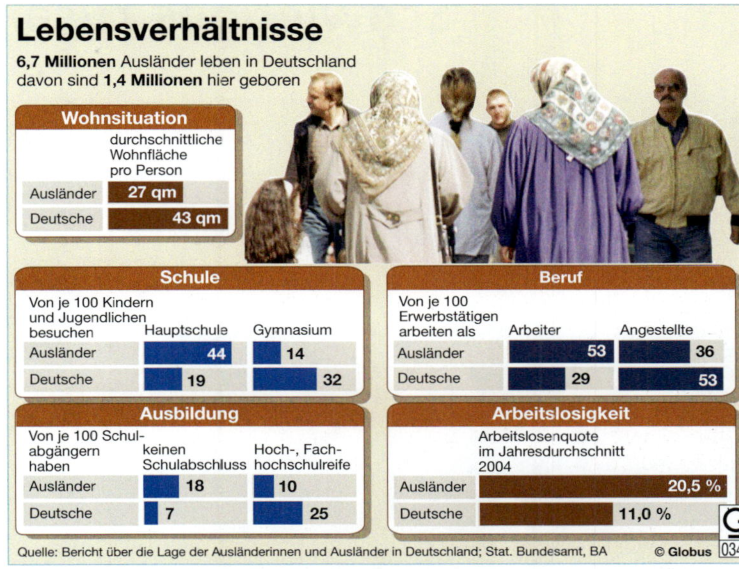

M4 Lebensumstände der Ausländer.

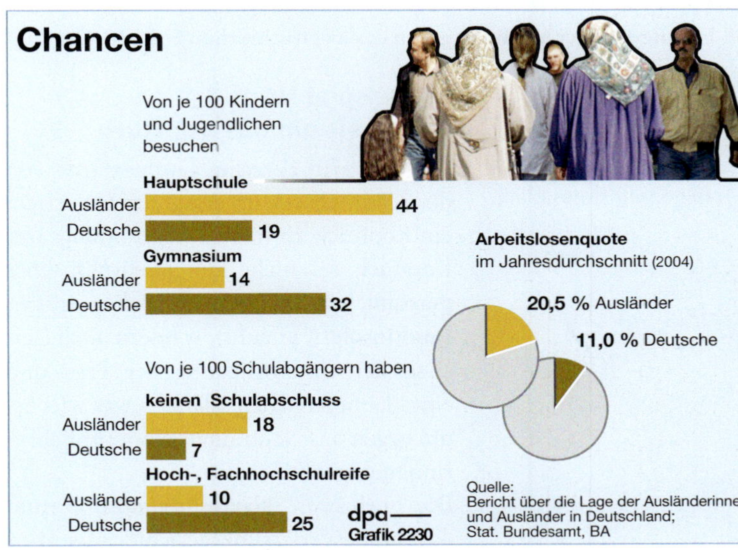

M5 Kennziffern zur Lage der Ausländer in Deutschland.

Integration in Schule und Beruf

Seit dem 1. Januar 2005 ist das Zuwanderungsgesetz in Kraft, das die Zuwanderung regelt und auch die **Integrationsförderung** beinhaltet. Zuwanderung und Integration gehören eng zusammen, denn die zugewanderten Menschen müssen auf Dauer erfolgreich eingegliedert werden. Deshalb erhalten alle Neuzuwanderer, die sich rechtmäßig und dauerhaft in Deutschland aufhalten, ein Grundangebot zur Integration. Doch das ist nur die rechtliche Seite. Damit Integration dauerhaft gelingt, müssen die Menschen im Alltag aufeinander zugehen.

Ein besonderes Problem ist die **mangelhafte Schulbildung**. Sie ist Folge davon, dass selbst in der dritten Generation vor allem viele türkischstämmige Kinder sehr schlecht Deutsch sprechen können.

Aufgrund der schlechteren Schulabschlüsse haben ausländische Jugendliche auch schlechtere Chancen auf dem Arbeitsmarkt. Nur knapp ein Drittel der Jugendlichen findet einen Ausbildungsplatz.

1 Wertet M 1 aus. Berichtet, was auf dem Foto dargestellt und im Text geschildert wird.

2 Beschreibt mit M 2 wie Menschen mit Migrationshintergrund ihr Leben bei uns sehen.

3 Wertet M 3–M 5 aus und notiert die oft schwierigen Lebensumstände von Ausländern und Migranten in eurer Arbeitsmappe.

4 Notiert Vorschläge, wie ihr Mitschülerinnen und Mitschüler mit Migrationshintergrund in der Schule unterstützen könnt.

Schwieriges Zusammenleben

M 1 Protest junger Muslimas gegen das Kopftuchverbot. Foto, 2004.

Fallbeispiel Nr. 1: Der Streit um das Kopftuch

***Koran**
Heilige Schrift des Islam.

Der Lehrerin Fereshta Ludin wurde von der Schulbehörde untersagt, im Unterricht ein Kopftuch zu tragen. Begründung: Das Kopftuch sei nicht nur Ausdruck eines persönlichen religiösen Bekenntnisses (und insofern erlaubt), sondern auch Zeichen der Unterdrückung der Frau und eines kämpferischen Islams – was wiederum gegen das Neutralitätsgebot für Lehrerinnen verstoße.

Die Lehrerin klagte daraufhin, und das Bundesverfassungsgericht antwortete 2003: Gegen das Tragen von Kopftüchern im privaten Bereich spreche nichts; jedes Bundesland müsse aber selbst festlegen, wie die weltanschauliche Neutralität in den Schulen aussehen solle. Ohne ein solches Gesetz dürfe niemand wegen des Kopftuches ausgeschlossen werden.

Dies warf eine Fülle von Fragen auf:

- Ist das Kopftuch nur religiös zu deuten oder auch als politisches Symbol gegen unsere Gesellschaftsordnung?
- Müssen nicht auch der Schleier von Nonnen und das Tragen der jüdischen Kippa verboten werden?

Sachinformation

Der Koran* – das heilige Buch der Muslime – verlangt von Männern und Frauen die Einhaltung bestimmter Bekleidungsvorschriften. Dazu gehört auch, dass bei Frauen grundsätzlich nur Hände, Füße und Gesicht unbedeckt bleiben sollen. Dieses Gebot muss man aber auch historisch („Damals war es so Sitte!“) und geografisch verstehen (im wüstenartigen Ursprungsland des Islam war es sinnvoll, sich vor Sonne und Staub zu schützen).

In vielen islamischen Ländern blieben Frauen in den letzten 50 Jahren meist unverschleiert. In der Türkei ist der Schleier in öffentlichen Einrichtungen verboten.

M 2 Aus der gemeinsamen Erkärung von 65 islamischen Organisationen, April 2004:

[…] In jedem Fall sollten Frauen nach unserer Überzeugung ein Kopftuch nur aus freiem Willen tragen. Diskriminierungen wegen des Nichttragens eines Kopftuches lehnen wir genauso ab wie Diskriminierungen wegen des selbst gewählten und selbstbestimmten Tragens eines Kopftuches.

M 3 Die Vizepräsidentin des Bundestages Antje Vollmer 2004:

[…] In der Kopftuchfrage handele es sich „um massive politisch-ideologische Veränderungen, die im Kopftuch ein Symbol finden – für die vollständige Unterstellung der Frau unter die Autorität des Mannes“.

Fallbeispiel Nr. 2: Die Rolle der Familie

M4 Die Journalistin Silke Heun schilderte den Fall von Seyran Ates (Foto):

„Mein Traum war immer, frei zu sein und selbst entscheiden zu können", sagt Seyran Ates. Als Mädchen hat sie viel Zeit zum Träumen. Die Wohnung in Wedding (Stadtteil in Berlin) darf sie nur für die Schule verlassen. Der älteste Bruder überwacht sie, von der Mutter wird das Kind mit Hausarbeit eingedeckt. „Von deinem Bücherlesen wird die Wohnung auch nicht sauber", bekommt Seyran Ates zu hören. Sie aber will „die gleichen Rechte wie die deutschen Mädchen". Heimlich erkämpft sie sich Freiheiten. Mit 15 Jahren wird sie Schulsprecherin. Mit 17 Jahren packt sie ihren Koffer und geht. Sie beginnt ein Jura-Studium: „Jeder Mensch hat Rechte. Man muss sie kennen." Wenig später überlebt sie schwer verletzt ein Attentat eines türkischen Nationalisten auf einem Frauentreff in Kreuzberg.
Seyran Ates ist heute Rechtsanwältin, 40 Jahre alt und wurde in dieser Woche mit dem Frauenpreis des Berliner Senats für ihr Engagement für die Rechte von Frauen und Migrantinnen ausgezeichnet. Sie hat ein Buch über ihre Erfahrungen in der Familie geschrieben: Große Reise ins Feuer, Berlin (Rowohlt).

Sachinformation

Die Familie hat für alle Menschen eine große Bedeutung. Hier kann man wichtige frühe Erfahrungen machen (Zuwendung, Schutz und Hilfe) und grundlegende Dinge des Lebens lernen (Verhaltensnormen, Geschlechterrollen, Einführung in die Gesellschaft usw.).
Besonders wichtig werden die Familien in der Migration: Das Gefühl der Zugehörigkeit zu einer Familie hilft, Schwierigkeiten in der neuen Heimat zu überwinden. Allerdings kann es auch zu erheblichen Schwierigkeiten kommen: Kulturelle Verhaltensnormen zwischen Umgebung und Familie können sich stark unterscheiden, z. B. in der Frage, wie sich Mädchen verhalten dürfen oder welche Rolle ältere Menschen in der Gesellschaft spielen.

M5 Sümeyra F. (16 J.) sagt:

Meine Familie ist das Liebste, was ich habe. Ich bin mit meiner Klasse noch nicht einmal auf Abschlussfahrt gefahren, weil ich sonst so Heimweh nach meiner Mutter gehabt hätte. Ich könnte mir nie vorstellen, dass ich ohne meine Familie leben müsste oder mich anders verhalten würde, als sie es von mir erwartet.

M6 Erkan G. meint:

Meine Familie versteht überhaupt nicht, was hier abgeht. Ich werde nur akzeptiert, wenn ich mich verhalte, wie die Alten wollen. Ich finde das eine große Belastung und werde mir eine Wohnung suchen, sobald ich älter bin und das nötige Geld habe.

1 Untersucht beide Fallbeispiele in Gruppen unter dem Aspekt: Was macht das Zusammenleben schwer? – Was ist zum gegenseitigen Verstehen nötig?

2 Sammelt Meinungen zur Frage des Kopftuchtragens und recherchiert im Internet. Suchwort: Kopftuch.

3 Erläutert, welche Bedeutung die Familie hat, und überprüft, wie das Beispiel der Seyran Ates dazu passt.

4 Vergleicht die Bedeutung eurer Familie für euch mit M5 und M6.

Amerika damals: Deutsche in der Fremde

M 1 Plakat. Um 1910.

Ankunft in Amerika

Fast sechs Millionen Deutsche wanderten im vorigen Jahrhundert in der „Neuen Welt“ ein. Ein Drittel von ihnen waren Frauen. Die meisten reisten im Familienverband mit Mann, Kindern und anderen Verwandten. Mehrere Hunderttausend waren alleinstehend. In den USA suchten sie eine Stellung.
Zu diesen Frauen gehörte Anna Maria Klinger. Sie war das erste von sieben Kindern einer armen Weinbauernfamilie. Alle ihre Geschwister wanderten nach ihr nach Amerika aus.

M 2 American Line. Plakat, 1920.

Q 1 Nach kurzem Aufenthalt in den USA schrieb Anna Klinger an ihre Familie:

[…] New York, den 18. März 1849 […] Am selben Tag, als ich in New York ankam, kam ich noch in Dienst zu einer deutschen Familie; gegenwärtig bin ich zufrieden mit meinem Lohn gegenüber Deutschland: Ich habe im Monat 4 Dollar, nach unserem Geld 10 Gulden. Wenn man einmal Englisch sprechen kann, dann geht es bedeutend besser, denn die Englischen geben guten Lohn, da hat die Magd 7 bis 10 Dollar den Monat, denn wer das Englisch nicht kann und nicht versteht, kann auch nicht den Lohn verlangen. Nun bin ich aber in der Hoffnung, dass es bald besser gehen wird, denn es ist immer so, im Anfange gefällt es keinem so, und besonders wenn man so allein und verlassen in einem fremden Land dasteht wie ich, keinen Freund und Verwandten um mich her. […]

„Little Germany“ – ein Paradies?

Die neu angekommenen Einwanderer zogen in den Städten oft zunächst dorthin, wo schon andere Deutsche lebten. So entstanden bald „little Germanys“.

M 3 Das Leben in einem solchen Wohnbezirk um 1910 schilderte der Wissenschaftler Heinrich Krohn 1992:

[…] Zu einem bevorzugten Ziel war […] New York selbst geworden, wo es schon früh ganze Straßenzüge, ja Stadtviertel mit überwiegend deutscher Bevölkerung gab. Sich hier nach den Strapazen der Überfahrt, zumindest vorübergehend, erst einmal niederzulassen, das musste für viele verlockend gewesen sein. So entstand im Herzen Manhattans […] ein Wohnquartier, in dem der deutsche Anteil der Bevölkerung bei über 30 Prozent lag. Hier […] war man fürs Erste einmal in selbst gebauten Hütten oder heruntergewirtschafteten Mietskasernen untergekommen. Viele der Einwanderer verschafften sich ihren bescheidenen Unterhalt mit dem Sammeln von Lumpen, sodass ein vom Staate New York eingesetzter Untersuchungsausschuss den Distrikt als „German Ragpickers Paradise" (Lumpensammlerparadies) bezeichnete. [...]

Von den Großstädten in das Landesinnere

New York war für die Einwanderer oft nur der Anfangspunkt auf der Suche nach einem gesicherten Auskommen.
Von den Städten der Ostküste aus zogen viele Deutsche weiter nach Westen. Zahlreiche Einwanderer haben mehrfach den Wohnort und auch den Beruf gewechselt und sind in den USA weitergewandert, ehe sie sich endgültig niederließen.

Der Traum vom Aufstieg

Amerika galt als Land unbegrenzter Möglichkeiten. Viele träumten vom Aufstieg und glaubten, mit Fleiß und Ausdauer könne jeder „vom Tellerwäscher zum Millionär" werden.
Louis Dilger wanderte 1880 nach Amerika aus, weil er als Bäcker im Ruhrgebiet keine Arbeit fand. In St. Louis musste er auch bald seinen erlernten Beruf wechseln. In den Jahren 1885–86 war er Fuhrmann, 1888–97 Arbeiter im Maschinenbau, der Metallindustrie und an anderen Arbeitsplätzen, 1898–1904 selbstständiger Krämer, 1907 Rohrleger, 1909–11 Waggonbauer, 1912–17 Reparateur, 1918 bis 1919 Arbeiter, 1922 Tester, 1925–29 Angestellter, 1930 Packer, 1931 Parkarbeiter, 1932 bis 1933 städtischer Arbeiter. Seine Tochter Clara arbeitete 1910 in einer Fabrik. Ein Schwiegersohn schaffte den Aufstieg zum leitenden Angestellten.

Q2 In einem Brief an einen Verwandten in Deutschland schrieb Louis Dilger am 28. Januar 1894:
[...] Lieber Wilhelm, hier sind die Zeiten so schlecht, wie ich sie noch nicht gesehen habe in den 13 Jahren, die ich hier bin. Alle Arbeit und Gewerbe stocken,

M4 Deutsche Ortsgründungen im mittleren Westen der USA.

Hunderttausende ohne Verdienst, dabei die Lebensmittel sehr teuer mit Ausnahme von Mehl. Doch bin ich bis jetzt noch immer glücklich, indem ich noch immer Arbeit habe. Wir haben uns einen Lohnabzug von 10 % gefallen lassen müssen. [...]

Der ersehnte Erfolg hing oft davon ab, ob die Einwanderer die englische Sprache beherrschten und ob sie ihre beruflichen Voraussetzungen (z. B. als Handwerker und Facharbeiter) nutzen konnten. Daher bemühten sich die amerikanischen Behörden seit 1870 darum, dass alle Einwandererkinder gemeinsam dieselben Schulen besuchten.
Vielen Deutschen gelang der Aufbau eines gesicherten Daseins jedoch nicht. Schätzungen über die Zahl der Rückwanderung schwanken zwischen 10 und 25 Prozent.

1 Stellt anhand des Plakates M 1 Vermutungen darüber an, welche Gefahren einem auswandernden Mädchen drohen konnten.

2 Stellt zusammen, wie Anna Maria Klinger ihre Situation nach ihrer Ankunft beurteilt.

3 Prüft, ob sich der Traum vom Aufstieg für L. Dilger erfüllt hat.

Heimkehr in ein fremdes Land

M 1 Ankunft in Friedland*. Foto, 1989.

Zurückgekommen nach Deutschland

***Friedland**
In der Außenstelle des Bundesverwaltungsamts in Friedland (Niedersachsen) werden Spätaussiedler und ihre Familienangehörigen nach ihrem Eintreffen in der Bundesrepublik registriert und anschließend auf die einzelnen Bundesländer verteilt.

Ebenso wie nach Amerika wanderten viele Deutsche seit Mitte des 18. Jahrhunderts in den Osten aus. Die größte Auswanderungswelle dieser Zeit führte deutsche Siedler in das damalige Ungarn – die sogenannten Donauschwaben – und auf Werbung der Zarin Katharina II. nach Russland – die sogenannten Wolgadeutschen. Daneben gibt es aber schon seit Jahrhunderten auch in verschiedenen anderen Gebieten Osteuropas deutsche Siedlungsräume, vor allem auch im Baltikum – in Ostpreußen –, in Rumänien – die Siebenbürger Sachsen – und in Polen – um Posen und in Schlesien.

In den vergangenen Jahrzehnten kehrten viele dieser Familien und ihrer Nachfahren nach Deutschland zurück. Die Menschen, die als Aussiedler aus den Ländern der ehemaligen Sowjetunion, aus Polen und Rumänien nach Deutschland zurückkehrten, haben harte und wechselhafte Schicksale hinter sich. Die Entspannungspolitik zwischen Ost und West ermöglichte es diesen Deutschstämmigen, aus dem ehemaligen Ostblock in die Bundesrepublik überzusiedeln. Hier gelten sie rechtlich als Deutsche und sind politisch mit den hier lebenden Bundesbürgern gleichberechtigt.

Deutsche und Polen

Ein anderes Schicksal hatten die Deutschen aus dem heutigen Polen. Immer wieder wechselten Zeiten der guten Nachbarschaft und der Konflikte zwischen Deutschen und Polen. Der Zweite Weltkrieg traf Polen besonders hart. Es wurde von den deutschen Truppen besetzt und dem Deutschen Reich unterstellt. Nachdem Deutschland den Krieg verloren hatte, kamen deutsche Gebiete (Ostpreußen, Pommern und Schlesien) unter polnische Verwaltung. Die meisten dort lebenden Deutschen wurden vertrieben und flohen. Allein aus Schlesien waren es 3,3 Millionen. Die Deutschen, die in den nun polnischen Gebieten blieben, mussten die polnische Staatsbürgerschaft annehmen und erlitten zahlreiche Diskriminierungen. Viele Polen haben die Deutschen in Polen für die nationalsozialistischen Verbrechen verantwortlich gemacht. Die Pflege ihrer Sprache und Kultur wurde ihnen verboten.

Erst seit den 1970er-Jahren konnten die Deutschstämmigen ausreisen. Der Zusammenbruch des Ostblocks löste 1989/90 eine große Aussiedlungsbewegung aus. Von 1988 bis 1993 kamen mehr als 580 000 Aussiedler aus Polen nach Deutschland.

Aufnahme in Deutschland

Vor ihrer Einreise nach Deutschland müssen Aussiedlerinnen und Aussiedler ein Aufnahmeverfahren durchführen. Einen Anspruch auf die deutsche Staatsbürgerschaft hat nur, wer: durch Geburt oder Heirat mit einem Deutschen verbunden ist, sich in seinem Herkunftsland zum deutschen Volkstum bekannt hat und ein einfaches Gespräch auf Deutsch führen kann

Sind diese gesetzlichen Voraussetzungen erfüllt, wird ein Aufnahmebescheid erteilt. Die Einreise erfolgt über Friedland, hier werden die Aussiedler registriert und auf die Bundesländer verteilt.

Auf der Suche nach einer Heimat

Q 1 1989 äußerten sich die Russlanddeutschen Florian und Rosa Dobler wie folgt:

[…] Deutschland, da wo die Deutschen sind, das ist unsere Heimat. Denn in Russland ist sie uns geraubt worden. […]

Q 2 Im Begleitheft zum Schülerwettbewerb „Wir Deutschen und unsere östlichen Nachbarn" von 1991 erzählte ein polnischer Aussiedler:

[…] Ich bin in Oberschlesien geboren. Es gab schwere Zeiten nach dem Krieg. Besonders schlimm war, dass man nur noch polnisch reden durfte. Dadurch hat sich alles gewandelt und verändert. 30 Jahre lang habe ich täglich im Radio die Deutsche Welle gehört. 30 Jahre lang habe ich den Wunsch nach deutschen Büchern und Zeitungen mit mir herumgetragen. Jetzt beginnt noch einmal ein neues Leben für mich. […]

M 2 Eine Berliner Zeitung schrieb am 10.7.2005:

[…] Mit den Eltern und drei Brüdern kam [Victor aus Sibirien] nach Deutschland, der Vater jobbt als Hausmeister, die Mutter ist arbeitslos. Victor besucht die achte Klasse der Gesamtschule […]

Über zwei Millionen Aussiedler leben in Deutschland […] Die Integration der Alten ist einfach. Sie beziehen ihre Rente, fallen kaum auf. […] die Jungen fühlen sich hier fremd […] an Deutschland schätzen sie vor allem die soziale Absicherung.

Und Victor? „Ich bin Russe, was sonst?" Er sagt das in schlechtem Deutsch und stolz. Oder doch nur aus Trotz? „Die Deutschen akzeptieren uns nicht als Deutsche. Nennen uns scheiß Russen. Auch wenn wir einen deutschen Pass haben." […]

M 3 Deutsche Siedlungsgebiete in Mittel- und Osteuropa 1815.

1 Sucht in einem Atlas und mithilfe von M 3 die verschiedenen ehemaligen deutschen Ansiedlungsgebiete.

2 Schreibt einen Bericht, wie sich das Zusammenleben zwischen Deutschen und Polen gestaltete.

3 Fasst zusammen, welche Hoffnungen die Aussiedler (Q 1 und Q 2) an ihre Rückkehr nach Deutschland knüpfen.

4 Beschreibt die Probleme von Victor (M 2) und vergleicht mit Q 1 und Q 2. Warum fällt es ihm schwer, sich in Deutschland einzuleben?

5 Vergleicht die Schwierigkeiten der Auswanderer in die USA mit denen der Rückkehrer aus dem Osten und den heutigen Menschen mit Migrationshintergrund. Schreibt eure Feststellungen in eine Tabelle.

Check: Das kann ich schon …

Wichtige Begriffe erklären

- ✓ Armut
- ✓ Armutsgrenze
- ✓ Soziale Ungleichheit
- ✓ Miteinander in einer sozialen Gesellschaft
- ✓ Ausländer
- ✓ Menschen mit Migrationshintergrund
- ✓ Integration
- ✓ Toleranz
- ✓ Deutsche Rückkehrer aus Osteuropa

M2 Aktionsplakat des Kinderschutzbundes in Göttingen im September 2009. Foto.

M1 Die Entwicklung der Einkommen in Deutschland 2000–2006.

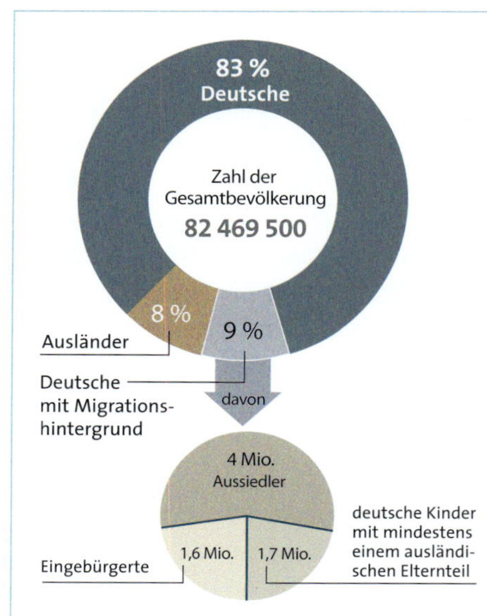

M3 Anteil von Ausländern und Deutschen mit Migrationshintergrund an der Gesamtbevölkerung Deutschlands 2006.

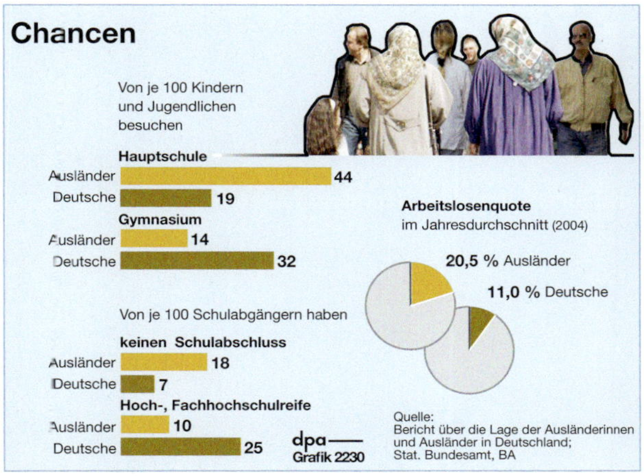

M4 **Chancen für Ausländer in Deutschland.**

M5 **Ankunft in Friedland.** Foto, 1989.

Fachliche Kompetenz

1 Erklärt euch gegenseitig die wichtigen Begriffe (Kasten) und schreibt die Bedeutung der Begriffe in eure Arbeitsmappe.

2 Beschreibt den Unterschied zwischen „arm sein" z. B. in Indien und bei uns.

3 Erläutert, wie und warum sich die Gruppe der Armen bei uns sich vergrößert hat (M 1).

4 Erklärt die Bezeichnungen „Ausländer" und „Menschen mit Migrationshintergrund".

5 Erarbeitet ein kurzes Referat über die Lebensbedingungen von Menschen mit Migrationshintergrund (M 3, M 4, M 5).

6 Listet auf, woran man eine gelungene Integration erkennen kann.

Methodenkompetenz

7 Beschreibt die Regeln einer „amerikanischen Debatte".

Urteils- und Handlungskompetenz

8 Stellt eine Liste mit Forderungen auf für eine bessere Förderung von Schülerinnen und Schülern mit Migrationshintergrund.

9 Sammelt Vorschläge, wie ihr Menschen, die sich ausländerfeindlich äußern, entgegentreten könnt.

6 Reformation und Glaubenskriege

Die Schlacht von Frankenhausen zwischen dem „Thüringer Bauernhaufen" und dem Heer der Fürsten von Hessen, Sachsen und Braunschweig. Gemälde von Werner Tübke, 1987.

1483–1546 1517 1525 1550–1650

1555 1618–1648

Das ist ein merkwürdiges Bild: schwer bewaffnete Ritter und einfache Bauern unter einer Fahne mit der Aufschrift „Freiheit“ kämpfen gegeneinander.

Am unteren Ende dieses Bildes stehen in aller Ruhe einige Männer an einem Brunnen. Einer von ihnen ist Martin Luther. Luthers Kritik an den Zuständen der Katholischen Kirche zielte auf eine Erneuerung (lateinisch Reformation) der Kirche und des Glaubens.

In diesem Kapitel könnt ihr herausfinden

- welchen Einfluss Luther auf den Bauernkrieg hatte,
- wie die Reichseinheit durch die Reformation gefährdet wurde und
- welche Rolle konfessionelle Konflikte im Dreißigjährigen Krieg spielten.

Am Ende des Kapitels könnt ihr über die Bevölkerungsverluste im Dreißigjährigen Krieg Auskunft geben und Statistiken lesen.

Die Reformation und ihre Folgen

M 1 Nonnen und ein Abt auf dem Heimweg von einem Trinkgelage. Holzschnitt um 1450.

***Reformation**
Erneuerung.

***Ablass**
Von der Katholischen Kirche versprochener Nachlass von Sündenstrafen, der gegen Geld oder gute Werke zu erlangen war. Zur Finanzierung des Baus der Peterskirche in Rom wurde der Verkauf von Ablassbriefen in großen Maße missbräuchlich eingesetzt.

***Kurfürst**
Fürst, der das Recht hatte, den deutschen König zu wählen; abgeleitet vom mittelalterlichen Wort für wählen (cure).

Angst und Unsicherheit um 1500

In den Jahrzehnten vor der Reformation* um 1500 war das Lebensgefühl der Menschen von Sorge um ihr Seelenheil geprägt. In ihrer Not erwarteten die Menschen Trost und Hilfe von der Kirche. Doch viele Priester und Bischöfe vernachlässigten zu dieser Zeit ihre Pflichten und kümmerten sich mehr um ihr eigenes Wohlergehen. So wurde der Ruf nach einer Reform der Kirche immer lauter. Mit seiner Kritik an den Missbräuchen in der Katholischen Kirche löste der Mönch **Martin Luther** 1517 eine der größten Veränderungen innerhalb des Christentums aus.

Die Reformation beginnt

Q 1 Am 31. Oktober 1517 veröffentlichte ein junger Professor der Theologie, der Augustinermönch Martin Luther, in Wittenberg eine Schrift gegen den Missbrauch des Ablasses* durch die Kirche:

[…] 21. Es irren die Ablassprediger, die da sagen, dass durch des Papstes Ablässe der Mensch von aller Sündenstrafe losgesprochen und erlöst werde.

27. Eine falsche Lehre predigt man, wenn man sagt: Sobald das Geld im Kasten klingt, die Seele aus dem Fegfeuer springt.

32. Wer glaubt, durch Ablassbriefe das ewige Heil erlangen zu können, wird auf ewig verdammt werden samt seinen Lehrmeistern.

36. Jeder Christ, der wahrhaft Reue empfindet, hat einen Anspruch auf vollkommenen Erlass der Schuld auch ohne Ablassbrief.

43. Man soll die Christen lehren, dass, wer den Armen gibt und dem Bedürftigen leiht, besser tut, als wer Ablassbriefe kauft […]

Luther schickte seine lateinisch geschriebene Schrift an mehrere Bischöfe und bat, den Ablasshandel zu verbieten. Er erhielt aber keine Antwort. Durch die Erfindung des Buchdrucks wurde es möglich, dass Luthers Thesen in kurzer Zeit in ganz Deutschland verbreitet wurden. Die Bischöfe berichteten dem Papst von der Sympathie des Volkes für Luthers Lehren und dem Unmut des Volkes über die Missbräuche in der Kirche.

Da Luther sich weigerte, seine Lehre zurückzunehmen, wurde er 1521 aus der Kirche ausgestoßen. Luthers Landesherr, der Kurfürst* Friedrich, erreichte, dass Luther von Kaiser Karl V. zum Verhör vor den Reichstag in Worms geladen wurde. Die Reise Luthers zum Reichstag wurde zum Triumphzug; überall winkten und jubelten die Menschen ihm zu.

Vor dem Reichstag in Worms wurde Luther in Anwesenheit des Kaisers Karl V. gefragt, ob er seine Schriften widerrufe.

M 2 **Die Kritik Luthers an der kirchlichen Lehre und seine Reformen.**

Luther bat um einen Tag Bedenkzeit und antwortete dann am 18. April 1521, dass er nicht widerrufe, weil es unmöglich sei, etwas gegen das eigene Gewissen zu tun.

Luther übersetzt die Bibel

Unmittelbar nach dem Reichstag sprach der Kaiser über Luther die Reichsacht* aus und ordnete zugleich an, seine Schriften zu vernichten (Wormser Edikt). Durch die Verhängung der Reichsacht über ihn war Luther „vogelfrei“ geworden, wer ihn tötete, hatte keine Strafe zu befürchten.
Kurfürst Friedrich ließ Luther auf der Rückreise nach Wittenberg zum Schein entführen. Er wollte dadurch sein Leben vor dem Papst und dem Kaiser schützen. Auf der Wartburg übersetzte Luther die Bibel in eine Sprache, die jeder verstehen konnte. Luther schuf mit der Bibelübersetzung die Grundlage für eine einheitliche deutsche Schriftsprache.

Ausbreitung und Anerkennung der Reformation

In vielen Kirchen wurden die bisherigen Priester verjagt, oft kam es zu handgreiflichen Auseinandersetzungen in den Gottesdiensten. Die Bibelübersetzung und die von Luther neu gedichteten Kirchenlieder machten den neuen Glauben allgemein verständlich. Laienprediger zogen durch die Orte und predigten das Wort Gottes.
Besonders das städtische Bürgertum und ein Teil des Adels schlossen sich der Reformation an. Viele bisher katholische Kirchen in den Städten wurden von Luthers Anhängern übernommen.

M 3 **Martin Luther (1483–1546).** Kupferstich.

***Reichsacht**
Ausschluss aus der Rechtsgemeinschaft.

1 Stellt Luthers Thesen in einer Liste mit eigenen Worten zusammen (Q 1).

2 Erläutert mit M 2 Luthers Kritik und seine Reformabsichten.

3 Erkundigt euch, wann in eurer Gemeinde der reformatorische (evangelische) Glaube Einzug hielt.

4 Befragt eure Religionslehrerin, euren Religionslehrer über die Zusammenarbeit von Katholischer und Evangelischer Kirche heute.

5 Sucht im Internet Informationen zum Leben Luthers.

Der Bauernkrieg 1525

M 1 Ein Fahnenträger der Bauern mit der Bundschuhfahne. Holzschnitt.

Mit Flugblättern und Liedern warben die Bauern für ihren Kampf:

M 2 Aufstehlied
Steh auf, gemeiner Mann!
Der Winter, der ist um.
Jetzt musst du ran, ran!
Jetzt hilft nicht Bitten, hilft nicht Beten,
Gerechtigkeit marschiert voran.
Steh auf, gemeiner Mann!
Da geht ein Frühlingswind.
Jetzt musst du ran, ran.
Dies ist des Glücksrads Stund und Zeit,
Gott weiß, wer oberst bleibt.

„Gott will's nicht länger haben!"

Immer wieder kam es im 15. Jahrhundert zu Bauernaufständen, vor allem im Südwesten Deutschlands. Dreimal hatte z. B. Joß Fritz, ein leibeigener Bauer des Bischofs von Speyer, Aufstände der Bauern organisiert. Die Bauern waren über die ständig steigenden Abgaben unzufrieden und ihr Losungswort lautete: „Was ist das für ein Wesen? – Wir mögen von den Pfaffen genesen." Eine Fahne mit dem bäuerlichen Schuh, der mit langen Riemen geschnürt wurde, war das gemeinsame Zeichen der Bauern. Joß Fritz forderte die Abschaffung der Leibeigenschaft. Kirchen und Klostergüter sollten aufgeteilt werden, Wasser, Wald und Weide der Gemeinde sollten alle Bauern nutzen dürfen. Doch die Aufstandsversuche des Bundschuhs wurden verraten. Den Fürsten und Herren war es immer wieder gelungen, die örtlich begrenzten Aufstände niederzuschlagen. Dennoch warnte Luther die Fürsten vor der Unzufriedenheit der Bauern.

Q 1 In einem Brief Luthers heißt es:
[…] Gott will's nicht länger haben! – Es ist nicht mehr dieselbe Welt wie früher, da ihr die Bauern wie das Wild jagen und treiben konntet. Darum lasst ab von eurem Frevel und eurer Gewalttat. Bemüht euch, gerecht zu handeln und lasst Gottes Wort seinen Lauf nehmen.

Doch die Fürsten hörten nicht auf Luther. Sie waren völlig überrascht, als die Aufstände im Sommer 1524 begannen und sich über weite Teile des Deutschen Reiches ausdehnten.
Frühere Erhebungen waren meist örtlich begrenzt gewesen. Daher wollten die Herren Zeit gewinnen und forderten die Bauern auf, ihre Klagen schriftlich einzureichen.

Forderungen der Bauern

Q 2 Die Bauern gaben über 300 Klageschriften ab. Die wichtigsten Forderungen fasste der Memminger Kürschnergeselle Sebastian Lotzer im Februar 1525 in „12 Artikeln" zusammen.
[…] 1 um Ersten ist unser demütig Bitte und Begehr, dass in Zukunft jede Gemeinde ihren Pfarrer selbst wählen und auch wieder absetzen kann […]
2 Den Kornzehnten* wollen wir gern geben […] Da man ihn Gott und den Seinen geben soll, gebührt er einem Pfarrer, so er das Wort Gottes klar verkündet. Was über bleibt, soll man teilen mit armen Bedürftigen, wenn solche im Dorfe vorhanden sind.
Den kleinen Zehnt (= Viehzehnt) wollen wir nicht geben, denn Gott der Herr hat das Vieh frei dem Menschen geschaffen.
3 Zum Dritten ist es bisher Brauch gewesen, uns als Leibeigene zu halten, was zum Erbarmen ist […] Es ergibt sich aus der Heiligen Schrift, dass wir frei sind, und wir wollen es sein. Nicht, dass wir völlig frei sein und keine Obrigkeit haben wollen; das lehrt uns Gott nicht […]
5 Zum Fünften sind wir auch beschwert im Hinblick auf die Holznutzung. Denn unsere Herrschaften haben sich die Wälder alle allein zugeeignet. Unsere Meinung ist: Was es an Waldungen gibt, mögen sie nun Geistlichen oder Weltlichen gehören, das soll, wenn jene sie nicht gekauft haben, der ganzen Gemeinde wieder gehören. […]

M 3 **Aufrührerische Bauern umringen einen Ritter.**
Holzschnitt.

M 4 **Bauernaufstände und Bauernkrieg 1525.**

Die Bauern forderderten weiter:

- Die Frondienste* müssen verringert werden,
- der Herr darf von den Bauern keine willkürlichen Dienste verlangen,
- zu hohe Pachtzinsen müssen ermäßigt werden,
- Witwen und Waisen sollte der Grundherr nichts von ihrem Erbe nehmen.

Sollte eine der Forderungen der Heiligen Schrift widersprechen, wollten die Bauern sie sofort fallen lassen.

Bauernaufstände und Bauernkrieg

Die Bauern merkten schnell, dass die adeligen Herren an ernsthaften Verhandlungen nicht interessiert waren. Sie griffen deshalb zu den Waffen. In Schwaben, im Elsass, in Franken und in Thüringen kam es zu blutigen Aufständen. In kurzer Zeit schlossen sich fast 60 000 Bauern den verschiedenen Bauernheeren an. Auf ihrer Seite – so glaubten die Bauern – standen das Recht und Martin Luther. Doch Luther schwieg zunächst, dann wandte er sich in scharfen Worten gegen die Bauern und forderte die Fürsten auf, die Bauern niederzuschlagen.

Der ungleiche Kampf dauerte nur wenige Wochen. Trotz verzweifelter Gegenwehr wurden die Bauern in mehreren Schlachten vernichtend geschlagen. Ihr Aufstand brach völlig zusammen. Das Strafgericht der Herren begann.

Folgen des Krieges

Etwa 70 000 Bauern waren in den Kämpfen gefallen oder auf der Flucht umgekommen. Die überlebenden Bauern mussten an die Herren eine Entschädigung zahlen, die Anführer der Bauern wurden hingerichtet.

Aus Sorge vor neuen Aufständen ließen die Herren die Forderungen der Bauern untersuchen und die schlimmsten Missstände abstellen.

*** Zehnt**
Steuer in der Höhe von 10 %.

*** Frondienste**
Arbeitsleistungen der Bauern für ihren Grundherren.

1 Fasst in eurer Arbeitsmappe die Forderungen der Bauern zusammen (Q 2).

2 Beschreibt die Vorgänge des Bildes M 3. Erfindet Sprechblasen, was der Ritter den Bauern wohl zugerufen haben mag.

3 Nennt mithilfe der Karte M 4 die Zentren der Bauernaufstände.

4 Schildert die Stimmung der aufständischen Bauern, wie sie in dem Lied (Randspalte M 2) zum Ausdruck kommt.

Glaubensspaltung in Europa

M 1 Reichstag zu Augsburg 1530. Überreichung der Augsburger Konfession* an Kaiser Karl V. Die Protestanten bekennen sich in dieser Schrift zur Glaubenslehre Luthers. Kolorierter Kupferstich, 1650.

***Konfession**
Gruppe von Christen mit einem gemeinsamen Glaubensbekenntnis.

***Protestanten**
Seit dem Reichstag zu Speyer im Jahr 1529 wurden die Anhänger Luthers auch als Protestanten bezeichnet. Unter dem Vorsitz des Kaisers wurde in Speyer beschlossen, gegen die Reformation energisch vorzugehen. Dagegen „protestierten" fünf Landesherren und 14 Reichsstädte.

Der Kaiser in Bedrängnis

Kaiser Karl V. hatte 1521 in Worms geschworen, die Einheit der Kirche zu erhalten und gegen Luther und seine Lehre vorzugehen. Doch zahlreiche Landesfürsten und Reichsstädte beachteten seine Befehle nicht.

Dies war möglich, weil Karl V., der zugleich König von Spanien war, im Deutschen Reich wenig Macht besaß. Hinzu kam, dass Karl V. zahlreiche Kriege führte, um die Vorherrschaft seines Hauses Habsburg gegen das katholische Frankreich und das Osmanische Reich (Türkei) zu verteidigen.

Auf dem Augsburger Reichstag im Jahre 1530 forderte der Kaiser von den protestantischen* Fürsten energisch die Rückkehr zum katholischen Glauben, doch diese lehnten ab.

Der Schmalkaldische Krieg

Im Jahre 1531 bildeten die protestantischen Fürsten zur Verteidigung ihres Glaubens und ihrer Fürstenrechte den Schmalkaldischen Bund. Karl V. musste jahrelang warten, bis er gegen seine Gegner vorgehen konnte. Doch 1545 entschloss er sich, den Glaubensstreit militärisch zu beenden. Zwistigkeiten der protestantischen Fürsten untereinander kamen ihm gelegen. Bei Mühlberg in Sachsen besiegte er die Truppen des Schmalkaldischen Bundes vernichtend.

Der Augsburger Religionsfriede

Der Kaiser erließ nun eine Religionsordnung, die das Ziel hatte, die Protestanten wieder in die Katholische Kirche einzugliedern. Zugleich verlangte er die völlige Unterordnung der deutschen Fürsten unter seine Herrschaft, was diese aber einhellig ablehnten. Vielmehr kam es zu einem Aufstand* oder Rebellion der Fürsten, mit der Karl V. so nicht gerechnet hatte.

Der Bruder des Kaisers, König Ferdinand, erreichte schließlich die Einigung der streitenden Parteien, die auf einem weiteren Augsburger Reichstag 1555 bestätigt wurde:

- Das katholische und das lutherische Bekenntnis sind gleichberechtigt.
- Die Reichsstädte und Landesherren (Fürsten, Grafen und Städte) konnten wählen, ob sie den katholischen oder den lutherischen Glauben annehmen wollten.
- Die Untertanen mussten den Glauben ihres Landesherrn annehmen oder auswandern.

Karl V. hatte sein Ziel, die Einheit der Christenheit, nicht erreicht. 1556 dankte er ab und übertrug die Kaiserwürde seinem Bruder Ferdinand.

Calvin und der Genfer Gottesstaat

Johannes Calvin (1509–1564) gilt als einer der großen Reformatoren in Europa. In Genf, das er zu einem „protestantischen Rom“ machen wollte, führte er eine strenge Kirchenordnung ein. Verboten waren zum Beispiel Wirtshausbesuche und Tanzveranstaltungen, Würfel- und Kartenspiele. Ein Sittengericht überwachte die Einhaltung der Ordnung. Verstöße wurden hart bestraft.

Calvin fand in Westeuropa zahlreiche Anhänger. In Schottland und England nannten sie sich Puritaner, in Frankreich hießen sie Hugenotten, ein Wort, das zunächst Verachtung ausdrücken sollte.

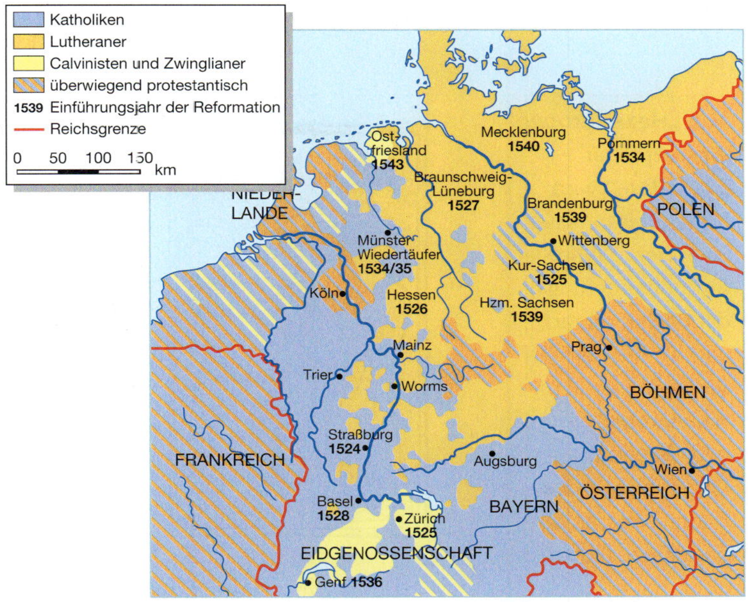

M 2 Die Konfessionen in Deutschland und Mitteleuropa 1555.

M 3 Kaiser Karl V. (1519–1556). Gemälde von Tizian, 1548.

M 4 Johannes Calvin (1509–1564). Gemälde.

***Aufstand**
Erhebung, Widerstand.

1 Nennt Gründe, warum es Kaiser Karl V. nicht gelungen ist, die Einheit der Christenheit zu erhalten.

2 Erklärt die Bestimmungen des Augsburger Religionsfriedens. Erläutert, welche Schwierigkeiten dem Einzelnen durch die Augsburger Regelung entstehen konnten.

3 Beschreibt anhand der Karte M 2 die Folgen des Augsburger Religionsfriedens.

Hexenwahn und Hexenverfolgung

M1 „Hexenproben"

Wasserprobe:
Eine „Hexe" wird gefesselt ins Wasser geworfen. Wenn sie nicht untergeht, ist der Beweis erbracht, dass sie mit dem Teufel im Bunde ist.

Nadelprobe:
Alle Muttermale am Körper eines Angeklagten werden aufgestochen. Bluten sie nicht, hat er ein Hexenmal und ist schuldig. Bluten sie, wird ihm unterstellt, er hätte sich vom Teufel kein Hexenmal machen lassen.

Wiegeprobe:
Das Gewicht einer „Hexe" wird geschätzt, dann wird sie gewogen. Wenn sie deutlich leichter ist, ist sie des Verbrechens überführt.

M2 Hexereivorstellungen: Teufelsbuhlschaft, Wetterzauber, Hexensabbat. Holzschnitte, Ende des 15. Jahrhunderts.

Glaube an Zauberei und Hexen

Seit jeher glaubten die Menschen an Zauberei und Hexen, an Geschichten von Wetterzauber, Liebestränken oder Heil- und Schadenszauber*.
Die Kirche des Mittelalters und nach der Reformation die verschiedenen christlichen Konfessionen verdammten diesen **Aberglauben**. Frauen und Männer, die für Hexen oder Zauberer gehalten wurden, wurden grausam verfolgt.

„Hexenhammer"

Die Kirche glaubte, Hexen hätten einen Vertrag mit dem Teufel geschlossen, um übernatürliche Kräfte zu bekommen. Um das Hexenwesen zu bekämpfen, beauftragte der Papst die Dominikanermönche Heinrich Kramer und Jacob Sprenger als Inquisitoren* für Deutschland.
1487 veröffentlichten sie ein Buch, den sogenannten „Hexenhammer". Hier gaben sie ganz genaue Anweisungen zum Ablauf von Hexenprozessen.

Q1 Der Hexenhammer stellte vor allem Frauen als Hauptverdächtige dar:

[…] Bezüglich des ersten Punktes, warum in dem so gebrechlichen Geschlechte der Weiber eine größere Menge Hexen sich findet als unter den Männern […], können wir bei genauerer Prüfung der Ursache […] sagen, dass, da sie in allen Kräften der Seele wie des Leibes, mangelhaft sind, es kein Wunder ist, wenn sie gegen die, mit denen sie wetteifern, mehr Schandtaten geschehen lassen […] Auch die Etymologie* des Wortes sagt: Das Wort „femina" nämlich kommt von „fe" und „minus" (fe = *fides* = Glaube, *minus* = weniger, also *femina* = die weniger Glauben hat). Also schlecht ist das Weib von Natur, da es schneller am Glauben zweifelt, auch schneller den Glauben ableugnet, was Grundlage für die Hexerei ist […]

Hexenprozesse

Ein Hexenprozess kam schnell in Gang. Meist reichte schon eine anonyme Anzeige. Die Beschuldigten wurden sofort gefangen genommen und in den Kerker geworfen. Im Prozess wurden sie verhört. Stritten sie die Vorwürfe ab, wurden sie der Folter und Hexenproben unterzogen. Unter den Qualen gestanden die meisten, Verbrechen begangen zu haben. Überstanden Angeklagte die Folter ohne Schuldbekenntnis, waren sie frei, alle anderen wurden zum Tod durch Verbrennen verurteilt.

Drei Viertel aller Hingerichteten waren Frauen. Besonders gefährdet waren ältere, arme Frauen. Gerade in Krisenzeiten wurden Personen, die niemanden hatten, der sie beschützte, schnell für Unglück und Leid verantwortlich gemacht und der Hexerei verdächtigt.

Widerstand gegen Hexenprozesse

Q 2 Der Jesuit Friedrich von Spee aus Kaiserswerth bei Düsseldorf schrieb 1631 zu den Hexenprozessen:

[...] Häufig sind die Richter, denen die Hexenprozesse anvertraut werden, schamlose, niederträchtige Menschen; die Folter wird oft übermäßig und grausam angewandt; viele Indizien sind unzuverlässig und gefährlich [...] Man kann nicht alles Ärgernis aus der Welt schaffen, man muss vieles geschehen lassen, was sich nicht gut ändern lässt. Es ist besser, dreißig und noch mehr Schuldige laufen zu lassen, als auch nur einen Unschuldigen zu bestrafen [...] Die Gefolterten sagen zu allem ja, und weil sie dann nicht zu widerrufen wagen, müssen sie alles mit dem Tode besiegeln [...]

M 3 Hexenverbrennung in Derneberg (Harz) 1555. Kolorierter Stich, 16. Jahrhundert.

Viele Opfer

Friedrich von Spee trug dazu bei, dass die Hexenprozesse nach und nach eingestellt wurden. 1782 fand in der Schweiz die letzte Hexenverbrennung statt. Bis dahin waren in Europa etwa 40 000 bis 50 000 Menschen dem Hexenwahn zum Opfer gefallen, davon schätzungsweise 20 000 im Deutschen Reich.

***Schadenszauber**
Ein Zauber, der Menschen oder Tieren Schaden zufügt.

***Etymologie**
Lehre vom Ursprung der Wörter.

***Inquisitor**
Richter eines katholischen Gerichts, das gegen Ketzer (Abtrünnige) vorgeht.

*** anonym**
Wörtlich: ohne Namen.

1 Nennt Gründe der Hexenverfolgung.

2 Erarbeitet aus Q 1, warum die Frauen der Meinung der Autoren nach anfälliger für die Hexerei sind.

3 Prüft, welche Chancen Angeklagte bei einem Hexenprozess hatten. Beachtet dabei auch die „Hexenproben" (M 1).

4 Fasst die Gründe zusammen, die Friedrich von Spee (Q 2) gegen die Prozesse vorbringt.

Der Dreißigjährige Krieg

M 1 Der Prager Fenstersturz am 23. Mai 1618. Gemälde von Wenzel von Brozik, 1889.

Prager Fensterturz 1618

Er ging für die kaiserlichen Beamten zwar glimpflich aus, wurde aber zum zündenden Funken für den Dreißigjährigen Krieg.

Kriegsausbruch

Im Frieden von Augsburg (siehe S. 145) wurden Lutheraner und Katholiken als gleichberechtigt anerkannt. Doch das Misstrauen blieb auf beiden Seiten bestehen.

Zur Verteidigung ihrer Interessen schlossen sich 1608 die evangelischen Fürsten in einem Bündnis, der **Union**, zusammen. Nur ein Jahr später bildeten die katholischen Fürsten ein Gegenbündnis: die **Liga**. Katholische und evangelische Fürsten standen sich nun, tief verfeindet, gegenüber.

Beide Bündnisse stellten Heere auf und suchten nach Verbündeten: Das katholische Frankreich unterstützte, aus Furcht vor dem deutschen Kaiser, die Union. Spanien, mit Frankreich verfeindet, unterstützte die Liga.

Fenstersturz

Im Jahr 1617 ereignete sich in Prag ein eigentlich eher belangloser Zwischenfall: Protestanten errichteten eine Kirche auf einem Grundstück, das Katholiken gehörte. Es kam zu einem Prozess, den die Protestanten verloren. Die Kirche musste 1618 wieder abgerissen werden. Voller Empörung drangen protestantische Adlige in die königliche Burg, den Hradschin, ein und warfen voller Zorn zwei hohe Beamte und ihren Sekretär aus dem Fenster.

Dieser Vorfall heizte die ohnehin schon äußerst gespannte Stimmung im Reich noch weiter an. Es genügte jetzt nur noch ein kleiner Funke, um den Kriegsausbruch herbeizuführen. Nur ein Jahr später war es so weit. Kaiser Ferdinand II., zugleich auch König von Böhmen, schränkte die Glaubensfreiheit der protestantischen Adligen in Böhmen erheblich ein. Die böhmischen Adligen setzten Ferdinand daraufhin als König ab. An seine Stelle wählten sie Kurfürst Friedrich von der Pfalz zu ihrem König. Kaiser Ferdinand, der um sein Ansehen und seine Macht fürchtete, gab die Parole aus: „Ich will lieber ein verwüstetes als ein verdammtes Land." Mit dem Kampf um die Vorherrschaft in Böhmen begann ein Krieg, der dreißig Jahre dauern sollte.

Der Krieg überzieht das Land

Fast dreißig Jahre lang zogen deutsche, schwedische und französische Truppen durch Deutschland; sie plünderten folterten und mordeten, steckten Dörfer und Städte in Brand. „Nehmen wir's nicht, so nimmt's der Feind" – nach dieser Devise handelten viele Soldaten und verwüsteten, zerstörten oder schleppten hinweg, was immer sie bekommen konnten.
Durch die niedergebrannten Felder brach die Versorgung der Städte mit Lebensmitteln zusammen. Schnell breiteten sich Seuchen im Land aus.

Q 1 Voller Verzweiflung heißt es in einem damaligen Bericht:
[...] Der wirtschaftliche Niedergang, ja Untergang der meisten deutschen Städte war aber nicht allein durch Brandschatzung, Plünderung und Brand hervorgerufen, sondern ebenso sehr, wenn nicht mehr, durch Hunger und Seuchen. Sie wüteten in ihren Mauern entsetzlicher als Kugel und Schwert. In Augsburg schoss man bei einer Belagerung 1634 jeden Vogel aus der Luft, der zur Stadt flog. Als alle gewöhnlichen Nahrungsmittel aufgezehrt waren, verkaufte man auf den öffentlichen Brücken Fleisch von Hunden, Pferden, Katzen. Die armen Leute, denen auch das noch zu kostbar war, kochten sich Leder, speisten Ratten und Mäuse. Der wütende Reiz des Hungers vertilgte zuletzt den Schauder vor faulendem Aas, und die Gier verschmähte selbst das Fleisch menschlicher Leichname nicht. Es wandelten lebendige Gerippe in verblichener Menschengestalt auf den Gassen und priesen das Glück der Toten [...]

Die Auswirkungen des Dreißigjährigen Krieges waren in Deutschland sehr unterschiedlich. Während einige Gebiete kaum betroffen waren, ging in manchen Städten Südwestdeutschlands die Bevölkerungszahl um 70 bis 80 Prozent zurück.

M 2 Söldner plündern einen Bauernhof. Gemälde von Sebastian Vrancx, um 1620.

M 3 Belagerung von Bautzen. Kolorierter Kupferstich, um 1620.

1 Schildert in eigenen Worten, wie es zum Kriegsausbruch kam.

2 Unterscheidet zwischen der Ursache und dem Anlass des Krieges und notiert dies in eure Arbeitsmappe.

3 Beschreibt mithilfe von Text, Q 1, M 2 und M 3 die Leiden der Bevölkerung.

4 Erkundigt euch im Museum oder Stadtarchiv, ob es auch in eurem Heimatort Spuren des Dreißigjährigen Krieges gibt.

Westfälischer Frieden 1648

M 1 **Das Heilige Römische Reich nach dem Westfälischen Frieden 1648.**

Der Friedensvertrag

Keine der am Krieg beteiligten Parteien konnte den Krieg auf den Schlachtfeldern gewinnen. Das Land war ausgeblutet, die Heere erschöpft. Im Jahr 1643 begannen endlich die Friedensverhandlungen. Doch erst fünf Jahre später wurde der Friedensvertrag in den westfälischen Städten Münster und Osnabrück, der Westfälische Frieden,* unterzeichnet. Dieser Frieden hatte für das Deutsche Reich tief greifende Folgen:

- Die Rechte des Kaisers wurden stark eingeschränkt. Wollte der Kaiser im Reich neue Gesetze erlassen oder Steuern erheben, brauchte er dazu die Zustimmung der Fürsten.
- Die Fürsten wurden politisch völlig selbstständig. Damit zerfiel das Deutsche Reich in 300 Einzelstaaten.
- Wechselte ein Fürst die Religion, mussten ihm die Untertanen nicht mehr folgen.
- Es kam außerdem zu folgenden Gebietsveränderungen: Schweden erhielt die Küstengebiete an der Nord- und Ostsee, Frankreich erhielt Gebiete im Elsass sowie Breisach und Philippsburg auf dem rechten Rheinufer. Die Oberpfalz kam zu Bayern. Die Schweiz und die Niederlande schieden aus dem Reichsverband aus.

***Westfälischer Frieden**
Er läutete eine Zeit des Friedens ein, die in Deutschland fast 150 Jahre dauerte. Das Deutsche Reich aber war durch die Aufsplitterung in zahlreiche Kleinstaaten machtpolitisch handlungsunfähig geworden.

1 Nennt die Folgen des Dreißigjährigen Krieges für das Deutsche Reich.

2 Beurteilt die Ergebnisse des Westfälischen Friedens aus der Sicht des Kaisers und der deutschen Fürsten sowie aus der Sicht der Bevölkerung.

Bevölkerungsentwicklung untersuchen

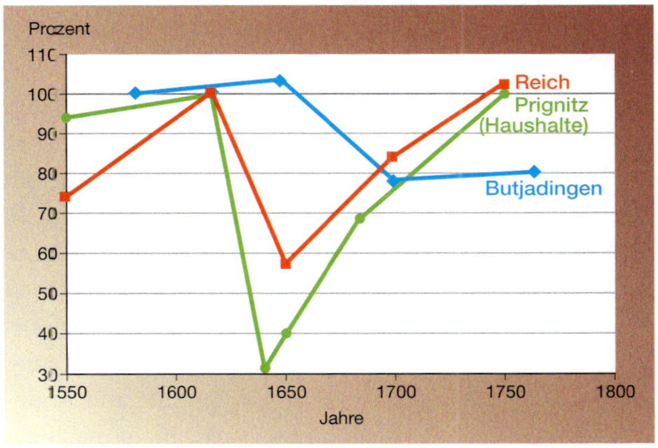

M 1 Vergleich der Bevölkerungsentwicklung 1550–1750 in Deutschland, in der vom Dreißigjährigen Krieg betroffenen Prignitz (Brandenburg) und Butjadingen (Niedersachsen), das vom Krieg nicht betroffen war. Die von den Soldaten eingeschleppten Seuchen forderten die meisten Toten. Butjadingen blieb vom Krieg verschont; (1618=100).

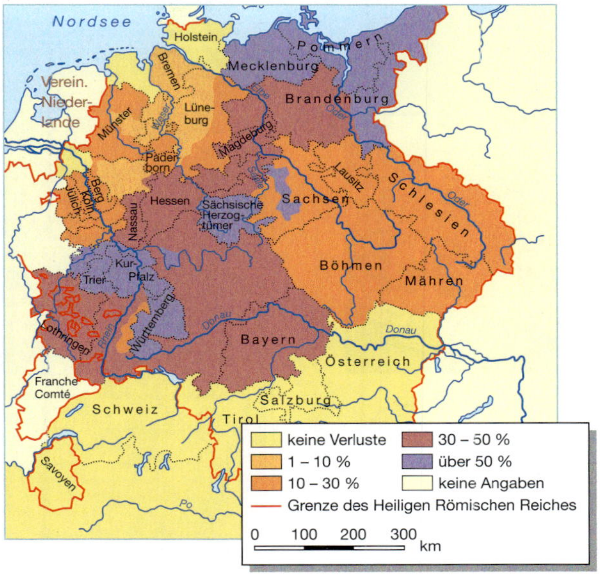

M 2 Bevölkerungsverluste im Dreißigjährigen Krieg.

Bevölkerungsentwicklung im Dreißigjährigen Krieg

Die Angaben zur Bevölkerungsentwicklung im Dreißigjährigen Krieg sind für einzelne Gebiete sehr ungenau und beruhen auf Schätzungen der Forscher. Deren Zahlen liegen zum Teil weit auseinander. Einig sind sich die Forscher, dass Seuchen wie die Pest und der Hunger aufgrund von Missernten und der Verwüstung der Felder zu mehr Toten führten als die eigentlichen Kriegshandlungen. Ebenso einig sind sich die Forscher, dass im Jahre 1750 die Bevölkerungsverluste in Deutschland wieder ausgeglichen waren. Die Schätzungen sind auch deswegen so ungenau, weil die Kriege der Jahre 1618 bis 1648 große Wanderungsbewegungen auslösten. Viele Menschen flohen aus den Kriegsgebieten in ruhigere Landstriche, sodass ein Bevölkerungsverlust in einem Gebiet nicht direkt bedeuten muss, dass viele Menschen gestorben sind.

1600	1650	1750
18–20	11–13	18–20

M 3 Entwicklung der Bevölkerungszahl in Deutschland in Millionen (Schätzungen).

	1618	1648
Niedersachsen	920 000	920 000
Württemberg	450 000	130 000
Berlin	12 000	6000
Augsburg	48 000	16 000
Hamburg	40 000	60 000

M 4 Einwohnerzahlen vor und nach dem Dreißigjährigen Krieg (Schätzungen).

1 Beschreibt mit M 2 die Gebiete in Deutschland, die die höchsten Bevölkerungsverluste hatten.

2 Verfolgt auf M 1 die Bevölkerungsentwicklung in Deutschland (Reich), in der Prignitz und in Butjadingen. Formuliert jeweils Stichworte in eure Geschichtsmappe zum Verlauf der Kurven.

3 Erläutert die gesellschaftlichen Folgen der Bevölkerungsentwicklung für die Regionen und Städte (M 1, M 4).

Dreißigjähriger Krieg im Norden

M 1 Wappen aus der „Schwedenzeit“ über dem Eingangsbereich eines Verwaltungsgebäudes in Stralsund. Foto, 2007.

M 2 Gedenktafel in der Kirche von Burg auf Fehmarn. Foto, 2007.

Nicht immer war überall Krieg

Zwar dauerte der Dreißigjährige Krieg dreißig Jahre lang, die einzelnen Gebiete Deutschlands hatten jedoch unterschiedlich lang und unterschiedlich oft unter dem Krieg zu leiden gehabt. Ein Blick auf die Karte von Seite 151 zeigt, dass auch die Gebiete im Norden Deutschlands nicht gleich schwer betroffen waren. Holstein bekam den Krieg mit leichten Ausnahmen nur 1627 direkt zu spüren, als Wallenstein* mit seinen Truppen in das Land einfiel. Davor und danach profitierte man in der Regel vom Krieg, da beide Parteien Pferde benötigten und die holsteinischen Gestüte so gute Geschäfte machten. Von 1628 bis 1630 herrschte Wallenstein als Herzog von Mecklenburg von Güstrow aus über das Land. Sein Versuch, auch Stralsund zu erobern, schlug jedoch fehl. Er hatte zwar siegessicher verkündet: „Und wenn die Stadt mit Ketten an den Himmel gebunden wäre, ich will sie herunterholen.“, doch dänische und schwedische Truppen, die der Stadt zu Hilfe kamen, zwangen ihn zum Rückzug. Auch seine Bemühungen, Reformen durchzusetzen und die Rechte der Stände zu beschränken, hatten keinen Erfolg, da die Schweden 1630 in Pommern landeten und für die Wiedereinsetzung der alten Herzöge sorgten, die alle Änderungen Wallensteins rückgängig machten. In Mecklenburg und Pommern kam es immer wieder zu erbitterten Kämpfen zwischen schwedischen und kaiserlichen Truppen, die zu schweren Verwüstungen und hohen Verlusten bei der Landbevölkerung führten.

***Herzog Albrecht Wallenstein**
Er war der erfolgreiche Feldherr der katholischen Liga.

Gebietsveränderungen

Als 1648 der Westfälische Frieden geschlossen wurde, bedeutete dies für Mecklenburg den Verlust Wismars, Neuklosters und der Insel Poel, die an Schweden abgetreten werden mussten. Als Entschädigung erhielt das Land die Besitztümer der ehemaligen Bistümer Schwerin und Ratzeburg. Vorpommern und Rügen kamen unter schwedische Verwaltung, die bis 1815 andauerte. Hinterpommern ging an das brandenburgische Herrscherhaus. Noch heute gibt es Spuren des Dreißigjährigen Krieges zu sehen. In manchen Kirchen erinnern Gedenktafeln an die Schrecken des Krieges. In einigen Orten gibt es noch Häuser, die den Schweden als Verwaltungsgebäude gedient haben.

1 Findet mithilfe des Stadt- oder Kreisarchivs heraus, ob und wann in eurer Gegend während des Dreißigjährigen Krieges Truppen lagerten bzw. Kämpfe stattfanden.

ZUSAMMENFASSUNG

Reformation

In den Jahrzehnten vor der Reformation war das Lebensgefühl der Menschen von Angst geprägt. In ihrer Not erwarteten sie Trost und Hilfe von der Kirche. Doch viele Geistliche kümmerten sich nicht um die Sorgen der Menschen. Ihr zügelloses Leben und der Handel mit Ablassbriefen erbosten viele Gläubige. Die Kritik Martin Luthers, zunächst vor allem am Ablasshandel, leitete die Reformation ein.
In seinen Thesen und Schriften machte Luther auf weitere Missstände in der Kirche aufmerksam. Im Jahr 1521 verurteilten ihn Papst und Kaiser und erklärten ihn für vogelfrei.
Diese Maßnahmen konnten die Ausbreitung der neuen Lehre aber nicht verhindern: Der Gebrauch der deutschen Sprache im Gottesdienst und Luthers Übersetzung der Bibel ins Deutsche bewirkten, dass sich viele Menschen der Lehre Luthers anschlossen.

Bauernkrieg

Die Gedanken der Reformation fanden ihre besondere Anhängerschaft unter den Bauern, die unter der Leibeigenschaft und hohen Abgaben litten. Sie beriefen sich auf die Bibel und forderten von den Fürsten und Grundherren einschneidende Verbesserungen ihrer Lage. In Süddeutschland wie auch in anderen Gebieten des Reiches kam es zu blutigen Kämpfen zwischen bewaffneten Bauernhaufen und Söldnerheeren der Fürsten. Auch Luther, der zunächst Verständnis für die Forderungen der Bauern gezeigt hatte, verurteilte die Gewaltanwendung der Bauern. In wenigen Wochen wurden die Bauern vernichtend geschlagen.

Gegenreformation und Dreißigjähriger Krieg

Alle Anstrengungen Kaiser Karls V., die Einheit der Christen zu bewahren, scheiterten am Widerstand der Landesfürsten. Auf dem Reichstag zu Augsburg im Jahr 1555 wurde schließlich die Gleichberechtigung der katholischen und der lutherischen Konfession beschlossen. Außerdem legte man fest, dass die Untertanen den Glauben des jeweiligen Landesherrn annehmen oder das Land verlassen mussten.
Am Streit um die böhmische Königskrone entzündete sich der Dreißigjährige Krieg, der Deutschland weithin verwüstete und zur Zersplitterung des Deutschen Reiches führte. In einigen Gegenden ging die Bevölkerungszahl um 70–80 Prozent zurück, es gab aber auch Landstriche, die vom Krieg nicht betroffen wurden.
Der Westfälische Frieden 1648 legte fest, dass jeder Gläubige selbst entscheiden durfte, welcher Konfession er angehören wollte.

1517

Luthers Wittenberger Thesen zur Kirchenreform lösen die Reformation aus.

1525

Der Bauernkrieg erfasst weite Teile des Deutschen Reiches.

1. Hälfte des 16. Jh.

Die Reformation verbreitet sich rasch in Europa.

1618–1648

Der Dreißigjährige Krieg wütet in ganz Europa.

Check: Das kann ich schon …

Wichtige Begriffe erklären

- ✓ Missstände in der Kirche
- ✓ Ablass
- ✓ Martin Luther
- ✓ Reformation
- ✓ Bibelübersetzung
- ✓ Bauernkrieg
- ✓ Glaubensspaltung
- ✓ Hexenverfolgung
- ✓ Dreißigjähriger Krieg
- ✓ Bevölkerungsverluste
- ✓ Westfälischer Frieden

M2 Martin Luther. Gemälde von Lucas Cranach, 1521.

M1 Aufständische Bauern vor dem Kloster Weißenau: Der Abt und die Mönche fliehen. Federzeichnung von Jakob Murer, 1525/26.

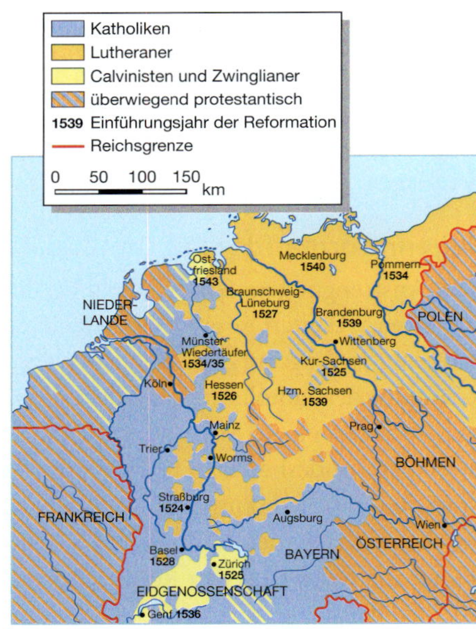

M3 Die Konfessionen in Deutschland und Mitteleuropa 1555.

M4 **Bevölkerungsverluste im Dreißigjährigen Krieg.**

M5 **Überfall von Soldaten auf ein Dorf.** Stich von H. U. Frank, 1645.

Fachliche Kompetenz

1 Erklärt euch gegenseitig die wichtigen Begriffe (Kasten) und notiert die Bedeutung der Begriffe in eure Arbeitsmappe.

2 Beschreibt die Ursachen, den Ablauf und die Folgen der Reformation in einem kleinen Zeitungsbericht. Nutzt dazu auch die Karte M3.

3 Erläutert, warum die Lehren Luthers so wichtig für die Bauern waren.

4 Erstellt eine Stichwortsammlung zu Ursachen und Verlauf des Bauernkrieges.

5 Berichtet über die Auswirkungen und Folgen des Dreißigjährigen Krieges (M4, M5).

Methodenkompetenz

6 Erläutert, was es bedeutete, wenn eine Region zwischen 1618 und 1648 mehr als 50 Prozent der Bevölkerung verlor. Benennt die Ursachen.

Urteils- und Handlungskompetenz

7 Bildet Gruppen und sammelt Argumente für und wider der Behauptung: „Die Bauern haben sich durch ihre Gewalttätigkeit ins Unrecht gesetzt."

8 Verfolgt in den Medien aktuelle Berichte zu kriegerischen Auseinandersetzungen. Prüft, ob die Kriegsparteien auch religiöse Begründungen für ihr Handeln angeben. Vergleicht mit dem Bauernkrieg und dem Dreißigjährigen Krieg.

7 Tourismus und seine Folgen

Die wichtigsten Urlaubsgründe

1. Abschalten, ausspannen (70 %)
2. Dem Alltag entfliehen (62 %)
3. Natur erleben (50 %)
4. Kraft sammeln (50 %)
5. Sich verwöhnen lassen (48 %)
6. Tun und lassen, was man will (48 %)
7. Ganz neue Eindrücke gewinnen (47 %)
8. Zeit für den Partner/die Familie (44 %)
9. Viel ruhen, nichts tun (42 %)
10. Viel Spaß und Unterhaltung haben (41 %)

Katzenplage auf Teneriffa

Mitleidige Urlauber füttern die halb wilden Tiere. Dadurch vermehren sich die Katzen ständig …

**Jedes Jahr zu den Ferienzeiten beginnt eine Völkerwanderung: Über 50 Millionen Bundesbürger unternehmen Jahr für Jahr Urlaubsreisen in Deutschland oder in das Ausland. Dabei werden ganz unterschiedliche Ziele gewählt.
Vom Strandurlaub in der Sonne bis hin zu Städtereisen – überall suchen die Menschen Abwechslung und Erholung.**

In diesemKapitel könnt ihr

- **die positiven und negativen Auswirkungen des Tourismus erarbeiten und**
- **entscheiden, ob ihr umweltfreundlich Urlaub machen wollt.**

Die Alpen – ein Erholungsraum

M 1 In den Alpen bei Grindelwald. Foto, 2008.

M 2 Freizeitangebote für einen Sommerurlaub in Grindelwald. Collage.

Urlaub in den Alpen

Grindelwald ist einer der ältesten Ferienorte in den Berner Alpen. Hierher kommen sowohl im Sommer als auch im Winter Touristen aus der ganzen Welt. Der Tourismus ist heute die wichtigste Erwerbsquelle für die Bevölkerung. Grindelwald hat 4122 Einwohner (2007). In der Hauptreisezeit im Sommer und Winter übernachten pro Tag etwa 11 000 Touristen in diesem Ort. Da die Alpen von vielen großen Städten aus schnell erreicht werden können, kommen zu den Übernachtungsgästen in Grindelwald noch einmal 5000 bis 6000 Tagestouristen hinzu. Die Gemeinde muss für diese vielen Menschen Parkplätze, Straßen und Wege sowie Freizeiteinrichtungen zur Verfügung stellen.

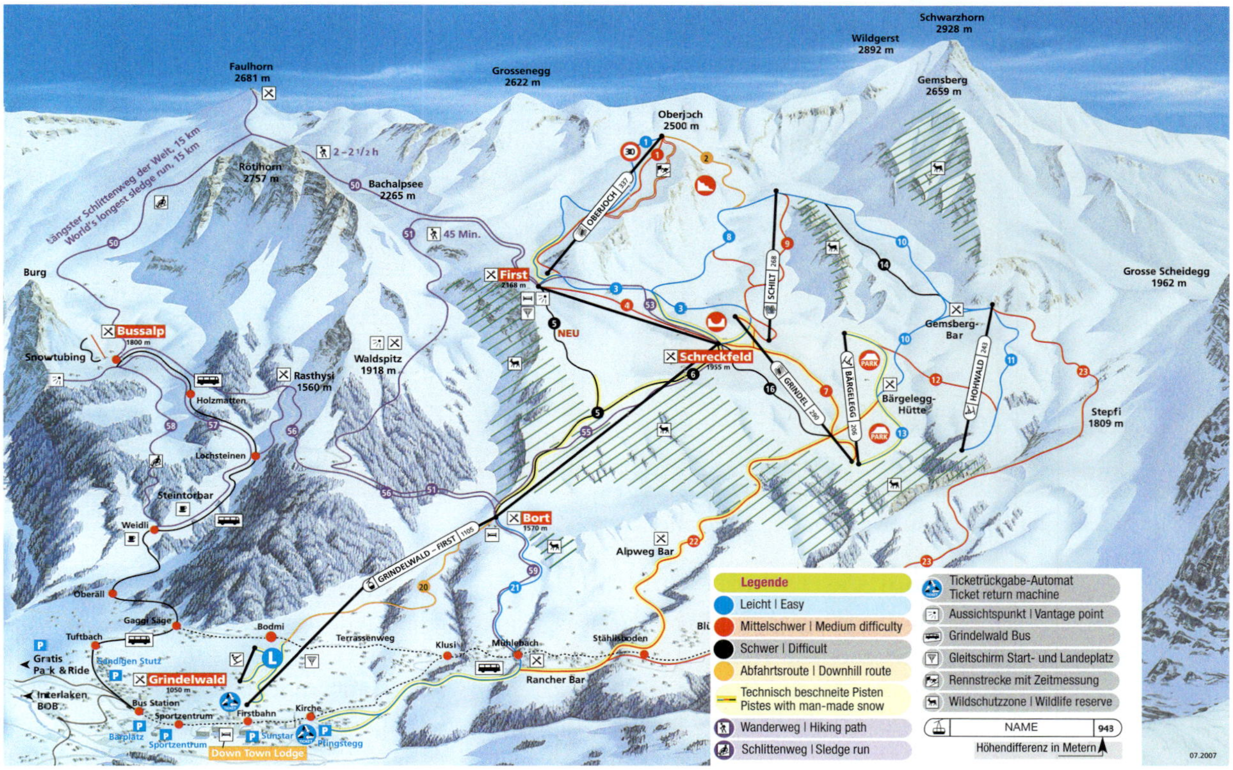

M3 Panoramabild von Grindelwald im Winter.

Art der Unterkunft	Anzahl der Übernachtungen			
	2004	2005	2006	2007
Hotels	443 012	466 008	482 723	478 854
Ferienwohnungen	408 211	401 158	389 448	395 247
Camping	31 470	29 846	29 852	29 080
Ferienheime	96 734	91 956	102 699	104 718
Gesamt	979 427	988 968	1 004 722	1 007 899

M4 Entwicklung der Übernachtungszahlen in Grindelwald.

Hochgebirge Alpen

Wer auf die Alpen zufährt, sieht schon aus der Ferne die steilen Berge aufragen. In einem **Hochgebirge** sind die Höhenunterschiede zwischen Tälern und Berggipfeln sehr groß. Die Felswände sind schroff und steil. Damit ein Gebirge als Hochgebirge bezeichnet werden kann, muss es Höhen von über 1500 Metern erreichen. 128 Berggipfel der Alpen erreichen Höhen von über 4000 Metern. Der höchste Gipfel ist mit 4807 Metern der Montblanc in Frankreich.

1 Beschreibt die Alpen und nennt Merkmale eines Hochgebirges (M 1, M 3).

2 Findet auf einer Alpenkarte (Atlas) die Berner Alpen, beschreibt deren Lage und benennt die drei höchsten Berge (Höhenangaben).

3 Beschreibt die Entwicklung der Übernachtungszahlen in Grindelwald (M 4).

4 Bildet in der Klasse zwei Gruppen: die Sommer- und die Wintertouristen. Sammelt Gründe, warum ihr in der jeweiligen Jahreszeit nach Grindelwald fahren würdet.

Tourismus – Chance oder Gefahr?

M 1 Die Alpenregion vor 50 Jahren und heute. Zeichnung.

Tourismus schafft Wohlstand

In der Winter- und Sommersaison kommen jedes Jahr Hunderttausende Urlauber in die Alpen. Deshalb haben sich die Ferienorte in hohem Maße auf Touristen eingestellt. Die meisten Einwohner sind mit der Betreuung der Urlauber beschäftigt – sei es als Skilehrer, Bergführer, Hotelangestellte oder als Verkäufer in den Geschäften.

Der Tourismus ist für die Alpenorte und ihre Bewohner eine wichtige Einnahmequelle geworden. Neun von zehn Arbeitsplätzen hängen heute vom Tourismus ab. Für Jugendliche stehen in ihren Heimatgemeinden viele Berufsmöglichkeiten offen, die es ansonsten nur in der Stadt gibt. Ohne den Tourismus müssten sie ihr Dorf verlassen und anderswo eine Arbeit suchen.

M 2 Mountainbiker. Foto, 2009.

Tourismus schafft Probleme

Mit der Entwicklung des Tourismus hat sich das Aussehen der Orte in den Alpen stark verändert. Für den Massentourismus müssen immer mehr Straßen, Hotels, Freizeiteinrichtungen und Bergbahnen gebaut werden. Selbst die Gebirgsregionen bis in Höhen von 3000 Metern werden touristisch erschlossen. Zur Anlage von Bergbahnen, Skiliften und Pisten wurden große Teile des Waldes oberhalb der Orte gerodet. Die Abgase der vielen Autos schädigen zunehmend den Bergwald. Dieser Nadelwald an den Hängen bildet den wirksamsten Schutz vor Lawinen (an den Gebirgshängen abrutschenden Schneemassen) oder Muren (Schlammlawinen). Jahrhundertelang war es deshalb streng verboten, diesen Bannwald, der Häuser und Verkehrswege im Tal schützt, abzuholzen.

M 3 Marco B., Bergführer:
Viele Touristen suchen neben dem Naturerlebnis den sportlichen Kick! Dabei denken sie nicht daran, dass man sich in den Bergen so verhalten sollte, dass die Natur geschont wird.

Schüler: Was kann man für die Umwelt tun?

Marco B.: Zunächst einmal: Bleibt auf den Wegen bzw. Pisten, im Sommer wie im Winter.

Schüler: Aber Mountainbikefahren macht doch querfeldein erst richtig Spaß!

Marco B.: Jeder Tourist abseits der Wege stört die Tiere und schädigt die Pflanzen. Und außerdem ist es gefährlich.

M4 Die Gemeinde Grindelwald plant einen umweltverträglicheren Tourismus.

Mountainbikes reißen zudem tiefe Furchen in den Boden. Ich weiß, junge Leute suchen die Herausforderung – aber das sollte nicht auf Kosten der Umwelt geschehen.

1 Beschreibt die Veränderungen in der Alpengemeinde in den letzten 50 Jahren (M 1).

2 Stellt Nutzen und Nachteile des Tourismus in einer Tabelle gegenüber (M 1, M 2, M 3).

3 „Der Bergwald ist ein Schutzwald.“ Erläutert diese Aussage (M 1).

4 Bildet Gruppen und sammelt Vorschläge, wie man die Planungen der Gemeinde Grindelwald in Taten umsetzen könnte. Beratet eure Vorschläge in einer „Gemeinderatssitzung“ (M 4).

METHODE

Tourismus entwickeln – aber wie? Ein Rollenspiel

Für das Rollenspiel gelten folgende Grundregeln:

Jeder Mitspieler vertritt den Standpunkt seiner Rollenfigur und begründet ihn.

- **Argumentieren**

Die anderen Mitspieler hören zu und versuchen den Standpunkt des anderen nachzuvollziehen.

- **Zuhören**

Meinungen und Interessen werden gemeinsam diskutiert und gegeneinander abgewogen.

- **Diskutieren**

Ziel ist es, strittige Fragen zu klären und einen Kompromiss zu finden, den alle mittragen können.

- **Konflikt lösen**

Wozu ein Rollenspiel?

Bestimmt habt ihr euch schon einmal als eine andere Person verkleidet: An Fastnacht oder beim Theaterspiel wart ihr vielleicht Prinzessin, Pirat oder Hexe. Mit Kostüm und Auftreten seid ihr in die Rolle einer anderen Person geschlüpft.
Jeder Mensch denkt und fühlt anders, hat eigene Interessen und eine eigene Meinung. Dadurch kann es zu Konflikten und Streit mit anderen kommen. Mithilfe eines Rollenspiels ist es möglich, schwierige Situationen durchzuspielen.

M1 Checkliste Rollenspiel:

Schritt 1: Situation beschreiben

Um welches Problem geht es? Was soll mit dem Spiel geklärt werden? Wer ist beteiligt? Wo findet das Ganze statt?

Schritt 2: Spiel vorbereiten

- Auf Rollenkarten sind die Rollen der Mitspieler beschrieben. Sie werden als „Drehbuch" an die Gruppen verteilt. Welche Standpunkte werden vertreten? Was wollen die Einzelnen erreichen? Wie treten sie auf?
- Die „Bühnengestaltung" wird festgelegt.

Schritt 3 Spiel durchführen

- Dazu helfen die Tipps in der Randspalte (links). Ein Beobachter wird bestimmt, der das Spiel als Unbeteiligter verfolgt und moderiert.

Schritt 4 Spiel auswerten

- War verständlich, was die Spieler darstellen wollten? Haben die Spieler ihre Rollen eingehalten, konnten ihre Argumente überzeugen? Wie entwickelte sich die Handlung? Wurde eine Lösung erzielt?

M2 Gebiet um das Matterhorn in der Schweiz vor 140 Jahren und heute. Fotos.

Zur Situation

Der Bürgermeister von Sölden lädt alle Einwohner des Ortes zu einer Bürgerversammlung ein. Die Gemeinde ist auf den Tourismus angewiesen, hat gut an ihm verdient und viele neue Bauwerke errichtet. Seit 2002 gehen die Übernachtungszahlen jedoch zurück.

Man hat auch erkannt, dass die Umwelt das wertvollste Kapital ist, von dem alle zehren. Auch die möglichen Folgen des Klimawandels müssen langfristig bedacht werden.

Was ist zu tun? Soll der Fremdenverkehr im Ötztal weiterentwickelt werden – und wenn ja, wie?

M3 Sollen die Alpen in Zukunft so aussehen? Collage, 2009.

Gruppe 1: Bürger von Sölden

Die meisten Einheimischen leben davon, dass mit dem Tourismus viel Geld in den Ort kommt. Allerdings häufen sich die Verkehrsbelästigungen im Ort, besonders bei Großveranstaltungen. Im Winter kommen auf jeden Einheimischen 100 Touristen. Die Preise sind vergleichsweise hoch. Die Bürger müssen nun abwägen, ob der Fremdenverkehr ihnen mehr Vorteile als Nachteile bringt.

Gruppe 2: Bergbahnen Sölden

Die Verantwortlichen der Söldener Bergbahnen wollen ihre Skiregion mit dem Gletscherskigebiet des benachbarten Pitztales zusammenschließen. Dadurch würde die „Arena" noch größer und attraktiver. In diesem Zusammenhang spielt auch die bessere Saisonauslastung eine Rolle: Das Ganzjahresskigebiet könnte auch den Sommertourismus erhöhen. Denn wieso sollten im Sommer Skifahren und Bergwandern nicht vereinbar sein?

Gruppe 3: Naturschützer

Sie sind dafür, dass im Alpendorf Sölden der Fremdenverkehr beschränkt wird. Die vielen Probleme werden in der Begründung dargestellt: Gletscherrückgang, Lawinengefahr, Landschaftszersiedlung, Unfallhäufungen und andere. Viele reden schon abwertend vom „Rummelplatz" Sölden – wer kommt da noch in Zukunft?

Gruppe 4: Unternehmer in Sölden

Zu ihnen gehören vor allem die Hotel- und Gaststättenbesitzer, aber auch andere Gewerbetreibende am Ort. Sie haben ein Interesse daran, dass ihre Betriebe gleichmäßig ausgelastet sind, gute Gewinne erzielen und die Arbeitsplätze sicher bleiben. Man ist sich bewusst, dass Touristen auch schnell wegbleiben können, wenn die Preise überhöht sind, überall Massenandrang und Lärm herrschen oder die Landschaft verschandelt wird.

Gruppe 5: Tourismusberater

Berater der Gemeinde stellen die Idee des „sanften Tourismus" vor: Darunter versteht man einen umwelt- und menschenfreundlichen Fremdenverkehr. So sollen schützenswerte Landschaften nicht weiter erschlossen und die genutzten Gebiete schonend behandelt werden. Gebäude sollen sich der typischen Bauweise der Landschaft anpassen, dies gilt auch für Hotels und Ferienwohnungen. Aufwändige und Energie verschwendende Freizeitaktivitäten werden nicht angestrebt.

Die örtliche Landwirtschaft und das Handwerk sollen weiter betrieben werden, um eine völlige Abhängigkeit vom Tourismus zu verhindern. Einheimische und Urlauber müssen einander als Partner verstehen. …

Ob dieses Konzept in Sölden noch eine Chance hat?

1 Führt anhand der Checkliste und der Materialien ein Rollenspiel zur Entwicklung des Tourismus in Sölden durch.

Urlaub am Mittelmeer

M 1 **Sonnenbaden am Mittelmeer.** Foto, 2008.

M 2 **Wassersport.** Foto, 2008.

Ab in den Süden

In den Sommermonaten heißt es für Millionen Europäer: Ab in den Süden. Die Folgen sind endlose Autoschlangen mit oft kilometerlangen Staus, Warteschlangen vor Tunnels und Mautstellen, Gedränge an Flughäfen und Fähren. Doch nichts kann die Urlauber von ihrem Ziel abhalten: Sonne, Strand und Meer, aber auch kulturelle Sehenswürdigkeiten der Mittelmeerländer.

Mehr Freizeit zum Reisen

Noch nie hatten die Europäer, auch wir Deutschen, so viel Freizeit und Urlaub wie in der Gegenwart. Die Urlaubsdauer hat sich seit 30 Jahren mehr als verdreifacht. Die meisten Deutschen können heute mehr als vier Wochen im Jahr Urlaub machen. Das Auto und der Ausbau von Verkehrswegen über die Alpen, eine zunehmende Zahl von Flugverbindungen und preisgünstige Flüge haben das Reisen vereinfacht. Ein- oder mehrmalige Urlaubsreisen im Jahr sind für viele Europäer selbstverständlich und gehören zur Lebensqualität.

Massentourismus am Mittelmeer

Mittelmeer heißt das Traumziel von Millionen Touristen jedes Jahr. Das Mittelmeer ist zum wichtigsten Reiseziel der Welt geworden und soll weiter wachsen. Bis 2020 werden jedes Jahr bis zu 350 Millionen Urlauber am Mittelmeer erwartet.

Warum zieht es so viele Menschen an die Küsten im Süden Europas? Der Mittelmeerraum ist relativ schnell erreichbar, bietet preisgünstigen Urlaub, aber auch tolle Strände und viele Möglichkeiten, im Urlaub aktiv zu sein: Surfen, Segeln und vieles mehr.

In den letzten Jahrzehnten entstanden entlang der Küsten unzählige touristische Einrichtungen wie Flugplätze, Straßen, Ferienclubs, große Hotels, Ferienwohnungen, Campingplätze, Restaurants, Cafés, Pools und Bootshäfen. Das Aussehen vieler Orte hat sich dadurch völlig verändert. Die Zahl der Urlauber ist im Sommer oft 100-mal größer als die Einwohnerzahl der Küstenorte.

Der **Massentourismus** ist zu einer Belastung für Mensch und Natur geworden. Der Tourismus schafft aber auch Arbeitsplätze und ist eine wichtige Einnahmequelle für die Einwohner und die Staaten im Mittelmeerraum.

M3 **Bedeutende Touristenstrände und Ferienorte am Mittelmeer.**

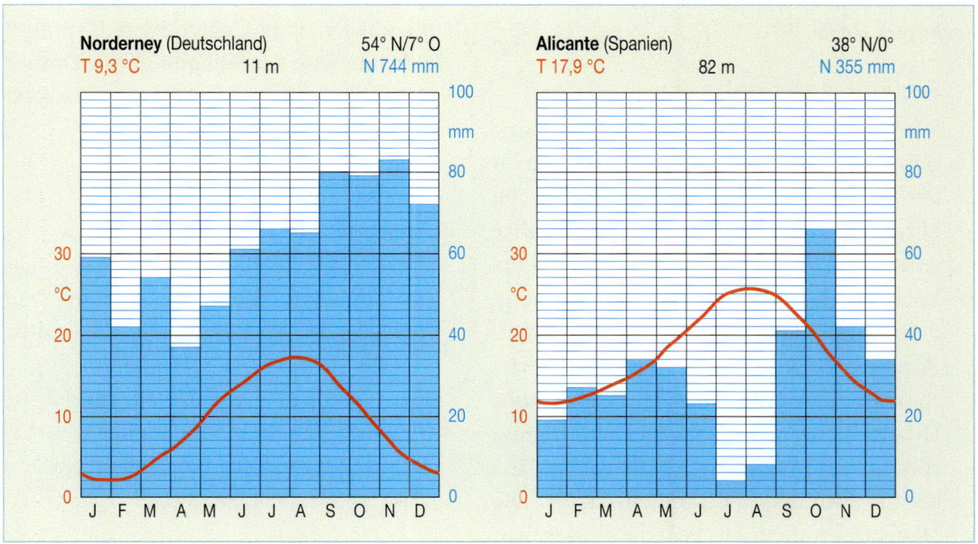

M4 **Klimadiagramme von Norderney und Alicante.**

1 Legt eine Tabelle an. Ordnet den Mittelmeerländern Spanien, Frankreich, Italien, Kroatien, Griechenland und Türkei bekannte Touristenstrände und Ferienorte zu (M 3).

2 Nennt Merkmale, Ursachen und Folgen des Massentourismus (Text).

3 Erklärt, warum es so viele Menschen im Urlaub an die Mittelmeerküsten zieht (M 1 – M 4).

Naherholung: Lüneburger Heide

M 1 Die Landschaft der Lüneburger Heide. Foto, 2007.

Freizeit ganz nah

Wattwandern an der Nordsee, Mountainbike-Touren im Harz oder Radfahren in der Lüneburger Heide: Niedersächsische Urlaubsregionen sind vielseitig und voller Attraktionen. Bei der Auswahl des Naherholungsziels ist das von großer Bedeutung, denn Touristen suchen Erlebnisvielfalt. Für viele Urlauber ist es außerdem wichtig, mit dem Auto oder dem Zug zum Urlaubsort zu gelangen. Von Naherholung spricht man, wenn die Anfahrt nicht länger als zwei bis drei Stunden dauert. Die Dauer des Aufenthalts liegt dabei zwischen einem Nachmittag und einem Wochenende. Besonders erholsam und umweltschonend ist es, wenn sich diese Urlaubsregionen sogar ganz ohne Auto erkunden lassen. Die Lüneburger Heide ist so eine Region.

M 2 Das Logo von Lüneburg.

Angebote für Touristen

Beliebt ist die Lüneburger Heide wegen ihrer ausgedehnten Wald-, Wiesen- und Heideflächen, von denen ein Teil unter Naturschutz gestellt wurde. Neben der Landschaft mit ihrer Tier- und Pflanzenwelt sind es die kleinen Dörfer und die attraktiven Städte, wie z. B. Lüneburg und Celle, die die Urlauber aus Hamburg und Bremen anlocken. Sie kommen zum Wandern, Radfahren, Reiten, Kanufahren oder machen „Urlaub auf dem Bauernhof".
Damit Touristen das ganze Jahr über in die Lüneburger Heide kommen und nicht nur zur Heideblüte im August und September, sind Golfplätze, Freizeit- und Tierparks eingerichtet worden. Habt ihr schon einmal vom Heidepark Soltau, vom Vogelpark Walsrode, vom Serengeti-Park Hodenhagen, vom Center-Parcs Bispinger Heide oder von der Skihalle „Snow Dome" in Bispingen gehört? Das sind solche Attraktionen für Touristen.

1 Erläutert den Begriff „Naherholung".

2 Beschreibt die Lage der Lüneburger Heide. Beachtet dabei die Lage zu großen Städten (Atlas).

3 Beschreibt die Landschaft der Lüneburger Heide (M 1).

4 Entwerft eine Postkarte, auf der Attraktionen der Region sichtbar sind (M 1, M 2, M 3, Reisebüro).

5 Erstellt eine Liste mit Argumenten für und gegen einen Wochenendausflug in die Lüneburger Heide (M 3).

6 Begründet eure Entscheidung, ob ihr einen Urlaub in der Lüneburger Heide machen würdet.

M3 Meinungen zur Naherholung in der Lüneburger Heide. Collage, 2009.

Umweltfreundlich Reisen

M 1 Auf dem Radweg. Foto, 2007.

M 2 Werbelogos und Karte für den Oder-Neiße-Radweg.

Radreisen wird immer beliebter

Viele Touristen schätzen den Urlaub ohne Auto. Sie fahren mit dem Rad entlang von Flüssen, durch Städte und Landschaften. Diese kann man dabei ganz neu erleben, denn Radfahrer sind hautnah dran und mittendrin. Die meisten Radtouristen reizt auch die Verbindung von sportlicher Betätigung und Reisen.

M 3 Der Oder-Neiße-Radweg

Sebastian: Warum sind hier so viele Radfahrer unterwegs?

Radfahrer: Das sind Tagestouristen und Urlauber, die den Oder-Neiße-Radweg befahren. So wie ich fahren die meisten weiter bis zur Ostsee und machen hier im Nationalpark eine Pause.

Sebastian: Wie haben Sie erfahren, dass es diesen Radweg gibt?

Radfahrer: Im Internet auf der Seite www.fahrradreisen.de – dort gibt es Informationen über mehr als 400 Radwege und 500 fahrradfreundliche Hotels. So haben wir die Beschreibung des Oder-Neiße-Radwegs gefunden. Dieser Radweg hat selbst eine gute Website, mit der man die Reise planen kann. Außerdem gibt es in vielen Orten für die Teilstrecken des Radwegs Faltblätter bei den Büros der Tourist-Information.

Sebastian: Teilstrecken? Wie lang ist denn der Radweg?

Radfahrer: Der Oder-Neiße-Radweg ist ein Fernradweg. Er verläuft über eine Strecke von 591 km vom Isergebirge bis zur Ostsee. Man kann nicht nur einzelne Teilstrecken entlang der Oder und Neiße fahren, sondern auch die abzweigenden Kurzstrecken. Dies sind häufig Themenradwege, die zu interessanten Orten im Hinterland oder wie hier in den Nationalpark führen.

Sebastian: Und was machen Sie während der Reise außer Fahrradfahren?

Radfahrer: Wir genießen die Natur und Kultur – grenzenlos. Entlang des Oder-Neiße-Radwegs gibt es tolle Sehenswürdigkeiten, interessante Städte, wunderschöne Landschaften und Nationalparks. Außerdem kann man dabei etwas Polnisch lernen – denn die Überquerung der Grenze zwischen Deutschland und Polen ist heute kein Problem mehr.

M4 Der Oder-Neiße-Radweg.

M5 Nationalpark Unteres Odertal. Foto, 2008.

M6 Görlitz. Foto, 2008.

1 Erläutert, warum der Oder-Neiße-Radweg ein sehr beliebter Radweg ist (M 1–M 6).

2 Begründet, warum Reisen mit dem Fahrrad umweltfreundlich ist.

3 Erkundigt euch im Internet auf der Seite **www.oderneisse-radweg.de** nach weiteren Informationen über den Radweg. Wählt dann eine Teilstrecke aus und beschreibt Folgendes: Was ist das Besondere an der Strecke (Stichwort: Natur und Kultur grenzenlos genießen)? Was sollte der Radfahrer über die Wegstrecke wissen?

PROJEKT

Wir planen eine Klassenfahrt

M 1 **„Klassenfahrtideen".** Collage.

M 2 Checkliste für das Packen

- Jacke
- Hosen (kurze und lange)
- T-Shirts / Hemden
- Pullover
- Socken, Strümpfe
- Unterwäsche zum Wechseln
- Schlafanzug
- Sportkleidung, Trainingsanzug
- Badezeug
- Regenjacke
- warme Jacke
- warme Mütze
- Handschuhe
- Sonnenbrille, Schirmmütze
- feste Schuhe
- Gummistiefel
- Turnschuhe
- Hausschuhe
- Handtücher, Badetuch
- Kamm, Bürste
- Seife, Waschzeug
- Zahnbürste, -pasta, -becher
- Taschentücher
- Hygieneartikel
- Sonnenschutzmittel
- Schreib-, Briefpapier, -umschläge, -marken
- Schere, Kleber, Lineal
- Tagebuch
- Spiele
- Rucksack
- Brustbeutel
- Trinkflasche
- Taschenlampe
- Bettzeug (falls erforderlich)
- persönliche Medikamente
- Krankenversicherungskarte
- Impfpass (Kopie)

Wohin mit der 7 b?

Die Mädchen und Jungen der 7b sind begeistert, als ihre Klassenlehrerin das Stundenthema an die Tafel schreibt:
WIR PLANEN EINE KLASSENFAHRT
In den Köpfen entstehen sofort viele Bilder. „Wohin soll es gehen?", ruft Nicole ganz aufgeregt. Frau Möller nennt als Vorbedingung, dass für die Klassenfahrt nur Ziele in Deutschland infrage kommen und vor allem die Kosten bedacht werden müssen. „Wir bilden jetzt Planungsgruppen zu verschiedenen Klassenfahrtzielen." Sie sammeln Ideen und Vorschläge und holen weitere Informationen ein.
Nach zwei Wochen liegen die Ergebnisse aller Planungsgruppen vor.
„Jetzt haben wir nur noch die Qual der Wahl", sagt Frau Möller. Die Klasse entscheidet jetzt, welche Ziele in die engere Wahl kommen: In der Abstimmung fallen zwei Vorschläge durch, weil sie viel zu teuer sind. Einen Vorschlag finden viele zu anstrengend, und von den drei verbleibenden findet einer eine große Mehrheit. Ahnt ihr, welcher?

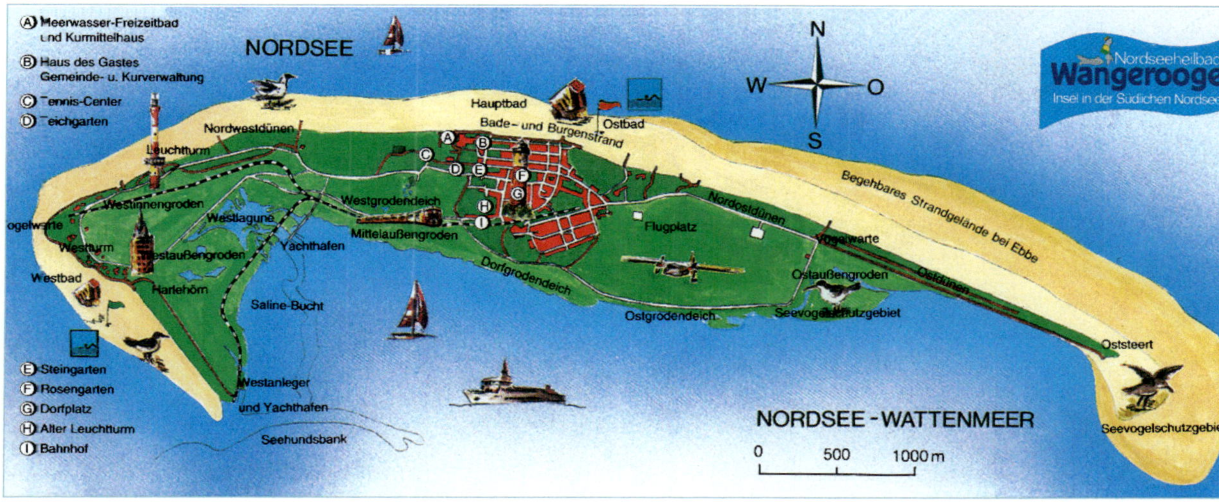

M3 Karte von Wangerooge.

M4 Planungsergebnisse der 7 b

1. Fahrt mit Rädern und Zelten an den Niederrhein, Gepäcktransportwagen, Selbstversorgung (Kosten ca. 60–65 €).
2. Mit dem Bus zum Freizeitpark „Schloss Dankern" (Emsland), Wohnen in Ferienhäusern mit Selbstversorgung, Baden, Radfahren (Kosten ca. 100–110 €).
3. Busfahrt zur Jugendherberge Kirchhundem im Sauerland, Vollverpflegung, Wandern, Rodeln, Wintersport (Kosten ca. 85–90 €).
4. Mit dem Zug bis Kiel, Ostseerundfahrt auf einem Segelschiff mit Besuch mehrerer Häfen, Mithilfe beim Segeln, Vollverpflegung (Kosten ca. 200 €).
5. Zeltlager auf der Nordseeinsel Wangerooge, Fahrt mit Bahn oder Bus und Schiff, Vollverpflegung, Baden, Radfahren, Wattwandern (Kosten ca. 100 €).
6. Mit Zug oder Bus ins Sporthotel Garmisch in den Alpen, Wandern, Vollverpflegung (Kosten ca. 230 €).

M5 **Auf Wangerooge.** Collage.

1 Sucht mögliche Reiseziele im Atlas und auf verschiedenen anderen Karten (Autokarte, Fahrradkarte, Wanderkarte). Stellt Überlegungen zur Entfernung vom Schulort, zur Wahl der Verkehrsmittel und zur Fahrtstrecke an.

2 Schreibt Briefe mit der Bitte um Informationen an das Fremdenverkehrsamt eures Zielortes. Wendet euch an Schullandheime, Jugendherbergen, Campingplätze oder andere mögliche Quartiere und erfragt freie Belegungszeiten sowie Preise.

3 Stellt eure Informationen für die Klasse zusammen (Wandzeitung, Folie, Umdruck). Begründet eure Entscheidungen.

4 Sucht den Westturm (Jugendherberge) in M3.

5 Untersucht anhand der Bilder, was ihr auf Wangerooge unternehmen könnt.

6 Stellt eure Wunschziele den Eltern in einem Rundbrief vor. Diskutiert sie mit den Eltern und der Klassenlehrerin bzw. dem Klassenlehrer auf einem Elternabend.

Check: Das kann ich schon …

Wichtige Begriffe erklären

- ✓ Erholungsraum Alpen
- ✓ Probleme des Alpentourismus
- ✓ umweltfreundlicher Tourismus
- ✓ Tourismus – Chance oder Belastung?
- ✓ Massentourismus
- ✓ Ursachen des Massentourismus
- ✓ Naherholung
- ✓ Fahrradtour

M2 In den Alpen bei Grindelwald. Foto, 2008.

M1 Mountainbiker. Foto, 2009.

M3 Sonnenbaden am Mittelmeer. Foto, 2008.

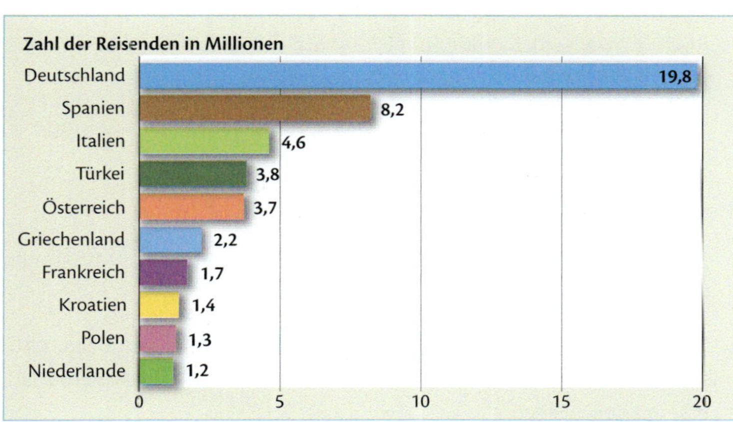

M4 Beliebteste Reiseziele der Deutschen in Europa 2007.

M5 **Bedeutende Touristenstrände und Ferienorte am Mittelmeer.**

Fachliche Kompetenz

1 Erklärt euch gegenseitig die wichtigen Begriffe (Kasten) und schreibt die Bedeutung der Begriffe in eure Arbeitsmappe

2 Erarbeitet mit M1– M5 einen kritischen Zeitungsartikel über den Tourismus und seine Folgen.

3 Erläutert welche Vor- und Nachteile der Naherholungstourismus in Deutschland hat (M6).

Methodenkompetenz

4 Zeigt auf, was man alles bei einem Rollenspiel zur Tourismusentwicklung beachten muss. Schreibt wichtige Stichpunkte auf.

Urteils- und Handlungskompetenz

5 Macht eine kleine Umfrage bei Eltern und Lehrern und Bekannten zu der Frage: „Würden Sie bei der Planung ihres nächsten Urlaubs Umweltgesichtspunkte berücksichtigen?“ Berichtet in der Klasse.

6 Beantwortet euch gegenseitig ehrlich folgende Frage: „Wohin geht der nächste Urlaub: Mallorca oder Lüneburger Heide?“.

M6 **Heidschnuckenherde in der Lüneburger Heide.** Foto, 2008.

8 Hunger am Rande der Wüste

Immer wieder erreichen uns Nachrichten über Hungersnöte in Afrika, besonders aus der Sahelzone. Gleichzeitig gibt es Nachrichten, dass die Wüste wächst und den Lebensraum der Menschen weiter einschränkt.

In diesem Kapitel könnt ihr untersuchen

- wie die Regen- und Trockenzeiten in Afrika entstehen und wie sie sich auf das Leben der Menschen auswirken,
- welche Ursachen die Ausbreitung der Wüsten hat und wieweit sie von Menschen mitverschuldet sind,
- was man tun kann um den Hunger und die Armut auf der Welt zu bekämpfen.

Am Ende des Kapitels könnt ihr die Ergebnisse eurer Arbeit präsentieren und sicher mit Klimadiagrammen umgehen.

Regen- und Trockenzeit in Afrika

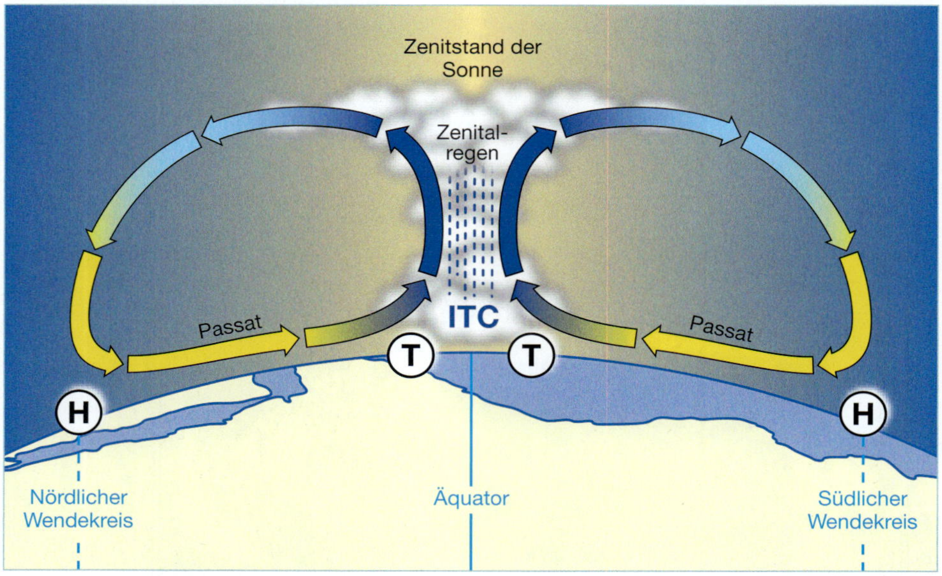

M 1 Der Passatkreislauf.

***Zenit**
Der Punkt, der sich senkrecht über dem Beobachter befindet.

***Wendekreise**
Breitenkreise, die nördlich und südlich des Äquators den Gang der Sonne „begrenzen".

***Passate**
Das Wort Passat kommt aus dem Spanischen und bedeutet Überfahrt. Zur Zeit der Segelschifffahrt nutzte man diese regelmäßig wehenden Winde zur Überquerung der Ozeane.

***kondensieren**
Beim schnellen Abkühlen wird aus Wasserdampf Wasser.

***Innertropische Konvergenzzone**
Die 100 bis 200 Kilometer breite Zone in der Nähe des Äquators, in der die Passate zusammentreffen.

Wie die Regenzeit entsteht

Das ganze Jahr über fallen die Sonnenstrahlen in der Nähe des Äquators sehr steil bis senkrecht auf die Erdoberfläche. Wegen der starken Sonneneinstrahlung steigen in der Nähe des Äquators große Mengen feucht-heißer Luft auf. Dadurch entsteht am Boden eine Zone tiefen Luftdrucks. Die Luft ist bestrebt, die Luftdruckunterschiede auszugleichen. Daher wehen Winde aus Gebieten mit höherem Luftdruck in das Tiefdruckgebiet am Äquator.

Die feucht-heißen Luftmassen am Äquator kühlen sich beim Aufsteigen ab, der Wasserdampf kondensiert* und es bilden sich mächtige Gewitterwolken aus denen es meist am Nachmittag stark regnet. Diese Regen werden Zenitalregen genannt, weil sie dort fallen, wo die Sonne im Zenit (siehe S. 36) steht.

In der Höhe strömt die kühle und „abgeregnete" Luft nach Norden und Süden in Richtung der Wendekreise. Dort sinkt sie ab und erwärmt sich. Die Wolken lösen sich auf, da warme Luft mehr Wasserdampf aufnehmen kann als kühle Luft. Daher liegen im Bereich der Wendekreise die größten Wüsten Afrikas.

Durch das Absinken der Luftmassen entsteht an den Wendekreisen am Boden eine Hochdruckzone. Vom Hoch an den Wendekreisen fließt die Luft Richtung Äquator zur dortigen Tiefdruckzone. Die Winde, die beständig äquatorwärts wehen, nennt man **Passate***. Der Luftkreislauf heißt deshalb auch Passatkreislauf.

Nordost- und Südostpassat

Durch die Erddrehung werden alle Winde, damit auch die Passatwinde, in ihrer Richtung abgelenkt. Auf der Nordhalbkugel entsteht so ein Nordostpassat. Auf der Südhalbkugel weht ein Südostpassat Richtung Äquator.

Mit der scheinbaren Wanderung der Sonne im Lauf des Jahres verschiebt sich auch die Innertropische Konvergenzzone. Damit ändern sich auch die Gebiete, über denen es regnet.

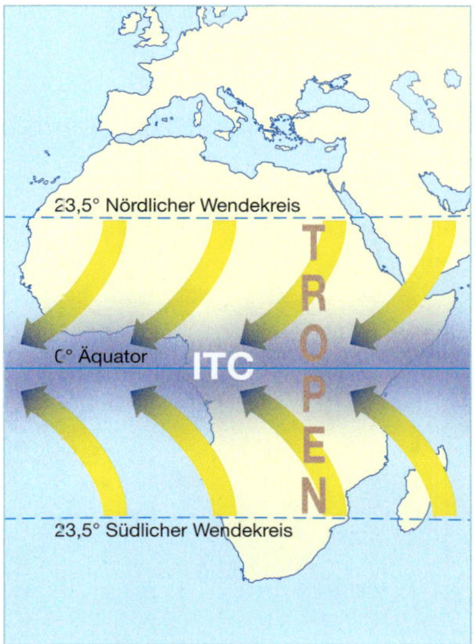

M2 ITC und Passate.

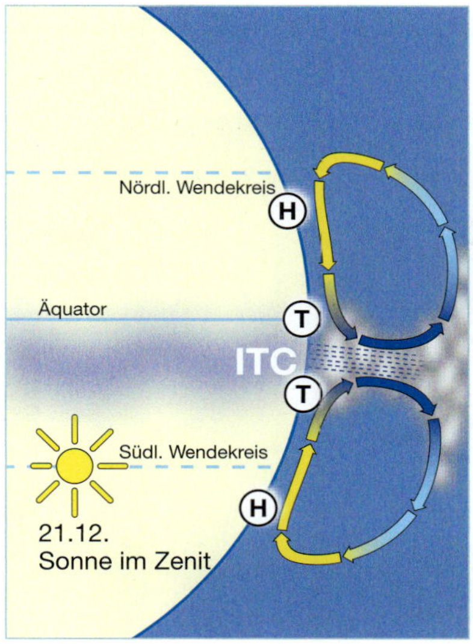

M3 Luftbewegungen im Dezember.

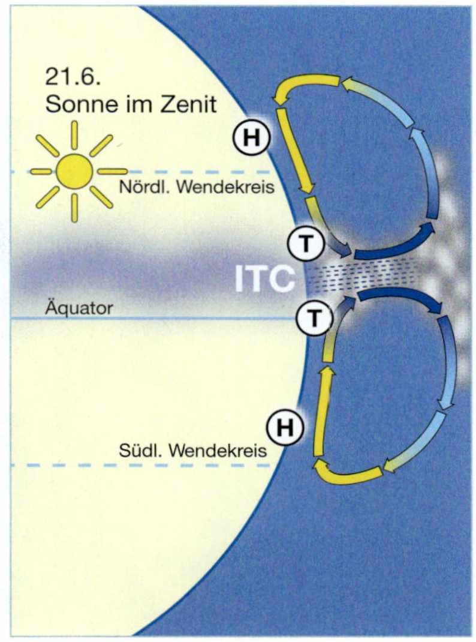

M4 Luftbewegungen im Juni.

Der Passatkreislauf „wandert"

Das System des Passatkreislaufs „steht" nicht über dem Äquator still, sondern es verschiebt sich mit dem Zenitstand der Sonne im Sommer nach Norden, im Winter nach Süden. Aber dieses „System" ist träger und langsamer als die „Wanderung" des Sonnenhöchststandes, es hinkt etwa einen Monat hinterher. Deshalb erreichen die Zenitalregen nur selten die Wendekreise. Am Äquator aber gibt es keinen Monat ohne Regen. Deshalb spricht man von einem **immerfeuchten Tropenklima**.

Dazwischen – zwischen dem Äquator und den Wendekreisen – gibt es eine Regenzeit im Jahr, die umso länger dauert, je näher das Gebiet am Äquator liegt. Wegen des Wechsels von Regenzeiten und Trockenzeiten bezeichnet man das Klima in diesem Raum als **wechselfeuchtes Tropenklima**.

Das Gebiet an der die Passate der Nord- und Südhalbkugel zusammentreffen, nennt man **Innertropische Konvergenzzone (ITC)***. Im Bereich der ITC regnet es besonders heftig. Die ITC verläuft in der Natur nicht als streng zum Äquator parallele Zone. Ihr Verlauf wird vor allem durch die unterschiedliche Vertreilung von Land- und Wasserflächen beeinflusst.

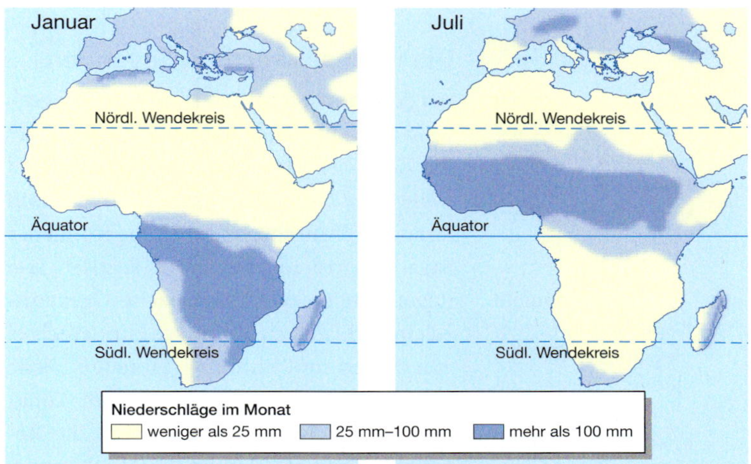

M5 Niederschlagsgebiete in Afrika.

***ITC**
Abkürzung für Innertropische Konvergenzzone. Damit ist die äquatornahe Tiefdruckzone gemeint, wo die Passate zusammentreffen.

1 Beschreibt anhand von M 1 und dem Text den Passatkreislauf.

2 Verdeutlicht mit eigenen Worten anhand von M2–M4, wie der Passatkreislauf „wandert".

3 Erklärt den Zusammenhang zwischen M3/M4 und M5.

4 Verfasst einen zusammenfassenden Bericht über die Entstehung von Regen- und Trockenzeiten in Afrika. Bezieht dabei auch das Satellitenbild der Erde von S. 175 mit ein.

Savannen – Grasländer der Tropen

M 1 Affenbrotbaum (Baobab) während der Trockenzeit. Foto, 2008.

M 2 Affenbrotbaum in der Regenzeit. Foto, 2008.

***arid**
Bezeichnung für ein trockenes Klima, die Verdunstung ist größer als der Niederschlag.

***humid**
Bezeichnung für ein feuchtes Klima, die Niederschlagsmenge ist größer als die Verdunstung.

Die wechselfeuchten Savannen

An den immerfeuchten tropischen Regenwald schließt sich beiderseits des Äquators die Zone der Savannen an. Savannen sind weite Grasländer, die mit Bäumen und Sträuchern durchsetzt sind. Das Klima der Savannen ist durch den Wechsel von Regenzeiten und Trockenzeiten gekennzeichnet. Dadurch kommt es zum Wechsel von ariden und humiden Monaten (siehe S. 44/45). Je weiter ein Gebiet vom Äquator entfernt liegt, desto kürzer ist die **Regenzeit** und umso länger die **Trockenzeit**. Die Dauer der Regenzeit bestimmt die Zusammensetzung der Savannenvegetation.

Die Feuchtsavanne

Die Feuchtsavanne ist eine Landschaft mit bis zu drei Meter hohem Gras, dichtem Baumbewuchs und Palmen. Die Bäume erreichen jedoch nicht die gleiche Höhe wie im tropischen Regenwald. Die Bäume sind immergrün, nur einige werfen in der Trockenzeit ihr Laub ab.
Die Flüsse führen ganzjährig Wasser. An ihren Ufern wächst ein dichter Wald mit Pflanzen des tropischen Regenwaldes. Diese so genannten Galeriewälder nutzen das flach liegende Grundwasser in der Flussnähe und sind immergrün. Die Regenzeit dauert über sechs Monate.

Die Trockensavanne

In der Trockensavanne kann das Gras bis zu 1,50 m hoch wachsen. Aber auch Bäume kommen vor, die in der Trockenzeit ihre meist kleinen und harten Blätter abwerfen. Ein typischer Baum ist die Schirmakazie, die mit ihren langen Pfahlwurzeln auch noch Wasser aus großer Tiefe nutzen kann. Der Affenbrotbaum übersteht die Trockenzeit, weil er in seinem Stamm über Monate Wasser speichern kann.
Die Flüsse der Trockensavanne führen nicht ganzjährig Wasser. Dennoch hat sich an den Flussufern ein dichter, ganzjährig grüner Baumstreifen herausgebildet. Vier bis sechs Monate dauert die Regenzeit.

Die Dornsavanne

In der Dornsavanne kommt Gras nur büschelweise vor und wird höchstens 25 Zentimeter hoch. Ganz vereinzelt steht mal ein Baum in der Dornsavanne, der die meiste Zeit des Jahres ohne Blätter ist. Vorherrschend sind Kakteen, die Wasser

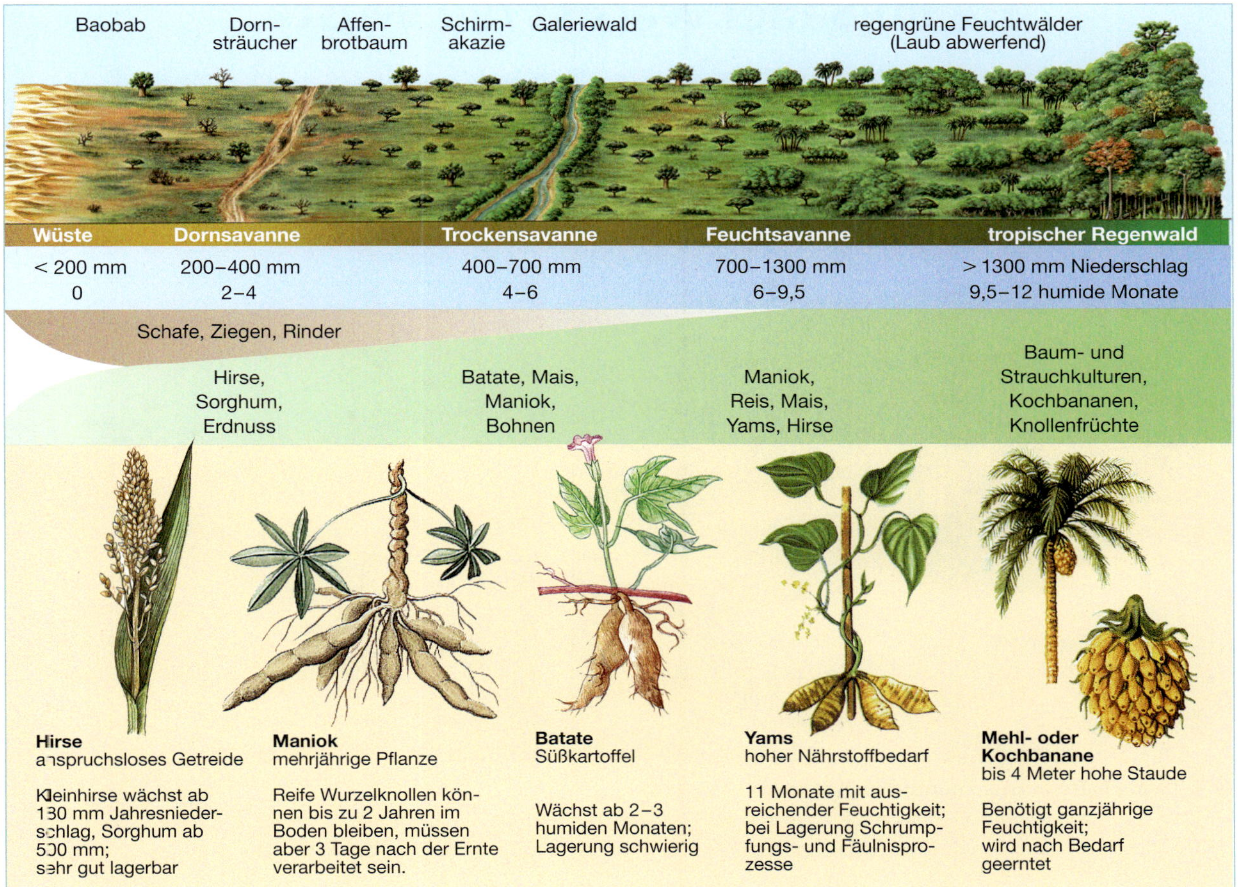

M3 Vegetation und Nutzungsformen in den Landschaftszonen im nördlichen Afrika.

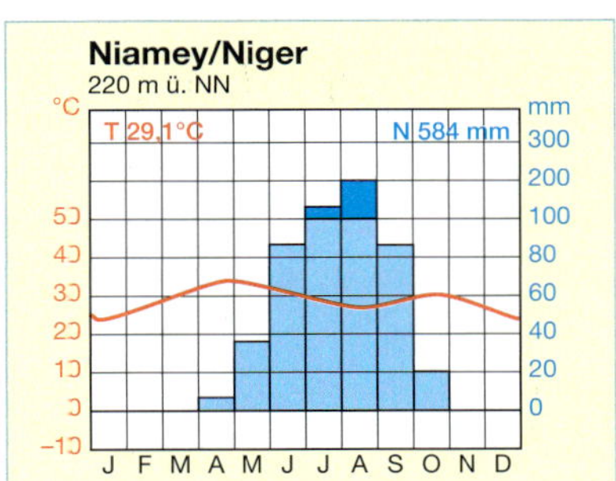

M4 Niamey (Niger).

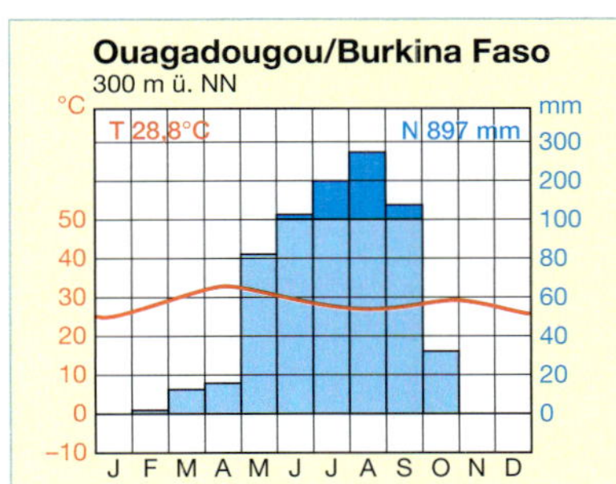

M5 Ouagadougou (Burkina Faso).

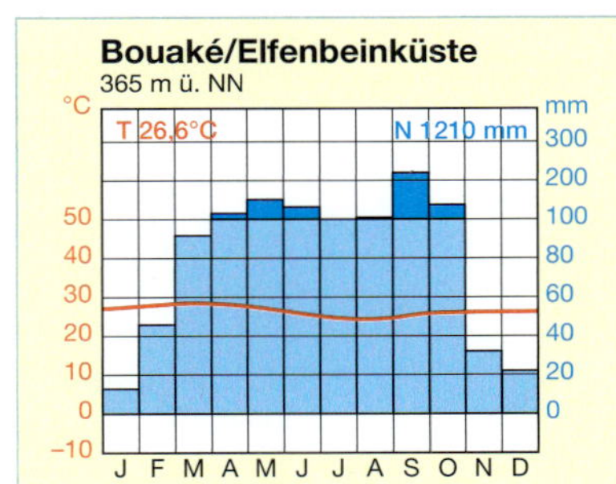

M6 Bouake (Elfenbeinküste).

speichern können, und Dornbüsche, die mit ihren kleinen Blättern kaum Verdunstungsoberfläche bieten.
Die Flüsse führen nur während der Regenzeit Wasser. Die Regenzeit dauert zwei bis vier Monate.

1 Schlagt die Karte M1 auf S. 48 auf und untersucht wie die verschiedenen Vegetationszonen Afrikas vom Äquator aus gesehen aufeinander anschließen.

2 Beschreibt mit Hilfe von M3 und dem Text die Savannenformen und notiert ihre Kennzeichen in einer Übersicht in eurer Arbeitsmappe.

3 Ordnet die Klimadiagramme den zugehörigen Landschaftsformen zu.

Im Sahel wächst die Wüste

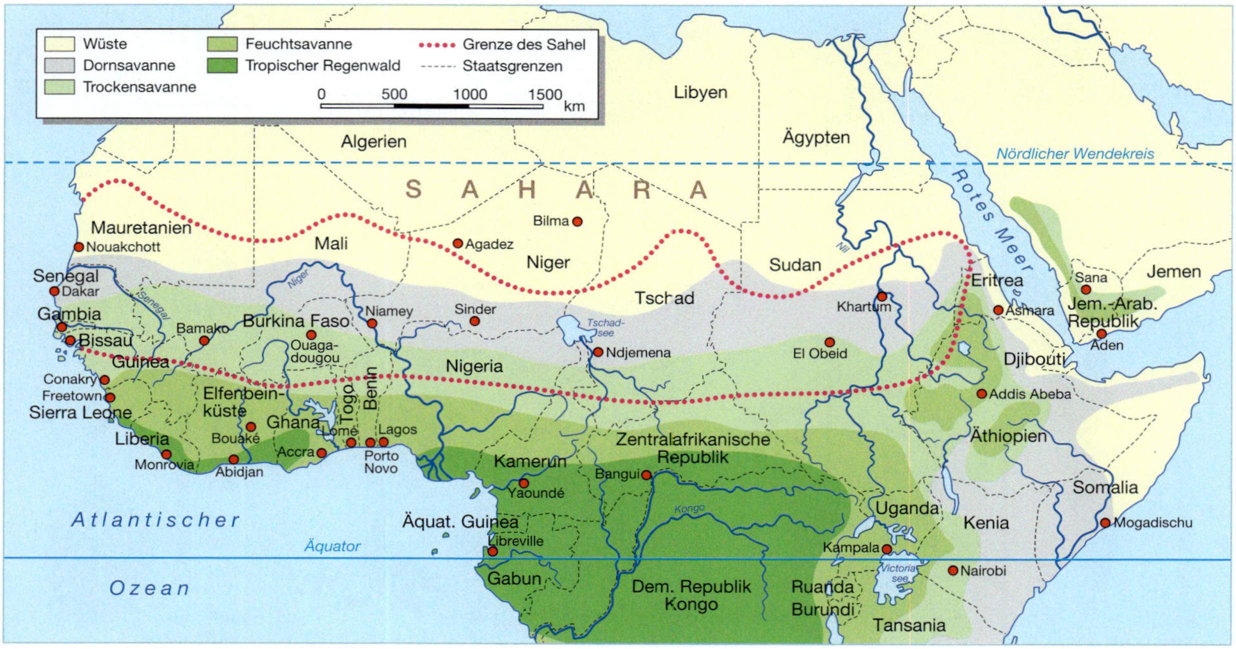

M 1 Landschaftszonen im nördlichen Afrika.

Die Sahelzone

Die Sahelzone erstreckt sich über den ganzen afrikanischen Kontinent am Südrand der Sahara mit einer West-Ost-Erstreckung von etwa 6000 km und einer Nord-Süd-Ausdehnung von 150 bis 800 km. Ihren Namen erhielt sie von arabischen Händlern, denen nach der Durchquerung der scheinbar endlosen Sahara das Grün der Gräser und Bäume als „rettendes Ufer“ (arabisch: „sahil“) erschien. Heute ist mit „Sahel“ ein größeres Gebiet gemeint, das große Teile der Savannen im Nordteil Afrikas einschließt.

In der Sahelzone kommt es immer wieder zu verheerenden Dürrezeiten. Die Folge sind und waren große Hungernöte, besonders in den Jahren um 1970 und um 1980, aber auch 2004. In den Jahren 2007 und 2009 kam es hingegen zu weiträumigen Überschwemmungen, die große Schäden verursachten.

Desertifikation

Der Rand der Wüste bewegt sich jährlich um 7–15 km nach Süden. Diesen Prozess der Ausbreitung der Wüste nennt man **Desertifikation**. Man schätzt, dass etwa 40 % der Gesamtbevölkerung Afrikas und Asiens in Gebieten leben, die von Desertifikation bedroht sind. Viele Staaten der Sahelzone gehören zu den ärmsten der Welt.

Gruppenarbeitsseiten

Auf den folgenden Seiten könnt ihr am Beispiel des Staates Mali die Ursachen für die Hungerkatastrophen in der Sahelzone erarbeiten. Teilt euch in Gruppen auf, wählt ein Thema und präsentiert eure Ergebnisse in der Klasse. Lest dazu die Methodenseiten 188/189. Die Seite 181 sollten alle Gruppen als Grundinformation zu Mali bearbeiten.

Mali – ein Land in der Sahelzone

GRUPPEN-ARBEIT

Ländername: Republik Mali, République du Mali
Klima: Überwiegend feucht-heißes Klima im Süden, trockenes Wüstenklima im Norden, November – Februar: warm und trocken, März – Mai: heiß und trocken; Juni – Oktober: feuchtwarme Regenzeit
Größe des Landes: 1 240 000 qkm (Bundesrepublik Deutschland: 357 000 qkm), davon 60 % Wüste
Hauptstadt: Bamako – rund 1,5 Millionen Einwohner
Bevölkerung: ca. 12,7 Millionen Einwohner; (1969: 4,1), Wachstumsrate: 3,0 %, 45 % der Einwohner sind jünger als 14 Jahre
Wichtigste Volksgruppen: Bambara, Malinke, Peul (Fulbe), Songhai, Sarakollé, Tuareg, Dogon
Religionen: 75 % Moslems, 5 % Christen, 20 % Naturreligionen
Unabhängigkeit von Frankreich: 22.09.1960
Regierungsform: Präsidialdemokratie
Bruttoinlandsprodukt (BIP): ca. 5,05 Mrd. Euro (2007), Bundesrepublik ca. 2400 Mrd.
Pro-Kopf-Einkommen: ca. 414 US-Dollar (2007), Bundesrepublik ca. 25 000 US-Dollar (2007)
Durchschnittliche Lebenserwartung (in Jahren): 54 (2006), Bundesrepublik: 79 (2006)
Aktuell: 2009 warnte die Bundesregierung vor Reisen in den Norden Malis. Dort kam es wiederholt zu bewaffneten Aufständen der Tuaregs.

M 1 Mali – im Überblick.

Wichtige Links zur Weiterarbeit:

www.auswaertiges-amt.de/diplo/de/laenderinformationen/01-Laender/Mali.html

http://liportal.inwent.org/mali/ueberblick.html

http://www.lag-malihilfe.de/index.html

Ein armes Land

Mali gehört zu den 10 ärmsten Ländern der Welt (2007: Rang 173 von 177). Die Sahara nimmt etwa 60 % der Landesfläche ein. Die Wirtschaft des Landes wird vom Agrarsektor geprägt, in dem mehr als die Hälfte der Menschen beschäftigt sind. Es werden vor allem Getreide, Baumwolle und Erdnüsse angebaut, dazu kommt eine intensive Haltung von Rindern, Schafen und Ziegen.

Das Land hat große Wirtschafts- und Umweltprobleme. Die mangelnde Infrastruktur behindert die wirtschaftliche Entwicklung Malis. Die Bevölkerungszahl Malis wächst sehr schnell. Gerade viele Jugendliche sind arbeitslos und wandern vom Land in die Städte ab. Immer wieder kommt es zu Hungerkrisen auf Grund von Heuschreckenschwärmen oder einer ausbleibenden Regenzeit (z. B. 2004). Es gibt aber auch Zeichen der Hoffnung: 2007 und 2008 konnten überdurchschnittliche Getreideernten eingebracht werden.

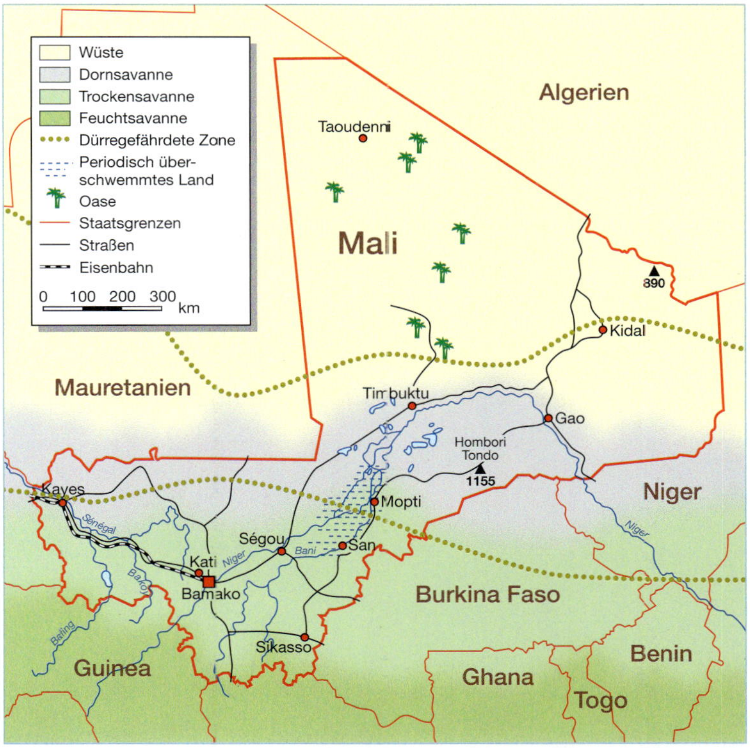

M 2 Mali.

1 Wertet das Material dieser Seite aus. Vervollständigt eure Ergebnisse mit interessanten Informationen z. B. aus dem Internet und Büchern.

GRUPPEN-
ARBEIT

Hoffen auf Regen

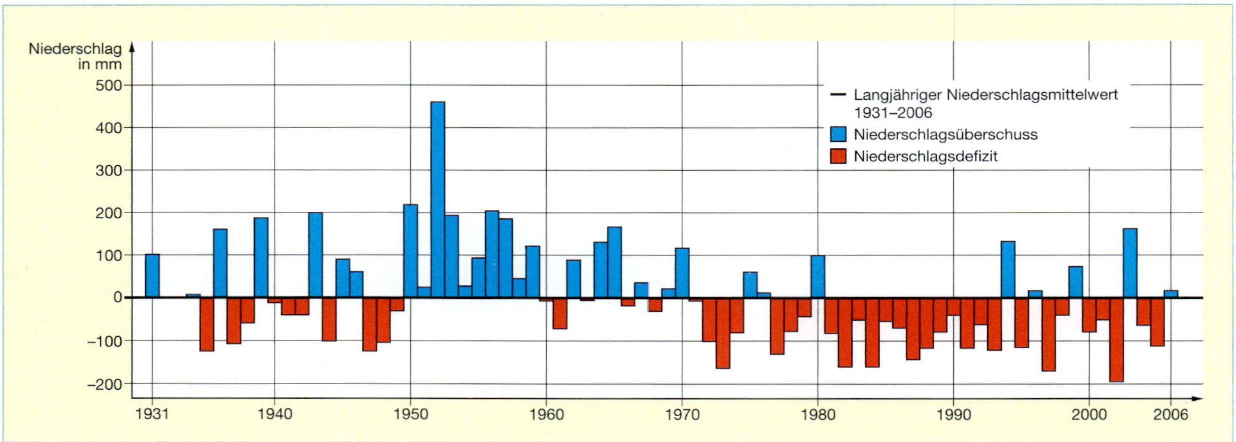

M 1 Abweichung des Niederschlags vom langjährigen Durchschnitt, Station Mopti, Mali.

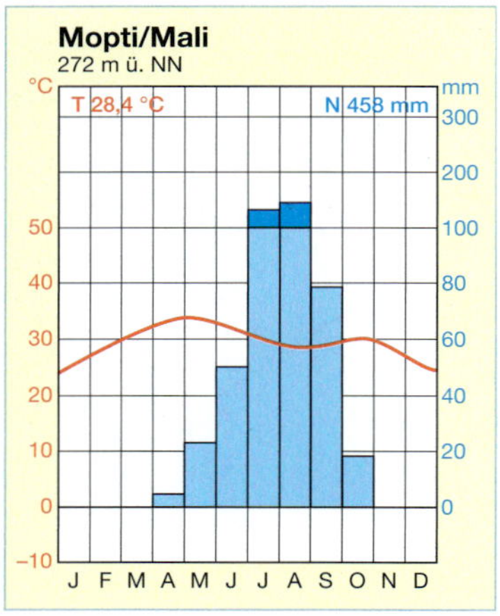

M 2 Klimadiagramm Mopti, Mali.

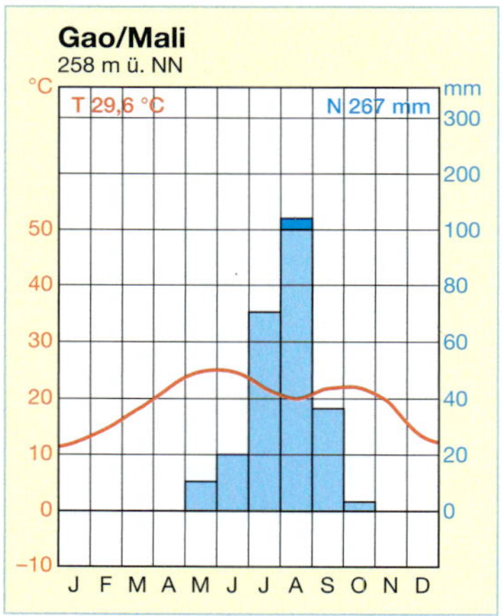

M 3 Klimadiagramm Gao, Mali.

M 4 **Die Regenzeit beginnt.** Foto, 2008.

Niederschlagsschwankungen

Anders als bei uns bleibt der Regen in Mali oft aus, die Niederschlagsmenge schwankt im langjährigen Vergleich sehr (M 1). Man spricht in diesem Zusammenhang von einer hohen **Niederschlagsvariabilität**. Hinzu kommt, dass der Niederschlag in Mali sehr unterschiedlich fällt: Er nimmt vom Norden nach Süden zu, im Westen regnet es mehr als im Osten Malis. Die Dürreperioden haben fatale Folgen: Missernten und dadurch Hunger für viele Menschen; ferner die Ausbreitung der Wüste nach Süden. Die Häufigkeit der Dürreperioden hat zugenommen.

1 Wertet das Material dieser Seite aus und stellt der Klasse das Problem der extremen Niederschlagsschwankungen vor. Benutzt möglichst zusätzliche Informationen z. B. aus dem Internet.

2 Vergleicht die Klimadiagramme (M 2, M 3) und schreibt ein zusammenfassendes Ergebnis in eure Arbeitsmappe.

3 Vergleicht M 2 (Mopti) mit dem Klimadiagramm von Stuttgart (M 3 S. 47). Notiert euer Ergebnis.

Nomaden und ihre Viehherden

GRUPPEN-ARBEIT

Wandern, um zu überleben

Für einen ertragreichen Ackerbau reichen die niedrigen Niederschläge und starken Niederschlagsschwankungen in der Dornsavanne häufig nicht mehr aus.
Der Wechsel von Trocken- und Regenzeiten bestimmt das Leben der seit Jahrhunderten hier lebenden **Nomaden**. Sie legen im Laufe eines Jahres mit ihren Herden Hunderte von Kilometern zurück und sind immer auf der Suche nach Wasser und Weiden. Die Nomaden haben keinen festen Wohnsitz, sondern leben in Zelten oder einfachsten Hütten, die nach Bedarf auf- oder abgebaut werden können. Der Hausbau ist Aufgabe der Frauen.

Wandern mit dem Regen

Wenn die Regenzeit beginnt, treiben die Männer ihre Herden in die Dornsavanne. Ist ein Platz abgeweidet, ziehen die Nomaden mit ihren Herden weiter. Die Trockenzeit verbringen sie in Flusstälern oder in der Nähe von Wasserstellen. Dennoch reicht oft das zur Verfügung stehende Gras nicht aus. Viele Tiere magern stark ab oder verenden. Mit dem Einsetzen der Regenzeit beginnt wieder die Wanderung in die Dornsavanne.
Die Nomaden in den Savannen haben vor allem Rinder-, Ziegen- und Schafherden. Diese liefern vor allem Fleisch und Milch. Ferner sind sie oft die einzige Möglichkeit um an Bargeld zu gelangen, das z. B. für Steuerzahlungen, Medikamente, Schulgeld und Haushaltsgeräte benötigt wird.

Wandern unerwünscht

Früher konnten die Nomaden ungehindert mit ihren Herden über Grenzen hinweg umherziehen. Heute verbieten immer mehr Staaten den Nomadismus, da sie den unkontrollierten Durchzug durch ihr Land nicht wollen. Stattdessen fordern sie das Sesshaftwerden der Nomaden. Doch die an das freie Umherziehen gewöhnten Menschen können sich oft nur schwer an feste Häuser und den Ackerbau gewöhnen.
Überall dort, wo feste Siedlungen mit Feldern und Zäunen angelegt werden, sind die Nomaden von ihren traditionellen Weidegebieten abgeschnitten.

M 1 Viehherde in Mali. Foto, 2008.

	1970	2007
Einwohnerzahl	5 484 000	12 700 000
Anzahl der Kamele	217 700	476 000
Anzahl der Rinder	531 000	7 917 000
Weidefläche für Rinder (um ein Rind in der Trockensavanne zu ernähren braucht man eine Weidefläche von ca. 4,5 ha	4,4 ha	3,3 ha
Anzahl der Ziegen	5 500 000	13 010 000
Anzahl der Schafe	5 750 000	8 595 000

M 2 Viehwirtschaft in Mali.

1 Wertet das Material dieser Seite aus und stellt der Klasse die Probleme der Viehwirtschaft in Mali vor. Zieht möglichst zusätzliche Informationen z. B. aus dem Internet und Büchern mit heran.

2 Findet heraus, warum gerade der Zuwachs an Ziegen besonders schädliche Folgen hat.

GRUPPEN-ARBEIT

Ackerbau und Trockenheit

M1 **Ein Acker wird zur Aussaat vorbereitet.** Foto, 2008.

	1970	2007
Einwohnerzahl	5484000	12700000
Ackerland pro Einwohner	0,5 ha	0,2 ha
Baumwolle	52762 t	414965 t
Anbaufläche für Baumwolle	65703 ha	480000 ha
Sojabohnen	0 t	2200 t
Tee	0 t	150 t
Zuckerrohr	60504 t	350000 t
Reis	169400 t	955000 t
Hirse	715000 t	1982406 t
Anbaufläche für Hirse	908000 ha	2345000 ha

M2 **Ackerbau in Mali 1970 und 2007.**

M3 **Hirse.** Foto, 2008.

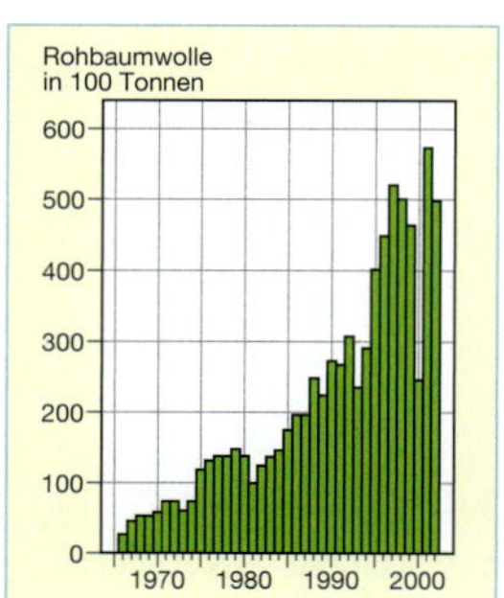

M4 **Entwicklung der Baumwollproduktion in Mali.**

Ohne Wasser kein Pflanzenwachstum

In den Savannen muss sich der Ackerbau an den Wechsel von Regen- und Trockenzeiten anpassen. Ackerbau ist überall dort möglich, wo es nicht mehr als siebeneinhalb aride Monate gibt und mindestens 250 mm Niederschlag im Jahr fallen. Diese Niederschlagsmengen markieren die **Trockengrenze**. Werden diese Niederschlagsmengen nicht erreicht, ist nur noch Viehzucht möglich.

Regenfeldbau

Die Landwirtschaft in den Savannen hat sich den natürlichen Bedingungen angepasst. Die Bauern leben in festen Siedlungen und bestellen ihre Felder ohne Bewässerung. Diese Form des Anbaus nennt man **Regenfeldbau**.

Am Ende der Trockenzeit beginnen die Bauern mit dem Bestellen ihrer Felder. Mit einfachen Hacken lockern sie die oberste Bodenschicht etwa zehn Zentimeter tief auf. Dieser Hackbau ist sehr mühsam, da der Boden ausgetrocknet und hart ist. Nach den ersten Regenfällen muss schnell gesät werden, damit die Pflanzen die ohnehin geringen Niederschläge voll nutzen können.

Hirse – das Getreide der Savanne

Hirse ist ein anspruchsloses Getreide, dessen Körner aber einen hohen Nährwert haben. Die Pflanze braucht viel Wärme, aber nur wenig Feuchtigkeit. Deshalb kann Hirse selbst in der Dornsavanne noch angebaut werden. Die Pflanze kann trotz einer kurzen Wachstumszeit bis zu fünf Meter hoch werden.

Die Hirsebauern in der Dorn- und Trockensavanne besitzen meistens nur Felder von maximal drei bis fünf Hektar, die mit allen Familienmitgliedern bestellt werden. Die Feldarbeit ist mühsam, da kaum Maschinen vorhanden sind. Es gibt nur eine Ernte pro Jahr gegen Ende der Regenzeit. Von den geringen Erträgen müssen ausreichend Körner als Saatgut für das kommende Jahr zurückgelegt werden.

Der Regenfeldbau ist abhängig von den Niederschlagsmengen. Bleiben die Niederschläge aus oder fallen nicht ausreichend in der Wachstumsperiode der Pflanzen, kommt es zu Ernteverlusten und Hungersnöten.

1 Wertet das Material dieser Seite aus und stellt der Klasse das Problem Ackerbau in Mali vor. Benutzt möglichst zusätzliche Informationen z. B. aus dem Internet.

Bevölkerungszuwachs und Energiemangel

GRUPPEN-ARBEIT

Bevölkerungsentwicklung

Ähnlich wie in Mali wuchs die Bevölkerungszahl in allen Sahelstaaten (M3). Ursachen hierfür waren unter anderem
- die Verbesserung der medizinischen Versorgung,
- dadurch bedingt weniger Sterbefälle in der Gesamtbevölkerung,
- bei gleichbleibender Kinderzahl (als Vorsorge für das Alter),
- daneben mangelnde Berufsaussichten für Frauen und
- unzureichende Informationen über Methoden der Familienplanung.

Folgen des Bevölkerungsanstiegs

Die stark gestiegene Bevölkerungszahl führte zur intensiveren Nutzung des Bodens, auch dort wo normalerweise auf Grund der geringen Niederschläge bisher nichts angebaut wurde. Hinzu kam, dass der vermehrte Anbau von Baumwolle für den Export den Anbau von Lebensmitteln in weniger ertragreiche Gegenden verdrängte. Der traditionelle Wechsel zwischen Zeiten der Brache, in der sich die Felder erholen konnten, und Anbauzeiten fiel weg. Oft müssen die Felder in wenig fruchtbaren Gegenden künstlich bewässert werden. Dies führt mittelfristig zur Verringerung der Grundwasservorräte und zum Trockenfallen zahlreicher Brunnen. Zusätzlich bewirkt die künstliche Bewässerung häufig die Versalzung der Böden.

Bleiben die Niederschläge aus kann es durch die Übernutzung leicht zur Versorgungsschwierigkeiten und **Hungerkatastrophen** kommen. Da die Lebensmittelpreise in Jahren mit geringem Niederschlag stark anstiegen, kam es im Nachbarland Burkina Faso im Jahre 2007 zu großen Protestaktionen und sozialen Unruhen.

M1 Kinder in Mali. Foto, 2008.

M2 Frauen sammeln Brennholz. Foto, 2008.

Abholzung

Holz ist der wichtigste Energieträger in der Sahelzone, der durch den Bevölkerungsanstieg immer knapper wird. Holz dient weiter als Baumaterial für Wohnhütten; Zweige und Dorngestrüpp dienen als Hof- und Gartenbegrenzungen sowie für Viehpferche. Holz und Gestrüpp wird vor allem zum Kochen benötigt, auf dem Lande ebenso wie in der Stadt. Denn Öl ist für viele Menschen zu teuer, Energiegewinnung über Solaranlagen gibt es kaum. Eine sechsköpfige Familie verbraucht jede Woche etwa eine Eselsladung Brennholz. Das entspricht etwa einem Baum mittlerer Größe. Die stetig steigende Abholzung verstärkt die Desertifikation.

	1970	2008
Burkina Faso	5,4	15,2
Mali	5,0	12,7
Mauretanien	1,3	3,2
Niger	4,2	14,7
Senegal	4,4	12,7
Sudan	14,5	39,4
Tschad	3,7	10,1

M3 Bevölkerungszahl der Sahelstaaten 1970 und 2008 in Mio.
Das Bevölkerungswachstum beträgt etwa 3 % jährlich; etwa 70 % der Bevölkerung sind in der Landwirtschaft beschäftigt.

1 Wertet das Material dieser Seite aus und stellt der Klasse die Probleme de Bevölkerungsentwicklung in Mali und den Sahelstaaten vor. Zieht möglichst zusätzliche Informationen z. B. aus dem Internet und Büchern mit heran.

GRUPPEN-ARBEIT

Die Rolle der Frauen

M 1 Frauenarbeit in Mali. Fotos, 2008.

Auf die Frauen kommt es an

Viele Frauen in Mali besonders auf dem Land haben ein arbeitsreiches Leben. Die Lebensmittel werden überwiegend von ihnen produziert. Frauen holen Wasser und sammeln Holz, bestellen die Felder, kochen und versorgen die Kinder. Sie verkaufen auf den Märkten ihre Ernte oder selbsthergestellte Waren. Nach den in Mali herrschenden Traditionen helfen die Männer kaum mit. Daher müssen die Töchter früh mitarbeiten. Viele von ihnen gehen deswegen nicht zur Schule und bleiben Analphabetinnen.

In Notzeiten versuchen die Männer in den Städten oder in benachbarten Ländern als Tagelöhner Geld zu verdienen, um ihre Familien zu unterstützen.

Hilfe zur Selbsthilfe

Mit Selbsthilfeprojekten und mit Projekten internationaler Hilfsorganisationen versuchen die Frauen in Mali und in den anderen Ländern der Sahelzone ihre Situation zu verbessern.

Nützliche Adressen im Netz:

http://www.tdh.de

http://www.tdh.de/content/themen/laenderinformationen/burkina_faso/mechanikerinnen.htm

http://www.welthungerhilfe.de/

M 2 In einer Ankündigung zu dem Film des Hessischen Fernsehen : „Gemeinsam sind wir stark – Mali: Ein Motor für die Frauen" hieß es:

[…] In Lontola, einem Dorf im Süden des Landes, haben Aïssata Bagayogo und ihre Nachbarinnen jetzt einen Wandel eingeläutet. Mit Unterstützung des Entwicklungsprogramms der Vereinten Nationen haben sie die technischen Voraussetzungen geschaffen, um Getreide mahlen zu können – eine Dienstleistung, die jeder gegen Bezahlung in Anspruch nehmen kann. Mit dem Umsatz erzielen die Frauen von Lontola Gewinne und schaffen Arbeitsplätze – und sie gewinnen Zeit, Zeit, in der sie lesen und schreiben lernen können. […]

1 Wertet das Material dieser Seite aus und stellt der Klasse die Arbeit der Frauen in Mali vor. Nutzt auch das Internet.

Hoffnung für Mali?

GRUPPEN-ARBEIT

Einfache Hilfe

Mit einfachen Mitteln versuchen die Bewohner der Sahelzone der Ausbreitung der Wüste zu trotzen und die durch die Übernutzung zerstörten Böden wieder nutzbar zu machen. Besonders in Burkina Faso, in Niger und in Mali waren ihre Versuche erfolgreich.

Aufforstung

Mit Hilfe der von Bauern in Burkina Faso entwickelten Zai-Methode* ist es gelungen in Mali und Niger Millionen von Bäumen zu pflanzen und Boden wieder fruchtbar zu machen.

M2 Baumanpflanzungen auf insgesamt 42 Hektar in Mali. Foto, 2008.

M1 Aus einer Reportage von 2009:

[...] Das Dorf Dan Saga in Niger schien todgeweiht, gefangen im Teufelskreis aus Dürre und Not. Um dem Hunger zu entkommen, gingen viele junge Männer als Hilfsarbeiter ins benachbarte Nigeria, das wegen seiner Petrodollar im Vergleich als reich gilt.

Doch dann geschah etwas Erstaunliches. Als im Juni die Regenzeit wieder begann, gedieh die Hirse auf den Feldern dieser Männer deutlich besser – denn die hatten keine Gelegenheit gehabt, ihre Gao abzuhacken, wie die dornigen, robusten Akazien hier genannt werden.

Es war wie ein ungeplantes Experiment mit eindeutigem Ergebnis: „Gaos bieten Windschutz für die Hirse. Sie spenden Schatten für das Vieh, man kann Äste abschneiden für Feuerholz, und in der Trockenzeit können die Ziegen und Kamele das Laub fressen", erklärt Ali Neino, mit 31 Jahren der Wortführer der jüngeren Generation im Dorf. Bald begannen auch die anderen Bauern, ihre Äcker gezielt mit Akazien zu durchsetzen – und sahen sich im Jahr 2005 bestätigt. [...]

M3 Weiter wurde berichtet:

„Weil die Akazien gute Schattenspender sind, ziehen sie das Vieh an, was ihnen wiederum eine natürliche Form von Düngung verschafft." „Sie tragen Blätter in der Trockenzeit, wenn kaum Gras wächst." Das Biotop*, fährt er fort, ziehe zudem Termiten an, die mit ihren Gängen den Boden auflockern und Nährstoffe aus der Tiefe nach oben buddeln.

Die Aufforstung selbst ist dabei fast kostenlos, denn sie geschieht meist von selbst wie durch eine unsichtbare Hand: Die Bauern hacken flache Mulden in den teils sandigen, teils steinharten Boden, sogenannte Zaï, und schon bald sprießen dort Bäume, denn der Kot der Viehherden ist meist voller Samenkörner. [...].

Zai-Methode*:
In den harten Boden eines unfruchtbar gewordenen Ackers werden in größerem Abstand Löcher von 30 cm Größe und 20 cm Tiefe gegraben und mit Viehdung oder Kompost gefüllt. Durch das Graben der Löcher, in denen sich das Wasser sammelt, kann der Ertrag eines Ackers um 500 kg gesteigert werden. Entscheidend ist die Zugabe von Mist oder Kompost.

Biotop*
Wörtlich „Lebensort", kleinste Einheit in einem Ökosystem.

1 Wertet das Material dieser Seite aus und stellt der Klasse die von den Bauern im Sahel angewandten Methoden gegen die Wüstenausbreitung vor. Nutzt auch das Internet und andere Medien.

METHODE

Arbeitsergebnisse präsentieren

M 1 Präsentation mit Plakaten (oben); Präsentation mithilfe des Overheadprojektors (unten); freier Vortrag mit Notizen auf Karteikarten (rechts). Fotos, 2007.

Eine Präsentation vorbereiten

Wenn die verschiedenen Arbeitsgruppen eurer Klasse die einzelnen Themen zu Mali erarbeitet haben, steht die Präsentation der Arbeitsergebnisse auf der Tagesordnung. Nichts ist langweiliger als ein langweiliger Vortrag. Also solltet ihr die Präsentation eurer Arbeitsergebnisse gut vorbereiten.

M 2 Checkliste für eine Präsentation

1. Gliederung der Präsentation erarbeiten (Einführung, Hauptteil, Schluss).
2. Gliederung und Kernaussagen veranschaulichen (z. B. Overhead, Power Point).
3. Den Vortrag vorbereiten und evtl. einüben.

Zum 1. Schritt: Gliederung der Präsentation

In der Einleitung solltet ihr die Aufmerksamkeit der Zuhörerinnen und Zuhörer wecken, indem ihr das Thema benennt und beschreibt, welche Frage ihr untersucht und klären wollt. Ein Bild, eine Karikatur oder eine kleine Geschichte hilft das Interesse zu wecken. Am Ende der Einleitung informiert ihr eure Zuhörer auch darüber, auf welche Materialien und Quellen ihr eure Präsentation stützt.

Im Hauptteil, der wiederum gut gegliedert sein muss, informiert ihr anhand von Materialien (Schaubildern, Grafiken, Tabellen, Textauszügen) schrittweise über euer Thema, indem ihr die Frage aus der Einleitung wieder aufnehmt und mit klaren Aussagen beantwortet.

Der Schlussteil (Zusammenfassung) fasst die wesentlichen Aussagen zum Thema nochmals zusammen und zeigt auf, welche Fragen offen sind.

Zum 2. Schritt: Gliederung und Kernaussagen visualisieren (veranschaulichen)

Ihr alle wisst aus Erfahrung, dass sich nach kurzer Zeit während eines Vortrages die

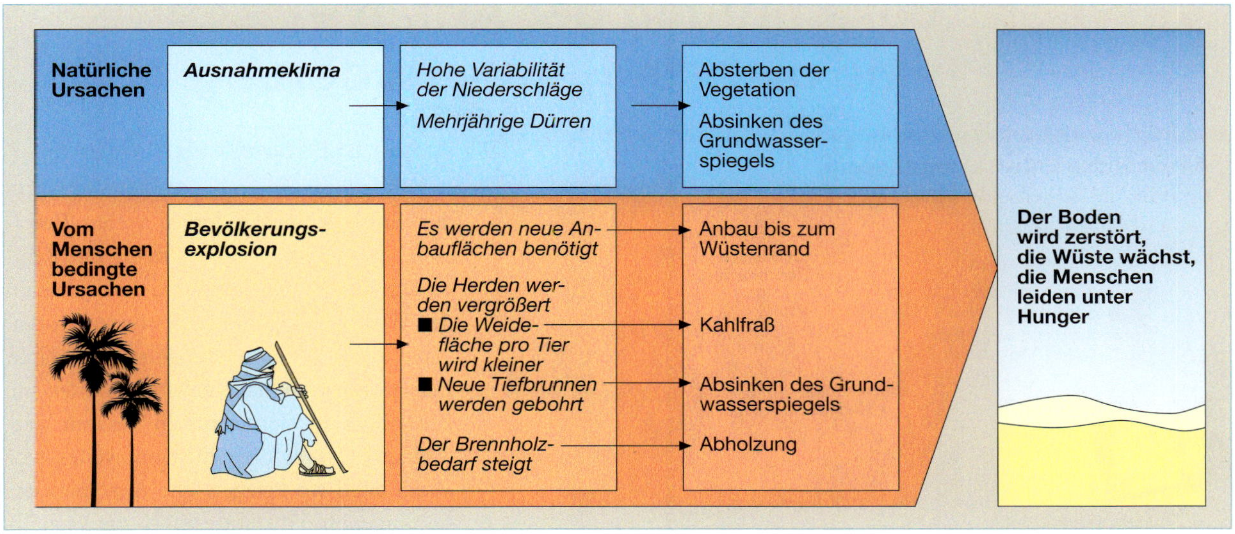

M 3 Beispiel für ein Wirkungsgefüge zum Ablauf des Desertifikationsprozesses im Sahel.

Aufmerksamkeit nachlässt. Dem kann man mit verschiedenen Hilfsmitteln entgegenwirken. Auf jeden Fall sollte man die Gliederung der Präsentation an die Tafel oder auf eine Overheadfolie schreiben.

Wenn man die wichtigsten Aussagen des Hauptteils auf Overheadfolien oder in eine Powerpoint-Präsentation in den Vortrag einblendet, unterstützt man die Zuhörerinnen und Zuhörer. Die Erstellung einer Powerpoint-Präsentation lohnt nur bei einem längeren Vortrag. Der Einsatz der Folien (Overhead/Powerpoint) muss sparsam erfolgen. Eingeblendete Materialien sind kein Selbstzweck, vielmehr sollen sie den Informationsgehalt der Präsentation verstärken und nicht von ihr ablenken. Anstelle einer Powerpoint-Präsentation könnt ihr eurer Material auch an einer Wandzeitung oder an der Tafel darstellen.

Zum 3. Schritt: Frei und zur Klasse sprechen

Abgelesene Texte schläfern ein. Also müsst ihr versuchen, möglichst frei zu sprechen und immer zur Klasse und nicht zur Tafel oder zu der Projektionswand. Das freie Sprechen kann man üben: Zunächst notiert ihr euch Stichworte eures Vortrages und lernt die Reihenfolge auswendig. Dann „probt“ ihr den Vortrag vor Freunden oder vor einer kleinen Gruppe, das machen Politiker und bekannte Redner auch. Jetzt seid ihr fit für eine spannende und interessante Präsentation. Wenn ihr beim Vortrag hängen bleibt, sagt ihr einfach: „Jetzt muss ich mal auf meinen Zettel schauen“, das nimmt euch niemand übel.

4. Schritt: Handout verteilen

Am Ende eurer Präsentation verteilt ihr ein Blatt (Handout) mit den wichtigsten Ergebnissen an die Klasse und fordert zur Diskussion auf.

Wichtiger Hinweis

Oft scheitert eine Präsentation daran, dass im entscheidenden Augenblick der Laptop oder der Beamer nicht funktioniert oder gerade ausgeliehen ist bzw. ein wichtiges Kabel fehlt. Deswegen müsst ihr das benötigte Gerät frühzeitig reservieren, überprüfen und ausprobieren.

1 Erarbeitet mithilfe der vier Schritte die Präsentation eurer Gruppenarbeitsergebnisse zu einem Teilthema dieses Kapitels.

2 Bittet nach eurer Präsentation um eine Rückmeldung (Feedback) zu Inhalt und Darstellung eurer Arbeit.

Bekämpfung der Armut – eine globale Herausforderung

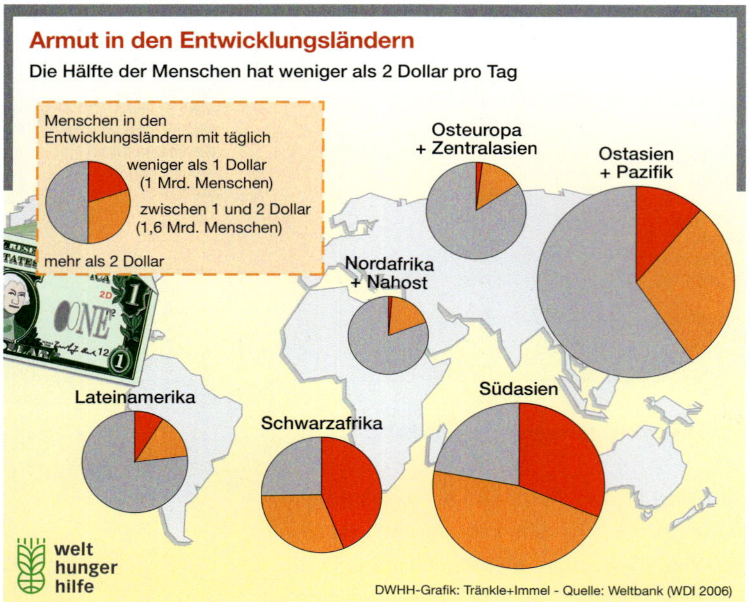

M 1 Wo die Armen leben.

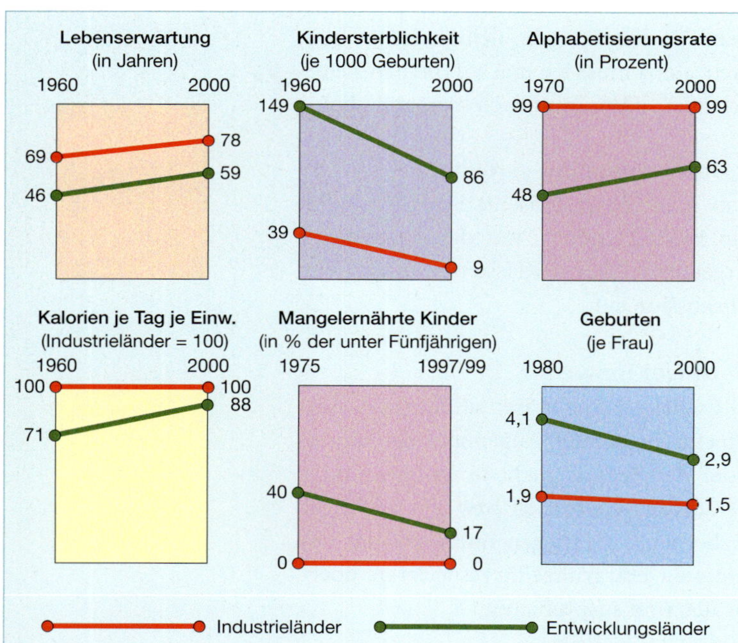

M 2 Veränderungen im Entwicklungsstand.

Armut in Entwicklungsländern

In den letzten Jahren hat sich die Situation der Entwicklungsländer in vielen Bereichen deutlich verbessert, doch die Kluft zwischen den Reichsten und den Ärmsten der Weltbevölkerung wird immer größer. Aber auch die Unterschiede zwischen den Entwicklungsländern nehmen weiter zu. Besonders in den ärmsten Staaten verschlechtert sich die Situation weiter, vor allem dort, wo kriegerische Auseinandersetzungen und instabile politische Verhältnisse, aber auch Naturkatastrophen wie Dürren und Überschwemmungen, die wirtschaftliche Entwicklung behindern.

Während es auf der einen Seite enormen Reichtum gibt, müssen von den rund sechs Milliarden Menschen etwa 1,2 Milliarden mit weniger als einem US-Dollar am Tag auskommen, sie leben in **extremer Armut**. Das reicht nirgendwo auf der Welt, um ein menschenwürdiges Dasein führen zu können. Arme Menschen sind vom wirtschaftlichen, gesellschaftlichen und sozialen Leben ausgeschlossen. Sie sind bedroht von Hunger, Unter- und Mangelernährung, Krankheit, geringer Lebenserwartung, Kinder- und Säuglingssterblichkeit, niedriger Bildung, schlechten Wohnverhältnissen und Obdachlosigkeit. Extreme Armut führt aber auch zu Umweltzerstörungen und bedroht Frieden sowie Sicherheit.

Nur wenn die Menschen in den ärmsten Regionen der Erde durch gezielte Maßnahmen eine Chance erhalten,

- sinkt die Gefahr von Gewalt und Krieg
- werden sie ökologischen Gesichtspunkten gegenüber aufgeschlossen sein
- können sie in ihrer Heimat bleiben
- können sie Partner auf dem Weltmarkt werden.

Länder mit niedrigem und mittlerem Einkommen	Zugang zu sauberem Wasser (in % der Bevölkerung)	Zugang zu sanitären Einrichtungen (in % der Bevölkerung)	Kindersterblichkeit unter 5 Jahren (je 1 000 Kinder)	Besuch weiterführender Schulen (in % der Jugendlichen)	Krankenhausbetten (je 1000 Einwohner)
Afrika südlich der Sahara	56	37		30	k. A.
Europa und Zentralasien	92	85	32	90	8
Lateinamerika und Karibik	91	77	31	86	k. A.
Naher Osten und Nordafrika	89	76	53	73	k. A.
Ostasien und Pazifik	79	51	33	71	3
Südasien	84	37	83	50	1
Industrieländer mit hohem Einkommen	100	100	7	100	6

© Globus Quelle: Weltbank 2007 1569

M 3 Die Kluft zwischen Arm und Reich.

Bekämpfung der Armut

Im Jahr 2000 haben die Mitgliedsstaaten der UNO beschlossen, bis zum Jahr 2015 die Zahl der Menschen, die von weniger als einem US-Dollar pro Tag leben müssen, zu halbieren. Um dieses Ziel zu erreichen, arbeiten verschiedene Organisationen der UNO (z. B. UNICEF, UNESCO, FAO, IWF), viele Staaten und die EU zusammen.

Wie können die Ziele erreicht werden?

Neben der direkten **Nahrungsmittelhilfe** durch Getreidelieferungen in Länder, die von akuten Hungersnöten bedroht sind, kann Armut nur erfolgreich bekämpft werden, wenn man den Entwicklungsländern die Möglichkeit eröffnet, ihre Situation aus eigener Kraft zu verbessern. Deshalb werden vor allem Projekte im Bereich Bildung, Gesundheit und Hygiene sowie zur Aufhebung der Benachteiligung von Frauen und zur besseren Integration der Entwicklungsländer in die Weltwirtschaft gefördert.

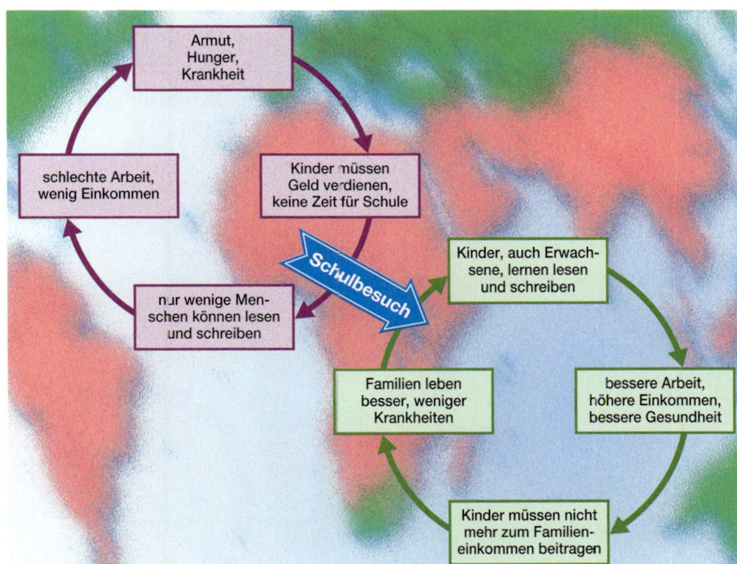

M 4 Kreislauf der Armut.

1 Notiert die Regionen der Erde, wo die meisten armen Menschen leben (M 1, M 3).

2 Berichtet, was Armut für die betroffenen Menschen und für ein Land bedeutet (M 3, M 4, Text).

3 Beschreibt die Veränderungen im Entwicklungsstand (M 2).

Check: Das kann ich schon …

Wichtige Begriffe erklären

- ✓ Savanne
- ✓ Dornsavanne
- ✓ Trockensavanne
- ✓ Feuchtsavanne
- ✓ Passat
- ✓ arid
- ✓ humid
- ✓ Regenzeit
- ✓ Sahel
- ✓ Desertifikation
- ✓ Aufforstung

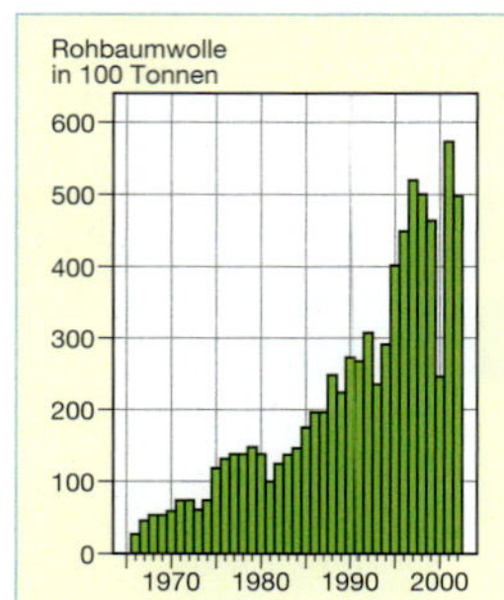

M 1 Entwicklung der Baumwollproduktion in Mali.

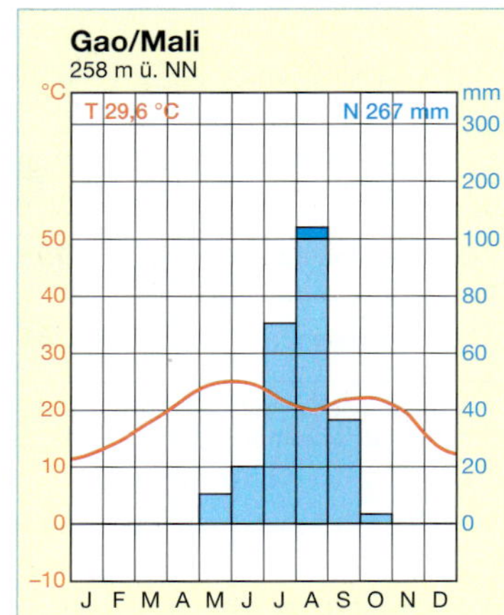

M 2 Klimadiagramm Gao, Mali.

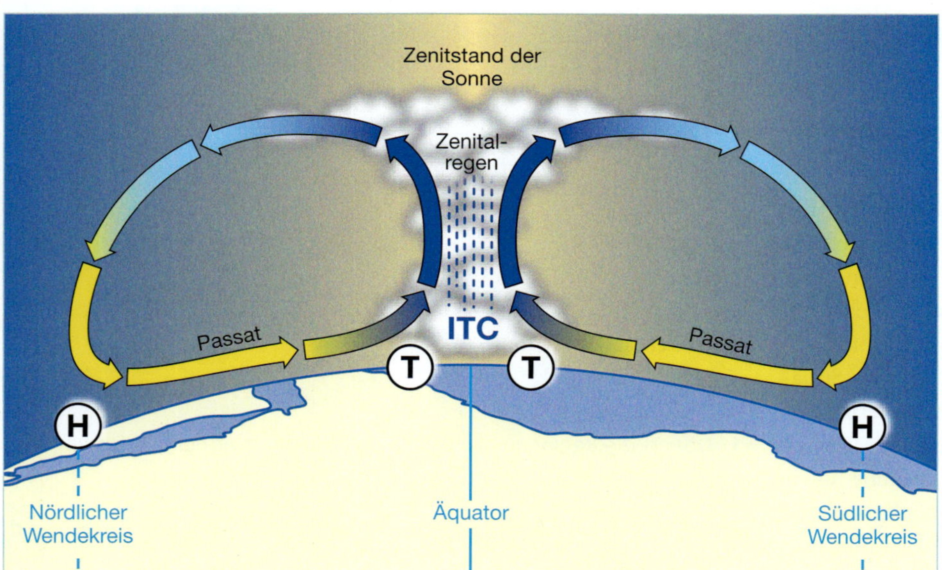

M 3 Der Passatkreislauf.

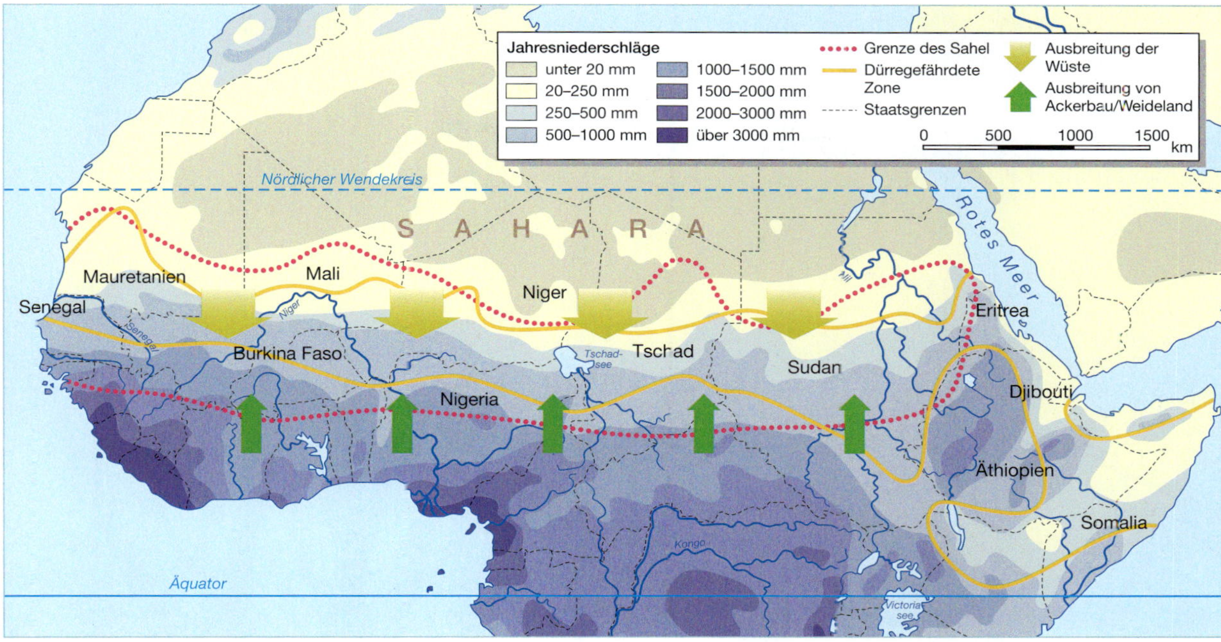

M4 **Die Sahelzone.**

Fachliche Kompetenz

1 Erklärt euch gegenseitig die wichtigen Begriffe (Kasten) und schreibt die Bedeutung der Begriffe in eure Arbeitsmappe.

2 Erläutert wie es zu Regen- und Trockenzeiten in der Sahelzone kommt. Benutzt dazu M3 und M4.

3 Schreibt mit Hilfe der Materialien M2, M4 und M5 einen Bericht über die Lebensbedingungen der Menschen in der Sahelzone.

4 Diskutiert anhand von M4 und M5 Maßnahmen, wie man die Desertifikation einschränken oder möglichst verhindern kann.

Methodenkompetenz

5 Untersucht M2 und erläutert das Klimadiagramm fachgerecht.

6 Erläutert, wie man Arbeitsergebnisse gut präsentiert.

Urteils- und Handlungskompetenz

7 Schreibt zu dem Satz „Der Hunger im Sahel ist zum Teil von Menschen verursacht" eine Stellungnahme.

8 Erkundigt euch z. B. bei der „Welthungerhilfe" (**www.welthungerhilfe.de**), wie ihr Menschen in Hungergebieten helfen könnt.

M5 **Gartenpflanzungen bei Bourasso, Mali.** Foto, 2006.

9 Politik vor Ort

Politik – das ist für viele Menschen etwas, was in Berlin oder in der Landeshauptstadt gemacht wird. Viele politische Entscheidungen, die euch und alle Menschen in eurer Umgebung betreffen, fallen aber vor Ort, direkt in der Gemeinde.
In diesem Kapitel geht es um die Politik vor Ort.

Ihr lernt
- die verschiedenen Mitwirkungsmöglichkeiten in der Gemeinde kennen und
- erfahrt für was die Einnahmen der Gemeinden verwendet werden.

In einem Planspiel könnt ihr erproben, wie ihr auf politische Entscheidungen Einfluss nehmen könnt und schließlich könnt ihr euch auf einen Besuch einer Gemeinderatssitzung vorbereiten.

Politik vor Ort

M 1 **Im Schwimmbad.** Foto.

M 3 **Winterdienst im Einsatz.** Foto.

6.30 Uhr	Julia steht auf. Der Montagmorgen im November ist trüb und kalt. Julia schaltet alle Lichter an und geht unter die Dusche.
6.45 Uhr	Auf dem Frühstückstisch liegt ein Zettel von Mutti: „Abfall nicht vergessen." – Julia nimmt schnell noch den Stapel Altpapier und schiebt die blaue Tonne vor das Hoftor.
7.10 Uhr	Nach dem Frühstück ist es höchste Zeit. Eilig packt Julia noch zwei Schulbücher ein.
7.15 Uhr	Julia schiebt ihr Rad aus der Garage und macht sich auf den Weg in die Schule. Seit der neue Fahrradweg gebaut ist, braucht sie nur 10 Minuten für ihren Schulweg.
7.20 Uhr	Ihr Weg führt an der Stadtbücherei vorbei. Beim Feuerwehrhaus um die Ecke wäre sie beinahe mit Herrn Müller vom Bauhof zusammengestoßen, der gerade die großen Blumentöpfe winterfest macht.
7.25 Uhr	Julia stellt ihr Fahrrad ab. Ihre Freundinnen kommen mit dem Schulbus an.
7.30 Uhr	Julia und Iris besprechen, dass sie am Nachmittag ihre Kinderausweise, die sie für die Klassenfahrt brauchen, abholen werden.

M 2 **Julias Montagmorgen.**

Verkehrswesen
Straßen, Radwege

Bildung, Volkshochschule
Schulen, Kindergärten

Öffentliche Sicherheit
Feuerschutz, Gewerbeaufsicht, Baupolizei

Sozialhilfe
Sozialfürsorge, Altersheime, Obdachlosenasyle

Kultur
Bücherei, Theater, Orchester, Museen

Versorgung, Wohnungswesen
Wasser, Strom, Gas, Wohnungsbau, Stadtplanung, Wirtschaftsförderung, Abfallentsorgung, Kanalisation, Grünanlagen, Friedhöfe

Gesundheits- und Jugendpflege
Naherholung, Krankenhäuser, Spielplätze, Sportstätten

Weitere Aufgaben und Ämter
Standesamtswesen, Lebensmittelkontrollen (u. a. des Fleischbestandes), Einwohnermeldewesen, Einwohnermeldeamt (statistische Aufgaben)

M 4 **Aufgaben einer Gemeinde.**

M 5 **Wegweiser im Rathaus.** Collage.

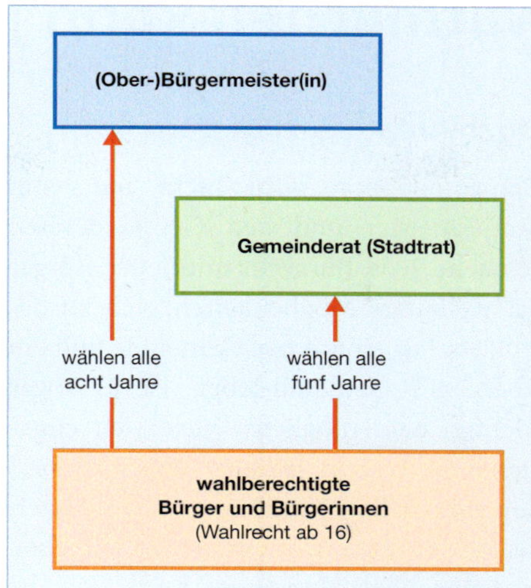

M 6 **Wahl der Gemeindevertretung** (Beispiel Niedersachsen).

In Gemeinden leben

Die Bezeichnung Gemeinde wird für Dörfer oder Städte gebraucht. Das Wort selbst stammt von „gemein" ab und das bedeutet in diesem Zusammenhang „auf die Allgemeinheit bezogen". Wenn in eurer Stadt z. B. ein neues Schwimmbad gebaut oder ein neue Straße geplant wird, dann ist das eine Entscheidung der Gemeinde. Gemeinden sind die kleinsten politischen Einheiten des Staates. Hier werden Entscheidungen getroffen, die den Bürger/die Bürgerin unmittelbar betreffen. Dabei unterscheidet man zwischen den Pflichtaufgaben einer Gemeinde (z. B. Feuerwehr, Abwasserversorgung) und den freiwilligen Aufgaben einer Gemeinde, die dazu dienen, den Einwohnern einer Gemeinde durch verschiedene Einrichtungen das Leben angenehm zu gestalten (z. B. Schwimmbäder, Bolzplätze, Jugendzentren).

Die fast acht Millionen Menschen in Niedersachsen und die 2,8 Millionen Bewohner Schleswig-Holsteins leben in Dörfern und Städten. Dazu zählen Großstädte wie Hannover oder Kiel, aber auch kleine Gemeinden wie Gleichen bei Göttingen oder der Ferienort St. Peter-Ording an der Küste.

Der Rat (Gemeinderat, Samtgemeinderat oder Stadtrat) ist das höchste Organ einer Gemeinde. Die gewählten Ratsmitglieder treffen alle wichtigen Entscheidungen. Die Gemeinde- oder Stadtverwaltung wird von einer gewählten Bürgermeisterin oder einem Bürgermeister geleitet. In großen Städten leitet ein Oberbürgermeister die Verwaltung. Die Verwaltung führt die Beschlüsse des Rates durch und erfüllt viele Aufgaben auf Gemeindeebene für die Bürgerinnen und Bürger.

M 7 Stichwörter für einen Gemeindesteckbrief

- Bürgermeister
- Gemeinderäte
- Parteien
- Einwohnerzahl
- Verkehrsverbindungen
- Einrichtungen am Ort (z. B. Kindergarten, Jugendtreff, Feuerwehr)
- Schulwesen
- Freizeitangebote, Vereine
- Kirchen
- Betriebe, Unternehmen
- Einkaufsmöglichkeiten und Gesundheitsvorsorge
- Altenheime
- Krankenhäuser
- Polizei
- Kino
- Disko

1 Nennt die Aufgaben einer Gemeinde, die in der Beschreibung von Julias Montagmorgen enthalten sind (M 2, M 4).

2 Geht einzeln oder zu zweit am Nachmittag in das Stadtverwaltungsgebäude/das Rathaus eures Ortes und stellt fest, welche Einrichtungen es gibt (M 5). Versucht herauszufinden, welche Aufgaben einzelne Ämter übernehmen (z. B. „Das Ordnungsamt hat die Aufgabe …", „Das Amt für Ausländerangelegenheiten …"). Berichtet in der Klasse. Alternativ: Benutzt dafür die Website eurer Gemeinde-/Stadtverwaltung.

3 Nennt die Gründe, die zu der Unterteilung in Pflichtaufgaben und freiwillige Aufgaben geführt haben (Text). Welche der in M 4 aufgeführten Aufgaben sind vermutlich Pflichtaufgaben der Gemeinde?

4 Erstellt einen Steckbrief eurer Gemeinde (M 7, Internet).

Mitmachen kann jede und jeder …

M 1 Workout-Kurs des Sportvereins Sportspaß. Foto, 2007.

Eigeninitiative ist gefragt

Gemeindepolitik wird nicht nur vom Bürgermeister und den Gemeinderäten gemacht. Jede Bürgerin und jeder Bürger hat vielfältige Möglichkeiten, sich zu beteiligen. Für eine aktive Gemeinde und ein lebendiges Gemeindeleben ist es sogar wichtig, dass möglichst viele sich engagieren und nicht lediglich die Entscheidungen der Räte kritisieren. Wenn Einzelne, eine Gruppe oder ein Verein Aufgaben freiwillig übernehmen, so muss sich die Gemeinde nicht darum kümmern. Sie spart dadurch Geld und hat keinen personellen Aufwand.

Parteiarbeit

Neben den Vereinen und Gruppen prägen insbesondere politische Parteien* das Gemeindeleben. Sie beschäftigen sich mit den Wünschen und Sorgen der Gemeindebürger. Sie machen Vorschläge und stellen Persönlichkeiten aus ihrer Mitte der Öffentlichkeit als Amtsträger zur Wahl.

Die Parteien bieten nicht nur ihren Mitgliedern, sondern allen Interessierten die Möglichkeit zur Mitsprache, z. B. beim politischen Frühschoppen oder bei Versammlungen.

Als Mitglied besitzt man mehr Rechte in der Partei und wird sich meist politisch intensiver engagieren. Man entscheidet bei der Kandidatenaufstellung der Partei mit.

***Parteien**
Zusammenschlüsse von Bürgerinnen und Bürgern mit ähnlichen politischen Anschauungen. Parteien haben ein politisches Programm und beteiligen sich regelmäßig an Wahlen. Dadurch unterscheiden sie sich von Vereinen.

Bürgerinnen und Bürger entscheiden

Alle fünf Jahre werden in Niedersachsen und Schleswig Holstein die Gemeinderäte bzw. Stadträte und die Kreisräte in den Landkreisen gewählt. Alle sieben oder acht Jahre finden die Direktwahlen der Bürgermeister und der Landräte statt.

Die Parteien und freie Wählervereinigungen stellen für diese Wahlen Kandidaten auf, die sich in den örtlichen Wahlversammlungen den Wählerinnen und Wählern vorstellen. Mit der Teilnahme an der Wahl können die Bürgerinnen und Bürger am besten auf die örtliche Politik einwirken, denn viele Bereiche des täglichen Lebens werden direkt vor Ort bestimmt. In einigen Bundesländern ist man bereits mit 16 Jahren auf der Gemeindeebene wahlberechtigt.

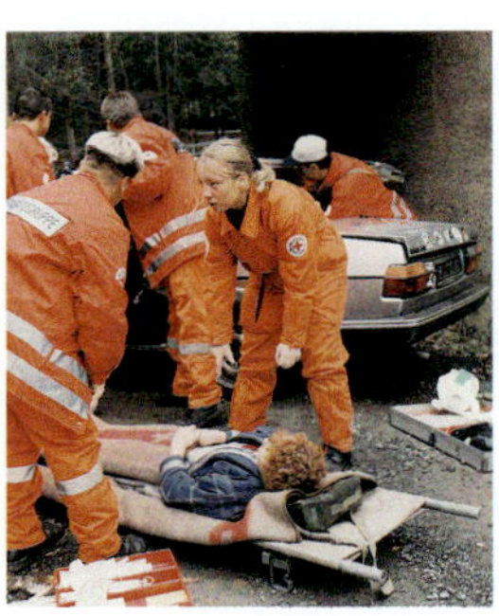

M 2 Rettungsübung. Foto, 2008.

M 3 Schützenumzug. Foto.

Bürgerinnen und Bürger beteiligen sich

Eine lebendige Gesellschaft ist auf die Beteiligung ihrer Bürgerinnen und Bürger am gesellschaftlichen und politischen Leben angewiesen. Dies gilt besonders im Nahbereich, also am Wohnort. Nur so können die privaten und öffentlichen Wünsche und Interessen der Bürgerinnen und Bürger im lokalen Bereich wahrgenommen und umgesetzt werden.
In zwei gesellschaftlichen Bereichen engagieren sich viele Bürger: in Vereinen und in Institutionen (das sind öffentliche oder kirchliche Einrichtungen).

Vereine

Die Sportvereine sind die bekanntesten Vereine. Sie bieten ihren Mitgliedern zahlreiche Möglichkeiten, bestimmte Sportarten auszuüben. Sie stellen Hallen und Plätze zur Verfügung und sorgen für ihren Unterhalt. Für viele Menschen ist der Sportverein aber auch ein Stück Heimat, wo man zusammen feiert und sich über die Siege der eigenen Mannschaft freut. In den Jugendabteilungen der Sportvereine sind Kinder und Jugendliche organisiert, zum Beispiel in den Jugendfußballmannschaften.
Mitglied in einem Verein wird man durch den freiwilligen Beitritt. Man verpflichtet sich, die Satzung des Vereins, seine Regeln, einzuhalten. Meist muss man auch einen Mitgliedsbeitrag zahlen, der zum Teil die Kosten des Vereins deckt. Jährlich wählen die Mitglieder den Vereinsvorstand auf der Jahreshauptversammlung. In ihr wird auch über die Anliegen und Anträge der Mitglieder mit Mehrheit entschieden. So gestalten alle Mitglieder die Zukunft des Vereins mit.

Institutionen

Die ehrenamtliche Mitwirkung in öffentlichen oder kirchlichen Einrichtungen ist das zweite große Betätigungsfeld von Bürgerinnen und Bürgern:

- Als Laienrichter (Schöffen) wirken sie bei Gerichtsverhandlungen mit.
- Sie betreuen im Rahmen der Jugendhilfe junge Menschen, die in Not geraten sind.
- Sie betreuen alte und kranke Menschen in Altenheimen, die keine Angehörigen haben.
- Als Mitglieder der freiwilligen Feuerwehr übernehmen sie Aufgaben des Brand- und Gefahrenschutzes und unterstützen die Berufsfeuerwehr.
- Sie engagieren sich beim Deutschen Roten Kreuz und leisten im Notfall Erste Hilfe.
- Sie wirken im Kirchenvorstand ihrer Kirchengemeinde mit.

Wer ehrenamtlich in einer Institution mitarbeiten will, tut dies freiwillig und ohne Bezahlung. In der Regel muss man sich verpflichten, für eine bestimmte Zeit mitzuarbeiten, und man muss bereit sein, die jeweiligen Bestimmungen der Institution einzuhalten.

M4 Richter und Schöffe.
Foto, 2008.

1 Erklärt mit euren Worten, auf welche Weise die Bürgerinnen und Bürger in ihrer Gemeinde mitwirken können.

2 Schreibt Gründe auf, die für und gegen das Wahlrecht ab 16 Jahren auf Gemeindeebene sprechen.

3 Betrachtet die Fotos M 1 bis M 4 und beschreibt, auf welche Weise sich Menschen an gesellschaftlichen Aufgaben beteiligen.

4 Nennt die Vereine, in denen ihr Mitglied seid. Begründet, warum ihr in einem Verein seid und welche Pflichten ihr habt.

5 Befragt Eltern und Bekannte nach ihrer Mitarbeit oder Mitgliedschaft in Vereinen und Institutionen. Sammelt die Anzahl und die Art der Mitarbeit auf einer Wandzeitung für die ganze Klasse.

6 Erörtert, welche Verpflichtungen man eingeht, wenn man sich zur Mitgliedschaft und Mitarbeit in Vereinen und Institutionen entschließt.

Wie fallen Entscheidungen in der Gemeinde

M 2 **Die Bürgermeister testen den neuen Radweg.** Foto, 2008.

M 1 Antrag
Der Gemeinderat möge beschließen: Parallel zur Ortsverbindungsstraße ist auf der rechten Seite ein asphaltierter Radweg zu errichten.
Die erforderlichen Haushaltsmittel sind im nächsten Gemeindehaushalt bereitzustellen.

Ein Radweg entsteht

In Gesprächen und auf Bürgerversammlungen äußerten wiederholt Bürger einer Gemeinde den Wunsch nach einem Radweg, der ihre Gemeinde mit der Nachbargemeinde verbinden sollte (M 2).

Der Bürgermeister versprach schließlich, dieses Anliegen im Gemeinderat zur Sprache zu bringen. Zu einer der nächsten Sitzungen erhielten die Gemeinderäte eine Einladung ins Rathaus, bei der als dritter Punkt auf der Tagesordnung stand: „Anlage eines Radweges zur Nachbargemeinde“. Als dieser Punkt aufgerufen wurde, berichtete der Bürgermeister von den Wünschen der Bürgerinnen und Bürger nach einem Radweg. Er habe sich bereits mit dem Bürgermeister der Nachbargemeinde verständigt, der dieses Projekt ebenfalls unterstütze. Deshalb habe er von der Gemeindeverwaltung einen Antrag erstellen lassen, der nach Beratung durch Ausschüsse und Fraktionen jetzt zur Beratung im Gemeinderat vorliege.

Fraktionen und Ausschüsse

Gemeinderäte müssen sich auf die Gemeinderatssitzungen gut vorbereiten. Die Gemeindeverwaltung lässt ihnen alle notwendigen sachlichen Informationen zukommen, die so genannten Vorlagen.

Nach der Gemeindeordnung können sich mindestens zwei Gemeinderäte, welche die gleichen Interessen vertreten – also z. B. einer Partei angehören –, zu einer Fraktion zusammenschließen. Sie treffen sich dann in ihren Fraktionssitzungen, um die anstehenden Punkte zu diskutieren und zu beraten. So werden die Meinungen gebündelt.

Wichtige Vorarbeit für die Beratung und Abstimmung im Gemeinderat leisten auch die Ausschüsse. Sie bestehen aus Vertretern unterschiedlicher Parteien und beschäftigen sich mit den anstehenden Sachfragen. Bei der Frage des Radweges wurden der Finanzausschuss und der Planungsausschuss aktiv.

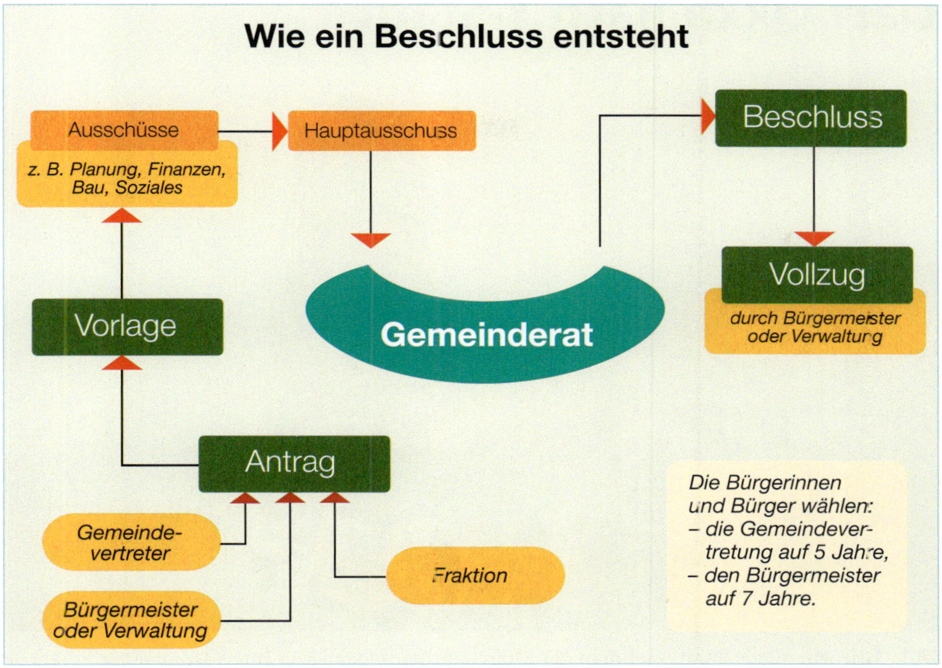

M 3 Die Arbeitsweise des Gemeinderats (Beispiel Niedersachsen).

Diskussion und Abstimmung

Vor der Abstimmung wird der Tagesordnungspunkt, über den im Gemeinderat abgestimmt werden soll, noch einmal diskutiert. Jedes Mitglied des Gemeinderats kann sich zu Wort melden.

Bei der Diskussion über den Radweg kam Verschiedenes zur Sprache. Es wurde festgestellt, dass die Bau- und Materialkosten überschaubar seien und aus dem Gemeindehaushalt bezahlt werden könnten. Der für den Radweg benötigte Grund gehöre bereits der Gemeinde, sodass keine zusätzlichen Kosten entstehen würden. In der Diskussion wurde deutlich, dass die Anlage eines Radweges die weitgehende Zustimmung der meisten Gemeinderäte fand.

Im Anschluss an die Diskussion fand die Abstimmung statt. Der Gemeinderat ist beschlussfähig, wenn mehr als die Hälfte seiner Mitglieder anwesend ist. Der Antrag wurde mit großer Mehrheit angenommen, sodass der Radweg nun gebaut werden konnte.

M 4 Sitzung eines Gemeinderats. Foto, 2009.

1 Listet die Stationen der Entstehung des Radweges anhand des Textes auf.

2 Erklärt anhand von M 3, wie im Gemeinderat Entscheidungen getroffen werden.

3 Unterscheidet und erklärt: Fraktion und Ausschuss.

4 Erläutert, in welchem Zusammenhang Gemeinderat und Gemeindeverwaltung stehen.

5 Informiert euch, welche Themen auf der Tagesordnung der nächsten Gemeinderatssitzung eurer Gemeinde stehen, und berichtet.

Darf Okka nach Y-Stadt?

M 1 Aufregung in Y-Stadt – seitdem der Möbelfabrikant Okka sein Interesse an einer Filiale in Y-Stadt angemeldet hat, wird in Y-Stadt darüber intensiv diskutiert. Collage.

M 2 Uneinigkeit in Y- Stadt

Y-Stadt soll eine neue Attraktion bekommen. Das Möbelhaus Okka hat angekündigt, eine neue Filiale mit ungefähr 150 Mitarbeitern in Y-Stadt eröffnen zu wollen. Da die Möbel der Firma in Deutschland seit Jahren gerne gekauft werden, scheint dies für Y-Stadt ein Glücksfall zu sein. Dennoch gibt es auch einige Gegner dieser Ansiedlung.

Die Befürworter einer Okka-Filiale in Y-Stadt argumentieren, dass eine Ansiedlung von Okka die Attraktivität der gesamten Stadt erhöhen könne. Politiker von CDU und SPD verweisen darauf, dass Menschen aus dem Umland durch Okka nach Y-Stadt gelockt werden könnten. Diese würden dann auch in anderen Geschäften einkaufen, was für die gesamte Stadt höhere Einnahmen erbrächte. Das wird auch vom Finanzausschuss der Stadt positiv hervorgehoben.

Problematisch ist hierbei lediglich der Ort der genauen Ansiedlung einer Okka-Filiale. So sollen bisher bestehende Industriegebiete keine Nachteile haben. Auch der Oberbürgermeister der Stadt spricht sich für eine Ansiedlung aus, will jedoch auch den bisherigen Einzelhandel der Stadt nicht verärgern.

Deutlich kritischer sehen dies die Gegner einer Ansiedlung. Einzelne Geschäftsinhaber haben eine Initiative gegründet, die sich „Einzelhandels-Perspektiven" nennt. Ihr Ziel ist es, den Möbelkonzern nicht nach Y-Stadt zu lassen. Ihr wichtigstes Argument besteht darin, den bisherigen Einzelhandel in der Stadt schützen zu wollen. Sie begründen dies damit, dass eine Okka-Filiale in den Außenbezirken der Stadt dazu führe, dass kaum noch Leute in die Innenstadt fahren. Andere Möbelhäuser müssten dann schließen und Arbeitsplätze würden verloren gehen. Unterstützt werden sie hierbei vom Verband der Einzelhändler, der „Pro City".

Wer entscheidet über die Ansiedlung von Okka?

Die meisten Fragen, die in einem Gemeinderat oder einem Stadtrat entschieden werden müssen, werden in kleinen Arbeitsgruppen diskutiert, die **Ausschüsse** heißen. Hier kommt nur ein kleiner Teil der Mitglieder des Gemeinderates zusammen, die Experten für den Arbeitsbereich ihres Ausschusses sind. So gibt es beispielsweise einen Kulturausschuss, einen Umweltausschuss, einen Finanzausschuss und einen Schulausschuss. Hier können die Mitglieder des Ausschusses auch andere Experten einladen, die aus ihrer Sicht über ein bestimmtes Thema berichten.

Am Ende der Diskussion im Ausschuss steht meist ein Vorschlag, den der Ausschuss an den Gemeinderat oder den Stadtrat weiterreicht. Dieser muss jedoch nicht beschlossen werden, sondern ist lediglich eine Empfehlung.

Der Bauausschuss

Alle wichtigen Bauprojekte, für die Y-Stadt eine Erlaubnis geben muss, werden, wie in anderen Gemeinden und Städten auch, im Bauausschuss diskutiert und beraten. Hier sitzen Experten der Parteien. Die Anzahl der Mitglieder eines Ausschusses richtet sich danach, wie viele Mitglieder einer Partei in den Gemeinderat gewählt worden sind.

Im Hinblick auf eine mögliche Entscheidung von Y-Stadt für oder gegen Okka diskutieren die Mitglieder des Bauausschusses alle wesentlichen Vor- und Nachteile. Sie laden Experten zu Vorträgen ein, die ihnen helfen sollen, eine gute Entscheidung zu treffen.

Zusätzlich sollen unabhängige Experten in einem Gutachten untersuchen, welche Folgen die Ansiedlung von Okka für Y-Stadt insgesamt und den Einzelhandel hat.

Eine Bürgerstunde findet statt

Die Entscheidung über die Okka-Ansiedlung in Y-Stadt zieht sich hin, und viele Bürger möchten sich über die Vor- und Nachteile dieser Entscheidung informieren. Deshalb findet in Y-Stadt eine Bürgerstunde statt.

Bürgerstunden haben das Ziel, die Einwohner einer Stadt über politische Entscheidungen und die unterschiedlichen Positionen genauer zu informieren. So können sich die Bürger zu einer wichtigen Frage eine eigene Meinung bilden und direkt Nachfragen in der Bürgerstunde stellen.

Geladen sind in der Bürgerstunde ein Mitglied des Bauausschusses, ein Mitglied des Finanzausschusses, der Oberbürgermeister der Stadt, ein Inhaber eines Möbelgeschäftes aus der Innenstadt und die Vorsitzende der Initiative „Einzelhandels-Perspektiven".

Mitglied im Bauausschuss

Mitglied im Finanzausschuss

Oberbürgermeister

Inhaber eines Möbelgeschäfts

Vorsitzende der Initiative „Einzelhandels-Perspektiven"

1 Teilt euch in der Klasse passend zu den fünf Teilnehmern der Bürgerstunde in fünf Gruppen auf.
- Formuliert mithilfe von M2 Standpunkte zu der Person, die ihr in der Bürgerstunde vertretet. Begründet diese.
- Führt eine Bürgerstunde zum Thema „Okka-Ansiedlung" in der Klasse durch. Bestimmt jeweils einen aus eurer Gruppe, der an dieser Diskussion teilnimmt.
- Wertet die Diskussion gemeinsam aus. Fasst die wichtigsten Argumente in einer Pro-und-Kontra-Tabelle zusammen.

2 Stimmt in der Klasse darüber ab, ob Okka nach Y-Stadt kommen sollte. Diskutiert euer Abstimmungsergebnis.
- Begründet, ob der Stadtrat eurer Meinung nach der Ansiedlung von Okka in Y-Stadt zustimmen wird. Welche Argumente sind euch bei eurer Entscheidung besonders wichtig?

3 Erläutert, warum die Arbeit in Ausschüssen für politische Entscheidungen in der Gemeinde eine sehr wichtige Rolle spielt.

Gemeindeaufgaben müssen finanziert werden

M 1 Spielplatz oder Freibad – wofür reicht das Geld? Fotos, 2009.

Wohin mit dem Geld?

Jedes Jahr muss die Gemeinde einen Haushaltsplan aufstellen, der dann beraten und verabschiedet wird. Dabei gibt es innerhalb der Gemeinde ganz unterschiedliche Wünsche, wofür das vorhandene Geld ausgegeben werden sollte: Kinder und Jugendliche hätten zum Beispiel gern eine neue Skaterbahn, die Ladenbesitzer möchten, dass die Hauptstraße neu gestaltet wird, und Eltern wünschen sich, dass neue Kindergartenplätze geschaffen werden.

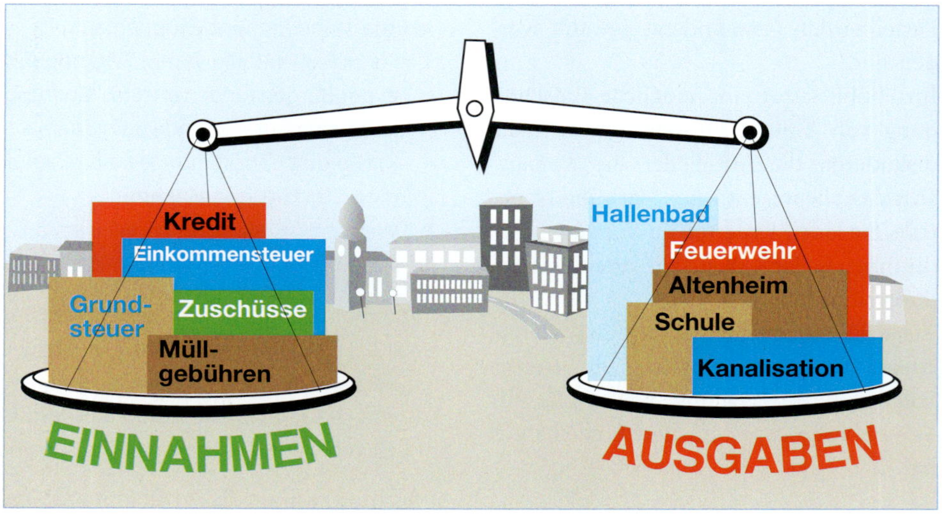

M 2 Einnahmen und Ausgaben – im Gleichgewicht?

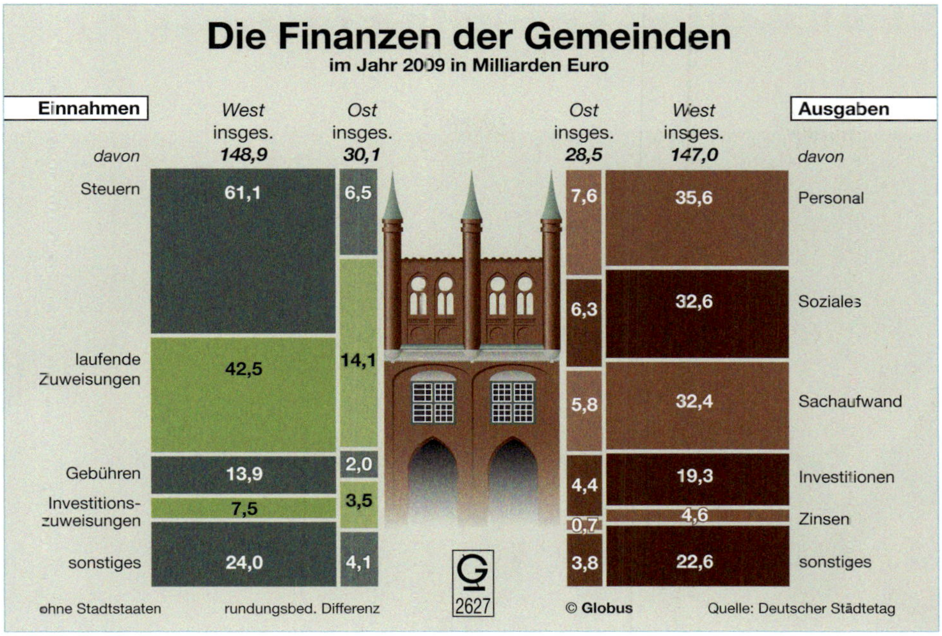

M 3 Dafür brauchen die Gemeinden Geld.

Der Haushaltsplan

Die Gemeindevertretung beschließt jährlich einen Haushaltsplan, in dem festgelegt wird, wie viel Geld für welche Vorhaben ausgegeben werden soll. Ein solcher Haushaltsplan wird in der Regel lange und intensiv verhandelt. Der Haushaltsplan muss eingehalten werden. Der Bürgermeister ist dafür verantwortlich, dass die Gemeinde nicht mehr Geld ausgibt, als ihr zur Verfügung steht.

Einnahmequellen der Gemeinde

In Bezug auf ihre Einnahmen sind die Gemeinden weitgehend selbstständig. Neben Zuschüssen vom Kreis, Land und Bund erwirtschaften die Gemeinden ihre Einnahmen selbst.

Dafür gibt es folgende Möglichkeiten:

- Steuern: Anteile an Lohn- und Einkommensteuer, Gewerbesteuer, Grundsteuer, kleine eigene Steuern – z. B. die Hundesteuer;
- Gebühren: Beiträge der einzelnen Bürger für bestimmte Leistungen – z. B. Müllabfuhr, Parkplatznutzung;
- Beiträge: zusätzliche Zahlungen der Bürger – z. B. für die Erschließung von Straßen;
- Verkäufe und Verpachtung von Gemeindeland.

Steuereinnahmen sind die größte finanzielle Quelle. Gemeinden mit vielen Industrieansiedlungen steht infolge der Gewerbesteuereinnahmen mehr Geld zur Verfügung als anderen.

Gemeinden können auch Kredite aufnehmen, wenn die Ausgaben die Einnahmen übersteigen. Aber Kredite stellen auch wegen der Zinsen eine Belastung dar.

Personal
z. B.: Rathaus, Kindergärten, Hausmeister, Schwimmbad, Friedhöfe.

Soziales
z. B.: Jugendhilfe, Armenfürsorge, Altenpflege, Krankenhäuser, Sucht- und Drogenberatung, Unterkunfts- und Heizkosten für Arbeitssuchende, Leistungen für Asylbewerber.

Sachaufwand
z. B.: laufende Kosten für Haltung von Fahrzeugen, Mieten und Pachten, Unterhaltung von Grundstücken sowie Wartung von Geräten und Ausrüstungsgegenständen.

Investitionen
z. B.: Bau von Schulen, Straßen, Abwasserbeseitigung, Erweiterung des Fuhrparks und der Geräteausrüstung der Feuerwehr.

1 Erläutert mithilfe von M 2 die Haushaltsplanung einer Gemeinde.

2 Wertet M 3 aus und nennt die Bereiche, die einen besonders hohen Finanzbedarf haben. Besorgt euch den Haushaltsplan eurer Gemeinde und vergleicht.

3 Erläutert, warum es sinnvoll ist, einen Haushaltsplan zu erstellen.

4 Schwimmbäder, Fahrradwege oder Skaterbahn. Sammelt Vorschläge, wofür Jugendliche das Geld der Gemeinde ausgeben würden. Überlegt, wie ihr eure Interessen im Gemeinderat vertreten könntet (M 1).

METHODE

Besuch einer Gemeinderatssitzung

M 1 **Sitzung eines Gemeinderats.** Foto.

Tagungen des Gemeinderates

Der Gemeinderat bzw. Stadtrat tagt in der Regel öffentlich. Manchmal schließt sich an die öffentliche Sitzung ein nicht öffentlicher Teil an, in welchem Dinge beraten werden, die zunächst vertraulich bleiben müssen.

Die öffentlichen Sitzungen ermöglichen euch einen vielfach interessanten Einblick in die Arbeit der Politiker vor Ort.

Um euren Besuch zu einem Erfolg werden zu lassen, solltet ihr ihn vorbereiten und auswerten. Dazu könnt ihr in verschiedenen Schritten vorgehen:

M 2 Checkliste: Besuch einer Gemeinderats- oder Stadtratssitzung

Schritt 1: Kontaktaufnahme
Schritt 2: Vorbereitung
Schritt 3: Durchführung des Besuchs
Schritt 4: Auswertung

zu Schritt 1: Kontaktaufnahme

Erkundigt euch bei der Gemeindeverwaltung nach dem Termin und der Tagesordnung der nächsten Gemeinderatssitzung. Aufgrund der anstehenden Themen ist nicht jede Sitzung für Schüler aufschlussreich. Stimmt deshalb euren Besuch mit der Gemeindeverwaltung oder dem Bürgermeister ab.

zu Schritt 2: Vorbereitung

Um die Ereignisse in der Sitzung besser verstehen zu können, muss man einiges wissen.

Informiert euch im Unterricht über

a) den Ablauf einer Sitzung,
b) die beteiligten Fraktionen und Ausschüsse,
c) aktuelle Projekte eurer Gemeinde und den Gemeindehaushalt.

Versucht vor der Sitzung eine Gemeinderätin oder einen Gemeinderat in den Unterricht einzuladen. Dann könnt ihr sie/ihn zu den in der Tagesordnung anstehenden Problemen befragen.
Nützlich ist es auch, sich zur Vorbereitung des Besuchs einen Sitzplan des Gemeinderates zu besorgen. Besprecht, was ihr während der Gemeinderatssitzung beobachten wollt. Verteilt verschiedene Beobachtungsaufträge für jede Gruppe, z. B.

- zu den einzelnen Tagesordnungspunkten,
- zu unterschiedlichen Fraktionsmeinungen,
- zu den Abstimmungsergebnissen,
- zum Ablauf der Sitzung,
- zur Rolle des Bürgermeisters.

zu Schritt 3: Durchführung
Nehmt Block, Stift und Schreibunterlage mit in den Sitzungssaal. Verfolgt den Ablauf der Sitzung, eventuelle Debatten und Abstimmungen und notiert, was für eure Beobachtungsaufgabe wichtig ist. Schreibt auf, wenn euch etwas auffällt oder unklar bleibt.

zu Schritt 4: Auswertung
Die Gruppensprecher berichten über ihre Beobachtungsergebnisse. Schildert euch gegenseitig eure Eindrücke

- zum Ablauf der Sitzung,
- zu der Art, miteinander zu reden,
- zu den getroffenen Entscheidungen.

Nehmt Stellung zu den Entscheidungen des Gemeinderates. Prüft, ob in der von euch besuchten Sitzung Themen behandelt wurden, die Jugendliche betreffen. Versetzt euch in die Rolle einer Lokalreporterin oder eines Lokalreporters und schreibt über die Sitzung einen Bericht für die Lokalzeitung. Vergleicht euren Bericht mit dem Bericht in eurer Lokalzeitung. Fragt eure Eltern, welche Punkte der Sitzung für sie wichtig gewesen wären.

Sondersitzung der Lübecker Bürgerschaft

am Donnerstag, dem 16. 07. 2009, 16:00 Uhr
in den Bürgerschaftssaal des Rathauses Nr. 11/2008–2013

Auszug aus der Tagesordnung

4 Anträge der Fraktionen

4.1 FDP – Aussetzung des Schmutzwasser-Anschlusses in Kronsforde

4.2 DIE LINKE – Gemeinschaftsschulen/Schulsozialarbeit

4.3 CDU – Barrierefreiheit auch für Lübeck-Touristen

4.5 CDU – Kriminalpräventionsarbeit der Hansestadt Lübeck

4.6 CDU – Fernwärmeanschlusszwang

4.8 Bürger für Lübeck/BÜNDNIS 90/DIE GRÜNEN – Wertstoffnetzwerk Lübeck – Konzept „Zero Emission Park“

4.9 Bürger für Lübeck - Einrichtung eines freiwilligen Polizeidienstes

4.10 Bürger für Lübeck – Sondierung der Einrichtung eines City-Busverkehrs

4.12 DIE LINKE – Planungsgruppe Altstadtfest

4.13 DIE LINKE – Unterstützung der Technischen Regionalschule

4.15 FDP – Wiedereröffnung der Anbindung der Thomas-Mann-Schule an den ÖPNV durch eine Buslinie des Stadtverkehr Lübeck

[…]

METHODE

Planspiel

M 1 Checkliste Planspiel:

Ausgangspunkt eines Planspiels ist ein Problem oder Konflikt. Ziel ist es, eine Lösung des Problems oder des Konfliktes zu finden und zu überlegen, wie man dabei vorgehen will.

Gespielt wird in kleinen Gruppen. Für ein solches Planspiel benötigt ihr eine gute Vorbereitung und viel Zeit, mehr als eine Schulstunde.

Fragen zur Auswertung des Planspiels:

- Waren die Argumente der Gruppen einleuchtend und überzeugend?
- An welcher Forderung ist ein Kompromiss gescheitert?
- Was hat den Kompromiss möglich gemacht?
- Welche Rolle hat der Machtwille einzelner Personen gespielt?
- Wie wichtig ist es, bei Verhandlungen gut reden zu können?
- Was konntet ihr für künftige Verhandlungen aus dem Spiel lernen?

Ausgangssituation

Schülerinnen und Schüler der 8b haben eine Band gegründet. Sie spielen schon ganz gut zusammen; erste Auftritte waren erfolgreich. Ihr großes Problem ist es, dass sie auf Dauer keinen Raum zum Üben haben. Ihre Idee, einen Raum in der Schule nachmittags oder abends als Probenraum zu benutzen, stößt auf großen Widerstand.

Ziel: In einem Planspiel soll nun herausgefunden werden, wie die Schülerinnen und Schüler der 8b diejenigen, die darüber entscheiden, von dem Plan überzeugen können. Das Planspiel kann aber auch zeigen, ob die Gegenargumente von den Jugendlichen akzeptiert werden.

1. Schritt: Verteilung der Rollen, Gruppenbildung

Beteiligt sind an dieser Auseinandersetzung verschiedene Gruppen und Personen:

a) die Schülerinnen und Schüler der 8b
b) die Schulleiterin, der Klassenlehrer und die Lehrerinnen und Lehrer der Schule
c) die Leiterin des Schulmanagements der Stadt
d) der Hausmeister
e) Mitglieder verschiedener Parteien im Schulausschuss der Stadt.

Benötigt wird ferner eine Spielleitung, die in die Diskussionen eingreifen kann und die Diskussionen leitet.

2. Schritt: Erarbeitung der Rollen und Durchführung der Verhandlung

Das Planspiel findet in mehreren Runden statt. In der ersten Runde treffen sich die Gruppen aus der Schule und die Vertreter der Parteien im Schulausschuss in getrennten Sitzungen, um einen gemeinsamen Standpunkt zu finden und die Sitzung des Schulausschuss vorzubereiten. Dabei geht es um die Frage, welche Lösung angestrebt wird.

Ziel ist es, in der eigenen Gruppe einen Kompromiss zu finden und eine Gesprächsstrategie zu entwickeln, mit der die andere Seite argumentativ überzeugt werden kann.

Vorbereitung der ersten Runde

Informationen für die Vorbereitung der ersten Runde findet ihr auf den Rollenkarten auf der nächsten Seite.

Jede Gruppe tagt zunächst für sich; die Gruppen aus der Schule und der Parteien können sich auch noch weiter unterteilen.

Zweite Runde

In der zweiten Runde treffen alle im Schulausschuss (im Klassenzimmer) zusammen. Die Spielleitung ruft den Tagesordnungspunkt „Vergabe eines Klassenraumes auf“ und gibt zunächst den Vertretern der Schülerinnen und Schüler das Wort.

Danach tauschen alle Gruppen ihre Argumente aus und versuchen, sich gegenseitig zu überzeugen.

Die Spielleitung kann selbstständig oder auf Wunsch einer Gruppe die Verhandlung unterbrechen. Die Gruppen können so ihre Strategien neu überdenken.

3. Schritt: Konfliktlösung und Auswertung

Das Planspiel soll zu einer Entscheidung führen. Am Ende der Sitzung kommt es zu einer Abstimmung, bei der nur die Parteivertreter stimmen dürfen. Ihre Stimmenzahl ist in den Rollenkarten festgelegt. Und am Schluss nicht vergessen: Wichtig ist die Auswertung des Planspiels.

Fragen zur Auswertung findet ihr in der Randspalte auf linken Seite. (M 1)

Schüler der 8 b
Wir haben eine Band gegründet und spielen auch schon ganz gut zusammen. Aber wir finden keinen Raum zum Üben, denn zu Hause geht das nicht, und im Keller bei Fritz zu Hause ist es sehr unangenehm, nass und kalt. Infolgedessen sind wir ständig auf der Suche.

Dann sind wir auf eine Idee gekommen: Nachmittags und abends wird unser Schulgebäude ja nicht genutzt. Nur einmal in der Woche findet da um 18 Uhr ein Kurs der Volkshochschule statt. Wir sollten in der Schule fragen, ob wir nicht auch einen Raum bekommen, einen Jugendraum, in dem wir mit unserer Band üben können. Schließlich hat ja auch die Schule etwas davon, wenn unsere Band auf Schulfesten auftritt.

Die Leiterin des Schulmanagements in der Stadtverwaltung
Grundsätzlich vermietet die Stadt Räume in den Schulen in der unterrichtsfreien Zeit, also zum Beispiel am Nachmittag. Deswegen haben wir auch den Antrag der Volkshochschule auf die Nutzung eines Klassenraumes für einen Englisch-Kurs genehmigt. Die Volkshochschule zahlt aber Miete und zusätzlich die Überstunden des Hausmeisters, der ja die Schule auf- und zuschließen muss. Eine kostenlose Nutzung eines Schulraumes durch Jugendliche sehe ich problematisch. Das kann ich nicht entscheiden, das müsste im Schulausschuss und dann wohl im Stadtrat entschieden werden. Vor allem müsste man in Erfahrung bringen, ob die Parteien im Rat einen solchen Antrag unterstützen.

Die Schulleiterin
Für die Vergabe von Räumen bin ich nicht zuständig. Ich halte die Idee der 8 b für überlegenswert, aber die Entscheidung trifft die Stadtverwaltung, da das Schulgebäude und seine Nutzung von der Stadt verwaltet wird. Sicher werde ich vor einer Entscheidung gefragt. Das war bei der Anfrage der Volkshochschule auch so. Ich werde das mal im Kollegium besprechen.

Der Klassenlehrer
Das find ich eine prima Idee, aber es gibt sicher organisatorische Schwierigkeiten. Wir müssen herausfinden, wer alles zuständig ist. Da gibt es erst mal die Schulleitung und dann das zuständige Amt in der Stadtverwaltung. Sicher müssen wir auch mit dem Hausmeister sprechen. Der ist zwar für die Erlaubnis nicht zuständig, aber wenn der sich querlegt, kann man die Sache vergessen.

Parteien im Schulausschuss
A-Partei (4 Sitze): Wir sind grundsätzlich dagegen. Wenn wir dieser Gruppe einen Raum geben, dann kommt morgen die nächste Gruppe und will einen Tanzkurs machen. Und wer bezahlt die Überstunden des Hausmeisters?

B-Partei (2 Sitze): Wenn die Nutzer eine Miete und die Überstunden bezahlen, soll es uns recht sein. Für Beschädigungen haften die Eltern.

C-Partei (3 Sitze): Man darf nicht immer nur von Jugendförderung reden, sondern man muss auch mal was tun. Wir sind dafür und begrüßen das ausdrücklich. Da das Gebäude der Stadt gehört, braucht man keine Miete zu verlangen und die Überstunden des Hausmeisters soll die Stadt aus dem Etat „Jugendförderung“ bezahlen. In der Abstimmung wird sich zeigen, wer wirklich was für die Jugend übrig hat.

Der Hausmeister
Das kommt überhaupt nicht infrage. Die Schule wird um 18 Uhr geschlossen, die Putzfrauen gehen um 17 Uhr. Ich bin nicht bereit, wegen der Jugendlichen Überstunden zu machen. Einen Schlüssel darf ich nicht herausgeben, schon gar nicht an so junge und doch oft so unzuverlässige Leute. Wer weiß, was da alles passiert, wenn die nach 18 Uhr mit ihrer Band üben.

M 2 Rollenkarten.

Check: Das kann ich schon …

Wichtige Begriffe erklären

- ✓ Gemeinde
- ✓ Aufgaben der Gemeinden
- ✓ Mitwirkungsmöglichkeiten in Gemeinden
- ✓ Parteien
- ✓ Gemeinderat
- ✓ Finanzierung der Gemeinden
- ✓ Vereine
- ✓ Wahlrecht mit 16

M 1 Im Schwimmbad. Foto.

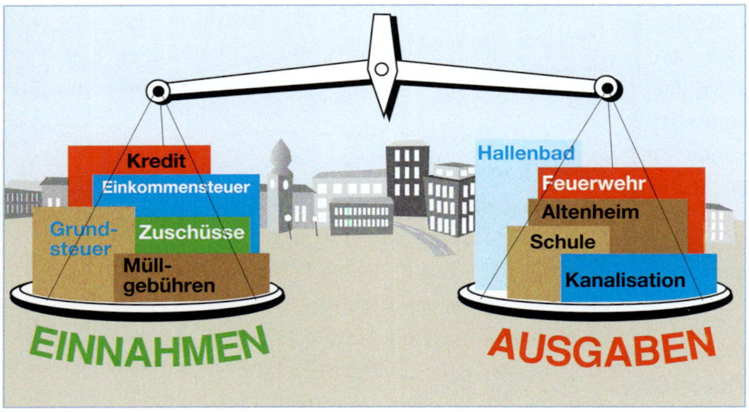

M 2 Einnahmen und Ausgaben – im Gleichgewicht?

M 3 Wahlrecht mit 16 (?)

Klara: „Viele, die ich kenne, haben doch mit 16 keine Ahnung von Politik, auch nicht von Gemeindepolitik. Was sollen die denn schon wählen?"

Johann: „Ich gehe mit 16 auf jeden Fall wählen. Ich erkundige mich, wer im Ort was für Jugendliche tun will, und die kriegen dann meine Stimme."

Sarah: „Nur wer wählt, kann mitentscheiden, rummeckern und sich beklagen reicht nicht. Also, ich geh wählen. Ab sofort lese ich mal im Lokalteil der Zeitung, was die Parteien so zu sagen haben. Unsere Sporthalle für den Basketball ist doch schon lange baufällig. Wer tut was dafür?"

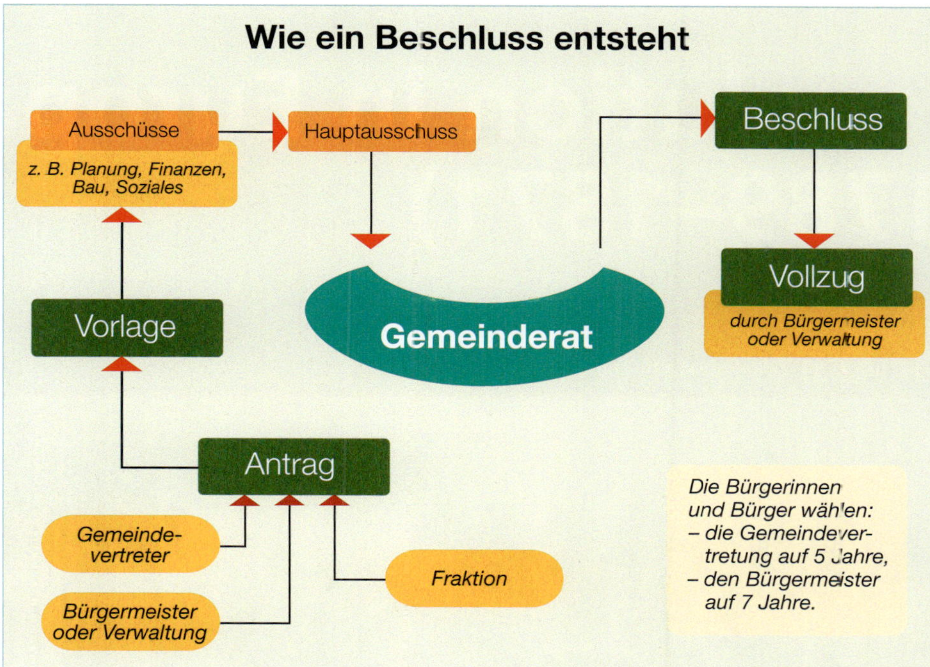

M4 Die Arbeitsweise des Gemeinderats (Beispiel Niedersachsen).

Fachliche Kompetenz

1 Erklärt euch gegenseitig die wichtigen Begriffe (Kasten) und schreibt die Bedeutung der Begriffe in eure Arbeitsmappe.

2 Beschreibt die Aufgaben einer Gemeinde und ihre Finanzierung (M2).

3 Erläutert M4 und erklärt, warum es wichtig ist zu wissen, wie Entscheidungen in der Gemeinde zustande kommen.

Methodenkompetenz

4 Erläutert, was man zur Vorbereitung einer Gemeinderatssitzung alles tun sollte.

5 Erläutert, was man in einem Planspiel lernen kann (vgl. S. 208/209).

Urteils- und Handlungskompetenz

6 Führt mithilfe von M3 ein Streitgespräch zur Frage: „Wählen mit 16 – Quatsch oder große Chance?“.

7 Manche sagen „Politik interessiert mich nicht“. Schreibt Gründe auf, warum es wichtig ist, sich vor Ort um politische Fragen zu kümmern.

10 Revolution in Europa (1789–1871)

Der Sturm auf die Bastille am 14. Juli 1789. Zeitgenössische Darstellung.

1776 1789 1804 1815

„Freiheit, Gleichheit und Brüderlichkeit!", forderten rund 20 000 bewaffnete Männer und Frauen, die am 14. Juli 1789 durch Paris zogen. Schließlich versammelte sich die aufgebrachte Menge vor der Bastille, dem verhassten Staatsgefängnis, und forderte den Kommandanten zur Übergabe auf. Das Ende der absoluten Herrschaft des Königs stand bevor. Dies war der Beginn der französischen Revolution 1789.

Ihre Bedeutung liegt vor allem in der Verkündung allgemeiner Freiheitsrechte und der Proklamation der bis heute gültigen Menschenrechte.

Seit 1789 verbreitet sich langsam und mit vielen Rückschlägen weltweit das Prinzip der demokratischen Herrschaft des Volkes. Diese Herrschaftsform ist gekennzeichnet durch freie Wahlen und die Vergabe der Macht auf Zeit.

In diesem Kapitel könnt ihr erarbeiten

- warum der französische König über alle Untertanen absolut herrschen konnte,
- wie die Ideen von der Gleichheit aller Menschen und von der demokratischen Volksherrschaft umgesetzt wurden,
- warum in Deutschland 1848/49 eine Revolution scheiterte und erst 1871 ein Nationalstaat, das Deutsche Kaiserreich gegründet wurde.

Am Ende des Kapitels könnt ihr Bilder auswerten und den langen und schwierigen Weg zu einer demokratischen Ordnung beschreiben.

1848 1871

Der Absolutismus in Frankreich

M 1 Medaille Ludwigs XIV. von 1674. Die Umschrift *nec pluribus impar* heißt übersetzt: „Keiner kommt ihm gleich".

M 2 Denkmaleinweihung durch Ludwig XIV. Zeitgenössisches Gemälde.

M 3 Ludwig XIV. empfängt eine Gesandtschaft aus Persien. Gemälde von Antoine Coypel, um 1715.

Der Sonnenkönig

1661 übernahm Ludwig XIV. von Frankreich, der Sonnenkönig, die Regierung. Kaum im Amt, ließ er seine Minister und Räte zu sich kommen und teilte ihnen mit, dass er zukünftig alle wichtigen Entscheidungen im Staat selbst treffen wollte. Er wollte allein und unabhängig von anderen herrschen. Er soll einmal gesagt haben: Der Staat bin ich!

Absolutismus – aber wo bleibt die Freiheit?

Q 1 Über seine Herrschaftsauffassung schrieb Ludwig XIV. selbst:

[…] Gott, der die Könige über die Menschen gesetzt hat, wollte, dass man sie als seine Stellvertreter achte, und er selbst hat sich das Recht vorbehalten, über ihren Wandel zu urteilen. Es ist sein Wille, dass, wer als Untertan geboren ist, willenlos zu gehorchen hat. […]

Q 2 Der Philosoph Denis Diderot schrieb 1751:

Kein Mensch hat von der Natur das Recht erhalten, über andere zu herrschen. Die Freiheit ist ein Geschenk des Himmels, und jedes Mitglied des Menschengeschlechts hat das Recht, sie zu genießen […] Er [Gott] erlaubt, […] dass die Menschen unter sich ein System der Unterordnung schaffen, dass sie einem von ihrer Art gehorchen; aber er will, dass dies mit Vernunft und Maß geschieht und nicht blind und vorbehaltlos. […]

Exklusiv nur bei uns:

Das Interview mit dem König

Pariser Zeitung: Majestät, Ihr seid heute der bedeutendste König von Europa. Wie ist es Euch gelungen, diese Machtposition zu erringen?

Der König: Durch harte Arbeit! Ich bin morgens früh aufgestanden und habe den ganzen Tag über am Schreibtisch gesessen. Ich war immer über alles unterrichtet, wusste jederzeit über die Stärke und Ausbildung meiner Armee Bescheid. Verhandlungen mit fremden Gesandten habe ich selbst geführt. Ich habe viele Stunden damit zugebracht, Briefe zu lesen und zu beantworten. Ich bestimmte die Einnahmen und Ausgaben des Staates und ließ mir von meinen Mitarbeitern die Rechnungen vorlegen.

Pariser Zeitung: Wie ist es Euch gelungen, die Machtansprüche der französischen Adligen auszuschalten?

Der König: Ich holte sie an meinen Hof in Versailles. Da waren sie nicht nur unter meiner Kontrolle, sondern gaben für Kleidung, Perücken, Kutschen und Parfüm so viel Geld aus, dass sie froh waren, wenn ich ihnen eine Stellung als Beamter oder Offizier übertrug.

Pariser Zeitung: Früher wurden die Soldaten nach einem Krieg wieder entlassen. Ihr, Majestät, aber habt die Soldaten ständig unter Waffen gehalten. Würdet Ihr unseren Lesern erklären, wozu dieses ständig verfügbare Heer nötig war?

Der König: Ihr meint das stehende Heer? Ja, da kann man die Soldaten viel besser ausbilden und sie ständig zur Verfügung halten. Ich konnte so leichter Kriege führen und war auch gegen Aufstände im Innern Frankreichs gut gerüstet.

Pariser Zeitung: Aber das war doch sicher alles sehr teuer?

Der König: Gewiss, aber bedenkt doch: Was ist ein absoluter König ohne eine Armee? Schließlich habe ich viele Kriege erfolgreich geführt. Außerdem haben zahlreiche Unternehmer in Frankreich an den Waffen und der Ausrüstung für das Heer auch gut verdient.

Pariser Zeitung: Das Heer, der Bau von Versailles, die teuren Hofbälle oder Feuerwerke – all das kostete doch unglaublich viel Geld – woher kam das?

Der König: Von den Steuern der Untertanen natürlich! Mein Finanzminister hatte die Idee, mit dem Kaufpreis für Waren zugleich Steuern einzuziehen. So konnten die Staatseinnahmen praktisch verdoppelt werden.

Pariser Zeitung: Und wer sorgte dafür, dass Eure Befehle auch beachtet wurden?

Der König: Ich ernannte treue Staatsdiener zu Beamten. Sie bekamen von mir ein festes Gehalt und führten dafür meine Befehle aus.

Pariser Zeitung: Majestät, wir danken für das Gespräch.

M4 Das Interview, das König Ludwig XIV. 1715 einer Zeitung gewährte, ist frei erfunden. Aber es entspricht den geschichtlichen Tatsachen.

M5 Die absolutistische Staatsordnung.

1 Beschreibt M1 und stellt Vermutungen darüber an, warum König Ludwig XIV. die Sonne als Sinnbild (Symbol) seiner Herrschaft wählte.

2 Erklärt den Ausspruch: „Der Staat bin ich!" und den Begriff „Absolutismus" mit eigenen Worten.

3 Beschreibt M3 und erläutert, welche Haltung der König und die Gesandten einnehmen. Wie stellt es der Maler dar?

4 Benennt, wie in Q1 die Herrschaft des Königs gerechtfertigt wird.

5 Erläutert, wieso die Position von Diderot (Q2) eine Kritik am Absolutismus darstellt.

6 Beschreibt M2 und erläutert, warum der König diese feierliche Handlung vollzieht.

7 Notiert, welche Arbeiten der König nach eigener Aussage zu erledigen hatte.

8 Erklärt M5 mithilfe des Interviews (M4).

Glanzvolles Leben am Fürstenhof

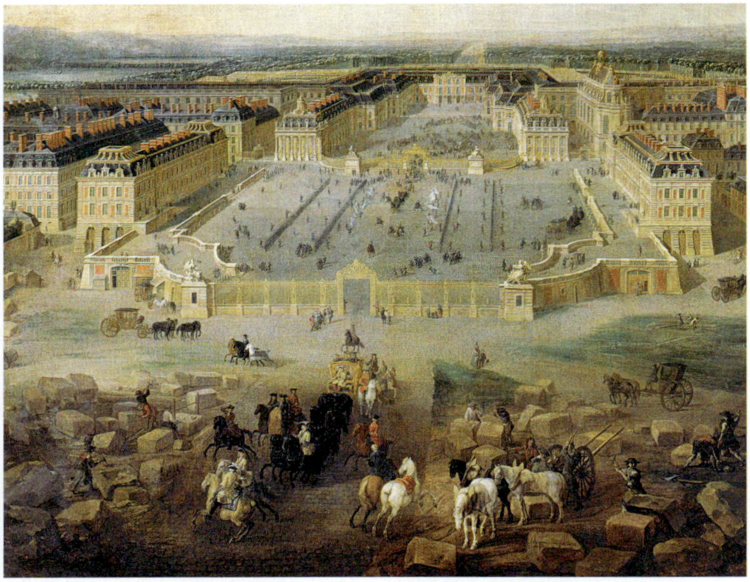

M 1 Das Schloss in Versailles. Ausschnitt aus einem Gemälde von Pierre Denis Martin, 1722.

Versailles – Vorbild für den Schlossbau in Europa

Versailles war ursprünglich eine sumpfige Niederung, Dort ließ Ludwig XIV. von 1661 bis 1689 eine riesige Schlossanlage bauen. Im Zentrum der ganzen Anlage stand das Schloss. In ihm befanden sich fast 2000 Räume. Bei den zahlreichen Festen, die der König veranstalten ließ, fanden hier bis zu 20000 Menschen Platz. Trotz all der Pracht herrschte im Schloss eine qualvolle Enge. Der gesamte Hofstaat, Adlige und ihre Familien, Minister und Beamte lebten in einem Schloss, in dem nur wenige Räume beheizbar waren und es an Bädern und Toiletten fehlte. Doch wer in Frankreich etwas werden und bedeuten wollte, musste sich in der Nähe des Königs aufhalten, um ihm aufzufallen.

M 2 Der Spiegelsaal im Schloss Versailles. Foto.

Bilder auswerten

METHODE

Unser Wissen über die Vergangenheit gewinnen wir oft aus Bildern. An alten Fotos, Kirchenfenstern, Wand- oder Deckenmalereien, Zeichnungen, Statuen oder Gemälden können wir häufig erkennen, wie die Menschen früher gelebt haben, was sie dachten oder fühlten.
Die folgenden Fragen werden euch helfen, Bilder auszuwerten:

M 1 Checkliste: Bilder auswerten

1. Schritt: Bild betrachten
- Wie wirkt das Bild als Ganzes auf mich?
- Welche Einzelheiten sprechen mich besonders an, was finde ich interessant, schön, hässlich, abstoßend, lächerlich usw.?

2. Schritt: Bild beschreiben
- Welche Daten des Bildes sind bekannt (Name des Künstlers, Bildtitel, Entstehungszeit)?
- Gibt es einen Mittelpunkt, einen Vorder- und Hintergrund?
- Was ist dargestellt (Thema, Anordnung der Personen, Dinge usw., Farben, Helligkeit)?

3. Schritt: Bild deuten
- Wie drückt es der Künstler aus?
- Zu welchem Zweck wurde das Bild geschaffen?
- Benutzt der Künstler Symbole? Wofür stehen sie?
- Was verstehe ich nicht? Wozu benötige ich weitere Informationen?
- Was lerne ich über geschichtliche Ereignisse oder Hintergründe.
- Welche offenen Fragen ergeben sich aus dem Bild?

M 2 Das Austernfrühstück. Gemälde von Jean-Francois Troy (1679–1752).

1 Betrachtet M 2 auf dieser Seite und wandert mit den Augen durch das Bild. Notiert Einzelheiten, die euch auffallen.

2 Beschreibt den Gesamteindruck des Bildes und findet eine Unterschrift aus heutiger Sicht. Nutzt nun auch die Hinweise in der linken Spalte.

3 Auch Fotos kann man mit Hilfe der Hinweise der linken Spalte auswerten. Betrachtet dazu M 2 auf S. 216.

4 Schreibt mit Hilfe der Bilder dieser Doppelseite eine Reportage über den Absolutismus in Frankreich.

Ein neuer Staat ohne König: USA

M 1 **Sturz des Denkmals König Georgs III. von England 1776 in New York.** Zeitgenössisches Gemälde.

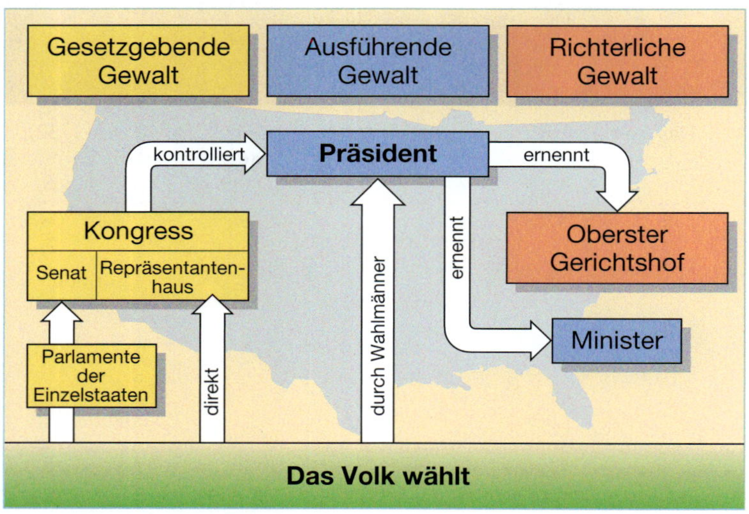

M 2 **Die Verfassung der USA.**

Q1 Aus der Unabhängigkeitserklärung vom 4. Juli 1776:

Folgende Wahrheiten halten wir für selbstverständlich: Alle Menschen sind gleich geschaffen. Sie sind von ihrem Schöpfer mit unveräußerlichen Rechten ausgestattet. Dazu gehören Leben, Freiheit und Streben nach Glück. Zur Sicherung dieser Rechte sind unter den Menschen Regierungen eingesetzt, die ihre rechtmäßige Macht aus der Zustimmung der Regierten herleiten.

Wenn eine Regierungsform diese Zwecke gefährdet, ist es das Recht des Volkes, sie zu ändern oder abzuschaffen und eine neue Regierung einzusetzen.

Demnach verkünden wir […], dass diese vereinigten Kolonien freie und unabhängige Staaten sind, […] dass sie losgelöst sind von aller Pflicht gegen die britische Krone, dass jede politische Verbindung zwischen ihnen und dem Staate Großbritannien ein für allemal aufgehoben ist. […]

Die Unabhängigkeitserklärung

1607 wurde Virginia als erste englische Kolonie in Nordamerika gegründet. Die weißen Siedler ließen sich zunächst an der Ostküste nieder. Um das Zusammenleben zu regeln, wurden eigene Verwaltungen und eigene Gesetze erlassen. Bis 1756 wurden so 13 englische Kolonien gegründet. Von 1756 bis 1763 eroberte England von Frankreich große Gebiete in Nordamerika. Die Siedler in den 13 Kolonien sollten die hohen Kriegskosten durch Zölle und Steuern bezahlen. Die Bewohner der Kolonien weigerten sich. 1775 folgten erste bewaffnete Auseinandersetzungen. 1776 beschlossen die Vertreter der 13 Kolonien eine Unabhängigkeitserklärung. Auf englischer Seite kämpften fast 30 000 deutsche Soldaten, die von ihren Landesfürsten an den englischen König „vermietet“ worden waren. 1783 musste der englische König seine Niederlage eingestehen und die amerikanische Unabhängigkeit anerkennen.

Exklusiv nur bei uns:

Das Interview mit dem Präsidenten

Paris, 1. Mai 1789: Nach dem Sieg im Unabhängigkeitskrieg gegen England haben sich die Vereinigten Staaten eine Staatsordnung, eine Verfassung, gegeben. Gestern wurde George Washington als Präsident der USA vereidigt. Er gab unserer Zeitung das folgende Interview:

Zeitung: Mr. Washington, Sie wurden zum ersten Präsidenten der Vereinigten Staaten gewählt. Würden Sie uns Ihre Aufgaben erklären?

Präsident: Als Präsident leite ich die Politik. Ich bin oberster Befehlshaber der Streitkräfte. Ich ernenne die Minister und die Mitglieder des obersten Gerichtshofs.

Zeitung: Woher haben Sie diese Macht?

Präsident: Vom Volk. Genau gesagt wählen die Bürger die Wahlmänner und diese dann den Präsidenten.

Zeitung: In den Vereinigten Staaten leben heute eine halbe Million Sklaven. Können die etwa auch wählen? Und was ist mit den Indianern und Frauen?

Präsident: Nein, noch ist es nicht so weit, dass Sklaven, Indianer oder Frauen wählen dürfen. Aber vielleicht kommt das ja noch eines Tages. Die Verfassung ist jedenfalls offen für Veränderungen.

Zeitung: Wäre es nicht viel einfacher, wenn Sie die gesamte Macht im Staat besitzen würden?

Präsident: Wir sind hier nicht in Frankreich, wo ein König von Gottes Gnaden regiert. Die Vereinigten Staaten sind eine Republik ohne König. Schon in der Unabhängigkeitserklärung haben unsere Bürger bestimmte Grundrechte bekommen. Bei uns ist die Staatsgewalt aufgeteilt. Der Kongress macht die Gesetze, ich führe sie aus, und bei Streitigkeiten entscheiden die Gerichte.

Zeitung: Woher kommen all diese Ideen?

Präsident (lacht): Verzeihen Sie, wenn ich lache – von Ihnen, aus Frankreich. Schauen Sie einmal in die Bücher von Herrn Rousseau oder Herrn Montesquieu. Dort werden Sie die Antwort finden.

Zeitung: Herr Präsident, wir danken für das Gespräch.

M3 Das Interview, das der erste amerikanische Präsident George Washington einer Pariser Zeitung gewährte, ist frei erfunden. Aber es entspricht den geschichtlichen Tatsachen.

Geist der Aufklärung

Die amerikanische Revolution und die neue amerikanische Verfassung beruhte auf den Ideen der Aufklärung* wie sie von europäischen Denkern seit 1700 entwickelt wurden. Im Mittelpunkt ihres Denkens stand die Freiheit eines jeden Menschen und der Schutz der Menschen vor willkürlicher Herrschaft. Wenige Jahre nach der amerikanischen Revolution setzen sich diese Gedanken auch in Frankreich durch, wo sie unter anderem von Montesquieu entwickelt wurden.

Q3 Charles de Montesquieu (1689 bis 1755) schrieb 1748 in seinem Buch „Vom Geist der Gesetze“:

[...] Wenn die gesetzgebende Gewalt mit der ausführenden in einer Person [...] vereinigt ist, dann gibt es keine Freiheit. [...] Es gibt auch keine Freiheit, wenn die richterliche Gewalt nicht von der gesetzgebenden und von der ausführenden Gewalt getrennt ist. [...]

***Aufklärung**
Reformbewegung im 18. Jahrhundert, die für Freiheitsrechte und besonders für Meinungsfreiheit eintrat.

1 Erläutert Q1: Welche Rechte werden den Menschen verliehen? Was bedeuten sie im Einzelnen? Von wem bekommen die Menschen die Rechte? Wie sollen diese Rechte gesichert werden? Was soll geschehen, wenn die Regierung die Rechte des Volkes nicht beachtet?

2 Beschreibt M1 und erläutert, was die Menschen mit einem Denkmalsturz ausdrücken wollten.

3 Vergleicht die Aussagen in M3 mit dem Schaubild M2.

4 Erläutert die Vorstellung von Montesquieu (Q2).

Die Krise des Absolutismus

M 1 Ein hoher Würdenträger huldigt dem französischen König Ludwig XVI. Gemälde von Gabriel Francois Doyen, etwa 1774.

M 2 Der dritte Stand trägt die Lasten. Kolorierter Kupferstich, 1789.

König von Gottes Gnaden

1776 wurde Ludwig XVI., der Urenkel des Sonnenkönigs, König von Frankreich. Er fühlte sich von Gott zum König berufen und hielt die gesamte Staatsmacht in seiner Hand. Er konnte Gesetze machen und sie durchführen lassen. Der König war gleichzeitig auch der oberste Richter. Zur Unterstützung seiner Macht unterhielt er ständig ein Heer von Berufssoldaten. Seine Anordnungen wurden von treu ergebenen Staatsdienern, den Beamten, ausgeführt. Wie sein Urgroßvater war Ludwig XVI. ein absolutistischer König.
Durch zahlreiche Kriege und die Verschwendung am Hof von Versailles hatte der junge König einen total verschuldeten Staat übernommen. Aber auch er gab das Geld mit vollen Händen aus. Die Unzufriedenheit im Volk wuchs.

Der dritte Stand trägt die Lasten

Seit Jahrhunderten war die Bevölkerung Frankreichs in Stände eingeteilt. Dem ersten Stand gehörten die höheren Geistlichen (Klerus) an. Der Adel (z. B. Freiherren, Grafen) bildete den zweiten Stand. Diesen 600 000 Menschen standen 24 Millionen Einwohner des dritten Standes gegenüber. Es konnten Professoren, Anwälte oder Ärzte, Handwerker oder Soldaten sein. Die Masse des dritten Standes lebte als Bauern oder Tagelöhner auf dem Land. Die Bauern waren Leibeigene eines Grundherrn. Sie hatten zahlreiche Dienste und Abgaben zu leisten. Wenn sie heiraten oder wegziehen wollten, mussten sie den Grundherrn um Erlaubnis fragen.
Die Angehörigen des ersten und zweiten Standes genossen besondere Rechte (Privilegien). Sie waren weitgehend von der Zahlung der Steuern befreit. Sie wurden bei der Vergabe hoher Staatsämter in der Armee, in der Verwaltung oder Kirche bevorzugt. Der dritte Stand hatte fast die gesamten Steuern zu bezahlen. Durch Missernten kam es immer wieder zu Hungersnöten.

Die Kritik wächst

Einige Angehörige des dritten Standes waren zu Reichtum und Ansehen gekommen. Sie besaßen oft mehr Bildung als die Adligen oder Geistlichen. Dennoch hatten sie keinerlei politischen Einfluss. In den Salons der wohlhabenden Bürger, in Cafés

Was ihr noch tun könnt:

- M 2 kopieren und daraus einen Comic gestalten.

Lebenshaltungskosten in Frankreich 1789

Es kosteten

• ein Vier-Pfund-Brot	14,5 Sous
• 0,5 Liter Wein	5,0 Sous
• Miete täglich	3,0 Sous
• 250 g Fleisch	5,0 Sous

M 3 **Café der Patrioten.** Zeitgenössische Zeichnung.

Rollenkarte 1
François, Bauernsohn, 25 Jahre alt, hitzköpfig
- Einstellung: Adlige sind alle Verbrecher.
- Ziel: Jeder soll hinziehen können, wohin er will, keine Heiratserlaubnisse notwendig, weniger Dienste und Abgaben.

Rollenkarte 2
35 Jahre alt, gebildet, klug
- Einstellung: So wie es ist, kann's nicht bleiben.
- Ziel: Abschaffung der Stände und der Vorrechte, will politisch mitreden können.

Rollenkarte 3
Graf von A., 60 Jahre alt, eingebildet, herablassend
- Einstellung: Alles soll so bleiben, wie es ist.
- Ziel: Adel ist etwas Besonderes, zahlt keine Steuern, Bauern müssen Dienste und Abgaben leisten.

Rollenkarte 4
Amelie, Marktfrau, 30 Jahre alt, aufbrausend
- Einstellung: Frauen sind Männern rechtlos ausgeliefert.
- Ziel: Frauen dürfen bei der Heirat mitreden, müssen gleiche Rechte haben wie die Männer.

und bald auch auf offener Straße diskutierten sie die Schriften von Rousseau oder Montesquieu. Soldaten, die unter der Führung des französischen Generals Lafayette im amerikanischen Unabhängigkeitskrieg gekämpft hatten, verbreiteten die Ideen von Freiheit und Gleichheit in Frankreich.

Die Staatskrise

Im Jahr 1788 stand Frankreich vor dem Ruin. Die Ausgaben überstiegen seine Einnahmen bei weitem. Mehr als die Hälfte der Ausgaben musste für die Tilgung der Staatsschulden aufgewendet werden. Die meisten Bauern, Handwerker oder Tagelöhner waren völlig verarmt und konnten keine höheren Abgaben aufbringen. Aber die Adligen und Geistlichen weigerten sich, auf ihre Vorrechte zu verzichten. Was sollte nun werden?

1 Beschreibt M 1. Welchen Eindruck vermittelt der Maler?

2 Beschreibt M 2 und vermutet, was der Zeichner zum Ausdruck bringen wollte. Erläutert, wogegen in M 2 protestiert werden soll.

3 Schreibt (als Bauer, Tagelöhner oder Handwerker) einen Protestbrief an den König.

4 Beschreibt M 3 und lest die Texte aus den Sprechblasen laut vor. Gestaltet die Szene als Rollenspiel. Haltet euch dabei an die Rollenanweisungen.

Die Französische Revolution

M 1 Die Eröffnung der Generalstände am 5. Mai 1789. Gemälde von Auguste Conder, 1839.

M 2 Der Schwur im Ballhaus am 20. Juni 1789. Gemälde von J. Louis David, um 1790.

M 3 Der Sturm auf die Bastille am 14. Juli 1789. Kupferstich von J. B. Laminit, um 1790.

Von den Generalständen zur Nationalversammlung

Am 5. Mai 1789 zogen je 300 Vertreter des ersten und zweiten Standes und 600 Vertreter des dritten Standes feierlich in das Schloss Versailles ein. Erstmals seit über 150 Jahren hatte der König die Generalstände einberufen. Der Adelsstand und die Geistlichen hatten prächtige Gewänder angelegt. Die Vertreter des dritten Standes kamen in der vorgeschriebenen schwarzen Kleidung. Aus ganz Frankreich brachten sie über 40 000 Beschwerdehefte mit. Aber der König und der Finanzminister sprachen nur von neuen Steuern. Darüber sollten die Stände getrennt beraten und abstimmen, und zwar nach einem Verfahren, nach dem die Stimmen der Stände nicht gleich gewertet wurden. Die Abgeordneten des dritten Standes forderten aber gemeinsame Beratungen und Abstimmung nach Köpfen. Schließlich erklärten sie sich zur Nationalversammlung. Als der König den Sitzungssaal sperren ließ, zogen die Abgeordneten in das Ballhaus um. Hier legten am 20. Juni 1789 Vertreter aller Stände den Schwur ab, nicht eher auseinander zu gehen, bis Frankreich eine neue Staatsordnung – eine **Verfassung** – erhalten würde. Der König musste nachgeben und die neue Nationalversammlung anerkennen.

Der Sturm auf die Bastille

Unruhe lag über Paris am 14. Juli 1789. Das Brot war knapp und kostete doppelt so viel wie sonst. Der König ließ Truppen zusammenziehen. Jetzt rotteten sich einige Tausend Menschen zusammen und zogen zur Bastille, dem verhassten Staatsgefängnis. Gegen Mittag stieß die Menge bis an die geschlossene Zugbrücke vor. Der Gefängniskommandant verlor die Nerven und gab Befehl zum Feuern. Mehr als

M 4 **Bauern stürmen das Schloss ihres Grundherrn.** Stich eines unbekannten Künstlers.

hundert Belagerer wurden getötet. Das steigerte aber nur die Wut der Volksmenge, die sich Kanonen verschafft hatte und nun zum Angriff überging. Schließlich gaben die Belagerten auf. Das Volk erstürmte die Bastille!

Die Revolution* auf dem Land

Von Paris aus griff die Revolution auf ganz Frankreich über. Da die Bauern seit Monaten schon auf die Beantwortung ihrer Beschwerden warteten, aber nichts geschehen war, sahen sie jetzt die Stunde gekommen, um selbst zu handeln. Sie zogen zu den Schlössern ihrer Grundherren und forderten die Herausgabe der Urkunden, worin ihre Abgaben und Dienstleistungen verzeichnet waren, und verbrannten sie. An vielen Orten gingen Schlösser in Flammen auf. Die Bauern weigerten sich, weiter Steuern oder Abgaben zu zahlen.
Unter diesem Druck hob die Nationalversammlung am 4. August 1789 die Leibeigenschaft auf. Die Grundherren waren fortan nicht mehr die Richter auf dem Land. Jetzt durften die Bauern auch auf ihrem eigenen Grund und Boden jagen. Von den Abgaben mussten sie sich allerdings gegen eine Geldabgabe freikaufen, was vielen infolge ihrer Armut nicht möglich war.

Merkmale der Revolution

In der Geschichtsforschung wird die Französische Revolution nach ihren Ebenen und Trägergruppen unterschieden:

1. **Verfassungsrevolution:** Die Nationalversammlung beendete den Ständestaat, weil sie nach dem Grundsatz der Gleichberechtigung aller Franzosen eine Verfassung schuf, welche die Stände beseitigte.

2. **Städtische Revolution:** Wie in Paris vertrieben die Bürger auch in anderen Städten die Amtsträger des Königs und setzten eine neue, aus gewählten Vertretern bestehende Verwaltung ein.

3. **Bauernrevolution:** Die Bauern erreichten, dass die Nationalversammlung die Leibeigenschaft aufhob, die finanzielle Ablösung der bäuerlichen Abgaben und Fronlasten sowie die Steuerpflicht für alle Franzosen festlegte.

Projektidee:
Litfaßsäule „Französische Revolution"
Erstellt zum Thema „Französische Revolution" eine Litfaßsäule (Anschlagsäule für Werbung, 1854 durch Initiative des Druckers Ernst Litfaß erstmals in Deutschland aufgestellt). Ihr solltet diese Säule mit den wichtigsten Botschaften der Französischen Revolution bestücken.
- Überlegt euch zunächst eine große Überschrift für die Litfaßsäule und schreibt sie auf einen Plakatstreifen.
- Notiert dann weitere Überschriften, die zu dem Thema passen. Wenn es nötig ist, könnt ihr sie auch mit einem kleinen Text erläutern.
- Ordnet nun eure Plakatstreifen so auf der Litfaßsäule an, dass die wichtigsten Aussagen der Französischen Revolution deutlich werden (Freiheit, Gleichheit …).

Für die Herstellung einer Litfaßsäule könnt ihr leere Waschmittelbehälter oder starke Pappe verwenden.

***Revolution**
Umsturz, gewaltsame Veränderung der bestehenden Ordnung.

1 Beschreibt M 1. Stellt Vermutungen darüber an, zu welchem Stand die Personengruppen jeweils gehören.

2 Vergleicht M 1 und M 2. Was hat sich verändert?

3 Schreibt einen Zeitungsbericht über den Sturm auf die Bastille.

4 Erläutert, was in M 4 dargestellt ist.

5 Erklärt, warum bei den auf dieser Doppelseite dargestellten Ereignissen von einer „Revolution" gesprochen werden kann.

Erklärung der Menschenrechte

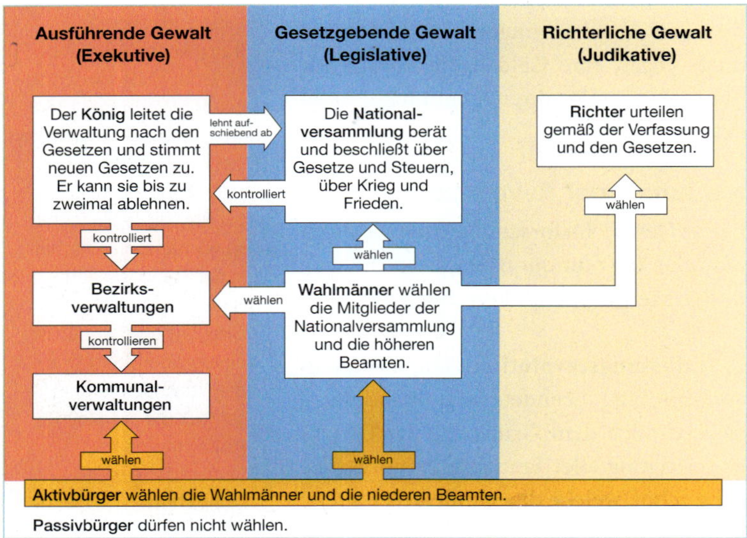

M 1 Die Französische Verfassung von 1791.

Q 1 Die Nationalversammlung beschloss am 26. August 1789 die „Erklärung der Menschen- und Bürgerrechte" (Auszug):

Art. 1: Die Menschen sind und bleiben von Geburt an frei und gleich an Rechten. […]

Art. 2: Das Ziel einer jeden politischen Vereinigung besteht in der Erhaltung der natürlichen und unantastbaren Menschenrechte. Diese Rechte sind: Freiheit, Sicherheit und Widerstand gegen Unterdrückung.

Art. 4: Die Freiheit besteht darin, alles tun zu können, was dem anderen nicht schadet. […]

Art. 7: Kein Mensch kann anders als in den gesetzlich verfügten Fällen und vorgeschriebenen Formen angeklagt, verhaftet und gefangen genommen werden. […]

Art. 10: Niemand darf wegen seiner Meinung – selbst religiöser Art – belangt werden.

Art. 11: Freie Gedanken- und Meinungsfreiheit ist eines der kostbarsten Menschenrechte; jeder Bürger kann daher frei schreiben, reden und drucken. […]

Die Verfassung von 1791

Die Menschen- und Bürgerrechte sollten den einzelnen Menschen Schutz gegen Unfreiheit und Unterdrückung geben. Aber noch regierte Ludwig XVI. als absoluter König. Die von der Nationalversammlung am 3. September 1791 verabschiedete Verfassung schränkte seine Macht jedoch erheblich ein. Die gesetzgebende Gewalt wurde von der gewählten Nationalversammlung ausgeübt. Aber von den etwa 25 Millionen Franzosen besaßen nur vier Millionen das Wahlrecht. Alle Frauen sowie jene Männer, die keine oder nur geringe Steuern zahlten, durften nicht wählen (Passivbürger).

Q 2 Erklärung der Menschenrechte der Vereinten Nationen (VN) vom 10. Dezember 1948:

Art. 1: Alle Menschen sind frei und gleich an Würde und Rechten geboren. […]

Art. 3: Jeder Mensch hat das Recht auf Leben, Freiheit und Sicherheit der Person.

Art. 4: Niemand darf in Sklaverei oder Leibeigenschaft gehalten werden.

Art. 5: Niemand darf der Folter oder grausamer, unmenschlicher oder erniedrigender Behandlung oder Strafe unterworfen werden.

Art. 6: Alle Menschen sind vor dem Gesetz gleich. […]

Art. 9: Niemand darf willkürlich festgenommen, in Haft gehalten oder des Landes verwiesen werden.

Art. 13: Jeder Mensch hat das Recht auf Freizügigkeit und freie Wahl seines Wohnsitzes innerhalb eines Staates. […]

Art. 14: Jeder Mensch hat das Recht, in anderen Ländern vor Verfolgung Asyl zu suchen und zu genießen.
Art. 18: Jeder Mensch hat Anspruch auf Gedanken-, Gewissens- und Religionsfreiheit. […]
Art. 19: Jeder Mensch hat das Recht auf freie Meinungsäußerung. […]

Frauen in der Revolution

Vor der Revolution waren die Frauen fast rechtlos. Selbst verheiratete Frauen durften ohne Zustimmung ihres Ehemannes keine Verträge abschließen. Auch durch die Revolution veränderte sich die Lage der Frauen kaum. Zwar entstanden Frauenclubs, aber bereits 1793 wurden diese verboten und zahlreiche politisch aktive Frauen hingerichtet. Noch immer waren Frauen von allen politischen Aktivitäten ausgeschlossen. Olympe de Gauche, die eine Gleichstellung von Männern und Frauen forderte, wurde hingerichtet.

M2 Olympe de Gouges. Zeitgenössische Darstellung.

M3 Dieser kambodschanische Junge hatte eine Hand voll Reis gestohlen. Heimlich aufgenommenes Foto, 1984.

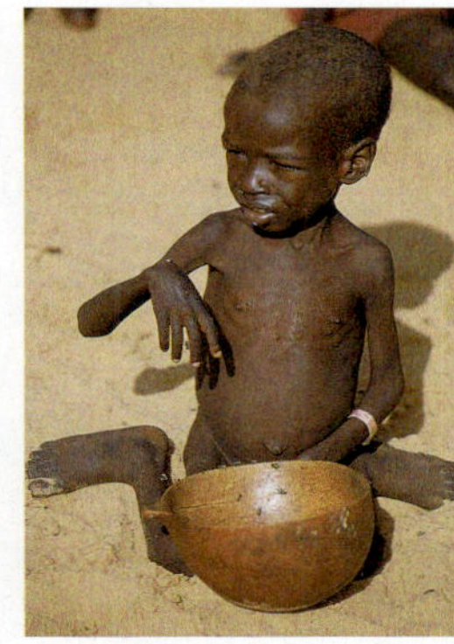

M4 Hungerndes Kind in einem Flüchtlingslager im Sudan. Foto, 1986.

1 Erklärt euch gegenseitig, was mit den Begriffen „Freiheit“, „Gleichheit“, „Sicherheit“ gemeint ist.

2 Macht an einem Beispiel deutlich, worin die Grenzen der Freiheit (Q 1, Artikel 4) bestehen könnten.

3 Prüft nach, in welchen Punkten die Menschen- und Bürgerrechte im Gegensatz zur absolutistischen Herrschaftsauffassung stehen.

4 Erklärt mit eigenen Worten das Verfassungsschaubild (M 1).

5 Stellt zusammen, wo es in dieser Verfassung nach eurer Meinung Verbesserungen gegenüber dem Absolutismus gibt.

6 Erklärt, warum viele Franzosen von dieser Verfassung enttäuscht waren.

7 Erstellt eine Tabelle und ordnet die Artikel der „Erklärung der Menschenrechte“ der Vereinten Nationen den Artikeln aus der „Erklärung der Menschen- und Bürgerrechte“ zu (Q 1, Q 2):

Erklärung der Menschen- und Bürgerrechte, 1789	Erklärung der Menschenrechte der VN, 1948
Art. 1: Die Menschen sind und bleiben von Geburt an frei und gleich an Rechten.	Art. 1: Alle Menschen sind frei und gleich an Würde und Rechten geboren …
…	…

8 Beschreibt die Fotos M 3 und M 4 und zeigt auf, gegen welche Artikel der Menschenrechte hier verstoßen wird.

Frankreich wird Republik

M 1 Die französische Nationalgarde zieht in den Krieg. Gemälde von Leon Logniet, 1836.

***Bataillon**
(vom franz. Wort bataille = Schlacht) Verband bei den Streitkräften (beim Militär); besteht aus mehreren Kompanien.

***Republik**
(lat. res publica = die öffentliche Sache) Begriff für eine Staatsform mit einer gewählten Regierung, in der das Volk oder ein Teil des Volkes die Macht ausübt.

Revolution und Krieg

Die europäischen Staaten außerhalb Frankreichs wurden von Königen und Fürsten regiert. Sie fürchteten, dass sich die Ideen der Revolution auch in ihren Ländern ausbreiten könnten.
Viele französische Adlige, die ins Ausland gegangen waren, verstärkten die feindselige Haltung gegenüber Frankreich. Um einem Angriff der verbündeten Fürsten zuvorzukommen, beschloss die französische Nationalversammlung 1792 mit dem Krieg zu beginnen. Jetzt erfasste eine nationale Begeisterung die Franzosen. Mit dem Ruf „Das Vaterland ist in Gefahr“ meldeten sich Zehntausende Franzosen freiwillig zu den Waffen. Zu Beginn des Krieges waren die Berufsarmeen der verbündeten Österreicher und Preußen überlegen. Aber dann eroberte die französische Revolutionsarmee zuerst Belgien, danach das Rheinland und stieß bis Frankfurt am Main vor.

Die Mainzer Republik

In Mainz gründeten revolutionär gesinnte Bürger nach der Besetzung durch die Franzosen eine rheinische Republik* – einen Staat ohne König. Der neue Staat sollte an Frankreich angeschlossen werden. Doch schon nach einigen Monaten eroberten preußische Truppen Mainz zurück und machten dem ersten republikanischen Staat auf deutschem Boden ein Ende.

Der König auf der Flucht

1791 war die absolute Macht des Königs durch die Verfassung stark eingeschränkt worden. Er musste sich jetzt an die von der Nationalversammlung beschlossenen Gesetze halten und war nicht mehr der

M2 Hinrichtung Ludwigs XVI. am 21. Januar 1793. Zeitgenössischer Stich.

oberste Richter. Ludwig XVI. wollte sich nicht damit abfinden. Er nahm Kontakt zu französischen Adligen auf, die im Ausland lebten. In der Nacht vom 20. Juli 1791 floh der König mit seiner Familie, wurde aber vor der deutschen Grenze erkannt und als Gefangener nach Paris zurückgebracht.

Die Hinrichtung des Königs

Ludwig XVI. wurde verdächtigt, mit den Gegnern gemeinsame Sache zu machen. Als der feindliche Oberkommandierende erklärte, Paris zu zerstören, falls Ludwig XVI. etwas zustoßen würde, stürmten Revolutionäre das Stadtschloss des Königs. Bei den Gefechten mit der königlichen Leibgarde kamen 400 Menschen ums Leben. Jetzt wurde der König abgesetzt und angeklagt. Am Prozessende stimmte eine knappe Mehrheit für die Todesstrafe. Am 21. Januar 1793 wurde Ludwig XVI. hingerichtet. Frankreich war eine Republik.

M3 Stimmen zur Hinrichtung des Königs.

1 Beschreibt M 1. Achtet besonders auf die Mimik und Gestik der Soldaten und Zuschauer. Welche Stimmung vermittelt das Bild?

2 Lest den einmontierten Text der „Marseillaise" (gedichtet und erstmals in Marseille gesungen, heute Nationalhymne Frankreichs) laut vor. Wozu fordert das Lied auf?

3 Sucht Gründe für den Erfolg der französischen Revolutionsarmee.

4 Lest die Äußerungen der Menschen in M 3 laut vor. Zu welchen Bevölkerungsgruppen gehören die dargestellten Personen? Welche Meinung würdet ihr unterstützen, welche lehnt ihr eher ab?

5 Berichtet über das Schicksal des Königs.

Blutige Terrorherrschaft

***Terrorherrschaft**
Als Terrorherrschaft (lat. Terror = Schrecken) bezeichnet man den Zeitraum von Juni 1793 bis Ende Juli 1794. Sie war gekennzeichnet durch die massive Unterdrückung von Personen, die verdächtigt wurden, nicht mit der Revolution einverstanden zu sein. Willkür, Gewalt und die Verbreitung von Angst und Schrecken hatten zum Ziel, die Menschen gefügig zu machen.

M 1 Die Opfer der Terrorherrschaft*: Unter Anderem Geistlichkeit (Clergé), Parlament (Parlement), Adel (Noblesse), Volk (Peuple). Stich von 1794.

***Sansculotten**
(frz. = ohne Kniehosen) Bezeichnung für Pariser Revolutionäre, die aus den Unterschichten stammten. Die Männer trugen lange Hosen, um sich auch in der Kleidung vom Adel zu distanzieren.

Der Terror

Der König hingerichtet, die französischen Truppen auf der Flucht vor feindlichen Heeren und immer wieder Hungersnöte – Frankreich kam nicht zur Ruhe. Viele Menschen wandten sich daher ab von der Revolution und den Revolutionären.

Q 1 In einem Brief aus dieser Zeit heißt es:
[…] Es wird aufgerufen, sich freiwillig zur Armee gegen die Preußen zu melden. Tausende tun das. Bald werden die ersten 40 000 Mann abmarschieren. Sie sind voller Begeisterung. Aber sie fragen sich: „Was wird geschehen, wenn wir weg sind?" Es gibt Tausende von Gegnern der Revolution in Paris. Werden diese Gegner nicht unsere Abwesenheit benutzen, um unsere Frauen und Kinder zu ermorden? […]

Um mit den vielfältigen Problemen fertig zu werden, übertrug der Nationalkonvent die Macht auf zwei Ausschüsse:
Die Mitglieder des Wohlfahrtsausschusses waren zuständig für die Versorgung der Bevölkerung, die Errichtung von Rüstungsbetrieben, für das Militär und die Polizei. Vorsitzender dieses Ausschusses wurde Robespierre*, der gegenüber den wahren oder auch nur angeblichen Gegnern der Republik keine Gnade walten ließ.
Der **Sicherheitsausschuss** hatte die Aufgabe, „Feinde der öffentlichen Ordnung" aufzuspüren und verhaften zu lassen.
Beide Ausschüsse wurden von den Jakobinern beherrscht. Unterstützt wurden sie vor allem von den Kleinbürgern, den Sansculotten*. Diese Gruppe fürchtete, aufgrund der politisch unsicheren Lage seien die Errungenschaften der Revolution gefährdet, und glaubte, die Ordnung müsse mit Gewalt aufrechterhalten werden. So gerieten vermeintliche Gegner der Revolution schnell ins Visier der radikalen Revolutionäre: Einige unbedachte Äußerungen genügten bereits, um als „Feind der Republik" überführt zu werden.

Q 2 Am 11. Oktober 1793 erließ der Sicherheitsausschuss folgende Bekanntmachung:
[…] Merkmale zur Kennzeichnung von Verdächtigen:
1. Wer Versammlungen des Volkes durch hinterhältige Reden und Zwischenrufe stört.

2. Wer die Großpächter und habgierigen Händler bedauert, gegen die Maßnahmen ergriffen wurden.
3. Wer dauernd die Worte Freiheit, Republik und Vaterland im Munde führt, aber mit ehemaligen Adligen verkehrt und an ihrem Schicksal Anteil nimmt.
4. Wer die republikanische Verfassung mit Gleichgültigkeit aufgenommen hat. [...]

Vor dem Revolutionsgericht

Noch im gleichen Jahr wurde ein Revolutionsgericht gebildet, das die Feinde der Republik aburteilen sollte. Gegen seine Entscheidungen gab es keine Einspruchsmöglichkeiten.

Q3 In einem zeitgenössischen Bericht steht:

[...] Verhöre und Verteidigungen gibt es nicht mehr. Zeugen werden keine vernommen. Wer im Gefängnis sitzt, ist bereits zum Tode verurteilt.
Der öffentliche Ankläger kommt kaum mehr zur Ruhe. In einem Raum neben seinem Büro wirft er sich nachts für einige Stunden auf die Pritsche, um dann aufgeschreckt wieder an den Schreibtisch zu wanken [...] Es gibt Verhandlungen, wo 100 oder 150 Angeklagte schon vor der Verhandlung als schuldig in die Listen eingetragen wurden [...] Der eine Richter vertreibt sich die Zeit damit, Karikaturen der Angeklagten zu zeichnen, andere sind oft betrunken. [...]

Ein Mitglied des Wohlfahrtsausschusses erklärte später: „Wir wollten nicht töten, um zu töten. Wir wollten unsere Vorstellungen um jeden Preis durchsetzen." Ungefähr 500 000 Menschen wurden verhaftet, etwa 40 000 hingerichtet, darunter auch Kinder im Alter von zehn bis zwölf Jahren.

Ende des Terrors

Im Jahr 1794 konnten die zahlenmäßig überlegenen französischen Truppen ihre Gegner aus Frankreich vertreiben. Die Revolution schien gerettet. Die Mehrzahl der Abgeordneten im Nationalkonvent sah jetzt in der Fortführung der Terrorherrschaft keinen Sinn mehr. Am 27. Juli 1794 ließen sie Robespierre verhaften und am nächsten Tag hinrichten.
Ein Jahr später beschloss der Nationalkonvent eine neue, die dritte Verfassung der Revolution. Zuerst wurde die Gewaltenteilung, die Robespierre außer Kraft gesetzt hatte, wieder eingeführt. Außerdem erhielten die Bürger mit höherem Einkommen wieder größere Rechte bei den Wahlen. Die eigentlichen Regierungsgeschäfte wurden einem Direktorium von fünf Konventsmitgliedern übertragen.
Den wirtschaftlichen Verfall konnte aber auch diese Regierung nicht aufhalten. Das Direktorium wurde daher bei der Bevölkerung immer unbeliebter. Schließlich konnte die allgemeine Ordnung nur noch mithilfe des Militärs aufrechterhalten werden.

***Maximilien de Robespierre** (1758–1794) Rechtsanwalt und in der Nationalversammlung Abgeordneter des dritten Standes. Sein Name steht für die Zeit der Terrorherrschaft 1793/94. Zeitgenössischer Stich.

1 Lest noch einmal die Artikel 10 und 11 der Erklärung der Menschenrechte (siehe Q 1, S. 224). Wie beurteilt ihr im Vergleich dazu die Bekanntmachung des Sicherheitsausschusses (Q 2)?

2 Beschreibt M 1 und erklärt, welche Kritik an dem Vorgehen der Revolutionäre und am Revolutionsgericht zum Ausdruck gebracht wird.

3 Erläutert, warum eine Einspruchsmöglichkeit gegen Gerichtsurteile notwendig ist (vgl. Q 3).

4 Auch heute werden die Menschenrechte in einigen Staaten nicht beachtet. Dort versuchen die Regierungen ebenfalls mit Terror ihre Macht zu erhalten. Sucht im Netz Informationen über die Suchbegriffe „Einhaltung der Menschenrechte" und „Terrorherrschaft".

Die Herrschaft Napoleons

M 1 **Zeitgenössische Darstellung Napoleons.**

***Napoleon Bonaparte** (1769–1821) Wurde bereits mit 16 Jahren Offizier und war ein erfolgreicher General der Revolutionsarmeen. 1799 übernahm er mit Gewalt die Macht in Frankreich und krönte sich selbst 1804 zum Kaiser. Er starb 1821 in der Verbannung, nachdem seine Truppen 1815 von den vereinigten europäischen Armeen endgültig besiegt worden waren.

Napoleon Bonaparte*

Nach dem Sturz Robespierres kamen die Vertreter des wohlhabenden Bürgertums an die Macht. 1795 wurde eine neue Verfassung ausgearbeitet. Ein Direktorium aus fünf „Direktoren" bildete die Exekutive. Das Wahlrecht wurde wieder auf wohlhabende Männer beschränkt. Das Direktorium war nicht fähig, die Not breiter Bevölkerungsschichten zu beheben. Wiederholt kam es zu Unruhen und Aufständen. Seit 1798 herrschte das Direktorium uneingeschränkt. Der durch militärische Siege bekannt gewordene General Bonaparte stürzte es am 9. November 1799 und setzte sich an die Spitze eines Dreier-Direktoriums. Die Revolution erklärte er für beendet.

Sicherung der Macht

Mit einer neuen Verfassung und einem neuen Regierungssystem – dem Konsulat – sicherte sich Napoleon 1799 als Erster Konsul die größte Macht. Durch direkte Befragung des Volkes (Volksentscheid) festigte er seine Alleinherrschaft und ließ sich sein Konsulat 1802 durch einen Volksentscheid auf Lebenszeit verlängern. 1804 krönte er sich im Beisein des Papstes selbst zum Kaiser der Franzosen. Über die Besetzung der höchsten Ämter in der Verwaltung, der Polizei und der Armee entschied er selbst.

Sicherung der Ergebnisse der Revolution

Einige wichtige Rechte aus der Revolutionszeit ließ Napoleon jedoch unangetastet:

- die persönliche Freiheit
- die Gleichheit vor dem Gesetz
- das Recht auf Eigentum
- die Freiheit der Wirtschaft.

1804 erschien die erste Ausgabe einer Gesetzessammlung (Code), die nach ihrem Urheber Napoleon Bonaparte auch Code Napoléon genannt wurde. Die einzelnen Bücher des Code regelten die Rechte der Personen und Fragen des Eigentums. Damit wurde zum erstenmal ein für ganz Frankreich einheitliches geschriebenes Recht geschaffen. Dieses Gesetzbuch wurde zum Vorbild für ganz Europa.

Umgestaltung Europas

Napoleon führte ununterbrochen Krieg und konnte bis auf Großbritannien fast alle Staaten Europas unterwerfen.

Q 1 **Über seine Ziele sagte Napoleon in einem Gespräch:**

[…] Europa wird nicht zur Ruhe kommen, bevor es nicht unter einem einzigen Oberhaupt steht, unter einem Kaiser, der Könige als seine Beamten hat und der seinen Generalen Königreiche gibt. Wir brauchen ein europäisches Gesetz, einen europäischen Gerichtshof, eine einheitliche Münze, die gleichen Gewichte und Maße. […] Aus allen Völkern Europas muss ich ein Volk machen und aus Paris die Hauptstadt der Welt. […]

Als die französischen Truppen deutsche Gebiete eroberten, begann damit eine völlige Umgestaltung Deutschlands. Schon im Jahr 1801 hatten die deutschen Fürsten sich damit einverstanden erklärt, dass die von Napoleons Soldaten eroberten Gebiete links des Rheins auf Dauer zu Frankreich gehören sollten.

Für deutsche Fürsten, die dadurch Gebiete verloren hatten, wurde 1803 eine Entschädigung vereinbart:

- Geistliche Landesherren wurden enteignet. Die Gebiete verteilte man an weltliche Fürsten.

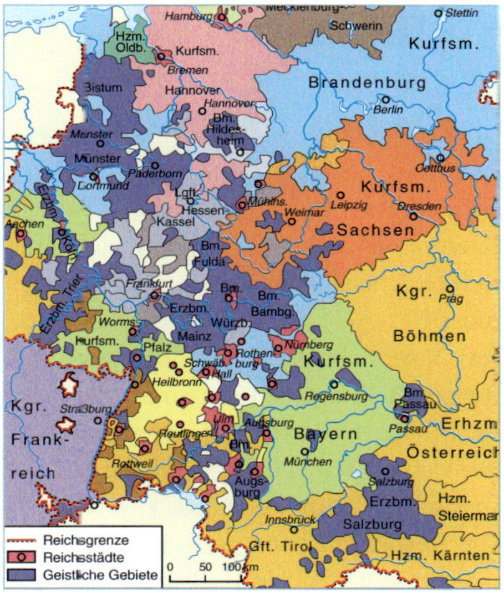

M2 Mitteleuropa vor 1803.

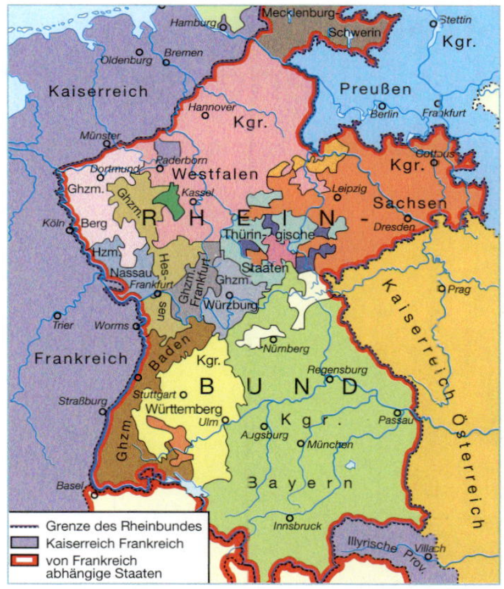

M3 Mitteleuropa nach 1806.

- Fast alle Reichsstädte und zahllose Kleinstaaten teilte man mächtigeren Landesherren zu.

Etwa 300 kleine Herrschaftsgebiete verschwanden so von der Landkarte. Drei Millionen Menschen wurden neuen Herrschern unterstellt. Später erhob Napoleon die Fürsten von Bayern, Sachsen und Württemberg zu Königen.

Die Herrschaft Napoleons in den deutschen Staaten wurde durch seine Truppen gesichert. Unerbittlich ließ Napoleon jeden Widerstand niederschlagen.

1812 wurden Napoleons Truppen in Russland geschlagen. in einer weiteren Schlacht 1813 bei Leipzig konnten Russland, Preußen und Österreich seine Truppen ein weiters Mal besiegen. Nach der endgültigen Niederlage 1815 bei Waterloo gegen britische und preußische Truppen wurde Napoleon auf die Insel St. Helena verbannt, wo er 1821 starb.

Wiederherstellung der alten Ordnung

Auf einem großen Kongress in Wien beschlossen die siegreichen Fürsten 1815 eine **Neuordnung Europas**, die die Macht der alten Herrscher wiederherstellte. Um den Frieden in Europa zu sichern, sollte keine der Großmächte Frankreich, Großbritannien, Österreich, Preußen und Russland mehr Macht als ein jeweils anderer Staat ausüben können.

Alle demokratischen Einflüsse der französischen Revolution, wie die Beteiligung der Bürger an politischen Entscheidungen, wurden zurückgewiesen und verboten.

1 Notiert Stichworte zum Leben und Wirken von Napoleon aus dem Text. Ergänzt sie mit Hilfe von Lexika und dem Internet.

2 Untersucht Q 1 und erläutert die Ziele Napoleons.

3 Vergleicht die Karten M2 und M3 und erläutert die Folgen der Herrschaft Napoleons in Mitteleuropa.

4 Macht eine Internetrecherche zum Thema „Wiener Kongress" und berichtet in der Klasse.

Unzufriedenheit mit den bestehenden Ordnungen

M 1 Der Zug auf das Hambacher Schloss am 27. Mai 1832. Federlithographie.

M 2 Georg August Wirth (1798–1848). Stich.

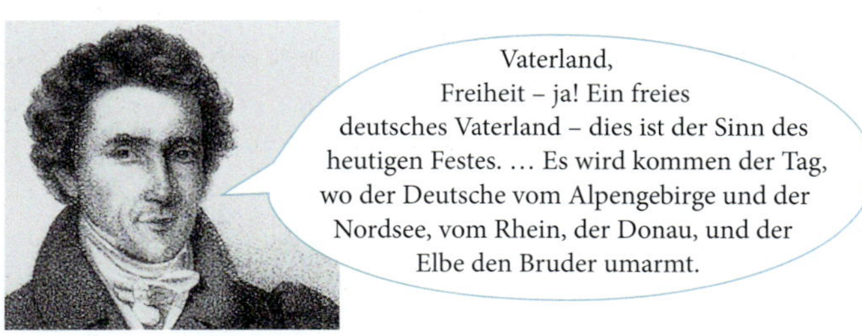

M 3 Philipp Jakob Siebenpfeiffer (1789–1845). Stich.

Revolutionen in Frankreich und Polen

Im Juli 1830 protestierten reiche Bürger, Studenten, Handwerker und Arbeiter in Paris gegen den Versuch König Karls X., das Parlament zu beseitigen und die Pressefreiheit aufzuheben. Nach dreitägigen Straßenkämpfen musste der Monarch zurücktreten. Das französische Parlament setzte einen neuen König ein, der einer freiheitlichen Verfassung zustimmen musste.

Im November 1830 erhoben sich die Bürger Polens gegen die russische Herrschaft. Sie forderten ein vereintes Polen und eine freiheitliche Verfassung. Die russischen Truppen wurden vertrieben. Die Revolution hatte gesiegt. Aber schon ein Jahr später wurde die Revolution durch Waffengewalt der russischen Armee beendet. Viele polnische Freiheitskämpfer mussten ins Ausland fliehen. Auch in Deutschland wurden sie von freiheitlich gesinnten Bürgern aufgenommen.

Der erfolgreiche Verlauf der Julirevolution in Frankreich ermutigte auch die Bürger des Deutschen Bundes. Am 27. Mai 1832 zogen 30 000 Menschen zum Hambacher Schloss. Sie kamen aus Städten und Dörfern des Deutschen Bundes, ja, sogar aus Frankreich und Polen. Von Beruf waren sie unter anderem Juristen, Zeitungsverleger, Buchhändler, Handwerker, Bauern und Winzer. Auf dem Weg zum Schloss sangen die Demonstranten politische Lieder – z. B. „Fürsten zum Land hinaus". Oben auf dem Schloss wurden Reden gehalten (M 2, M 3).

1 Notiert die Forderungen von Siebenpfeiffer und Wirth.

2 Verfasst einen Zeitungsartikel über das Hambacher Fest, der Aufschluss über Ursachen, Motive, Teilnehmer und Forderungen gibt. Vergleicht dazu auch S. 233.

3 Findet heraus, welche Bedeutung die Farben Schwarz, Rot, Gold in der Fahne (M 1) hatten (Internetrecherche).

Politische Lieder verstehen

METHODE

Die Texte und Musik der Lieder, wie sie 1832 auf dem Hambacher Fest gesungen wurden, geben uns wichtige Hinweise in Bezug auf die Situation der Menschen im Deutschland in dieser Zeit.

M1 Checkliste, um politische Lieder zu verstehen:

1. Schritt: Entstehung klären

Wer hat das Lied geschrieben?

Wann wurde es geschrieben bzw. gesungen? In welchem Land war es bekannt?

2. Schritt: Text untersuchen

Wie heißt der Titel des Liedes?

Was erfahren wir aus den einzelnen Strophen?

Welche Absichten könnte der Autor mit dem Lied verfolgt haben?

Wie können wir die Aussagen zusammenfassen (z. B. als Comic …)?

3. Schritt: Wirkung von Text und Melodie untersuchen

Ist die Musik eher schnell/langsam, laut/leise, fröhlich/traurig, mitreißend/zurückhaltend, kriegerisch/besänftigend?

Passen Text und Melodie zusammen?

Welche Gefühle könnte das Lied bei den Menschen damals ausgelöst haben?

4. Schritt: Beurteilung

Wie wirkt das Lied heute auf uns?

Welche Botschaft entnehmen wir dem Lied für die heutige Zeit?

M2 Die Gedanken sind frei

2. Ich denke, was ich will und was mich beglücket,
doch alles in der Still' und wie es sich schicket.
Mein Wunsch und Begehren kann niemand verwehren.
Es bleibet dabei: Die Gedanken sind frei!

3. Und sperrt man mich ein im finsteren Kerker,
das alles sind rein vergebliche Werke,
denn meine Gedanken, sie reißen die Schranken
und Mauern entzwei. Die Gedanken sind frei!

M3 Dritte Strophe des Liedes der Deutschen, gedichtet 1841 von Heinrich H. von Fallersleben, heute unsere Nationalhymne.

http://www.bundesregierung.de/Webs/Breg/DE/Bundesregierung/Nationalhymne/Geschichteund Entstehung/geschichte-und-entstehung.html

1 Bearbeitet M2 und M3 mithilfe der Checkliste.

2 Sucht in Lexika und im Internet Informationen zur unserer Nationalhymne.

Die Revolution von 1848

M 1 Kämpfe zwischen Bürgern und Soldaten in der Straße Frankfurter Linden in Berlin. Farblithographie, 1848.

***Wahlen, Wahlrecht**
Gewählt wurde nach einem allgemeinen und gleichen Wahlrecht für Männer. Ganz arme Männer waren wie die Frauen von der Wahl ausgeschlossen. Man schätzt, dass 80 % der Männer wahlberechtigt waren. Gewählt wurden Personen; Parteien gab es noch nicht.

Barrikadenkämpfe in Paris und Wien

Im Jahr 1848 kam es in ganz Europa zu revolutionären Aufständen. In Paris stiegen Studenten, Arbeiter, Handwerker und Tagelöhner auf die Barrikaden und besiegten die königliche Armee. Der König musste fliehen. Frankreich war eine Republik. Auch in Wien kam es zu Kämpfen auf den Barrikaden. Bauern, Handwerker und Arbeiter zwangen den Kaiser, eine Verfassung mit mehr Bürgerrechten anzuerkennen.

Berlin 1848

Der Funke der Revolution sprang auch auf Berlin über. Die Bürger forderten Presse- und Versammlungsfreiheit und die Berufung eines **deutschen Parlaments**. Am 18. März versammelten sich 10 000 Menschen vor dem Berliner Schloss. Plötzlich fielen – vermutlich aus Versehen – zwei Schüsse. Die Bürger fühlten sich vom König betrogen und errichteten Barrikaden. Bei den Kämpfen gegen das königliche Militär fielen 200 Barrikadenkämpfer. Danach griff die Revolution auf die größeren Städte des Deutschen Bundes über. In den ländlichen Gebieten blieb es aber meist ruhig.

Die deutsche Nationalversammlung in Frankfurt

Nach den revolutionären Unruhen im März 1848 mussten die Herrscher in den Staaten des Deutschen Bundes Zugeständnisse machen. Die Fürsten und Könige behielten zwar ihren Thron, mussten jedoch freie Wahlen* zu einem Parlament – der deutschen **Nationalversammlung** – zulassen. Als Sitz der Nationalversammlung wurde Frankfurt am Main ausgewählt. Da es keinen Saal in der Stadt gab, der alle 573 Abgeordneten hätte aufnehmen können, fiel die Wahl auf die

- Fabrikanten (1)
- Eisenbahninspektoren (1)
- Studenten (1)
- Maschinenmeister (1)
- Handwerker (19)
- Handwerksgesellen (32)
- Lehrlinge (3)
- Arbeitsmänner (19)
- Frauen (5)
- Hausknechte (2)
- Diener (2)
- Wirte (1)
- Buchhalter (2)
- Maschinenbauer (3)

M 2 Unvollständiges Verzeichnis der Barrikadenkämpfer in Berlin im März 1848 (in Klammern die Anzahl der Getöteten).

M3 **Abgeordnete in der Paulskirche, 1848.** Rekonstruktionszeichnung.

Paulskirche als Versammlungsort. Dort trafen sich am 18. Mai 1848 zum ersten Mal die Vertreter des deutschen Volkes. Zwar kannten sich die meisten Abgeordneten nicht, aber gleich von Beginn an wurden politische Gruppen gebildet, die sich in Blöcken rechts, links oder in der Mitte des Raumes platzierten.

M4 **Einzug des Parlaments in die Paulskirche, 1848.** Holzstich nach einer Zeichnung von Fritz Bergen.

1 Besprecht, welche Berufsgruppen auf die Barrikaden gingen und welche im Text unerwähnt bleiben.

2 Beschreibt die Kampfszene in M1.

3 Findet anhand von M2 heraus, welche Berufsgruppen die höchste Anzahl von Todesopfern aufwiesen.

4 Überlegt, weshalb sich die verschiedenen Berufsgruppen unterschiedlich an den Kämpfen beteiligten.

5 Lest das Jugendbuch „1848 – Die Geschichte von Jette und Frieder" von Klaus Kordon und berichtet in einem Kurzreferat über den Inhalt.

6 Notiert in Stichworten die Erwartungen und Befürchtungen der Abgeordneten in M3.

Die Arbeit des Parlaments

M 1 **Blick in die Frankfurter Nationalversammlung.** Kolorierter Stich, 1848.

M 2 **Germania.** Gemälde von Phillip Veit, 1848.

Die Grundrechte

Nach langen Diskussionen wurden im Dezember 1848 die **Grundrechte** des deutschen Volkes beschlossen. Dazu gehörten:

- Der Adel und alle Standesvorrechte sind abgeschafft. Die Deutschen sind vor dem Gesetz gleich.
- Die Freiheit der Person ist unverletzlich. Jeder darf seinen Wohnort frei wählen.
- Recht auf freie Meinungsäußerung; Versammlungsfreiheit, Pressefreiheit, Glaubens- und Gewissensfreiheit.

Viele Abgeordnete wollten, dass an der Spitze des Staates ein König oder Kaiser stehen sollte. Andere Abgeordnete befürworteten hingegen die Einführung einer Republik mit einem gewählten Präsidenten an oberster Stelle. Aber welcher Staat war gemeint? Sollte es ein großdeutsches Reich unter der Führung von Österreich sein oder ein kleindeutscher Staat (ohne Österreich) unter der Führung Preußens?

Ein König will nicht Kaiser werden

Am 28. März 1849 verabschiedete die Nationalversammlung in Frankfurt die Reichsverfassung. Im Anschluss daran wurde der preußische König Friedrich Wilhelm IV. mit 290 Stimmen und 248 Enthaltungen zum Kaiser der Deutschen gewählt. Es hatte sich also die kleindeutsche Lösung unter Ausschluss Österreichs durchgesetzt.

38	Großgrundbesitzer	13	Buchhändler, Schriftsteller und Journalisten
13	Kaufleute	26	Mediziner
7	Fabrikanten	3	Landwirte
99	höhere Beamte	13	kleinere Kaufleute
49	Professoren	4	Handwerker
41	Lehrer		
23	Geistliche		
91	Juristen		

M 3 **Berufliche Zusammensetzung der deutschen Nationalversammlung.**

M4 Eine Abordnung der Frankfurter Nationalversammlung bietet König Friedrich Wilhelm IV. am 3. April 1849 die Kaiserkrone an. Zeitgenössische Darstellung.

M5 „Soll ich, soll ich nicht, soll ich? Knöpfe, ihr wollt. Nun gerade nicht!" Kreidelithographie, 1849.

Am 3. April 1849 erschien eine Abordnung von 32 Abgeordneten der Paulskirche in Berlin. Sie bot dem preußischen König Friedrich Wilhelm IV. die Kaiserkrone an.

Q1 Darüber hatte sich der König schon in einem Brief vom 13. Dezember 1848 Gedanken gemacht:

[...] Einen solchen Reif aus Dreck [...] gebacken soll ein rechtmäßiger König von Gottesgnaden und nun gar der König von Preußen, sich geben lassen, der den Segen hat, wenn auch nicht die älteste, doch die edelste Krone, die niemandem gestohlen ist, zu tragen? Ich sage es Ihnen, [...] soll die tausendjährige Krone deutscher Nation wieder einmal vergeben werden, so bin ich es und meinesgleichen, die sie vergeben werden; und wehe dem, der sich anmaßt, was ihm nicht zukommt.

Das Scheitern der Nationalversammlung

Der preußische König antwortete nicht sofort auf dieses Angebot. Erst am 28. April 1849 lehnte er die Kaiserkrone und die Reichsverfassung ab. Danach weigerten sich andere mächtige deutsche Staaten (z. B. Bayern und Sachsen) die Reichsverfassung anzunehmen. Diese Ereignisse führten zur Spaltung des Parlaments in Frankfurt. Die Mehrheit der Abgeordneten verließ enttäuscht die Nationalversammlung. Eine Minderheit siedelte nach Stuttgart über. Dort bildeten diese Abgeordneten das sogenannte „Rumpfparlament". Die Nationalversammlung war gescheitert – und mit ihr der Traum von einem vereinten deutschen Reich mit einer freiheitlichen Verfassung. Demokratische Aufstandsbewegungen wurden in Süddeutschland von preußischen Truppen niedergeschlagen.

1 Beschreibt mit euren Worten die Arbeit der Nationalversammlung und erläutert die beschlossenen Grundrechte.

2 Prüft, welche Grundrechte in unser Grundgesetz übernommen wurden (Anhang S. 370/371).

3 Untersucht in M3 die berufliche Zusammensetzung des Parlaments:
- Welche Berufsgruppen waren stark vertreten?
- Welche Berufsgruppen waren überhaupt nicht vertreten?

4 Beschreibt M4.

5 Gib die Auffassung König Friedrich Wilhelms IV. (Q1) über die Verleihung der Kaiserkrone in eigenen Worten wieder.

6 Erklärt, weshalb der preußische König die Kaiserkrone ablehnte.

Der deutsch-dänische Konflikt

M 1 Norddeutschland um 1815.

M 2 Flugblatt, um 1840. Personalunionswappen. Schleswig-Holstein und Dänemark werden als Hund und Katze dargestellt. Ziel der deutschen Nationalen war die Trennung der Herzogtümer von Dänemark und ihr Anschluss an einen deutschen Nationalstaat, den es noch nicht gab.

„ewich ungedelt"

Im Mittelalter waren Schleswig und Holstein zwei unabhängige Herzogtümer. Zudem gehörte Holstein dem Heiligen Römischen Reich Deutscher Nation an, Schleswig jedoch nicht. Dennoch gab es sehr enge Verbindungen zwischen den beiden Territorien, da sie nicht nur ein und denselben Herrn hatten, sondern auch eine gemeinsame Ritterschaft, die Vertretung des Adels in beiden Herzogtümern. Als nun 1459 der über beide Gebiete regierende Adolf VIII. starb, kam es zu Erbstreitigkeiten, da jeweils unterschiedliche Personen erbberechtigt waren, der Adel aber einen gemeinsamen Landesherrn forderte. Schließlich einigte man sich 1460 auf den dänischen König Christian I., der dafür aber zusichern musste, dass die beiden Herzogtümer Schleswig und Holstein für immer ungeteilt zusammenbleiben sollten. Der Originalwortlaut des Ripener Vertrages lautete: „dat se bliven ewich tosamende ungedelt".

Schleswig – zwischen Deutschland und Dänemark

Holstein war auch weiterhin ein Teil des Deutschen Reiches. Schleswig hingegen stand zwischen Deutschland und Dänemark, was aber lange Zeit niemanden wirklich störte. Je nach Dorf und Familie sprach man Niederdeutsch oder Sönderjysk, den regionalen dänischen Dialekt. Regiert wurde man von der „Deutschen Kanzlei" in Kopenhagen. Erst durch das Aufkommen des Nationalgedankens zu Beginn des 19. Jahrhunderts stellte sich im Herzogtum Schleswig die Frage, ob man sich eigentlich als deutsch oder dänisch empfinde. Ein Versuch der dänischen Regierung, Dänisch als Kirch-, Schul- und Verwaltungssprache in ganz Schleswig zur Pflicht zu machen, scheiterte. In den 30er- und 40er-Jahren des 19. Jahrhunderts verschärfte sich der Konflikt zwischen deutschen und dänischen Schleswigern. Die eher dänisch empfindenden (Nord-) Schleswiger forderten eine Angliederung Schleswigs an das dänische Reich, das dann bis an die Eider gereicht hätte. Sie wurden deshalb **„Eiderdänen"** genannt. Die deutschgesinnten Bewohner (Süd-)

Schleswigs sprachen sich für einen Beitritt ihres Herzogtums zum Deutschen Bund aus.

1848 – Revolution in Kiel

1848 bestieg ein neuer Herrscher den Thron Dänemarks. Eigentlich hatte Friedrich VII. den Herzogtümern eine recht freie Verfassung geben wollen, doch aus Angst vor einer Revolution, wie sie 1848 in Frankreich ausbrach, setzten sich in Kopenhagen die konservativen Kräfte durch. Die neuen dänischen Minister waren Vertreter des „eiderdänischen Programms". Um zu verhindern, dass sie den Anschluss Schleswigs an Dänemark durchsetzten, bildete sich in Kiel eine „provisorische Regierung" für Schleswig und Holstein. Sie kämpfte einerseits gegen die dänenfreundliche Politik Kopenhagens, andererseits auch um mehr demokratische Rechte und war somit Kopf der „Erhebung" gegen den noch immer absolutistisch geführten dänischen Staat.
Die provisorische Regierung in Kiel wurde bald von den Herrschenden in Berlin und Frankfurt anerkannt und gefördert, von Dänemark wurde sie aber bekämpft. Obwohl die neue Regierung die Unterstützung aller Soldaten aus Schleswig und Holstein hatte, konnte sie sich nicht gegen die dänischen Truppen durchsetzen und war auf die Hilfe preußischer Soldaten angewiesen. Die preußische Regierung zog ihre Truppen jedoch 1850, nach dem Eingreifen Englands in den Konflikt, zurück. Die auf sich allein gestellten Truppen Schleswig-Holsteins unterlagen am 25.7.1850 in der Schlacht bei Idstedt den dänischen Soldaten. Die Herzogtümer gerieten somit wieder unter die Herrschaft Friedrichs VII.

Schleswig, ein Teil Dänemarks?

Friedrich VII. versprach, die deutsche und die dänische Nationalität in Schleswig gleichberechtigt zu behandeln. Tatsächlich aber bemühte sich die Regierung in den nächsten Jahren besonders in den Gebieten Schleswigs, in denen sowohl Deutsch als auch Dänisch gesprochen wurde, das Deutsche zurückzudrängen. Deutsch durfte in der Schule nur noch als Fremdsprache unterrichtet und die Gottesdienste mussten in Dänisch abgehalten werden. Der Konflikt wurde weiter verschärft, indem für Dänemark und das Herzogtum Schleswig eine gemeinsame Verfassung erarbeitet wurde.

Der zweite Versuch

Als Friedrich VII. am 15.11.1863 starb, war seine Nachfolge eigentlich geregelt: Aufgrund der Verträge, die nach der Niederlage der Schleswig-Holsteiner geschlossen worden waren, sollte Christian IX., der die Krone Dänemarks erbte, auch Herzog von Schleswig und Holstein werden. Es gab allerdings noch einen zweiten Kandidaten mit berechtigten Ansprüchen: Erbprinz Friedrich von Augustenburg. Er versprach den Schleswig-Holsteinern ein gemeinsames, von Dänemark unabhängiges Reich unter seiner Herrschaft. In diesem Streit ergab sich nun für Preußen die Chance, sich an die Spitze des Deutschen Bundes zu stellen und Schleswig-Holstein für Preußen zu gewinnen.

M3 Schloss Glücksburg war von 1854 bis 1864 eine der Residenzen des dänischen Königs. Foto, 2006.

M4 Das Danewerk war die südliche Grenzbefestigung des dänischen Reiches und bestand aus mehreren langen Wällen zwischen Schlei und Treene. 1160–80 wurde die Waldemarsmauer aus Ziegelsteinen errichtet, von der heute nur noch Reste zu betrachten sind. Foto, 2006.

1 Entwerft Plakate für oder gegen eine Vereinigung Schleswigs mit Dänemark.

2 Erklärt, weshalb die Sprache, die in Schule und Kirche gesprochen wird, so wichtig war. Weshalb griff die dänische Regierung nach 1850 gerade hier ein?

3 Sucht in eurer Gemeinde nach historischen Erinnerungen an den deutsch-dänischen Streit.

Preußen übernimmt die Macht in Deutschland

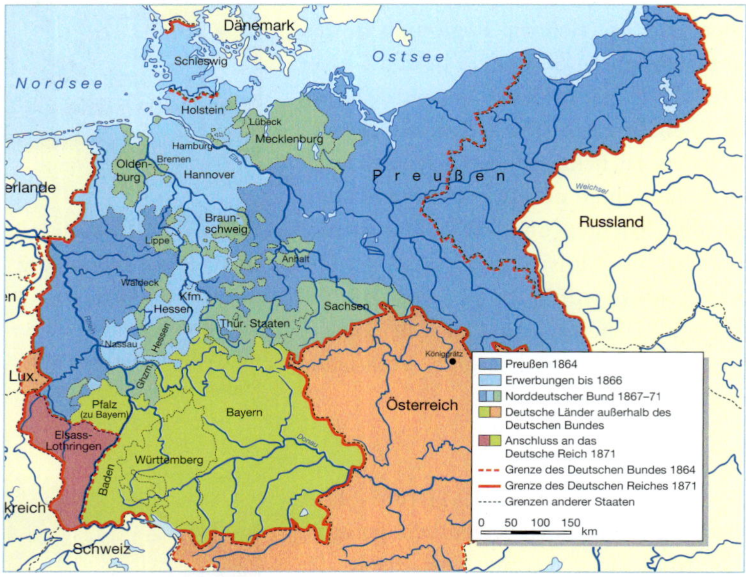

M 1 Länder des neu gegründeten Deutschen Reiches 1871.

Preußische Zeitung 5. Juli 1866

Preußens siegreicher Feldzug gegen Österreich
Von unserem Sonderberichterstatter

Königgrätz, 5. Juli 1866. In einem unglaublichen Blitzkrieg hat die preußische Armee ihre Gegner besiegt. Vor zwei Tagen fiel die Entscheidung in diesem Bruderkrieg zwischen Preußen und Österreich in der Schlacht bei Königgrätz in Böhmen. Es war die größte Schlacht unseres Jahrhunderts. Die Österreicher mussten 300 000 Tote und Verwundete beklagen. Die preußischen Soldaten, die mit den neuen Zündnadelgewehren ausgestattet waren, nur 9000. Der Kampf um die Vormachtstellung in Deutschland ist entschieden. Österreich liegt am Boden.

M 3 Kriegsbericht vom 5. Juli 1866. Nachgestellter Zeitungsbericht.

M 2 Otto von Bismarck (1815–1898) stammte aus einer preußischen Landadelsfamilie. 1862 wurde er unter König Wilhelm I. preußischer Ministerpräsident. 1871 trug er maßgeblich zur Gründung des Deutschen Reichs bei, dessen Reichskanzler er bis 1890 blieb. Sein Grab befindet sich in Friedrichsruh (Sachsenwald). Zeitgenössische Darstelllung.

Der Wunsch nach nationaler Einheit

Schon im Widerstand gegen Napoleon war eine Welle von Nationalbegeisterung durch Deutschland gegangen. Der von den Fürsten gegründete Deutsche Bund war aber nicht die von vielen erhoffte Lösung. Statt eines mächtigen, unter einem Herrscher vereinten Deutschland wurde ein lockeres Staatenbündnis von 39 Einzelstaaten gebildet, der Deutsche Bund.

Die Revolution von 1848 wollte neben demokratischen Freiheiten auch die staatliche Einheit der Deutschen erreichen. Dass dieses Vorhaben gescheitert war, hatte viele Menschen tief bestürzt.

In den Einzelstaaten hatte die „Obrigkeit“ hart zurückgeschlagen: Berufsverbote für freiheitlich denkende Beamte und Lehrkräfte, Überwachung von Zeitungen und Vereinen – so sollten demokratische Gedanken verhindert werden. Deshalb verlagerte sich die politische Tätigkeit in zahlreiche Vereine – dies war ein Ausweg, um möglichen Verfolgungen zu entgehen.

Preußen gegen Österreich

Zwei Kräfte standen einander in Deutschland gegenüber: Preußen als stärkste Macht in Nord- und Ostdeutschland und Österreich mit starkem Einfluss im Süden Deutschlands. Wer würde die Oberhand gewinnen?

Der preußische Ministerpräsident Bismarck führte die Geschäfte für seinen König äußerst geschickt. Durch eine Reihe von Bündnisverträgen sicherte er Preußen Macht und Einfluss. Auch Österreich bekam im Krieg zwischen beiden Ländern im Jahre 1866 zu spüren.

Bei der Stadt Königgrätz kam es zur Entscheidungsschlacht zwischen Österreich und Preußen, die Preußen gewann.

Nach dem Sieg gegen Österreich nutzte Preußen seine Überlegenheit und erweiterte sein Staatsgebiet.

M4 Das Brandenburger Tor in Berlin. Festschmuck zum 25. Jahrestag der Schlacht bei Sedan. Der „Sedanstag" am 2. September war ein wichtiger Feiertag im Gedenken an die siegreiche Schlacht gegen Frankreich. Foto, 2. September 1895.

Krieg gegen Frankreich 1870/1871

Frankreich beobachtete mit großer Sorge den Aufstieg Preußens und wollte nicht zulassen, dass dessen Macht sich ausweitete. Eine Auseinandersetzung sahen beide Seiten kommen. Mit einem Trick sorgte Bismarck für eine Provokation* des französischen Kaisers Napoleon III., sodass dieser den Krieg gegen Preußen erklärte. Beinahe alle deutschen Staaten stellten sich unter preußischen Oberbefehl. Eine nationale Begeisterung war in diesem Krieg gegen Frankreich zu spüren.

In der Schlacht von Sedan in Nordfrankreich wurde der französische Kaiser am 2. September 1870 gefangen genommen; die französische Niederlage war nur noch eine Frage der Zeit. Schließlich verlor Frankreich den Krieg und musste demütigende Friedensbedingungen hinnehmen:

- Zahlung einer hohen Kriegsentschädigung
- Verlust der Gebiete Elsass und Lothringen.

Als der Krieg gegen Frankreich zu Ende war, wurde der preußische König Wilhelm im Schloss von Versailles zum Deutschen Kaiser ausgerufen. Dass dies ausgerechnet am wichtigsten Sitz der französischen Könige geschah, bedeutete eine weitere Demütigung Frankreichs.

Alle bisherigen Reichsfürsten akzeptierten letztlich, dass das Kaiserreich vom preußischen König geführt wurde. Bismarck konnte auch zögernde deutsche Fürsten – wie den bayerischen König – für die Einigung gewinnen, die dieser zuvor kritisch gegenüber gestanden hatten.

Q1 Der Sohn Kaiser Wilhelms I., Kronprinz Friedrich, äußerte sich hinsichtlich der Reichsgründung so:

[...] Was nützt uns alle Macht, aller kriegerischer Ruhm und Glanz, wenn Hass und Misstrauen uns überall begegnen? Bismarck hat uns groß und mächtig gemacht, aber er raubte uns unsere Freunde, die Sympathien der Welt und – unser gutes Gewissen. [...]

M5 Abschied. Der übermütige deutsche Soldat sagt: „Lebewohl!" „Nein, wir treffen uns wieder. Besuche müssen erwidert werden!", antwortet der französische Soldat. Französische Karikatur, 1872.

***Provokation** (vom lat. Wort provocare = hervorrufen) Gezieltes Hervorrufen eines Verhaltens oder einer Reaktion bei einer anderen Person.

1 Untersucht M 1 und beschreibt die Gebietsveränderungen zwischen 1864 und 1871.

2 Beschreibt mit M 1 die Grenzen des neu gegründeten Deutschen Reiches.

3 Wertet den nachgestellten Zeitungsartikel (M 3) aus. Welches politische Ergebnis bringt der Krieg?

4 Erklärt mithilfe M 4 und Q 1, wie der Krieg gegen Frankreich beurteilt wurde.

5 Erläutert, welche Gefahr in der französischen Karikatur (M 5) verdeutlicht werden sollte.

Das neue Reich und seine Verfassung

1871:
Gründung des Deutschen Reiches.
Wilhelm I. (1797–1888) wird deutscher Kaiser.

M 1 Die Reichsverfassung von 1871.

Der Kaiser an der Spitze

Q 1 Die Stellung von Fürsten und Adel in der Gesellschaft fand sich in der Verfassung von 1871 wieder. Sie begann mit den Worten:

[…] Seine Majestät der König von Preußen im Namen des Norddeutschen Bundes, Seine Majestät der König von Bayern, Seine Majestät der König von Württemberg, […] Seine Königliche Hoheit der Großherzog von Hessen […] schließen einen ewigen Bund zum Schutze des Bundesgebietes und des innerhalb desselben gültigen Rechtes sowie zur Pflege der Wohlfahrt des deutschen Volkes. Dieser Bund wird den Namen Deutsches Reich führen. […]

M 2 Friedenseiche in Lütjenburg. Foto, 2002.

Verfassung ohne Grundrechte

Im Unterschied zur Verfassung der Frankfurter Paulskirche von 1849 enthielt die Reichsverfassung von 1871 keine Liste von Grundrechten. Die oberste Gewalt im Reich ging nicht vom Volk aus, sondern von den Fürsten. Alle Gesetze, welche die Abgeordneten im Reichstag verabschiedeten, mussten auch von den Vertretern der Fürsten im Bundesrat beschlossen werden.

Das Recht, über Krieg oder Frieden zu entscheiden, lag beim Kaiser. Er war unabhängiger und unkontrollierter Oberbefehlshaber der Armee. Er ernannte den Reichskanzler, der nur von ihm und nicht vom Reichstag abhängig war. Der **Reichskanzler** hatte damit gegenüber dem Reichstag eine starke Stellung. Er war nicht von den Vertretern des Volkes, sondern nur vom Vertrauen des Kaisers abhängig.
In der Außenpolitik des Kaiserreiches und in der Militärpolitik hatte der Reichstag keine Rechte. Im Wesentlichen entschied der Reichstag über den Haushalt und wirkte bei der Gesetzgebung mit.

1 Lest den Beginn der Verfassung (Q 1) und gebt an, welche Personengruppe das Deutsche Reich gründeten.

2 Stellt fest, wer den Reichskanzler ernennt (M 1).

3 Erkundigt euch, auf welche Weise heute bei uns die/der Bundeskanzler/-in bestimmt wird (Grundgesetz, Internet).

4 Schreibt aus M 1 die Rechte des Reichstages heraus.

5 Erläutert, wer im Deutschen Reich wählen durfte.

Die Dänen Nordschleswigs

Preußen und Nordschleswig

Als die Preußen nach dem Sieg über Österreich im Jahr 1866 die Verwaltung und Regierung Schleswig-Holsteins ganz übernahmen, standen sie vor einem Problem: Im Norden Schleswigs gab es einen sehr großen Anteil Dänisch sprechender und dänisch gesinnter Bewohner. Durch Artikel 5 des Friedensvertrags mit Österreich hatte sich Preußen verpflichtet, diesen Menschen den Anschluss an Dänemark zu ermöglichen.

Gleichzeitig lag es in Bismarcks Interesse, einen möglichst großen Teil Nordschleswigs beim preußischen Staat zu halten. Erste Verhandlungen mit Dänemark in den Jahren 1867 und 1868 scheiterten, weil die Regierung in Kopenhagen nicht bereit war, die für die deutsche Minderheit geforderten Garantien zuzusichern. Dadurch verzögerten sich die Verhandlungen und wurden schließlich abgebrochen, nachdem 1878 der zwischen Preußen und Österreich geschlossene Vertrag und damit auch der Nordschleswig betreffende Artikel 5 aufgehoben wurde.

Von nun an betrieb Preußen gegenüber den dänischen Nordschleswigern eine verschärfte Eingliederungspolitik. Einerseits gab man den Menschen, die zu Dänemark gehören wollten, die Möglichkeit, für dieses Land zu stimmen und nach Dänemark auszuwandern. Andererseits sollte, wer blieb, auch Deutsch sprechen und fühlen. Der führende Vertreter dieser Politik war Regierungspräsident von Köller (1897–1901), dessen Name von den Dänen schnell als Schimpfwort aufgefasst wurde. Kølle ist das dänische Wort für Keule und so stand „Köller-Politik“ für die Holzhammermethode, mit der die Preußen versuchten, die dänischsprachige Bevölkerung zu unterdrücken.

M 1 **„Die definitive Feststellung der deutsch-dänischen Gränzlinie in Schleswig beschäftigt die Diplomatie in der angestrengtesten Weise.“**
Karikatur aus dem „Kladderadatsch“.

Dänischer Widerstand

Dänisch gesinnte Nordschleswiger wollten die neue deutsche Politik jedoch nicht ohne weiteres hinnehmen und kämpften selbst dann noch für den Artikel 5 und ihr Recht auf einen Anschluss Nordschleswigs an Dänemark, als Preußen und Österreich sich längst über ihre Köpfe hinweg anders geeinigt hatten.

Es entstanden alle Arten von Vereinen, die das Nationalgefühl der dänischen Nordschleswiger stärken sollten. Unter dem Deckmantel von Turn- oder Gesangsvereinen wurde dänischfreundliche und deutschfeindliche Politik gemacht.

Auch versuchte man zu verhindern, dass deutschsprachige Schleswiger Grundbesitz im Norden Schleswigs erwarben, und sorgte dafür, dass Grund und Boden von nach Dänemark ziehenden Bewohnern in der Hand von dänisch gesinnten Einheimischen blieb.

1 Erkundigt euch nach dem gegenwärtigen Verhältnis von Dänen und Deutschen im Grenzgebiet.

PROJEKT

Menschenrechte – weltweit?

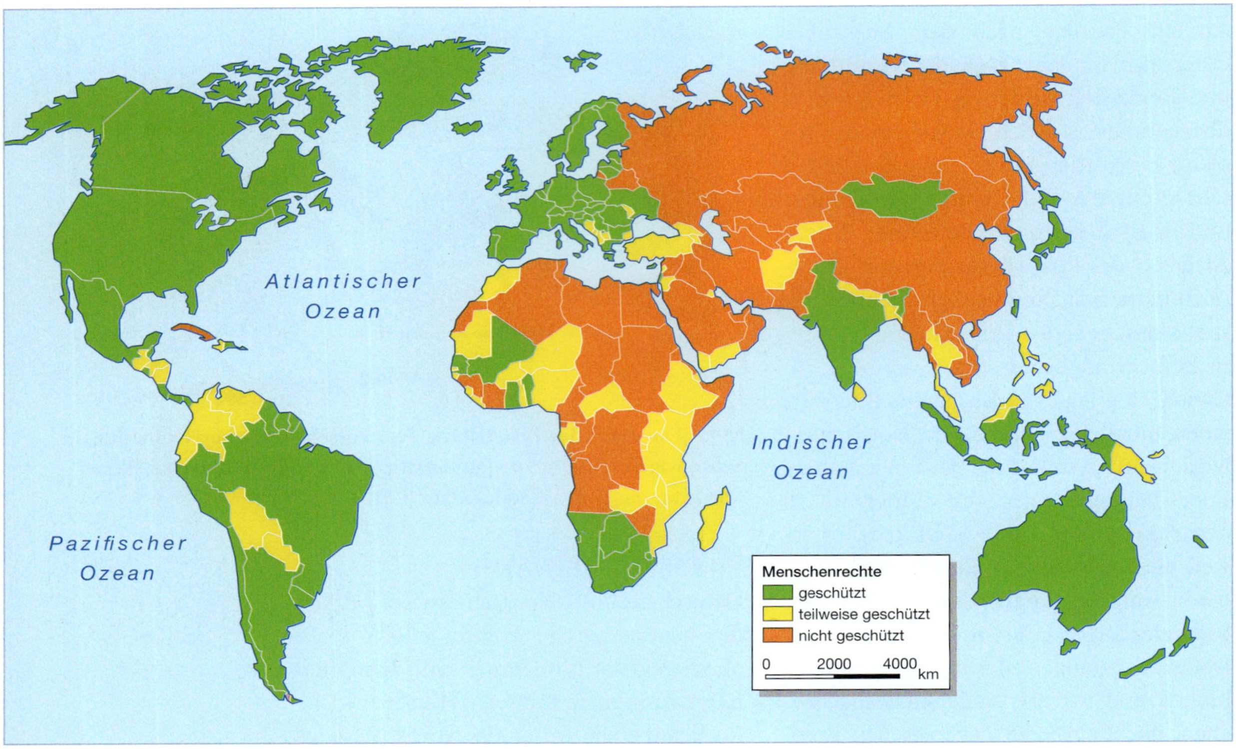

M 1 Situation der Menschenrechte 2009.

AMNESTY INTERNATIONAL

http://www.amnesty.de

Menschenrechte immer noch bedroht

Auch 220 Jahre nach der Verkündigung der allgemeinen Menschenrechte in Frankreich (1789) und nach mehr als 60 Jahren der Bestätigung dieser Rechte durch die UNO 1948 sind die Menschenrechte in vielen Ländern der Erde immer noch nicht geltendes Recht.

„Amnesty international", eine weltweite, von Regierungen, politischen Parteien, Wirtschaftsinteressen und Religionen unabhängige Mitgliederorganisation, prangert in ihren Jahresberichten immer wieder die Verletzung der Menschenrechte an. Mit Aktionen und Aufklärungskampagnen versucht sie die betroffenen Menschen zu schützen.

1 Untersucht M 1 und schreibt Länder und Kontinente heraus, in denen die Menschenrechte teilweise oder nicht geschützt sind.

2 Sucht im Internet den aktuellen Jahresbericht von „Amnesty international" und berichtet in der Klasse.

Der französische Absolutismus

Ludwig XIV., König von Frankreich, übte seit seiner Machtübernahme eine unumschränkte, d. h. absolute Macht aus. Das aufwändige Leben am Hofe des Königs sowie der Unterhalt der Beamten und des Heeres erforderten ungeheure Summen. Die Bevölkerung, die immer höhere Steuern zahlen musste, verarmte immer mehr. Als Ludwig XIV. starb, hinterließ er ein total verschuldetes Land.
Auch als Ludwig XVI. die Herrschaft übernahm, gab er nicht weniger Geld als seine Vorgänger aus. Das Volk litt unter der hohen Abgabenlast. Zunehmend erschienen Flugblätter, die darauf hinwiesen, dass das Volk frei und alle Menschen gleich seien. Schließlich war Ludwig XVI. nicht mehr in der Lage, seine enormen Ausgaben zu decken. In dieser Notlage berief der König die Vertreter der drei Stände ein, um sich höhere Steuern bewilligen zu lassen. Die Vertreter des dritten Standes erklärten sich zur Nationalversammlung, da sie mehr als 95 Prozent der Bevölkerung vertraten. Bald darauf erklärten Adlige und Geistliche vor der Nationalversammlung den Verzicht auf ihre Privilegien. Im August 1789 wurden die Menschenrechte verkündet. Am 17. Dezember 1792 wurde der König auf Beschluss des Nationalkonvents nach einem Fluchtversuch hingerichtet.

Von der Republik zum Kaiserreich

Die Revolution schien von vielen Seiten bedroht. Um ihre Ziele zu verwirklichen, gingen die Revolutionäre immer radikaler vor. Die Terrorherrschaft der Jakobiner endete erst mit der Hinrichtung von Robespierre. 1795 stellte eine neue Verfassung die Gewaltenteilung wieder her. Ein Direktorium führte die Regierungsgeschäfte.
Doch die Unfähigkeit des Direktoriums, die wirtschaftliche Lage zu verbessern, weckte bei vielen Franzosen den Wunsch nach einem starken Mann. Diese Chance nutzte Napoleon, der 1799 die Macht an sich riss und sich im Jahr 1804 zum Kaiser ausrufen ließ.
In der folgenden Zeit gelang es ihm, Mitteleuropa zu erobern. Auch Deutschland wurde besetzt und umgestaltet. Napoleon konnte lediglich England militärisch nicht besiegen.

Die Revolution 1848/49 scheitert in Deutschland

Im Gegensatz zu den Großmächten Frankreich, Großbritannien und Russland war Deutschland noch kein Nationalstaat, die deutschen Länder noch keine Einheit. Diese Einheit im Zuge der Revolution von 1848/49 herzustellen scheiterte ebenso wie die Durchsetzung der Demokratie. Erst 1871 wurde unter preußischer Führung das Deutsche Reich im Spiegelsaal zu Versailles gegründet, nachdem Frankreich im Krieg von 1870/71 besiegt wurde.

1643–1789

Absolutismus in Frankreich.

14.7.1789

Sturm auf die Bastille.

1804

Kaiserkrönung Napoleons.

1871

Deutsches Reich.

Check: Das kann ich schon …

Wichtige Begriffe erklären

- ✓ Absolutismus
- ✓ Aufklärung
- ✓ Gewaltenteilung
- ✓ dritter Stand
- ✓ Menschenrechte
- ✓ Nationalversammlung
- ✓ Sturm auf die Bastille
- ✓ Republik
- ✓ Verfassung 1791
- ✓ Terrorherrschaft der Jakobiner
- ✓ Direktorium
- ✓ Herrschaft Napoleons
- ✓ Hambacher Fest
- ✓ Revolution 1848
- ✓ Nationalversammlung
- ✓ Verfassung von 1849
- ✓ Reichsgründung 1870/71

M 1 **Schwur im Ballhaus 1789.** Gemälde von Jaques-Louis Davide, um 1790.

Q 1 Aus der Erklärung der Menschenrechte 1789:

[…] Art. 1: Die Menschen sind und bleiben von Geburt an frei und gleich an Rechten. […]

Art. 2: Das Ziel einer jeden politischen Vereinigung besteht in der Erhaltung der natürlichen und unantastbaren Menschenrechte. Diese Rechte sind Freiheit, Sicherheit und Widerstand gegen Unterdrückung. […]

Q 2 Aus dem Grundgesetz der Bundesrepublik Deutschland 1949:

[…] Art. 1 (1) Die Würde des Menschen ist unantastbar. Sie zu achten und zu schützen ist Verpflichtung aller staatlichen Gewalt.

(2) Das Deutsche Volk bekennt sich darum zu unverletzlichen und unveräußerlichen Menschenrechten als Grundlage jeder menschlichen Gemeinschaft, des Friedens und der Gerechtigkeit in der Welt. […]

Art. 2 (1) Jeder hat das Recht auf die freie Entfaltung seiner Persönlichkeit, soweit er nicht die Rechte anderer verletzt und nicht gegen die verfassungsmäßige Ordnung oder das Sittengesetz verstößt.

Art. 3 (1) Alle Menschen sind vor dem Gesetz gleich. […]

M 2 **Kämpfe zwischen Bürgern und Soldaten in der Straße Frankfurter Linden in Berlin.** Farblithographie, 1848.

M 3 **Gründung des Deutschen Reiches in Versailles 1871.** Gemälde von Anton Werner, 1885.

Fachliche Kompetenz

1 Erklärt euch gegenseitig die wichtigen Begriffe (Kasten) und schreibt die Bedeutung der Begriffe in eure Arbeitsmappe.

2 Berichtet darüber, wie im französischen Absolutismus die Macht ausgeübt wurde.

3 Schreibt mithilfe der Bilder M 1 und M 4 eine kurze Geschichte der Französischen Revolution.

4 Berichtet mit M 2 über die Revolution von 1848 und erläutert, was die Menschen forderten.

5 1871 waren wichtige Gruppen des deutschen Volkes an der Reichsgründung nicht beteiligt. Beschreibt mit M 3, wer das Deutsche Reich gründete und berichtet von der Machtverteilung in der Verfassung.

Methodenkompetenz

6 Erläutert an einem Bild dieser Doppelseite, wie man ein Bild fachgerecht auswertet.

Urteils- und Handlungskompetenz

7 Untersucht Q 1 und Q 2 und stellt Gemeinsamkeiten und Unterschiede fest.

8 Beurteilt den Satz: 1789 und 1848/49 waren wichtige Wegmarken für die Entwicklung unserer demokratischen Ordnung.

M 4 **„Hoffentlich ist bald Schluss!"** Kolorierte Radierung, 1789.

11 Die Industrielle Revolution

Eisenwalzwerk. Gemälde von Adolph Menzel, 1872.

1700 1750 1800 1850 1900 1950

Im 19. Jahrhundert veränderte sich das Leben der Menschen in Europa völlig. Ursache dieses Wandels war der Beginn der Industriellen Revolution, zunächst in England, dann aber auch in alle anderen europäischen Ländern.

In diesem Kapitel erfahrt ihr, wie

- sich das Leben von Männern, Frauen und Kindern durch die Industrialisierung veränderte,
- wie Arbeiter und Arbeiterinnen oft unter unmenschlichen Bedingungen in den Fabriken arbeiteten und in Elendsvierteln leben mussten,
- wie verbreitet Kinderarbeit auch in Deutschland war und
- wie sich neue Gesellschaftsschichten bildeten: Fabrikbesitzer, Angestellte und Arbeiter.

Am Ende des Kapitels könnt ihr die Ursachen und Folgen der wirtschaftlichen und technischen Entwicklung in Deutschland beschreiben und die Auswirkungen bis heute einschätzen.

Schließlich wisst ihr, wie man den Besuch eines Industriemuseums vorbereitet und durchführt.

2000 2050

Die Industrialisierung beginnt in England

M 1 Pflügen in der Jungsteinzeit. Zeichnung.

M 2 Landarbeiter beim Pflügen. Ausschnitt aus einem Papyrus.

M 3 Pflügender Bauer. Kupferstich, Ende des 18. Jahrhunderts.

rund 12 000 Jahre

rund 120 Jahre

M 4 Dampfpflug. Holzstich, 1880.

M 5 Motorpflug. Foto, um 1850.

M 6 Pflügender Bauer. Foto, 2009.

Viertausend Jahre dieselbe Technik

Als die ersten Menschen damit begannen, Getreide anzubauen, mussten sie ihre Äcker bearbeiten. Um die Saat auszubringen, mussten Furchen in den Boden gezogen werden. Dazu wurde ein Hakenpflug verwendet, der von Menschen oder Tieren gezogen wurde. An dieser Technik änderte sich über Tausende Jahre hinweg nichts.

Es begann in England …

Im 18. Jahrhundert stieg die Nachfrage nach Baumwollstoffen in England stark an. Deshalb wurden dort Spinn- und Webmaschinen entwickelt. Sie wurden nicht mehr durch die Menschen angetrieben, sondern mit **Dampfmaschinen**. Diese waren teuer und benötigten große Gebäude. Wohlhabende Menschen ließen diese Gebäude bauen und kauften die Maschinen.

M7 Heimarbeiterinnen um 1770. Jugendbuchillustration.

M8 Die „Spinning Jenny", eine englische Erfindung von 1764. Jugendbuchillustration.

So entstanden die ersten Fabriken in denen industriell produziert wurde; das bedeutet: mit Maschinen und in Massen. Die industrielle Produktionsweise breitete sich bald in ganz Europa aus.

Voraussetzungen für die Industrielle Revolution

Eine wichtige Voraussetzung für den Beginn der Industriellen Revolution in England war die Steigerung der Ernteerträge durch bessere Anbaumethoden und neue Maschinen – z. B. die Sämaschine. Neue Anbaufrüchte wie die Kartoffel, aber auch Tomaten und Erbsen ergänzten die Versorgungsmöglichkeiten breiter Bevölkerungsschichten. Daneben führten verbesserte Sauberkeit und Hygiene zu weniger Todesfällen und einem rasanten Anstieg des Bevölkerungszahl.

Je mehr Menschen es gab, desto größer war die Nachfrage nach Kleidung, vor allem nach preisgünstigen Stoffen. Großhändler und Unternehmer suchten jetzt verstärkt nach technischen Möglichkeiten, die Produktion zu erhöhen und gleichzeitig preiswerte Waren herzustellen.

Technische Erfindungen und die notwendigen Industriebauten kosteten sehr viel Geld. Kaufleute und Adlige konnten dieses Geld dafür zur Verfügung stellen und investieren, da sie im Übersee- und Sklavenhandel zum Teil große Reichtümer erworben hatten.

M9 Egge mit Dünge- und Saatguttrichter. Die Maschine wurde 1745 in England entwickelt. Zeitgenössische Radierung.

Ein neues Denken in der Gesellschaft, das darauf abzielte, hohe Gewinne im Wirtschaftsleben zu erreichen, sorgte auch für mehr zur Verfügung stehendes Kapital.

1 Notiert, welche Veränderungen der Einsatz von Maschinen in der Landwirtschaft (Erträge, Beschäftigte, Kosten …) brachte (M 1–M 6).

2 Mitte des 18. Jahrhunderts konnte der Ertrag von vier Bauern einen Menschen ernähren, der nicht in der Landwirtschaft tätig war. Heute versorgt ein Bauer über 130 Menschen. Erklärt.

3 Nennt mit eigenen Worten die Voraussetzungen für den Beginn der Industriellen Revolution in England.

4 Beschreibt und vergleicht die Bilder M 7 bis M 9.

5 Gibt es in eurem Heimatort Menschen, die bei der Herstellung von Produkten auf Maschinen verzichten – obwohl diese Produkte industriell hergestellt werden können? Besucht die Betriebe und erkundigt euch nach den Gründen für den Verzicht auf den Maschineneinsatz.

Die Industrialisierung erreicht Deutschland

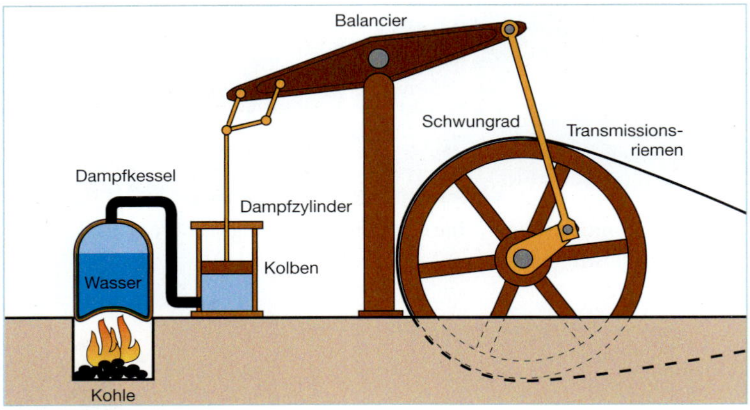

M 1 Dampfmaschine von James Watt.

M 2 Die erste deutsche Eisenbahn fuhr 1835 von Nürnberg nach Fürth. Lithographie.

M 3 Misslungene Probefahrt der Eisenbahn zwischen Frankfurt am Main und Wiesbaden am 23. Juni 1839: Die Passagiere müssen aussteigen und den Zug zum nächsten Bahnhof ziehen oder schieben. Stahlstich.

Eine grundlegende Erfindung

Dem Engländer James Watt gelang es 1769, eine leistungsfähige Dampfmaschine zu konstruieren. Er hatte hierfür eine ältere Erfindung des Ingenieurs und Schmiedes Newcomen aufgegriffen und weiterentwickelt. Mit der Dampfmaschine konnten nun Geräte und Maschinen angetrieben werden. Schon bald setzte man im Bergbau Dampfmaschinen ein. Man nutzte sie zunächst in Kohlebergwerken. Ein Teil der geförderten Kohle wurde zum Betrieb der Dampfmaschinen verwendet. Durch den Einsatz der Maschinen konnte weit mehr Kohle als bisher gefördert werden. Es gab nun genug Kohle, um Dampfmaschinen auch in der Landwirtschaft und in Fabriken einzusetzen. Da sich in England große Steinkohlenvorkommen befanden, war genug Brennstoff für die Dampferzeugung vorhanden.

Die Dampfmaschine lernt schwimmen und laufen

Im Jahr 1807 hatte der Amerikaner Robert Fulton das erste Dampfschiff gebaut. Neun Jahre später fuhr der erste Dampfer auf dem Rhein: Die englische „The Defiance“ nahm Kurs auf Köln. Für lange Zeit war der Rhein nicht nur für den Güter-, sondern vor allem auch für den Personentransport ein wichtiger Verkehrsweg.

Die erste Eisenbahn in Deutschland

1814 gelang es dem Engländer George Stephenson, die Dampfmaschine auf Räder zu setzen und sie in eine Zugmaschine zu verwandeln. Eine Lokomotive von Stephenson zog die Wagen auf der ersten Eisenbahnstrecke in Deutschland. Auch der erste Lokführer war Engländer und wurde „mitgeliefert“; immerhin hatte er

M4 **Eisenbahnnetz in Norddeutschland 1850 und 1885.**

den Zusammenbau der in hundert Einzelteile zerlegten Lokomotive zu überwachen.

Mit Volldampf hinterher

Die Industrialisierung begann in Deutschland erst spät, etwa um 1840. Deutschland besaß keine Kolonien, die billige Rohstoffe liefern konnten. Auch verhinderten die zahlreichen Einzelstaaten und ihre Zölle, die unterschiedlichen Währungen und Maße einen großen einheitlichen Währungsraum. 1834 fielen aber in fast allen deutschen Staaten die **Zollschranken**. Unter preußischer Führung schlossen sich fast alle deutschen Länder zum Deutschen Zollverein zusammen. Mit dem Ausbau des Eisenbahnnetzes konnten jetzt vor allem die Kohle- und Erzvorkommen in Oberschlesien, im Ruhrgebiet oder Saarland schnell zu den großen Industriestandorten befördert werden. Dies führte zur raschen Fortentwicklung des Kohlebergbaus und der Eisen- und Stahlindustrie, die in Deutschland zu den wichtigsten Industriezweigen wurden.

M5 **James Watt (1736–1819).**
Gemälde von Friedrich Breck, 1792.

1 Beschreibt mithilfe von M 1 die Funktionsweise der Dampfmaschine.

2 Informiert euch mithilfe von M 4 über das Eisenbahnnetz in Norddeutschland im 19. Jahrhundert. Bezieht dabei auch M 3 mit ein und berichtet in der Klasse.

3 Informiert euch über James Watt und über George Stephenson. Stellt diese Erfinder in der Klasse vor.

4 Schreibt Erfindungen der letzten 50 Jahre auf, die das Leben der Menschen und die Arbeitswelt so entscheidend verändert haben wie im 19. Jahrhundert die Erfindung der Dampfmaschine.

5 Beschreibt, wie heute Rohstoffe und Fertigprodukte zu und von den Fabriken transportiert werden. Welche Gründe gibt es für die Nutzung der unterschiedlichen Transportmittel?

Triebkräfte: Kohle und Eisen

M1 **Kohlengewinnung mit dem Abbauhammer.** Foto, um 1920.

M2 **Kohlengewinnung mit dem Schrämlader.** Foto, 1977.

Bergbau im Ruhrgebiet

In England war der Anstoß zur Industrialisierung von der **Textilindustrie** ausgegangen. In Deutschland wurden der **Steinkohlenbergbau** und die **Eisenindustrie** zum wichtigsten Antrieb. In der vorindustriellen Zeit wurden Metalle mithilfe von Holzkohle erzeugt und verarbeitet. Die Eisenerzbergwerke und Eisenhütten deckten hauptsächlich den Bedarf an Eisenwaren in der Umgebung. Wurde das Holz aus den vorhandenen Waldbeständen knapp, musste auch die Eisenproduktion eingeschränkt werden.

Im Tal der Ruhr war Steinkohle lange Zeit von Bauern im Nebenerwerb abgebaut worden. Das geschah im Stollenabbau an den Hängen des Ruhrtals. Nach 1815 förderte der preußische Staat in seinen Provinzen Rheinland und Westfalen den Steinkohlenbergbau. Etwa fünfzehn Jahre später gelang der Übergang vom Stollen zum Tiefbau. 1835 hatten einige Schächte bereits 200 m Tiefe. Dampfmaschinen übernahmen die notwendige Entwässerung und Belüftung der Gruben.

Die Kohlenbergwerke verdrängten die Nebenerwerbsbetriebe der Bauern im Ruhrtal. Die Bergarbeit wurde zu einer industriellen Arbeit. Sie war besonders hart und anstrengend. Männliche Jugendliche durften erst ab 16 Jahren unter Tage beschäftigt werden. Manche Zechenbesitzer beachteten diese Bestimmung nicht. Außerdem stellten sie viele Jugendliche ein, weil diese als Arbeitskräfte billiger waren als die erwachsenen Arbeiter.

Weitere wichtige Steinkohlenreviere gab es in Deutschland an der Saar und in Oberschlesien.

	Deutschland	davon: Ruhrgebiet
1860	12,3	4,4
1880	42,2	22,5
1900	109,3	60,1
1910	151,1	89,1

M3 **Steinkohlenförderung 1860–1910 (in Mio. Tonnen).**

M4 In der Gussstahlfabrik Krupp in Essen. Foto, um 1900.

***Aktiengesellschaft**
Während bei einem Einzelunternehmer das Betriebskapital aus dem Vermögen des Unternehmers stammt, wird das Betriebskapital bei Aktiengesellschaften dadurch beschafft, dass viele Einzelpersonen oder andere Unternehmen Anteilscheine (Aktien) an dem Unternehmen kaufen. Das durch den Verkauf eingenommene Geld bildet das Betriebskapital. Der Gewinn eines Unternehmens wird anteilig jährlich auf die Besitzer der Aktien verteilt. Die Aktien werden auch an der Börse, dem Handelsplatz für Aktien, gekauft und verkauft. Die Aktiengesellschaft wird nicht durch einen Unternehmer, sondern durch einen von den Aktienbesitzern bestimmten Vorstand geführt.

Stahl von Krupp

Um Eisen und Stahl zu erzeugen, musste aus dem Eisenerz das Eisen herausgeschmolzen werden. Lange Zeit wurde dafür Holzkohle verwendet. Die englische Konkurrenz, die mithilfe von Koks die Metallerzeugung kostengünstiger betrieb, spornte Unternehmer aus dem Ruhrgebiet an, die heimische Kohle zur Eisen- und Stahlproduktion zu verwenden. 1811 gründete Friedrich Krupp (1787–1826) in Essen eine Gussstahlfabrik.

Bei der Londoner Weltausstellung im Jahr 1851 staunten die Besucher über eine riesige Gussstahlkanone und einen gewaltigen Stahlblock der Firma Krupp.

Kapital für das Ruhrgebiet

Die Steigerung der Steinkohlenförderung und der Eisen- und Stahlproduktion erforderte viel Geld. Meist konnte ein einzelner Unternehmer dieses Kapital nicht aufbringen. Deshalb wurden Aktiengesellschaften* gegründet, bei denen viele Kapitalgeber ihr Geld zusammenlegten. Hohe Gewinne auf die Aktienanteile lockten auch ausländische „Kapitalisten" in das Ruhrgebiet. Banken beteiligten sich mit Krediten an den Bergbau- und Hüttenunternehmen.

	Aktiengesellschaften	Banken
1850	4	2
1853	16	3
1856	90	9

M5 Gründung von Aktiengesellschaften und Banken.

1 Beschreibt M1 und M2 und erläutert die Veränderungen für die Bergarbeiter. Überlegt auch, worin die Arbeitsbedingungen ähnlich geblieben sind.

2 Erläutert die Bedeutung des Ruhrbergbaus für das damalige Deutschland (M3).

3 Erklärt, warum mit Kohle, Eisen und Stahl die Industrialisierung vorangetrieben wurde.

4 Sucht Informationen zur Firma Krupp (Bibliothek, Internet).

Industrialisierung im Norden

Kiel	
1900	107 000
1910	211 000
1919	243 000

Rostock	
1990	44 409
1925	77 667

M 1 Einwohnerzahlen von Kiel und Rostock.

Tipp:

Das Dithmarscher Landesmuseum in Meldorf zeigt in anschaulichen Beispielen, wie der Einzug der Industriezeit das Leben in Dörfern und Städten veränderte.

Straßen:

Die meisten Straßen in Norddeutschland waren noch Anfang des 19. Jahrhunderts unbefestigt. Es gab nur wenige Chausseen, auch Kunststraßen genannt, die mit Kopfsteinpflaster befestigt waren. Erst ab etwa 1840 kam es zu einem verstärkten Ausbau von Haupt- und Nebenstraßen. Foto, 2007.

Abwanderung in die Städte

Auch im Norden Deutschlands brachte die Industrialisierung große Veränderungen mit sich. Die Menschen, die wegen des starken Bevölkerungswachstums auf dem Land keine Arbeit mehr fanden, zogen als Fabrik- oder Hafenarbeiter auch in die Städte an der deutschen Ostseeküste. So wurden aus unbedeutenden Verwaltungsstädten wie Kiel oder Hansestädten wie Lübeck und Stralsund, die längst große Teile ihrer einstigen Macht eingebüßt hatten, moderne Industriestädte mit einer rasch wachsenden Bevölkerung.

In der Landwirtschaft führte die Abwanderung der Landarbeiter in die Industriestädte zur Beschäftigung zahlreicher ausländischer, vor allem polnischer Saisonarbeiter auf den mecklenburgischen und pommerschen Gütern.

Der Norden unter Dampf

1842, nur sieben Jahre, nachdem in Deutschland die erste Eisenbahnstrecke in Betrieb genommen wurde, rollte auch in der preußischen Provinz Pommern der erste Zug. Die Linie Berlin–Stettin wurde 1842/43 in drei Teilabschnitten eröffnet. Von dort verbreiterte sich das Angebot in den nächsten Jahren zusehends und verband vor allem Hafenstädte bzw. Kur- und Badeorte mit der Hauptstadt Berlin.

Die erste Eisenbahnlinie in Holstein wurde 1844 eingeweiht. Die Strecke führte von Altona über Neumünster nach Kiel. Kurze Zeit später gab es einen Abzweiger von Neumünster nach Rendsburg. Und seit 1846 existiert eine Zugverbindung von Hamburg nach Berlin. Nachdem Schleswig-Holstein 1866 preußisch geworden war, wuchs das Eisenbahnnetz ganz erheblich.

Streckenführung entscheidend

Der Verlauf einer Strecke war oft entscheidend für die wirtschaftliche Entwicklung eines Ortes. Ein nahe gelegener Bahnhof konnte ein Anreiz sein, hier einen neuen Betrieb anzusiedeln, da so der Transport vereinfacht und die Frachtkosten reduziert wurden. Die größeren Orte hingegen erhielten meist repräsentative Bahnhofsgebäude, die zunächst am Rand der Innenstadt lagen, bald aber mehr und mehr zum Zentrum wurden. Um den Passagieren ein bequemes, vor Wind und Wetter geschütztes Ein- und Aussteigen zu ermöglichen und gleichzeitig Abzugsmöglichkeiten für den Dampf der Lokomotiven zu schaffen, baute man hohe Glaskuppeln.

Lokomotiven aus Hannover

Im heutigen Niedersachsen war das Streckennetz 1866 auf 900 Kilometer Länge angewachsen. Zentrale Produktionsstätten für den Bau von Lokomotiven und Waggons entstanden in Hannover, Göttingen und Lingen. Kokereien in Osnabrück und Harburg lieferten den Brennstoff. Die Staatsbahn verfügte über 224 Lokomotiven. 315 Personenwagen standen 1576 geschlossene und 3409 offene Güterwagen gegenüber.

Beispiel Linden

Im 19. Jahrhundert entwickelte sich Linden (bei Hannover) zu einem bedeutenden regionalen Gewerbestandort mit Maschinenfabrik, Lederwarenfabrik und Eisengießerei. Auch eine Weberei entstand an der Ihme. So verdienten in Linden und Umgebung um 1850 etwa 1000 Menschen ihren Lebensunterhalt in den neuen Fabriken. In den Jahren darauf ging die Entwicklung rasant weiter. 1875 wohnten in Hannover 87 000, in Linden 21 000

M2 Die Howaldtswerke um 1890. Foto.

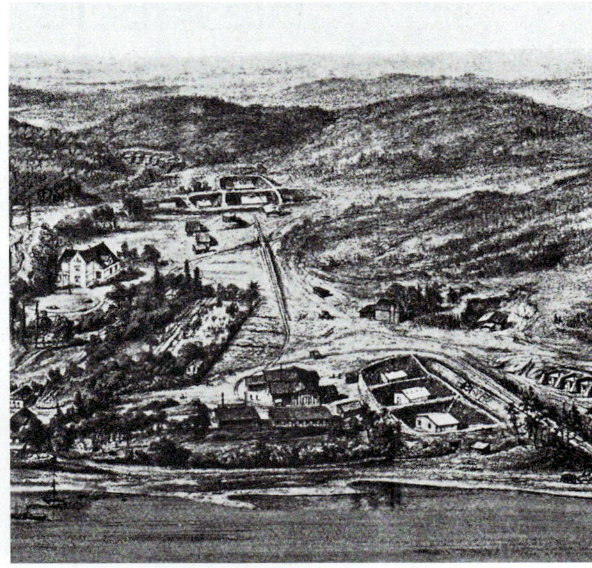

M3 Die Dynamit-Fabrik Krümmel bei Beginn der Fabrikation 1865/1866. Holzstich.

Menschen. Bis zum Ersten Weltkrieg wurde aus der alten Residenz- und Handwerkerstadt Hannover ein Industriestandort von überregionaler Bedeutung.

Der Aufstieg Kiels

Bis Kiel 1864 preußische Flottenstation wurde, war es unbedeutend. Doch dann sollte diese Stadt rasant wachsen.

Kiel war der einzige preußische Hafen, der in der Regel auch im Winter eisfrei und somit nutzbar blieb. Daher beschloss die preußische Heeresführung, hier einen Marinestützpunkt zu errichten und verlagerte einen Teil ihrer Flotte von Danzig nach Westen. Zudem lag Kiel günstig für die Anlage eines Kanals zur Nordsee. Für den Bau des Kaiser-Wilhelm-Kanals (heute: Nord-Ostsee-Kanal) konnte man den alten Eiderkanal sowie die Eider nutzen. So wurde die Stadt zudem zum Anfangs- oder Endpunkt der auch heute noch am häufigsten befahrenen künstlichen Wasserstraße der Welt.

Eine der Kieler Familien, die den Aufschwung der Stadt als Seehafen nutzte, war die Familie Howaldt. Bereits seit 1838 betrieb August Ferdinand Howaldt zusammen mit einem Partner eine Eisengießerei und Maschinenbau-Anstalt in Kiel. Sein Sohn Georg gründete 1865, die Zeichen der Zeit nutzend, eine kleine Werft aus der dann die Howaldtswerke entstanden.

M4 Werbeplakat der Firma Continental in Hannover, 1912.

1 Schreibt einen Zeitungsartikel (Text) über die Industrialisierung in Norddeutschland.

2 Sucht Informationen über die Industrialisierung in eurer Gegend (Heimatmuseum, Stadtbibliothek, Internet) und berichtet in der Klasse.

3 Informiert euch über Alfred Nobel (1833–1896) und seine Erfindung des Dynamits. Findet heraus, welche Rolle Norddeutschland dabei spielte. Erarbeitet dazu einen kurzen Vortrag.

Die Arbeits- und Lebensbedingungen ändern sich

M 1 **Lokomotivbau um 1875.** Gemälde von Meyerheim.

Arbeit im Takt der Maschinen

Zu Beginn des Industriezeitalters im 19. Jahrhundert kamen viele junge Leute zum Arbeiten in die neuen Industriegebiete. Hier erwarteten sie streng geregelte Arbeitszeiten, ungewohnt lange Anmarschwege von der Wohnung zur Fabrik und eine Tätigkeit, die vom Tempo der Maschinen bestimmt wurde. Für viele war das eine große Umstellung im Vergleich zu ihren bisherigen Beschäftigungen auf dem Land oder in einer kleinen Werkstatt. Auch hatten sie zuvor in der Großfamilie mit mehreren Generationen gelebt, wo gegenseitige Unterstützung selbstverständlich war. Diese durch die Fabrikarbeit veränderte Lebensweise brachte eine neue Bevölkerungsgruppe hervor: die **Arbeiterklasse.**

M 2 **Handwerker und Fabrikarbeiter zur Industrialisierung.** Fotos.

M3 **Werkshäuser der Howaldtswerke.** Foto.

M5 **Neue Wohnsiedlungen bei einem Stahlwerk in Bochum.** Stich, um 1900.

Fabriken und Städtewachstum

Die Städte änderten im 19. Jahrhundert ihr Aussehen. Weil die Fabriken Verdienstmöglichkeiten boten, zogen viele Menschen vom Land in die Städte. Diese Industriearbeiter bildeten eine neue Bevölkerungsgruppe. Obwohl emsig gebaut wurde und neue Stadtviertel mit **Mietskasernen*** entstanden, herrschte große Wohnungsnot. Grundstücks- und Baupreise stiegen. Die Industrievororte mit Fabriken und Arbeiterwohnungen entwickelten sich in verkehrsgünstigen Lagen an den Flüssen oder an einer Bahnlinie. Wohlhabende Städter wollten nicht in der verschmutzten Innenstadt leben und bauten sich schöne Häuser in den Vororten der Städte.
Die Preise für Lebensmittel waren in der Stadt höher als auf dem Land, wo manches selbst angebaut werden konnte.

M6 **Durchgang zum Hinterhof.** Foto, um 1890.

***Mietskasernen**
Große Wohnblöcke mit vielen kleinen Wohnungen mit dürftiger Ausstattung, die aber durch die enorme Wohnungsnot zu hohen Preisen vermietet wurden.

M4 **Kellerwohnung einer Berliner Arbeiterfamilie.** Foto, um 1890.

1 Beschreibt die Abbildung auf der Doppelseite 248/249. Achtet genau auf einzelne Personen und ihre Tätigkeiten.

2 Vergleicht mit M1 auf dieser Doppelseite.

3 Erläutert die Stimmung eines ehemaligen Landarbeiters nach zwei Wochen Fabrikarbeit M2.

4 Vergleicht die Zeitangaben im Bericht des Arbeiters (M2) mit der Arbeitszeit eines Berufstätigen aus euren Familien.

4 Beurteilt die Arbeitsordnung (M2) aus heutiger Sicht und überlegt, warum solche Regelungen für nötig gehalten wurden.

5 Beschreibt und vergleicht die Wohnverhältnisse in M3 bis M6.

6 Ein junger Mann aus einem norddeutschen Dorf kommt zum Arbeiten in die Stadt. Schreibt einen Brief an die Familie.

Arbeiterfamilien

M 1 Kinder arbeiten in einem englischen Bergwerk. Gemälde, um 1850.

M 3/M 4 Arbeitende Kinder in der Baumwollspinnerei und im Bergbau. Fotos, um 1910.

Kinderarbeiter

Die Einkommen der Arbeiterfamilien waren oft so gering, dass auch die Kinder zum Lebensunterhalt beitragen mussten. Besonders im Bergbau und in der Textilindustrie wurden ihre kleinen Hände oder die geringe Körpergröße gebraucht. Vor allem waren sie von den Unternehmern als billige Arbeitskräfte geschätzt. Im Rheinland arbeiteten noch bis weit ins 20. Jahrhundert hinein viele Kinder in Ziegeleien und bei der Tongewinnung.

Erst allmählich wurde **Kinderarbeit** durch Gesetze eingeschränkt. So durften in Preußen seit 1839 keine Kinder unter zehn Jahren mehr in Fabriken beschäftigt werden; ab 1891 wurde das Mindestalter auf 14 Jahre heraufgesetzt. Dies galt jedoch nicht für die Landwirtschaft und die damals sehr verbreitete **Heimarbeit**.

M 2 Umzug eines Arbeiterhaushalts in Berlin. Foto, um 1901.

Q 1 Aus einem Gesetzesvorschlag von 1837 an den König von Preußen:

[…] dass kein Kind vor dem vollendeten neunten Jahre zur Arbeit in den Fabriken bestimmt werden solle […] dass die Kinder vor ihrem Eintritt in eine Fabrik einen dreijährigen Schulbesuch nachweisen sollen. […]

Q 2 Beobachtungen in einem englischen Bergwerk (um 1840) von Friedrich Engels:

[…] In den Kohlen- und Eisenbergwerken arbeiten Kinder von 4, 5, 7 Jahren; die meisten sind indes über 8 Jahre alt. Sie werden gebraucht, um das losgebrochene Material von der Bruchstelle nach dem Pferdeweg oder dem Hauptschacht zu transportieren. […] Der Transport der Kohlen und des Eisengesteins ist eine sehr harte Arbeit, […] oft über feuchten Lehm oder durch Wasser, oft steile Abhänge hinauf und durch Gänge, die zuweilen so eng sind, dass die Arbeiter auf Händen und Füßen kriechen müssen. […]

Frauen und Beruf

Weil die Löhne der Familienväter kaum zum Leben reichten, mussten auch die Frauen mitarbeiten. Viele machten Heimarbeit oder gingen in die Fabrik. Ohne die Chance einer Ausbildung wurden ihnen dort nur die am schlechtesten bezahlten Arbeitsplätze zugewiesen. Doch auch bei gleicher Arbeit war ihr Lohn im Schnitt gut ein Drittel niedriger als der Lohn für Männer.

Vor und nach ihrer Lohnarbeit musste die Arbeiterin ihren Haushalt versorgen. So dauerte ihr Arbeitstag oftmals 17 oder 18 Stunden. Die Kinder waren tagsüber unversorgt, sodass oft schon die Sechsjährigen auf die noch kleineren Kinder aufpassen mussten.

M5 Aussage einer Heimarbeiterin um 1900:

Kaum ist früh der Mann auf Arbeit, da wachen die Kinder auf und wollen angezogen sein, eine Flasche und zu essen haben. […] Dann setzt man sich hin und näht, denn es ist eilig zu liefern. Zwischendrein muss man wieder die Kinder baden usw. und wieder nähen, Geld verdienen […] das Essen muss besorgt werden. Schnell wird etwas bereitet, das nicht viel Arbeit macht, denn man muss nähen. […]

M6 Aussage eines Dienstmädchens um 1900:

Ich bin die Anna und komme aus der Eifel. Mir geht es eigentlich gut, wenn nur nicht das Heimweh nach unserer großen Familie wär. Hier hab ich sogar eine eigene kleine Kammer unterm Dach. Im Winter ist die allerdings bitterkalt. Dann nehm ich mir einen heißen Ziegelstein mit ins Bett, der vorher auf dem Herd gelegen hat.

Morgens steh ich als Erste um fünf auf und mach die Öfen an. Den Tag über gibt es in dem großen Haushalt jede Menge Arbeit. Wenn ich nach dem Abendessen die Küche aufgeräumt und noch was Flickarbeit gemacht hab, fall ich um 10 Uhr todmüde ins Bett. Sonntag nachmittags habe ich bis 6 Ausgang. Dann geh ich mit zwei anderen Mädchen aus unserem Dorf spazieren.

M7 Arbeiterwohnung in Berlin. Foto, um 1907.

M8 Dienstmädchen. Foto, um 1900.

Schreibt den Lückentext in eure Arbeitsmappe und ergänzt ihn:
(■ = Arbeiter – Angestellte – Unternehmer – Industrie – niedrig – Frauen – Kindern – Wäsche – hart – Arbeit – Fabrik):
In der neu entstandenen ■-gesellschaft gaben die ■ den Ton an. Die ■ spielten eine Mittlerrolle zwischen Fabrikherren und ■. Die Arbeitsbedingungen waren ■ und der Lohn ■. Vor allem die ■ verdienten kaum das Nötigste zum Leben. Heim-■ wurde noch schlechter bezahlt als ■-arbeit, doch blieb Frauen mit kleinen ■ nichts anderes übrig, als beispielsweise ■ zu nähen.

1 Macht eine Umfrage in der Klasse und stellt fest, wer schon gejobbt hat. Nennt die Gründe und die Unterschiede zur Kinderarbeit im 19. Jahrhundert.

2 Beschreibt die Abbildungen M1–M4.

3 Vergleicht M1 mit den Aussagen in Q2.

4 Führt ein „Interview" mit den Eltern der Kinder aus M3/M4.

5 Beschreibt M7 und erläutert das Bild mithilfe von M5.

6 Schildert die Situation berufstätiger Frauen im 19. und dem beginnenden 20. Jahrhundert; stellt insbesondere Heim- und Fabrikarbeit einander gegenüber.

7 Vergleicht Frauenarbeit damals und heute (Ausbildung, Löhne, Kinderbetreuung, Arbeitszeit, Haushalt …).

Wer löst die soziale Frage?

M 1 Wohnsiedlung der Firma Krupp in Essen, 1872 erbaut.
Zeitgenössischer Stich.

M 2 Werkstatt des Rauhen Hauses, das 1833 gegründet wurde.
Darstellung von 1845.

Motive der Unternehmer

Angesichts der großen sozialen Probleme durch die Industrialisierung versuchten einige Unternehmer, zumindest in ihrem Betrieb Abhilfe zu schaffen. Zu ihnen gehörte auch der Essener Großindustrielle Alfred **Krupp**.

Q 1 Krupp sagte 1877:
[...] Ich habe den Arbeitern Wohnungen gebaut, worin bereits 20000 Menschen untergebracht sind, habe Schulen gegründet und Einrichtungen geschaffen zur billigen Beschaffung von allem Lebens- und Hausbedarf. [...]

Q 2 In einem Brief an die Werksleitung seines Betriebes schrieb Krupp:
[...] Wer weiß, ob dann über Jahr und Tag ein allgemeiner Aufstand durch das Land gehen wird, ein Auflehnen von Arbeitern gegen ihre Arbeitgeber, ob wir nicht die einzigen Verschonten sein werden, wenn wir zeitig noch alles in Gang setzen. [...]

Q 3 Ernst Abbe, der Mitinhaber der Zeiss-Werke in Jena, erzählte von seinem Vater aus der Zeit um 1850:
[...] Die Arbeitszeit währte 14 bis 16 Stunden. Mittagspause gab es nicht. An eine Maschine gelehnt oder auf eine Kiste gekauert verzehrte mein Vater sein Mittagessen aus dem Henkeltopf mit aller Hast, um mir dann den Topf zurückzugeben und sofort wieder an die Arbeit zu gehen. Mein Vater war vom Körperbau ein Riese von unerschöpflicher Robustheit, aber mit 48 Jahren in Haltung und Aussehen ein Greis. [...]

Ernst Abbe wandelte sein Unternehmen in eine Stiftung um und verwirklichte viele soziale Maßnahmen. Dazu gehörten:

- eine Gewinnbeteiligung für die Arbeiterschaft
- bezahlter Urlaub und Weihnachtsgeld
- umfassender Kündigungsschutz mit der Möglichkeit einer Einstellung auf Lebenszeit
- Achtstundentag (ab 1900)

- Krankenversicherung in einer Betriebskrankenkasse und Anspruch auf Rente
- keine Benachteiligung der Beschäftigten aus politischen oder religiösen Gründen.

Die Kirchen werden aktiv

Auch die beiden christlichen Kirchen nahmen zu der Not der Arbeiter, der sogenannten „sozialen Frage“, Stellung.

Q4 Papst Leo XIII. schrieb 1891:

Die Arbeitenden und Besitzlosen sollen
1. vollständig und gewissenhaft die Arbeit verrichten,
2. dem Arbeitsherrn weder am Eigentum noch an der Person Schaden zufügen,
3. bei der Vertretung ihrer eigenen Interessen keine Gewalt anwenden und niemals Aufruhr stiften.

Arbeitgeber und Reiche sollen
1. die Arbeiter nicht wie Sklaven behandeln.
2. die persönliche Würde in ihnen achten. Unehrenhaft und unmenschlich ist es, Menschen wie eine Ware zum eigenen Gewinn auszubeuten.

Rauhes Haus und Kolpingvereine

Einzelne Männer der Kirche versuchten, die Notlage der Arbeiter zu lindern. Der evangelische Pfarrer Johann Heinrich von Wichern (1808–1881) gründete 1833 in Hamburg das **Rauhe Haus**, in dem er verwaiste und obdachlose Jugendliche aufnahm. Je zwölf Kinder wurden einem Elternpaar zugeordnet. Die Jungen konnten ein Handwerk erlernen, die Mädchen wurden in den Aufgaben einer Hausfrau und Dienstmagd unterwiesen. Er war auch Gründer der **Inneren Mission**, die Menschen in Not Hilfe geben sollte.

Q5 1848 sagte Wichern in einer Rede:

[…] Christus verlangt von uns nicht nur einen frohen Glauben, er fordert vor allem eine starke Liebe. Ihr Männer der Kirche, denkt auch an die Not der Menschen außerhalb der Kirchenmauern! Überall, wo die Armen vor Not keine Kraft mehr haben, die Botschaft Christi zu hören, da müsst ihr eingreifen. Alles Predigen wird nichts helfen, wenn nicht zugleich für das leibliche Wohl unserer Brüder gesorgt wird. […]

Auf katholischer Seite setzte sich der Bischof Wilhelm Emanuel Ketteler für die Arbeiter ein. Seine Forderungen waren deutlicher als die Aussagen des Papstes: geregelte Arbeitszeiten, gerechte Löhne, eine verbesserte Ernährung sowie ein Verbot der Sonntags- und Kinderarbeit.
Erfolgreich wirkte auch Pfarrer Adolf **Kolping**. Er kannte die Not der wandernden Gesellen aus eigener Erfahrung, da er selbst als Schuhmachergeselle durch Deutschland gezogen war. Deshalb gründete er 1849 die **Kolpingvereine**, katholische Gesellenvereine für junge Handwerker. In „Kolpinghäusern“, in denen wandernde Handwerksgesellen übernachten konnten, richtete er Aufenthaltsräume mit Büchern und Zeitungen ein.

M3 Johann Heinrich von Wichern, (1808–1881). Stich.

M4 Wilhelm Emanuel Ketteler (1811–1877). Stich.

M5 Adolf Kolping (1813–1865). Stich.

1 Notiert die Ziele, die Krupp damit verfolgte, dass er Siedlungen für seine Arbeiter bauen ließ (M 1, Q 1, Q 2, Text).

2 Erläutere die Motive von Ernst Abbe, seine Arbeiter zu unterstützen (Q 3, Text).

3 Informiert euch, welche der Maßnahmen von Ernst Abbe und von Wilhelm Ketteler heute als Gesetz formuliert sind.

4 Fasst die Haltung von Papst Leo XIII. in eigenen Worten zusammen (Q 4). Setzt er sich für die Arbeiter oder eher für die Arbeitgeber ein?

5 Erläutert, welches Verhalten von Wichern fordert (Q 5).

6 Erklärt, warum Kolping großen Wert auf Bildung legte (M 5, Text).

Nur gemeinsam sind wir stark

M1 **Arbeiter beim Fabrikanten.** Gemälde von Stanislaw Lentz, 1895.

M4 **Ein Streik bricht aus.** Gemälde von Robert Köhler, 1895.

M2 **Karl Marx.** Zeitgenössische Darstellung.

M3 **Friedrich Engels.** Zeitgenössische Darstellung.

Die Arbeitnehmer organisieren sich

Viele Unternehmer wehrten sich gegen Verbesserungen der Arbeitsbedingungen, weil sie diese Maßnahmen Geld gekostet hätte. Die Industriearbeiter erkannten, dass sie nur in gemeinsamen Aktionen etwas erreichen konnten. In **Streiks** zeigten sie, wie ernst sie ihre Forderungen meinten. Streik jedoch bedeutet Lohnausfall. Die Arbeiter schlossen sich deshalb zu Gewerkschaften zusammen. Streikende Arbeiter unterstützten sie mit Geld.

In Deutschland gibt es seit 1848 **Gewerkschaften**. Anfangs hatten sie mit vielen Schwierigkeiten zu kämpfen. Offiziell waren sie erst ab 1872 erlaubt. Um die Chancen der Arbeiterinnen und Arbeiter zu erhöhen, sorgten Gewerkschaften auch für eine bessere Bildung ihrer Mitglieder.

Eine Partei für die Arbeiter

Die Verbesserung der Arbeitsbedingungen allein reichte einigen Menschen nicht aus. Sie forderten, dass es auch für Arbeiter möglich sein sollte, zu wählen und in der Politik mitzubestimmen. 1863 gründete der Journalist Ferdinand Lassalle den Allgemeinen Deutschen Arbeiterverein mit dem Ziel, das allgemeine Wahlrecht einzuführen. August Bebel und Wilhelm Liebknecht gründeten 1869 ebenfalls eine Arbeiterpartei. 1875 schlossen sich beide zur Sozialistischen Arbeiterpartei Deutschlands zusammen. Ab 1890 hieß sie **Sozialdemokratische Partei Deutschlands (SPD)**.

Der Rechtsanwalt und Journalist Karl **Marx** aus Trier und Friedrich **Engels**, dessen Vater eine Fabrik in Engelskirchen besaß, prangerten die Missstände in der Arbeitswelt des frühen Industriezeitalters auf das Schärfste an. Sie hielten eine radikale Umwälzung der politischen und gesellschaftlichen Ordnung für nötig. Ihre revolutionären Schriften – z. B. das Kommunistische Manifest – hatten großen Einfluss auf die entstehenden Arbeiterparteien und auf die politische Entwicklung Europas im 20. Jahrhundert.

Gleichberechtigung

Immer wieder hatten Frauen bewiesen, dass sie ebenso gut wie die Männer ihre Familien ernähren, einen Betrieb führen oder gar ein Königreich regieren konnten. Die meisten Arbeiterfamilien waren zudem dringend auf ihre Mitarbeit angewiesen. Trotzdem verweigerte man ihnen lange Zeit die Gleichstellung mit den Män-

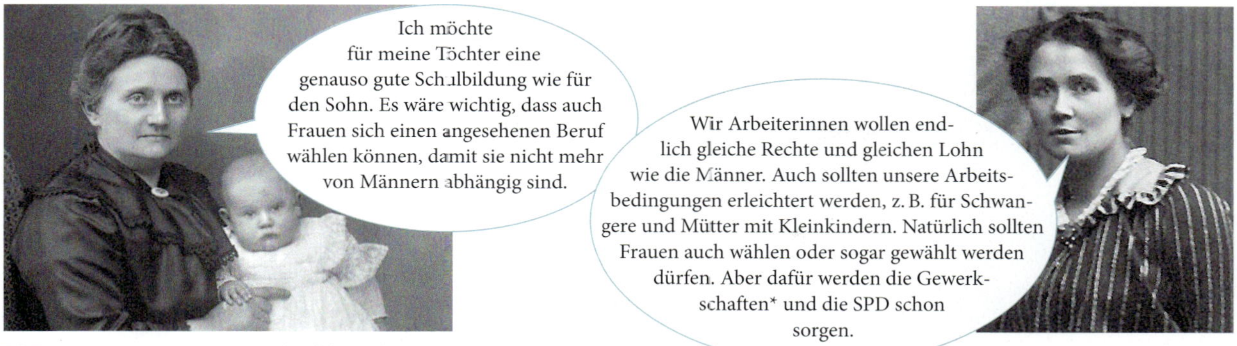

M 5 Zwei Meinungen zur Gleichberechtigung der Frauen. Collage.

nern. In Deutschland hatten sich seit Beginn des 19. Jahrhunderts Frauen wie Clara Zetkin oder Helene Lange politisch engagiert. Sie schlossen sich zu Vereinen zusammen und forderten die Gleichberechtigung.

Q 1 Auszug aus dem Preußischen Vereinsgesetz von 1851:
[…] Für Vereine, welche bezwecken, politische Gegenstände in Versammlungen zu erörtern, gelten nachstehende Beschränkungen: Sie dürfen keine Frauenspersonen, Schüler und Lehrlinge als Mitglieder aufnehmen. Frauenspersonen, Schüler und Lehrlinge dürfen den Versammlungen und Sitzungen solcher politischen Vereine nicht beiwohnen. Werden dieselben nicht entfernt, so ist Grund zur Auflösung der Versammlung oder der Sitzung vorhanden. […]

M 7 Mitglieder der Gewerkschaftsjugend demonstrieren für mehr Ausbildungsplätze. Foto, 2001.

***Gewerkschaft**
Organisation, welche die Interessen der Arbeitnehmer/-innen vertritt (die Mitgliedschaft ist kostenpflichtig).

DGB
Deutscher Gewerkschaftsbund.

Gewerkschaften heute

M 6 Meinungen über Gewerkschaften 2004

Sind Gewerkschaften heutzutage überflüssig oder grundsätzlich notwendig?	
überflüssig	10 %
notwendig	83 %
Wofür sollen die Gewerkschaften in nächster Zeit kämpfen?	
sichere/mehr Arbeitsplätze	42 %
sichere/höhere Einkommen	32 %
flexiblere/kürzere Arbeitszeiten	7 %

1 Gestaltet die Bilder M 1 und M 4 als Szenen: Worum geht es in den Bildern? Was sagen die einzelnen Personen?

2 Nennt Möglichkeiten, wie ihr eure Interessen in der Klasse und an der Schule vertreten könnt. Ist die SMV eine „Schülergewerkschaft"?

3 Erklärt die Bestimmungen in Q 1. Was könnten die Gründe für den Ausschluss von Schülern, Lehrlingen und Frauen gewesen sein?

4 Erläutert die Unterschiede in den Vorstellungen über Gleichberechtigung bei den beiden Frauen in M 5.

5 Überprüft die Ergebnisse der Umfrage (M 6). Befragt eure Lehrer, Eltern und Verwandten.

6 Sucht im Internet Informationen über die DGB-Jugend (DGB: Deutscher Gewerkschaftsbund) und präsentiert euer Ergebnis.

Der Staat greift ein

	Wer ist versichert?	Wer zahlt den Beitrag?	Was ist versichert und welche Leistung wird erbracht?
Krankenversicherung	u. a. alle Arbeitnehmer, Angestellten und Auszubildenden bis zu einer bestimmten Einkommenshöhe	Arbeitnehmer etwas mehr als die Hälfte, den Rest die Arbeitgeber	Krankheitskosten sowie Vorsorge- und Rehabilitationsmaßnahmen für den Arbeitnehmer und seine Familie (ohne eigenes Einkommen), z. B. Arztkosten, Medikamente, Krankenhausbehandlung, Kur, Heil- und Hilfsmittel, Krankengeld bei Wegfall der Lohnfortzahlung nach mehr als sechswöchiger Erkrankung
Pflegeversicherung			bei Pflegebedürftigkeit Pflegekosten, gestaffelt nach Schwere des Falles
Arbeitslosenversicherung			bei Arbeitslosigkeit Arbeitslosengeld, Beratung, Arbeitsvermittlung, evtl. Umschulung, Bewerbungs- und Umzugskostenbeihilfe
Rentenversicherung			Rente bei Arbeitsunfähigkeit wegen Invalidität oder aus Altersgründen
Unfallversicherung	u. a. alle Arbeitnehmer, Angestellte sowie Schüler, Studenten, Kindergartenkinder, Soldaten	alleine die Arbeitgeber bzw. entsprechende Institutionen wie Uni, Gemeinde …	bei Unfällen auf dem Weg und im Zusammenhang mit der Berufsausübung alle anfallenden Behandlungskosten und Rehabilitationsmaßnahmen

M 1 **Die Sozialversicherung im Überblick.**

***sozial**
Das Wort kommt aus dem Lateinischen. Es bedeutet entweder „auf die Allgemeinheit bezogen" oder „von Nutzen für die Allgemeinheit".

M 2 **Werbeplakat für die gesetzliche Sozialversicherung*, 1913.**

Sozialgesetzgebung

Die Arbeiterbewegung, allen voran die Sozialdemokratische Partei (SPD), beunruhigte die Obrigkeit. Kaiser, Adel und vor allem die Unternehmer sahen mit großem Ärger den wachsenden Einfluss der neuen Partei, die sich für die Rechte der Arbeiterschaft einsetzte. 1878 trat daher ein „Gesetz gegen die gemeingefährlichen Bestrebungen der Sozialdemokratie" (**Sozialistengesetz**) in Kraft. Die SPD als Partei wurde zwar nicht verboten, aber alle ihre Aktivitäten. Führende Mitglieder der Partei wurden mit Gefängnis bestraft oder aus dem Deutschen Reich verbannt; viele Mitglieder verloren ihren Arbeitsplatz. Doch die Arbeiter gaben nicht auf. Sie setzten heimlich die Parteiarbeit fort und gewannen immer mehr Anhänger. Im Jahr 1889 wurde das Sozialistengesetz aufgehoben, und die Partei erreichte auf Anhieb bei den nächsten Wahlen zum Reichstag rund 20 Prozent der Stimmen.

Nur eine Beruhigungspille?

Die Reichsregierung entwickelte unter ihrem Kanzler Otto von Bismarck ein neues Gesetzeswerk. Die Arbeiter sollten eine umfassende Absicherung gegen Krankheit, Unfälle und gegen Arbeitsunfähigkeit im Alter oder durch schwere Erkrankung erhalten. Ein weltweit einzigartiges **Sozialversicherungssystem** trat Schritt für Schritt in Kraft.
Hierdurch wollte der Staat beweisen, dass auch er sich um die Arbeiterschaft bemüht. Kaiser, Adel und Unternehmer wollten zeigen, dass eine besondere Arbeiterpartei eigentlich überflüssig sei. Bismarck selbst meinte einmal dazu, wenn der Arbeiter keinen Grund mehr zur Klage hätte, wären der Sozialdemokratie die Wurzeln abgegraben.

1883	Kranken- und Unfallversicherung für Arbeiter
1889	Rentenversicherung für Arbeiter
1892	Krankenversicherung für Angestellte
1911	Rentenversicherung für Angestellte
1927	Arbeitslosenversicherung
1957	Lohnfortzahlung bei Krankheit
1995	Pflegeversicherung

M3 Entwicklung der Sozialversicherung.

Und wie sieht es heute aus?

Udo M., 17 Jahre, Auszubildender zum Maler und Lackierer:
Neulich musste ich für die Firma was besorgen und bin unterwegs mit dem Mofa ins Schleudern geraten. Dabei habe ich mir ein Bein gebrochen. Die Behandlung hat die gesetzliche Unfallversicherung bezahlt. Die muss jeder Betrieb für alle Beschäftigten auf eigene Kosten abschließen. Auch wenn mir auf dem Weg zur Arbeit oder auf dem Heimweg was passiert, bin ich dadurch abgesichert.

Lars B., 19 Jahre, Dachdecker:
Nach erfolgreichem Abschluss der Ausbildung finde ich jetzt keine Stelle. Von der Bundesagentur für Arbeit bekomme ich immerhin Arbeitslosengeld auf der Grundlage des durchschnittlichen Anfangsgehalts in meinem Beruf. Und das ist erheblich mehr, als wenn die Ausbildungsbeihilfe zugrunde gelegt würde. Immerhin habe ich ja schon drei Jahre Beiträge in die Arbeitslosenversicherung eingezahlt. Und jetzt hoffe ich, dass es bald klappt mit dem Job.

Ines M., 16 Jahre, Auszubildende zur Frisörin:
Natürlich bin ich auch jetzt schon voll versichert: Krankenkasse, Pflegeversicherung, Arbeitslosen- und Rentenversicherung. Knapp die Hälfte der Beiträge zahlt der Arbeitgeber.

M4 Drei junge Menschen äußern sich zu ihrer sozialen Absicherung. Collage.

1 Erklärt, welche Bestandteile der Sozialversicherung auf M1 vorgestellt werden. Vermutet anhand der Überschriften und Abbildungen, worum es in den einzelnen Bereichen geht.

2 Setzt diese Zeitungsmeldung fort:

SPD nicht verboten – aber stark eingeschränkt!

3 Beschreibt, welche Aufgaben die Sozialversicherung heute hat. Verwendet zur Antwort M1.

4 Sucht weitere Beispiele für die Nutzung der Sozialversicherung (z. B. Krankheit, Pflegebedürftigkeit), indem ihr Eltern, Freunde und Bekannte befragt.

METHODE

Besuch eines Industriemuseums

M 1 Industriemuseum Elmshorn: Erkundung einer Dampfmaschine. Foto, 2006.

Internetadressen zu Industriemuseen:

www.alte-giesserei-kiel.de

http://www.museum-der-arbeit.de/

http://www.deutsches-schiffahrtsmuseum.de/

http://www.fabrikmuseum.de/

Industriemuseen

In Industriemuseen werden Gegenstände aus der Zeit der Industrialisierung gesammelt und ausgestellt, wie z. B. Webstühle, Dampfmaschinen oder Eisenbahnen.
Häufig finden sich auch Gegenstände und Dokumente aus dem Alltag der Menschen: vom Waschbrett bis zum Fahrrad, vom Lohnbuch bis zur Kücheneinrichtung. Auch ganze Industrieanlagen und Fabriken werden als technische Denkmäler erhalten oder wiederhergestellt.
Um ein solches Museum in eurer Nähe zu finden, könnt ihr euch entweder an die nächste Touristeninformation wenden oder selbst im Internet recherchieren.

Vorbereitung des Besuchs

Wie bereitet ihr euren Besuch vor? Je besser ihr euch auf den Besuch im Museum vorbereitet, desto mehr habt ihr davon. Überlegt also vorher, was euch besonders interessiert und was ihr machen möchtet.
In manchen Museen kann man nach Absprache mit den Museumspädagogen selbst etwas ausprobieren, um am eigenen Leib zu erfahren, wie das Leben vor über 100 Jahren war. In anderen gibt es Filme oder Dias, Fragebögen oder interessante Führungen zu speziellen Themen. Mithilfe von Internet und Telefon kann eine kleine Arbeitsgruppe von euch schon vorab klären, wann das Museum geöffnet hat, wie hoch der Eintrittspreis ist und welche Möglichkeiten euch geboten werden. Je genauer ihr eure Wünsche beschreibt, desto besser kann man sich im Museum darauf einstellen. Wenn etwas jedoch nicht möglich sein sollte, so erfahrt ihr es rechtzeitig und seid hinterher nicht enttäuscht.

Der Museumsbesuch

Was ihr genau im Museum macht, hängt natürlich vor allem von den örtlichen Gegebenheiten ab und davon, ob es Museumspädagogen gibt, die euch ein fertiges Programm liefern, oder ob ihr euch die Ausstellung allein anseht.
Für Schüler ist es oft langweilig, sich einen Glaskasten nach dem anderen anzuschauen. Deshalb ist es ratsam, kleine Gruppen zu bilden. Jede Gruppe beschäftigt sich mit einem Teil der Ausstellung genauer und erzählt den anderen dann nur, was an ihrem Bereich besonders interessant war. So müsst ihr nicht alles selbst lesen und werdet zu „Fachleuten" für ein begrenztes Spezialgebiet.

1 Verabredet mit eurer Lehrerin oder eurem Lehrer den Besuch eines Industriemuseums und bereitet den Besuch in Gruppen vor.

ZUSAMMENFASSUNG

Technische Neuerungen

Die Industrialisierung begann im 18. Jahrhundert in England. Technische Erfindungen wie Spinnmaschinen führten zu einem radikalen Wandel in der Textilherstellung: Wenige Menschen konnten mithilfe der neuen Maschinen jetzt schnell, preiswert und in großen Mengen Waren produzieren. Durch die Erfindung der Dampfmaschine und der Lokomotiven konnten die Waren in Massen produziert und in kurzer Zeit überallhin befördert werden. Die erste deutsche Eisenbahn fuhr 1835 von Nürnberg nach Fürth. Die Industrialisierung begann in Deutschland erst spät – etwa um 1840. Mit der Errichtung des Deutschen Zollvereins 1834 war der Weg frei für die rasche Fortentwicklung des Kohlebergbaus sowie der Eisen- und Stahlindustrie, die in Deutschland zu den wichtigsten Industriezweigen wurden.

Soziale Folgen der Industrialisierung

Mit der fortschreitenden Industrialisierung verlor die alte ständische Ordnung immer mehr an Bedeutung. An die Stelle des „Geburtsadels" trat der „Geldadel". Dazu gehörten vor allem die Unternehmer, die in ihren Fabriken oft mehrere Tausend Menschen beschäftigten. Eine angesehene Stellung in der Gesellschaft besaßen auch die Angestellten, also Ingenieure, Buchhalter usw. Für die Arbeiter wurde die Bezeichnung „Proletarier" gebräuchlich. Ihre Arbeits- und Lebensbedingungen waren äußerst schlecht: Verelendung aufgrund niedriger Löhne und hoher Arbeitslosigkeit, unzumutbare Arbeitsbedingungen und menschenunwürdige Wohnverhältnisse zählten zu den ungelösten sozialen Problemen der Arbeiter. Die Einführung einer staatlichen Sozialversicherung in den 1880er-Jahren sollte die Not der Arbeiterschaft lindern. Die Sozialgesetze bildeten den Grundstein für den heutigen Sozialstaat.

Lösungsversuche der sozialen Frage

Angesichts des Elends, in dem Arbeiter, ihre Frauen und Kinder leben mussten, fühlten sich die Kirchen und verantwortungsbewusste Unternehmer aufgerufen, Verbesserungen anzustreben. Mit der Durchführung von Streiks, der Gründung von Gewerkschaften und schließlich von Arbeiterparteien konnten die Arbeiter ihre Situation schrittweise verbessern.

18. Jahrhundert

England wird zum Mutterland der Industriellen Revolution.

Um 1840

Beginn der Industrialisierung in Mitteleuropa und Deutschland.

Seit 1850

Die Landflucht lässt in den wachsenden Industriestädten Elendsquartiere entstehen.

1875

Gründung der Sozialistischen Arbeiterpartei in Gotha.

Check: Das kann ich schon …

Wichtige Begriffe erklären

- ✓ Bevölkerungswachstum
- ✓ Landflucht
- ✓ Erfindungen
- ✓ Bergbau im Ruhrgebiet
- ✓ Arbeitszeiten
- ✓ Bürgertum
- ✓ Unternehmen
- ✓ Mietskasernen
- ✓ Arbeitervereine
- ✓ SPD
- ✓ Gewerkschaften
- ✓ Kinderarbeit
- ✓ Sozialgesetze
- ✓ kirchliche und private Initiativen

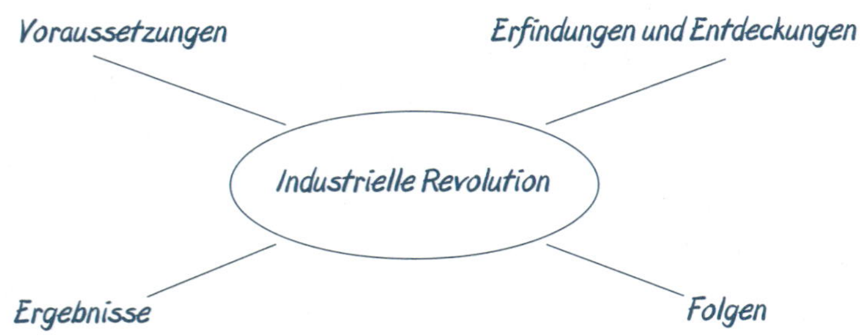

M 1 **Mind-Map zur Industriellen Revolution.**

M 2 **Die deutsche Sozialversicherung.** Plakat, 1913.

Wohnverhältnisse

Q 1 Werner Sombart, ein Volkswirtschaftler, schrieb 1906 über die Wohnverhältnisse der Arbeiter:

[…] In den meisten deutschen Großstädten wohnt annähernd die Hälfte aller Menschen in Wohnungen, die nicht mehr als ein Zimmer umfassen. Überbevölkert nennt die Statistik eine Wohnung, wenn sechs Personen und mehr in einem Zimmer, elf Personen und mehr in zwei Zimmern hausen. Und selbst davon gibt es eine recht erkleckliche Anzahl. In Berlin nahezu 30 000, in Breslau 7000, in Chemnitz 50 000. […]

M3 **Arbeiter der AEG (Allgemeine Elektricitäts-Gesellschaft.** Foto, um 1900.

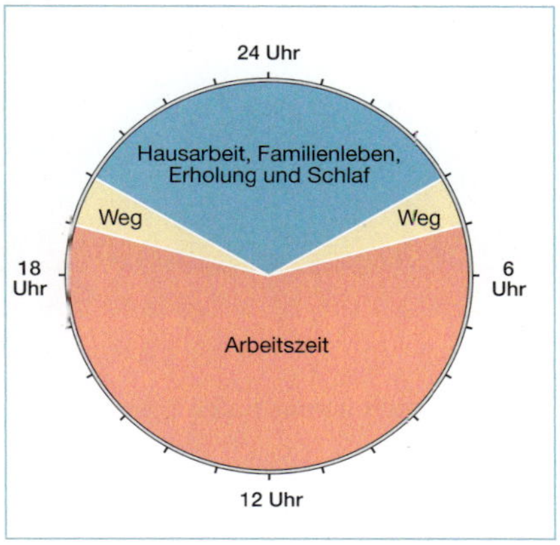

M4 **Tagesablauf eines Arbeiters um 1900.**

Fachliche Kompetenz

1 Erklärt euch gegenseitig die wichtigen Begriffe (Kasten) und schreibt die Bedeutung der Begriffe in eure Arbeitsmappe.

2 Übertragt die Mind-Map in eure Arbeitsmappe und ergänzt sie zum Thema „Industrielle Revolution".

3 Beschreibt mit M2 bis M4 und Q1 die Veränderungen im Leben der Menschen während der industriellen Revolution.

4 Erläutert, welche neue Gesellschaftsschichten entstanden.

Methodenkompetenz

5 Stellt dar, wie ihr einen Museumsbesuch vorbereiten könnt.

Urteils- und Handlungskompetenz

6 Wertet M4 aus und setzt die Grafik in Beziehung zu eurem Arbeitstag und dem eurer Eltern.

7 Erläutert, was der Begriff „soziale Frage" bedeutet und berichtet über Maßnahmen, mit denen diese Frage im 19. Jahrhundert angegangen wurde.

8 Auch heute gibt es große politische Auseinandersetzungen über die „sozialen Fragen". Informiert euch über heutige Streitpunkte (z. B. „Hartz IV").

M5 **Kinderarbeit in einer Baumwollspinnerei.** Foto, 1910.

12 Berufsplanung

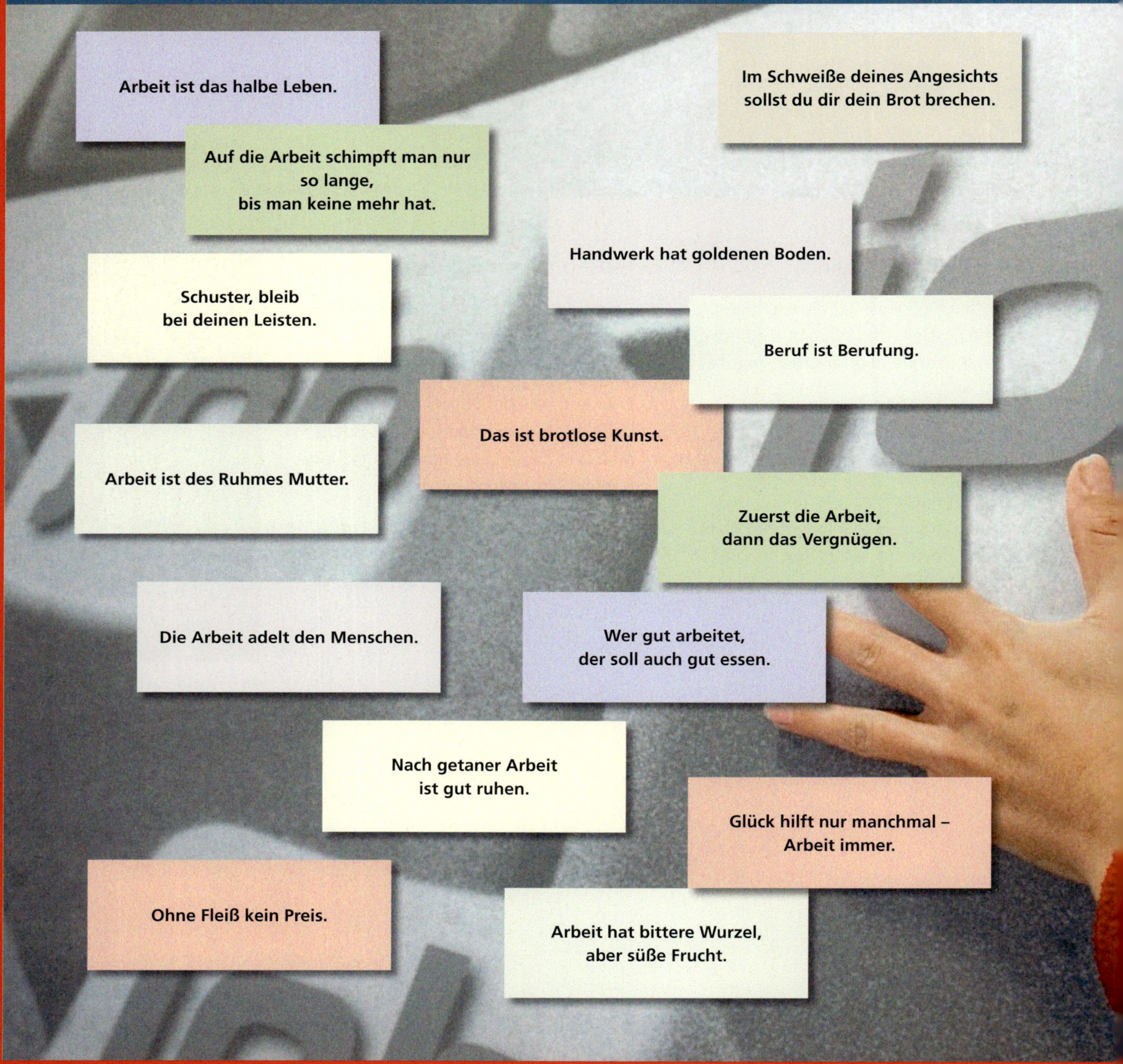

Die Berufswahl hat erheblichen Einfluss auf viele Bereiche unseres Lebens. In diesem Kapitel könnt ihr euch damit beschäftigen,

- was einen Beruf ausmacht,
- wie sich das Arbeitsleben verändert und
- welche Auswirkungen dies hat.

Ferner könnt ihr erarbeiten, wie ihr die Frage „Was will ich einmal werden?“ für euch selbst am besten beantworten könnt.

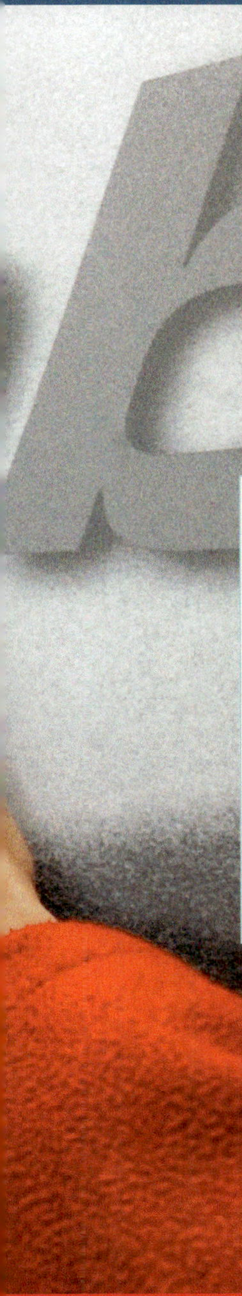

Berufe im Wandel

1 Was tut ein … Account Manager?

Antworten

a) Er betreut Kunden und Vertriebspartner und beschäftigt sich mit der Akquise von Neukunden.

b) Er betreut den Empfang bzw. Schalter eines Unternehmens – ist dort tätig, wo Kunden ihre Anliegen vorbringen.

c) Er kümmert sich um die Buchhaltung eines Unternehmens.

2 … Community Manager?

Antworten

a) Er ist in Firmen und Organisationen für die Zusammenstellung und Betreuung von Teams zuständig.

b) Er betreut virtuelle Gemeinschaften bzw. Online-Interessengemeinschaften.

c) Er steht einer Aktionärsgemeinschaft vor, berät sie, organisiert deren Zusammenkünfte und das gemeinsame Vorgehen.

3 … Regulatory Affairs Manager?

Antworten

a) Er sorgt für die Marktzulassung von Produkten durch Nachweis der Produktsicherheit und der Übereinstimmung mit gesetzlichen Normen.

b) Er ist für die Rechtmäßigkeit der abgeschlossenen Verträge eines Unternehmens zuständig.

c) Er ist spezialisiert auf die Ein- und Ausfuhr von Produkten bzw. auf die entsprechenden Bestimmungen und Zollvorschriften.

4 … Fraud Analyst?

Antworten

a) Er deckt Fehler, so genannte „Bugs" in Sprach- und Datennetzen auf.

b) Er deckt Betrugsdelikte in Sprach- und Datennetzen auf.

c) Er ist als Meteorologe spezialisiert auf die Analyse von Eis und Schnee.

5 … Freelancer?

Antworten

a) Er arbeitet als Freiberufler, d. h. projektbezogen und mit befristetem Vertrag.

b) Er ist als selbstständiger Versicherungsmakler tätig.

c) Er ist der Chef einer Gruppe von Animateuren, z. B. in einem Ferienclub.

6 … Purser?

Antworten

a) Er ist bei Film und Fernsehen zuständig für die Auswahl der Drehorte.

b) Er leitet den Bereich Service und Küche an Bord von Passagierflugzeugen.

c) Er übernimmt bei Modeaufnahmen die Betreuung der Models.

7 … Purchasing Manager?

Antworten

a) Er leitet an Flughäfen die Abfertigung sowie den Transport des Gepäcks.

b) Er schreibt das Drehbuch für Werbefilme.

c) Wurde früher als „Prokurist" bezeichnet. Er koordiniert die Beschaffung von Gütern und Dienstleistungen.

8 … Applications Engineer?

Antworten

a) Er ist der verantwortliche Statiker beim Bau von Straßen und Brücken.

b) Er ist auf die Entwicklung von Sicherheitssystemen spezialisiert.

c) Ingenieur, der neue Anwendungen für Produkte und Systeme entwickelt und den Vertrieb und das Marketing technisch unterstützt.

9 … Ökotrophologe?

Antworten

a) Er ist dort im Einsatz, wo es um Nahrungsmittel oder Ernährung geht, etwa in der Fertigung der Lebensmittelindustrie oder in der Ernährungsberatung.

b) Er ist als ökologischer Landwirt tätig.

c) Er erforscht das Alltagsleben und den Tagesablauf früherer Kulturen, etwa der Mayas oder Azteken.

10 … Business Angel?

Antworten

a) Er arbeitet als Konkursverwalter.

b) Er übernimmt als „Mädchen für alles" Einkäufe und Besorgungen für Firmen oder deren gestresste Mitarbeiter.

c) Er engagiert sich als privater Investor in einem Jungunternehmen.

M 1 Beruferaten.

Berufsbilder verändern sich

Durch neue Technologien, veränderte Fertigungsmethoden, den Einsatz von Computern und computergesteuerten Maschinen sowie gewandelten Bedürfnissen und Wünschen der Kunden verändern sich auch die Anforderungen und Tätigkeiten in den bestehenden Berufen. Daneben entstehen aber auch völlig neue Berufe. In den Jahren von 1996 bis 2005 wurden allein 64 Ausbildungsberufe neu geschaffen.

M 2 Beispiel: Mediengestalter/-in für Digital- und Printmedien

[…] Aufgrund der rasanten Fortschritte in der Computertechnologie wandelte sich in den 1990er-Jahren die Gestaltung und Erstellung von Printmedien (Büchern, Zeitungen, Zeitschriften, …) grundlegend. Zahlreiche alte, noch stärker handwerklich orientierte Berufsausbildungen sind inzwischen überarbeitet worden; neue Berufe sind entstanden. Neben Printmedien sowie Fernsehen und Rundfunk werden Informationen heute auch für Online-Dienste, CD-ROMs und Datenbanken aufbereitet. Die Übergänge sind fließend. Erst 1998 wurde die Ausbildung Mediengestalter/-in für Digital- und Printmedien ins Leben gerufen.

Die Arbeitsaufgaben der Mediengestalter für Digital- und Printmedien sind so un-

M3 Schriftsetzer bei der Tageszeitung. Foto, 1953.

M5 Mediengestalterin bei ihrer Arbeit. Foto, 2009.

terschiedlich wie die Medien, die sie bearbeiten und herstellen. Und das ist auch leicht zu erklären: Schließlich löst der neue Beruf die alten Berufe Schriftsetzer, Reprohersteller, Werbe- und Medienvorlagenhersteller und Fotogravurzeichner ab und schafft weitere neue Betätigungsfelder. [...]

M4 Aus einer Broschüre der Bundesagentur für Arbeit von 2005:
Neuer Ausbildungsberuf „Mediengestalter" hat Bewährungsprobe bestanden
[...] Neu für die Ausbildung gewonnen wurden Betriebe mit fehlender oder nur geringer Ausbildungstradition z. B. in den Bereichen Werbung und Multimedia; in der ausbildungserfahrenen Druck- und Verlagswirtschaft konnten vorhandene Ausbildungskapazitäten weiter ausgebaut werden.
Der neue Beruf zieht vor allem Jugendliche mit hoher schulischer Allgemeinbildung an – und interessiert in hohem Maße die Mädchen: Die Hälfte der Auszubildenden verfügt über Abitur bzw. Fachabitur, über 35 Prozent haben einen mittleren Schulabschluss – und der Anteil der weiblichen Auszubildenden liegt bei über 50 Prozent.
Ausgebildete Mediengestalter/-innen für Digital- und Printmedien mussten nach Abschluss ihrer Prüfung nicht lange auf einen Arbeitsplatz warten. [...]

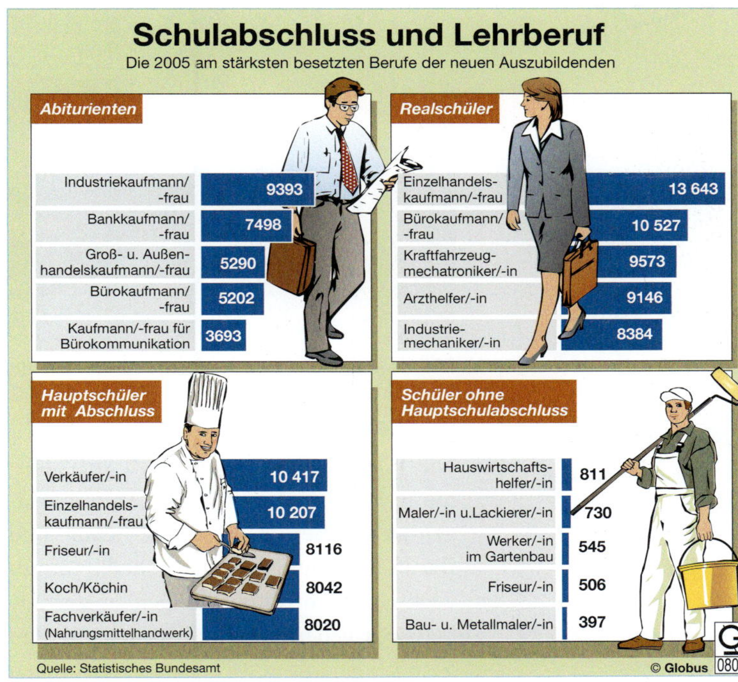

M6 Schulabschluss und Ausbildung.

1 Findet die richtigen Lösungen im Berufsrätsel (M1).

2 Benennt Merkmale, die diese Berufe von Berufen wie Bäcker, Maurer, Verkäuferin usw. unterscheiden.

3 Findet weitere Beispiele für neue Berufe.

4 Beschreibt den Wandel der Berufe am Beispiel der Mediengestaltung (M2, M3 und M5).

5 Viele Ausbildungsberufe werden heute von Abiturienten erlernt. Erklärt diese Entwicklung unter Berücksichtigung des Wandels, den viele Berufsbilder erfahren haben (M4, M6).

Ausbildung ist Trumpf

M 1 Wunschträume. Karikatur.

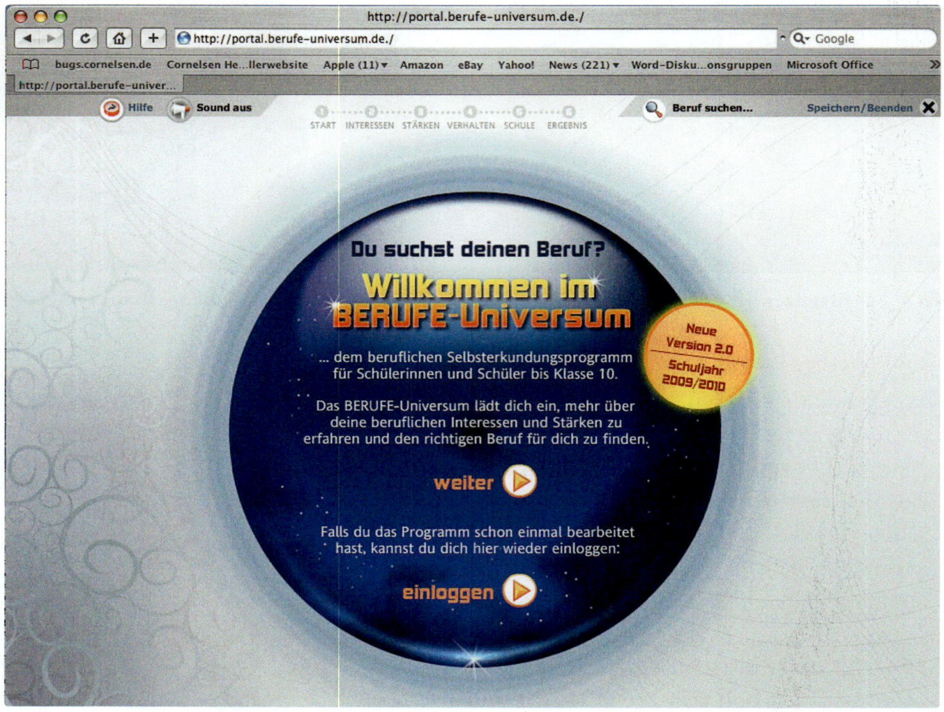

M 2 Website der Bundesagentur Berufssuche. Screenshot.

http://www.bmbf.de/de/544.phpAbruf 14.8.2009

Gestiegene Anforderungen

Die Wirtschaftswelt entwickelt sich ständig weiter – und mit ihr die Anforderungen an die Berufe. Eine gute Schul- und Berufsausbildung wird deshalb immer wichtiger. Die Entwicklungen in der Arbeitswelt gehen hin zu anspruchsvolleren Tätigkeiten mit gestiegenen Erwartungen im theoretischen Bereich. Jugendliche, die als Schulabschluss das Abitur oder die Mittlere Reife erlangt haben, verfügen deshalb über gute Chancen auf dem Ausbildungs- bzw. Arbeitsmarkt.

M 3 Das Bundesministerium für Bildung und Forschung schreibt auf seiner Website im August 2009:
Ausbildung ist eine gute Investition in die Zukunft. […] immer weniger Jugendliche werden sich um Ausbildungsplätze bewerben. Bereits in diesem Jahr gilt es, die künftigen Nachwuchskräfte zu sichern, die bei einer anziehenden Konjunktur dringend benötigt werden. […] Etwa 60 Prozent aller Jugendlichen in Deutschland qualifizieren sich im dualen System der Berufsausbildung. Dual deshalb, weil die Berufsausbildung sowohl im Betrieb als auch in der Berufsschule stattfindet. Im Betrieb erhält der Auszubildende eine überwiegend praktische Ausbildung. In der Berufsschule wird die betriebliche Ausbildung durch theoretische Grundlagen ergänzt. Die Ausbildung erfolgt auf der Basis von gegenwärtig rund 350 Ausbildungsordnungen für staatlich anerkannte Ausbildungsberufe.

Schlüsselqualifikationen

In der Schule werden den Kindern und Jugendlichen neben dem Fachwissen vor allem die Schlüsselqualifikationen vermit-

Personalchefs verlangen viel

Nach der Pisa-Studie ist ein Viertel der Schüler nicht in der Lage, einfache Texte zu verstehen.
Doch mit Schreiben und Rechnen ist es nicht getan: 99 Prozent der Personalchefs wollen Bewerber, die außerdem engagiert, verantwortungsbewusst und zuverlässig sind, fast alle verlangen fehlerfreies Deutsch, Kenntnisse in Englisch, Textverarbeitung und Präsentationstechniken.

M4 Nachgestellter Zeitungsarktikel.

telt, die es ihnen später ermöglichen, neues Fachwissen schnell erschließen zu können. Dazu gehören nicht nur Fertigkeiten im Lesen, Schreiben und Rechnen, Fremdsprachen- und Computerkenntnisse, sondern auch Methoden- und Sozialkompetenz. Schlüsselqualifikationen sollen und können das Fachwissen nicht ersetzen, sondern sie helfen in Anbetracht der sich ständig wandelnden Anforderungen im Berufsleben, es zu erschließen.

Lebenslanges Lernen

Wer heute eine Ausbildung abgeschlossen hat, hat noch lange nicht ausgelernt.
Viele Arbeitsplätze verändern sich grundlegend, neue entstehen, andere fallen weg, und die Anforderungen steigen kontinuierlich. Die Berufstätigen müssen sich dem stellen und zur Weiterbildung durch Fortbildung, Lehrgänge und Umschulungen bereit sein. Nur so können sie den beruflichen Anschluss behalten und sich auf die verschiedenen Tätigkeiten einstellen, die heute immer häufiger von den Arbeitnehmerinnen und Arbeitnehmern verlangt werden. Die Schlüsselqualifikationen bieten die Basis dafür.

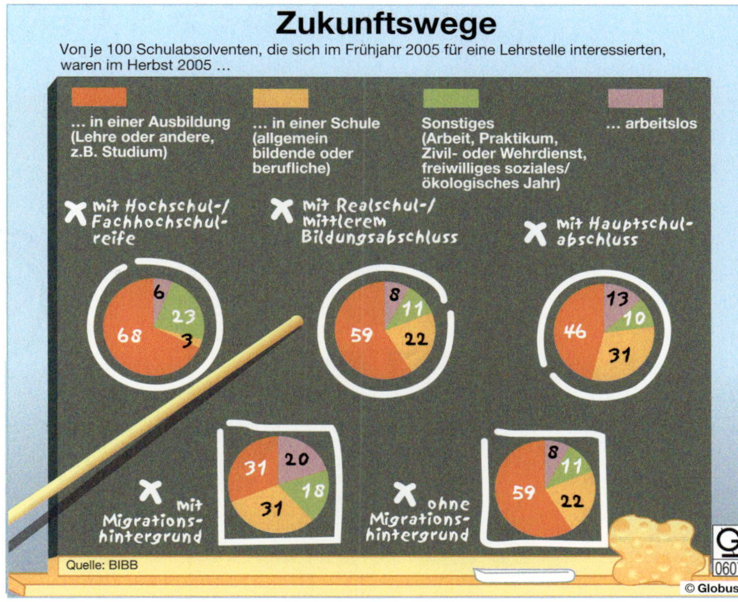

M5 Wege in die berufliche Zukunft.

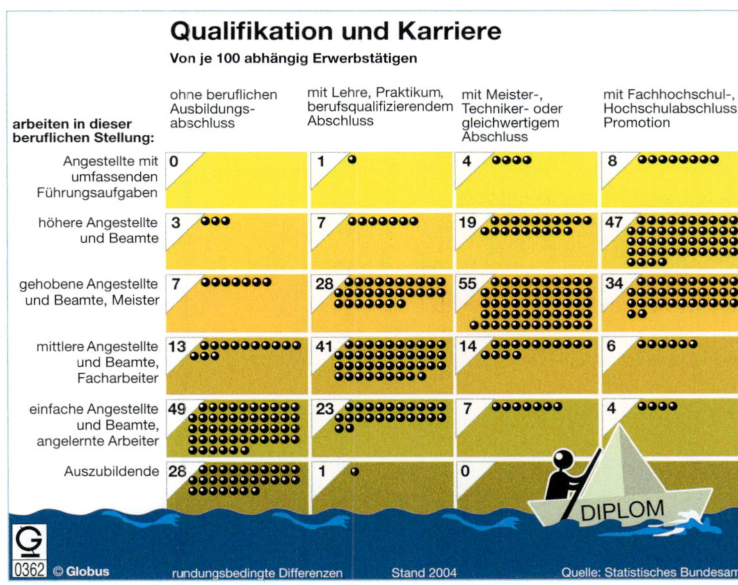

M6 Qualifikation und Karriere.

1 Beschreibt die Veränderungen in der Arbeitswelt und erklärt, welche Auswirkungen das für Arbeitnehmer hat.

2 Begründet mithilfe von M5 und M6, warum sich eine gute Ausbildung lohnt.

3 Erläutert, warum die Bereitschaft zum lebenslangen Lernen heute im Berufsleben ganz wichtig ist.

Wie finde ich den richtigen Beruf?

M 1 Meine Interessen, meine Fähigkeiten. Collage eines Schülers.

Fähigkeit	1	2	3	4	5
sprachliche Fähigkeiten (Schrift)					
gute mündliche Ausdrucksfähigkeit					
gute Fremdsprachenkenntnisse					
logisches und rechnerisches Denken					
räumliches Vorstellungsvermögen					
handwerkliches Geschick					
körperliche Belastbarkeit					
Kreativität					
Selbstständigkeit					
Teamfähigkeit					
Organisationsfähigkeit					
Zuverlässigkeit					

M 2 Selbst- und Fremdeinschätzungsbogen.
1 bedeutet: Fähigkeit sehr stark ausgeprägt
5 bedeutet: Fähigkeit kaum vorhanden.

Was soll ich bloß werden?

Bevor ihr euch für einen Beruf entscheidet, solltet ihr euch zunächst über eure Interessen und Fähigkeiten klar werden. Die gewonnenen Ergebnisse werden dann sicherlich bei eurer Berufswahl nützlich sein. Neben einer Selbstanalyse ist es auch hilfreich, Eltern, Geschwister, Freunde und auch Lehrer um eine Einschätzung eurer Stärken und Schwächen zu bitten.

Um herauszufinden, was euch interessiert und welche Fähigkeiten und Stärken ihr mitbringt, solltet ihr über folgende Fragen nachdenken:

- Welche Tätigkeiten macht ihr gerne?
- Was macht ihr gerne in der Freizeit?
- Was beherrscht ihr gut?
- Was macht ihr nur ungern?
- Was bereitet euch Schwierigkeiten?

Neben diesen Fragen ist es wichtig, sich über weitere zentrale Fähigkeiten für die passende Berufswahl klar zu werden. Dabei hilft euch der Selbst- und Fremdeinschätzungsbogen (M 2).

Eigene Interessen und Berufsbild: Was passt zusammen?

Die Bundesagentur für Arbeit stellt mit dem **Berufswahlprogramm** „Berufe-Universum“ (www.planet-beruf.de) ein Werkzeug zur Verfügung, mit dem man den zu seinen persönlichen Interessen passenden Beruf finden kann. Durch Klicken auf den Button „2. Interessen“ kann man mehr über seine beruflichen Wünsche herausfinden und aus 18 Interessensbereichen die auswählen, die am ehesten auf einen zutreffen. Dabei muss man unterscheiden, was man tun möchte, wo man arbeiten möchte und womit man gern zu tun hätte. Nach diesen Angaben erstellt der Computer eine Liste mit Berufen, in denen möglichst viele dieser Interessen verwirklicht werden können.

M3 Auf einer Internetseite des Bundesministeriums für Familie, Senioren, Frauen und Jugend heißt es:

Berufswahl und die Folgen

[…] Mädchen und Jungen haben heute etwa gleich gute Schulabschlüsse. Doch bei der Berufswahl und in der Ausbildung teilen sich die Welten:
Obwohl es in Deutschland ca. 400 Ausbildungsberufe gibt, entscheiden sich die meisten Mädchen gerade mal zwischen 10 Berufen. Jungen wählen viel selbstverständlicher unter einem breiteren Berufsspektrum aus, bevorzugen aber gewerblich-technische Berufe.
Auch an den Universitäten erfolgt die Studienwahl geschlechtsspezifisch. Junge Frauen bevorzugen Fächer wie Sprachen, Pädagogik und Psychologie, während junge Männer eher naturwissenschaftliche und technische Fächer wählen.
Diese Art der Berufswahl hat Auswirkungen auf Beschäftigungsmöglichkeiten, Verdienst, berufliches Fortkommen und auf das gesellschaftliche Ansehen.

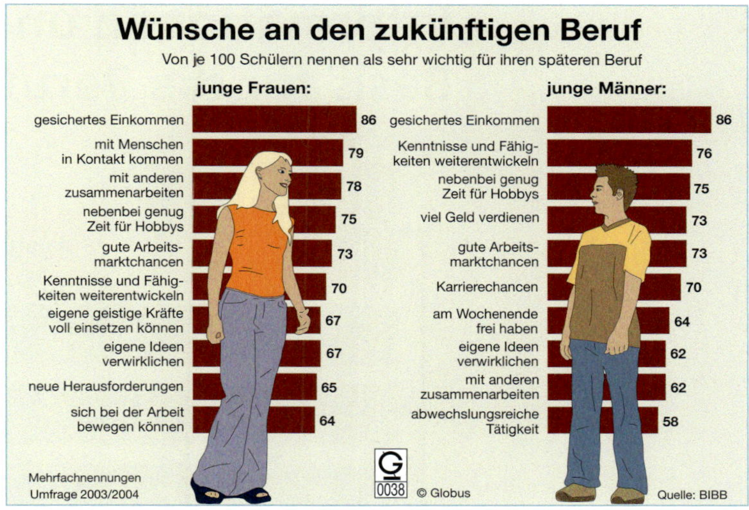

M4 Wünsche an den zukünftigen Beruf.

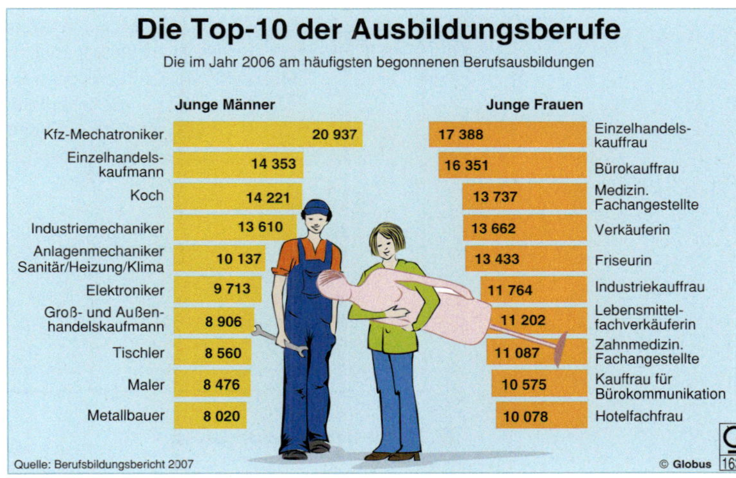

M5 Die am häufigsten gewählten Berufsausbildungen.

1 Kopiert den Einschätzungsbogen (M2) für jede Schülerin und jeden Schüler mehrfach. Zunächst füllt ihn jede/jeder für sich aus, danach bestimmt jeder zwei Mitschüler, die eine Fremdeinschätzung vornehmen. Legt den Bogen auch euren Eltern vor.

2 Nennt die Wünsche, die ihr an euren zukünftigen Beruf habt, und vergleicht mit M4.

3 Versucht im Internet unter **www.planet-beruf.de** einen zu euren Interessen passenden Beruf zu finden. Stimmen die erhaltenen Vorschläge mit euren Wünschen überein? Begründet eure Meinung.

4 Erläutert, welche Folgen die unterschiedlichen Berufswünsche von Jungen und Mädchen (M4, M5) auf deren späteres Leben haben können.

Informationen und Beratung – Basis für die Berufswahl

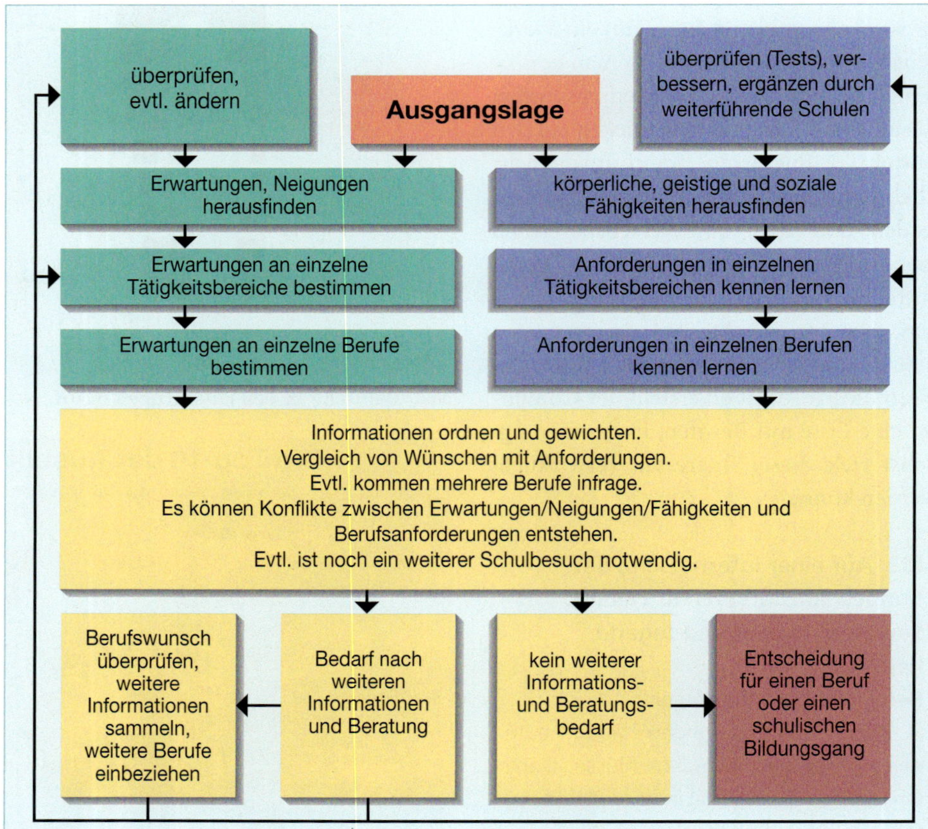

M 1 Der Berufswahlprozess.

Hilfen bei eurer Berufswahl

Die Entscheidung für einen Beruf ist für viele Schülerinnen und Schüler schwierig. Sie benötigen Hilfen, die es ihnen ermöglichen, eine passende und wohlüberlegte Wahl zu treffen.

Deshalb gibt es neben der Information in der Schule, z. B. bei der Vorbereitung auf das Betriebspraktikum, eine Vielzahl weiterer Beratungseinrichtungen, Informationsquellen und Entscheidungshilfen, die ihr nutzen könnt.

Berufsberatung

Zur Planung der Berufswahl gehört das persönliche Gespräch mit einem Berufsberater der Bundesagentur für Arbeit. Für das Beratungsgespräch muss man sich rechtzeitig anmelden und das Gespräch sorgfältig vorbereiten. Soll euch der Berufsberater bei eurer Berufswahl fundiert unterstützen, sollte er eure persönlichen Wünsche, beruflichen Interessen und Fähigkeiten kennen (mitbringen: Notizen, letztes Zeugnis, ...).

M2 Interview mit einer Berufsberaterin

Frau Lang, Sie sind Berufsberaterin der Agentur für Arbeit und beraten Schüler. Gerade für Schüler ist gezielte Beratung besonders wichtig. Wie gehen Sie normalerweise vor?

Wir Berufsberaterinnen und -berater müssen versuchen, den Jugendlichen zunächst einmal ihre ganz persönlichen Voraussetzungen, also ihre Eigenschaften und Fähigkeiten, ihre Kenntnisse und Fertigkeiten, aber auch ihre Neigungen möglichst genau bewusst zu machen. Auf dieser Basis kommt man dann zu den Berufswünschen, die vielleicht noch sehr ungenau oder recht einseitig sind.

Viele kennen vermutlich nur eine Hand voll Berufe aus ihrer eigenen Umgebung.

Ja, leider werden immer noch viel zu wenige Möglichkeiten in Betracht gezogen. Wir zeigen, dass z. B. gestalterische Fähigkeiten nicht nur in künstlerischen Berufen einsetzbar sind. Oder wo überall mit bestimmten Tätigkeiten zu rechnen ist, die von einem Rat suchenden Jugendlichen als unbeliebt benannt wurden. Mit anderen Worten, wir versuchen den Horizont zu erweitern und Berufe in den Blick zu bringen, an die bisher nicht gedacht wurde. [...]

Was sollten sich junge Leute, die vor der Berufswahl stehen, Ihrer Meinung nach als Tipp mit auf den Weg geben lassen?

Zuerst einmal sollten sie auf einen möglichst guten Schulabschluss hinarbeiten. Dann auch nicht nur auf dem Traumberuf beharren, also flexibel sein. Aber andererseits sollten sie sich nicht zu schnell entmutigen lassen – wer ein Berufsziel konsequent verfolgt, der schafft es oft auch trotz einiger Schwierigkeiten. Und ganz wichtig: Sich auf gar keinen Fall ohne Ausbildung auf den Arbeitsmarkt wagen!

M3 Frau Lang in einem Beratungsgespräch. Foto, 2007.

Informationsquellen zur Berufswahl

Weitere wichtige Hilfen bieten:

- Auszubildende, Berufstätige, Lehrer
- Industrie- und Handelskammer, Handwerkskammer, Gewerkschaften
- Betriebserkundungen, Betriebspraktika

Neben den Schriftenreihen der Bundesagentur für Arbeit (z. B. MACH'S RICHTIG oder Was werden?) und den zugehörigen Internetangeboten der Bundesagentur findet man Hilfen zur Berufswahl im Internet, in Büchern und in Heften. Viele Banken, Sparkassen, Gewerkschaften und Arbeitgeberverbände geben z. B. Hefte oder CD-ROMs zu diesem Themenbereich heraus.

Internetadressen zur Berufswahl:

Bundesagentur für Arbeit
www.planet-beruf.de
www.was-werden.de
www.berufenet.de

Kammern und Verbände
www.handwerks-power.de
www.ihk.de
www.me-infomobil.de
www.it-berufe.de

Gewerkschaften
www.jugend.igmetall.de
www.verdi-jugend.de

1 Erklärt den Ablauf des Berufswahlprozesses mithilfe des Schaubildes M1 in eigenen Worten.

2 Notiert, welche Tipps hinsichtlich der Berufswahl die Berufsberaterin im Interview M2 gibt.

3 Erkundet die Internetadressen. Notiert, welche Hilfen sie anbieten. Welche Seiten sind für spezielle Berufe? Welche fandet ihr nützlich?

METHODE

Besuch im BIZ

M 1 **Einführung in das BIZ durch die Beraterin Frau Waterstrat.** Foto.

M 2 **Schüler der Klasse 8 b werten Info-Mappen aus.** Foto.

M 3 **Infomaterial und Antworten auf Fragen haben die Mitarbeiter.** Foto.

Informationen zur Berufswahl

Das Berufsinformationszentrum (BIZ) der örtlichen Bundesagentur für Arbeit hält vielfältige Informationen zur Berufswahl für euch bereit. Mit zahlreichen Medien (Broschüren, Info-Mappen, Büchern, Videos, Computerdatenbanken, …) und bei fachkundigen Mitarbeitern kann man sich umfassend informieren.

Im BIZ gibt es Informationen
- zu betrieblichen Ausbildungsgängen,
- zu schulischen Ausbildungsgängen,
- zum Ausbildungs- und Arbeitsmarkt in der Region und in Deutschland,
- zu Berufsschulen, Berufsfachschulen Berufskollegs und beruflichen Gymnasien (insbesondere auch zu denjenigen in der jeweiligen Region),
- zum Studium und zu Studiengängen an Fachhochschulen und Universitäten,
- zu Weiterbildung und Umschulung.

M 4 Unser Besuch im BIZ

Am Donnerstag, den 10. 11. besuchten wir mit unserem Lehrer das BIZ. Von der Mitarbeiterin Frau Waterstrat wurden wir freundlich begrüßt und in den Seminarraum geführt. Dort erklärte sie uns den BIZ-Computer und zeigte uns das Berufswahlprogramm. Anschließend demonstrierte sie, wie man mit BERUFENET nähere Informationen zu einem Beruf finden und sich Filme ansehen kann. Nachdem wir über die Unterschiede von betrieblicher und schulischer Berufsausbildung gesprochen hatten, lernten wir noch, wie man mit BERUFENET Ausbildungsplätze oder Berufsfachschulen in der Region aufspüren kann.
Dann gingen wir in das eigentliche BIZ. Dort gibt es nicht nur viele Computer, sondern auch unzählige Info-Mappen.

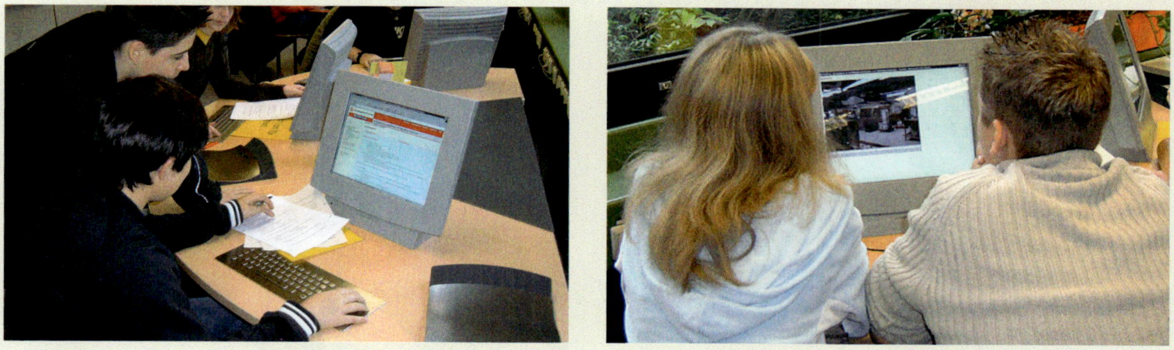

M5 Im BIZ-Computer kann man sich mit BERUFENET informieren und Filme zu Berufen betrachten. Fotos.

Frau Waterstrat zeigte uns zuletzt, wo wir Informationen zu beruflichen Schulen finden, und verabschiedete sich dann.
Wir bearbeiteten nun selbstständig unsere Erkundungsbögen, die wir vorbereitet hatten. [...] Einige Schüler arbeiteten mehr am Computer, doch uns zog es zunächst zu den Info-Mappen. Diese Ordner haben unterschiedliche Farben, je nachdem, ob es sich um betriebliche oder schulische Ausbildungsberufe, Berufe im öffentlichen Dienst oder Studiengänge handelt. Der Inhalt dieser Ordner ist eigentlich identisch mit BERUFENET; für die Beantwortung der Fragen nahmen wir aber die gedruckte Fassung. Danach zog es uns doch noch an die Computer. Wer für die Filme keinen eigenen Kopfhörer hatte, musste sich welche ausleihen. Doch der Gang zur Infotheke wegen der Kopfhörer war für Julia ein Glücksfall: Sie sagte zu der Mitarbeiterin, dass sie Kopfhörer für den Film zum Beruf Polizeibeamtin benötige, und erhielt dann gleich noch eine Broschüre speziell zu Einstellungstests bei der Polizei. [...] Die zwei Stunden waren viel zu schnell vorbei; und wir werden deshalb bald noch einmal kommen, denn ins BIZ kann jeder auch privat, ganz ohne Anmeldung gehen.

1. Notiert die Anschrift, Telefonnummer und Öffnungszeiten des BIZ.
2. a) Was beinhalten die Info-Mappen und wo findet man sie?
   b) Welche Bedeutung haben die Farben der Info-Mappen?
   c) Wie sind die Info-Mappen aufgebaut? Beschreibt.
3. Wo findet man im BIZ Informationen zu den beruflichen Schulen, Berufskollegs und beruflichen Gymnasien in der Region?
4. Wo findet man Videos zu diversen Berufen und wie sieht man sie an?
5. Welche Veranstaltungen werden im BIZ angeboten? Markiert Veranstaltungen, die euch interessieren, und notiert die Termine.
6. Wo und wie vereinbart man einen Termin mit dem Berufsberater?
7. Wie kommt man vom heimischen PC zum Programm BERUFENET?
8. Wozu dient das Programm KURS?

M6 Erkundungsbogen für einen Besuch im BIZ.

Beantwortet mithilfe von Info-Mappen, PC, Video, ... die folgenden Fragen:
1. Was musst du in diesem Beruf tun? Wo arbeitest du? Mit welchen Hilfsmitteln, Werkzeugen, ... arbeitest du?
2. Welche Arbeitszeiten sind üblich?
   regelmäßig von ... bis ... Uhr ☐ Schichtarbeit ☐ Wochenende
3. Welchen Schulabschluss erwarten die Betriebe als Voraussetzung, und auf die Noten welcher Fächer achten die Betriebe besonders?
4. Wie sind die Zukunftschancen in diesem Beruf?
5. Welche Fähigkeiten, Fertigkeiten und Interessen solltest du mitbringen? Welche Eigenschaften sollte man nicht haben?
6. Welche Fächer hast du in der Berufsschule?
7. Wie lange dauert die Ausbildung? Was verdienst du in der Ausbildung?
8. Was kannst du nach der Ausbildung verdienen? .../Monat
9. Welche Aufstiegschancen hast du?
10. Welche Alternativen gibt es zu dieser Arbeit (ähnliche Berufe ...)?
11. Warum ist dies genau die richtige Tätigkeit für dich? Begründe.

M7 Erkundungsbogen Wunschberuf.

1 Formuliert mithilfe von M1 bis M5 Tipps zum BIZ-Besuch.

2 Erkundet mit M6 und M7 das BIZ in eurer Nähe. Adressen findet ihr unter www.arbeitsagentur.de.

Check: Das kann ich schon …

Wichtige Begriffe erklären

- ✓ Wandel der Berufswelt
- ✓ Lehrberufe
- ✓ Schlüsselqualifikationen
- ✓ Lebenslanges Lernen
- ✓ Berufsberatung
- ✓ BIZ

M2 **Infomappen im BIZ.** Foto.

M1 **Träume** … Zeichnung.

M3 Ständig neu lernen …

Heute ist die Bereitschaft zum ständigen neuen Lernen eine der Voraussetzungen, um in der modernen Berufswelt zu bestehen. Gefordert wird die Bereitschaft Sprachen zu erlernen, nicht nur Englisch. Die Kenntnis wichtiger Computerprogramme wird vorausgesetzt. Viele Menschen werden nur in Teilzeitarbeitsverhältnissen und oft zu Hause arbeiten. Dauerarbeitsverhältnisse werden nicht mehr die Regel bilden. Damit ist auch eine ausreichende Altersversorgung in Frage gestellt.

Eine gute schulische Ausbildung und die Bereitschaft zur ständigen Weiterbildung sind die besten Voraussetzungen, um auch auf einem schwierigen Arbeitsmarkt gute Chancen zu haben.

In seinen Buch „Wahlverwandtschaften" schrieb Goethe bereits 1809: „Es ist schlimm genug […], dass man jetzt nichts mehr für sein ganzes Leben lernen kann. Unsere Vorfahren hielten sich an den Unterricht, den sie in ihrer Jugend empfangen; wir müssen jetzt alle fünf Jahre umlernen".

M4 **Interessencollage.**

http://berufswahl.lern-netz.de/htmdocs/new/

M5 **Zum Ziele einer gerechten Auslese lautet die Prüfungsaufgabe für Sie alle gleich: „Klettern Sie auf den Baum!“** Karikatur.

Fachliche Kompetenz

1 Erklärt euch gegenseitig die wichtigen Begriffe (Kasten) und schreibt die Bedeutung der Begriffe in eure Arbeitsmappe.

2 Beschreibt, wie man herausfinden kann, welchen Beruf ihr einmal ergreifen wollt oder könnt (M1, M2, M4).

3 Erläutert was die Einrichtung „BIZ“ der Bundesagentur für Arbeit leisten kann.

Methodenkompetenz

4 Erklärt, wie man im einem BIZ zu Informationen zu seinem Wunschberuf kommen kann. Kann man solche Informationen auch zuhause am Computer abrufen?

Urteils- und Handlungskompetenz

5 Untersucht M5 und prüft, ob diese Karikatur auch etwas mit dem Thema Berufswahl zu tun haben kann.

6 Lest M3 und beurteilt die geforderte Bereitschaft zum ständig neuen Lernen. Was könntet ihr dem berühmten Dichter Goethe heute antworten?

13 Jugend und Recht

Unser Leben ist von Rechtsbestimmungen, Gesetzen und Verordnungen bestimmt. Das ist so selbstverständlich, dass wir es gar nicht merken, z. B. wenn wir uns im Verkehr bewegen. Auch Jugendliche müssen sich an die Gesetze halten. Polizei und Gerichte sorgen für die Einhaltung der Gesetze.

In diesem Kapitel geht es um die Bedeutung des Rechts für uns alle. Im Mittelpunkt steht das Rechtshandeln von Jugendlichen und die Folgen von Verstößen gegen staatliche Bestimmungen.

Am Ende des Kapitels könnt ihr Fälle des täglichen Lebens auf ihre rechtlichen Folgen untersuchen und Gesetzestexte lesen.

Fast alles ist rechtlich geregelt

M 1 Jugendliche heute. Collage.

Darf man gar nichts?

Auch der Alltag von Jugendlichen ist, ohne dass sie sich dessen immer bewusst sind, von zahlreichen Rechtsregeln (Gesetzen) geregelt und bestimmt.

1758, also vor über 250 Jahren, veröffentlichte ein Franzose, Jean-Jacques Rousseau, ein Buch mit dem Titel „Der Gesellschaftsvertrag". Der erste Satz des ersten Kapitels lautet: „Der Mensch wird frei geboren, und zugleich liegt er in Ketten.*" Dieser Satz ist auch heute noch aktuell. Mühelos kann jeder von uns aufzählen, wie durch Verbote und staatliche Bestimmungen (Gesetze) unser Leben geregelt und oft eingeschränkt wird. Das beginnt für Schülerinnen und Schüler auf dem Weg zur Schule, im Bus, in der Schule, in der Pause und endet nicht mit der Ankunft zu Hause (Schulgesetz, Verkehrsgesetze).

***L'homme est né libre, et partout il est dans les fers […]**
(franz. Originaltext)

M 2 Auf der Internetseit eines Ratgebers zum Familienrecht heißt es:

Feiern und Ausgehen

„Die anderen dürfen aber auch bis nach 24 Uhr bleiben!" Der Frust von Jugendlichen ist groß, wenn Eltern den Jugendlichen Zeitgrenzen setzen oder sogar eine „Ausgangssperre" verhängen. Schließlich dürfen in den meisten Fällen die Freunde und Bekannten des Jugendlichen länger ausbleiben, und der wöchentliche Kampf um den Diskothekbesuch ist vorprogrammiert.

Jugendliche unter 14 Jahren dürfen grundsätzlich keine Diskotheken oder anderen Gaststätten ohne Begleitung eines Erwachsenen besuchen. Anerkannte Träger der Jugendhilfe (z. B. Jugendtreffs) dürfen jedoch altersgerechte Veranstaltungen anbieten, an denen auch unter 14-Jährige bis 22 Uhr teilnehmen dürfen.

Die Ausgehzeiten und Gaststättenaufenthalte von Jugendlichen unter 16 Jahren sind genau geregelt. Sie dürfen sich grundsätzlich nur in Begleitung eines Erwachsenen in einer Gaststätte aufhalten. Auch die Teilnahme an öffentlichen Tanzveranstaltungen – sprich der Besuch einer Diskothek – ist ohne Begleitperson nicht erlaubt.
Jugendliche, die älter als 16, aber unter 18 Jahren sind, dürfen bis 24 Uhr die Diskothek besuchen. Möchten sie länger bleiben, benötigen sie eine erwachsene Begleitperson.
Dasselbe gilt für Kinobesuche: So dürfen sich unter 14-Jährige bis 20 Uhr, unter 16-Jährige bis 22 Uhr und unter 18-Jährige bis 24 Uhr altersentsprechende Filme anschauen. Diese Zeitgrenzen gelten im Übrigen grundsätzlich für den Aufenthalt außer Haus. Das Ermessen liegt jedoch letztendlich bei den Eltern, wie lange ihre Kinder ausbleiben oder bei Freunden übernachten dürfen. Hierbei gilt, dass die Eltern ihre Aufsichtspflicht nicht verletzen dürfen und für das Wohl der Kinder sorgen müssen.

M3 Ferner kann man auf den Internetseiten des Ratgebers zum Familienrecht lesen:

Alkopops und Jugendschutz

Der Verkauf von Bier und Wein ist grundsätzlich erst ab 16 Jahren erlaubt und in §9 des Jugendschutzgesetzes geregelt. Unter 16 Jahren ist der Erwerb und auch der Verzehr von derartigen Genussmitteln verboten. Die einzige Ausnahme besteht darin, wenn die Eltern in ihrer Begleitung den Verzehr von Bier und Wein erlauben – dies fällt dann in den Verantwortungsbereich ihrer Sorgfalts- und Aufsichtspflicht, welche sie nicht verletzen dürfen.
Tabakwaren dürfen Jugendliche unter 18 auf keinen Fall erwerben, auch nicht an Automaten.

M4 Jugendliche und Alkohol. Foto.

Branntweinhaltige Getränke wie Liköre, Schnäpse und entsprechende Mixgetränke sind in Deutschland erst ab 18 Jahren erlaubt. In diese Kategorie fallen übrigens auch so genannte Alkopops.
Ab 16 Jahren dürfen Jugendliche Mischgetränke trinken, welche keine branntweinhaltigen Zusätze enthalten. Erlaubt sind z. B. Bier-Limonaden-Mischgetränke und Wein-Mischgetränke. Werden die Getränke mit Spirituosen und hochprozentigem Alkohol angereichert (z. B. Longdrinks, Cocktails), so sind diese erst ab 18 Jahren erlaubt.

1 Stellt aus M2 und M3 zusammen, was Jugendliche dürfen und was ihnen nicht erlaubt ist. Schreibt eure Ergebnisse in Listen für Jugendliche unter 16 und über 16 Jahren auf.

2 Macht an Bestimmungen, gegen die ihr in den letzten vier Wochen verstoßen habt, einen bunten Punkt für jeden Verstoß.

3 Erläutert, warum ihr die gesetzlichen Bestimmungen nicht eingehalten habt.

4 Sammelt Gründe, warum die Bestimmungen in M2 und M3 sinnvoll sind.

Mehr Einsicht – mehr Rechte

M1 **Graffitis.** Foto.

Ein Graffitisprayer

Hannes ist vor vier Wochen vierzehn Jahre alt geworden. Zum Geburtstag hatte ihm sein Lieblingsonkel heimlich zusätzlich 30 Euro in die Hand gedrückt und gesagt: „Du hast sicher einen Extrawunsch, den nicht alle zu erfahren brauchen. Hier, kauf dir was!"

Hannes hatte tatsächlich einen Extrawunsch. Seit drei Monaten ist er unter die Graffitisprayer gegangen. Ihm gefallen die herrlich bunten Bilder auf den öden Hauswänden und den einfallslosen Vorortzügen. Die 30 Euro kann er gut für neue Spraydosen gebrauchen.

Heute will er seiner Freundin Gabi seine Kunst vorführen. Die allerdings scheint nicht sehr begeistert zu sein. „Das ist doch verboten. Und was passiert, wenn uns jemand erwischt?", fragt sie. „Keine Sorge", erwidert Hannes, „bis jetzt hat mich noch keiner gesehen. Außerdem, was kann schon groß passieren? Bestrafen kann mich keiner. Ich bin doch noch nicht volljährig. Ich bin erst vierzehn!"

M2 Bürgerliches Gesetzbuch (BGB) § 110 („Taschengeldparagraf"):

Ein von dem Minderjährigen ohne Zustimmung des gesetzlichen Vertreters geschlossener Vertrag gilt als von Anfang an wirksam, wenn der Minderjährige die vertragsmäßige Leistung mit Mitteln bewirkt, die ihm zu diesem Zweck oder zu freier Verfügung von dem Vertreter oder mit dessen Zustimmung von einem Dritten überlassen worden sind.

M3 Peter (13) kauft ein Rennrad

Peter strahlt. Er hatte Geburtstag. Allen hatte Peter erklärt, dass er sich als Geschenk Geld wünschen würde. Er möchte sich nämlich gerne einen großen Wunsch erfüllen und ein Fahrrad kaufen. Zudem hat der 13-Jährige bereits ein halbes Jahr gespart und mit Zeitungsaustragen, Rasenmähen und Autowaschen in der Nachbarschaft schon die Hälfte des Kaufpreises für das Rad angespart. Nun ist es so weit: Mit dem Geburtstagsgeld hat er die Summe für den Kauf des Rades beisammen, und er kauft sich ein Rennrad mit allen Schikanen. Vorsichtig und voller Stolz radelt er nach Hause und zeigt seinen Eltern sein Fahrrad. Groß ist seine Enttäuschung, als sein Vater ihn entsetzt anschaut und lospoltert: „Das Fahrrad bringst du auf der Stelle zurück! Unsere Straßen sind viel zu gefährlich und du bist viel zu unvorsichtig. Ich erlaube es dir nicht und der Händler darf es dir auch gar nicht verkaufen."

Gilt das Recht nur für Erwachsene?

„Das Grundgesetz gilt doch sowieso nur für Erwachsene. Eine Wohnung darf nicht durchsucht werden – aber meine Eltern können jederzeit in mein Zimmer kommen und herumschnüffeln. Wenn ich morgens, bevor ich zur Schule gehe, mein Zimmer abschließen würde – ich glaube, meine Eltern würden durchdrehen!" So reagierte ein Schüler der Klasse 8, als das Grundgesetz im Unterricht behandelt wurde.

Tatsächlich kann man erst mit Erreichen der **Volljährigkeit**, also ab dem 18. Geburtstag, alle Rechte eines Staatsbürgers in Anspruch nehmen. Bis dahin sind in der Regel die Eltern für ihre Kinder verantwortlich. Mit zunehmendem Alter wird die Verantwortlichkeit der Eltern aber geringer und die eigene Verantwortung steigt.

Die Rechtsfähigkeit

Rechtsfähigkeit beinhaltet die Fähigkeit, Rechte und Pflichten zu übernehmen, weil man in der Lage ist, seine Handlungen und ihre Folgen zu beurteilen. Diese

Lebensalter	Rechtsstellung	Gesetz
Geburt	Rechtsfähigkeit	Bürgerliches Gesetzbuch (BGB)
6 Jahre	Schulpflicht	Schulgesetz
7 Jahre	beschränkte Deliktsfähigkeit	BGB
	beschränkte Geschäftsfähigkeit	BGB
14 Jahre	beschränkte Strafmündigkeit	Jugendgerichtsgesetz (JGG)
	Religionsmündigkeit	Gesetz über religiöse Kindererziehung
	Ende des Beschäftigungsverbots	Jugendarbeitsschutzgesetz
16 Jahre	Ehefähigkeit	Ehegesetz
	Eidesfähigkeit	Zivilprozessordnung (ZPO) Strafprozessordnung (StPO)
	Besuch von Gaststätten	Jugendschutzgesetz
	Wahlrecht für die Gemeinderäte	
18 Jahre	Volljährigkeit	BGB
	volle Deliktsfähigkeit	BGB
	volle Geschäftsfähigkeit	BGB
	Strafmündigkeit	JGG
	Ehemündigkeit	Ehegesetz
	aktives und passives Wahlrecht	Grundgesetz
	Beginn der Wehrpflicht	Wehrpflichtgesetz
	Pkw-Führerschein	Straßenverkehrszulassungsordnung (StVZO)
21 Jahre	volle Strafmündigkeit	JGG
25 Jahre	Befähigung zum Schöffen	Gerichtsverfassungsgesetz

M4 Überblick zu den Rechten einer Bürgerin / eines Bürgers in Deutschland.

Je älter ihr werdet, desto mehr Freiheiten habt ihr. Auf dieser Seite könnt ihr euch über eure Rechte als Jugendliche informieren: **www.deine-rechte.de**

Das Bundesministerium der Justiz bietet im Internet die Möglichkeit, sich die Gesetzestexte in der geltenden Fassung abzurufen: **www.gesetze-im-internet.de**

Fähigkeit ist abhängig vom Entwicklungsprozess der Heranwachsenden. Deshalb werden im Recht bestimmte Altersphasen unterschieden. Grundsätzlich beginnt die Rechtsfähigkeit mit der Geburt.

Die Geschäftsfähigkeit

Die **Geschäftsfähigkeit** ist das erste Recht, das Kinder aktiv ausüben dürfen. Allerdings wird sie zwischen dem 7. und 18. Lebensjahr beschränkt. Die meisten solcher Rechtsgeschäfte bedürfen der Einwilligung des gesetzlichen Vertreters, normalerweise also der Eltern. Eine wichtige Ausnahme bildet der Taschengeldparagraf.

Deliktsfähigkeit und Strafmündigkeit

Bis zum 7. Lebensjahr können Kinder rechtlich nicht für ihre Handlungen verantwortlich gemacht werden. Sie sind nicht deliktfähig.

Bei der **Strafmündigkeit** (ab 14 Jahre) geht es um die strafrechtliche Verantwortlichkeit, das Einstehen des Täters für eine Straftat vor der Gesellschaft.

1 Wertet M1 aus: Welcher „Tatbestand" liegt vor? Hat Hannes Recht? Begründet eure Meinung.

2 Diskutiert darüber, ob Peter das Rad kaufen durfte (M3).

3 Beurteilt folgende Fälle anhand von M3:
- Zwei Jungen (13 und 14 Jahre) zerstören beim Spielen eine Schaukel und eine Wippe auf dem Spielplatz.
- Anne (17 Jahre) möchte in den Gemeinderat gewählt werden.

4 Fasst die Inhalte von M4 in Form eines kurzen mündlichen Vortrags zusammen.

5 Welche Antwort gebt ihr auf die Frage: „Gilt das Recht nur für Erwachsene?"

Öffentliches Recht und Zivilrecht

M 1 Ein Jugendlicher hat ein Erfrischungsgetränk gekauft. Der Kaufvertrag liegt im Bereich des Zivilrechts. Foto.

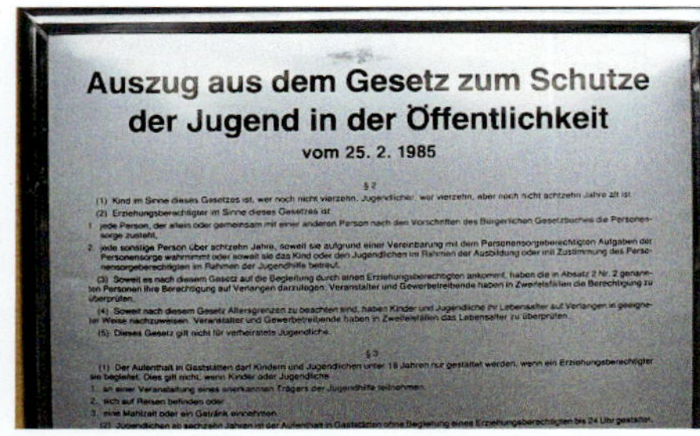

M 3 In jeder Gastwirtschaft muss ein Schild hängen, das auf das Jugendschutzgesetz hinweist. Das Verbot, Alkohol an Jugendliche unter 16 Jahren auszuschenken, ist Teil des öffentlichen Rechts. Foto.

Zwei Mal Recht

Das Recht lässt sich in zwei große Bereiche einteilen: das öffentliche Recht und das Zivilrecht (auch „Privatrecht“ genannt).

Im öffentlichen Recht stehen sich als Streitpartner meist Staat und Bürger gegenüber. Auch staatliche Behörden müssen sich an bestehende Gesetze halten und können vom Bürger verklagt werden. Es geht dabei um den Ausgleich zwischen den Interessen des Einzelnen und dem Interesse der Gemeinschaft (Gemeinwohl).

Im **Strafrecht**, das zum öffentlichen Recht gehört, droht der Staat jedem Strafe an, der sich mit schädlichen Handlungen am Leben, an der Gesundheit oder am Besitz anderer vergeht. Bei jeder Straftat, die angezeigt wird, muss die Polizei Ermittlungen aufnehmen. Tatverdächtige werden von der Staatsanwaltschaft vor Gericht angeklagt. Das **Strafgesetzbuch (StGB)** und die Strafprozessordnung (StPO) enthalten dazu wichtige Regelungen.

Im **Zivilrecht** geht es um Streitfragen zwischen Privatpersonen (z. B. um Mietfragen). Privatpersonen sind vor Gericht gleichberechtigt. Ein unabhängiges Gericht entscheidet, wer von wem geschädigt wurde und wer welchen Schadensersatz zu leisten hat oder wie ein Vertrag auszulegen ist. Die Bestimmungen im Bürgerlichen Gesetzbuch (BGB) schützen besonders die schwächeren Vertragspartner.

Öffentliches Recht	Zivilrecht
Straftaten	Scheidung
Jugendschutz	Erbschaft
Straßenverkehr	Schulden
Baugenehmigung	Erfindungen
Steuer und Rente	Handel
...	...

M 2 Öffentliches Recht und Zivilrecht. Foto.

Fall 1: Mietstreit

Wenn das Baby weiter schreit, kann es passieren, dass der Vermieter der Familie Meier die Wohnung kündigt. Falls Familie Meier die Kündigung nicht für gerechtfertigt hält, kann sie der Kündigung widersprechen. Wenn der Vermieter die Kündigung dann doch noch durchsetzen will, muss er vor dem Amtsgericht klagen.

(Wichtige Gesetze bei Mietstreitigkeiten: Bürgerliches Gesetzbuch [BGB] Paragraf 535 und folgende, besonders Paragraf 565)

Fall 2: Einbruch

Der ertappte Einbrecher wird vor dem Strafrichter landen. Je nach der Schwere der Tat urteilt am Amtsgericht ein Einzelrichter oder ein **Schöffengericht** (ein oder zwei Berufsrichter mit zwei **Laienrichtern**).

(Wichtige Gesetze im Strafrecht: Strafgesetzbuch [StGB], Strafprozessordnung [StPO])

Fall 3: Autokauf

Wenn sich Käufer und Verkäufer im Streitfall nicht einig werden, kann der Autokäufer vor dem Gericht den Autohändler auf Herausgabe des Kaufpreises und Rücknahme des Autos verklagen.

(Wichtige Gesetze bei Kauf und Verkauf: BGB Paragraf 433 und folgende sowie Paragraf 459 und folgende)

M4 Öffentliches Recht oder Zivilrecht? Karikaturen.

Mit Tempo 120 durch die Innenstadt

Überfall auf Kreissparkasse

Bauherr verklagt Architekt

Immer mehr Schüler schwänzen den Unterricht

Umgehungsstraße in Neustadt: Bürgerinitiative zieht vor Gericht

M5 Zeitungsschlagzeilen.

1 Gebt mithilfe des Textes an, wie sich Zivilrecht und öffentliches Recht unterscheiden.

2 Nennt anhand von M2 wichtige Bereiche des öffentlichen Rechts und des Zivilrechts. Ergänzt weitere Beispiele.

3 Entscheidet, zu welchem Rechtsbereich die dargestellten Fälle gehören, und begründet eure Entscheidung (M4).

4 Diskutiert, wie ein Gericht vermutlich die Fälle entscheiden würde (M4). Wenn ihr einen Gerichtsbesuch plant, könnt ihr auch die Richterin/den Richter nach ihrer/seiner Einschätzung fragen.

5 Sammelt Artikel oder Schlagzeilen aus Zeitungen über Streitfälle vor Gericht. Ordnet die geschilderten Fälle den Bereichen öffentliches Recht oder Zivilrecht zu (M5).

Die Jugendgerichtsbarkeit

M 1 **Sozialdienst.** Foto.

Rechtsgrundsätze, gültig seit 2000 Jahren, von den Römern übernommen:

- Man soll auch die jeweils andere Seite anhören (Audiatur et altera pars)
- Man soll nie jemand doppelt für dasselbe bestrafen (Ne bis in idem)
- Man soll im Zweifelsfall für den Angeklagten entscheiden (In dubio pro reo)
- Niemand darf verurteilt werden, wenn es zum Zeitpunkt der Tat kein gültiges Gesetz dafür gab (Nulla poena sine lege)

Jugendliche vor Gericht

Was als Straftat gilt, ist im Strafgesetzbuch festgelegt und gilt sowohl für Jugendliche als auch für Erwachsene nach dem Grundsatz „gleiches Recht für alle". Wenn es aber zur Anklage kommt und die Tat vor Gericht verhandelt wird, gibt es große Unterschiede bei der Behandlung Jugendlicher gegenüber Erwachsenen.
Bis zur Vollendung ihres 14. Lebensjahres können Kinder überhaupt nicht vor Gericht gestellt werden. Sie sind strafunmündig. Für Jugendliche (14 bis 18 Jahre) gibt es eine spezielle Gerichtsbarkeit, die Jugendgerichte. Sie urteilen nach dem **Jugendgerichtsgesetz** (JGG).
Dies gilt auch für Heranwachsende (18 bis 21 Jahre), wenn diese von ihrer Entwicklung her noch als Jugendliche einzustufen sind oder ihre Tat eine typische Jugendverfehlung ist.
Bei jugendlichen Straftätern geht man von dem Leitgedanken „**Erziehung vor Strafe**" aus, denn man berücksichtigt, dass Jugendliche sich noch in der Entwicklung befinden. Selbstverständlich müssen sich auch Jugendliche an die Regeln und Gesetze der Gesellschaft halten. Das will man ihnen verdeutlichen. Andererseits soll aber beachtet werden, dass eine übermäßige Strafe sich entwicklungsschädigend auswirken kann. Der Richter kann als Strafe Erziehungsmaßnahmen, Zuchtmittel oder Jugendstrafen anordnen. Die Ableistung von unentgeltlichen Arbeitsstunden, beispielsweise in gemeinnützigen Einrichtungen, ist eine oft verhängte Maßnahme. Jugendliche können vor Gericht von der **Jugendgerichtshilfe** unterstützt werden – einer Abteilung innerhalb des Jugendamtes. Sie hilft den Jugendlichen, sich in der ungewohnten, fremden Umgebung eines Gerichts zurechtzufinden.

Erziehungsmaßregeln	Zuchtmittel	Jugendstrafen
• Verpflichtung zu Arbeitsstunden oder zur Teilnahme an einem sozialen Trainingskurs • Anordnung eines Erziehungsbeistands oder einer Fürsorgeerziehung • Weisungen für die Lebensführung, z. B. Annahme einer Arbeitsstelle oder Verbot des Besuchs bestimmter Gaststätten	• Verwarnungen • Auflagen, z. B. Wiedergutmachung des Schadens durch gemeinnützige Arbeit • Jugendarrest (Freizeitarrest) von maximal vier Wochen	• Freiheitsentzug von sechs Monaten bis zu fünf Jahren • Höchststrafe von zehn Jahren Freiheitsentzug

M 2 **Mögliche Urteile bei jugendlichen Tätern.**

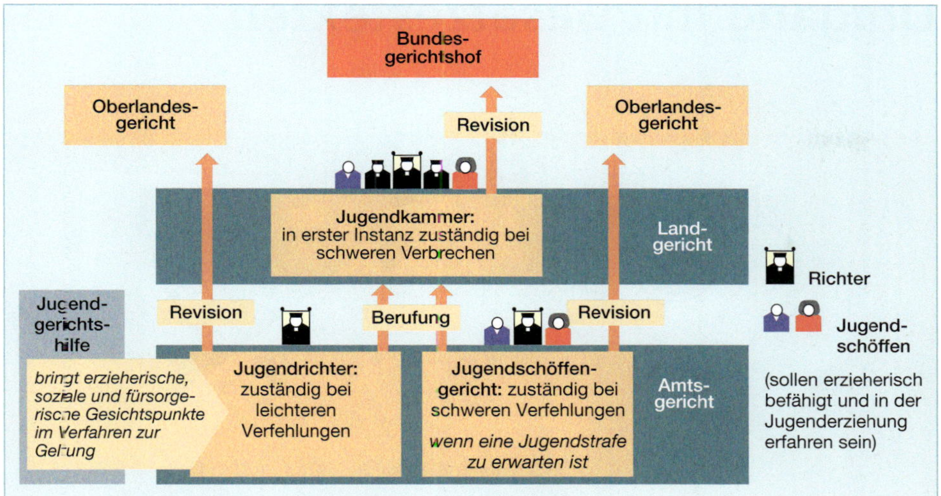

M3 **Die Jugendgerichtsbarkeit im Überblick.**

Teen Court – Jugendliche richten über Jugendliche

Seit 2005 können in einem Modellprojekt in Wiesbaden Schüler über Schüler urteilen. Der mit drei Schülerinnen/Schülern besetzte Teen Court bekommt seine Fälle von der Staatsanwaltschaft zugewiesen. Voraussetzung dafür ist, dass der/die Beschuldigte geständig ist, der Sachverhalt vollständig aufgeklärt wurde und der/die Beschuldigte sowie die Erziehungsberechtigten zustimmen.

Das Projekt ist eine kriminalpädagogische Maßnahme. Man geht dabei davon aus, dass Jugendliche im Gespräch mit Gleichaltrigen eher das Unrecht ihrer Tat einsehen, weil Gleichaltrige besser miteinander reden können. Das scheint sich zu bestätigen, denn die Rückfallquote liegt bei nur etwa sieben Prozent.

Im Teen Court spricht das Schülergremium mit dem/der Beschuldigten über die begangene Straftat und vereinbart anschließend eine erzieherische Maßnahme. Das kann z. B. das Schreiben eines Aufsatzes im Zusammenhang mit der Tat sein oder der befristete Entzug des Handys oder auch die Ableistung gemeinnütziger Arbeit sowie die Entschuldigung beim Opfer. Wenn der/die Beschuldigte die ihm/ihr auferlegte Maßnahme innerhalb einer bestimmten Frist ableistet, stellt die Staatsanwaltschaft das Verfahren ein.

Die Schülerinnen und Schüler, die bei dem Projekt mitwirken, arbeiten ehrenamtlich. Sie werden pädagogisch, psychologisch und rechtlich auf ihre Aufgabe vorbereitet. Außerdem steht ihnen eine Fachkraft zur Seite, die jedoch bei den Sitzungen mit dem/der Beschuldigten im Hintergrund bleibt. Zudem wird darauf geachtet, dass die Schülerinnen und Schüler sowie der/die Beschuldigte nicht aus dem gleichen Umfeld kommen oder sich kennen. 2007 wurden vor allem Fälle von Ladendiebstahl vor dem Teen Court verhandelt.

M2 **Hamburger Schülerrichter: Anne (17), Olga (16), Sarah (17) und Martin (16).** Fotos.

1 Berichtet, wie über jugendliche Straftäter gerichtet wird und welche Strafen sie gegebenenfalls zu erwarten haben (M2, M3).

2 Erläutert an einem Beispiel, nach welchem Grundsatz die Jugendgerichtsbarkeit verfährt.

3 Arbeitet in Gruppen: Besorgt euch je einen Medienbericht über einen jugendliche Straftäter und spielt eine Teen-Court-Sitzung nach: Gespräch über die Tat, Erziehungsmaßnahme.

METHODE

Umgang mit Gesetzestexten

M 1 **Geld zurück?** Foto.

M 2 **Gesetzessäule des Hammurabi.** Auf der Säule (2,5 m hoch) ist zu sehen, wie der Sonnengott dem König Hammurabi die Gesetze übergibt. Darunter sind die Gesetze eingemeißelt. Der Basaltstein stammt aus der Zeit um 1750 v. Chr. Foto.

Überall Paragrafen

Unser Zusammenleben ist geregelt – durch Gesetze und andere rechtliche Bestimmungen. „Überall Paragrafen", ist oft zu hören. Aber ginge es auch ohne sie?

Wenn die Rechtsverhältnisse schriftlich festgelegt sind, kann jeder Einzelne viel leichter einschätzen, was er tun kann oder lieber lassen sollte.

Schon der babylonische König Hammurabi ließ im 18. Jahrhundert v. Chr. seine Gesetze in eine Basaltsäule meißeln, die öffentlich aufgestellt wurde. Jede Gesetzesregel enthielt ein konkretes Vergehen (Straftat) und die dafür vorgesehene Strafe.

Unsere Gesetzesregeln sind hingegen häufig nur schwer zu verstehen. Sie sind sehr allgemein formuliert, weil sie auf viele verschiedene Einzelfälle angewendet werden müssen. Bestimmte Ausdrücke haben im Gesetz oft eine festgelegte Bedeutung, die man kennen muss, um den Text richtig zu verstehen. Wenn man aber seine Rechte kennen will, lohnt sich ein Blick in das Gesetz.

M 3 Checkliste: Gesetzestexte auswerten

1. Art und Inhalt des Textes klären
Stellt fest, ob es sich z. B. um einen Verfassungstext, ein Gesetz oder eine Verordnung handelt. Klärt unbekannte Begriffe und sucht die Schlüsselwörter. Fasst zusammen, worum es im Text geht.

2. Regelungsbereich und Regelungsabsicht klären
Untersucht, für welche Bereiche die Bestimmung gilt (z. B. Straßenverkehr, Jugendschutz, Verbraucherschutz) und was mit ihr bewirkt werden soll (z. B. Schutz, Strafandrohung).

3. Bestimmung anwenden
Versucht festzustellen, ob die Bestimmung auf einen Fall anzuwenden ist und was sich daraus für Betroffene ergibt.

4. Beurteilung
Erörtert, ob die Regelung aus eurer Sicht gerecht (ungerecht) bzw. zu hart (zu milde) ist. Ist sie einleuchtend und passt sie auf den Einzelfall?

M4 Fall 1: „Wir haben nur etwas gegessen ..."

Lars und Tim verstehen die Welt nicht mehr. Sie wollten im „Mambo" doch nur ein oder zwei Bier trinken und eine Currywurst mit Pommes essen. Es war auch erst gegen 20 Uhr. Sie wussten zwar, dass zur Gaststätte auch eine Nachtbar gehörte, aber damit hatten sie nichts im Sinn. Und dann – Polizeikontrolle. „Wir haben nur etwas gegessen und getrunken Auf unserer letzten Klassenfahrt waren wir so spät auch noch in einer Gaststätte." „Wie alt?" – „Fünfzehn." Gibt es Ärger?

M5 Aus dem Jugendschutzgesetz (Fassung 2008):

§4 (Gaststätten)

(1) Der Aufenthalt in Gaststätten darf Kindern und Jugendlichen unter 16 Jahren nur gestattet werden, wenn eine personensorgeberechtigte oder erziehungsbeauftragte Person sie begleitet oder wenn sie in der Zeit zwischen 5 Uhr und 23 Uhr eine Mahlzeit oder ein Getränk einnehmen. Jugendlichen ab 16 Jahren darf der Aufenthalt in Gaststätten ohne Begleitung einer personensorgeberechtigten oder erziehungsbeauftragten Person in der Zeit von 24 Uhr und 5 Uhr morgens nicht gestattet werden.

(3) Der Aufenthalt in Gaststätten, die als Nachtbar oder Nachtclub geführt werden, und in vergleichbaren Vergnügungsbetrieben darf Kindern und Jugendlichen nicht gestattet werden.

Fall 1 und das Jugenschutzgesetz

Anhand der Checkliste (M3) könnt ihr Fall 1 (siehe M4) im Hinblick auf das Jugendschutzgesetz (M5) klären:

zu 1.) **Textsorte**: Es handelt sich um einen Gesetzestext.

Schlüsselwörter: Schutz, Jugend, Gaststätten, 16 Jahre, erziehungsbeauftragte Person, Mahlzeit, Getränk, 24 Uhr, Nachtbar.

Sachverhalt: Es geht um den Aufenthalt von Kindern und Jugendlichen in Gaststätten, der nur unter bestimmten Bedingungen erlaubt ist. Kinder sollen vor Gefahren geschützt werden, die sich durch den Aufenthalt dort ergeben können.

zu 2.) **Regelungsbereich**: Die Bestimmung regelt den Aufenthalt von Kindern sowie Jugendlichen in Gaststätten und ist zu deren Schutz gedacht.

zu 3.) Das Jugendschutzgesetz passt auf den Fall 1 „Wir haben nur etwas gegessen ...". Nach §4 Absatz 3 durften sie sich nicht in der Gaststätte aufhalten sowie keine Speisen und Getränke erhalten.

M6 Fall 2: „Da haben Sie aber auch Pech ..."

Herr Engelbrecht kaufte sich vor einem halben Jahr eine neue Digitalkamera. Die Kamera wurde schon zweimal eingeschickt, weil sie keine scharfen Bilder macht. „Da haben Sie aber auch Pech", meinte der Herr vom Kundenservice, „dann müssen wir sie halt noch mal nach Bielefeld schicken." Herr Engelbrecht kennt seine Rechte und schlägt etwas anderes vor [...]

M7 Verbraucherrechte nach dem Bürgerlichen Gesetzbuch (2009):

§437 Rechte des Käufers bei Mängeln

Ist die Sache mangelhaft, kann der Käufer, wenn die Voraussetzungen der folgenden Vorschriften vorliegen und soweit nicht ein anderes bestimmt ist,

1. nach §439 Nacherfüllung verlangen,
2. nach den §§440, 323 und 326 Abs. 5 von dem Vertrag zurücktreten oder nach §441 den Kaufpreis mindern und
3. nach den §§440, 280, 281, 283 und 311a Schadensersatz oder nach §284 Ersatz vergeblicher Aufwendungen verlangen.

1 Untersucht den Fall von Herrn Engelbrecht (M6) mithilfe der Checkliste M3 und M7.

2 Bearbeitet Schritt 4 der Checkliste (M3) zum Fall von Lars und Tim (M4) und fällt ein Urteil unter Berücksichtigung von M5.

METHODE

Besuch einer Gerichtsverhandlung

M 1 Ein Zivilprozess: Kläger und Beklagter (jeweils mit Anwalt) stellen ihre Streitsache vor dem Gericht dar. Foto, 2005.

M 2 Ein Schöffengericht im Strafverfahren: in der Mitte die drei Richter, außen zwei Schöffinnen. Foto, 2005.

M 3 Skizze einer Verhandlung vor dem Jugendschöffengericht.

Vor Gericht

Während der Beschäftigung mit dem Thema Recht bietet es sich an, einmal eine Gerichtsverhandlung zu besuchen. Nachdem ihr den Verlauf eines Zivil- und Strafprozesses schon theoretisch erarbeitet habt, ist es interessant, die beteiligten Personen einmal live zu erleben.

M 4 Checkliste: Eine Gerichtsverhandlung besuchen

Schritt 1: Kontaktaufnahme

Wenn eure Lehrerin oder euer Lehrer einen Termin für einen Gerichtsbesuch vereinbart, wird sich herausstellen, ob es sich um ein Zivilverfahren oder einen Strafprozess handelt. Nach der Verhandlung sollte die Richterin oder der Richter etwas Zeit für ein Gespräch haben.

Schritt 2: Inhaltliche Vorbereitung

Macht euch mit den Besonderheiten und den Unterschieden von Zivil- und Strafprozessen vertraut (siehe S. 292/293).
Eine Besonderheit bei Strafprozessen ist das Schöffengericht. Ein Schöffengericht urteilt an Amtsgerichten über Verfahren, bei denen

- nicht das Landgericht oder Oberlandesgericht zuständig ist,
- weniger als vier Jahre Freiheitsstrafe zu erwarten sind,
- eine Unterbringung im psychiatrischen Krankenhaus oder Sicherungsverwahrung nicht zu erwarten ist,
- die Staatsanwaltschaft nicht wegen der besonderen Bedeutung des Falles beim Landgericht Anklage erhebt.

In das Schöffenamt kann jeder deutsche Staatsbürger im Alter zwischen 25 und 70 Jahren berufen werden.

Schritt 3: Aufgabenverteilung für die Beobachtung im Gericht
Besprecht, was ihr während der Gerichtsverhandlung beobachten wollt.
Erarbeitet genaue Beobachtungsaufträge für jede Gruppe. Einige Vorschläge:
Gruppe 1 achtet genau darauf, welche Aufgaben der Richter erfüllt und wie sich der Angeklagte bzw. Kläger und der Beklagte verhalten.
Gruppe 2 protokolliert den Prozessverlauf und vergleicht mit dem im Unterricht erarbeiteten Ablaufschema.
Gruppe 3 macht sich Notizen zum verhandelten Fall. Welches Vergehen bzw. welcher Streitfall liegt vor? Wie hat sich das Geschehen abgespielt?
Gruppe 4 beobachtet den Verteidiger und bei einem Strafprozess auch den Staatsanwalt. Wie argumentiert er bzw. wie argumentieren sie?
Gruppe 5 könnte den Sitzplan im Gericht festhalten. Da im Gerichtssaal das Fotografieren verboten ist, müsst ihr eine Zeichnung anfertigen.

Schritt 4: Durchführung
Jede Gruppe nimmt Block, Stift und Schreibunterlage mit in den Gerichtssaal und protokolliert, was für die gestellte Aufgabe wichtig ist.
Während der Verhandlung müssen sich Besucher absolut ruhig verhalten. Ihr dürft nicht lachen, klatschen, pfeifen, Zwischenfragen stellen oder euch laut unterhalten. Bei Störungen müsst ihr sofort den Saal verlassen. Notiert euch, wenn euch etwas auffällt oder unklar bleibt. Vielleicht könnt ihr nach der Verhandlung den Richter dazu befragen.

Schritt 5: Auswertung
Die Gruppensprecher berichten über ihre Beobachtungen. Schildert euch gegenseitig eure Beobachtungen und Empfindungen (War die Verhandlung feierlich, sehr nüchtern und förmlich, ...?).

M 5 Eine Arbeitsgruppe nach der Verhandlung. Foto.

Diskutiert in der Klasse das Urteil. Habt ihr es als gerecht empfunden? Was hättet ihr anders beurteilt? Begründet eure Ansichten.

Gerichtsshows untersuchen

Gerichtsshows im Fernsehen erfreuen sich großer Beliebtheit. Sie bieten euch die Möglichkeit, sich begleitend zur Unterrichtseinheit mit entsprechenden TV-Fällen zu beschäftigen. Nach dem Besuch einer „echten" Gerichtsverhandlung könnt ihr vergleichen und den Realitätsgehalt des Fernsehens beurteilen.
Gerichtsshows haben am Nachmittag im Fernsehen die Talkshows abgelöst. Die scharfe Konkurrenz unter den Shows hat inzwischen dazu geführt, dass es oft weniger um die Rechtsfälle als um die Show geht. Die Rollen vor den Schranken des Gerichts werden mit interessierten Laien besetzt, die über Casting-Agenturen ausgesucht werden. Die „tragenden Rollen" wie Richter, Staatsanwalt und Verteidiger werden von echten Vertretern bzw. Vertreterinnen ihres Fachs „gespielt". Eine der Fernsehrichterinnen ist z. B. seit vielen Jahren Vorsitzende eines Jugendgerichts. Dort wurde sie für zwei Jahre freigestellt, um als Fernsehrichterin auftreten zu können.

Gewalt in der Schule

M 1 Gewalt in der Pause. Foto (nachgestellte Szene).

M 2 Auseinandersetzung nach dem Unterricht. Foto (nachgestellte Szene).

Gewalttätige Mitschüler

In der Schule lebt und lernt ihr mit vielen anderen in einer eher zufällig zusammengewürfelten „Zwangsgemeinschaft" zusammen. Da ist es erst einmal normal, dass es häufig Missverständnisse und Auseinandersetzungen gibt.

Es kommt aber darauf an, wie man damit umgeht.

M 3 Der Pädagoge Otto Herz beschreibt eine Situation:

[...] Vor ein paar Tagen wurde ein Mädchen brutal von Mitschülerinnen der eigenen Klasse zusammengeschlagen. Susanne, so heißt das Mädchen, war gerade nicht „in". Sie trug zur falschen Zeit die falschen Klamotten, dachte und sagte zur falschen Zeit das Falsche! Während der Anwendung von körperlicher Gewalt standen noch mehrere Schülerinnen daneben und johlten, was das Zeug hielt. Auch Jungen aus dieser Klasse standen dabei, aber keiner besaß die Courage dazwischenzugehen. Keiner sprach auch nur eines der Wörter „Halt" oder „Stopp!" aus. Susanne hat auch noch Tage danach neben einem verschwollenen und blutig getretenen Körper einen Schock. [...] Die Mädchen und Jungs empfanden das Ganze nicht als schlimm, [...] Sie sahen das, was sie getan hatten, nicht als Gewalt an. Sie wollten es nicht verstehen, nicht akzeptieren. Für sie war eindeutig Susanne die Schuldige. Nur ein einziges Mädchen formulierte die Worte: „Es tut mir leid!" [...]

Gewalt – eine Droge?

M 4 Aussagen von gewaltbereiten Kindern und Jugendlichen:

a) Auf einen einzutreten macht Spaß. Das erste Mal fasst man sich an den Kopf, aber beim zweiten, dritten Mal, reizt es einen, mitzumachen.

b) Das sind echte Kumpels, die bereit sind, sich für dich zu schlagen, und die zu dir stehen.

c) Das ist irgendwie ein ganz besonderes Gefühl, wenn man jemanden unter sich hat, der kann nichts mehr machen. Das ist ein richtiger Triumph, ein richtiges Glücksgefühl.
d) Ich hab so viel Kraft, weil die ganze Wut raus will.
e) Gewalt ist ein Bereich, in dem ich endlich die Beste sein kann.
f) Gewalt ist wie eine Droge. Sie macht abhängig. Sie versetzt dich in einen Rausch. Derjenige, der hasst, sollte mal in sich gucken, ob er sich nicht selbst hasst. Das würde er nicht verkraften, so überträgt er den Hass auf andere Personen, die keine Schuld an seinen persönlichen Problemen haben.

M6 **Konflikt auf der Klassenfahrt.** Foto (nachgestellte Szene).

Mädchen: Gewalt in der Schule?

M5 Interviewprotokolle der Gewalt-Forscherin Agnes Bucail-Euler:
Agnes: Wer prügelt sich? Julio: Die Jungs unter sich oder die Jungs die Mädchen, ganz selten nur Mädchen. Clora: Manchmal sind Mädchen auch ein bißchen schwächer […] Anne: Eigentlich sind sie nicht viel schwächer […] Das kommt aber ein bisschen deswegen, dass die Mädchen sich schwächer fühlen, weil die Jungs sie einfach schwächer machen, wenn sie sagen, dass sie schwächer sind […] Die Mädchen, die trauen sich nicht. Clora: Ich denke selber, dass ein Junge mehr Kraft hat als ich […] Aber im Grunde stimmt das nicht, das ist nur Protzerei von ihm. Er tut so, […] als ob er der größte und beste wäre. Anne: Die wollen sich vor den anderen Jungen groß zeigen, dass sie mutiger und kräftiger sind als die Mädchen, dass sie klüger sind. Klugheit erweist sich anders. […]

M7 Die Schülerinnen und Schüler einer 8. Klasse haben sich zum Thema Gewalt so geäußert:
Geboxt werden, treten, schlagen, Drohungen, in einen Raum gesperrt werden, beschimpfen, Anmache, Küsse aufzwingen, geärgert werden, beschmierte Wände, unter Druck setzen, auf den Hintern klopfen, Sachen wegnehmen, begrabschen, schubsen, provozieren, Gerüchte in die Welt setzen, abwertende Blicke […]

1 Beschreibt, was in M3 geschildert wird.

2 Beurteilt das Verhalten der am Konflikt Beteiligten und entwickelt Möglichkeiten, wie sie sich anders verhalten hätten können.

3 Untersucht M1–4, M6 und M7 und notiert, ob ihr die dort gezeigten und geschilderten Situationen schon selbst erlebt habt.

4 Schreibt in eure Mappe, was ihr selbst als „Gewalt" anseht.

5 Kennzeichnet in eurer Liste dann Aktionen, die eher von Jungen oder eher von Mädchen ausgehen.

6 Vergleicht eure Aufzeichnungen mit denen eurer Mitschülerinnen und Mitschüler und formuliert ein Ergebnis des Vergleichs.

METHODE

Wege aus der Gewalt

M 1 **Das schwache und starke Nein.** Zeichnung.

Auf dieser Doppelseite lernt ihr Methoden kennen, wie ihr Konflikte zwischen Jungen und Mädchen ansprechen und lösen könnt.

M 2 „Jetzt reicht's"

Nehmt euch ein Blatt Papier.

1. Schreibt einen anonymen Brief über alle Verhaltensweisen, welche ihr bei Gruppenmitgliedern des anderen Geschlechts nicht gut findet.
2. Faltet eure Briefe. Die Lehrerin oder der Lehrer sammelt sie – nach Geschlecht getrennt – ein, mischt jeden Stapel gut und liest dann vor.
3. Während die Briefe der Mädchen vorgelesen werden, können die Jungen gegen die Vorwürfe protestieren. Dann wird das Vorlesen unterbrochen, die Kritik und der Einwand diskutiert, bis der Zeitpunkt für das Weiterlesen gekommen ist.
4. Jetzt werden die Briefe der Jungen vorgelesen und die Mädchen können protestieren.

M 3 Mehr als Worte

[...] „Nein heißt NEIN!" „Aber wie du das gesagt hast ..." „Das meinst du doch gar nicht wirklich ..." Die Körpersprache spielt bei der Verständigung unter Menschen eine bedeutende Rolle. An den Körperhaltungen, Bewegungen, Gesten, Berührungen, dem Gesichtsausdruck, Augenkontakt, Verhalten im Raum können wir die wahren Absichten einer Person erkennen. Durch unsere Körpersprache drücken wir unsere Gefühle aus. Sie sagt oft viel mehr als das gesprochene Wort aus und ist entscheidend dafür, ob wir z. B. die gezeigten Grenzen oder das Gesagte einer Person ernst nehmen oder nicht. Die durch die Körpersprache ausgedrückten Gefühle stimmen oftmals nicht mit unseren Worten überein.

M 4 Ohne Worte

Spielt ohne Worte, allein durch Körpersprache und mit Tönen verschiedene Ausdrucksformen in übertriebener Weise:

- Schreibt dazu auf kleine Zettel viele unterschiedliche Ausdrucksformen und Gefühle von Menschen auf, z. B. traurig, gutgelaunt, selbstsicher, ängstlich, schüchtern, wütend, arrogant, bedrohlich, verletzbar, beleidigt, cool, aggressiv ...
- Teilt euch in zwei Gruppen auf. Während die eine Gruppe beobachtet, spielt die andere und umgekehrt
- Der Leiter oder die Leiterin mischt die Zettel und liest nacheinander jeweils eine Ausdrucksform vor
- Jede Person entscheidet sich für eine bestimmte Körperhaltung, einen bestimmten Gesichtsausdruck, eine bestimmte Gestik und stellt diese mit einer sich wiederholenden Bewegung dar (jeweils etwa 30 Sekunden).

M 5 **Streitschlichter im Einsatz.** Foto.

- Auf ein vereinbartes Zeichen „versteinern“ sich alle und verharren in ihrer Position fünf Sekunden
- Die beobachtende Gruppe nennt auffallende Merkmale, mit denen die vorgegebenene Ausdrucksform dargestellt wurde.

Konflikte – gewaltfrei lösen

Ihr habt sicher schon selbst Auseinandersetzungen in der Schule erlebt oder beobachten können. Wo es Interessenunterschiede und verschiedene Bedürfnisse und Empfindlichkeiten gibt, sind Konflikt und Streit zunächst normal. Es kommt aber darauf an, wie man mit diesen Konflikten umgeht und sie zu lösen versucht. M 6 enthält einige Regeln hierfür.

M 6 Konfliktregeln

- Alle am Konflikt Beteiligten bemühen sich ehrlich um eine für alle annehmbare Lösung.
- Wir hören anderen zu und lassen sie ausreden.
- Persönliche Angriffe und Beleidigungen werden vermieden.
- Körperliche Gewalt ist grundsätzlich ausgeschlossen.
- Wer sich nicht gewandt ausdrücken kann, wird nicht ausgelacht oder verspottet – Jede(r) ist bereit, der/dem anderen zu verzeihen.
- Kein Problem ist so schwerwiegend, dass es nicht durch „Verhandlungen“ gelöst werden könnte.
- Keine(r) schließt sich aus, wenn es darum geht, die gemeinsam gefundene Lösung umzusetzen.

1 Wertet euer Vorgehen aus:
   - Wie war die Kritik an euch: sachlich, unberechtigt, abwertend, verständnisvoll … ?
   - Wie habt ihr auf die Kritik der anderen reagiert: beleidigt, verständnisvoll, aggressiv, einsichtig?

2 Stellt fest, welche Verhaltensweise besonders häufig und stark kritisiert wurde. Gegen welche Kritik wurde nicht protestiert? Welche Kritik ist berechtigt?

3 Notiert alternative Verhaltensweisen und stellt sie der Klasse vor. Wie lassen sie sich umsetzen?

4 Diskutiert über die Regeln aus M 6 und prüft, inwieweit sie für Konflikte in eurer Klasse eine Hilfe darstellen könnten.

5 Ergänzt und verändert die Regeln nach euren eigenen Vorstellungen. Einigt euch darauf, was bei Nichteinhaltung der Regeln geschehen soll.

6 Entwerft für eure Klasse selbst einen festen Verhaltenskatalog und schreibt ihn auf ein Plakat.

Check: Das kann ich schon …

Wichtige Begriffe erklären

- ✓ Rechtsfähigkeit
- ✓ Strafmündigkeit
- ✓ Volljährigkeit
- ✓ Zivilrecht
- ✓ Öffentliches Recht
- ✓ Jugendgerichtbarkeit
- ✓ Erziehung vor Strafe

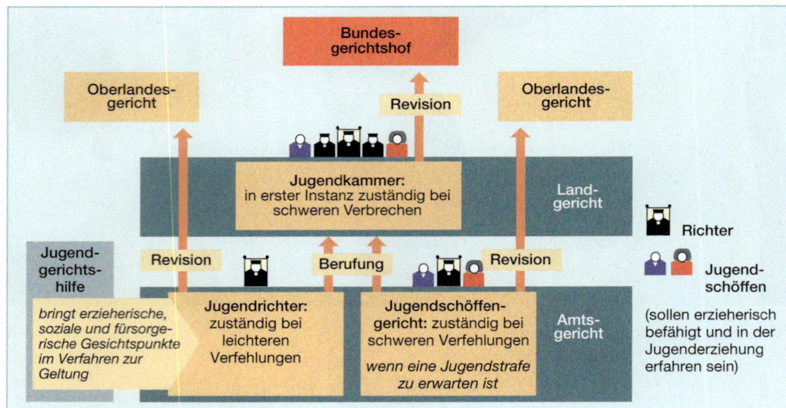

M 1 Die Jugendgerichtsbarkeit im Überblick.

von Geburt an
6 Jahre
7 Jahre
12 Jahre
13 Jahre
14 Jahre
15 Jahre
16 Jahre
18 Jahre

Beginn der Schulpflicht
beschränkte Geschäftsfähigkeit, bedingte zivilrechtliche Deliktsfähigkeit
Rechtsfähigkeit
Zustimmung bei einem Religionswechsel
Beginn der Wehrpflicht
Anhörung bzw. Mitentscheidungsrecht in familienrechtlichen Angelegenheiten
leichte und geeignete Arbeiten sind stundenweise erlaubt
Eidesfähigkeit
Religionsmündigkeit
Schulpflicht
Strafmündigkeit
Ausweispflicht

M 2 Wann gilt was?

Erziehungsmaßregeln	Zuchtmittel	Jugendstrafen
• Verpflichtung zu Arbeitsstunden oder zur Teilnahme an einem sozialen Trainingskurs • Anordnung eines Erziehungsbeistands oder einer Fürsorgeerziehung • Weisungen für die Lebensführung, z. B. Annahme einer Arbeitsstelle oder Verbot des Besuchs bestimmter Gaststätten	• Verwarnungen • Auflagen, z. B. Wiedergutmachung des Schadens durch gemeinnützige Arbeit • Jugendarrest (Freizeitarrest) von maximal vier Wochen	• Freiheitsentzug von sechs Monaten bis zu fünf Jahren • Höchststrafe von zehn Jahren Freiheitsentzug

M 3 Mögliche Urteile bei jugendlichen Tätern.

M4 Im Kaufhaus

Fritz, 12, Peter, 14, und Marianne, 13, streifen durch das Erdgeschoss des Kaufhauses „Kauf mich". Als die Verkäuferin wegschaut, nimmt Marianne einen rosa Nagellack und steckt ihn ein. Peter greift sich ein T-Shirt und lässt es in einer Tüte verschwinden. Schnell verlassen sie das Kaufhaus; am Ausgang werden sie vor der Tür von einem Angestellten aufgehalten. Er ruft die Polizei.

M5 § 242 Diebstahl

(1) Wer eine fremde bewegliche Sache einem anderen in der Absicht wegnimmt, die Sache sich oder einem Dritten rechtswidrig zuzueignen, wird mit Freiheitsstrafe bis zu fünf Jahren oder mit Geldstrafe bestraft.
(2) Der Versuch ist strafbar.

M6 Diebstahl im Drogeriemarkt. Foto.

M7 Polizeikontrolle. Foto.

Fachliche Kompetenz

1 Erklärt euch gegenseitig die wichtigen Begriffe (Kasten) und schreibt die Bedeutung der Begriffe in eure Arbeitsmappe.

2 Untersucht M 2 und notiert in eure Arbeitsmappe die unterschiedlichen Rechte und Pflichten in der richtigen Zuordnung zum Alter.

3 Beschreibt mit M 1 den Aufbau der Jugendgerichtsbarkeit.

Methodenkompetenz

4 Lest M4 und M5 und erstellt eine Fallanalyse (siehe Methodenanhang).

5 Prüft mit M3 und M5, welche Strafe ein Richter für die Jugendlichen aus dem Fall in M4 anwenden könnte. Wer geht auf jeden Fall straffrei aus?

Urteils- und Handlungskompetenz

6 Erläutert die Aufgaben der Rechtsordnung mit euren Worten und nennt ein Beispiel.

7 Prüft, inwieweit die Verhaltensregeln zur gewaltfreien Konfliktlösung in der Klasse (M6 S. 303) euch geholfen haben.

14 Massenmedien in der Demokratie

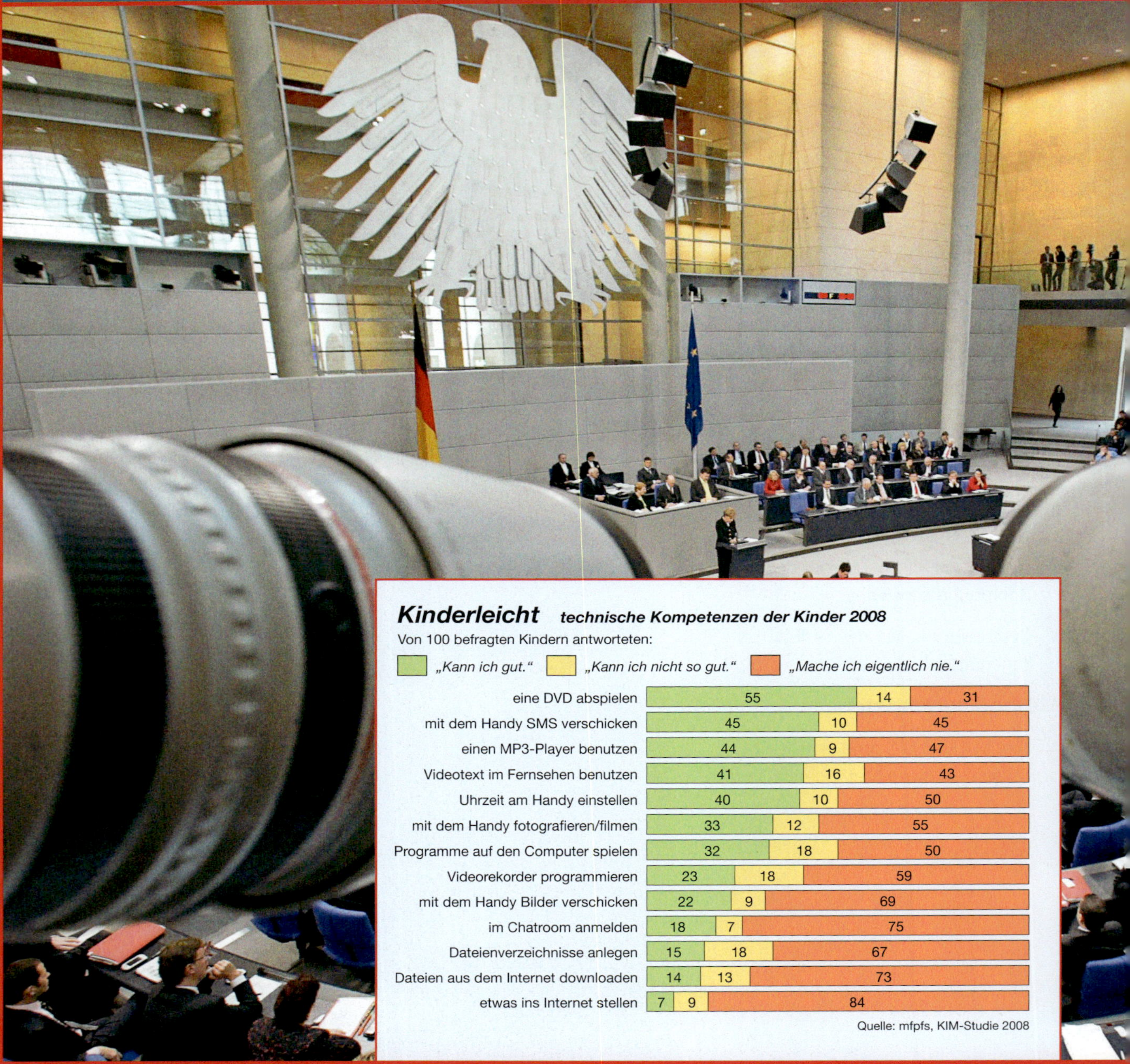

Kinderleicht *technische Kompetenzen der Kinder 2008*

Von 100 befragten Kindern antworteten:

	„Kann ich gut."	„Kann ich nicht so gut."	„Mache ich eigentlich nie."
eine DVD abspielen	55	14	31
mit dem Handy SMS verschicken	45	10	45
einen MP3-Player benutzen	44	9	47
Videotext im Fernsehen benutzen	41	16	43
Uhrzeit am Handy einstellen	40	10	50
mit dem Handy fotografieren/filmen	33	12	55
Programme auf den Computer spielen	32	18	50
Videorekorder programmieren	23	18	59
mit dem Handy Bilder verschicken	22	9	69
im Chatroom anmelden	18	7	75
Dateienverzeichnisse anlegen	15	18	67
Dateien aus dem Internet downloaden	14	13	73
etwas ins Internet stellen	7	9	84

Quelle: mfpfs, KIM-Studie 2008

Massenmedien wie Fernsehen, Internet, Zeitungen und Zeitschriften beeinflussen stark unseren Alltag. Im Internet und im Fernsehen können wir viele Ereignisse live miterleben, fast von jedem und in jedem Ort der Welt. Die Medien informieren und unterhalten uns und ihr Gebrauch ist alltäglich.

In diesem Kapitel geht es zunächst einmal um die Medien selbst und ihre Nutzung. Die zentrale Frage lautet dann: Beeinflussen die Medien und ihre Macher unsere politische Willensbildung und wie kann man sich gegen unerwünschte Beeinflussung schützen? Am Ende des Kapitels könnt ihr Umfragen durchführen und aufgrund einer Auswertung verschiedener Medien beurteilen, welche Rolle die Medien in unserer Demokratie spielen. Schließlich könnt ihr überprüfen, ob die Medien euer Bild von der „Superfrau“ und dem „Traummann“ prägen.

METHODE

Medien im Alltag (1) – eine Untersuchung erarbeiten

M 1 Checkliste: Untersuchung erarbeiten

1. Fragestellung(en) zum Thema finden.
2. Arbeitsform klären (Einzel-, Partner-, Gruppenarbeit).
3. Untersuchung durchführen (Befragung, Interview, Fragebogen, Tagebuch).
4. Ergebnisse auswerten und zur Präsentation vorbereiten.
5. Ergebnisse präsentieren und vergleichen.
6. Bewertung der eigenen Arbeit (was kann verbessert werden?).

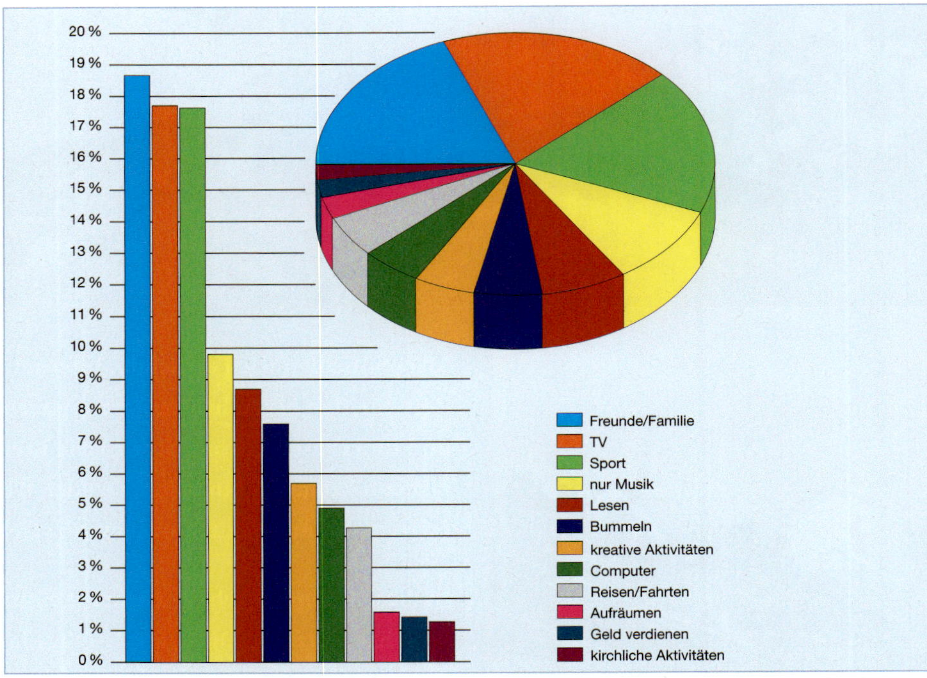

M 2 Freie Zeit – Medienzeit? Freizeitbeschäftigungen der Klasse 8 a.

Medien und die Klasse 8 a

Die Schülerinnen und Schüler der Klasse 8 a wollten herausfinden, welche Bedeutung Medien für ihren Alltag haben. Als Erstes haben sie gesammelt, welche Fragen sie dabei besonders interessieren und was sie zur Beantwortung der Fragen unternehmen können. Alle Vorschläge und Ideen zum Thema wurden gesammelt. Natürlich hatten die Schülerinnen und Schüler viel mehr Ideen, als sich tatsächlich durchführen ließen. Sie mussten sich auf wenige Bereiche beschränken, die sie in Gruppen erarbeiteten.

Mitglieder einer Gruppe haben eine Woche lang notiert, was sie in ihrer freien Zeit getan haben. Das Ergebnis wurde in zwei Diagrammen dargestellt, in einem Kreis- und einem Säulendiagramm (M 2).

Eine andere Gruppe wollte mit einem Fragebogen herausfinden, über welche Medien Schülerinnen und Schüler ihrer Klasse verfügen. Dabei unterschieden sie zwischen der Verfügbarkeit im Haushalt und dem Eigenbesitz (M 3). Um eine Hitliste der Medien zu erstellen, wurde gleich mitgefragt, auf welches Medium die Schülerinnen und Schüler der Klasse am wenigsten verzichten wollen (M 4).

Die dritte Gruppe führte über eine Woche lang ein Fernsehtagebuch. Alle notierten möglichst genau, welche Sendungen sie im Fernsehen gesehen haben. Abschließend werteten die Schülerinnen und Schüler ihre Tabellen aus. Sie haben die Durchschnittszeit errechnet, die jede/-r vor dem Fernseher verbringt, und auch herausgefunden, welche Arten von Sendungen besonders beliebt sind. Dazu haben sie einen Fragenkatalog entwickelt (M 5).

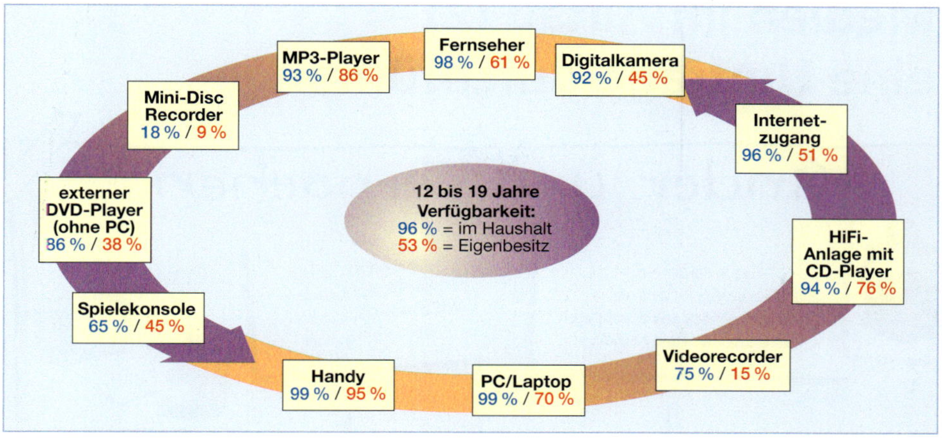

M3 Verfügbarkeit von Medien.

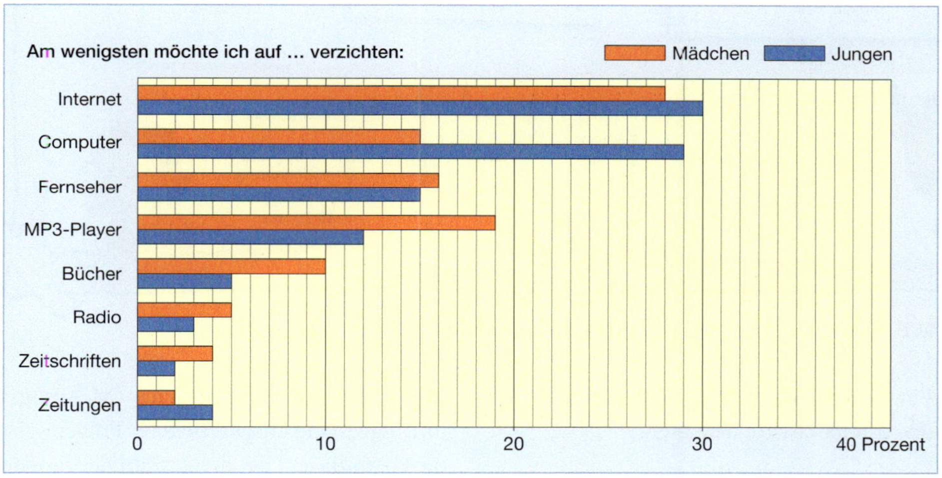

M4 Medienhitliste.

Tag	Titel	Art der Sendung	Uhrzeit der Sendung	Dauer	Sender
Mo.	Simpsons	Comicserie	16.50–17.20	30 Minuten	Pro7
Mo.	Marienhof	Vorabendserie	18.05–18.40	35 Minuten	ARD
Mo.	Länderspiel Deutschland gegen Wales	Sport	19.00–20.45	105 Minuten (15 Min. Pause)	ZDF
Di.	Frühstücks-fernsehen				

- Sehen wir oft fern, weil wir nichts anderes zu tun haben?
- Unternehmen wir wenig anderes, weil wir fernsehen?
- Sehen die Mädchen oder die Jungen mehr fern?
- Welche Sendungen werden verstärkt von Mädchen gesehen, welche von Jungen?
- ...

M5 Fernsehtagebuch und Fragenkatalog der Klasse 8 a.

METHODE

Medien im Alltag (2) – eine Umfrage durchführen

M6 Aussagen von Erwachsenen zum Fernsehkonsum von Schülern. Plakat.

Für eine eigene Umfrage solltet ihr folgende Arbeitsschritte beachten:

M7 Checkliste für eine Umfrage
1. Schritt: Thema eingrenzen
2. Schritt: Fragebogen erstellen
3. Schritt: Umfrage durchführen
4. Schritt: Die Umfrage auswerten
5. Schritt: Ergebnisse präsentieren

zu 1: Wenn ihr genauer wissen möchtet, welche Bedeutung Medien für euch oder für andere haben, könnt ihr das durch eine Umfrage herausfinden. Dazu solltet ihr euch eine Personengruppe aussuchen, die vermutlich viel zum Thema sagen kann. Das kann eure Klasse sein, Schülerinnen und Schüler an eurer Schule oder Menschen aus eurer Gemeinde.

zu 2: Für eine schriftliche Meinungsumfrage ist ein ausgearbeiteter Fragebogen die Grundlage. Legt die Anzahl der Fragen fest. Dabei entscheidet ihr über die Dauer der Befragung und den eigenen Zeitaufwand bei der Auswertung. Achtet darauf, dass die Fragen klar formuliert sind und sich von allen Beteiligten gut beantworten lassen. Man unterscheidet zwischen offenen Fragen, bei denen keine Antworten vorgegeben sind, und geschlossenen Fragen („Wie viele Stunden verbringst du durchschnittlich vor dem Fernsehschirm?“ a) 1 Stunde, b) 2 Stunden usw.).
Geschlossene Fragen (auch „Auswahlfragen“ genannt) lassen sich leichter beantworten und besser auswerten. Ein Nachteil ist, dass die Befragten nur im Rahmen der Vorgaben antworten können. Die Befragung selbst erfolgt anonym, also ohne dass der Name des Befragten festgehalten wird.

Es kann aber sinnvoll sein, sowohl das Alter als auch das Geschlecht der Befragten festzuhalten.

Tipp: Führt vor der eigentlichen Umfrage eine Testumfrage durch, dann kann nichts schiefgehen. Ihr könnt auch eine Testumfrage mit offenen Fragen durchführen und die Ergebnisse verwenden, um passende geschlossene Fragen zu formulieren.

zu 3: Die Schulleitung muss informiert werden, wenn ihr eine Befragung an der eigenen Schule durchführen wollt. Wenn ihr eine Befragung außerhalb eurer Klasse durchführt, müsst ihr euch den Befragten vorstellen und ihnen erklären, warum ihr die Befragung macht. Seid freundlich, hilfsbereit und übt keinen Zeitdruck auf die Befragten aus. Die Befragten sollen sich gerne äußern und auch sagen, was sie wirklich denken. Nur so ist der Erfolg der Befragung gesichert.

zu 4: Wertet eure Umfrage aus. Bedenkt dabei bereits, in welcher Form ihr eure Ergebnisse anderen vorstellen wollt (Punkt 5).

zu 5: Damit auch andere etwas vom Ergebnis eurer Umfrage haben, sollten die Antworten einer Umfrage grafisch dargestellt, also in Form gebracht werden. Grundlage dafür sind die Zahlenwerte, die ihr durch die Auswertung eurer Fragebögen gewinnt. Dazu könnt ihr zum Beispiel Strichlisten anlegen (hierzu die Fragen ausschneiden und einzeln auf leere Seiten kleben):

1. Welche Bedeutung hat das Fernsehen für dich in deiner Freizeit?	
A. ist absolut unverzichtbar	~~IIII~~ II
B. ist wichtig, aber es muss nicht unbedingt sein	~~IIII~~ ~~IIII~~ ~~IIII~~
C. hat keine große Bedeutung für meine Freizeit	~~IIII~~ ~~IIII~~ ~~IIII~~
D. ist fast bedeutungslos	III

Ihr könnt auch Tabellen mit dem Gesamtergebnis erstellen (das Ergebnis kann direkt in einen leeren Fragebogen eingetragen werden):

2. Hast du schon einmal nachteilige Wirkungen nach einem langen Fernsehtag an dir festgestellt (z. B. Kopfschmerzen, Schlaflosigkeit, Nervosität)?		
ja (24)	ungefähr (27)	nein (8)

Dann solltet ihr die Diagrammart wählen. Achtung: Kreis- oder Tortendiagramme wirken unübersichtlich, wenn zu viele verschiedene Angaben hineinkommen. Ein Säulen- oder ein Balkendiagramm kann in solchen Fällen übersichtlicher wirken. Beim Kreisdiagramm müssen die Zahlenwerte vorab in Prozente umgerechnet werden (bei hohen Zahlenwerten ist das auch für die anderen Diagrammarten sinnvoll). Tipp: Ihr könnt eure Diagramme auch mithilfe eines Computerprogramms erstellen. Die Aussage des Diagramms müsst ihr aber auch in diesem Fall mit eigenen Worten zusammenfassen.

Aktuelle Statistiken zum Medienkonsum von Kindern und Jugendlichen veröffentlicht der mpfs (Medienpädagogischer Forschungsverbund Südwest). Die Ergebnisse der jährlichen Umfrage „JIM" (Jugendmedienstudie) findet ihr unter:
www.mpfs.de

1 Zwei Schaubilder zur Freizeitgestaltung: Was leistet das Kreisdiagramm, was das Säulendiagramm (M 2, S. 308)?

2 In M 3 (S. 309) wird zwischen der Verfügbarkeit im Haushalt und dem Eigenbesitz unterschieden. Warum ist das wichtig?

3 Die Medienhitlisten von Jungen und Mädchen in M 4 (S. 309) unterscheiden sich. Beschreibt die Unterschiede. Nennt Gründe für diese Unterschiede.

4 Diskutiert in der Klasse über die Aussagen der Erwachsenen in M 6. Sammelt weitere Thesen zum Fernsehkonsum von Kindern.

5 Vergleicht das Untersuchungsergebnis der Klasse 8 a mit euren eigenen Vorstellungen zur Freizeitgestaltung.

Schöne neue Medienwelt

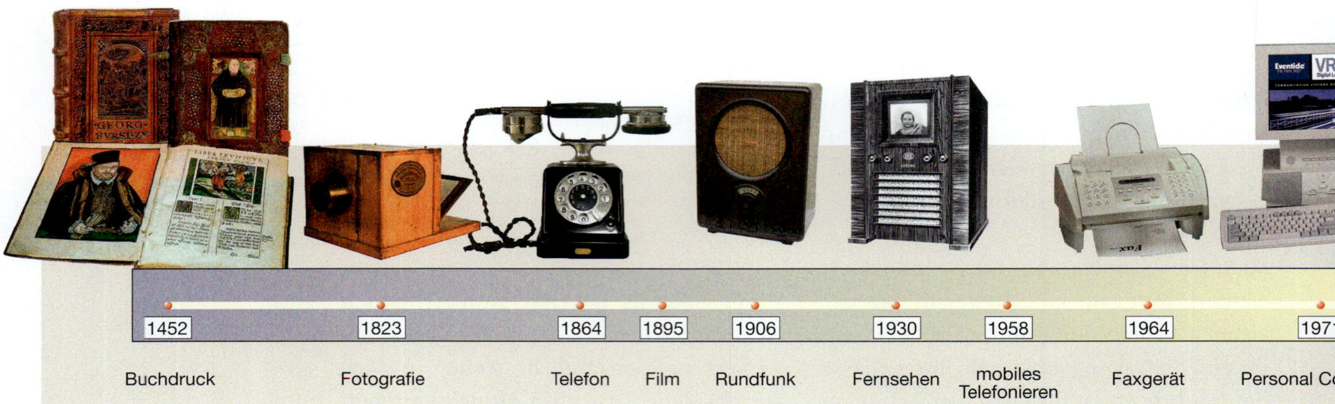

Medien in der Geschichte

Medien spielten schon in der Frühgeschichte der Menschen eine wichtige Rolle. Mit Trommeln oder Hörnern, mit Rauchzeichen oder Fackeln wurden Nachrichten auch über große Entfernungen übermittelt.

Mit der Erfindung des **Buchdrucks** durch Johannes Gutenberg im Jahr 1452 begann in Deutschland die Geschichte der Massenmedien. Nun konnten Informationen und Wissen vervielfältigt und wesentlich weiter verbreitet werden. Das älteste Massenmedium ist die Zeitung. Die erste regelmäßig erscheinende Tageszeitung wurde im Jahr 1650 in Leipzig gedruckt. Sie bestand aus viel Text, der zunächst aufwändig Buchstabe für Buchstabe auf der Druckplatte „gesetzt" werden musste.

Mit der Erfindung der Fotografie 1823 war ein Mittel gefunden, die Wirklichkeit auch in Bildern festzuhalten. Heute erscheinen Zeitungen mit vielen, in der Regel farbigen Abbildungen. Diese unterstreichen oder ergänzen die Aussagen des Textes.

***Weblog**
Kunstwort aus *Web* und *Logbuch*. Ein Weblog ist eine Webseite im Internet, die von einem oder mehreren Autoren, Blogger genannt, regelmäßig durch neue Einträge ergänzt wird.

***Podcast**
Medienberichte, die man aus dem Internet herunterladen kann.

„Alte" Massenmedien:	Neue Medien:
Der Mediennutzer ist Empfänger der Informationen der Massenmedien. Die Kommunikation durch Medien gleicht einer Einbahnstraße. 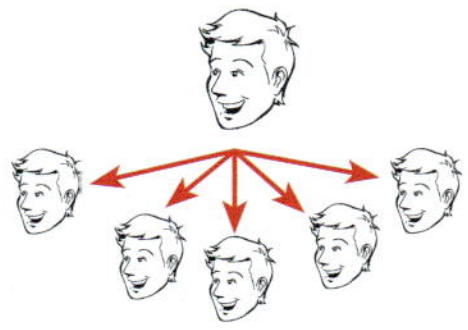	Der Mediennutzer ist nicht nur Empfänger, sondern kann auch selbst Informationen verbreiten. Die Kommunikation ist nun in viele Richtungen möglich. 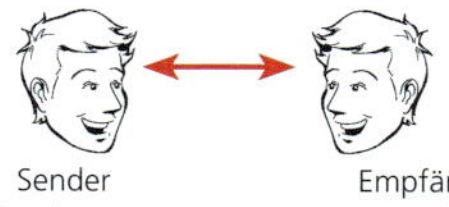

M 1 Alte und neue Massenmedien.

Audiovisuelle Medien

Mit Rundfunk (1906) und Fernsehen (1930) – auch audiovisuelle Medien genannt, weil sie durch Ton und Bild wahrgenommen werden können – ergaben sich im 20. Jahrhundert neue Möglichkeiten der Informationsübermittlung an ein breites Publikum. Am 23. Oktober 1923 strahlte die „Drahtlose Dienst AG" die erste regelmäßige Rundfunksendung in Deutschland aus. Am 22. März 1935 folgte der erste regelmäßige Programmdienst für das Fernsehen in Deutschland.

Noch bis 1984 gab es in Deutschland nur drei Fernsehprogramme: ARD, ZDF und Drittes Programm. Durch die Einführung des privaten Fernsehens vervielfachte sich das Fernsehangebot. Heute sitzen die Deutschen täglich durchschnittlich über drei Stunden vor dem Fernsehgerät.

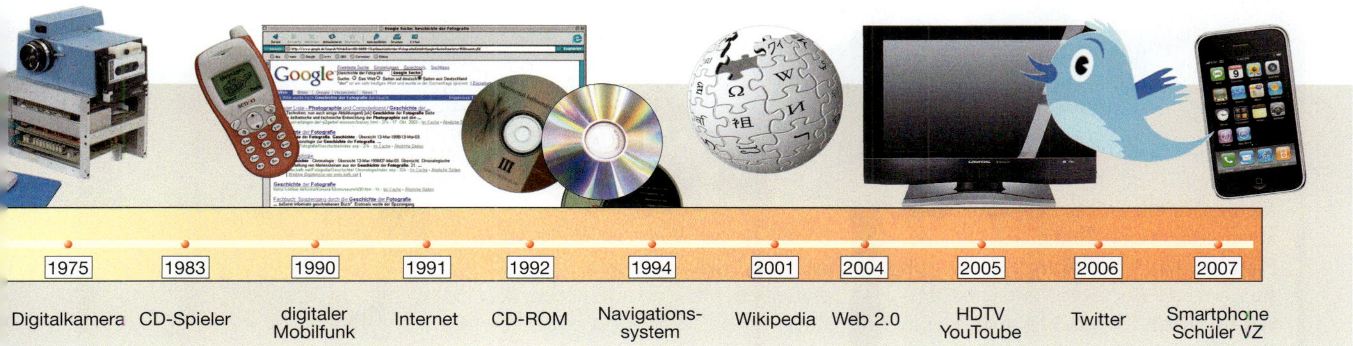

Neue Medien

In jüngster Zeit sind vor allem die elektronischen Medien (Computer, Handy, ...) wichtiger geworden. Sie ergänzen die herkömmlichen Printmedien (Zeitungen, Zeitschriften, ...) und audiovisuellen Medien (Rundfunk, Fernsehen, ...). Wir begegnen heute einem riesigen Informationsangebot.

Besonders Computer, Handys und die Nutzung des Internets spielen dabei eine große Rolle. Diese neuen Formen zur Verbreitung von Informationen werden unter dem Begriff „neue Medien" zusammengefasst. Neu ist an diesen Massenmedien, dass die Nutzer nicht nur fertige Nachrichten aus aller Welt empfangen können, sondern jeder auch selbst Informationen zusammenstellen und aussenden kann, zum Beispiel über einen Weblog* oder Podcast* und z. B. über einen neuen Dienst wie Twitter*.

Ausblick in die Zukunft

Ob in der Schule, im Beruf oder in der Freizeit – Massenmedien begegnen uns heute überall. Informationen zu einem Thema findet man in den Printmedien, in Radio- und Fernsehsendungen sowie auf Internet-Websites. Große Medienkonzerne bieten ihr Angebot nicht mehr nur in einem Medium an. So gibt es z. B. den „Spiegel" in Druckform als Zeitschrift, es gibt Spiegel-TV im Fernsehen und ein Online-Angebot im Internet. Verschmelzung der Medien ist das Schlagwort der Zukunft. Fernsehen, Computer, Mobilfunk und Internet wachsen zusammen. So sind z. B. die neuesten Handys nicht nur Telefon, sondern auch Computer, Fotoapparat, Radio, MP3-Player, sie bieten auch einen mobilen Zugang zum Internet. Doch steigt damit auch der Informationsgehalt?

***Twitter**
Ein Internetdienst; registrierte Benutzer können per PC oder Handy (SMS) auf twitter.com bis zu 140 Zeichen umfassende Texte und Fotos, so genannte Tweets, publizieren. Der Absender kann entscheiden, ob er seine Nachrichten allen Benutzern zur Verfügung stellen oder den Zugang auf eine Freundesgruppe beschränken will.

1 Der Autorentext enthält zahlreiche Begriffe zum Thema Medien. Ordnet diese Begriffe mithilfe einer Übersicht.

2 Erklärt Unterschiede zwischen „alten" und „neuen" Medien (M 1).

3 Berichtet über die Entwicklung der Medien in Deutschland.

4 Befragt Eltern und Großeltern, wann sie mit welchen Medien erstmals Kontakt hatten.

5 Im Autorentext wird von einer Verschmelzung der Medien gesprochen. Nennt und erklärt Vor- und Nachteile dieser Entwicklung.

6 Ist die im Autorentext genannte Zukunft schon Gegenwart? Wohin geht eurer Meinung nach der Trend in der Zukunft? Diskutiert über mögliche Vor- und Nachteile.

Medien in der Demokratie

M 1 Medien und Demokratie. Collage.

Grundgesetz, Artikel 5

(1) Jeder hat das Recht, seine Meinung in Wort, Schrift und Bild frei zu äußern und zu verbreiten und sich aus allgemein zugänglichen Quellen ungehindert zu unterrichten. Die Pressefreiheit und die Freiheit der Berichterstattung durch Rundfunk und Film werden gewährleistet. Eine Zensur findet nicht statt.

(2) Diese Rechte finden ihre Schranken in den Vorschriften der allgemeinen Gesetze, den gesetzlichen Bestimmungen zum Schutze der Jugend und in dem Recht der persönlichen Ehre.

Politische Aufgaben der Medien

Der Ausdruck „vierte Gewalt" hebt die besondere Bedeutung der Massenmedien für die demokratische Gesellschaft hervor. Sie machen politische Entscheidungen durchschaubar, indem sie die Bürgerinnen und Bürger informieren und politische Zusammenhänge erklären. Und sie üben eine wichtige Funktion aus, indem sie Politiker kontrollieren, Machtmissbrauch, Ämterwillkür und Korruption* aufdecken.

Politik und Fernsehen

Politikerinnen und Politiker versuchen in den Massenmedien präsent zu sein, um möglichst viele Menschen, Wählerinnen und Wähler, zu erreichen. Viele Zuschauer interessiert dabei an den Politikern mehr deren Aussehen oder Kleidung als die politischen Aussagen. Kritiker befürchten, dass Politik im Fernsehen zur bloßen Unterhaltung verkommt. Und tatsächlich wird schon von **„Infotainment"** gesprochen. Der Begriff verbindet „information" (Information) und „entertainment" (Unterhaltung). Statt Nachrichten werden „news" oder gar „action news" gesendet. Kaum ein Politiker kann es sich heute leisten, die bunte Welt der Unterhaltung links liegen zu lassen. Im Gegenteil, Politiker werden für derartige Auftritte professionell geschult. Der „Feel-Good-Faktor" („Wohlfühlfaktor") ist zu einer unverzichtbaren Voraussetzung eines erfolgreichen Wahlkampfes geworden. Es gibt nicht nur ständig Talkshow-Auftritte, sondern auch Homestories, Gesangseinlagen und immer häufiger sogar Gastspiele in TV-Serien.

Wer kontrolliert die Medien?

Das Grundgesetz legt im Artikel 5 Abs. 2 die Aufgabe der Medien fest. Die Medien unterliegen somit den Gesetzen. Darüber hinaus hat die Presse 1956 ein eigenes Kontrollorgan ins Leben gerufen, den Deutschen Presserat, eine Vereinigung von Verleger- und Journalistenverbänden. Er hat es sich zur Aufgabe gemacht, Richtlinien für eine korrekte Berichterstattung aufzustellen, ohne dabei jedoch eine Zensur auszuüben. Neben dem Presserat gibt es auch Rundfunk- und Fernsehräte bei den Sendern. Sie haben überwiegend beratende Funktion.

M2 **Politiker in Talksendungen.** Fotos.

M 3 **„Bitte sehr – unser Entwurf für das optimale Politiker-Profil in Wahlkampfzeiten!“** Karikatur.

Medienkonzentration

Medien kontrollieren nicht nur Mächtige, die Medienbetriebe stellen auch selbst große Machtapparate dar. 65 Prozent aller verkauften Zeitungen und Zeitschriften stammen von nur vier großen Konzernen: Bertelsmann, Springer, Burda und Bauer. Diese Mediengiganten besitzen auch hohe Marktanteile bei den privaten Fernsehsendern und damit eine große Machtfülle. Daraus können Gefahren entstehen: Einschränkung der Pressefreiheit, Abhängigkeiten von Werbekunden, politische Einflussnahme.

***Korruption**
Bestechlichkeit von Amtspersonen, aber auch bei Geschäftsleuten.

1 Untersucht M 1 und erläutert, welche Behauptungen aus eurer Sicht zutreffen.

2 Entwerft eine Schlagzeile als Überschrift für die Karikatur (M 3).

3 Erläutert, was nach eurer Meinung für einen erfolgreichen Auftritt eines Politikers im Fernsehen wichtig ist (M 2).

4 Erklärt anhand von Beispielen aus den Medien den Begriff „vierte Gewalt“.

5 Zeigt Gefahren auf, die aus der Pressekonzentration entstehen können.

Aufgaben der Medien

SAMSTAG 11. Juli — Alle Sender i

SA

DAS ERSTE

16
17.00 **Tagesschau** 61-850
17.03 **Ratgeber: Recht** 300-008-614
17.30 **Brisant** Magazin 35-898
17.50 **Tagesschau** 2-027-817
18.00 **Sportschau** 35-633
18.50 **Dr. Sommerfeld – Neues vom Bülowbogen** 725-817
Serie, Dtl. 1999
Notlügen. Mit Rainer Hunold
19.45 **Das Wetter** 5-619-986
19.50 **Lottozahlen** 1-786-256
20.00 **Tagesschau** 25-850

20
SPIELSHOW
20.15 **Der große Coup** 1-918-985
NEU Spielshow
Moderation: Jörg Pilawa (o.) Drei „Panzerknacker"-Teams mit je einem Promi treten an, um eine Tonne Geld für eine gemeinnützige Organisation zu erspielen. Guido Cantz traut sich zu, die knifflige Aufgabe zu lösen.
22.30 **Tagesthemen** 86-546
22.50 **Das Wort zum Sonntag**

ZDF

17.15 **heute** 3-512-140
17.20 **Länderspiegel** 35-053
Mit Isabelle Tümena
17.50 **Menschen – das Magazin**
Heimat Deutschland 441-968
18.05 **hallo deutschland** 6-515-546
18.30 **Leute heute** 8-091
19.00 **heute** 34-099
19.20 **Wetter** 7-514-512
19.25 **Unser Charly** 6 7-055-904
Familienserie, Dtl. 2003
(10) Ein Fest für Max

MUSIKSHOW
20.15 **Das große Sommer-Open-Air mit Marianne & Michael** 6-781-633
Gäste: Bonnie Tyler (o.), Chico & The Gypsies, Les Humphries Singers, Flippers, Claudia Jung, Michael Wendler, DJ Ötzi, Peter Kraus, Nik P., Nockalm Quintett, Francine Jordi, Geschwister Hofmann, Stefanie Hertel, Hansi Hinterseer. Aufzeichnung aus der Berliner

RTL

13.00 **Formel 1: Großer Preis von Deutschland** 89-411
9. WM-Lauf: Freies Training
13.45 **Formel 1: Großer Preis von Deutschland** 7-092-898
LIVE Qualifying
15.30 **Die ultimative Chart Show**
Oldies (von gestern) 895-445
17.40 **Exclusiv Spezial – Das Leben der Superreichen**
Reiche Erben (v. So.) 9-782-324
18.45 **RTL akt. Weekend** 699-643
19.05 **Explosiv Weekend** 9-304-237

TV-ABENTEUER
20.15 **Color of Magic – Die Reise des Zauberers**
TV-Fantasy-abenteuer, GB 2008. 42-811-091
Nach Terry Pratchett. Mit Sean Astin, Tim Curry. – Nicht weit vom Erdtrabanten entfernt gleitet eine geheimnisvolle Scheibenwelt durchs Universum. In dieser bizarren Dimension lebt der trottelige Magier Rincewind (David Jason), der

SAT.1

17.30 **Niedrig und Kuhnt – Kommissare ermitteln** 3-430
Oder Regionalprogramme
18.00 **Lenßen & Partner** 1-459
Reihe, Dtl. 2008
18.30 **Lenßen & Partner** 9-850
Reihe, Dtl. 2008
19.00 **K 11 – Kommissare im Einsatz** Reihe, Dtl. 2008 7-237
19.30 **K 11 – Kommissare im Einsatz** Reihe, Dtl. 2008 6-508
20.00 **Sat.1 Nachrichten** 52-427

ZEICHENTRICK
20.15 **Asterix, der Gallier**
Zeichentrick, Frkr./Belgien 1967. 25-324
Nach René Goscinny und Albert Uderzo Regie: Ray Goossens. – Die Römer sind mit ihrem Kriegslatein am Ende: Ganz Gallien haben sie im Griff – einzig die Bewohner eines winzigen Ortes leisten Widerstand. Was verleiht den Rebellen diese Riesenkräfte? Cäsar schickt

M 2 **Ausschnitt aus einer TV-Programm-Zeitschrift.**

M 1 **Tolles Radio! Schon angemeldet?**
Foto aus einer Werbung der GEZ (Gebühreneinzugszentrale).
Die Gebühren für die Nutzung der öffentlich-rechtlichen Rundfunk- und Fernsehsender werden von der GEZ eingefordert.

Vier Bereiche

Die Aufgaben der Massenmedien lassen sich vier Bereichen zuordnen.

1. Informieren

In der Demokratie bestimmen die Bürgerinnen und Bürger die Politik, indem sie Abgeordnete ins Parlament wählen, die ihrer Meinung nach die richtigen Entscheidungen treffen werden. Eine Demokratie kann deshalb nur richtig funktionieren, wenn die Bürgerinnen und Bürger regelmäßig und umfassend informiert werden. Diese Aufgabe übernehmen die Massenmedien. Politische Zusammenhänge müssen erklärt werden, damit Nicht-Fachleute – und das sind die meisten – sie verstehen. Erst dann können sie sich als Wähler, als Mitglieder einer Partei, eines Verbandes oder einer Bürgerinitiative eine Meinung bilden.

2. Kritisieren und kontrollieren

Man nennt die Medien manchmal die „vierte Gewalt im Staat" (neben Regierung, Parlament und Rechtsprechung), weil sie in der Vergangenheit eine ganze Reihe von politischen Skandalen aufdeckten: Regierungsmaßnahmen ohne ausreichende gesetzliche Grundlagen oder Parteien, die unrechtmäßig Millionenbeträge einstrichen. Massenmedien sind also auch Kontrollorgane der Politiker.

3. Unterhalten

„Zur Unterhaltung gehört, was gefällt", meinen viele. Lesern, Hörern und Zuschauern werden Unterhaltungsshows, Musik und Humor, Reise- und Sportberichte und vieles mehr geboten. Es wird alles gebracht, von dem angenommen wird, dass es die Konsumenten interessiert, amüsiert, begeistert und unterhält.

4. Bilden

Die Medien bringen auch Beiträge zu allgemein bildenden und kulturellen Themen wie Naturwissenschaften, Geschichte, Kunst, Literatur und allgemeinen Lebensfragen. Die wissenschaftlichen Erkenntnisse werden allerdings häufig in Unterhaltung „verpackt“ (so genanntes Infotainment).

Das Besondere einer Zeitung

Noch immer sind Zeitungen eine unserer wichtigsten Informationsquellen. Wer ausführlich informiert sein will, Einzelheiten und Hintergründe kennen lernen möchte, kommt an der Zeitung nicht vorbei. Außerdem findet man in der Zeitung Informationen, an die sonst nur schwer heranzukommen ist, z. B. zu lokalen oder regionalen Veranstaltungen, Vereinsnachrichten und Todesanzeigen. Viele Menschen haben deshalb eine Tageszeitung abonniert. Auch Zeitungen gehen mit der Zeit. Heute bestehen Printmedien, Radio- und Fernsehsender sowie Internet-Websites nebeneinander. So verfügen alle Tageszeitungen über einen Internetauftritt, der neben der jeweiligen Ausgabe auch aktuelle Meldungen, ein Archiv sowie zahlreiche Zusatzangebote einschließt.

M3 Zeitungsgattungen

Lokale **Tageszeitungen** berichten über Politik, Wirtschaft, Kultur und Sport. Sie behandeln viele regionale Themen.

Überregionale Tageszeitungen berichten ausführlich über Politik, Wirtschaft, Kultur und Sport.

Nachrichtenmagazine illustrieren lebendig geschriebene Berichte und Kommentare mit vielen Fotos.

Boulevardzeitungen haben ihren Namen daher, weil sie nicht im Abonnement, sondern auf der Straße verkauft werden. Sie sind auffällig bunt gestaltet, werben mit großen Schlagzeilen und berichten oft über Skandale. Der Gefühlswert der Beiträge übertrifft deutlich den sachlichen Informationswert.

Sonntagszeitungen erscheinen nur einmal in der Woche. Sie behandeln aktuelle Themen und Hintergründe.

Wochenzeitungen schreiben aufgrund des wöchentlichen Erscheinens zu den Hintergründen und ordnen aktuelle Themen in Zusammenhänge ein.

Kostenlose Werbeblätter haben einen dünnen redaktionellen Teil, meist mit aktuellen Sportnachrichten und Rezepten; ihr Hauptzweck ist die Verbreitung von Werbeanzeigen.

Zeitung in der Schule

Fast alle Tageszeitungen bieten für Schulen einen besonderen Service: Über mehrere Wochen werden Schulklassen kostenlos mit der aktuellen Tagesausgabe einer Zeitung versorgt. Im Rahmen von Projekten beschäftigen sich die Schülerinnen und Schüler intensiv mit der jeweiligen Zeitung und werden auch selbst als Journalisten tätig. Ihre Beiträge werden dann in der Zeitung veröffentlicht.

1 Ordnet die in M2 genannten Fernsehsendungen den im Autorentext genannten vier Aufgabenbereichen zu.

2 Macht in der Klasse eine kleine Umfrage: Jede/-r soll auf einem Zettel ohne Namensangabe notieren, wie oft sie/er in der letzten Woche eine Zeitung/Zeitschrift ungefähr wie lange gelesen hat. Wertet die Umfrage an der Tafel aus.

3 Besorgt euch zu jedem der in M3 aufgelisteten Zeitungstypen ein Exemplar. Bearbeitet in Gruppen je einen Zeitungstyp nach folgenden Gesichtspunkten: Aufbau, Informationswert, Sachlichkeit, Unterhaltungswert. Stellt eure Ergebnisse der Klasse vor.

4 Vergleicht den Internetauftritt einer Zeitung mit der Printausgabe. Stellt Unterschiede und Gemeinsamkeiten in einer Tabelle zusammen.

Internet – ein modernes Massenmedium

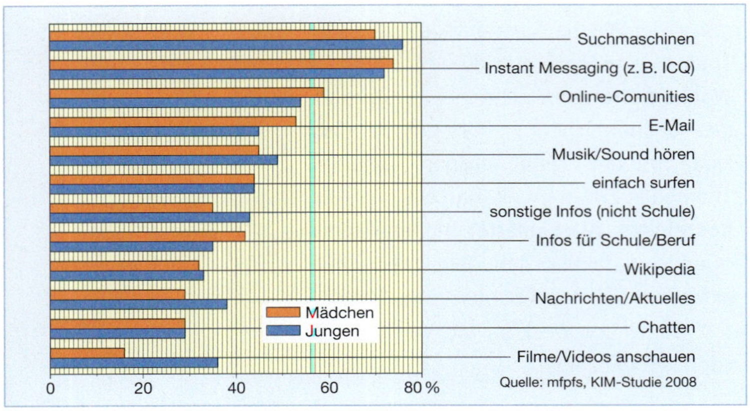

M 1 Internet-Aktivitäten Jugendlicher (12–19 Jahre) im Jahr 2008.

M 2 Internet-Nutzung heute

Der Anteil der Internet-Nutzer in Deutschland ist 2009 auf 67,1 Prozent (2008: 65,1 Prozent) angestiegen. 43,5 Millionen der bundesdeutschen Erwachsenen sind online – 0,8 Millionen mehr als im Vorjahr. Das größte Wachstum wird auch weiterhin von der älteren Generation ausgehen: 96,1 Prozent der 14- bis 29-Jährigen nutzen regelmäßig das Internet, unter den 30- bis 49-Jährigen sind es 84,2 Prozent und bei den über 50-Jährigen liegt der Anteil der Internet-Nutzer mittlerweile bei 40,7 Prozent. […] Kennzeichnend für die aktuelle Internetentwicklung ist die stetig steigende Nachfrage nach multimedialen Inhalten. 62 Prozent (2008: 55 Prozent) aller Onliner rufen Videos, zum Beispiel über Videoportale oder Mediatheken, ab und schauen live oder zeitversetzt Fernsehsendungen im Internet. 51 Prozent (2008: 43 Prozent) hören Audiofiles wie Musikdateien, Podcasts und Radiosendungen im Netz. Zu diesem Ergebnis kommt die bundesweit repräsentative ARD/ZDF-Online-Studie 2009, für die im März/April dieses Jahres 1806 Erwachsene in Deutschland befragt wurden

Informationsmedium Internet

Mithilfe des Internets können wir zu jedem Thema von überall auf der Welt aktuellste Informationen bekommen. Fernsehsender und Zeitungen stellen ihre Artikel ins Netz. Städte, Behörden und Ministerien liefern Informationen und Universitäten veröffentlichen Forschungsergebnisse. Reisen können gebucht und Einkäufe erledigt werden. In sozialen Netzwerken wie „Schüler-VZ“ oder „myspace“ oder „facebook“ knüpfen die Nutzer Kontakte und tauschen sich aus. Über den neuen Dienst Twitter versenden sie neben ihren bisherigen SMS und E-Mails Nachrichten an besondere Nutzerkreise.

Auch in Schulbüchern heißt es oft: „Mehr Informationen findet ihr im Internet.“

Gefahren

Doch neben Information und Unterhaltung lauern im weltumspannenden Netz auch Gefahren für den Surfer: Computerviren oder Dialer können Schäden am Computer anrichten und hohe Kosten verursachen.

Durch Computerviren verursachte Schäden sind vor allem der Verlust von Daten oder Programmen. Bei allen Programmen, die man sich aus dem Internet holt, gilt deshalb die Regel, dass man sie vor und nach der Installation auf Viren testen sollte. Kostenlose Virenscanner (Freeware) gibt es im Internet, z. B. unter www.free-av.de.

Daneben gibt es unzählige Internetseiten, die scheinbar kostenlose Angebote bieten, deren Nutzung jedoch hohe Folgekosten verursachen kann („Abo-Fallen“).

M 3 **Internet.** Karikatur.

M 4 **Kochrezepte mit „Abo-Falle“.** Collage.

Datenschutz und Datenklau

Das Internet bietet eine Fülle von Informationen. Doch nicht immer erkennt man auf den ersten Blick, woher die Informationen stammen. Deshalb sollte man mit fremden Daten aus dem Internet vorsichtig umgehen. Da jeder nahezu unkontrolliert alles im Internet veröffentlichen kann, was er möchte, sind nicht immer alle Quellen vertrauenswürdig. Vor der Verwertung von Informationen aus dem Netz sollte man daher immer überprüfen, wer die Informationen ins Netz gestellt hat.

Ebenso wie bei Artikeln in Zeitschriften oder Büchern müssen auch bei Texten im Internet die Verfasser deutlich erkennbar sein.

Bei jedem Referat für den Unterricht muss stets sorgfältig nachgewiesen werden, woher die Informationen stammen. Ein Täuschungsversuch mit einem fertigen fremden Text aus dem Internet kann leicht auffliegen. Auch Lehrerinnen und Lehrer können mittlerweile surfen und über Suchmaschinen eure Quellen nachprüfen.

Betrug mit Backpflaumen und anderen Zutaten

Es kann so gut wie jeden treffen. Selbst ausgebildete Juristen und oberste Lenker eines Stadtstaats. „Ein Gulasch mallorquinischer Art“ mit Backpflaumen, Zimt und gerösteten Pinienkernen wollte Ole von Beust sich kochen. Das Rezept dazu lud sich Hamburgs Bürgermeister im Internet herunter – und fiel prompt auf einen Gauner herein. Denn mit dem Download war von Beust in eine Abo-Falle im Netz getappt. 30 Euro forderte der Anbieter pro Jahr. Der Bürgermeister fragte bei der Verbraucherzentrale in Hamburg nach. Und die erklärte ihm, dass solche Internet-Abonnements unwirksam sind.

Die Anbieter allerdings interessiert das nicht. Ihre Masche zieht nach wie vor. 84,80 Euro kostet der Zugang zur Rezept-Datenbank, so steht es klein ganz unten auf der Internetseite. „Das ist ganz leicht zu übersehen“, sagt Thomas Bradler vom Bundesverband der Verbraucherzentralen. […] Der Jurist macht regelmäßig Jagd auf die Abzocker; gegen ihre-re… erwirkte er eine Abmahnung. Die Firmen allerdings sitzen meist im Ausland und machen rasch unter einer neuen Internetadresse weiter. […]

M 5 **Teure Rezepte aus dem Internet.**

1 Nehmt Stellung zu M 3.

2 Erläutert, welche Schutzmaßnahmen für PCs empfehlenswert sind.

3 Nennt Maßnahmen und Regeln, wie ihr euch gegen „Abo-Fallen“, wie in M 4/M 5 gezeigt, schützen könnt.

4 Stellt zu einem Thema eurer Wahl zwei passende Internetseiten vor (Verfasser, Herkunft der Seite, Alter, …).

5 Erstellt ein Lernplakat über das richtige Verhalten im Internet.

PROJEKT

Superfrau und Traummann – Rollenbilder untersuchen

M 1 **Traumauto mit Traumfrauen.** Zeichnung.

Männer und Frauen in der Werbung und in den Medien

Werbung begegnet uns heute überall – in Zeitschriften, auf Plakaten, im Fernsehen oder im Internet. Aufgabe der Werbung ist es, Wünsche zu wecken und so zum Kauf eines Produkts anzuregen. Um dieses Ziel zu erreichen, werden auch gezielt Männer und Frauen in der Werbung eingesetzt.

Männerbilder – Frauenbilder

Männer und Frauen in der Werbung verkörpern ein Idealbild, mit dem sich die Käufer identifizieren sollen. Beiden Geschlechtern werden von den Werbemachern aber wechselnde Rollen zugeschrieben. In eurem Projekt könnt ihr die Männer- und Frauenbilder in der Werbung untersuchen und feststellen, welche Rollen Mann und Frau in der Werbung zugewiesen werden.

1. Vorbereitung

Werbeplakaten, -bildern oder -videos begegnet ihr in den unterschiedlichsten Medien. Ihr müsst deshalb erst einmal entscheiden, ob ihr nur Rollenbilder in Zeitschriften und Zeitungen untersuchen wollt oder auch im Fernsehen oder im Internet.

Ihr könnt Werbeanzeigen aus Zeitschriften mit unterschiedlichen Themenschwerpunkten wie Sport- und Autozeitschriften, Computer- und Spiele-Zeitschriften, Jugendzeitschriften sowie Frauenzeitschriften sammeln.

Für die Arbeit mit Fernsehwerbung könnt ihr einen Werbeblock aufzeichnen und in der Schule gemeinsam anschauen sowie analysieren.

Bildet Gruppen und wählt jeweils einen Themenschwerpunkt aus.

M2 **Werbung für ein Deo für Frauen.** Zeichnung.

M3 **Werbung für ein Deo für Männer.** Zeichnung.

2. Aspekte der Untersuchung

Damit ihr dem Männer- und Frauenbild in der Werbung auf die Spur kommt, könnt ihr Folgendes untersuchen:

- Stellt den Anteil der Männer und der Frauen in der Werbung fest.
- Gebt das ungefähre Alter der Werbepersonen an. Gibt es Unterschiede zwischen Männern und Frauen?
- Beschreibt das Aussehen der Personen in der Werbung.
- Betrachtet das Verhalten bzw. die Situation, in der die Personen dargestellt sind.
- Untersucht, wofür Männer und wofür Frauen besonders häufig werben.
- Gibt es Werbung, die nicht dem üblichen Rollenbild von Mann und Frau entspricht?
- Wer (Männer oder Frauen) soll mit der Werbung angesprochen werden?
- Erstellt eine Collage, in der ihr auf Werbefotos Frauen gegen Männer austauscht und umgekehrt. Welche Wirkung wird erzielt?

Vor Jahrzehnten, da war die Sache noch ganz einfach:

Es gab den Macho-Mann – verkörpert durch den Marlboro-Cowboy – und den Mann mit Karriere und Familie – wie „Herrn Kaiser“ oder den „Melitta-Mann“.
Und sowieso mussten nur die Frauen als Käufer ge- und beworben werden, denn „mann“ ging nicht einkaufen, auch nicht Rasierwasser oder die eigene Unterwäsche. Heute dagegen ist alles komplizierter. […]
Mit neuen Rollen kommen jedoch auch neue Probleme: Männer sind heute eitler, sie haben den Ehrgeiz, sportlich und erfolgreich zu sein. Die Folge sind ein Boom von Kosmetikprodukten speziell für den Mann. Männer müssen also – genau wie Frauen – als Käufer beworben werden, denn sie brauchen nicht nur neue Produkte, sie kaufen sie auch immer häufiger selber ein.

M4 **Der „Allround-Mann“.**

3. Auswertung

Vergleicht eure Ergebnisse und notiert, was ihr für Rückschlüsse auf das Männer- und Frauenbild in der Werbung ziehen könnt. Stellt ihr Unterschiede oder Gemeinsamkeiten fest?
Diskutiert eure Ergebnisse in Hinblick auf das Thema „Gleichberechtigung von Mann und Frau“. Ist sie verwirklicht oder könnt ihr Benachteiligungen erkennen?

PROJEKT

Rollenbilder in der Berufswelt untersuchen

M 1 **Schlimm!** Karikatur.

Berufstätigkeit und Familie

Frauen wollen heute mehrheitlich beides: in einer Partnerschaft oder Familie leben sowie Kinder aufziehen und einen interessanten, aber auch anspruchsvollen Beruf erlernen und diesen tatsächlich ausüben. Frauen und Männer müssen Familie, Haushalt und Beruf miteinander vereinbaren. Oftmals haben Männer, wenn sie nach der Arbeit nach Hause kommen, einen entspannten Feierabend, während auf erwerbstätige Frauen der zweite Arbeitsplatz wartet. Man spricht deshalb auch von der Doppelbelastung der Frau.

Der Beruf bedeutet für eine Frau mehr als nur bezahlte Arbeit. Er fördert die Selbstständigkeit und finanzielle Sicherheit, er bringt Anerkennung und soziale Kontakte mit sich. Gerade bei den veränderten Familienverhältnissen ist es für Frauen heute wichtig, finanziell unabhängig zu sein.

Gleiche Arbeit – weniger Lohn?

In Deutschland sind heute fast 70 Prozent der Frauen erwerbstätig. Dennoch kann ein großer Teil dieser erwerbstätigen Frauen nicht vom eigenen Verdienst leben. Das liegt zum einen daran, dass viele Frauen nur in Teilzeit arbeiten, um genügend Zeit für die Familie zu haben. Aber auch voll erwerbstätige Frauen verdienen in der Regel weniger als Männer – selbst dann, wenn sie denselben Job ausüben.

Männerberufe – Frauenberufe

Obwohl Frauen heute schulisch genauso gut ausgebildet sind wie Männer, ergreifen sie überdurchschnittlich häufig Berufe im kaufmännischen oder sozialen Bereich sowie in der Krankenpflege. Die Löhne und Gehälter in diesen Berufsgruppen sind niedriger als die in technischen und naturwissenschaftlichen Berufen, die von Männern bevorzugt werden. Die typischen Frauenberufe wie Friseurin, Arzthelferin, Erzieherin oder Bürokauffrau bieten zudem kaum Aufstiegsmöglichkeiten.

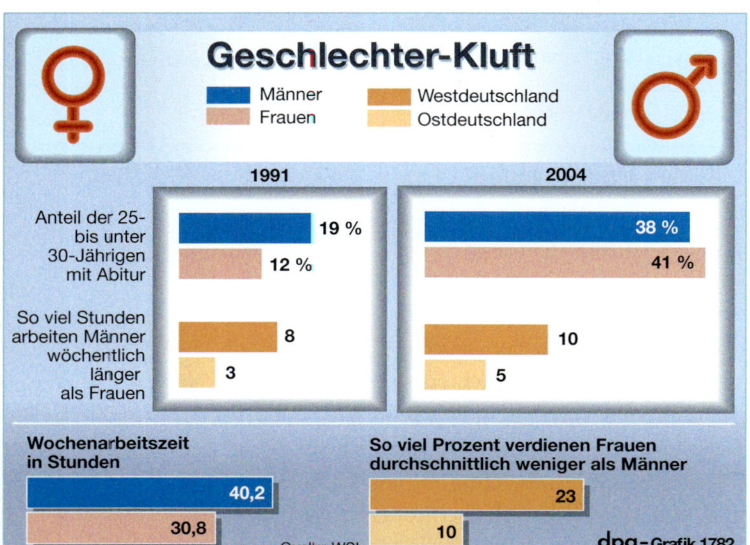

M 2 **Gleichberechtigung?**

M3 Ute Erdsiek-Rave, damalige Ministerin für Bildung und Frauen in Schleswig-Holstein, sagte in einer Rede am 8.11.2006:

[...] Überspitzt gesagt: Bildung ist in Deutschland immer noch zuallererst eine Standesfrage, eine soziale Frage, ja: eine Frage des Portemonnaies, denn sozialer Aufstieg bedeutet in der Regel auch: mehr verfügbares Einkommen! Bei gleicher Leistung haben Arztkinder eine wetaus höhere Chance, das Abitur zu machen, als die Kinder von Reinigungskräften oder Hartz-IV-Empfängern. Die Wahrscheinlichkeit liegt bei 6:1.

- Besonders benachteiligt sind Kinder aus sozial schwachen, bildungsfernen Familien und aus Familien mit Migrationshintergrund. Innerhalb dieser Gruppe mit erheblich schlechteren Bildungsperspektiven sind es heute – anders als vor 40 Jahren – in der Mehrzahl Jungen:
- Jungen werden häufiger von der Einschulung zurückgestellt als Mädchen.
- Sie müssen häufiger eine Klasse wiederholen, was nur in Ausnahmefällen ein pädagogischer Gewinn ist.
- Jungen überwiegen an den Förder- und Sonderschulen deutlich.
- Sie stellen die Mehrzahl der Schulabgänger ohne Abschluss.
- Jungen aus dieser Gruppe haben meistens ein einheitliches Merkmal: Sie lesen nicht gerne, und das hat Auswirkungen auf die Leistungen in anderen Schulfächern. Was das Textverständnis angeht, so belegt die PISA-Studie: Jungen liegen den Mädchen gegenüber im Durchschnitt fast ein ganzes Schuljahr zurück!
- Die Mädchen dagegen haben in puncto Bildungsbeteiligung und Bildungserfolg deutlich aufgeholt. Inzwischen ist schon mehr als die Hälfte aller Abiturienten weiblich.

Und Schule selbst muss ihren Part finden, um geschlechtergerecht zu werden. [...] Und zwar in einer Weise, dass sich die Chancen der gefährdeten Jungen verbessern, ohne dass dies auf Kosten der Mädchen geht. [...] Ihre Berufs- oder Studienentscheidungen zeigen aber: Sie können die schulischen Möglichkeiten keineswegs optimal ausnutzen. Viele von ihnen entscheiden sich – trotz der guten Abschlüsse, trotz der guten Noten nach wie vor für die überschaubare Zahl der eher weiblichen, weichen Berufe: von der Verkäuferin über die Erzieherin bis hin zur Lehrerin. [...]

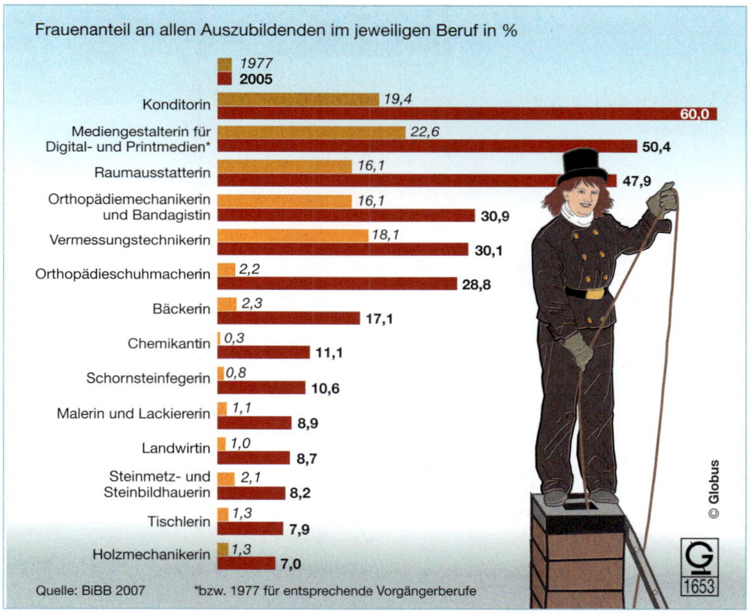

M4 Frauenanteil in ausgewählten Berufen 1977 und 2005.

1 Vergleicht M1 und M2: Erläutert, woran sich das kleine Mädchen nach Ansicht des Karikaturisten gewöhnen muss.

2 Wertet M3 aus: Nennt Beispiele, welche Rolle das Geschlecht und die Herkunft in der Schule spielen können.

3 Vergleicht M3 mit M4. Berichtet, welche Entwicklungen sich abzeichnen. Sucht dazu passende Berichte in den Medien.

Check: Das kann ich schon …

M 1 **Fernsehen in der Karikatur.**

M 3 **Sendungen im Fernsehen:** ① **Talkshow;** ② **Sportübertragung;** ③ **Nachrichten.** Fotos.

M 2 **Auswahl von Logos bekannter Web-2.0-Dienste im Internet.**

Wichtige Begriffe erklären

- ✓ Aufgaben der Medien
- ✓ Öffentliche und private Sender
- ✓ Unterschiedliche Zeitungstypen
- ✓ Politik und Medien
- ✓ Medienkontrolle
- ✓ Medienkonzentration
- ✓ Rollenvorbilder in den Medien

Grundgesetz, Artikel 5

(1) Jeder hat das Recht, seine Meinung in Wort, Schrift und Bild frei zu äußern und zu verbreiten und sich aus allgemein zugänglichen Quellen ungehindert zu unterrichten. Die Pressefreiheit und die Freiheit der Berichterstattung durch Rundfunk und Film werden gewährleistet. Eine Zensur findet nicht statt.

(2) Diese Rechte finden ihre Schranken in den Vorschriften der allgemeinen Gesetze, den gesetzlichen Bestimmungen zum Schutze der Jugend und in dem Recht der persönlichen Ehre.

M 4 **Auszug aus dem Grundgesetz.**

1 Suchmaschine	**A** Prozentzahl der Zuschauer, die eine Sendung sehen.
2 Öffentlich-rechtliches Fernsehen	**B** Diese Sender finanzieren sich allein aus Werbeeinnahmen.
3 Privatsender	**C** Diese Sender finanzieren sich aus Rundfunkgebühren und Werbeeinnahmen.
4 Medienkompetenz	**D** „Gespräch" im Netz.
5 Chat	**E** Datenbanken, welche die Suche nach bestimmten Informationen im Netz ermöglichen.
6 Einschaltquote	**F** Was haben Zeitung, Fernsehsendung oder Radioprogramm gemeinsam? Sie sind …
7 Pressefreiheit	**G** Die Fähigkeit, sich die Informationen aus Zeitung, Radio oder Fernsehen auswählen und beurteilen zu können.
8 Massenmedien	**H** Journalisten werden in der Berichterstattung nicht behindert. Artikel 5 des Grundgesetzes garantiert dies.

M5 **Medienquiz.**

M6 **Zeitungsschlagzeilen am Kiosk.** Foto.

M7 **Traummann in der Werbung.** Zeichnung.

Fachliche Kompetenz

1 Erklärt euch gegenseitig die wichtigen Begriffe (Kasten) und schreibt die Bedeutung der Begriffe in eure Arbeitsmappe.

2 Beschreibt mit M3 und M4 wichtige Aufgaben der Medien in der Demokratie.

3 Bearbeitet M5 und notiert die Lösungen in eurer Arbeitsmappe.

4 Erläutert Vor- und Nachteile von Zeitungen gegenüber dem Internet (M6).

Methodenkompetenz

5 Erklärt, wie man eine Umfrage fachlich richtig durchführt.

Urteils- und Handlungskompetenz

6 Untersucht M1 und erläutert, auf welche Gefahren der Zeichner aufmerksam machen will.

7 Lest M4 und versucht einzuschätzen, ob bei uns die Meinungs- und Pressefreiheit gewährleistet ist.

8 Nennt verschiedene Möglichkeiten, wie man sicherstellen kann, dass man seine politische Meinung unbeeinflusst bilden kann.

9 Beurteilt, in wieweit Werbung Rollen von Jugendlichen prägt (M7).

15 Imperialismus: Das Gesicht des Krieges

„Der Krieg". Gemälde von Otto Dix, 1929/32.

1870 1884 1904 1914–1918

Tod, Elend, Verwüstung – das Gesicht des Krieges. Der Maler Otto Dix versuchte 1929 das unaussprechliche Grauen des bis zu diesem Zeitpunkt größten Krieges der Menschheitsgeschichte darzustellen, an dem er selbst als Soldat teilgenommen hatte. Diesen Ersten Weltkrieg führten die großen Nationen Europas vor allem um koloniale Vorrechte und Anteile an der Weltherrschaft. Die meisten europäischen Staaten hatten sich seit Beginn des Jahrhunderts auf diesen Krieg vorbereitet. Alle Nationen erwarteten einen schnellen und strahlenden Sieg ihrer Seite.

In diesem Kapitel könnt ihr herausfinden
- wie die europäischen Mächte versuchten, Weltreiche (Imperien)
- zu errichten,
- wie durch gegenseitige Bündnisse die Kriegsgefahr in Europa
- ständig wuchs,
- warum es zum Ersten Weltkrieg kam und
- welche Folgen er für die Menschen in Europa hatte.

Am Ende des Kapitels könnt ihr zu dieser Zeit moderne Werbung analysieren, deren Methoden erklären und die Folgen von Kriegen beurteilen.

1939–1945

Deutschland greift nach Kolonien

M 1 Landeplatz einer deutschen Station am Victoria-See. Kolorierter Holzstich nach einer Zeichnung von Heinrich Leutemann, 1895.

***Kolonien**
Auswärtige Besitzungen eines Staates in Übersee (z. B. von Deutschland in Afrika) zum Zweck der wirtschaftlichen Ausbeutung (z. B. Gewürze, Obst, Rohstoffe) und der Machtausweitung.

***Imperialismus**
Das Bestreben von Staaten, ihre Macht auf andere Gebiete auszudehnen.

Deutschland wird Kolonialmacht

Seit den Entdeckungsfahrten Ende des 15. Jahrhunderts begannen die europäischen Staaten, Gebiete außerhalb Europas in Besitz zu nehmen. Etwa um 1880 setzte ein regelrechtes Wettrennen (Imperialismus*) um die noch nicht „vergebenen" Räume der Erde ein, an dem sich neben den europäischen Großmächten auch die USA und Japan beteiligten. Besonders deutlich wurde dies auf dem afrikanischen Kontinent, der von den europäischen Mächten regelrecht aufgeteilt wurde.

Q 1 Der deutsche Afrikaforscher Hans Meyer begründete um 1899, warum Deutschland Kolonien brauche:

Eine Weltmacht [muss], wie der Name sagt, auch ein genügend großes Stück der Welt besitzen! ‚Alle unsere Kolonialartikel wie Kaffee, Tee, Tabak, Gewürze – müssen wir nicht mehr von fremden Völkern kaufen' (Carl Peters). Erst wenn fröhliche blonde Kinder unter Affenbrotbäumen Blindekuh spielen, während ihre Väter achtsam das Verladen von Elfenbein und Spezereien [= Gewürzwaren] durch zufrieden lachende Neger überwachen, hat unser deutscher Kolonialismus zu sich selbst gefunden.

Q 2 Der deutsche Kolonialpolitiker Carl Peters beschrieb die Inbesitznahme von Gebieten in Afrika:

Wir [knüpften] sofort ein recht herzliches Verhältnis an, indem wir den Sultan zwischen uns auf ein Lager nahmen. Wir tranken dann einen Trunk guten Grogs und brachten Seine Hoheit von vornherein in vergnüglichste Stimmung. Alsdann begannen auch die diplomatischen Verhandlungen, und aufgrund derselben wurde der Vertrag abgeschlossen. Als dies geschehen war, wurden die Fahnen gehisst, der Vertrag in deutschem Text verlesen, ich hielt eine kurze Ansprache, wodurch ich die Besitzergreifung vornahm, die mit einem Hoch auf Seine Majestät den deutschen Kaiser endete, und drei Salven, von uns und den Dienern abgegeben, demonstrierten den Schwarzen, was sie im Fall eines Vertragsbruchs zu erwarten hätten.

M2 **Hissen der deutschen Flagge auf den Palau-Inseln.** Foto, 1897.

M3 **Dr. Otto Arendt bei einer Besichtigungsfahrt.** Foto, um 1890.

Afrikaner werden deutsche Untertanen

Das Deutsche Reich erwarb in Afrika vier Gebiete, die zu **Kolonien** wurden: Deutsch-Südwestafrika, Deutsch-Ostafrika, Kamerun und Togo.

Das Gebiet von Deutsch-Ostafrika wurde 1884 durch den deutschen Politiker Carl Peters für einen minimalen Preis erworben. Ein Jahr später übernahm das Deutsche Reich dort die sogenannte **Schutzherrschaft***.

Deutsch-Südwestafrika entstand aus einer privaten Erwerbung des Bremer Kaufmanns Adolf Lüderitz. Er hatte dem dort lebenden Volk der Hereros durch einen Vertrag 1883 einen Teil ihres Gebiets abgekauft. Hier handelte es sich um einen Betrug: In einem Vorvertrag legte man die zu verkaufende Fläche in „Meilen" fest. Der afrikanische Vertragspartner verstand darunter englische Meilen, die 1,6 Kilometer lang sind. Im endgültigen Vertrag war dann von geographischen Meilen die Rede, die allerdings 7,4 Kilometer betragen. So hatte Lüderitz das zu kaufende Land stillschweigend erweitert.

Die Rivalitäten unter der einheimischen Bevölkerung nutzte die deutsche Kolonialverwaltung bewusst aus, um ihre Interessen besser durchsetzen zu können. Ab 1892 förderte die südwestafrikanische Siedlungsgesellschaft die Ansiedlung Deutscher, die vorwiegend Rinder- und Schafzucht betrieben.

Durch weitere private und staatliche Abkommen mit den dort lebenden Völkern wuchs die Kolonie zwischen 1883 und 1890 zur Größe des heutigen Namibia an.

***Schutzherrschaft**
Verharmlosender Ausdruck für die Inbesitznahme von Gebieten als Kolonien, die formal in privater Hand waren.

1 Beschreibt M 1 in allen Einzelheiten: Was fällt auf? Wie sind weiße und farbige Personen dargestellt? Welche Dinge werden beim Verladen ausgetauscht?

2 Erarbeitet, wie der Afrikaforscher Meyer den Erwerb von Kolonien begründet und beschreibt, wie er das Verhältnis von Einheimischen und Deutschen sieht (Q 1).

3 Carl Peters beschreibt in Q 2, wie Land in deutschen Besitz genommen wird. Berichtet über diese Verhandlungen.

4 Erläutert, unter welchen Voraussetzungen ein Vertrag als fair zu beurteilen ist. Beurteilt auf diesem Hintergrund die Vorgänge in Q 2.

5 Erklärt, warum das Flaggehissen (M 2, Q 2) wichtig war.

6 Ermittelt mithilfe der Karte auf S. 330, wo sich die deutschen Kolonien auf dem afrikanischen Kontinent genau befanden. Schaut anschließend im Atlas nach, wie diese Länder heute heißen.

7 Erläutert den Erwerb des Gebietes von „Deutsch-Südwestafrika" mithilfe des Autorentextes.

8 Erklärt mit euren eigenen Worten die Begriffe „Kolonie" und „Schutzherrschaft".

9 Beschreibt das Bild von Dr. Otto Arendt (M 3) und äußert eure Meinung dazu.

Wettlauf um Afrika

M 1 **Die koloniale Aufteilung Afrikas vor 1914.**

Die Aufteilung Afrikas

Anfang der 1880er-Jahre nahm das europäische Interesse an Afrika stark zu, und es begann ein Wettlauf um die noch nicht verteilten Gebiete. Doch nicht immer ging es dabei friedlich zu. So wie die Deutschen sich einen „Platz an der Sonne" wünschten, so wollten die Briten möglichst viel von der Landkarte „britisch rot färben". Mehrfach kam es zu Konflikten, in denen eine bewaffnete Auseinandersetzung nur knapp vermieden wurde.

So kam man auf die Idee, auf einer gemeinsamen Konferenz die gegenseitigen Interessen auszugleichen. Diese Konferenz fand vom November 1884 bis zum Februar 1885 in Berlin statt und wurde vom Reichskanzler Bismarck geleitet. Da der unmittelbare Anlass ein Streit um die Gebiete des Kongo war, nannte man dieses Treffen auch die **Kongo-Konferenz**. Das Ergebnis der Konferenz bildete die Grundlage für die Aufteilung Afrikas in Kolonien.

Wie mit einer Handelsware gingen die Kolonialmächte mit den afrikanischen Gebieten um. So ließ z. B. Deutschland den Franzosen in Marokko den „Vortritt", dafür bekamen sie ein Stück vom Kongo, den sie „ihrem" Kamerun angliederten.

Innerhalb weniger Jahre war Afrika aufgeteilt und 1914 gab es kaum noch unabhängige Gebiete. In der Karte M 1 könnt ihr sehen, wie Afrika zu diesem Zeitpunkt aufgeteilt war.

1 Bearbeitet die Karte oben. Legt für die Auswertung folgende Tabelle an und informiert euch in einem Lexikon oder im Internet über die heutige Landessprache. Formuliert anschließend in wenigen Sätzen das Ergebnis eurer Arbeit.

Land	Kolonie/ Interessengebiet	Landes-sprache
Deutsches Reich	Deutsch-Südwestafrika	Deutsch
	Kamerun	
…	…	…

Werbebotschaften entschlüsseln

METHODE

Bilder von Menschen und Völkern

Seit Tausenden von Jahren spielen Kaufen und Verkaufen eine große Rolle. Mitte des 19. Jahrhunderts begannen die Kaufleute, Werbung für Produkte, Reisen usw. in großem Stil zu machen. Aus der Bild- und Textwerbung können viele wichtige Informationen herausgelesen werden – oft ganz andere, als die Werbebotschaft vordergründig beabsichtigte.

M 1 Checkliste: Werbebotschaften entschlüsseln

Die folgenden Fragen können euch helfen, Textquellen besser zu verstehen:

1. Schritt: Form/Inhalt
- Form: Plakat, Zeitungswerbung, Aufdruck auf Verpackungen, Sammelbilder usw.
- Inhalt: Was ist dargestellt? Wofür wird geworben?
- Darstellungstechnik: Zeichnung, Bild, Foto; farbig/schwarzweiß.

2. Schritt: Werbebotschaft
- Auftraggeber: Welche Firma, welcher Verein usw. wirbt?
- Aussage: Was wird gesagt, behauptet, unterstellt, „eingeflüstert"?

3. Schritt: „verdeckte" Einstellungen
- Mit welchen Mitteln/Methoden wird gearbeitet? Wird belehrt, wird jemand angegriffen, lächerlich gemacht, herabgesetzt? Wird jemand als besonders klug, sorgsam usw. dargestellt?

M 2 **Seifenreklame (1885).**

M 3 **Plakat zu einer der zahlreichen „Völkerschauen" in der Passage Panopticum.** Berlin, 1913.

M 4 **Klebemarken für ein Sammelalbum.** Um 1920.

4. Schritt: Beurteilung
- Wirksamkeit: Haltet ihr die Werbung für wirksam (damals/heute)?
- Geschmack: Gefällt euch die Werbung?
- Moral: Haltet ihr die jeweilige offene und die verdeckte Aussage für gut und richtig?

1 Entschlüsselt und deutet die in der Werbung enthaltenen Meinungen und Einstellungen mithilfe der Schritte 1–4. Arbeitet dabei in Gruppen. Wählt je eines der Beispiele und vergleicht eure Ergebnisse.

Exotische Früchte – ein Erbe des Kolonialismus

M 1 Produkte aus französischen Kolonien. Informationsbild, Ende 19. Jahrhundert.

M 2 Kakaobaum mit Früchten. Foto.

Waren aus Übersee

Die Kolonialmächte fanden in Afrika viele fremde Pflanzen vor, aus denen Produkte hergestellt wurden, die bald in Europa sehr beliebt waren. Deshalb begann man in den Kolonien, diese Produkte auf den Ländereien mit den besten Böden in großen **Plantagen*** anzubauen. Die einheimische Bevölkerung musste auf den Plantagen der europäischen Kolonialherren hart arbeiten.

***Plantage**
Große landwirtschaftliche Betriebe, auf denen meist nur eine Frucht für den Export angebaut wird; zum Beispiel Bananen, Agaven, Tee, Zuckerrohr.

M 3 Kakao aus deutschen Kolonien. Sammelbild, um 1905.

Typische tropische Plantagenprodukte sind zum Beispiel Kaffee und Kakao.

Der Kakao erobert Europa

Kakao stammt ursprünglich aus Mittelamerika. Als die Spanier Lateinamerika eroberten, lernten sie die Früchte bei den Eingeborenen kennen. Diese stellten daraus ein Getränk her, das aus einer Mischung aus dem Pulver der Kakaofrucht mit Wasser, Mais, Vanille und Cayennepfeffer bestand – Xocoatl, die heutige Schokolade.
Die Spanier brachten den Kakao nach Europa. Nachdem man dem Getränk Zucker statt Pfeffer beimischte, wurde die heiße Schokolade rasch zu einem sehr beliebten Getränk des Adels an den Fürstenhöfen und bei wohlhabenden Bürgern. Auch die anderen europäischen Staaten legten deshalb in ihren Kolonien in Asien und Afrika Kakaoplantagen an.

M4 Geöffnete Kakaofrucht. Foto.

M5 Trocknen der Kakaobohnen. Foto.

Kakaoanbau auf Plantagen

Kakao braucht zum Wachsen sowohl gleichmäßig hohe Temperaturen als auch viel Feuchtigkeit. Kakao wird wie alle Produkte, die die Kolonialmächte für den Weltmarkt anbauten, hauptsächlich auf Plantagen angebaut, landwirtschaftlichen Großbetrieben von mindestens 100 Hektar Größe (etwa 200 Fußballfelder). Vor dem Setzen der Kakaopflanzen muss der Regenwald gerodet werden. Es werden jedoch immer einige höhere Bäume stehen gelassen, weil Kakaopflanzen Schatten benötigen. Da **Monokulturen** den Boden schnell auslaugen und sehr anfällig für Krankheiten und Schädlinge sind, ist der Einsatz künstlicher Düngemittel und von Pestiziden und Fungiziden hoch.

Der Anbau von Kakao benötigt viel Handarbeit, die zur Kolonialzeit von den „Eingeborenen" geleistet werden musste. Heute arbeiten auf Plantagen häufig auch Kinder, die zum Teil wie Sklaven gehalten werden.

Kakaoanbau in Westafrika

1879 führten die Engländer den Kakao in Westafrika ein. Zunächst verlangte die britische Kolonialmacht von der einheimischen Bevölkerung, die Exportfrucht Kakao anstelle von Nahrungsmitteln anzubauen. Später legten verstärkt weiße Plantagenbesitzer ertragreiche Kakaoplantagen an. Als aber immer mehr Staaten Kakao exportierten, verfielen die Weltmarktpreise. Auch heute schwanken die Weltmarktpreise für Kakao stark. Zudem erhalten die Kakaopflanzer nur einen sehr geringen Anteil von dem Verkaufserlös. Bei fallenden Weltmarktpreisen reichen die Erlöse nicht mehr für den Lebensunterhalt. Große Armut ist die Folge.

Da die Plantagen auf den besten Böden angelegt wurden, fehlt heute in den ehemaligen Kolonien fruchtbares Land für den Anbau von Grundnahrungsmitteln. Bei sinkenden Einnahmen aus dem Verkauf der Exportprodukte kommt es zu Hungersnöten, da die Masse der Bevölkerung nicht in der Lage ist, Grundnahrungsmittel zu kaufen.

M6 So setzt sich der Preis für eine Tafel Schokolade in etwas zusammen.

1 Informiert euch im Lexikon oder im Internet über die Produkte, die auf M1 zu sehen sind. Zu welchen Endprodukten werden einige von ihnen verarbeitet?

2 Ihr könnt in Lebensmittelgeschäften oder auf Märkten ermitteln, welche exotischen Früchte man bei uns kaufen kann. Markiert ihre Herkunftsländer auf einer Weltkarte (Aufkleben der Bilder der Früchte).

3 Berichtet in einem Kurzreferat über die Nachwirkungen der Kolonialzeit bei uns und in den ehemaligen Kolonien.

4 Erarbeitet eine Ausstellung zum Thema „Kakao – ein Produkt aus den ehemaligen Kolonien". Bezieht dabei M1–M6 mit ein.

Das Militär prägt die Gesellschaft

M 1 Erfindungen und Entdeckungen im 19. sowie beginnenden 20. Jahrhundert:

1837 Telegraf (Morse)
1838 Fotografie (Daguerre)
1861 Telefon (Reis)
1866 Dynamomaschine (Siemens)
1867 Dynamit (Nobel) Stahlbeton (Monier)
1877 Verbrennungsmotor (Otto)
1879 Glühlampe (Edison)
1885 Durchleuchtungsgerät (Röntgen)
1885 Automobil (Daimler/Maybach/Benz)
1890 Luftreifen (Dunlop)
1893 Dieselmotor (Diesel)
1894 Filmgerät/Kino (Edison)
1894 Fluggerät (Lilienthal)
1896 Radioaktivität (Becquerel)
1903 Motorflugzeug (Wright)
1904 Kreiselkompass (Anschütz-Kaempfe)
1905 Relativitätstheorie (Einstein)

M 2 Elektrische Straßenbeleuchtung in London mit Lampen von Siemens (1881). Das elektrische Licht löste das Gaslicht ab. Kurz zuvor hatte der Amerikaner Edison die erste brauchbare Glühlampe entwickelt. Stich.

M 3 Clara und Carl Benz in ihrem Automobil. Foto, 1893.

Gründerzeit und Fortschrittsglaube

Die Reichsgründung von 1871 wurde in Deutschland als bedeutender Erfolg empfunden. Nun folgten große Hoffnungen in Bezug auf einen wirtschaftlichen Aufschwung. Die Kassen waren gut gefüllt, denn die unterlegenen Franzosen hatten die riesige Summe von 1,4 Milliarden Talern zahlen müssen. Geld konnte günstig geliehen werden, und viele Unternehmer erweiterten ihre Werkstätten oder gründeten neue Betriebe. Deshalb werden die Jahre nach der Reichsgründung auch als **Gründerzeit** bezeichnet.

In der zweiten Hälfte des 19. Jahrhunderts entwickelten sich neben der Eisen- und Stahlindustrie neue Industriezweige, nachdem immer mehr Erkenntnisse aus den Naturwissenschaften für die Entwicklung neuer Produkte genutzt worden waren. Vor allem an die Elektrotechnik, die Chemie und die Entwicklung von Verbrennungsmotoren knüpfte man große Hoffnungen. In der Tat brachte z. B. die Erfindung künstlicher Farbstoffe die deutsche chemische Industrie in eine führende Stellung auf dem internationalen Markt: Die Unternehmen BASF, Hoechst und Agfa teilten sich um 1900 etwa 90 Prozent des Weltmarktes.

Erfindungen und ihre Anwendungen

Bereits 1879 hatte Werner von Siemens in Deutschland eine Lokomotive mit Elektromotor entwickelt und der Amerikaner Thomas A. Edison die erste brauchbare Glühlampe.

Nachdem es 1891 in Deutschland zum ersten Mal gelungen war, elektrischen Strom über 175 Kilometer vom Wasserkraftwerk Lauffen am Neckar nach Frankfurt am Main zu übertragen, kam es zu einem Boom in der elektrotechnischen Industrie. Große Flüsse wurden nun für die Stromerzeugung genutzt, Maschinen konnten mit Elektromotoren angetrieben werden. Kräne, Transportbänder, Straßenbahnen und Eisenbahnen wurden Anwendungsbereiche für den neuen Antrieb. Als sauberer Antrieb nützlicher Geräte eroberten Elektromotoren auch die Privathaushalte.

M4 Guten Morgen, Majestät! Kompanie zur Stelle! Zeitgenössische Postkarte mit der kaiserlichen Familie.

M5 Soldaten beim Drill auf dem Kasernenhof. Zeitgenössische Postkarte, um 1900.

Das Militär als „Schule der Nation“

Auch die schnelle Entwicklung neuer Industrien konnte aber nicht verhindern, dass es zwischen den verschiedenen Gesellschaftsschichten tiefe Gräben gab. Ein junger Leutnant von Adel galt stets mehr als ein erfolgreicher Handwerksmeister, eine Lehrerin oder ein Arzt.

Zwischen einem „Fabrikherrn“ und seinen fast rechtlosen Arbeitern bestand ein himmelweiter Unterschied. Und ein Gutsherr („Junker“) im Osten des Reiches bestimmte über seine Landarbeiter wie ein kleiner König. Alle wichtigen Stellen im Staat (Heer, Verwaltung usw.) wurden mit Adligen besetzt. Auch neuerdings reich gewordene Bürger wollten wie der Adel leben. Kaiser, Nation und Militär galten ihnen als wichtige Werte.

Wer mit des „Königs Rock“ – der Uniform – gekleidet war, wurde mehr geachtet als ein „ungedienter Zivilist“. Eltern drohten ihren Söhnen mit dem Satz: „Du wirst noch Ordnung und Gehorsam lernen, wenn du zum Militär kommst. Dann machen sie einen richtigen Menschen aus dir.“

Viele Menschen bewunderten die Uniform als Berufskleidung der Soldaten. Aber nicht nur die Uniform war wichtig, sondern auch die „Eigenschaften“ des soldatischen Lebens: Gehorsam gegenüber Befehlen (auch ohne nach dem Sinn zur fragen), Konfliktlösung mit Waffen, Tapferkeit, Treue zum Kaiser, Vaterlandsliebe, usw. Der Ausdruck „Das Militär ist die Schule der Nation“ leitet sich von dieser Einstellung her.

1 Beschreibt die Abbildungen M2 und M3.

2 Erläutert die Folgen der Elektrifizierung und Motorisierung für Wirtschaft und Privatleben.

3 Ergänzt die Liste wichtiger Erfindungen im 19. und beginnenden 20. Jahrhundert (M1).

4 Beschreibt die Abbildungen M4 und M5.

5 Vergleicht die Darstellung der kaiserlichen Familie in M4 mit einem Foto eurer Familie.

6 Notiert Gründe, warum im Kaiserreich das Militär eine herausragende Stellung hatt und als „Schule der Nation“ galt.

Der Weg in den Ersten Weltkrieg

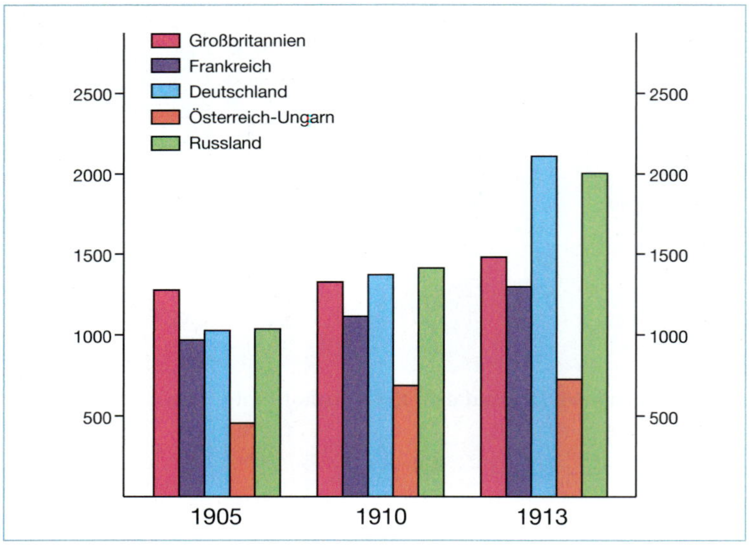

M 1 **Rüstungsausgaben 1905–1913 (in Mio. Mark).**

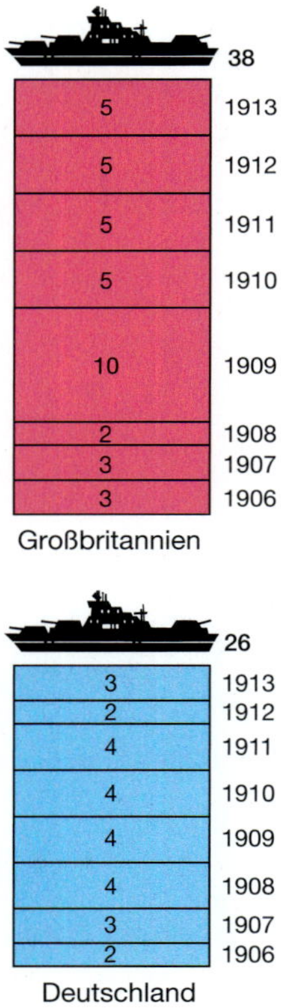

M 2 **Bau von Kampfschiffen 1906–1913.**

Rüstungs- und Flottenpolitik

Die Rivalität beim Erwerb von Kolonien hatte dazu geführt, dass die europäischen Mächte untereinander verfeindet waren und sich misstrauisch beobachteten. Jeder Versuch, die eigene Machtstellung weiter auszubauen, konnte in dieser Situation leicht als Bedrohung empfunden werden und einen Krieg auslösen. Die deutsche Politik unter Kaiser Wilhelm II. nahm darauf allerdings keine Rücksicht. So forderte Admiral Tirpitz im Jahre 1900 eine starke deutsche Flotte zum Schutz des Handels und der Kolonien.

Q 1 Während der Debatte im Reichstag über den Flottenbau meinte der Abgeordnete Oertel:

[…] Meine Herren, das kann nicht in Abrede gestellt werden, dass wir mit dieser Flottenverstärkung wieder ein Stück weiter hinausfahren in das Meer der Weltpolitik. Davor scheuen wir nicht zurück; unsere Stellung gebietet uns das. Wir müssen teilnehmen an der Weltpolitik, wenn wir unseren geschichtlichen Beruf erfüllen wollen. […]

Q 2 Wilhelm Liebknecht (1828–1900), Abgeordneter der Sozialdemokratischen Partei äußerte sich dazu:

[…] Wir wissen gar wohl, welche Ziele die Flottenvorlage hat: die Stärkung des Militarismus* und des Kapitalismus. Wir hatten gestern eine denkwürdige (Reichstags-)Sitzung, und es wird wohl mancher sich tief geschämt haben, als wir jene entsetzlichen Schilderungen der Hospitalzustände in Berlin, der Hauptstadt des Reiches, anhörten, als wir erfuhren, wie es hier in einem Hospital aussieht und hergeht. So ist es nicht bloß hier, sondern überall und vielfach noch schlimmer. Und woran fehlt es? Was antwortet man den Leuten, wenn sie sich erkundigen? „Wir haben kein Geld." 5000 Millionen werfen wir ins Wasser für die Flotte, nach diesem Gespenst der Weltmachtspolitik und der Weltherrschaft, aber für das Elend vor unseren Türen haben wir kein Geld. […]

Allgemeines Hochrüsten

Durch die **Flottenpolitik** des Deutschen Reiches fühlte sich vor allem Großbritannien bedroht. Sein Ziel war es, eine Kriegsflotte zu bauen, die so groß war wie die beiden nächstgrößeren Flotten zusammen. Damit begann in Europa ein allgemeines **Hochrüsten**. Von Jahr zu Jahr wurde in den europäischen Staaten mehr Geld für die Rüstung ausgegeben. Mit der Hochrüstung stieg die Kriegsgefahr.

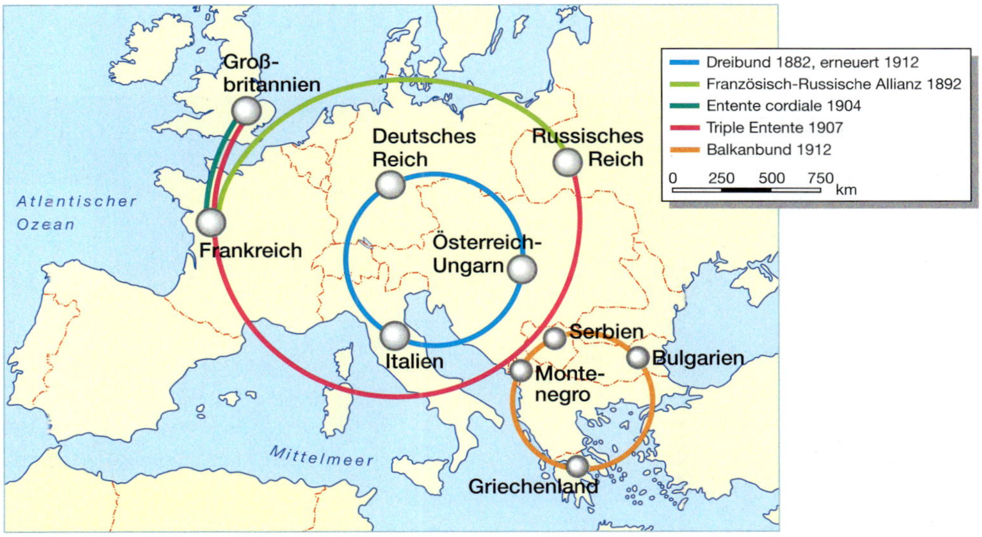

M3 Das europäische Bündnissystem vor dem Ersten Weltkrieg. Der Dreibund zerbrach 1915 mit dem Kriegseintritt Italiens auf der Seite von Großbritannien, Russland und Frankreich.

Auf der Suche nach Verbündeten

Die Großmachtpolitik des Deutschen Reiches löste in England bei vielen Menschen Angst aus. Mehrmals versuchten englische Politiker mit Deutschland zu einer Verständigung zu kommen. Der Kaiser und seine Berater widersetzten sich jedoch allen Bemühungen. Daraufhin näherte sich Großbritannien zunächst seinem „Erbfeind" Frankreich an. Im Jahre 1904 verständigten sich diese beiden Mächte über ihre Interessengebiete in Afrika. Nur drei Jahre später wurde auch mit Russland ein Vertrag abgeschlossen. Damit war in Europa ein neues Bündnissystem entstanden. Deutschland hatte jetzt nur noch einen Bündnisvertrag mit Österreich-Ungarn und Italien. Allerdings hatte Italien schon 1902 einen geheimen Nichtangriffspakt mit Frankreich geschlossen.

Kämpfen statt Verhandeln

Angesichts der großen Rüstungsanstrengungen in allen europäischen Staaten entstand innerhalb der Regierungen und in der Öffentlichkeit Europas immer stärker der Eindruck, dass man künftige Krisen durch einen schnellen kurzen Krieg lösen sollte und nicht mehr durch langwierige Verhandlungen. Dabei hoffte jedes Land, aus einem solchen Krieg als Sieger hervorzugehen.

Q3 1912 schrieb ein deutscher General in einem Buch:

[...] Der Krieg ist im Gegensatz zum Frieden der größte Machterweiterer und Lebenserwecker, den die Geschichte der Menschheit kennt [...]

***Militarismus**
Bezeichnung für eine Politik der Hochrüstung eines Staates, z. B. Deutschlands, bei der alle anderen staatlichen Aufgaben zugunsten der Rüstungsausgaben zurückgestellt werden. Das militärische Denken bestimmt dann auch weitgehend die zivile Gesellschaftsordnung.

1 Beschreibt anhand von M 1 die Entwicklung der Rüstungsausgaben der damaligen fünf europäischen Großmächte von 1905 bis 1913. Notiert jeweils für die drei angegebenen Jahre, welches Land das meiste Geld für Rüstung ausgab.

2 Vergleicht den Bau von Kampfschiffen in Großbritannien und Deutschland (M 2).

3 Nennt die Argumente, die in Q 1 und Q 2 für und gegen die deutsche Flottenrüstung vorgebracht werden.

4 Erläutert die bündnispolitische Lage Deutschlands vor 1914 mit der Karte M 3.

5 Schreibt dem General eine Antwort auf seine Behauptung (Q 3).

Keine Chance für den Friedenserhalt

M 1 **Friedenskundgebung der SPD.** Foto, 1911.

***Bertha von Suttner** (1843–1914) Die Baronin aus Österreich gehörte zu den führenden Köpfen der Friedensbewegung. Ihr Buch „Die Waffen nieder!" wurde in über 40 Auflagen gedruckt und in zahlreiche Sprachen übersetzt. Foto.

Alfred Nobel: Frieden durch Waffen

Alfred Nobel (1833–1896), einer der reichsten Männer Europas, schrieb im Jahre 1893 an Bertha von Suttner*, dass er einen großen Teil seines Vermögens für die Stiftung eines Preises einsetzen wolle. „Dieser Preis soll demjenigen oder derjenigen zuerkannt werden, der oder die Europa am weitesten vorangebracht hat auf dem Wege zur Befriedung der Welt."
Nobel verdankte seinen Reichtum vor allem seinen Geschäften mit „Dynamit oder Nobels Sicherheitspulver", die er maßgeblich in seinem Werk in Geesthacht entwickelt hatte. Abschreckung durch Aufrüstung – dies schien ihm die einzig mögliche Garantie für einen dauerhaften Frieden zu sein.

Bertha von Suttner: Frieden ohne Waffen

Ganz anderer Ansicht war die Baronin: Frieden schaffen ohne Waffen – das war ihr Ziel. Im Jahre 1889 erschien ihr Buch „Die Waffen nieder!"; es wurde in fast alle Weltsprachen übersetzt. Als Präsidentin der österreichischen Friedensgesellschaft schrieb sie an Nobel: „Es wäre schön, wenn der Erfinder des Kriegssprengstoffes einer der Förderer der Friedensbewegung wäre." Nobel antwortete ihr: „Die Abrüstung fordern bedeutet so viel wie sich lächerlich machen, ohne jemandem zu nützen." Bertha von Suttner ließ sich von solchen Hinweisen nicht entmutigen. Unermüdlich hielt sie Vorträge, schrieb an die europäischen Regierungen, um vor einem kommenden Krieg zu warnen.

Sozialdemokraten treten für Frieden ein

Ebenfalls für Abrüstung und Frieden kämpften die Sozialdemokraten in ganz Europa. Ein Krieg könne nur verhindert werden, so hofften sie, wenn sich in allen Staaten die Arbeiter und Arbeiterinnen dagegen wehren würden. In großen Demonstrationen versuchten sie, ihren Forderungen öffentlich Nachdruck zu verleihen. Doch weder die führenden Politiker noch die Militärs wollten einen Krieg ernsthaft verhindern, denn jeder glaubte an einen schnellen Sieg seines Landes.

Dauerkrise auf dem Balkan

Im Lauf des 19. Jahrhunderts hatten sich die Völker des Balkans von der türkischen Herrschaft befreit. Griechenland, Serbien und Bulgarien waren selbstständige Staaten geworden. Die staatliche Zuordnung von Albanien und Bosnien blieb umstritten.

Die Großmächte Österreich-Ungarn und Russland versuchten ihren Einfluss auf dem Balkan zu vergrößern. Österreich-Ungarn nahm 1908 Bosnien, das zur Türkei gehörte, endgültig in seinen Besitz. Dagegen protestierte das mit Russland verbündete Königreich Serbien.

Russland hoffte, mit der Unterstützung Serbiens einen direkten Zugang zu den Dardanellen* zu bekommen. In den Jahren 1912/13 wurden zwei Kriege um die Frage der staatlichen Neuordnung auf dem Balkan geführt. Ihr Ergebnis war, dass Griechenland, Bulgarien und Serbien ihr Staatsgebiet vergrößerten. Albanien wurde ein selbstständiger Staat.

Deutschland und Großbritannien verhinderten durch Verhandlungen, dass sich Österreich-Ungarn und Russland direkt an den Balkankriegen beteiligten. So konnte 1912 der Ausbruch eines großen europäischen Krieges noch vermieden werden.

Vom Attentat zur Julikrise

Alle wichtigen Staaten Europas waren zum Krieg bereit. Es fehlte nur noch ein Anlass. Man fand ihn in der Ermordung des österreichischen Thronfolgers Franz Ferdinand und seiner Frau Sophie durch serbische Nationalisten in Sarajevo. Deren Ziel war der Anschluss der serbischen Teile Bosniens an das Königreich Serbien. Nachdem sich Serbien weigerte, österreichische Beamte an dem Ermittlungsverfahren zu beteiligen, erklärte Österreich-Ungarn – von seinem Bündnispartner Deutschland bedingungslos unterstützt – Serbien am 28. Juli 1914 den Krieg. Dass Russland im Fall eines militärischen Vorgehens Österreichs gegen Serbien als dessen Schutzmacht nicht tatenlos zusehen würde, wurde in Kauf genommen. Noch am gleichen Tag erfolgte in Russland die Teilmobilmachung*. Und so gab es kein Halten mehr: Am 1. August 1914 erklärte Deutschland Russland den Krieg, am 3. August Frankreich. Als am 3. August deutsche Truppen durch das neutrale Belgien marschierten, war dies schließlich auch für England Anlass, Deutschland den Krieg zu erklären. Aus dem begrenzten Konflikt war ein europäischer Krieg geworden.

M 2 **Staaten auf dem Balkan 1913.**

***Dardanellen**
Meerenge in der Türkei zwischen Marmarameer und Ägäischem Meer. Der Zugang war strategisch wichtig.

***Mobilmachung/ Mobilisierung**
(frz. mobile = beweglich, marschbereit)
Maßnahmen, durch die die Streitkräfte eines Landes für den Kriegseinsatz bereitgestellt werden.

1 Untersucht die Positionen von Alfred Nobel und Bertha von Suttner. Bewertet beide Ansichten aus damaliger und heutiger Sicht.

2 Erkundigt euch im Internet, in Lexika oder Zeitschriften nach den Zielen von Friedensbewegungen heute und berichtet in der Klasse.

3 Beschreibt mithilfe von M 2 und des Textes die Veränderungen auf dem Balkan. Stellt die Interessen der Großmächte dar.

4 Erklärt mit euren Worten, warum es zum Krieg kam. Unterscheidet dabei zwischen Anlass und Ursachen des Kriegsausbruchs.

Das Gesicht des Krieges

M 1 **Schützengraben mit englischen Soldaten.** Foto, 1917.

M 2 **Durch Gasangriff erblindete Soldaten.** Foto, um 1916.

M 3 **Soldaten mit Gasmasken.** Foto, 1916.

M 4 **Verbandsplatz.** Foto, 1918.

Vom Bewegungskrieg zum Stellungskrieg

Der **Erste Weltkrieg** begann wie die Kriege zuvor. Die Kolonnen marschierten, gelenkt von den Heerführern. Ihr Ziel war, entweder die Armee des Gegners einzukreisen oder in die Flucht zu schlagen, um auf diese Weise das Gebiet des Gegners zu erobern. Dieser sogenannte Bewegungskrieg bedeutete für den einzelnen Soldaten, mit ca. 20 bis 40 Kilogramm Gepäck zu marschieren. Dann traf man auf den Gegner und es kam zum Gefecht. Doch im Westen – auf belgischem und französischem Gebiet – setzten sich die Fronten fest. Die feindlichen Truppen lagen in diesem Stellungskrieg einander gegenüber – oft nur 50 Meter voneinander entfernt. Beide Seiten versuchten, durch ungeheuren Einsatz von Material (Materialschlachten) und stundenlanges Granatfeuer die gegnerischen Stellungen aufzubrechen und die Soldaten zu zermürben. „Siege" oder „Erfolge" sahen oftmals so aus, dass – wenn überhaupt – nur kurzzeitig Boden gewonnen werden konnte, der gleich danach wieder zurückerobert wurde.

Neue Waffen

Währenddessen versuchten beide Seiten durch den Einsatz neuer Waffen, z. B. Maschinengewehren, einen entscheidenden Vorteil zu erringen. Erstmals unterstützten Flugzeuge die Bodentruppen. Zu Wasser wurden nun U-Boote eingesetzt. Die moderne Kriegsführung setzte alle Reserven der am Krieg beteiligten Völker ein. Es war ein Krieg, bei dem erbittert gekämpft wurde. 1916 rückten die Engländer zum ersten Mal mit Tanks, Vorläufern von Panzern, an. Der Einsatz von Giftgas seitens der Deutschen führte zur Erblin-

M5 An der Westfront bei Arras, Frankreich. Foto, 1916.

dung oder zum qualvollen Tod von unzähligen Soldaten. Zum Schutz dagegen kämpfte man mit Gasmasken.

Vier Jahre Stellungskrieg

M6 Der Verlauf des Krieges

1914: Die deutsche Offensive (Angriff) im Westen beginnt mit dem Einmarsch in das neutrale Belgien. Im Osten besiegen die deutschen Truppen die russische Armee. Französische Truppen stoppen den deutschen Vormarsch.

1915: Die englische Seeblockade verschlechtert die Lage Deutschlands und seiner Verbündeten.

1916: Schlacht und Stellungskrieg bei Verdun (Frankreich). Beide Seiten verlieren insgesamt 600 000 Soldaten.

1917: Uneingeschränkter U-Boot-Krieg. Die USA erklären Deutschland den Krieg.

1918: Russland scheidet aus dem Krieg aus. Kapitulation Deutschlands im Oktober/November.

M7 Kriegsalltag an der Front. Foto, 1916.

1 Erarbeitet mithilfe der Bilder und des Autorentextes auf dieser Doppelseite, wodurch sich dieser Krieg von anderen unterschied.

2. Schreibt einen Zeitungsartikel – Überschrift: „Die Folgen des modernen Krieges für die Menschen".

3 Legt mithilfe von M6 eine Zeitleiste über den Verlauf des Krieges an.

4 Erläutert für jeden Punkt in M6, inwiefern er die Lage der jeweiligen kriegsteilnehmenden Staaten verbesserte oder verschlechterte.

Kriegsjahre und Kriegsende

M 1 Frauen arbeiten in der Rüstungsindustrie. Foto, 1917.

Mangel an der „Heimatfront"

Seit Kriegsbeginn häuften sich die Schwierigkeiten in Deutschland. Viele Rohstoffe für die Industrieproduktion und die Ernährung mussten schon vor dem Krieg importiert werden. Hier setzten jetzt die Kriegsgegner an: Sie verhängten gegen Deutschland eine **Blockade** zu Land und zur See. Dabei kam es zum Mangel an wichtigen Gütern.

Die Ernteerträge gingen immer weiter zurück: Missernten bei Kartoffeln und Getreide führten im Winter 1916/1917 zu einer großen **Hungersnot**.

Lebensmittel gab es nur noch auf Bezugskarten (= **Lebensmittelkarten**). Aber viele Nahrungsmittel waren trotz Bezugskarten nicht zu bekommen. Kohlrüben wurden zu einem wichtigen Lebensmittel. Man mischte sie dem Brot bei oder aß sie anstelle von Kartoffeln.

Kohlrüben-Karte
— Stadt Erfurt —

2 Pfund Kohlrüben 31. Woche 18.–24. März 1917	2 Pfund Kohlrüben 32. Woche 25.–31. März 1917
2 Pfund Kohlrüben 29. Woche 4.–10. März 1917	2 Pfund Kohlrüben 30. Woche 11.–17. März 1917

M 2 Bezugskarte für Kohlrüben (1917).

Besonders Kranke und Arme litten unter der Hungersnot

1917 betrug die wöchentliche Ration eines Stadtbewohners:

- 3 kg Kartoffeln
- 1,5 kg Brot
- 250 g Fleisch
- 62 g Butter oder Fett.

Arbeitskräfte fehlen

Auch an Arbeitskräften mangelte es. Millionen Männer waren an der Front und fehlten in der Heimat. Frauen wurden nun in fast allen Bereichen in den bisher von Männern ausgeübten Berufen eingesetzt. Sie verrichteten auch schwerste Arbeiten. Dafür wurden Schutzbestimmungen aufgehoben – z. B. die Anordnung, dass Frauen nicht mehr als zehn Stunden am Tag arbeiten und auch keine Nachtarbeit übernehmen dürfen.

Für die Staatsführung war klar: Im Krieg geht die Rüstungsproduktion unbedingt vor.

M 3 Braunschweiger Pfadfinder bei der Ablieferung von gesammelten Kartoffelschalen als Viehfutter. Foto, 1916.

Uneingeschränkter U-Boot-Krieg

England hatte bei Kriegsausbruch mit seiner Flotte sofort die Nordsee zum Kriegsgebiet erklärt und eine Blockade über Deutschland verhängt. Minenfelder und englische Kriegsschiffe sperrten den Ärmelkanal und die Nordsee zwischen Norwegen und England.
So konnten auch neutrale Schiffe, die für Lebensmittelnachschub für Deutschland sorgten, nicht mehr deutsche Häfen anlaufen. Deutschland war isoliert. Die deutschen U-Boote griffen daraufhin englische Handelsschiffe an.

Kriegseintritt der USA

Im Februar 1917 entschloss sich Deutschland zum **uneingeschränkten U-Boot-Krieg**. Dies bedeutete, dass nun nicht nur militärische Schiffe, sondern auch Handelsschiffe ohne Vorwarnung von Torpedos beschossen wurden. So gerieten auch Schiffe aus den USA unter Beschuss. Daraufhin erklärten die USA Deutschland den Krieg.

Deutsche Schlussoffensive scheitert

Durch den Friedensvertrag Deutschlands mit Sowjetrussland im März 1918 war der Zweifrontenkrieg vorbei. An der Westfront versuchte die Heeresleitung, die Offensive der Alliierten* zu durchbrechen. Wieder starben Hunderttausende Soldaten auf beiden Seiten.
Die Stimmung unter den deutschen Soldaten an der Westfront im Spätsommer 1918 war sehr gedrückt, da immer deutlicher wurde, dass Deutschland den Krieg verlieren würde.

Die Zahl der Alliierten wächst ständig

Im Verlaufe des Krieges hatten die Kriegsgegner Deutschlands immer mehr Verbündete. Letztendlich standen 31 Staaten gegen Deutschland im Krieg.

M4 **Torpedoangriff eines deutschen U-Bootes auf ein englisches Schiff.** Foto, 1915.

M5 **Die geschlagene deutsche Armee auf dem Rückmarsch über die Balduinbrücke in Koblenz.** Foto, 1918.

Die Niederlage

Trotz Aufbietung aller Kräfte war der Krieg nicht zu gewinnen. Dazu hatte wesentlich der Kriegseintritt der USA 1917 beigetragen. Ihre Soldaten waren gut ausgerüstet, während die Deutschen durch den schon drei Jahre währenden Krieg entkräftet und abgekämpft waren.
Der mit so viel Begeisterung und Siegeszuversicht begonnene Krieg endete mit der deutschen Niederlage. Für viele Soldaten stand die Welt kopf: In Berlin musste der Kaiser abdanken, zwei Tage später wurde am 11. November 1918 der **Waffenstillstand** unterzeichnet. Die Truppen kehrten nach Deutschland zurück: geschlagen, verzweifelt, verbittert.

***Alliierte**
(verwandt mit dem Begriff „Allianz“)
Verbündete.

1 Erklärt die Fotos dieser Doppelseite mithilfe des Autorentextes.

2 Tragt die Lebensmittel, die 1917 für einen Stadtbewohner ausreichen mussten, zusammen. Macht euch eine Vorstellung von der Menge, indem ihr ausrechnet, wie viel er davon an einem Tag essen darf.

3 Beschreibt die Endphase des Krieges und die Stimmung in Deutschland.

Bedrohung durch Krieg und Terror

M1 **11.9.2001 – Terroristen steuerten zwei gekidnappte Passagiermaschinen in die Türme des World Trade Centers in New York. Etwa 3000 Menschen fanden den Tod.** Foto vom Einschlag der zweiten Maschine.

M2 **Selbstmordattentat in Afghanistan.** Foto, 2009.

Neue Kriegsformen

Kriege waren lange Zeit recht einfach zu beschreiben. Eine oder mehrere Nationen kämpften für einen klar definierten Zeitraum gegeneinander. Am Ende stand ein Friedensschluss sowie der Wiederaufbau der Länder und eine Integration der unterlegenen Mächte. Auch wenn im Ersten Weltkrieg (1914–1918) und im Zweiten Weltkrieg (1939–1945) über 50 Millionen Menschen auf Grund der Kriegshandlungen starben, waren dies noch „normale" Kriege, so schrecklich und unmenschlich sie auch geführt wurden.

Mit dem Angriff der terroristischen Al-Kaida-Gruppierung auf das New Yorker World Trade Center und auf das Verteidigungsministerium in Washington 2001 zeichnete sich eine neue Kriegsführung ab. Kleine Gruppierungen von Selbstmordattentätern, die bereit sind, ohne Rücksicht ihr eigenes Leben zu opfern, bestimmen nun das Kriegsgeschehen im Nahen Osten und in Afghanistan. Mit regulären Armeen sind diese Gruppierungen nicht zu bekämpfen.

Der Anschlag auf das New Yorker World Trade Center war der Höhepunkt in einer Reihe von Angriffen der internationalen Al-Kaida-Organisation gegen amerikanische Stützpunkte in Afrika und Asien. Neu war, dass die USA 2001 auf ihrem Territorium nicht von einem Staat, sondern von einem weltweit verzweigten Netz von radikal-islamistischen* Terroristen angegriffen wurden. Diese gaben vor, im Namen eines radikalen Islam gegen die USA zu kämpfen.

***radikale Islamisten**
Bezeichnung für Muslime verschiedener Nationen, die mit Gewalt eine politische Herrschaft errichten wollen, die sich streng an den Lehren des Korans ausrichtet. Für dieses Ziel kämpfen sie auch mit Selbstmordattentaten.

1 Informiert euch in den Medien über aktuelle Konflikte und die Art der Kriegsführung.

Imperialismus und Wettrüsten

Am Ende des 19. Jahrhunderts versuchten vor allem die europäischen Industrienationen, die Welt unter sich aufzuteilen und in anderen Erdteilen, beispielsweise Afrika, Kolonien zu errichten. Neben den wirtschaftlichen Interessen – dem Bedarf an Rohstoffen und Absatzmärkten für die heimische Industrieproduktion – waren viele Europäer davon überzeugt, dass es nicht nur ihr Recht, sondern auch ihre Pflicht sei, die Welt zu regieren („Sendungsbewusstsein"). Die ungerechte, oft willkürliche Behandlung der einheimischen Bevölkerung führte in vielen Kolonien zu Aufständen. Nach 1900 verstärkte sich der Kampf der europäischen Mächte um wirtschaftlichen und politischen Einfluss überall auf der Welt. Es kam zu einem Wettrüsten.
Das Misstrauen der Mächte nahm ständig zu und führte zu neuen Bündnissystemen. Eine wichtige Krisenregion war der Balkan, an dem Russland sowie Österreich großes Interesse zeigten. Mit der Ermordung des österreichischen Thronfolgers und seiner Frau durch serbische Attentäter war der Anlass zum Ersten Weltkrieg gegeben.

Erster Weltkrieg

Überall in Europa jubelten die Massen, als sie von der Mobilmachung der Armeen erfuhren. In Scharen meldeten sich Freiwillige zum Kriegsdienst. Jede Nation betonte, dass dieser Krieg ein Verteidigungskrieg sei, aber jede Nation hatte auch konkrete Kriegsziele, die auf eine dauerhafte Schwächung des Gegners zielten.
In wenigen Monaten wurde aus dem Bewegungskrieg ein Stellungskrieg, der schließlich Millionen Menschen das Leben kostete. Ganze Landstriche, vor allem in Frankreich, wurden während der Materialschlachten verwüstet. Schwer belastet durch den Krieg war auch die Zivilbevölkerung durch den Mangel an Lebensmitteln und Hungersnöte an der sogenannten Heimatfront. Der Eintritt der USA auf Seiten der deutschen Kriegsgegner beschleunigte die Niederlage der Mittelmächte, die im November 1918 kapitulierten.

1884

Deutschland wird Kolonialmacht.

28. Juli 1914

Beginn des Ersten Weltkrieges.

ab 1915

Industrielles Töten.

November 1918

Der Erste Weltkrieg endet mit der Niederlage Deutschlands.

Check: Das kann ich schon …

Wichtige Begriffe erklären

- ✓ Kolonialismus
- ✓ Imperialismus
- ✓ Rassismus
- ✓ Deutsch-Südwestafrika
- ✓ Wettrüsten
- ✓ Balkankriege
- ✓ Friedensbewegung
- ✓ Julikrise 1914
- ✓ Gesicht des Krieges
- ✓ Stellungskrieg
- ✓ Verdun
- ✓ U-Boot-Krieg
- ✓ Wilsons 14 Punkte

M 1 Das europäische Bündnissystem vor dem Ersten Weltkrieg.
Der Dreibund zerbrach 1915 mit dem Kriegseintritt Italiens auf der Seite von Großbritannien, Russland und Frankreich.

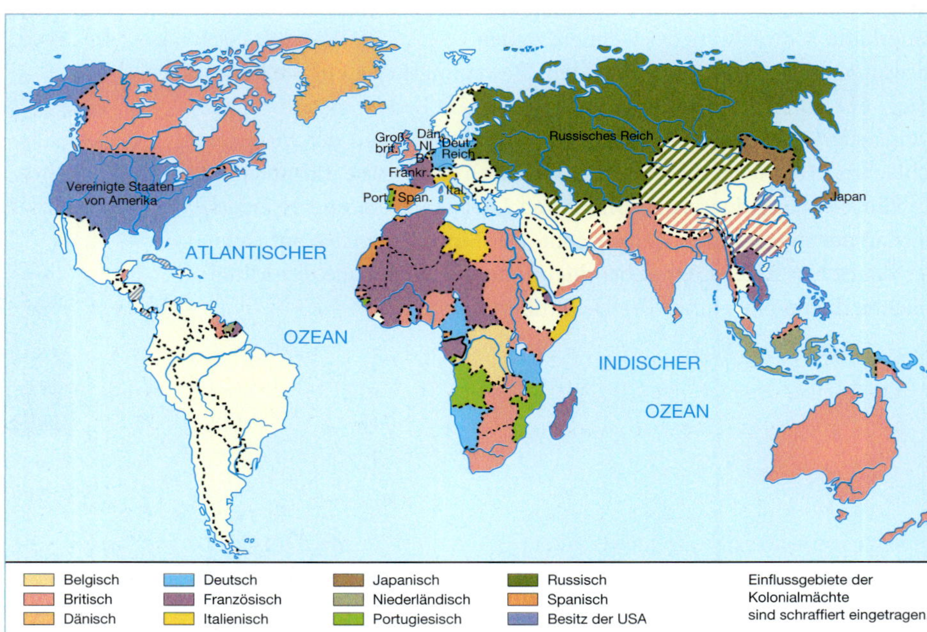

M 2 Die koloniale Aufteilung der Welt 1914.

M3 **Kriegsalltag an der Front.** Fotos, 1916.

M4 **Flaggenhissung auf den Palau-Inseln.** Foto, 1897.

M5 **Soldaten im Schützengraben.** Foto, 1917.

Fachliche Kompetenz

1 Erklärt euch gegenseitig die wichtigen Begriffe (Kasten) und schreibt die Bedeutung der Begriffe in eure Arbeitsmappe.

2 Beschreibt mit der Karte M2 und M4 das Bestreben europäischer Staaten, sich über weite Gebiete der Erde auszubreiten.

3 Erläutert mit Karte M1 die Bündnispolitik der europäischen Staaten untereinander und beschreibt die Folgen vor 1914.

4 Berichtet über die Anfänge der Friedensbewegung vor dem Ersten Weltkrieg und versucht zu erklären, warum sie damals so wenig Erfolg hatte.

5 Begründet, warum der Erste Weltkrieg als ein „technisiertes Massensterben" bezeichnet werden kann.

Methodenkompetenz

6 Beschreibt die Methoden der Werbung am Ende des 19. Jahrhunderts und zeigt dies an M2 S. 331.

Urteils- und Handlungskompetenz

7 Notiert Gründe dafür, dass bei Kriegsausbruch im August 1914 die meisten Menschen in allen europäischen Staaten jubelten.

8 Beschreibt mit Hilfe von M3 und M5 das Gesicht des Ersten Weltkrieges und die Folgen der Kriegsführung.

9 Informiert euch über das, was heute unternommen wird, um den Frieden in der Welt zu sichern.

Begriffslexikon

A

Abendland: Land im Westen, wo (scheinbar) die Sonne untergeht, d. h. West- und Mitteleuropa.

Adel: (ahd. edili = die Edelsten) Bezeichnung für die Schicht mächtiger Familien, die im Mittelalter durch ihre Abstammung und durch Grundbesitz besondere Rechte gegenüber der übrigen Bevölkerung beanspruchte. Die Adligen genossen ein hohes Ansehen in der Gesellschaft und übernahmen oft militärische Dienste und Verwaltungsaufgaben für den König. Sie zahlten keine Steuern. Zum Adel zählten z. B. die Grafen, die Herzöge und später die Ritter.

Anbaugrenze: Sie bezeichnet einen Übergangssaum, jenseits dessen aus klimatischen Gründen der Anbau von Kulturpflanzen nicht mehr möglich ist.

artesischer Brunnen: Voraussetzung ist, dass Grundwasser unter hohem Druck steht. Wenn die abdeckenden Schichten durchbohrt werden, steigt das Grundwasser wie in einem Springbrunnen an die Oberfläche.

Azteken: Indianervolk, das zur Zeit der spanischen Eroberung Gebiete Süd- und Zentralamerikas beherrschte. Mithilfe benachbarter Völker unterwarfen die Spanier unter der Führung von Hernando Cortés zwischen 1519 und 1521 das aztekische Reich.

B

Bevölkerungswachstum: Zunahme der Bevölkerung in einem Gebiet. Die natürliche Bevölkerungsentwicklung ergibt sich aus der Differenz der Geburten- und Sterbefälle.

Bewässerungsfeldbau: Nicht ausreichender Niederschlag wird ergänzt durch Bewässerung aus Brunnen, Flüssen oder Kanälen.

Bodenerosion: Abtragung von Boden durch Wasser oder Wind. Heute häufig ausgelöst durch menschliche Eingriffe, wie Abholzung oder Überweidung.

borealer Nadelwald: Natürliche Vegetation in den Gebieten mit kaltgemäßigtem Klima. Die Wälder bestehen überwiegend aus Lärchen, Kiefern, Fichten und Birken.

Bürgerrecht: Bürger der Stadt hatten das Recht, Grundbesitz frei zu verkaufen und zu vererben. Auch konnten sie ihren Wohnsitz frei wechseln. Alle Bürger wurden in Rechtsstreitigkeiten nach dem Stadtrecht behandelt. Dies galt für Männer und Frauen. Nur die männlichen Vollbürger waren berechtigt, den Rat der Stadt zu wählen und Ämter zu besetzen. Juden waren meist vom Bürgerrecht ausgeschlossen, ebenso Gesellen, Mägde und Tagelöhner.

C

Christentum: Die auf Jesus Christus (= „der Gesalbte"), sein Leben und seine Lehre gegründete Religion.

D

Datumsgrenze: Grenzlinie, die unter Berücksichtigung von politischen Grenzen am 180. Meridian entlangführt. Man muss beim Überschreiten in östlicher Richtung zweimal dasselbe Datum schreiben, in westlicher Richtung einen Tag auslassen.

Dauerfeldbau: Bei ganzjährigem Pflanzenwachstum in den immerfeuchten Tropen sind mehrere Ernten im Jahr möglich.

Dauerfrostboden: Seit der Eiszeit bis 1500 Meter tief gefrorener Boden, der nur im Sommer oberflächlich auftaut.

Degradation: Abnahme der natürlichen Bodenfruchtbarkeit durch menschliche Einwirkung.

Desertifikation: Ausbreitung der Wüste in angrenzende Gebiete. Häufig eine Folge zu starker Nutzung der Savannen oder Steppen durch Feldbau oder Weidewirtschaft.

Dreieckshandel: Handel zwischen Afrika, Lateinamerika und Europa. Die Europäer kauften oder raubten Sklaven in Afrika, die nach Lateinamerika transportiert wurden. Von dort wurden Gold, Silber, Zucker und Baumwolle nach Europa geliefert.

Dürre: Die Niederschläge bleiben bis zu einigen Jahren teilweise oder ganz aus.

E

Eis: Durch Abkühlung erstarrtes Wasser. Der Gefrierpunkt liegt bei 0 °C. In den Polargebieten treten z. B. Schelf-, Inland- und Packeis und Tafeleisberge auf.

Ende des Weströmischen Reiches: 476 n. Chr. erlosch mit der Absetzung des letzten Kaisers Romulus Augustulus durch den germanischen Truppenführer Odoaker das Weströmische Reich. Für manche Historiker endet damit die Antike. Allerdings verdeckt diese Zeitgrenze, dass vieles aus dem römischen Weltreich weiterlebte. So blieb die lateinische Sprache; Grundsätze des römischen Rechts wurden später wieder aufgenommen. Auch waren die römischen Kaiser Vorbilder für spätere Herrscher. Und bis heute nennt sich eine christliche Konfession römisch-katholisch.

Entdeckungen: Die Entdeckungen der Spanier und Portugiesen seit 1492 veränderten das Bild der Welt. Zahlreiche Seefahrer und Abenteurer erkundeten die Küstengebiete und Flussläufe Amerikas. Die Westroute nach Indien fand erst 1519 der Portugiese Ferdinand Magellan.

Entwicklungsland: Ein Staat, in dem das durchschnittliche Pro-Kopf-Einkommen weit unter dem der Industrieländer liegt. Weitere Kennzeichen sind: geringe Lebenserwartung, schlechter Ausbildungsstand, wenig Industrie und unzureichend ausgebaute Infrastruktur.

Epoche: Zeitalter, ein bedeutender Abschnitt in der Geschichte.

Erdbeben: Erschütterung der Erdoberfläche; meist an den Plattengrenzen der Erdplatten.

Erfindungen: Am Beginn der Neuzeit kam es zu wichtigen Erfindungen, die die Entdeckungsfahrten möglich machten: Globus, Kompass, Federuhr, verbesserter Schiffsbau.

F

Flussoase: Kulturland, das sich entlang eines Flusses in der Wüste befindet. Das Flusswasser dient vorrangig zur Versorgung und zur Bewässerung des Ackerlandes.
fossile Süßwasserreserve: Vor langer Zeit entstandener Grundwasservorrat in größerer Tiefe.

G

Gesellschaft: Die Gesamtheit der Ordnungen und Bewegungen, die aus dem Zusammenwirken der Menschen hervorgehen.
Gestein: Mehr oder weniger stark verfestigtes Gemenge von Mineralen.
Globalisierung: Begriff für die zunehmende weltweite Verbreitung der Produktion, der Beschaffung und des Absatzes von Waren und Dienstleistungen.
Grabenbruch: Lang gestreckter Einbruch in einer Gesteinsscholle der Erdkruste.
Gradnetz: Gedachtes Gitter von Längen- und Breitenkreisen auf der Erde. Es erleichtert die Orientierung und ermöglicht die genaue Lagebestimmung von Orten.
Grundherrschaft: Der Grundherr, z. B. ein Adliger, ein Bischof oder ein Kloster, verfügte über das Obereigentum an Grund und Boden. Er überließ abhängigen Bauern, den Grundholden (= Hörigen), Land zur Bewirtschaftung. Für den Schutz, den der Grundherr gewährte, waren die Hörigen zu Abgaben und Frondiensten verpflichtet. Gänzlich unfreie Bauern, die Leibeigenen, arbeiteten auf dem Herrenland bzw. auf Fronhöfen, die den Mittelpunkt einer Grundherrschaft bildeten.
Gründungsurkunde: Schreiben, in dem der Stadtherr den Bewohnern einer Stadt bestimmte Rechte verleiht.
Grundwasseroase: Kulturland in einem trockenen Gebiet, wo Grundwasser an der Erdoberfläche auftritt.

H

Hightechindustrie: Bezeichnung für forschungs- und entwicklungsintensive Technologiebetriebe.
Höhenstufen der Vegetation: Im Gebirge ändert sich mit zunehmender Höhe die Vegetation, weil die Jahresmitteltemperatur abnimmt und die des Jahresniederschlags zunimmt.
Hurrikan: Tropischer Wirbelsturm mit Windstärken über Windstärke 12.

I

Industrieland: Staat mit hohem wirtschaftlichem Entwicklungsstand, in dem die meisten Erwerbstätigen in Industrie und Dienstleistungen beschäftigt sind.
Informeller Sektor: Wirtschaftliche Tätigkeiten, die nicht staatlich registriert und kontrolliert sind (Schattenwirtschaft). Zum Beispiel: Schuhputzer, Straßenverkäufer.
Innertropische Konvergenz (ITC): Zone beiderseits des Äquators, in dem der Nordost- und der Südostpassat zusammenfließen.
Islam: Große, besonders in Süd- und Westasien verbreitete Weltreligion; Anhänger sind die Muslime. Grundlagen sind der Glaube an einen Gott (Allah), der Koran und die Taten und Aussprüche des Propheten Mohammed.

J

Jahreszeitenklima: In den gemäßigten und polaren Klimazonen sind die jahreszeitlichen Temperaturunterschiede größer als die täglichen Temperaturschwankungen. Die Jahreszeiten sind deutlich zu unterscheiden.

K

Klima: Fasst man die Wetterabläufe vieler Jahre zusammen, so erhält man das Klima eines Gebietes.
Klimazone: Gebiet mit gleichartigem Klima, das sich in einem Gürtel um die Erde erstreckt.
Kloster: Ein Kloster (lat. claustrum = Verschluss) ist ein gegenüber der Außenwelt „abgesperrter" Ort, in dem Mönche (lat. monachus = einsam lebend) oder Nonnen (ägypt. nonnis = unversehrte Jungfrau) leben. Die Leitung eines Klosters liegt in der Hand eines Abtes oder einer Äbtissin.
Kontinentaldrift: Gesteinsschollen der Erdkruste werden von Magmaströmungen des Erdmantels verschoben.
Konvektionsstrom: Strömungswalzen des Magmas im Erdmantel infolge von Temperaturunterschieden.
Kreuzzug: Im weiteren Sinne ist unter einem Kreuzzug ein von der Kirche im Mittelalter geförderter Kriegszug gegen „Heiden" (Ungläubige) und Ketzer (vom rechten Glauben Abgewichene) zu verstehen. Ziel war die Ausbreitung oder Wiederherstellung des katholischen Glaubens.

L

Landschaftszone: Erdumspannende Zone, die sich aus dem Zusammenwirken von Klima, Boden und Vegetation ergibt.
Lava: Bei Vulkanausbrüchen austretende glutflüssige Gesteinsschmelze.
Lehnswesen: Das Lehen war ein vom Herrn an den Lehnsmann (Vasall) lebenslang geliehenes Gut (lat. beneficium), für das der Vasall dem Herrn Dienste zu leisten hatte. Lehnsherr und Vasall begaben sich in ein gegenseitiges Pflicht- und Treueverhältnis: Der Herr nahm den Vasallen unter seinen Schutz, verlangte dafür aber im Frieden Rat (lat. consilium) und im Kriegsfall militärische Hilfe (lat. auxilium). Als Gegenleistung belohnte der Herr den Vasallen mit seinem Schutz und einem Lehen.

M

Magma: Gashaltige Gesteinsschmelze der tieferen Erdkruste und des Erdmantels.
Markt: Handelsplatz, der mit dem Marktrecht ausgestattet war und eine eigene Rechtsordnung besaß. Der Marktherr (König, Bischof oder Fürst) garantierte den Marktfrieden und die Sicherheit. Streitigkeiten wurden vor einem eigenen Marktgericht verhandelt. Aus Marktplätzen entwickelten sich häufig mittelalterliche Städte.
Medien: Sammelbegriff für alle audiovisuellen Mittel und Verfahren zur Verbreitung von Information, Bildern, Nachrichten etc.

Menschenrechte: Die angeborenen unveränderlichen Rechte eines jeden Menschen. Sie sind höher gestellt als die Rechte eines Staates.
Meridian: Längenhalbkreis im Gradnetz der Erde, der vom Nordpol zum Südpol verläuft.
Migration: Wanderungen von Bevölkerungsgruppen oder Personen aus wirtschaftlichen (z. B. Gastarbeiter), sozialen oder erzwungenen Gründen.
Mittelalter: Bezeichnung für den Zeitraum zwischen Antike und Neuzeit. Das Ende des Weströmischen Reichs 476 n. Chr. und die Gründung des Frankenreichs um 500 bedeutet für viele Historiker den Beginn des Mittelalters. Es endet um 1500 in einer Zeit religiöser Umwälzungen (1517 Reformation), wichtiger Erfindungen und der Entdeckung Amerikas (1492).
Mittelozeanischer Rücken: Der bis zu 5000 m hohe Gebirgszug bildete sich beim Aufquellen der Erdkruste. An wenigen Stellen überragt er als Inseln die Meeresoberfläche.
Mitternachtssonne: Besonderheit der polaren Zone. Während des Polartages steht die Sonne auch um Mitternacht über dem Horizont.
Monokultur: Großflächiger Anbau einer einzigen Nutzpflanze viele Jahre hintereinander auf einer Fläche.

N

Nationalpark: Großräumige Naturlandschaft oder naturnahe Kulturlandschaft, die wegen ihrer besonderen Eigenart und Einmaligkeit auf der Erde erhalten werden soll und deshalb unter Schutz gestellt wurde.
Niederschlagsvariabilität: Beträchtliche Unterschiede der jährlichen Niederschlagsmenge von Jahr zu Jahr. Die Jahre geringen Niederschlags beeinträchtigen die landwirtschaftliche Produktion erheblich und können zu Hungersnöten führen.
Nomadismus: Form der Weidewirtschaft mit Weideflächenwechsel. Die Nomaden wandern mit dem Vieh von Naturweide zu Naturweide.

O

Oase: An Wasservorkommen in der Wüste gebundenes Gebiet, in dem Bewässerungsfeldbau und somit eine dichte Besiedlung möglich sind.
Ortszeit: Direkt vom Sonnenstand an einem Ort bestimmte Zeit. Sie ist für alle Orte gleich, die auf demselben Meridian liegen.

P

Patrizier: Patrizier waren Angehörige der städtischen Oberschicht im mittelalterlichen Europa. Zu dem Patriziat gehörten einflussreiche bürgerliche und adlige Familien, meistens Kaufleute und Großgrundbesitzer.
Passat: Mäßig starker und sehr beständiger Wind, der in tropischen Gebieten rund um den Erdball auftritt. Man unterscheidet nach der Hauptwindrichtung den Nordost-Passat auf der Nordhalbkugel und den Südost-Passat auf der Südhalbkugel.
physikalische Verwitterung: Zerfall von Gesteinen und Mineralien an der Erdoberfläche, der durch physikalische Einwirkungen (z. B. Temperaturdifferenzen) verursacht wird.
Plattentektonik: Wissenschaftliche Lehre vom Aufbau der Erdkruste. Sie besteht aus unregelmäßigen Teilstücken, die in das Magma des Erdmantels eintauchen.
Polarkreis: Breitenkreis der Erde, der die polare Beleuchtungszone mit Polartag und Polarnacht begrenzt. Breitenkreise 66° 33' N und 66° 33' S.
Polarnacht: Zeitspanne, in der die Sonne mindestens 24 Stunden nicht aufgeht.
Polartag: Zeitspanne, in der die Sonne mindestens 24 Stunden nicht untergeht.
Privileg: (lat. = Sonderrecht) Eine Rechtsvereinbarung, die nur für eine bestimmte Gruppe von Personen gültig ist. Im Mittelalter wurden Privilegien von einem weltlichen oder geistlichen Herrn verliehen und meistens in einer Urkunde festgehalten.

R

Rat: Versammlung von Patriziern, später von Handwerkern, durch die eine Stadt regiert wurde, nachdem der Stadtherr seine Rechte an den Rat freiwillig oder nach Kämpfen übertragen hatte.
Regenzeit: Jahreszeit mit regelmäßigen Niederschlägen.
Reichsbildung der Franken: Als das Weströmische Reich in der Völkerwanderung zerfiel, entstanden auf seinem Gebiet mehrere Germanenreiche. Aber nur das Reich der Franken, die seit dem 3. Jahrhundert n. Chr. in Gallien eingedrungen waren, konnte sich dauerhaft behaupten. Das fränkische Großreich wurde zur Keimzelle der heutigen Staaten Frankreich und Deutschland.
Richter-Skala: Einteilung von Erdbeben nach ihrer Stärke aufgrund von Messungen durch Seismographen.
Rohstoff: Ausgangsmaterial für industrielle Produktion. Rohstoffe können tierischer, pflanzlicher und mineralischer Herkunft sein.

S

Sahel: Übergangszone von der Wüste Sahara zur Trockensavanne in Nordafrika; überwiegend Dornsavanne.
Savanne: Landschaftsraum in der tropischen Zone zwischen Wüste und tropischem Regenwald.
Schalenbau der Erde: Sammelbegriff für den inneren Aufbau der Erde, die sich aus mehreren Schalen zusammensetzt.
Schwellenland: Wirtschaftlich fortgeschrittenes Entwicklungsland, das an der Schwelle zum Industrieland steht.
sommergrüner Laubwald: Verhältnismäßig artenreicher, mittelhoher natürlicher Wald der gemäßigten Zone.
Ständegesellschaft: Im Mittelalter und in der frühen Neuzeit bestimmte die Geburt, zu welchem gesellschaftlichen Stand ein Mensch gehörte. Während sich im frühen Mittelalter die Gesellschaft in Adlige sowie Freie und Unfreie teilte, setzte sich die Kirche seit dem 11. Jahrhundert mit ihrer „Dreiständelehre" (Klerus, Adel und Bauern) durch. Im Laufe des Mittelalters kamen die Bürger in den entstehenden Städten zum dritten Stand hinzu. Zu keinem Stand gehörten z. B. Arme, Tagelöhner und die Minderheit der Juden. Die Zugehörigkeit zu einem Stand galt als gottgewollt.

Standortwahl: Aus Gründen der Wirtschaftlichkeit muss der günstigste Standort für einen Betrieb gewählt werden. Standortfaktoren sind: Angebot an Energie und Rohstoffen, Leistungsfähigkeit der Verkehrs-, Informations- und Kommunikationsnetze, Nähe zum Verbraucher, vorhandenes Arbeitskräftepotenzial.
Straßenkind: Kind, das obdachlos und ohne Angehörige lebt und seinen Lebensunterhalt durch Betteln, kleine Jobs oder notgedrungen durch Stehlen bestreitet.
Strukturwandel: Veränderungen bestehender Verhältnisse in Gesellschaft und Wirtschaft (wirtschaftlicher Strukturwandel) und in der Struktur von geographischen Räumen (städtischer, ländlicher Strukturwandel).

T

Tageszeitenklima: In den Tropen sind die täglichen Schwankungen der Temperatur größer als die Jahresschwankung. Es gibt daher weder Sommer noch Winter.
Temperaturzone: Erdumspannender Gürtel ähnlicher Temperatur.
thematische Karte: Sie zeigt verschiedene geographische Themen der natürlichen und gesellschaftlichen Umwelt.
Tiefseegraben: Eine lang gestreckte, rinnenförmige und sehr tiefe Einsenkung des Meeresbodens.
Topographie: Sammelbegriff für geographische Objekte wie Berge, Flüsse, Siedlungen usw. in einem Gebiet.
topographische Lage: Die Lage von Objekten auf der Erdoberfläche wird durch räumliche Gesichtspunkte beschrieben: z. B. Gradnetz, Kontinent, Klimazone, Staat.
Tornado: Außertropischer Wirbelsturm mit geringer Ausdehnung, aber großer Windstärke.
Treibhauseffekt: Er beschreibt den Einfluss von Kohlenstoffdioxid, Wasserdampf und weiteren Gasen auf den Wärmehaushalt der Erde. Treibhausgase lassen einen Teil der Sonnenstrahlung durch die Lufthülle und halten die reflektierte Wärmestrahlung zurück. Man unterscheidet den natürlichen vom durch den Menschen verursachten Treibhauseffekt.
Trockenzeit: Jahreszeit mit geringem oder ohne Niederschlag.
Tropenklima: Klima mit steter Tag- und Nachtgleiche, ständig hohen Temperaturen und geringen jährlichen und täglichen Temperaturschwankungen.
tropischer Regenwald: Immergrüner artenreicher sehr hoher Wald mit üppigem Pflanzenwachstum.
Tsunami: Durch untermeerische Erdbeben oder Vulkanausbrüche verursachte Flut an der Küste.
Tundra: Baumlose, durch Polsterstauden, Flechten und Moose gekennzeichnete Kältesteppe.

U

Überhöhung: Übertreibung der Höhenverhältnisse bei der Zeichnung eines Profils. Durch die Wahl eines größeren Höhenmaßstabs gegenüber dem Längenmaßstab treten Höhenunterschiede deutlicher hervor.
Überweidung: Auf der Weidefläche werden mehr Tiere gehalten, als es aufgrund der natürlichen Verhältnisse möglich ist. Die Grasnarbe wird zerstört.
Unternährung: Unzureichende Ernährung, häufig bei Bewohnern der Entwicklungsländer.

V

Vegetationsperiode: Der Teil des Jahres, in dem die Pflanzen wachsen, blühen und Früchte bringen.
Vegetationszone: Gebiet mit gleichartiger Vegetation, das sich in einem Gürtel um die Erde erstreckt.
Verstädterung: Wachstum von Städten nach Anzahl, Bevölkerung und Fläche.
vertikale Integration: Vorgang der Verschmelzung vor- und nachgelagerter Produktionsstufen eines Produktes unter einer einheitlichen Unternehmensführung.
Vulkan: Meist kegelförmiger Berg, der aus einem Krater regelmäßig oder unregelmäßig Gas, Lava, Gesteinsbrocken und Asche ausstößt.

W

Wadi: Bezeichnung der Araber für ein Flusstal mit seltener Wasserführung in den Wüsten.
Wanderfeldbau: In den Tropen werden Anbaufelder in unregelmäßigen Abständen gewechselt. Einfache Anbaumethoden und die Abnahme der Bodenfruchtbarkeit machen den Wechsel notwendig.
wechselfeuchte Tropen: Gebiet in den Tropen mit Regen- und Trockenzeiten.
Weltbild: Die Vorstellung, dass die Erde der Mittelpunkt der Welt und des Weltalls sei, wurde durch astronomische Beobachtungen verändert. Nikolaus Kopernikus erkannte, dass die Erde um die Sonne kreist und dass die Erde nicht der Mittelpunkt der Welt ist. Diese Beobachtungen widersprachen den Lehren der Kirche.
Wendekreis: Breitenkreis der Erde, der die tropische Beleuchtungszone begrenzt.
Tropischer Wirbelsturm: Großräumiger Luftwirbel mit hohen Windgeschwindigkeiten in den Tropen. Sie werden z. B. als Hurrikan oder Taifun bezeichnet.
Wüste: Gebiet, in dem aufgrund großer Trockenheit oder Kälte nur spärlich Pflanzen wachsen.
Wüstenform: Nach der Oberflächenbeschaffenheit sind Fels- und Schutt-, Kies- und Sandwüsten zu unterscheiden.

Z

Zeitzone: Jeder Meridian, dessen Zahlenwert durch 15 teilbar ist, wurde zur Mittellinie einer Zeitzone erklärt. So sind auf der Erde 24 Zonenzeiten mit je einer Stunde Zeitunterschied eingerichtet worden.
Zenitstand: Der senkrechte Stand der Sonne über einem Ort in den Tropen zur Mittagszeit.
Zunft: Im Mittelalter schlossen sich Menschen oft zu Hilfsgemeinschaften, so genannten Gilden, zusammen. Häufig taten dies Menschen, die in einer Stadt dasselbe Gewerbe ausübten. Ein Beispiel für eine Gilde ist die Zunft, der die Handwerksmeister eines Berufs beitreten mussten (= Zunftzwang).
Zunftordnung: Regeln einer Zunft für die Herstellung und Verkauf von Waren und das Zusammenleben der Handwerker.

Sachregister

C

D

E

L

M

Y

Z

Arbeitstechniken und Methoden

Arbeitstechniken und Methoden im Überblick:

- Quelleninterpretation
- Schaubilder
- Statistiken und Grafiken
- Wandzeitung
- Geschichtskarten
- Internetrecherche
- Referat
- Diskussionen
- Fotoanalyse
- Verfassungsschema
- Wahlplakate
- Archivrecherche
- Projektarbeit
- Expertenbefragung
- Karikaturen
- Schulbuchtext
- Stummes Schreibgespräch
- Argumentationsposter
- Arbeitsergebnisse präsentieren
- Streitgespräch
- Länderprofil

Quelleninterpretation

Berichte geben uns ein Bild von der Vergangenheit. Doch ist dieses Bild richtig? Entspricht der Bericht der Wahrheit oder übertreibt er, ist einseitig oder gar falsch? Mithilfe verschiedener kritischer Fragen könnt ihr den Wahrheitsgehalt eines Textes überprüfen:

1. Fragen zum Text

- Wovon berichtet der Text?
- W-Fragen: Wer? Wo? Wann? Was? Wie? Warum?
- Wie ist der Text untergliedert? Welcher Gesichtspunkt steht im Mittelpunkt?
- Wie kann man den Inhalt kurz zusammenfassen?
- Welche Widersprüche, Übertreibungen oder Einseitigkeiten enthält der Text?

2. Fragen zum Verfasser (Autor)

- Welche Informationen besitzen wir über den Verfasser?
- Kannte der Schreiber die Ereignisse, über die er berichtete, aus eigener Anschauung?
- Welche Absichten verfolgte der Verfasser mit seinem Text?
- Versuchte der Autor möglichst neutral zu sein oder ergriff er Partei für bestimmte Personen?

Schaubilder

Schaubilder stellen komplizierte Zusammenhänge vereinfacht dar. Um sie auswerten zu können, solltet ihr in folgenden Schritten an die Sache heran gehen:

1. Was ist dargestellt?

- Inhalt feststellen (Um was geht es?)
- Symbole entschlüsseln (Bedeutung von Farben, Form der Elemente, Pfeile …).

2. Wie ist die Darstellung aufgebaut?

- Aufbau und Ablauf erkunden (Wo ist der „Einstieg", läuft alles in eine Richtung? Gibt es Verzweigungen, soll ein Kreislauf angedeutet werden?)
- Zusammenhänge herstellen (Wo sind z. B. Ursachen, wo ergeben sich Folgen?)

3. Auswertung

- Gesamtaussage erkennen (Wie könnte man die Aussage des Schaubildes mit wenigen Worten wiedergeben?)
- Kritisch überprüfen (Was fehlt, was wird zu einfach dargestellt oder übertrieben …?)

Statistiken und Grafiken

Immer wieder arbeiten wir im Geschichtsunterricht mit Statistiken und Grafiken. Sie helfen uns, historische Entwicklungen anschaulich darzustellen und zu vergleichen.
Die folgenden Schritte erleichtern euch die Arbeit:

1. Angaben zusammentragen

Tragt die Angaben zu dem Thema, das ihr bearbeitet, zusammen. Stellt eine Tabelle dazu auf mit einem Gesamtergebnis, das wäre dann eine Statistik. Diese Arbeit ist eine notwendige Vorarbeit für eine grafische, also zeichnerische Darstellung der Daten.

2. Art der Grafik wählen

Grafiken sollen übersichtlich und aussagekräftig sein. Der ausgewählte Typ, z. B. Säulen- oder Kurvendiagramm, muss zum Inhalt passen.

3. Grafik anlegen

Hierfür ist es manchmal günstig, die absoluten Zahlenwerte in Prozente umzurechnen.

4. Interpretation

Hierzu werden die Grafiken „gelesen" und in Worte übersetzt.

5. Kritik

Ihr werdet schnell feststellen, dass man durch die Art der Darstellung Dinge übertreiben oder abschwächen kann. Da hilft bei fremden Statistiken nur ein kritischer Blick auf die zugrunde liegenden Zahlenwerte. Eine seriöse Statistik muss nachvollziehbar und damit überprüfbar sein.

Wandzeitung

Eine Wandzeitung schaut der Betrachter im Stehen oder im Vorbeigehen an. Also: Wenige, überschau-

bare Texte, dazu einige, möglichst großformatige Abbildungen.
So geht Ihr vor:

1. Informationen auswählen
Was ist wichtig, was kann weggelassen werden? Was soll als Text, was im Bild, Schaubild oder in einer Tabelle dargestellt werden?

2. Gestaltung
Wie soll die Schrift aussehen? Welche Bilder sind geeignet und wo werden sie angeordnet? Welche Zeichnungen, Tabellen oder Schaubilder sollen angefertigt werden und wohin sollen sie kommen?

3. Material
Welches Material wird benötigt (Tapete, Pappe, Stifte, Kleber, Heftzwecken, Stecknadeln, Scheren, Lineal usw.)? Wer besorgt es?

4. Arbeit verteilen und durchführen
Wer möchte Texte schreiben, Bilder ausschneiden und beschriften, Zeichnungen, Tabellen anfertigen usw.? Bilder, Texte usw. nicht sofort festkleben, sondern erst alles lose auflegen!

5. Präsentation
Wandzeitung aufhängen und den anderen Gruppen vorstellen (präsentieren).

Geschichtskarten

Im Unterricht arbeitet ihr auch mit Geschichtskarten. Sie stellen ein Thema aus der Geschichte dar. Das kann eine bestimmte Situation sein. Es kann auch die Entwicklung über einen längeren Zeitraum hinweg sein. Bei der Arbeit mit Geschichtskarten helfen folgende Arbeitsschritte weiter:

1. Thema und Zeitraum bestimmen
Antwort gibt meist der Titel der Karte. Er ist in diesem Buch über den Karten abgedruckt. Wenn der Zeitraum im Titel nicht zu erkennen ist, muss man einen Blick in die Legende werfen oder auf der Karte eingetragene Jahreszahlen sammeln.

2. Das dargestellte Gebiet bestimmen
Sicher könnt ihr nur sein, wenn ihr euch am Kartenbild orientiert habt. In diesem Buch hilft euch oft der kleine Kartenausschnitt.

3. Farben und Zeichen erklären
Fast jede Karte hat eine Zeichenerklärung, die sogenannte Legende. Dort findet ihr die Erklärungen, die nicht in der Karte stehen.

4. Aussagen der Karte zusammenfassen
Wenn ihr Schwierigkeiten habt, versucht ihr am besten zu der Karte eine kurze Geschichte zu erzählen. Was passierte in welcher Reihenfolge?

Internetrecherche

Um über ein Thema etwas in Erfahrung zu bringen, kann man das Internet nutzen. Wie eine riesige Bibliothek bietet es eine Fülle von Informationen. So lichtet ihr den Informationsdschungel:

1. Schlagwort finden
Überlegt euch zu einem Thema, über das ihr mehr erfahren wollt, passende Schlagwörter.

2. Suchmaschine benutzen
Im Internet gibt es mehrere Anbieter von Suchmaschinen, bei denen ihr euer Stichwort nur eingeben müsst, dann durchforstet sie alle Internetseiten. Ihr erhaltet eine Liste der passenden Internetseiten zu eurem Stichwort. Bekannte Suchmaschinen sind: www.google.de, www.yahoo.de, www.lycos.de.

3. Stichwort eingeben
Bei der Eingabe des Stichworts ist Folgendes zu beachten: Prüft die Rechtschreibung, denn ist ein Wort falsch geschrieben, kann die Suchmaschine nichts finden. Findet die Suchmaschine unter einem Stichwort nichts, dann müsst ihr euch ein anderes überlegen. Ist das Stichwort zu allgemein formuliert, dann bekommt ihr zu viele Einträge.

4. Ergebnisse sichten und auswählen
Die Einträge müsst ihr nun sichten und auswählen. Sortiert die Seiten aus, bei denen es nicht um die Informationen geht, die ihr gesucht habt. Aber Vorsicht: Achtet immer darauf, wer der Anbieter der Informationen ist. Bei anerkannten Institutionen (Ministerium, Universität, Museum) könnt ihr euch auf die Richtigkeit der Informationen verlassen. Bei privaten Anbietern müsst ihr die Information eventuell noch einmal überprüfen.

Referat

Referate sind eine der häufigsten Formen der Informationsvermittlung. Sie eignen sich vor allem dazu, Informationen eines Einzelnen an ein Publikum weiterzugeben. Hier einige Tipps:

1. Material sammeln und ordnen
Sucht in der Schul- und in der Stadtbibliothek unter bestimmten Stichwörtern nach Material zu eurem Thema. Notiert die Fundstellen und schreibt euch die Informationen auf oder kopiert die Seiten.

2. Materialien gliedern
Breitet euer Material auf einem großen Tisch aus; überlegt, welche Materialien zusammengehören, und ordnet sie nach Unterthemen.

Erarbeitet daraus eine Gliederung für den Vortrag.

3. Eigene Texte formulieren

Verbindet nun die geordneten Materialien durch eigene Texte. Achtet darauf, dass eure Sätze klar und verständlich sind.

4. Vortrag zusammenstellen und Medien bereitstellen

Stellt dann euren Vortrag mit den Medien in der richtigen Reihenfolge zusammen. Sorgt für die technischen Medien, die ihr benötigt.

5. Vortrag üben

Übt das Referat laut und in freier Rede. Markiert im fertigen Text die wichtigen Stellen. Für den freien Vortrag schreibt euch Stichworte auf einen Merkzettel. Laut, langsam und deutlich sprechen.

6. Präsentation

Stellt als Erstes das Thema und die Planung vor. Haltet dann euer Referat. Haltet dabei Blickkontakt zu den Zuhörerinnen und Zuhörern. Plant noch Zeit für Fragen oder eine Diskussion ein.

Diskussionen

Eine Diskussion soll eine Frage klären, die alle Beteiligten angeht.

Folgende Regeln solltet ihr beachten:

1. Thema klären

Oft ist es hilfreich, das Thema einer Diskussion vorher an die Tafel zu schreiben.

2. Gesprächsleitung bestimmen

Selten kommt man bei Diskussionen ohne Personen aus, die das Gespräch leiten. Sie haben folgende Aufgaben:

- Wortmeldungen sammeln.
- Den Diskutanten der Reihe nach das Wort erteilen.
- Zwischenrufe zurückweisen.
- Gehört ein Beitrag nicht zur Sache, kann der Gesprächsleiter das Wort entziehen.
- Die Gesprächsleiter dürfen nie ihre eigene Meinung in den Mittelpunkt stellen, sondern müssen möglichst neutral bleiben.

3. Gesprächsregeln vereinbaren

Vor der Diskussion werden die Gesprächsregeln geklärt: Abwarten der Worterteilung, wie lange man sprechen darf usw.

Ein Tipp: Ein bestimmter Gegenstand, z. B. ein Ball, kann als Zeichen der Redeerlaubnis herumgereicht werden. Sprechen darf, wer den Ball in Händen hält.

Schreibt die Gesprächsregeln auf ein Plakat und hängt es in der Klasse auf.

Fotoanalyse

Außer Gegenständen und Textquellen können uns auch Fotos wichtige Informationen über die Geschichte geben. Doch aufgepasst: Ein Foto ist nicht einfach eine Abbildung der Wirklichkeit. Es ist wichtig, diese vermeintlich so objektiven Quellen kritisch zu betrachten. Wir müssen uns daher überlegen, unter welchen Bedingungen diese Quellen entstehen und welche Besonderheiten sie haben.

Daher fragen wir:

1. Fragen zum Foto

- Wann ist das Foto entstanden?
- Wer hat es aufgenommen?
- Warum ist das Foto aufgenommen worden?
- Gibt es eine Bilderklärung? Welche Informationen enthält sie?

2. Fragen zum Motiv

- Was ist dargestellt?
- Fallen euch wichtige Dinge ein, die mit dem Motiv zusammenhängen, aber nicht auf dem Bild zu erkennen sind?
- Welche weiteren Informationen wären zum besseren Verständnis nötig?

Verfassungsschema

Strukturschemata und Grafiken helfen uns, komplizierte Sachverhalte zu verstehen wie z. B. eine Verfassung.

Ein Verfassungsschema kann man folgendermaßen auswerten:

1. Worum geht es?

Ein Schema steht meist in engem Zusammenhang mit einem Text. Seht euch genau an, wovon dieser berichtet.

2. Welche Farben, Linien, Symbole werden verwendet?

Jedes Strukturschema versucht durch einfache Zeichen komplizierte Zusammenhänge zu erklären. Diese Zeichen sind zumeist in einer Legende erklärt.

- Schafft euch einen Überblick über die Farben: Was bedeuten sie? Gibt es eine Farbe in verschiedenen Schattierungen? Werden Farben gemischt?
- Werden verschiedene Linien eingesetzt? Sind Kästchen verschiedenartig eingerahmt?

- Welche Symbole gibt es (z. B. Krone für König) und was bedeuten sie?

3. Beziehung der Elemente

Klärt nun, wie die einzelnen Elemente zusammenhängen.

- Was bedeuten die Verbindungslinien, Pfeile oder andere Zeichen zwischen den Elementen?
- Hat die Stellung der Elemente (oben, unten) eine Bedeutung?

4. Schlussfolgerungen

Haltet die Informationen, die ihr dem Schema entnehmt, fest: Wer hat welche Rechte, wer hat welche Pflichten? Zusätzliche Erkenntnisse:

- Gibt es ein Zentrum im Schema, wo besonders viele Pfeile zusammenlaufen? Was bedeutet das?
- Welche Elemente wirken ausgegrenzt? Welchen Grund könnte es dafür geben?

Wahlplakate

In der Weimarer Republik (1918 bis 33) wurden erstmals Plakate verwendet, um Wählerinnen und Wähler zu gewinnen. Plakate enthalten meistens Bilder und kurze, einprägsame Texte (Slogans). Sollen die Ziele von Wahlplakaten durchschaut werden, müssen sie genauer untersucht werden. Folgende Fragen helfen dabei:

1. Fragen zum Plakat

- Wer ist der „Urheber“ des Plakats?
- An wen richtet sich die Werbung?
- Werden bestimmte Gruppen angesprochen? Welche Ziele sind zu erkennen?

2. Begriffe und

- Zusammenhänge klären
- Wie ist das Plakat gestaltet?
- Welche darstellerischen Mittel werden eingesetzt?
- Welche Wirkung soll erzielt werden?

3. Aussage

Lässt sich eine Gesamtaussage des Plakats formulieren?

Archivrecherche

Ein wichtiges Hilfsmittel, um an historische Informationen aus eurer Heimat zu gelangen, ist das Benutzen eines Archivs. Dort sind alte Zeitungen, Schriftstücke unterschiedlichster Art, Tagebücher oder sogar Film- und Tondokumente gesammelt. So könnt ihr ein Archiv für eure Fragen nutzen:

1. Thema eingrenzen

Je genauer ihr euer Thema eingrenzt, umso gezielter könnt ihr überlegen, wonach ihr im Archiv suchen wollt.

2. Archivführung vereinbaren

Euer/Eure Lehrer/-in muss die Klasse im Archiv anmelden und einen Besuch vereinbaren. Während des Besuchs solltet ihr Fragen stellen können. So bekommt ihr viele Informationen über die Aufgabe eines Archivs und die Archivbenutzung. Auch die Arbeit eines Archivars sollte deutlich werden.

3. Betreute Arbeitsgruppen bilden

Wenn ihr nun das Archiv selbst benutzt, geht es an die Ermittlung von Quellen und deren Auswertung. Dabei erkennt ihr schnell, was bei der Arbeit im Archiv wichtig ist: Entschlüsseln unterschiedlicher Schreibweisen, Auflösen von Kürzeln, Bedeutung veralteter Ausdrücke klären. Sind diese Probleme beseitigt, ist der kritische Umgang wie bei jeder Quelle gefordert: Wovon berichtet der Text? Was ist über den Verfasser bekannt? usw.

4. Selbstständig recherchieren

Ihr seid jetzt mit den wichtigsten Benutzungsbedingungen im Archiv vertraut und könnt langsam selbstständig recherchieren. Macht euch ständig Notizen darüber, wie ihr vorgeht und was ihr findet.

Projektarbeit

Bei einem Projekt arbeitet eine Arbeitsgruppe selbstständig an einem Thema mit unterschiedlichen Fragestellungen. Projekte benötigen längere und intensivere Arbeitsphasen.

Die Projektarbeit gliedert sich in folgende Phasen:

1. Vorbereitung

- Themen sammeln: Welcher Einzelaspekt ist besonders interessant?
- Ziel und Thema des Projekts festlegen.
- Zeitplan bestimmen: Projekte dauern mindestens eine, meist aber zwei bis drei Wochen. Erstellt einen genauen Zeitplan, damit ihr die Arbeit besser überschaut.
- Vorstellung der Arbeitsergebnisse: Überlegt, wie ihr eure Ergebnisse anderen Schülern und Schülerinnen präsentiert: Wandzeitung, Dokumentation, Ausstellung?

2. Durchführung

- Arbeitsgruppe einteilen: Legt fest, wer mit wem arbeitet und verteilt die Arbeiten an die einzelnen Gruppen. Auch innerhalb der Gruppen solltet ihr klären, wer wofür verantwortlich ist.

- Material besorgen: Material findet ihr in Tageszeitungen, Illustrierten, im Internet und Büchern.
- Arbeitsergebnisse überprüfen: Zwischendurch solltet ihr euch immer wieder mit der ganzen Klasse zusammensetzen und eure Zwischenergebnisse vorstellen. Fragen eurer Mitschüler können euch helfen, Schwachpunkte eurer Arbeit zu erkennen.

3. Vorstellung der Ergebnisse

Fasst die in Teilprojekten erarbeiteten Ergebnisse zusammen und präsentiert sie wie zuvor besprochen. Ist euer Projekt interessant für die Öffentlichkeit, ladet Eltern und Freunde ein und informiert die (Lokal-) Presse.

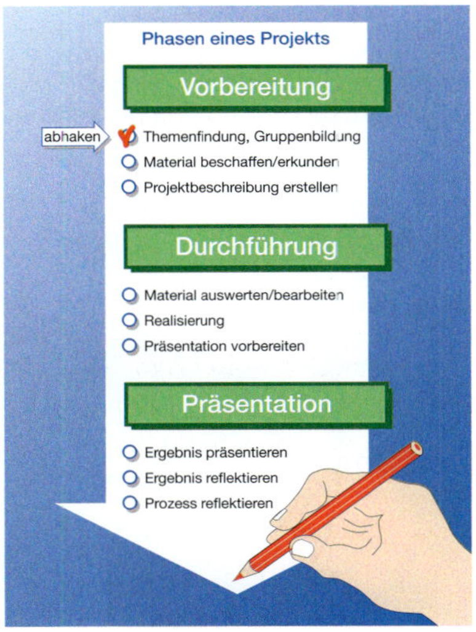

Erkundung

1. Schritt: Erkundung vorbereiten

- Anschriften ermitteln und telefonisch oder persönlich Kontakt aufnehmen.
- Termin für den Besuch vereinbaren.
- Arbeitsmittel zusammenstellen (z. B. Fotoapparat, Kassettenrekorder, Notizblock usw.).
- Fragen sammeln, ordnen und einen Fragebogen zusammenstellen.
- Aufgaben verteilen.

2. Schritt: Erkundung durchführen

- Begrüßung und Vorstellen eurer Erkundungsziele.
- Alle notierten Fragen stellen.
- Antworten und weitere Beobachtungen notieren.
- Skizzen oder Fotos machen; eventuell Fotokopien erbitten.

3. Schritt: Antworten auswerten und Ergebnisse präsentieren

- Fragebogen (Antworten) in Gruppen auswerten.
- Ergebnisse dokumentieren, z. B. Antworten ordnen und – mit Fotos ergänzt – als Wandzeitung gestalten.
- Die Ergebnisse mit weiteren Bildern, Grafiken und Texten ergänzen und zu einem Beitrag für die Schülerzeitung oder die Lokalzeitung eures Wohnortes ausarbeiten.

Tipp: Ein Exemplar an eure „Informationsquelle“ (Museum, Archiv, „Heimatexperte“) schicken!

Anregungen für die Erkundung eurer Region:

1. Zu welcher Region gehört mein Wohnort?
2. In welchem „alten“ Staat (Territorium) liegt der Ort?
3. Welcher Dialekt (welche Mundart) wurde früher hier gesprochen? Gibt es heute noch Menschen, die eine solche Mundart sprechen und verstehen können?
4. Welche Trachten (für Frauen, Männer, Kinder) wurden in deiner Region getragen?
5. Welche Bräuche und Feste werden gefeiert? Zum Beispiel kirchliche Feste, Osterfeuer, Schützenfeste.
6. Gibt es spezielle Speisen und Getränke in deiner Region?

Expertenbefragung

1. Schritt: Fragen sammeln

- Notiert alle Fragen, die euch einfallen.
- Stellt sie zu einem Fragenkatalog zusammen. Überlegt dabei, welche sich einem gemeinsamen Thema zuordnen lassen.

2. Schritt: Kontakt aufnehmen

- Besprecht, wen ihr einladen wollt.
- Nehmt telefonisch oder brieflich Kontakt auf und übergebt euren Fragenkatalog, damit der Experte/die Expertin sich vorbereiten kann.

3. Schritt: Befragung vorbereiten

- Einigt euch mit den Experten auf Termin und zeitlichen Rahmen des Treffens (eine Befragung sollte nicht länger als zwei Stunden dauern!).
- Legt vorher fest, wer die Gesprächsführung übernimmt (Schüler/-in oder Lehrkraft).
- Bereitet den Raum vor (Stuhlkreis, Anordnung der Tische in U-Form).

4. Schritt: Befragung durchführen

- Die Gesprächsleitung begrüßt die Gäste und stellt sie vor. Jeder von euch stellt ein Namensschild vor sich oder nennt seinen Namen, wenn er sich zum ersten Mal meldet.
- Die Gesprächsleitung achtet darauf, dass der Fragenkatalog be-

antwortet wird. Wenn etwas unklar bleibt, könnt ihr nachfragen.

- Am Ende dankt ihr dem Experten/der Expertin (evtl. mit einem kleinen Geschenk).
- Wenn der Gast einverstanden ist, könnt ihr das Gespräch auf Tonband oder Video aufzeichnen. Für die Auswertung genügt es allerdings, wenn zwei von euch Protokoll führen.

5. Schritt: Antworten auswerten
Überprüft anhand des Fragenkatalogs, welche Antworten ihr erhalten habt. Sind noch Lücken geblieben? Warum? Diskutiert anschließend in der Klasse, ob sich der Expertenbesuch gelohnt hat.

Karikaturen

1. Schritt: Den ersten Eindruck festhalten
Notiert, was euch bei der Betrachtung der Karikatur zuerst auffällt.

- Wie ist eure erste Reaktion?

2. Schritt: Ideen sammeln („Brainstorming")
Sammelt alle Ideen und Gedanken, die euch beim Betrachten der Karikatur einfallen.

3. Schritt: Die Einzelheiten beschreiben
Welche Personen und Sachverhalte sind erkennbar? Achtet auf Gesichtsausdruck, Körperhaltung, Kleidung und kennzeichnende Gegenstände. Welche Symbole werden verwendet? Achtet auf einzelne Wörter und/oder die Bildunterschrift.

4. Schritt: Die Bedeutung klären
Welche Bedeutung haben die Personen und Gegenstände? Auf welche Bildteile bezieht sich der Text? (Eventuell in einer Tabelle notieren.).

5. Schritt: Die Aussage der Karikatur formulieren
Fasst in wenigen Sätzen zusammen: Auf welche Situation, auf welches Ereignis bezieht sich die Karikatur? Was sagt die Karikatur über das Thema aus? Wie beurteilt der Zeichner das Thema? Welche Wirkung könnte die Karikatur haben?

Schulbuchtext

1. Schritt: Thema des Textes
a) Worüber berichtet der Text?
b) Wie lässt sich das Thema kurz formulieren?

2. Schritt: Aufbau des Textes
c) Wie ist der Text gegliedert?
d) Welche Überschriften lassen sich für die Abschnitte finden?

3. Schritt: Inhalt des Textes
e) Welche unbekannten Wörter muss ich klären?
f) Welche Schlüsselwörter enthält der Text?
g) Wie lautet die Kernaussage?
h) Welche Einzelinformationen liefert der Text?

4. Schritt: Inhalt zusammenfassen
i) Wie kann der Inhalt knapp und treffend zusammengefasst werden?

Stummes Schreibgespräch

Für ein stummes Schreibgespräch benötigt ihr folgende Materialien:

- Schere, Kreppband, Filz- oder Wachsmalstifte, Wandtapeten (von großen Papierrollen, Resttapeten oder Kartonpapier).

Je nach Gruppengröße werden auf mindestens zwei zusammengestellten Tischen zwei Wandtapeten in der Breite des Tisches aneinandergelegt und mit Kreppband befestigt. Die Stühle werden beiseite gestellt.
Nun wird in großer Schrift auf jede Tapete eine Aufgabe oder eine Frage geschrieben.
Auf ein vereinbartes Zeichen wird für etwa zehn Minuten nicht mehr gesprochen. Ihr könnt euch während dieser Zeit nur noch schriftlich mitteilen.
Bis zu 15 Personen verteilen sich gleichmäßig um die Tischgruppe. Während der ganzen Zeit geht ihr langsam um die Tische und entscheidet selbst, wann, wie viel und wo ihr etwas hinschreiben wollt. Wie in einem normalen Gespräch wird es möglich sein, viel zu schreiben oder erst einmal zu sehen, was die anderen schreiben. Ihr könnt Meinungen und Argumente niederschreiben, Beiträge von anderen kommentieren, sie unterstützen oder ihnen widersprechen. Meinungsäußerungen anderer dürfen aber nicht durchgestrichen oder verändert werden.

Argumentationsposter

Ein Argumentationsposter ist ein Hilfsmittel, mit dem ihr eine Begründung zu einem bestimmten Thema entwickeln, systematisieren und vortragen könnt. Es sollte möglichst nur kurze Formulierungen oder Stichworte enthalten.

1 Die Aussagen beschreiben die Situation, wie sie IST.

2 Die nächste Aussagen beziehen sich darauf, wie die Situation sein SOLL.

3 In dem dritten Kasten wird begründet, WARUM das Soll notwendig ist.

4 Im vierten Kasten wird eine Forderung formuliert, die ausdrückt, was zu tun ist: APPELL an den Einzelnen.

Beispiel: Ausweisung von Umweltzonen für die Innenstädte:

IST: zu viele Autos in der Stadt; Luftverschmutzung; Lärmbelastung, Schäden für Umwelt und Menschen.

SOLL: saubere, gesunde Luft; keine Feinstaubbelastung; Umweltschutz

WARUM: Umwelt schützen; Gesundheit erhalten; Lärm vermeiden; Luftqualität verbessern; Feinstaub reduzieren.

APPELL: zu Fuß gehen; Fahrrad oder Bus fahren; schadstoffarmes Auto kaufen.

Arbeitsergebnisse präsentieren

Bilder und Zeichnungen können einprägsamer als Texte sein.

Dabei gibt es verschiedene Möglichkeiten:

1 Das Plakat: Auf einem Plakat könnt ihr zum Beispiel Bilder, Zeitungsschlagzeilen, Tabellen, Fotos und Grafiken befestigen. Auf lange Texte solltet ihr bei einem Plakat weitgehend verzichten. Oft wirkt ein Plakat besser, wenn es nicht rechteckig ist, sondern in einer interessanten Form das Thema wiedergibt.

2 Die Collage besteht vorwiegend aus Bildern. Diese sollten sehr aussagekräftig sein, Situationen überspitzen und auf ein Problem hinweisen. Besonders ihre Anordnung kann den Betrachter neugierig machen.

3 Die (gestaltete) Landkarte ist so etwas wie ein Plakat in Form eines Landes oder Kontinents. Sie bietet sich als Präsentationsform an, wenn das Thema sich auf ein Land oder einen Erdteil bezieht.

4 Die Ausstellung richtet sich meist an die gesamte Schule, manchmal auch an Eltern und Mitbürger. In der Vorbereitung sind folgende Fragen zu klären:

- Wo ist ein geeigneter Ort (Flur, Pausenhalle, Aula)?
- Wen könnte das Thema interessieren?
- Woher bekommen wir Pin- und Stellwände sowie Schaukästen?
- Wie wollen wir das Thema präsentieren?
- Wie soll die Ausstellung angekündigt werden (Aushänge, Schüler- oder Lokalzeitung)?
- Wie erhalten wir eine Rückmeldung zu unserer Ausstellung (Buch für Eintragungen, Fragebögen)?

Streitgespräch

Das Thema, wozu es unterschiedliche Standpunkte gibt, wird an die Tafel geschrieben. Die Mitglieder der jeweiligen „Partei“ versuchen die Argumente der Gegenseite zu entkräften. Dabei werden auch „Beweismittel“ wie Karten, Texte, Bilder etc. einbezogen.

Im Verlauf der Diskussion dürfen sich auch die Zuhörer einmischen. Im Schlusswort fasst jede Seite noch einmal ihre Argumente zusammen. Danach kann eine Abstimmung in der Klasse stattfinden, welche Gruppe ihre Position am überzeugendsten vertreten hat.

Länderprofil

Folgende Schritte solltet ihr beachten:

1 Thema festlegen

Welches Land soll untersucht werden? Was ist an diesem Land besonders interessant?

2 Informationen sammeln

Aktuelle Informationen findet ihr in jährlich neu erscheinenden Jahrbüchern (Almanachen), zum Beispiel Fischer Weltalmanach, Hardenberg Länderlexikon.

Daneben könnt ihr euch im Internet bei den jeweiligen Botschaften der Länder und Tourismuszentralen informieren. Ferner gibt es Länderberichte beim Statistischen Bundesamt.

3 Informationen ordnen

Erstellt eine Gliederung eures Länderprofils. Achtet auf eine übersichtliche Gliederung und Darstellung. Ein Länderprofil in Tabellenform ist übersichtlicher als eines in Textform.

Achtet darauf, dass ihr bei Zahlenangaben das Jahr nennt, aus dem die Zahlen stammen. Vergesst nicht anzugeben, woher ihr eure Informationen habt.

Aus dem Grundgesetz der Bundesrepublik Deutschland

Artikel 1

(1) Die Würde des Menschen ist unantastbar. Sie zu achten und zu schützen ist Verpflichtung aller staatlichen Gewalt.

(2) Das Deutsche Volk bekennt sich darum zu unverletzlichen und unveräußerlichen Menschenrechten als Grundlage jeder menschlichen Gemeinschaft, des Friedens und der Gerechtigkeit in der Welt.

(3) Die nachfolgenden Grundrechte binden Gesetzgebung, vollziehende Gewalt und Rechtsprechung als unmittelbar geltendes Recht.

Artikel 2

(1) Jeder hat das Recht auf die freie Entfaltung seiner Persönlichkeit, soweit er nicht die Rechte anderer verletzt und nicht gegen die verfassungsmäßige Ordnung oder das Sittengesetz verstößt.

(2) Jeder hat das Recht auf Leben und körperliche Unversehrtheit. Die Freiheit der Person ist unverletzlich. In diese Rechte darf nur auf Grund eines Gesetzes eingegriffen werden.

Artikel 3

(1) Alle Menschen sind vor dem Gesetz gleich.

(2) Männer und Frauen sind gleichberechtigt. Der Staat fördert die tatsächliche Durchsetzung der Gleichberechtigung von Frauen und Männern und wirkt auf die Beseitigung bestehender Nachteile hin.

(3) Niemand darf wegen seines Geschlechtes, seiner Abstammung, seiner Rasse, seiner Sprache, seiner Heimat und Herkunft, seines Glaubens, seiner religiösen oder politischen Anschauungen benachteiligt oder bevorzugt werden. Niemand darf wegen seiner Behinderung benachteiligt werden.

Artikel 4

(1) Die Freiheit des Glaubens, des Gewissens und die Freiheit des religiösen und weltanschaulichen Bekenntnisses sind unverletzlich.

(2) Die ungestörte Religionsausübung wird gewährleistet.

(3) Niemand darf gegen sein Gewissen zum Kriegsdienst mit der Waffe gezwungen werden. (…)

Artikel 5

(1) Jeder hat das Recht, seine Meinung in Wort, Schrift und Bild frei zu äußern und zu verbreiten und sich aus allgemein zugänglichen Quellen ungehindert zu unterrichten. Die Pressefreiheit und die Freiheit der Berichterstattung durch Rundfunk und Film werden gewährleistet. Eine Zensur findet nicht statt. (…)

(3) Kunst und Wissenschaft, Forschung und Lehre sind frei. Die Freiheit der Lehre entbindet nicht von der Treue zur Verfassung.

Artikel 6

(1) Ehe und Familie stehen unter dem besonderen Schutze der staatlichen Ordnung.

(2) Pflege und Erziehung der Kinder sind das natürliche Recht der Eltern und die zuvörderst ihnen obliegende Pflicht. Über ihre Betätigung wacht die staatliche Gemeinschaft. (…)

Artikel 7

(1) Das gesamte Schulwesen steht unter der Aufsicht des Staates.

(2) Die Erziehungsberechtigten haben das Recht, über die Teilnahme des Kindes am Religionsunterricht zu bestimmen. (…)

Artikel 8

(1) Alle Deutschen haben das Recht, sich ohne Anmeldung oder Erlaubnis friedlich und ohne Waffen zu versammeln.

(2) Für Versammlungen unter freiem Himmel kann dieses Recht durch Gesetz (…) beschränkt werden.

Artikel 9

(1) Alle Deutschen haben das Recht, Vereine und Gesellschaften zu bilden.

(2) Vereinigungen, deren Zwecke oder deren Tätigkeit den Strafgesetzen zuwiderlaufen oder die sich gegen die verfassungsmäßige Ordnung oder gegen den Gedanken der Völkerverständigung richten, sind verboten. (…)

Artikel 10

(1) Das Briefgeheimnis sowie das Post- und Fernmeldegeheimnis sind unverletzlich.

(2) Beschränkungen dürfen nur auf Grund eines Gesetzes angeordnet werden. (…)

Artikel 11

(1) Alle Deutschen genießen Freizügigkeit im ganzen Bundesgebiet. (…)

Artikel 12
(1) Alle Deutschen haben das Recht, Beruf, Arbeitsplatz und Ausbildungsstätte frei zu wählen. Die Berufsausübung kann durch Gesetz (...) geregelt werden.

Artikel 12a
(1) Männer können vom vollendeten achtzehnten Lebensjahr an zum Dienst in den Streitkräften, im Bundesgrenzschutz oder in einem Zivilschutzverband verpflichtet werden.
(2) Wer aus Gewissensgründen den Kriegsdienst mit der Waffe verweigert, kann zu einem Ersatzdienst verpflichtet werden. (...)

Artikel 13
(1) Die Wohnung ist unverletzlich.
(2) Durchsuchungen dürfen nur durch den Richter, bei Gefahr im Verzuge auch durch die in den Gesetzen vorgesehenen anderen Organe angeordnet und nur in der dort vorgeschriebenen Form durchgeführt werden. (...)

Artikel 14
(1) Das Eigentum und das Erbrecht werden gewährleistet. Inhalt und Schranken werden durch die Gesetze bestimmt.
(2) Eigentum verpflichtet. Sein Gebrauch soll zugleich dem Wohle der Allgemeinheit dienen.
(3) Eine Enteignung ist nur zum Wohle der Allgemeinheit zulässig. (...)

Artikel 16
(1) Die deutsche Staatsangehörigkeit darf nicht entzogen werden. (...)
(2) Kein Deutscher darf an das Ausland ausgeliefert werden. (...)

Artikel 16a
(1) Politisch Verfolgte genießen Asylrecht.
(2) Auf Absatz 1 kann sich nicht berufen, wer aus einem Mitgliedstaat der Europäischen Gemeinschaften oder aus einem anderen Drittstaat einreist, in dem die Anwendung des Abkommens über die Rechtsstellung der Flüchtlinge und der Konvention zum Schutze der Menschenrechte und Grundfreiheiten sichergestellt ist. (...)

Artikel 17
Jedermann hat das Recht, sich einzeln oder in Gemeinschaft mit anderen schriftlich mit Bitten oder Beschwerden an die zuständigen Stellen und an die Volksvertretung zu wenden.

Artikel 18
Wer die Freiheit der Meinungsäußerung, insbesondere die Pressefreiheit (Artikel 5 Abs. 1), die Lehrfreiheit (Artikel 5 Abs. 3), die Versammlungsfreiheit (Artikel 8), die Vereinigungsfreiheit (Artikel 9), das Brief-, Post- und Fernmeldegeheimnis (Artikel 10), das Eigentum (Artikel 14) oder das Asylrecht (Artikel 16a) zum Kampfe gegen die freiheitliche demokratische Grundordnung missbraucht, verwirkt diese Grundrechte. Die Verwirkung und ihr Ausmaß werden durch das Bundesverfassungsgericht ausgesprochen.

Artikel 19
(2) In keinem Falle darf ein Grundrecht in seinem Wesensgehalt angetastet werden.

Artikel 20
(1) Die Bundesrepublik Deutschland ist ein demokratischer und sozialer Bundesstaat.
(2) Alle Staatsgewalt geht vom Volke aus. Sie wird vom Volke in Wahlen und Abstimmungen und durch besondere Organe der Gesetzgebung, der vollziehenden Gewalt und der Rechtsprechung ausgeübt.
(3) Die Gesetzgebung ist an die verfassungsmäßige Ordnung, die vollziehende Gewalt und die Rechtsprechung sind an Gesetz und Recht gebunden.
(4) Gegen jeden, der es unternimmt, diese Ordnung zu beseitigen, haben alle Deutschen das Recht zum Widerstand, wenn andere Abhilfe nicht möglich ist.

Artikel 20a
Der Staat schützt auch in Verantwortung für die künftigen Generationen die natürlichen Lebensgrundlagen und die Tiere im Rahmen der verfassungsmäßigen Ordnung durch die Gesetzgebung und nach Maßgabe von Gesetz und Recht durch die vollziehende Gewalt und die Rechtsprechung.

Artikel 21
(1) Die Parteien wirken bei der politischen Willensbildung des Volkes mit. Ihre Gründung ist frei. Ihre innere Ordnung muss demokratischen Grundsätzen entsprechen. Sie müssen über die Herkunft und Verwendung ihrer Mittel sowie über ihr Vermögen öffentlich Rechenschaft geben.

Textquellen

23M3 Autorentext | **50M2** Autorentext | **52M1** Autorentext | **64Q1** Fischer Weltgeschichte Band 11, bearbeitet von Sigrid Metken, S. Fischer Verlag Frankfurt/Main 1965, S. 27 | **66M2** Paul Ackermann: Wurzeln unserer Gegenwart, Bd. 2, Ehrenwirth Verlag München 1987, S. 46 | **67M4** Heinrich Pleticha (Hrsg.): Bürger, Bauer und Bettelmann, Arena Verlag Würzburg 1976 | **68M2** Zit. nach: Heinrich Pleticha (Hrsg.): Deutsche Geschichte, Bd. 2, Bertelsmann Verlag München 1982, S. 213 | **69Q1** Friedrich Keutgen (Hrsg.): Urkunden zur städtischen Verfassungsgeschichte Berlin, Scientia, Aalen 1965, S. 133 | **73M4** Anita Siegfried: Auf der Gasse und hinter dem Ofen, Sauerländer Verlag Düsseldorf 1995, S. 40 | **73Q1** Wolfgang Lautemann (Hrsg.): Weltgeschichte im Aufriss, Bd. 2, Diesterweg Frankfurt/Main 1971, S. 73 f. | **74M4** Autorentext | **76M2** J. Widemann (Hrsg.): Regensburger Urkundenbuch 1. Die Urkunden der Stadt bis zum Jahre 1350, München 1912 (Monumenta Boica 53) | **78M3** Zit. nach: Ingeborg Seltmann: Frauenleben, Frauenarbeit, in: Praxis Geschichte 2/1994, Westermann Braunschweig, S. 37 | **79Q1** Otto Borst: Alltagsleben im Mittelalter, Insel Verlag Frankfurt/Main 1983, S. 213 f. | **79Q2** Franciscus Lubecus, Göttinger Annalen von den Anfängen bis zum Jahre 1588, bearbeitet von Reinhard Vogelsang, Wallstein Verlag Göttingen 1994, S. 159 | **80Q1** Zit. nach Werner Ripper: Von den bürgerlichen Revolutionen bis zum Imperialismus, Diesterweg Frankfurt/Main 1973, S. 165 | **81Q2** Chroniken der deutschen Städte, Bd. 19, S. 549, nach: Geschichte in Quellen, Bd. 2, bearbeitet von Wolfgang Lautemann, BSV München 1978, S. 747 | **83Q1** Zit. nach: Ernst Ludwig Ehrlich: Geschichte der Juden in Deutschland, Schwann Düsseldorf 1957, S. 30 | **89Q1** Deutsche Übersetzung aus: Rudolf Buchner (Hrsg.): Ausgewählte Quellen zur deutschen Geschichte des Mittelalters, Bd. XIX, Helmold von Bosau, Slawenchronik, übertragen und erläutert von H. Stoob, Wissenschaftliche Buchgesellschaft Darmstadt 1963, S. 211 ff., 265, 303 | **92M3** Jostein Gaarder: Sofies Welt, Hanser Verlag München 1993, übersetzt von Gabriele Haefs | **94Q1** Zit. nach: John R. Hale: Fürsten, Künstler, Humanisten, Rowohlt Reinbek 1973, S. 26, übersetzt von Maria Poelchau | **94Q2** Peter G. Thielen: Der Mensch und seine Welt, Dümmler Troisdorf 1974, S. 105 | **96Q1** Zit. nach: Brevis Germaniae Descripto, Wissenschaftliche Buchgesellschaft Darmstadt 1976, S. 91, bearbeitet von Karl Langosch | **98Q1** Eberhard Schmitt (Hrsg.): Dokumente zur Geschichte der Europäischen Expansion, Bd. 2, C. H. Beck München 1984, S.113 | **99Q2** Christoph Kolumbus, Das Bordbuch 1492, hrsg. von Robert Grün, Erdmann Tübingen/Basel, 1978, S. 86 | **99Q3** Christoph Kolumbus, a. a. O., S. 20 | **102Q1** Bernal Diaz del Castillo: Wahrhaftige Geschichte der Eroberung und Entdeckung Mexikos, hrsg. von Georg A. Narciß, Steingrüben Verlag Stuttgart 1965, S. 250 | **102Q2** Portilla, Miguel-Leon: Rückkehr der Götter, hrsg. von Renate Heuer, Koehler & Amelang Leipzig 1962, S. 46 | **103Q3** Peter Knoch: Kolonialismus. Die Entstehung der Unterentwicklung am Beispiel Lateinamerika, Beltz Weinheim 1978, S. 65 | **104Q1** Hernan Cortez, in: Claus Litterscheid (Hrsg.): Die Eroberung Mexikos, Insel Frankfurt/Main 1980, S. 42 f. | **104Q2** Zit. nach: Urs Bitterli: Die Entdeckung Amerikas. Beck München 1999, S. 299 f. | **113Q1** Zit. nach: Richard Konetzke: Lateinamerika seit 1492, Klett Stuttgart 1984, S. 21 f. | **113Q2** Zit. nach: Manuel Delgado (Hrsg.): Gott in Lateinamerika, Patmos Düsseldorf 1991, S. 104 f. | **117M4** Die Tageszeitung Berlin (taz), 19./20. 4. 2008, gekürzt | **117M5** www.stern.de/politik/panorama/600509.html (Hamburg, 17. 3. 2008) | **118M3** www.faz.net (02/2009), Philipp Krohn | **119M5** DIE WELT, 15. 9. 2009 | **120M1a** http://www.bagfw.de (Berlin, 12. 5. 2008) | **120M1b** http://www.engagiert-in-nrw.de/einleitung/index.php (Düsseldorf, 16. 4. 2008) | **121M3** http://www.mdr.de/unter-uns/gaeste/5426575-hintergrund-5426700.html (Leipzig, 16. 5. 2008) | **121M4** http://www.mdr.de/unter-uns/gaeste/5426575-hintergrund-5426700.html (Leipzig, 16. 5. 2008) | **123M1a** Stachlige Argumente, Zeitschrift von Bündnis 90/Die Grünen, Landes verband Berlin, Heft 1/2007, Nr. 162, S. 40 | **123M1b** DIE ZEIT Nr. 18, Hamburg, 26. 4. 2007 | **123M1c** http://www.spiegel.de/wirtschaft/0,1518,386396,00.html (Hamburg, 6. 6. 08) | **123M1d** http://www.zeit.de/2007/17/Grundeinkommen (Hamburg, 6. 6. 06), in: DIE ZEIT Nr. 17, 19. 4. 2007 | **123M1e** http://www.focus.de/finanzen/doenchkolumne/lohnpolitik/aid_57045.html (München, 6. 6. 2006) | **123M1f** http://userpage.fu-berlin.de/~roehrigw/ss97/GRUNDEIN/teil1/2_1.htm (Berlin, 11. 6. 2008) | **126M1** Süddeutsche Zeitung (München 05-2009) Roland Preuß | **128M2** www.caritas.de (9. 10. 2009) | **130M2** (Vor)urteile – alles Klischee oder was? in: etap. Deutsch-türkisches Leben. Heft 3/2000, S. 38–41, gekürzt und leicht bearbeitet | **131M4** www.spiegel.de (Hamburg, 26. 5. 2006), gekürzt und leicht verändert | **132M3** J. Novy/S. Stemmler, in: www.zeit.de (Hamburg, 4. 9. 2006), gekürzt und leicht bearbeitet | **140Q1** Helmar Junghans/Franz Lau: Die Reformation in Augenzeugenberichten, Rauch Düsseldorf o. J., S. 43 f. | **142Q1** Helmar Junghans: a. a. O., S. 43 f. | **142Q2** Geschichte in Quellen, Bd. 3, BSV München 1970, S. 144, bearbeitet von Fritz Dickmann | **146Q1** Wolfgang Behringer: Hexen und Hexenprozesse in Deutschland, DTV München 2000, S. 95 f. | **147Q2** Wolfgang Behringer, a. a. O. | **149Q1** August Sach: Deutsches Leben in der Vergangenheit. Verlag der Buchhandlung des Waisenhauses, 1891 | **160M3** Autorentext | **168M3** Autorentext | **186M2** www.themen-tv.de (2. 6. 2005) | **187M1** a. a. O. | **187M3** a. a. O. | **202M2** Autorentext | **210M3** Autorentext | **214Q1** Ludwig XIV., Memoiren, hrsg. von L. Steinfeld, Basel/Leipzig 1931, S. 271 | **214Q2** Erich Stahleder (Hrsg.): Absolutismus und Aufklärung, Langewiesche-Brandt Ebenhausen 1982, S. 136 f. (Urtext von Diderot) | **218Q1** Allan Nevins: Geschichte der USA, übersetzt von Ernst Betz, Schünemann Bremen 1965, S. 304 | **219Q2** Jean-Jaques Rosseau: Der Gesellschaftsvertrag, zit. nach: Irmgard und Paul Hartig: Die Französische Revolution, Klett Stuttgart 1984, S. 15 ff. | **219Q3** Charles de Montesquieu: Vom Geist der Gesetze, zit. nach Hartig, a. a. O., S. 12 | **224Q1** Geschichte in Quellen, Band 3, bearbeitet von Wolfgang Lautemann, BSV München, S. 199 ff. | **224Q2** Zit. nach: Fritz Hartung: Die Entwicklung der Menschen- und Bürgerrechte von 1776 bis zur Gegenwart, Vandenhoek & Ruprecht Göttingen 1972, S. 145 ff. | **228Q1** Walter Markov: 1789 – Die Große Revolution, Akademie Berlin 1975, S. 382 | **228Q2**

Geschichte in Quellen, a. a. O., Band IV., BSV München, S. 341 f. | **229Q3** Martin Göhring: Die Geschichte der großen Revolution, Mohr-Siebeck Tübingen 1951, S. 382 | **230Q1** Friedrich M. Kircheisen: Gespräche Napoleons Cotta 1912 | **237Q1** Friedrich Kabermann/Wolfgang Venohr (Hrsg.): Brennpunkte der deutschen Geschichte, Philo & Philo Fine Arts Hamburg (Athenäum) 1978 | **241Q1** Zit. nach: Günther Schönbrunn: Das bürgerliche Zeitalter 1815–1914, in: Geschichte in Quellen, hrsg. von Wolfgang Lautemann/Manfred Schlenke, Band 5, BSV München 1980, S. 368 f. | **242Q1** a. a. O. | **246Q1** a. a. O., Band 3 | **246Q2** Bundeszentrale für politische Bildung, Bonn/Berlin 2008 | **260Q1** Gesetzentwurf des 5. Rheinischen Provinziallandtages an den preußischen König | **260Q2** Friedrich Engels: Die Lage der arbeitenden Klasse in England, in: Sozialistische Klassiker in Nachdrucken, Verlag J.H.W. Dietz Nachf. Hannover 1965 | **261Q3** Else Sander: Lebenskunde, Klinckhardt Leipzig 1922, S. 185 | **261Q4** a. a. O. | **262Q1** Hermann de Buhr/M. Regenbrecht: Industrielle Revolution und Industriegesellschaft, Hirschgraben Frankfurt/Main 1983, S. 52 | **262Q2** a. a. O. | **262Q3** Ernst Abbe: Gesammelte Abhandlungen, Fischer Jena 1906, S. 74 | **263Q4** Zit. nach de Buhr/Regenbrecht, a. a. O., S. 51 | **263Q5** Johann Hinrich Wichern: Gesammelte Schriften, Band 2, Hamburg (Agentur des Rauhen Hauses) 2004, S. 53 | **265Q1** Preußisches Vereinsgesetz von 1851 | **270Q1** Werner Sombart: Das Proletariat, S. Fischer Verlag Frankfurt/Main 1906, S. 23 | **274M2** Autorentext | **275M4** Pressemitteilung des Bundesinstituts für Berufsbildung (BIBB) vom 29. 7. 2004 | **276M3** http://www.bmbf.de/de/544.php Bundesministerium für Bildung und Forschung (Bonn/Berlin, 14. 8. 2009) | **277M4** Jutta Pilgrim, Süddeutsche Zeitung vom 17. 6. 2004 (Text leicht bearbeitet) | **279M3** www.gender-mainstreaming.net/gm/frauen-undmaenner-im-alltag Bundesministerium für Familie, Senioren, Frauen und Jugend (Berlin, 20. 9. 2009) | **281M2** Autorentext | **282M4** Autorentext | **284M3** Autorentext | **288M2** http://www.anwaltseiten24.de/rechtsgebiete/familienrecht/rechte-von-jugendlichen.html (Hamburg, 12. 8. 2009) | **289M3** http://www.anwaltseiten24.de/rechtsgebiete/familienrecht/rechte-von-jugendlichen/rechte-von-jugendlichen-3.htm (Hamburg, 12. 8. 2009, ergänzt) | **290M1** Autorentext | **290M3** Autorentext | **300M3** Otto Herz: Und wurde die Liebe gelehrt? In: Reiner Engelmann (Hrsg.): Tatort Klassenzimmer. Arena Verlag Würzburg 1994, S. 44 | **300M4a–b** Günther Gugel: Gewaltfrei leben lernen. Broschüre Deutscher Kinderschutzbund, Institut für Friedenspädagogik Tübingen/Hannover 1993, S. 2 | **300M4c–e** Inghard Langer: Überlebenskampf Klassenzimmer. Herder Spektrum Freiburg 1994, S. 64/65/22 | **300M4f** Mehrheiten/Minderheiten, Heft 4/1992, S. 12, hrsg. vom Ministerium für Bundes- und Europaangelegenheiten (jetzt: Niedersächsisches Sozialministerium) | **301M5** Agnes Bucaille-Euler, in: Uta Enders-Dragässer/Claudia Fuchs (Hrsg.): Frauensache Schule. Fischer TB Frankfurt/Main 1993, S. 132–137 | **301M7** Autorentext | **302M2** Autorentext | **302M3** Autorentext | **302M4** Autorentext | **303M6** Autorentext | **318M2** http://netzpolitik.org/2009/internet-nutzung-in-deutschland-2009/ (Berlin, 12. 8. 2009) | **319M4** www.ihre-rezepte.de (13. 8. 2008) | **319M5** Süddeutsche Zeitung, 13. 08. 2008 | **321M4** Autorentext | **323M3** Ute Erdsiek-Rave, Ministerin für Bildung und Frauen in Schleswig-Holstein, Rede vom 8. 11. 2006 | **328Q1** Stern-Millenium, Ausgabe 9/2000, S. 37 | **328Q2** Carl Peters: Wie Deutsch-Ostafrika entstand. Vogtländer Leipzig 1912, S. 27 | **336Q1** Axel Kuhn (Hrsg.): Deutsche Parlamentsdebatten, Band 1, 1871–1918, 978–3436013394 Frankfurt/Main 1970, S. 191 f. | **336Q2** Axel Kuhn, a. a. O., S. 194 f.

Bildquellen

Albertina Wien, Graphische Sammlung **140.1** | Anschläge, Verlag Langewiesche-Brandt, Ebenhausen **132.1** | Archiv der sozialen Demokratie Bonn **269 d** | Archiv für Kunst und Geschichte Berlin **60–61** (Wdh. 4), **62.2** (Ausschnitt), **66.1** (historic-maps), **70.1** (historic-maps), **75.7** (Ausschnitt), **76.1**, **77.3** (Historia-Bestand), **78.2**, **85.2**, **92 l.**, **93.4+5**, **96.4** (Wdh. 112), **99.2** (Wdh. 111 c, 112.2), **101 b**, **141.3**, **142.1** (Wdh. 153), **144.1**, **147.3**, **148.1** (Wdh. 153), **149.2**, **153 a**, **154.2**, **212–213** (Wdh. 6), **215** (Ausschnitt), **217.2**, **219Q3**, **220.1**, **226.1**, **228 RS**, **232.1**, **234.1** (Wdh. 247), **240.2**, **241.4**, **242 RS o.**, **250.1+2**, **255.4**, **258.1**, **259.4**, **260.1**, **260.3** (Wdh. 271), **260.4**, **261.7**, **263.3+5**, **264.2+3**, **269 b+c**, **326–327** (Wdh. 7), **328.1**, **329.2** (Wdh. 347), **343.4** | Ardelt, Kerstin, Freital **196.3**, **198.2** | Arend, York, Berlin **30.1**, **31.5**, **204.1 l.**, **290.1** | Argus Hamburg **110.1** (Foto: M. Edwards) | Artothek Weilheim **214.2** | Associated Press Frankfurt **53.4** (Natural Ressources Defence Council) | Aurich, Frankfurt **50.1 u.** | Baaske-Cartoons **319.3** (Wolfgang Baaske) | Bayerisches Nationalmuseum München **80.1** (Wdh. 87, 89) | Bergbaumuseum Bochum **254.1+2** | Berger-von der Heide, Thomas, Göttingen **116.2** (Wdh. 136), **325.6** | Berg. Museum für Bergbau, Handwerk und Gewerbe Bergisch-Gladbach **258.2 r.** | Berlinische Galerie **260.2** | Bernert, Claudia, Asbach-Bäumenheim **200.1** | Bibliotheque Nationale Paris **62.1**, **214.1**, **221.3**, **227.2** | Bibliothèque publique et univérsitaire Genf **153 c** | Bildarchiv Bruckmann, München **92.2** (Wdh. 111 a) | Bildarchiv Foto Marburg **296.2** | Bildarchiv Preußischer Kulturbesitz Berlin **87 c**, **95.4**, **99.3**, **103.4** (Wdh. 111 d), **103.5**, **143.3**, **219 Q2**, **220.2** (Wdh. 245), **222.2** (Wdh. 246), **222.3** (Wdh. 245), **237.4**, **245 c**, **248–249** (Wdh. 6), **250.4**, **251.9**, **252.2**, **261.8**, **262.2**, **264.1**, **264.4** (Jürgen Liepe), **335.5**, **338 RS** | Binder, Volkhard, Berlin **28 b**, **312–313** | Boehart, William, Mölln **257.3** (Foto: Werner Hinzmann, Lauenburg) | Bowien, Petra, Geesthacht **152.1**, **242.2** | Bridgeman Giraudon **74.2+3**, **75.5+6**, **162.2 l.**, **214.3**, **216.1**, **218.1** (Bildarchiv Steffens), **222.1**, **225.2**, **230.1**, **247.4** | British Library London **87 a** | Bundesarchiv Koblenz **343.5** (146-1970-081-06, Wdh. 345) | Butter, Agentur für Werbung, Düsseldorf **366** | CCC Pfaffenhofen-Ilm/www.c5.net **57.5** (Mester), **117.3** (Haitzinger), **120.2** (Mester), **315.3** (Mester), **322.1** (Plaßmann) | Corbis Düsseldorf **24.3** (© Eric Nguyen), **28 a** (© Schlapfer), **49 G** (ZEFA-Bestand), **258.2 l.** (Austrian-Archives) | Cornelsen-Verlagsarchiv **12**, **35 Einkl.**, **49 A–E, H**, **156–157** (Einkl.), **164.1** (Wdh. 172), **164.2**, **204.1 r.** | Das Fotoarchiv Essen **126.1** (Foto: Henning Christoph), **128.1** (Foto: Benja Weller), **131.6** (Foto: Javus Arslan) | Deutsche Weininformation **29.3** | Deutsches Historisches Museum Berlin, Bildarchiv **247.3**, **331.3**, **340.3** | Deutsches Museum München **334.3** | Deutsches Technikmuseum Berlin, Historisches Archiv, AEG-Archiv **271.3** | DIE ZEIT Hamburg **124.2+3**, **125.4** (Grafiken: Wolfgang Sischke, Hamburg) | DK Images London **97.6** | Emschergenossenschaft Essen **31.3+4** | Erich Schmidt Verlag Berlin/Zahlenbilder **295.3** (Wdh. 304) | EUMETSAT Darmstadt **42.1 l.** | Extra Tip Werbungs- und Vertriebsgesellschaft mbH **202.1** | Filmmuseum Düsseldorf **331.4** | Fotodesign Achim Sperber **131.5** | Fotolia.com/moodboard **288.1 i** | Friedrich-Ebert-Stiftung Bonn **266.2** (Wdh. 270) | Fürstl. Waldburg-Zeilsches Gesamtarchiv Leutkirch **154.1** | Geo-Zentrum an der KTB Windischeschenbach **13.2** | Germanisches Nationalmuseum Nürnberg **96.3+5** (Wdh. 112), **145.4** | Graphische Sammlung München **155.5** | Grindelwald Tourismus **158.1** (Wdh. 172), **158.2 l.**, **159.3**, **160.2** (Wdh. 172) | Hansapark Sierksdorf **156 Einkl. o.r.** | Häußler, Elke, Neuenstein **188.1 l.** (Wdh. 364) | Haversath, J. B., Gießen **28 c–d** | Hecht, Dietrich, Aschaffenburg **235.4** | Heinemann Educational Oxford **251.7+8**, **269 a** | Historisches Archiv der Friedrich Krupp AG Essen **262.1** | Historisches Museum Frankfurt/Main **236.1**, **237.5** | Historisches Museum Hannover **257.4** | Hoesch, Daniel **293.4** | Homann, Helmut, Berlin **50.1 m.** | Howaldtswerke | Deutsche Werft AG Kiel **257.2**, **259.3** | Imperial War Museum **340.1+4** | Industriemuseum Elmshorn **268.1** | Informationszentrum Schokolade, Düsseldorf **333.4+5** | Institut für Stadtgeschichte Frankfurt/Main **252.3** | Junker, Volker, Schutterwald **82.1** | Kalbow|Richter, Reinhardt, Dransfeld **170.1**, **171.5** | Keystone Pressedienst Hamburg **288.1 g** (© Volkmar Schulz) | KNA-Bild Bonn **287 Einkl.** | Köster, Elisabeth, Bonn **265.5**, **281.3** | Kriminalmuseum Rothenburg o. d. T. **146.2** | Kunstmuseum Basel **79.4** | Laif Köln **225.4** | Landesbibliothek Darmstadt **63.4** | Landkreis Märkisch-Oderland, Arbeitsgruppe Oder-Neiße-Radweg Seelow **168.2 o.**, **169.4** | Luftseilbahn Grindelwald Pfingsegg AG **158.2 r.o.** | Marshall, John **8–9** (Wdh. 4) | Mary Evans Picture Library London **223.4** | Mauritius Images Mittenwald Umschlagfoto (Foto: Fritz Mader), **105.1** (Foto: Jose Fuste Raga), **166.1** (imagebroker), **167.3** (Bordis), **292.2** | Mediacolor's Bildagentur Merten, Zürich **162.2 r.**, **289.4** (mediacolors/dia) | Mexicolore London **101.2** (© Sean Sprague) | MTV **124.1 c** | Müller, Jörg, Biel **72.1**, **73.3** | Museum für Kunst und Kulturgeschichte Lübeck **72.2** (Foto: H. Jäger) | Museum für Völkerkunde Wien **102.1–3** | NASA **24.2**, **174–175** (Wdh. 5) | National Portrait Gallery London **253.5** | Novuprint – Agentur für Mediendesign, Werbung, Publikationen GmbH **273 Einkl. l.** | Oberösterreichisches Landesmuseum Linz **78.1** (Foto: F. Gangl, Helmonsödt) | Oechtering, Elisabeth, Geesthacht **108.1–2**, **239.3+4**, **256** | Partnerschaft Afrika Initiative Geesthacht **182.4**, **183.1**, **184.1+3**, **185.1+2**, **186.1**, **187.2**, **193.5** | Pflügner, Annette, Mörfelden-Walldorf **292.1+3** | Pflügner, Matthias, Berlin **320.1**, **321.2+3** (Wdh. 325) | Photoglob Zürich **132.2** | Picture-Alliance Frankfurt/Main **10 RS** (© Evolve/Photoshot, Foto: Gerald Cubitt), **11.3** (© dpa-Bildarchiv, Foto: Fabrizio Villa), **13.5** (© afp R. Gacad), **16.2** © dpa/AFP), **16.4** (© NHPA/photoshot), **22.1** (© dpa-Report), **23.5** (© dpa-Report), **26.1** (© dpa web), **26.2** (maxppp © 2005 by 20050529), **27** (© dpa web), **30.2** (© ZB-Fotoreport, J. Büttner), **33.4** (© dpa web/epa Robichon), **34–35** (© dpa, Foto: Christian Hager, Wdh. 4), **37.6 o.** (© dpa-Bildarchiv), **37.6 u.** (© dpa-Fotoreport), **49 F** (© dpa/Philips), **50.1 o.** (© dpa-Bildarchiv), **52.1** (© dpa/L. Laforet), **57.4** (© Infografik Hamburg), **91 Einkl.** (© dpa, Foto: DB Nasa), **109.3** (© dpa/epa efe, Foto: P. Aquilar), **109.4** (© dpa, Foto: Farnsworth), **114–115** (© dpa, Foto: Stephanie Pilick, Wdh. 5), **115 Einkl.** (© dpa-Report, Foto: Waltraud Grubitzsch), **117.6** (© KPA-Aquéla), **121.5** (© dpa, Foto: Achim

Scheidemann), **121.6** (© dpa, Foto: Ursula Düren), **124.1 a** (© Sven Simon), **124.1 b** (© dpa-Report), **124.1 d** (SCHROE'WIG/Eva Schroeder-Oertwig), **129.3** (dpa-Grafik), **129.4** (© Infografik Hamburg), **129.5** (dpa-Grafik), **137.4** (dpa-Grafik), **145.3** (akg-images, Foto: Erich Lessing), **149.3** (akg-images), **156-157** (© ZB), **158.2 r.m.** (© ZB-Fotoreport), **158.2 r.u.** (© dpa), **168.1** (© dpa-Sportreport), **169.5** (© dpa-Report), **178.1** (© Okapia/Sohns), **178.2** (© Norbert Guthier), **191.3** (© dpa-Infografik), **194–195** (© dpa-Report, Foto: Angelika Warmuth, Wdh. 6), **195 Einkl.** (© dpa-Report, Foto: Arno Burgi), **196.1** (© Helga Lade Fotoagentur, Wdh. 210), **198.1** (© dpa, Foto: Maurizio Gambarini), **198.3** (© dpa-Bildarchiv), **199.4** (© dpa-Report), **201.4** (© dpa, Foto: Rafael Binkowski), **205.3** (© dpa-Infografik), **206.1** (© ZB, Foto: Waltraud Grubitzsch), **216.2** (Bildagentur Huber), **219.3** (akg-images), **229** (maxppp), **250.3+5** (© akg-images), **250.6** (© dpa, Foto: Uwe Zucchi), **263.4** (© dpa), **265.7** (T. Silz), **272–273** (© dpa-Report, Wdh. 6), **275.3** (akg-images), **275.6** (© dpa-Infografik), **277.5+6** (© dpa-Infografik), **279.4+5** (© dpa-Infografik), **288.1 c+d+h**, **294.1** (© dpa-Fotoreport), **300.1** (© dpa-Report, Foto: Marcus Führer), **300.2** (Foto: Peter Raider/CHROMORANGE), **301.6** (© dpa-Bildarchiv, Foto: Stephan Jansen), **303.5** (© dpa-Report, Foto: Daniel Karmann), **306–307** (© dpa, Foto: Wolfgang Kumm, Wdh. 7), **307 Einkl. o.** (© dpa), **314.1** (© dpa, Foto: Michael Hanschke), **315.2 a** (© KPA), **315.2 b+c** (© dpa, Fotos: Marcel Mettelsiefen), **322.2** (© dpa-Infografik), **323.4** (© dpa-Infografik), **332.2** (© dpa), **344.1** (© dpa), **344.2** (© dpa, Foto: epa Jan Sabawoon) | Pohl, Henrik, Berlin **299.5** | Plain-Picture **288.1 a** (K. Hilse), **288.1 e** | Pröpper, Lübeck **86.1** | RMN Paris **332.1** | Roger-Violett, Paris **228.1** | Rudyk, Ellen, Wiesbaden **11.4** | Sandig, Oliver, Dresden **296.1** | Schleswig-Holsteinische Landesbibliothek, Landesgeschichtliche Sammlung **238.2** | Schmidt, Jürgen, Berlin **275.5** | © Schmidt, Roger, Brunsbüttel **19 r.** | Schmidt-Wulffen, Wulf, Hannover **31.6** | Schulz, Thomas, Teupitz **122, 288.1 f** | Schwab, Waltraud, Berlin **131.4** | Schwertner, F. **298.1** | Siemens AG München **334.1** | Skjold Photographs, Saint Paul/USA **267.4** | Soest, A., Berlin **163.3** | Spiegel online **295.2** (Elke Spanner) | Stadtarchiv Würzburg **83.2** | Süddeutsche Zeitung Photo, DIZ München **341.7** (Wdh. **345**, **347**), **345 b** (Scherl), **347.3 l.** (Scherl) | Transit Bildagentur Leipzig **152.2** | Traxler, Hans, Frankfurt/Main **285.5** | Ullsteinbild Berlin **67.5** (Bestand Gerstenberg), **130.1** (Foto: Ilona Studre), **232.2+3**, **259.6**, **286–287** (Köhler, Wdh. 7), **329.3** (Wdh. 345), **338.1**, **340.2**, **341.4**, **342.1+3** | Vario Images **305.6** | Varnhorn, A., Frankfurt/Main **298.2** | Verlag Esterbauer GmbH, A-Rodingersdorf **168.2 u.** | VG BILD-KUNST Bonn, 2009 **138–139** (Wdh. 6), **326–327** (Wdh. 7) | Widmann, Peter **288.1 b** | Zimmermann, Thomas, Bad Rappenau **282.1**, **282.2** (Wdh. 284), **282.3**, **283.5** | http://glovis.usgs.gov **21.2** | www.zuendfunke.dekfz-betrieb.vogel.de **305.7**

Übernahmen

Diesterweg Verlag Braunschweig: „Wir machen Geschichte" **241.5**
Eckardt Opitz: „Schleswig-Holstein", © 1997 Ellert & Richter Verlag Hamburg, **202**, Quelle: Privatbesitz **243.1**

Zeichnungen

Klaus Becker, Oberursel; Binder, Thomas, Magdeburg; Michael Teßmer, Hamburg; Wunderlich, Hans, Berlin

Karten und Grafiken

Klaus Becker, Oberursel; Binder, Volkhard, Berlin; Carlos Borrell, Berlin; Elisabeth Galas, Bad Neuenahr

Nicht in allen Fällen war es möglich, die Inhaber von Rechten an einzelnen Abbildungen zu ermitteln.
Sollten berechtigte Ansprüche bestehen, wenden Sie sich bitte an den Verlag.